依法履行职责
促进转型跨越发展

yifalüxingzhize
cujinzhuanxingkuayuefazhan

山西省工商行政管理局 编

山西出版集团
山西人民出版社

图书在版编目（CIP）数据

依法履行职责 促进转型跨越发展/山西省工商行政管理局
编.——太原：山西人民出版社，2011-4
ISBN 978-7-203-07206-5

Ⅰ.①依…　Ⅱ.①山…　Ⅲ.①工商行政管理—山西省—文集
Ⅳ.①F203.9-53

中国版本图书馆（CIP）数据核字（2011）第 042199 号

依法履行职责 促进转型跨越发展

编　　者：山西省工商行政管理局
责任编辑：刘小玲
助理编辑：翟丽娟　任　杰
装帧设计：山西现代市场文化研究院

出 版 者：山西出版集团·山西人民出版社
地　　址：太原市建设南路21号
邮　　编：030012
发行营销：0351-4922220　4955996　4956039
　　　　　0351-4922127（传真）　4956038（邮购）
E-mail：sxskcb@163.com　发行部
　　　　　sxskcb@126.com　总编室
网　　址：www.sxskcb.com

经 销 者：山西出版集团·山西人民出版社
承 印 者：山西煤炭地质制图印务中心

开　　本：787mm×960mm　1/16
印　　张：29.75
字　　数：600 千字
印　　数：1-5000册
版　　次：2011年4月第1版
印　　次：2011年4月第1次印刷
书　　号：ISBN 978-7-203-07206-5
定　　价：60.00元

活跃市场经济
推进转型跨越

山西省工商局党组书记、局长　王虎胜

代　序

　　袁纯清书记近日在我局汇报材料上作出重要批示，强调指出："坚持监管和服务并重，为各类业主创造一个好的市场环境，十分重要"，明确要求："发扬成绩，不断进取，为山西市场经济的活跃和健康发展做出新的贡献"。活跃市场经济，需要活跃市场主体，活跃市场要素，活跃市场竞争，活跃市场机制，以及与之相应的政府职能转变和发展环境创造。工商行政管理机关伴随着市场经济体制的建立而恢复、发展而加强、完善而强化。活跃市场经济，更是职责所在、使命所系，应有大作为，要有新建树。

　　活跃市场经济，根本是活跃市场主体，要让市场主体中最活跃的成分得到快发展、大发展。市场主体的活跃程度，反映了一个地方的投资环境和发展活力。只有让各类市场主体活跃起来，大发展才有希望，转型发展才有动力，跨越发展才有冲劲。活跃市场主体，关键是创造公平竞争的发展环境。毋庸讳言，影响各类市场主体公平竞争的体制和政策障碍依然存在。民营经济最有发展活力、最具发展潜力，这已形成共识。但是，民间资本在市场准入领域、生产要素获取、法律制度保障等方面，姑且不论与国有资本相比，就是与外来资本相比，也没有享受真正的国民待遇，没有给予均等的竞争机会。从这个意义上讲，推动公平竞争就是解放生产力，让市场主体最活跃的成分得到大发展就是发展生产力。可以说，民营经济活则山西活、民营经济转则山西转、民营经济兴则山西兴！

　　适应转型跨越大发展的形势要求，实现"十二五"期间经济总量、财政收入、城乡居民收入都要翻一番的奋斗目标，市场主体的总量也必须有一个大发展，企业总量也应来个翻一番。只有这样，跨越发展目标的实现才有坚实基础。为了推动山西非公有制经济快速发展，2003年以来，我局先后制定了"创造公平竞争发展环境"、"促进非公有制经济快速健康发展"、"促进创业带动就业"等5个27条的《实施意见》，这些文件都紧紧围绕放宽准入领域、降低准入门槛、提高准入效率、推进公平竞争而展开，都以省政府规章文件出台实施，有力地推进了我省非公有制经济的快速发展。全省私营企业户数从2002年底的3.4万户增长到目前的14.6万户，增长了3.3倍；个体工商户由34.9万户增长到79.3万户，增长了1.3倍。私营企业户数占全省企业总量的比重，由2002年的四分之一，到2004年的三分天下有其一，再到2007年的半壁江山，再到现在的三分天下有其二。尽管如此，我省私营企业发展程度还很不够，与发达省份相比差距较大。如江苏平均每70人、浙江平均每72人、广东平均每88人、山东平均每150人拥有1家私营企业，而我省平均230人才拥有1家私营企业。这也说明，我省私营企业的发展有基础可抓，有潜力可挖，有后劲可上。

为此，全省各级工商机关，要结合贯彻落实国务院《关于鼓励和引导民间投资健康发展的若干意见》新36条，进一步制订完善政策，推进公平竞争，放宽民间资本准入的条件，提高民间资本准入的效率，激发民间资本的投资活力、创业活力和发展活力，使非公有制经济组织总量继续保持快速增长，增速保持在全国前列，力争私营企业在"十二五"期间年均发展3万户，总量翻一番，达到30万户。要落实优惠政策，积极支持高校毕业生、复转军人、农民工等群体以创业带动就业。要积极支持民间资本投资转型发展项目，指导帮助民营企业建立现代企业制度、完善法人治理结构，提高闯市场的能力和本领。要发挥工商机关联系企业紧密的职能优势、基层机构健全的组织优势、条块管理结合的体制优势，以改革创新的精神、求真务实的作风，高起点、高标准地推进非公有制经济组织的党建工作，推动全省非公经济快发展、大发展、健康发展。

活跃市场经济，核心是活跃金融市场，要让要素市场中对大发展推动力最强的成分首先活跃起来。金融是现代经济的核心，在市场经济中处于战略性、全局性、枢纽性、调节性的制高点地位。对于区域经济发展，金融业发挥着无可比拟的中枢作用、导向作用、动力作用。对我省大发展的制约因素固然很多，但主要的因素已经不再是地域封闭的制约、基础设施的制约、资源条件的制约，在一定意义上讲也不是发展用地的制约、环境容量的制约、技术缺乏的制约，而恰恰是金融支撑不足的制约。这集中反映在"五多五少"现象上：一是存款余额多、贷款余额少；二是间接融资多，直接投资少；三是信贷资金上垒大户多，支持中小企业少；四是金融业务上传统工具应用多，新型产品创新少；五是民间资本储蓄保值多，直接投资增值少。存在这些问题的原因：首先是金融发展不足，特别是地方金融机构发展落后，与晋商故里的称谓极不相称；其次是金融创新不够；再就是抓金融机构支持地方发展的措施不力、办法不多、力度不大。我们常讲扩大开放招商引资的重要性，这对大发展无疑是必要的和重要的，但是活跃金融市场，激发国内资本，尤其是民间资本的巨大投资潜力，发挥其对大发展的推动作用，比利用外来资本成本更低、作用更快、效果更好，意义更为重大而深远。

活跃金融市场，核心是推动金融创新，内因要起作用；但外因条件不可少，就是发挥政府的协调作用，有效地构建政府、银行、企业之间的沟通机制和互动平台，一方面创造社会信用环境，有效防范金融风险，让金融机构放心大胆地为地方提供服务；另一方面协同推进金融创新，大力活跃金融市场，从深层次上破解大发展中贷款难、融资难等问题，为转型跨越提供高层次、全方位的金融支撑和金融服务。在破解中小企业和个体工商户贷款难、融资难的问题上，去年以来，我省工商部门在开展"万名工商干部进十万家企业"帮扶大行动中，积极拓展服务领域，主动沟通银行部门，搭建五大融资平台，即：股权出质融资平台、商标出质融资平台、动产抵押融资平台、信用贷款融资平台以及支持组建小额贷款公司的民间资本投资平台，共帮助中小企业和个体工商户融资580亿元。这些平台，有的是拓展资产抵押范围，由固定资产拓展到流动资产；有的是拓展资产出质领域，从有形资产拓展到无形资产；尤其是搭建信用贷款融资平台意义更为重大。工商部门与邮政储蓄银行山西省分行联合开展了"创建信用市场、评定信用商户"活动，依托工商部门信用体系建设成果，无抵押、无担保、凭信用，为中小企业发放信用贷款7亿多。对此，中央电视台新闻频道等媒体进行了深度报道，业内人士给予高度关注，认为依托社会信用体系建设成果，开展中小企业小额信用贷款业务，这是金融体制机制的重大改革和金融服务方式的重大创新。但此举仅是良好开端。我们要充分发挥工商职能作用，加大与金融机构的协调沟通力度，加大对企业的政策宣传力度，努力使更多的商业银行都能依托信用体系建设成果，开展信用贷款业务，为中小企业、个体工商户的创业发展提供有力的资金支持。

活跃市场经济，要害是提高竞争实力，要让市场竞争中具有综合竞争实力的强势品牌引领转型跨越发展。竞争是市场经济的本质，也是市场经济的活力所在。活跃市场经济，需要打破垄断，充分竞争。品牌是市场竞争的利器。适应充分竞争的形势要求，需要全方位推进"品牌兴企"、"品牌兴农"、"品牌兴省"战略。现代市场竞争已经从成本和价格竞争，到技术和质量竞争，再到品牌和知识产权竞争。品牌竞争不仅是企业之间竞争的基本特征，而且也成为区域之间竞争，乃至国与国之间竞争的重要特征，已上升为国家战略。一个强势品牌形成，对企业而言，既凝结着企业的技术、标准和质量等硬实力，更凝结着企业的管理、信用和文化等软实力，是企业自主创新能力和综合竞争实力的集中体现，也是企业科学发展和转型发展的重要标志。对一个区域而言，强势品牌就是城市的名片，就是竞争的优势，就是发展环境的形象代言人。海尔、海信、澳柯玛等撑起了青岛的城市形象，微软、波音、可口可乐等彰显了美国的经济实力。因此，打造强势品牌就是推进转型跨越发展。

现在大家都在热议后金融危机时代的应对策略。结构调整、发展转型、自主创新、品牌引领是应对策略的基本选择，构成了转型跨越发展的主旋律。如果说，这将意味着我国由贴牌型的生产大国向品牌型的制造大国转变，那么在山西则需要由资源型经济向品牌型经济转变。正是从这个角度，我们深刻理解，省委提出"把山西建设成全国重要的现代制造业基地、中西部现代物流中心和生产性服务业大省、中部地区经济强省和文化强省"的重大意义，这是山西作为能源基地实现转型跨越发展的必然选择。在推进这一转变上，需要上一大批重点项目来支撑，更需要打造一大批强势品牌来引领。在制造业、服务业、支柱产业和文化产业上，都需要打造一批在省内外甚至国内外影响力大、竞争力强、能够有效聚集社会资源跨越发展的强势品牌和领军企业，以此支撑和彰显基地、中心、大省、强省的形成。

近年来，省委、省政府高度重视品牌建设，把实施商标战略的部门行为提升为推进"品牌兴省"的政府行为，第一次把商标战略纳入全省五年发展规划，全国第一家把每年的6月6日确定为"山西品牌节"，还出台了对获得中国驰名商标的企业给予100万元奖励等政策措施。我们每年围绕一个主题，精心组织，成功举办了四届规格高、规模大、效果好的"山西品牌节"，有力营造了"品牌兴省"、"品牌兴企"、"品牌兴农"的浓厚氛围，也打造了工商部门"消费维权3·15"、"品牌建设6月6"的新形象。截至目前，我省中国驰名商标由2002年的4件跃升到45件，增长10倍（其中，国家工商总局认定35件，赶超了内蒙古10件、陕西15件）；山西省著名商标由194件增长到1143件，增长了5倍，初步形成了具有我省产业特色的品牌群体。就中国驰名商标而言，煤炭行业有"蓝焰"，焦化行业有"山焦"，冶金行业有"太钢"、"海鑫"，装备制造行业有"太重"、"太矿"、"大运"、"奥瑞特"，化工行业有"天脊"、"奇强"、"丰喜"、"同德"，农业产业有"屯玉"、"沁州"，文化产业有"语文报"、"英语周报"，食品行业有"杏花村"、"竹叶青"、"水塔"、"东湖"、"冠云"、"大寨"、"六味斋"、"粟海"、"维之王"，旅游产业有"皇城相府"，服务领域有"银星"等。这些驰名商标在省内外同行业中都具有代表性和成长性，是带动和促进我省产业振兴、企业重组、结构调整、转型发展的主力军和排头兵，在我省转型跨越大发展中应发挥好这些企业的引领作用。

实施品牌战略，政府引导是前提，企业自觉行动是根本。我省近20万户企业、近80万户个体工商户，拥有注册商标还不到3万件，平均33户市场主体才拥有一件注册商标。有产品无商标的企业还为数不少。为此，全省各级工商机关，要紧紧围绕我省建设全国重要的现代制造业基地、中西部现代物流中心和生产性服务业大省、中部地区经济强省和文化强省的新形势、新目标、新要求，推进企业商标注册，广泛开展"一企一商标"、"一村一品一商标"活动；指导企业参与中国驰名商标和山西著名商标争创，以此促进企业自主创新力、市场竞争力的有效提高。要在"十二五"期间力争使我省注册商标、中国驰名商标总量再有一个突破性、跨越式增长。注册商标翻一番，达到6万件；中国驰名商标在国家工商总局认定35件的基础上翻一番，达到70件。

活跃市场经济，基石是打造"信用山西"，要让市场关系中起基础作用的信用准则成为社会自觉。现代市场经济就是信用经济。活跃市场经济，需要创造信用环境，构建信用秩序，提升信用形象。提升信用就是强固科学发展与社会和谐的基石，也就构成了加强市场监管的治本之策和长效机制。随着市场化的进程，我国正在步入信用经济时代。然而，在现实生活中信用缺失的问题相当严重，不仅严重破坏着经济秩序，而且严重毒化着社会风气，以至于有识之士大声疾呼：中国目前最稀缺的资源就是信用！俗话讲，人无信不立，企无信不兴，国无信不强。无论是从活跃市场经济、促进健康发展的角度认识，还是从夯实转型跨越大发展的根基来考虑，都需要加快建立与信用经济要求相适应的社会信用体系，通过法治与德治的力量、他律与自律的作用，形成以道德为支撑、产权为基础、法律为保障的社会信用制度，形成弘扬守信、惩戒失信的信用约束机制，使信用体系的保障作用成为推动现代市场经济发展的强大力量，成为市场主体、社会团体、公民个人信用约束的行为自觉。

2003年8月，省政府成立了"信用山西"建设领导组，由33家单位组成，办公室设在省工商局，牵头推进信用体系建设。信用体系框架基本搭建，建设进程步入成果应用攻坚阶段。其标志：一是信用体系建设步入了法制化轨道，以省长令发布了《山西省行政机关归集和公布企业信用信息管理办法》等一系列规章制度，把社会信用体系建设纳入"十一五"发展规划；二是搭建了信用信息归集发布和查询服务平台，建立了省、市两级数据中心，归集了全省各类市场主体信用信息900余万条，实现了省、市、县三级联网和48个政府部门之间的互联互通，建成开通了"信用山西"网站；三是广泛开展社会信用活动，省市两级成立了信用企业协会，发起成立了"山西市场信用共建联盟"，以开展"百家信用示范企业推荐榜"活动为抓手，倡导信用文化，推进信用自律，营造信用环境。2009年中国信用联盟特别为省工商局颁发了"中国信用共建特别贡献奖"。

下一步，我省的信用体系建设，还是紧紧围绕社会信用制度建设、信用惩戒机制构建、扩大信用信息征集、开发信用服务产品、开展社会信用活动等深入推进。一是力争出台《山西省社会信用体系建设条例》，对市场主体、社会团体、公民个人的信用信息的征集、发布、管理，失信行为惩戒以及社会信用主体的权利与义务等作出法律规定；二是继续完善信用信息体系，在政府部门间实现信用信息归集的基础上，建立企业申报机制，并实施对中介机构、社会团体的信用信息归集，形成完善的企业、中介、团体的身份信息、业绩信息、提示信息和警示信息；三是推进成果应用，实现信用信息平台向政府部门监管市场、决策咨询的综合信息平台转型，并为社会提供信用信息的查询服务和信用评价服务。对工商系统而言，要实现"网上登记、网上年检、网上办案、网上办公"，并引深信用分类监管，加大对严重失信行为的惩戒力度；四是广泛开展信用活动，引深"山西市场信用共建联盟"活动，继续开展"守合同重信用企业"、

"山西省百家信用示范企业"争创活动，弘扬诚实守信，营造信用环境，并引导企业增强信用自律意识，建立和完善信用风险防范机制。

活跃市场经济，关键是转变政府职能，要让"服务市场主体和创造发展环境"成为工商部门的主导行为。社会发展经济，市场配置资源，政府创造环境，已成为社会共识，并上升为中央决策。党的十六届三中全会的决定第一次明确提出：把政府经济管理职能转到"主要为市场主体服务和创造良好发展环境上来"，这就指明了政府职能转变的方向和要求。毋庸置疑，几年来，政府职能在服务市场主体和创造发展环境方面发生了根本性的转变，但由于受惯性行为的、技术条件的等因素影响，这一转变还不够。特别是行政审批过多，事实上形成"审批经济"状态。还相应带来种种问题，助长了"衙门作风"，降低了行政效能，恶化了发展环境。改变这种状况，除了加快市场化改革进程、加大政治体制改革力度外，确实需要转变工作作风，创造发展环境。在转职能、创环境、促发展方面，核心是两条：一是降低市场准入门槛，减少行政审批事项，改变重审批、轻监管的状况，甚至变事前审批为事后监管，把工作重点放在良好市场秩序的创建上，而不是放在项目的前置审批上；二是提高市场准入效率，除了严格依法行政、实施阳光作业、落实首办责任、加强行政监察这些行之有效的措施外，根本的一项举措，就是推行市场准入的行政审批和注册登记从"串联审批"向"并联审批"的转变。这方面一些先进省份已经有比较成熟的做法和经验，我们要虚心学习借鉴，结合山西实际推进。一般来讲，"并联审批"所遵循的原则是：一家首办、抄告相关，同步审批、限时办结，过时默认、责任自负；实施的技术条件是：部门联网、信息互通、网络传递、网上审批；形成的效果是：改进机关作风、提高审批效率、优化政务环境、提升公信形象。

全省各级工商机关要进一步牢固树立服务意识，坚持把服务市场主体、创造发展环境作为市场监管的根本目的和首要任务，大力创造公开高效的办事环境和公正廉洁的执法环境。尤其要继续扎实推进行政审批服务大厅规范化建设，进一步简化审批程序，减少审批环节，规范审批行为，提高审批效率，切实做到"凡是审批进大厅，大厅之外不审批"，切实做到"凡是材料齐备、符合法律规定，当即予以办理"。要认真落实政务公开制、首办责任制、限期办结制、过错追究制等制度，全面推行预约服务、延时服务、上门服务等措施，对重点工程、国企改革、招商引资、创业就业等开辟绿色通道，提高准入效率。特别要积极推进工商机关与市、县级政府部门的网络互联、信息互通，为实施"并联审批"搭建网络平台，创造技术条件。

活跃市场经济，是一个大课题，是一项综合性的系统工程，需要政府、社会、企业协同推进。从全省工商机关来讲，要充分发挥职能作用，不断提高驾驭市场经济的本领，把活跃市场经济作为促进转型跨越的重大任务，找准作用点、把握着力点、寻求突破点、形成新亮点，为山西市场经济的活跃和健康发展做出新贡献！

目　录

太原市

大同市

阳泉市

长治市

晋中市

忻州市

临汾市

吕梁市

太原市

全面履行工商行政管理职能
锐意促进当地经济转型跨越发展

山西省工商局副巡视员　太原市工商局局长　王拴成

　　党的十七届五中全会指出，加快转变经济发展方式是我国经济社会领域的一场深刻变革，必须贯穿经济社会发展全过程和各领域。坚持把经济结构战略性调整作为加快转变经济发展方式的主攻方向；坚持把科技进步和创新作为加快转变经济发展方式的重要支撑；坚持把保障和改善民生作为加快转变经济发展方式的根本出发点和落脚点；坚持把建设资源节约型、环境友好型社会作为加快转变经济发展方式的重要着力点；坚持把改革开放作为加快转变经济发展方式的强大动力，提高发展的全面性、协调性、可持续性，实现经济社会又好又快发展。

　　近日，山西省委书记袁纯清对全省工商行政管理工作作出重要批示，要求全省工商系统坚持监管和服务并重，为各类市场主体创造一个好的市场环境；希望发扬成绩，不断进取，为山西市场经济的活跃和健康发展作出新的贡献。

　　太原市工商局作为全省工商系统的排头兵，作为山西省省会城市市场监管和行政执法的主要部门，要认真学习党的十七届五中全会精神，深入贯彻落实袁纯清书记的重要批示，在实现转型跨越发展的变革中，找准履行工商职能与促进当地经济转型和跨越式发展的结合点和切入点，积极履行职责，全力服务发展大局。

一、创新注册登记工作，为实现工业新型化把好市场准入关

　　所谓工业新型化，是信息化与工业化融合、从粗放能耗型增长到集约节能型发展的工业化；是资源消耗低、环境污染少、可持续的工业化。从太原市工商局2010年上半年统计数据看，全市市场主体仍以批发和零售业为主，工业化、信息化规模和程度较低。全市私营企业50126户，内资企业10324户，个体工商户131346户，均以批发和零售业为主，分别占私营企业、内资企业和个体工商户总数的48.3%、34.9%和70.6%。采矿业、制造业占10%，信息传输、计算机服务和软件业仅占5%。

　　为此，工商部门在创新工商注册登记工作，把好市场准入口，服务政府调整产业结构要做到四点。一是增加市场准入总量。认真贯彻落实省工商局制定的《发挥工商职能作用，促进创业就业的实施意见》等5个"27条"实施意见，出台和制定《太原市工商局关于进一步推进个体私营经济发展十条实施意见》，进一步放宽准入，加强引导、推进创业，促使全

市市场主体总量由2010年的近20万户增长到2011年的25万户。二是协助政府调整产业结构。及时向政府提出市场准入意见和建议，配合政府出台相关政策，鼓励和支持关联煤炭的装备制造、现代物流、新型材料、高新技术、节能环保、生产性服务、循环经济、网络经济等新兴产业发展，淘汰资源消耗大、环境污染严重、难以持续发展、生产力落后企业，搞好市场布局。三是促进国企改革和兼并重组。大力支持国有企业深化改革，实施跨地域、跨行业、跨所有制企业的兼并重组，充分发挥其转型发展的先锋队、跨越发展的排头兵作用。大力支持招商引资工作，对外商投资企业从名称到注册登记实行远程登记、跟踪服务。四是培育新型市场经营主体。充分发挥煤炭资源优势，重点培育煤电及载能工业、煤化工、煤层气化工产品综合开发、相互配套、相互支撑的产业集群。充分利用瓦斯资源，培育煤层气项目及其他煤化工延伸产品，如瓦斯发电、民用管道煤气、煤炭液化（煤制油）等。以科技创新和技术进步为支撑，积极培育新材料、机械、电子信息技术等高新技术产业群。积极培育农民专业合作社、农业龙头企业、专业大户等新型农业市场主体，以主体的壮大来提升农业生产经营水平，以主体的力量引领现代农业建设。

二、推进五农工程，为实现农业现代化、产业化大力强化农村市场监管工作

1. 强化农村市场监管领导。抽调专人，建立由市场监管管理部门牵头，商标、合同、消保等监管部门参加的农村市场监管领导机构，配合当地政府，与农业部门联动，强化农村市场监管服务力量，支持当地政府发挥特色农业产业优势，扶持一批农业产业化龙头企业做大做强，从而带动其他产业走上规模、质量、品牌、效益的良性循环。

2. 明确目标，全面推进。根据当地政府"三农"发展规划，深入农村市场开展调研，制定详细具体的红盾护农、商标兴农、合同帮农、经纪人活农、经济组织强农规划目标。市场监管部门要创建一批农村集贸示范市场和示范商店，依托农村市场"两会一站"和12315网络投诉指挥中心，加大消费维权力度，严厉打击销售伪劣农资坑农害农行为。商标监管部门要摸清底数，针对县域经济特色，在原有农副产品商标的基础上，积极培育和引导新型农副产品申请注册商标，扩大农副产品注册规模，实现"一村一品一标"目标。合同监管部门制定每个行业合同示范文本，规范合同签约行为，促进"订单农业"健康发展。经纪人监管部门摸清经纪人总数、行业和地域分布，加大培训和引导力度，规范和引导经纪人活动行为，扩大其经营规模。

3. 突出县域特色，重点配套监管。针对在全市范围内有一定规模和竞争实力的龙头企业和县域经济特色，组织监管力量，依据职能，实施重点配套监管。如观光农业成为清徐县农业发展的重要方向，五月草莓、七月红杏、八月李子、十月葡萄等，让游客体验地道的清徐风味与文化。为此，各监管部门要倾情集中服务，把推进"五农工程"与清徐县着力打造

新农村建设和农业现代化试验区、农业生产与观光旅游创新区紧密结合起来，建好管好。

三、加大基层基础建设，积极推进市域城镇化建设

袁纯清书记讲话指出，我省要以太原都市圈为核心、以区域性中心城市为节点、以大县城为重点构建城镇群，形成"一核一圈三群"的格局。其中"一核"，即由太原市区、晋中市区、清徐县城、阳曲县城构成的太原都市区；"一圈"，即太原大都市圈，是以太原都市区为核心，太原盆地城镇密集区为主体，辐射阳泉、忻定原、离柳中城镇组群的大都市圈，太原都市圈是全省城镇化战略的重中之重，为此，我们要加大建设力度，全面提速。为实现这一战略规划，工商部门要做好四项准备工作：

1. 树立核圈区域监管理念。正如袁纯清书记所讲的，组群发展是城镇化发展中最有效率和效益的发展模式，也是后发地区推进城镇化建设的重要途径。工商部门特别是省城工商部门要深刻领会市域城镇化发展精神，确立监管理念大转变、工作任务大转移、监管方式大改革理念、把监管理念从目前的小都市圈和现有传统的监管模式机制转变到大都市圈和相应监管机制上来，在核圈区域内实现监管与发展、监管与执法、监管与维权、监管与服务的"四个统一"。逐步实现市域监管局所设置配套化、合理化，监管方式科学化、现代化，达到人员素质精良、行政执法规范、办事环境整洁、基础设施齐全的目标。

2. 科学筹划，合理布局。根据政府核圈市域建设规划，依据《工商行政管理所条例》和《省工商局关于进一步加强基层工商所建设的实施意见》，以"小局大所、重心下移"为中心，结合区域行业分布特点，制定科学合理的工商行政监管机构配置计划，对核圈区域内现有和预设的工商行政管理局（所）科学整合，合理配置。进一步探讨和实践网格化监管，统筹构建科学合理的机构网、监管责任网、信用等级网、监督检查网、快速应急网，将监管工作目标细化到区域内的工商所、管理员，明确监管职责、监管责任、监管范围、监管方式、监管目标，实现逐级管理，逐级考核，建立起一整套由基层管理员组成的网格平面，分局、业务科室、工商所组成的不同层级监管链条的工商行政立体监管体系。

3. 大力加强干部队伍建设。实施核圈区域监管，就必须打造一支政治上、业务上、作风上"三个过硬"的工商干部队伍。政治上"过硬"，就是要挑选有正确的政绩观、名利观、权力观，在政治上与党中央、国务院保持高度一致的学习型、知识型、实干型的工商干部；业务上"过硬"，就是在业务上强化"两个能力"建设。一是机关的谋事能力。重点是"创新型"机关建设，做到"三有"，即：年初有创新计划，年中有创新亮点，年底有创新成果。二是全员办案能力。提高全员办案能力是促进工商队伍业务能力建设的核心，主要方式是强化训练，大力提高干部法规知识、办案能力和管理的整体水平。作风上"过硬"，"清廉"是"作风

过硬"的核心。要进一步深化全省工商系统开展的"作风整顿月"活动成果，注重发挥领导的垂范作用、先进人物的感召作用和反面典型的警示作用，用过硬的工作促动各项工作顺利有序开展。

4．努力建设"五化"基层工商所。"五化"工商所是"六有"工商所建设目标的延伸，是全省基层工商所建设的长远目标。实现"五化"工商所目标，就要做到五点。一是管理制度规范化。有一套与核圈区域监管相适应的完备管理制度。二是实现执法办案法制化。有专职法制员和完备制度，熟知工商职责，落实规定，执法公正。三是监管服务规范化。实施网格化监管，强化市场巡查，监管措施到位。送法上门，送照上门，主动实施行政指导，各项服务措施到位。四是监管手段信息化。全面实现"网上登记、网上年检、网上办案、网上办公、分类监管、高效服务"。五是队伍素质优良化。严格执行"六项禁令"、"八条禁规"、"约法三章"、落实"十查十看"、"十事十办"等规定和制度。

四、加强生态消费环境监管，为实现城乡生态化进一步做好消费维权工作

袁纯清书记指出，实现城乡生态化，必须处理好经济和生态的关系，真正把环境作为生产力，努力建设绿化山西、气化山西、净化山西、健康山西。消费生态环境中有经营者、消费者、监管者、行业协会4类主体。与自然环境一样，只有形成竞争有序、健康和谐、安全放心的消费市场秩序，才能使消费生态环境不断健康、可持续发展。工商部门作为消费环境主管部门，在促进城乡生态化建设上起着重要的促进和保护作用。第一，广泛开展以"消费与环境"为主题的宣传教育活动，提高消费者环境消费意识，丰富消费者的法律知识和商品知识，增强消费者的自我保护能力。倡导健康、文明的消费方式，消费要节约资源，消费要保护环境。第二，及时受理、认真处理环境消费者的投诉，化解消费纠纷，为消费者排忧解难。第三，开展涉及消费安全、消费环境的商品和服务的比较试验，把食品、装饰装修材料、节能环保消费品作为试验监督的重点。第四，发布有关消费安全、节约资源、保护环境等方面的消费警示、提示，向消费者提供涉及消费安全、节约资源、保护环境等方面的信息。

打造三型工商 开展"创先争优"
发挥职能作用 力促转型跨越

太原市工商局小店分局党组书记、局长 郝聪业

山西省委提出了转型发展、跨越发展，在中部崛起和全国竞相发展的格局中实现再造一个新山西的宏伟目标。作为担负市场监管职能的工商行政管理部门必须在这样一个宏伟目标中承担起同职能相称的历史使命，太原市工商局小店分局围绕服务型、数字型、和谐型工商的转型，扎实开展"创先争优"活动，全力为政府"十二五"期间完成跨越发展提供工商职能支持。

一、解放思想、转变观念，把服务品质化作为工商部门促进转型跨越发展的工作抓手，努力实现服务型工商的转变

当前，把实现工商行政管理职能转变与促进经济发展结合起来，做到"以服务促发展，以发展兴经济"，这既是建设服务型工商的根本宗旨，也是全省工商系统建设服务型工商达成的共识。

1．不断拓宽服务领域，以百姓认可为标准，建立健全行政指导服务新体系，让工商行政指导人性化、规范化。

太原市工商局小店分局要通过实施行政建议书制度、行政提示制度和行政警示制度等"三项提示"亲民工程，在市场巡查、监管执法和保护消费者合法权益过程中全面推行"预防为主"的方针，把指导的工作做在前面，做好服务工作。

（1）行政建议书制度是通过向工商户提出与工商监管执法职能相关的建议和意见，努力提高企业、个体户的法律意识，达到自觉停止违法或避免违法，在此基础上，形成相互尊重、相互信任、相互协作的和谐的行政管理关系。

（2）建立行政提示制度是通过工商部门归纳汇总在监管过程中较易发生的违规行为，在企业、个体户新登记过程中提供不同的行政提示，指导企业、个体户在经营过程中杜绝违法行为，从而有效建立文明和谐的监管机制。

（3）建立行政警示制度是通过行政执法监管过程中形成的涉及人民群众切身利益的信息，利用新闻媒体加以公开，一方面形成对违法经营行为的曝光，另一方面指导消费者有效避开"消费陷阱"，营造文明和谐健康科学的消费环境。

2. 不断延伸服务职能，以辅助决策为导向，建立健全经济主体分析报告制度，让辅助政府决策常态标准化。

太原市工商局小店分局已形成了一套以工商准入信息为基础的长期性的具有相对固定分析模式的分析报告体系，为广大企业提供了强有力的决策和投资引导。

（1）充分发挥信息资源优势，通过对辖区市场主体原始登记数据进行全面采集、精确统计、系统分析，并以文字、图表等形式，详细阐述内资企业、私营企业、农民专业合作社和个体工商户等市场主体的总量演变、注册资本（金）变化、各乡镇、街办辖区分布等方面的情况，贴近政府决策需求，使工商登记"死数据"变成"活资源"。

（2）建立区域行业投资指数，作为各类市场主体的登记注册管理机构，工商部门掌握了各类市场主体从成立、成长、发展直至消亡的全程登记信息，为进一步提升工商部门服务经济发展的能力，分局立足工商登记职能，以市场主体投资导向为目标，积极完善市场主体信息发布制度，贴近市场主体投资导向需求，使引导投资成为宏观指导有力工具。

二、敢于破旧，勇于创新，把工作信息化作为工商部门促进转型跨越发展的工作基石，努力实现数字化工商的转变

围绕建设"数字工商"为目标，全力推进业务系统软件和信息资源的开发应用，用信息手段创新市场监管与内部管理的方式方法，是有效提高工商工作效率和质量以及队伍建设的必然途径和手段。在推进信息化应用过程中，工商部门要紧紧围绕职能发挥，把信息化应用与业务工作和队伍建设工作的开展有机结合，同步进行。

1. 创新市场监管方式方法，运用信息技术整体提升执法监管效能。用信息化手段创新市场监管方式方法，大力推进信息化建设是工商部门整体提升执法监管效能的关键手段。几年来，太原市工商局小店分局以"数字化工商"建设为先导，先后成功研发案件处罚系统、食品安全信息查询系统、移动执法系统等一系列应用系统，有效促进全局的各项业务管理工作实现综合跨越。

（1）尽快完成食品安全备案的电子化监管，尽早实现对食品安全事件追溯的快速性、完整性和科学性。

要通过制订并细化不同食品的备案标准，并严格要求商场、超市的食品经营者将每一件食品的供货商证照、生产批次、食品周期等信息严格按照法律法规规定通过信息化手段（食品安全准入信息系统）进行准入资格信息电子备案。

（2）将多重业务整合延伸到移动无线终端，形成实时、动态的查询和监管平台。

要建设围绕工商所网格化监管实际，借助3G移动网络技术，以分局的网络工作平台为载体，依托省、市、分局综合业务系统、OA系统、案件处罚系统等多个数据库信息，将多重业务整合延伸到移动无线终端，用其先进的技术手段、丰富的信息内容、个性化的信息服务，形成一个实时、动态的查询和监管平台，为一线执法人员提供方便快捷的执法工具，使得数字化工商建设实现跨越性发展，从而有效提升执法监管效能。

2. 对队伍建设实施刚性控制，运用信息技术提高内部廉政风险防控能力。

太原市工商局小店分局党组先后实现了与上级部门相统一的信息科技处理平台。在此基础上，自主研发了案件处罚、视频监控等一批应用系统，建立了集约、高效的管理体系，为持续提升现有系统的风险控制能力、不断扩大业务控制范围奠定了基础。

（1）从案源登记、立案审批到证据材料、处罚决定书全过程实现案件网上办理，它严格了执法资格管理，确保了有效行使执法权，防止了瞒案行为的发生，减少了自由裁量范围，促进了执法行为的公正统一，使办案程序更加合法化、执法主体更加规范化、法律依据更加准确化、监督监管更加公开化和案件办理最终信息化。

（2）将信息化技术引入队伍建设使得内部管理更加科学化、规范化。近几年来，分局连续多年实现了零违纪、行政执法零复议、重大信访事件零发生的业绩，单位亦连续多年被评为党风廉政先进集体和文明和谐单位标兵，树立了良好的社会形象。

三、忠于职守、务实为民，把维权人性化作为工商部门促进转型跨越发展的工作核心，努力实现和谐型工商的转变

消费维权是民生问题中的大事，更是工商工作的生命线所在。

要从注重12315自身生命力的培育和维权内涵、途径和手段的不断丰富、拓展和创新入手，着力完善全局12315工作的运行机制，逐渐形成以"快速反应"、"统计分析"、"办案导向"、"工作提示"等为特色的12315标准工作体系。

1. 强化快速反应，提升处置能力。

加强快速反应机制建设，为消费者快捷维权，既是工商部门关注民生的客观需要，更是打响12315维权品牌，赢得全社会对12315信赖的重要举措，必须把建立快速反应机制作为品牌创建的关键工作来抓。

接诉后不仅处置速度要快，处置能力要更强。要确保每件申诉举报的处置都合法、得当。

2. 完善统计分析，服务办案提示。

工商部门必须进一步建立完善12315申诉举报季度工作情况统计分析模式，形成按季度对商品类、服务类、举报热点进行分类归纳统计分析，及时发布12315数据分析报告和消费提示，引导科学消费、安全消费，实现从事后维权向事前维权与事后维权并重转变，从而更好地服务消费维权和打击假冒伪劣工作。

敬业奉献　追求卓越

太原市工商局迎泽分局党组书记、局长　刘庆虎

　　太原市工商局迎泽分局作为山西省最大的县级局，开展富有特色、个性鲜明的"创先争优"活动，具有极其深远的现实意义和实践指导作用。所以，分局在全系统开展的"创先争优"活动和"解放思想、创新工作、服务转型、促进跨越"的大讨论活动中，结合袁纯清书记讲话精神，以"敬业奉献，追求卓越"活动为载体，以建立"学习型工商、服务型工商、责任型工商、创新型工商"为目标，取得了初步成效，在服务监管中创先进，在执法为民中争优秀。

　　一、强化学习意识，提升队伍素质，在创建学习型工商上创先争优

　　分局以干部作风大转变、素质大提升为抓手，把各级党组织和广大党员的思想和行动统一到袁纯清书记的重要讲话精神上来，形成良好的学习氛围，以思想大解放推动工商行政管理事业大发展。

　　分局印发了《学习方案》，采取"三个结合"，即把集中学习和个人自学相结合、专题辅导与座谈交流相结合、专题讨论与培训相结合的方法，购置了书籍发放各支部，并建立学习活动室、学习园地，广泛开展"读书竞赛"和"五个一"活动。"五个一"即每季度读一本好书；每季度听一堂党课或专题报告；每季度撰写一篇研究文章、调查报告或心得体会；开展一次向党旗献礼征文比赛；进行一次"四个怎样对待"即怎样对待群众、怎样对待组织、怎样对待责任、怎样对待人生的大讨论；邀请专家辅导、以案释法、现场办案讲法、教育培训、开展岗位大练兵活动等方式的学习，在全局培养了一批岗位业务能手、执法维权标兵。通过学习，党员干部队伍的理想信念更加坚定，政治理论水平有新的提高，创先争优明显增强。进一步提高了党员干部服务科学发展能力、履行职责能力、防腐拒变能力，切实把党员干部的积极性、创造性凝聚到转型、跨越发展的实践中来。

　　二、服务人民群众，促进经济发展，在创建服务型工商上深化创先争优

　　工商机关作为政府职能机关，只有坚持把服务经济发展作为第一要务，才能做好工商工作。工商就是要服务，服务企业就是发展工商。分局将创先争优活动落实在具体行动上，从群众最关心、最直接、最现实的利益问题入手，结合工作实际，搭建"六个平台"，助推辖区经济发展。

——充分发挥职能优势，为企业搭建"服务平台"。结合工作实际，提出便民服务"十三办"，即：外来企业跟踪办、一般企业主动办、下岗职工优惠办、手续齐全当日办、重大项目专人办、多头管理协调办、有困难想办法办、坚决不说不能办、大小事务廉洁办、特事特办、难事帮办、急事急办、常事快办。

——运用动产抵押职能，为企业搭建"融资平台"。充分发挥动产抵押职能，积极与信贷部门沟通，与邮政储蓄银行开展"小额贷款"活动，为12家商户贷款120万元，有力地推动了助企融资工作的开展。

——运用商标战略，为企业搭建"发展平台"。我局在对全区商标资源进行调查摸底的基础上，着眼基础性工作，制定了具体规划，建立了层层推进的互动机制，把发展潜力较大、基础较好的品牌纳入帮扶对象。目前，辖区已拥有中国驰名商标1件，著名商标20件，注册商标1234件。

——放宽准入，为企业搭建"创业平台"。在市场准入上，我局认真执行省工商局五个"实施意见"，即5个"27条"，放宽了准入领域、降低了准入门槛，允许全体股东的首次出资额为注册资本的20%以上，不低于三万元，其余部分由股东自公司成立之日起两年内缴足。2010年1至11月底新设立个体工商户、各类企业7353户。其中个体工商户6646户、内资企业71户、私营企业633户、农民专业合作社3户。

——深入开展执法行动，为企业搭建"维权平台"。2010年我局联合厂家，专门开展了汾酒集团酒类产品专项检查，历时近一个月，出动执法人员156人次，检查酒类经营者86户，查处假冒汾酒系列产品83箱，为企业挽回经济损失6.91万元。

——资源共享，搭建工商、国、地税共享网络"信息平台"。2010年，为了引深协税护税工作，服务全区经济发展，由迎泽区政府拨款90万元，我局负责牵头组织，历时四个月，完成了工商企业登记、注册与国地税管户税源信息的交换与共享网络信息平台的建设任务，实现了工商企业登记注册信息与国地税税源信息的共享。目前该系统运转良好，已为迎泽地税、国税提供税源信息2000多条。

三、创新"四个模式"，推进依法监管，在创建责任型工商上深化创先争优

——推行"大台账小户口"管理机制，构建长效监管模式。具体做法：工商所将辖区内所有经营户资料全部登记造册，设立"经济户口登记"档案，形成大台账。然后，片管员将自己管辖片区经营户详细资料造册认领，形成小户口，实行日常监管。做到巡查有目标，监管有重点，提高了工作的针对性和工作效率，整合了登记与监管的效能，创新监管机制，逐步推进工商行政管理转型升级。一年来，共建立企业巡查档案13621户，个体工商户19742户。

——建立电子台账，构建食品安全监管网格化管理模式。采取抓重点

带动一般的办法，以承担着全市80%以上的肉食品、水产品的供应量的五龙口海鲜批发市场、万吉海鲜批发市场、迎泽区肉食水产批发市场三个市场为试点，投资30余万元建立电子台账，同时还在这三个市场建立和完善食品安全检测室，购置配备必要的检测设备，建立"经营户报检、市场自检、工商抽检"模式，层层把关，形成联动机制，确保食品消费安全。

——拓展案件查办领域，构建执法监管新模式。坚持"三个拓展"，实现"三个突破"，即：坚持把执法职能向新领域拓展，实现办案领域新突破；坚持把办案重点向大要案拓展，实现查办大要案件新突破；坚持把执法监督向办案过程拓展，实现办案质量新突破。2010年以来，我局以查处商业贿赂案件工作为突破口，主动靠前，促使经检工作向新领域升级转变。成功突破了一批涉及公权力的典型案件，介入了银行、工程建设、房地产开发等以往较少涉足的监管领域，在全省系统填补了治理商业贿赂工作在上述领域的空白。特别是2010年查处的11起银行商业贿赂违法行为，为工商执法切入金融这一全新领域迈出了突破性的第一步。一年来，我局对辖区内大型商厦、物业管理公司等具有优势地位的经营者利用优势地位滥收费用、强制交易等不正当行为进行了查处，共立案6起，结案5起，罚没款11万元。

——加强12315网络建设，构建消费维权信息化管理模式。我局在12315工作中继续引深"三化"，即组织建设网格化、受理投诉信息化、宣传教育经常化。在全区各类市场建立了55个12315维权中心和维权站，实现了12315维权进学校、进社区、进企业、进人群密集地、进村镇、进景区、进市场、进商场等"八进"，完善"八进"常态机制，12315申诉举报中心配备专人、专用微机，与市工商局、工商所形成信息共享的局域网，构建投诉举报指挥平台。2010年以来共受理消费投诉、申诉、举报308件，调解处理率达97.5%，为消费者挽回经济损失近11.3万余元。

四、创新工作理念，规范内部管理，在创建规范化工商上深化创先争优

——基层基础建设实现规范化。在省、市工商局的政策和经费的大力支持下，我局先后投资近190余万元，修整了8个工商所的办公场所，改善了工商所的办公条件。为工商所分别配备执法车辆16辆，计算机65台，打印机、扫描仪、照相机、摄像机等现代化办公设备、办案设备价值280万元。8个工商所基本达到了省、市工商局对基层工商所规范化建设的"六有"（有办公场所、有服务大厅、有集体宿舍、有食堂、有浴室、有文体活动室）达标标准。

——执法机制实现法制化。出台了《分局行政执法评议考核办法》，完善升级了工商行政处罚系统应用软件，进行了相关培训，为简化办案程度、实现执法监管、网格化打下良好基础。采取培训班、研讨会、案卷展评等多种形式，规范执法行为，提高业务素质和执法水平。

和谐监督促转型谋跨越

太原市工商局杏花岭分局党组书记、局长　牛补忠

　　袁纯清书记在全省领导干部大会上指出，实现发展转型，关键是干部要转型，对干部要严格要求、严格教育、严格管理、严格监督。工商行政管理机关是政府的市场监管和行政执法部门，承担着维护市场秩序、规范市场主体行为、保护消费者合法权益等重要职责。如何确保工商执法人员正确行使权力，真正做到"权为民所用，情为民所系，利为民所谋"？这就要求系统内部纪检监察部门认真贯彻袁纯清书记讲话精神，紧紧围绕工商行政管理工作的职责和职能，以权力运行程序化和公开透明为切入点，积极探索对行政审批权和行政执法权进行监督的有效途径和科学方法，使赋予执法人员的权力始终处于可控之中。

　　一、划分三个阶段，开展连续监督

　　纪检监察部门是工商行政管理机关的重要组成部分，承担着非常重要的职责，特别在确保工商行政管理机关履行职责和行使职能的过程中，间接地发挥着强有力的促进作用和保障作用，它是"执法者"的"监督者"，它的监督贯穿于执法工作的始终，它的监督是连续的、不间断的，但又是分阶段有序的监督。

　　1. 加强事前监督，做好防范工作

　　防患未然是纪检监察部门监督工作的根本职责。

　　一是开展廉政教育，提高思想认识。纪检监察部门要通过教育发挥监督，使每一名执法人员从根本的思想上不想去做违规违纪的事。

　　二是加强制度建设，规范工作程序。纪检监察部门要通过制度发挥监督，使每一名执法人员从规范的制度上不能去做违规违纪的事。

　　三是做到警钟长鸣，避免行为触"电"。纪检监察部门要通过警示发挥监督，使每一名执法人员从具体的行为上不敢去做违规违纪的事。

　　2. 加强事中监督，做好纠正工作

　　亡羊补牢是纪检监察部门监督工作的基本职责。

　　纪检监察部门要增强工作的积极性和发挥工作的主动性，紧贴具体业务工作，深入行政审批和行政执法的各个阶段、每个环节，认真开展效能监督，准确发现、判断、掌握违反规定、违背制度的苗头和情况，及时予以纠正，避免事态严重化和不良影响扩大化，促进每一名执法人员严格按

照法律规定和工作要求在各自的岗位上履行好职责。

3. 加强事后监督，做好查处工作

惩前毖后是纪检监察部门监督工作的重要职责。

纪检监察部门的监督要贯穿工商行政管理具体业务工作的始终，应先于具体业务工作的开展而开展，后于具体业务工作的结束而结束，既要看工作结果，又要看社会效果。采取回头看的监督方法，通过结果看过程，对发现的问题要追根溯源，找出问题的成因所在并区别对待，属于工作失误的问题重在纠正和教育，属于主观故意的行为严在改正和惩罚，决不姑息迁就，达到查处一件事教育一批人，惩罚一个人警示全部人的目的。

二、畅通两条途径，开展广泛监督

纪检监察部门要紧扣内部监督，拓展外部监督，两条途径并重，两条途径并行，两条途径并用。

1. 增强工作积极性，开展好主动监督工作

纪检监察部门要认真履行职责，充分发挥监督工作的主动性，围绕行政审批和行政执法工作，通过实地了解和掌握工作情况，采取多种形式，利用不同方法，对照检查各项制度的落实和执行情况。

（1）内设纪检监察员，延伸监督岗位。由纪检监察部门组织，在每个业务科和工商所选取一名政治素质过硬、理论水平较强、坚持原则、廉洁自律的同志，兼职担任纪检监察员，直接行使监督职能，随时随地全面开展监督工作。

（2）外聘效能监督员，增强监督力量。工商行政管理机关工作的好坏，被管理对象也就是辖区的经营户最有发言权。纪检监察部门根据监督工作的需要，直接从辖区经营户中聘请若干名与工商行政管理机关工作接触较多、素质较高、能力较强且热衷于效能监督工作的人员，定期对他们进行培训辅导，发挥有效的作用，间接行使监督职能，收到预期的监督效果。

（3）组织召开座谈会，扩大监督层面。纪检监察部门开展监督，要考虑到点，也要考虑到面，与社会各个阶层、部门、人员进行交流和沟通，既要有政府部门对工商行政管理工作的评价，又要有普通百姓对工商行政管理工作的看法，还要有被管理对象对工商行政管理工作的感受。

2. 增强工作反应性，开展好被动监督工作

纪检监察部门要利用电话、手机、电脑网络开辟监督举报平台，畅通监督举报渠道，公布监督举报电话。当纪检监察部门接到举报时，要启动快速反应机制，针对被举报的人和事，及时着手调查，对情况属实的，发现、制止和纠正违规违纪行为，查处相关责任人员；对情况不属实的，消除举报人的误会和误解，做好解释工作并取得举报人对工商行政管理工作的理解和支持。

三、明确两项风险，开展重点监督

纪检监察部门在监督工作中要制止不作为、纠正乱作为、查处胡作

为，认真排查行政审批和行政执法工作中的廉政风险点和监管风险点，有针对性地开展重点监督，有效防范廉政风险和监管风险。

1. 行政审批主要廉政风险

（1）在行政审批中，借机吃、拿、卡、要，谋取私利；

（2）利用行政审批违规为亲友经商入股或从事其他经营活动谋取便利，获取不正当利益；

（3）违规代理或指定、推荐中介机构，收受报酬或回扣；

（4）擅自设立收费项目、搭车收费，改变收费标准、违规收费谋取私利。

2. 行政执法主要廉政风险

（1）在行政执法中，借机吃、拿、卡、要，谋取私利；

（2）利用自由裁量权办"人情"案，谋取私利；

（3）擅自减免处罚或无正当理由不积极执行处罚，以权谋私；

（4）违规处理扣押、没收物资，私用、私分罚没物品。

3. 行政审批主要监管风险

（1）在行政审批中，把关不严，审查不细，遗留多重隐患；

（2）随意提高准入门槛和审查标准，为行政审批设置障碍；

（3）擅自减少审查项目和降低条件，违规进行行政审批。

4. 行政执法主要监管风险

（1）行政检查不到位，对应掌握的事项不了解，情况失察；

（2）无记录或对存在的问题采取措施不当，发生责任事故；

（3）程序不严，手续不全，适用法律不当，以罚代刑，违法执法。

四、达到一个目的，开展和谐监督

纪检监察部门对工商行政管理工作中行政审批和行政执法的监督的直接目的，就是通过监督使每一名执法人员在工作中少出错或是尽可能不出错。

纪检监察部门的监督是对每一名执法人员的关心和爱护，监督与被监督是统一中的对立，更是对立中的统一。监督者与被监督者要相互理解，互相支持，监督看似人对人的监督，实则是制度、规定对人、对事的监督，监督者要克服主观主义和偏见，按照"无过错推定"的原则，尊重客观事实，以理服人，以情动人，深入细致开展监督工作；监督者还要与被监督者加强沟通，使之消除对立情绪和误会，按照"有则改之，无则加勉"的想法，从思想上、言语上、行动上真心接受监督。

抢抓机遇促转型，上下同心谋跨越。纪检监察部门要通过和谐监督，创建和谐工商，力争在全面建设小康社会征程上创造无愧于时代的新业绩。

解放思想　创新工作
转型跨越　谋求发展

太原市工商局尖草坪分局党组书记、局长　赵殿侠

　　袁纯清书记在全省领导干部大会讲话中指出：转型发展是基础，安全发展是保障，和谐发展是目标。只有转型发展才能拓展更为广阔的发展空间，才能提高发展的价值链，才能实现发展的跨越。这是对省工商局"五增五创"工作主题的进一步深化，是思想转型、观念创新的具体体现。

　　站在时代跨越的高度，以世界的眼光，战略的思维来分析袁纯清书记的讲话，它既是对山西"十二五"时期总体发展战略的部署，又是激励全省人民共谋发展、共创未来的动员令和领航标！其理念之超脱、内容之丰富、症结之准确、路径之务实、谋划之清晰、理念之坚定，可以说前所未有。新思想、新理念扑面而来；新思路、新目标令人振奋；新举措、新谋略催人奋进；新核心、新信念搏动三晋。袁纯清书记的重要讲话为全省工商行政管理工作指明了方向，增添了动力。面临难得的发展机遇，我局力争打造一支谋发展、抓推动、干实事的队伍。

一、解放思想，在思想观念上实现大突破

　　袁纯清书记强调指出："思想的大门打不开，发展的大门也打不开。思想有多远，发展就有多远。在山西转型发展、跨越发展的关键时期，我们再次吹响解放思想的冲锋号，冲破一切影响和制约我们发展的思想心结和体制障碍，在转型和跨越的大道上劲跑。"

　　工商行政管理工作要求我们要牢牢把握国家工商总局的"四个只有"，大力推进"四项建设"开拓进取，真抓实干，力争在服务发展上取得新成果、在市场监管中展现新水平、在消费维权中开创新局面、在自身建设中迈上新台阶。这就要求我们首先要解放思想，进一步增强工作动力，在思想观念上实现大的突破。

　　一是从条管体制意识中解放出来，继续保持执法的统一性，进一步提高执行力和公信力；又要充分发挥积极性和主动性，结合实际创造性地开展工作；更要自觉地把工商行政管理工作放到党委、政府的工作全局中去思考，更加自觉地服务当地经济社会发展。二是从传统监管理念中解放出来，做到监管与发展、监管与服务、监管与维权、监管与执法的统一，主动为企业闯占市场给予行政指导、提供优质服务。三是从传统监管方式中解放出来，努力实现监管领域由低端向高端延伸，监管方式由粗放向精细

转变，监管方法由突击性向日常规范监管转变，监管手段由传统向信息化转变，进一步提高市场监管执法效能。四是从传统执法行为中解放出来，破除为执法而执法、为办案而办案的观念，树立执法是手段、规范是目的的理念，在严格执法中更加注重抓治本、抓规范、抓信用建设，把行政指导作为整顿规范市场秩序的重要手段，坚持标本兼治、注重治本，实现预防在先、长效监管。五是从守成求稳心态中解放出来，围绕敢想大发展、敢谋大发展、敢干大发展，牢固树立服务转型敢于建功立业、创新监管敢于领先一步、各项工作敢于争创一流的理念，运用高科技的手段，实现高效能的监管，达到高质量的服务。

二、创新工作，在服务质量上实现大突破

袁纯清书记在讲话中指出，企业转型升级，前提是政府的服务要转型升级；企业要提高自主创新能力，首先是政府服务企业创新的能力要提高。大力发展农民专业合作社，以扶持省市县级示范社为抓手，在提高质量、拓宽领域、完善机制上下工夫，让合作社覆盖更多农户。

服务市场主体、创优发展环境是工商部门的重要职责。实现服务提质大突破、发展环境大优化是企业所盼、发展所需，只有提高服务能力，提升服务水平，优化发展环境，才能促进招商引资，促进经济发展，要以最周到的服务创造最宽松的环境，叫响"尖草坪工商政务环境好"这个大品牌。

一是严把市场准入关。认真执行国务院发布的《关于鼓励和引导民间投资健康发展的若干意见》36条和省政府出台的《发挥工商职能作用，促进创业就业的实施意见》等5个"27条"基础上，进一步降低准入门槛，做到凡是法律未禁止的行业，都要向民营经济开放；对新型产业和招商引资企业提供全程跟踪服务，事前介入，事中帮扶，事后回访。2010年我区新登记内资企业14户，私营企业174户，农民专业合作社10户、个人独资企业37户、新办个体工商户2988户，创历史新高。

二是紧抓农业产业化主题。我局制定了详细具体的红盾护农、商标兴农、合同帮农、经纪人活农、经济组织强农规划目标。针对我区经济特色，我局在原有农副产品商标的基础上，积极培育和引导新型农副产品申请注册商标，扩大农副产品注册规模，基本实现了"一村一品一标"目标，我局主动帮助辖区太原市金大豆食品有限公司申请了"金大豆"注册商标。认真贯彻《农民专业合作社法》，依法扶持农民合作社发展，根据本区农产品的结构布局，积极帮助农民兴办种植、养殖合作社及农产品、粮食、果品类等行业的发展，截止到2010年12月10日止，共新办农民专业合作社10户，使我区农民专业合作社共达到82户，有力地推进了新农村建设。

三是全力推进消费维权工作迈上新台阶。大力推进了12315制度化、规范化建设，切实发挥好12315"四个平台"的作用；不断扩大了12315消费维权网络的覆盖面和影响力，进一步提升了12315的消费维权和综合执法效能；同时积极开展了消费教育和消费引导工作。广泛宣传国家鼓励消费的

政策措施和法律法规，普及消费知识，提振消费信心，扩大消费需求，充分发挥消费对经济增长的拉动作用。截至目前，我局12315"五进"活动已辐射到全区37个市场、5个乡镇、9个街道办事处、90个自然村，辐射面积达298.4平方公里；同时在各大超市、商场、集贸市场、大型批发市场等消费集中的场所张贴了2万份消费提示，并及时将消费知识在《山西晚报》、《山西日报》、《山西市场导报》、"直播山西"等媒体上播出，得到了广大消费者的好评。

三、转型跨越，在队伍建设上实现大突破

袁纯清书记在讲话中指出：我们要把转型发展作为全省工作的主题和主线，在发展中促转型，在转型中谋跨越，努力抢占未来发展制高点。

一是狠抓理论学习。坚持用科学理论武装头脑、指导实践，重视工商文化建设，深化对"四个统一"、"四个只有"、"四化建设"、"四高目标"、"五增五创"等重要论述的理解，用工商行政理论统一了认识、凝聚力量，建立了一支学习型工商行政管理队伍。2010年，我局共组织全体干部职工学习理论知识12次，各部门自学24次，广大干部职工共写心得体会520篇，全局上下营造了良好的学习氛围。

二是狠抓干部培训。继续深入开展干部培训，坚持以点带面、整体推进，着力提升领导干部的领导能力和基层干部的业务能力。依托网络教学平台和远程教育，进一步扩大教育培训范围和频次，努力实现全员培训的系统化和现代化。不断完善教育培训制度，实现培训工作日常化、常态化。截至目前，我局99%的公务员已达到本科学历以上，有效地提高了队伍的整体素质。

三是狠抓班子建设。始终把班子建设作为干部队伍建设的重中之重，强调领导干部要把精力放在服务转型发展、促进跨越发展上，想干事、能干事、干成事；有办法、有主意、有对策；不松懈、不折腾、不观望；勤思勤为不懈怠、脚踏实地不漂浮、立说力行争朝夕。对那些在服务转型跨越发展上不干事、不作为、不认真，作风不实、工作漂浮、成效甚微，甚至纪律松弛、组织涣散、软弱无力的领导班子和领导干部，要坚决采取组织措施，及时予以调整整顿，切实做到能者用、好者上、庸者下，切实形成干事创业光荣、碌碌无为可耻的导向和风气。

四是狠抓廉政建设。以深入推进具有工商机关特点的行惩治和预防腐败体系建设为重点，大力抓好反腐倡廉各项任务的落实。继续推进反腐倡廉制度建设，重点开展廉政风险防范管理，有效防范廉政风险和监管风险。进一步强化对权力运行的制约监督，确保权力正确行使。

立足本职岗位
争创一流业绩

太原市工商局万柏林分局党组书记、局长　鲁宝栋

　　2010年7月29日，省委书记袁纯清在全省领导干部大会上的讲话，高屋建瓴，运用科学发展观深刻分析把握了山西省情和发展大势，登高远望谋划山西未来，综论了山西经济发展的现状，为山西经济的发展指明了前进的方向。为此，省工商局向全系统发出了"解放思想、创新工作、服务转型、促进跨越"的大讨论的通知。工商行政管理机关作为政府主管市场、实施监督管理的行政执法部门，一定要把学习袁纯清书记讲话精神与如何发挥好工商行政管理的职能作用紧密结合起来，切实增强做好工商工作的紧迫感、责任感和使命感，切实做到监管与发展、监管与服务、监管与维权、监管与执法的统一。

　　一、在服务上要有新转变，推动各类经济主体的增长

　　社会发展经济，市场配置资源，政府创造环境，已形成社会共识，成为政府行动。袁纯清书记在全省领导干部大会上强调指出，要加快政府职能转变，建设阳光政府、法治政府、服务政府、责任政府，核心是站好位、不越位、不缺位、不错位，重点是简政放权、提升服务、少说不能办，多说怎么办。所以一定要牢固树立服务意识，坚持把服务市场主体，创造发展环境作为市场监管的根本目的和首要任务。

　　从社会发展来看，市场主体的活跃程度，反映一个地方的投资环境和发展活力。所以只有让各类市场主体活跃进起来，大发展才有希望，转型发展才有动力，跨越发展才有冲劲。一是要认真落实省政府出台的"创造公平竞争发展环境"、"促进非公经济快速健康发展"、"促进创业就业"等5个"27条"《实施意见》，结合贯彻落实国务院《关于鼓励和引导民间投资健康发展的若干意见》新36条，实施畅通工程，扩大市场总量。二是全面实施首问责任制、限时办结制、预约服务制等措施，对前来办事的各类市场主体，推行"材料齐全马上办、材料不全指导办、遇到困难帮助办、特殊项目跟踪办、重点项目领导办、紧急项目提速办"的"六办"制度。三是在分局注册大厅和各工商所服务大厅设立"绿色通道"，为下岗职工、残疾人、大学生提供一站式服务。四是对资金不到位的市场主体实行试营业制度，延缓办照时间，给予市场主体适应环境的时间，圆满完成省、市工商局下达的市场主体发展总数。五是对企业和个体工商户要坚持积极扶持、分类指导、牵线搭桥、扩大交流，通过优惠政策和信息交流，充分发挥我区大型场馆多的优势，大力发展会展业经济，为各类市场主体提供一个展示企业形象的平台。六是向银行提供信用等级好的中小企业、个体工商户的信用信息，帮助中小企业和个体工商户解决贷款难、融资难等问题。

二、在属地监管上要有新提高，全面掌握各类市场主体的动态

工商行政管理的主要工作在基层，基层稳，则工作稳。所以属地监管作为一项重要工作就显得特别重要。分局在运行《太原市工商局万柏林分局工商所日常巡查监管办法》两年多的时间里，积累了大量经验，做到了底数清、情况明。为进一步加强属地监管，分局决定从2010年11月份到2011年1月底开展为期三个月的查处无照经营行动，就是将强化市场监管作为第一责任，营造规范有序的市场环境。在查无照行动中，要对全区的各类市场经营主体进行全面的检查，特别对涉危、涉爆、食品、黑网吧、建筑领域、成品油等重点行业，对城乡结合部、大型企业的废旧场房等重点区域进行重点检查。分局一要通过查无照经营，规范市场主体行为，保证各类市场主体规范经营、有序经营。二要创新流通领域食品安全监管机制，建立"索证索票制度"、"进销货台账制度"、"商品抽检制度"，确保全区食品安全，同时建立食品监管应急机制，对不合格食品实行及时下架。三是进一步完善《太原市工商局万柏林分局工商所日常巡查监管办法》，完善经济户口，摸清市场主体情况，对各类市场主体的经营情况全面掌握。

三、在监管领域上要有新突破，严惩各类违法经济行为

工商行政管理机关作为市场经济卫士，担负着维护市场秩序、经济稳定发展的重任。必须抓好各项专项执法行动。要深入开展食品安全整治、公平交易执法、商标权益保护、严厉打击传销、查处违法广告、规范主体准入、打击合同欺诈、治理商业贿赂等各项执法行动，深入开展源头治超工作，积极参与学校周边环境治理，切实维护和谐稳定，努力实现监管执法领域有新突破、监管执法手段有新创新、监管执法效能有新提升。要达到通过查办一个案件，处理一批企业，规范一个行业的目的，维护市场公平竞争的市场秩序。

四、在商标数量上要有新累加，大兴"品牌兴省"战略

省委提出"把山西建设成全国重要的现代制造业基地、中西部现代物流中心和生产服务性大省、中西部地区经济强省和文化强省"，这是山西作为能源基地实现转型跨越发展的必然选择。在推进这个转变上，需要上一大批大项目来支持，更需要打造一大批强势品牌来引领。作为工商行政管理部门，必须顺应时代的要求，认真落实"品牌兴省、品牌兴企、品牌兴农"战略，努力在商标培育、商标管理、商标保护上下工夫，广泛开展"一人一件、一企一标"活动；紧紧抓住培育和提升新型产业，鼓励辖区企业开展争创驰名商标和著名商标活动，力争全区的驰名商标和著名商标有一个新的累加，提升万柏林的品牌建设，加快万柏林经济发展。

五、在消费维权上要有新力度，积极营造良好消费环境促进消费、拉动增长

加快推进12315行政执法体系信息化和"一会两站"网络建设进程，大力推进12315进机关、进工厂、进学校、进社区、进农村等"五进"，把消费纠纷化解在商家、化解在基层、化解在萌芽状态，促进社会和谐稳定。发挥12315短信平台作用，让消费者、商家、维权组织进行有机联系。加大服务领域消费维权力度，严厉查处侵害消费者合法权益的行为，保护消费者的合法权益。大力开展消费维权宣传教育，加大消费警示提示发布力度，营造良好消费环境。

六、在信用建设上要有新发展，提高信息化建设水平

要根据省工商局的安排，开展"信息化建设推广应用攻坚年"活动，以"网上审批、网上年检，网上办案、分类监管，网上办公、高效服务"为目标，全面推进信息平台向工作平台和监管平台转型。坚持"谁登记谁录入、谁监管谁录入、谁巡查谁录入、谁录入谁负责"，确保按系统流程操作，熟练查询市场主体相关信息，确保按流程查办案件，信息即时入库，做到市场准入、行政许可、登记备案、案件查处、日常监管等按照信息化综合业务系统流程进行业务处理，全面提升监管执法信息化、现代化、规范化水平。

七、作风建设要有新改变，提升队伍素质

要干好工商行政管理工作，关键在人，本质在于最大程度地发挥全体干部职工的主观能动性和创造性，不断推进工商行政管理事业向前发展。要以深入开展创先争优活动为载体，推进思想解放，强化作风建设。一是从条管体制意识中解放出来，从传统监管理念中解放出来，从传统监管方式中解放出来，从传统执法行为中解放出来，从守成求稳心态中解放出来，轻松上阵，努力工作。二是要狠抓班子建设，严格用人标准，推进交流轮岗，深入推进"学习型领导班子，学习型党组织，学习型机关，学习型干部"建设，实现干部素质的新跨越。三是要强化队伍作风，提高队伍素质，坚决贯彻省纪委《关于进一步整肃工作纪律狠刹不正之风的通知》"五个不准"和省工商局"工商形象，十事十办"、"作风建设十查十看"的要求，进一步严明工作纪律。四是要充分贯彻"以人为本"的管理理念，并在执法过程中充分体现，如对经营场所、住所检查，对涉及个人物品的扣押等强制措施的实施中，必须有明确的法律依据，查办各类案件中，要严格按程序办事。同时也要信守"首次不罚"的承诺，将事后处罚，变为事前警告（提醒），进一步树立工商行政管理机关的良好形象。

我们一定要通过这次思想大解放活动，真正把全局的思想认识统一到袁纯清书记的重要讲话上来，以思想的大解放，观念的大转变，推动全省工商行政管理事业的大发展，推动地区经济的大增长。

发挥职能 创先争优
力促区域经济转型跨越发展

太原市工商局晋源分局党组书记、局长 赵珂

2010年7月29日，省委书记袁纯清在全省领导干部大会上指出：转型、跨越是关乎山西发展全局和全省人民利益的大事，要紧紧围绕转型发展、跨越发展，办好群众最需要解决的实事，办好涉及群众根本利益的大事，办好有利于改革发展的难事，办好打基础、利长远的好事，以倾心倾力、扎实有效的工作，把汗水洒在三晋大地、把政绩留在群众心底。

作为一名共产党员，一名公职人员，一名基层领导干部，我认为我们创先争优最实在、最具体的方式就是立足本职，立足职能，设身处地为人民群众着想，全心全意为人民服务。

工商部门作为国家经济发展的保驾护航者、作为广大消费者的保护神，如何在新形势下履行工商职能，如何更好地为人民群众服务，是我们每一名工商人都必须面对、必须思索的问题。县级工商局和工商所是工商行政管理部门的基层单位，集中了70%以上的监管执法人员，是具体履行工商职能的主体，处在市场监管执法的第一线，只有大力加强工商正规化建设特别是基层单位的正规化建设，把创先争优精神具体落实到实际工作中，具体体现在监管执法的行动中，才能更好地为广大消费者服务，有效推进地方经济转型跨越发展。

晋源区地处城乡结合部，其独特的地理环境和辖区经济，给我们的工商管理工作提出了更高更具体的要求。而只有进一步加强基层工商正规化建设，才能最大限度发挥职能优势，更好地为地方经济保驾护航，更好地为广大人民群众服务，以推动区域经济转型、跨越发展。

一、以制度化建设为基础，全方位构筑基层工商行政管理制度体系

制度化建设是推进规范化、程序化、法治化建设的核心和基础，也是推进规范化、程序化、法治化建设的重要突破口。有些工作没有明确的制度规定，很多会在工作中形成一种自己的习惯作风，甚至会成为一些经验式的做法，但这些并不都是正确的，有些甚至可能是不合法的。因此，制定制度，可以明确自己的行为规范，时刻用标准来衡量自己工作的得失，让大家明白什么可以做，什么不可以做，该怎么做，通过制度来树立正确的导向。

比如，查处取缔无照经营和解决流通领域食品安全一直是我省的工作

重点，特别是对于像我区这样以农村市场为主的地区，这两项工作更显重要，而且难度更大。我们结合省政府制定的《关于完善查处取缔无证无照经营行为长效工作机制的意见》，以健全经济户口为目标，以有证有照为前提，发挥基层工商所作用，制定了更为适合我区特点的各项制度，将工作责任到人，落实到位，取得了令人满意的效果。同样，在实现乡镇以上食品经营户索证索票、进货台账"两个100%"和无照经营"一个彻底解决"基础和省工商局"九个100%"的目标中，我局更是以制度作为衡量工作好坏、年终考核的重要标准。

我们还结合登记服务工作实际，建立核准名称提示制度、新型企业登记指导制度、名称核准反馈管理制度、登记疑难问题会商制度、工商联络员制度、登记服务质量评价机制等方面入手，提高登记服务工作质量，使登记服务从过去的服务设施、服务态度的低层级服务拓展到服务质量、服务内容为主的高层级服务上来，实现登记服务质的转变。

我们还通过制定和完善一系列的制度，将平时的工作纳入到正常的轨道之中，实行用制度管权、管事、管人，实行每月一次的工作例会制度，实现了局务公开，阳光操作，形成了一种良好的工作氛围。

二、以规范化建设为依托，切实提高服务科学发展的能力

规范化是指用制度去对市场监管行为进行统一约束和规范，它要求每名执法人员在执法过程中都应严格遵守制度及其程序。加强基层工商机关规范化建设，是一项十分重要的基础性工作。工商所作为市场监管的主力军，必须要通过完善的工商法规体系、严格的执法制度、较高素质的执法队伍来严格规范执法行为。要按照法律法规所规定的程序和要求，依法履行职责。

市场监管是工商部门职责履行的重要内容，而确保市场消费安全又是监管工作的重中之重。一方面规范执法行为，另一方面规范12315行政执法体系建设，结合日常监管信息综合情况，参照企业信用分类监管标准，对商品市场分类进行监管，进一步规范消费维权体系。

在省工商局提出的"六有六做到"规范化标准基础上，我们做到了：有良好的办公环境，场所适宜，环境整洁，设施齐全，功能完备；有健全的工作制度，政务公开，首办负责，并联审批，当场办结；有严格的登记程序，实行一次告知，一审一核，审核合一，便民高效；有优良的执法队伍，政治合格，爱岗敬业，业务精通，技能熟练；有过硬的工作作风，依法行政，文明执法，廉洁自律，勤政务实；有完善的监督机制，做到群众评议、效能监察、绩效考核、过错追究。

我们在省、市工商局的统一领导下，进一步规范基础设施建设，推进工商所规范化建设，通过规范基础设施建设和执法装备标准，逐年提高基础设施建设水平，创造良好的工作环境，并且通过规范工商文化建设，引导职工树立了坚定的理想信念和正确的世界观、人生观、价值观，确立了执法为民、依法行政的工作理念，树立了良好的执法形象。

三、以程序化建设为保障，切实提高工作效率、管理和服务水平

程序化就是要求市场监管执法过程中坚持法律法规所规定的程序、方法和步骤，确保工商机关按照法定程序行使权力，履行职责，同时有效提高工作效率、管理和服务水平。

严格登记管理程序。严格按照法律法规规定的程序办理登记注册等事项，防止随意增减程序，对常规性的企业登记注册事项，严格实行一审一核制，对企业名称预核准和企业年检，严格实行审核合一制；对企业改制、变更登记以及登记注册中法律法规不明确、不具体、存在重大疑难问题的，实行局分管领导、企业登记注册部门负责人和业务骨干集体会审制度。所有企业登记注册都实现政务公开、阳光作业。

严格执法程序。强化分局机关内部制约，确保行政执法和市场监管行为做到主体合法、程序合法，在分局设立了案件评审委员会的基础上，工商所设立案件评审小组，配备了专职法制员，对大案要案实行集体讨论决定，提高了办案质量。

严格服务和办事程序。不断完善和改进办事程序，推行政务公开，实现提高工作效率、促进依法行政、依法办事的目的。

四、以法治化建设为根本，切实提高监管能力和执法水平

我们在日常工作中，始终牢固树立法治观念，把依法行政作为工商工作的灵魂，把依法治国、依法行政的理念贯彻落实到每一位执法人员的思想和行动中，坚持严格执行工商法律法规，正确履行工商职责。

针对分局公务员少、执法岗位人员严重欠缺的实际情况，我们大力加强公务员教育，努力培养公务员一专多能，尽量让每名公务员都能胜任不同执法监管岗位。

在工商所配备专门法制监督员的基础上，我们还努力做好执法指导、规范执法行为，严格落实执法责任制和责任追究制。在加强执法指导方面，我们努力加强部门间沟通联系，积极向政府法制办、法院、检察院等部门对专业案件或疑难、新型案件进行请教和交流，形成共识后，对具体的行政执法进行指导，避免行政争议和行政诉讼案件的发生。在规范执法行为上，我们要求执法人员对行政相对人、执行法律要切实做到公平公正，符合法律法规要求，严格按照规定程序办案，不随意简化、省略程序。在执行严格落实执法责任制和责任追究制基础上，我们坚持做到有诉必接，有案必查，查必有果。

工商部门的创先争优，事关国家经济发展，事关广大人民群众的幸福安康。我们每名工商人应该把思想真正统一在省委部署上来，统一到袁纯清书记讲话精神中来，统一到省工商局安排部署上来，从自身做起，从小事做起，文明监管，严格执法，求真务实，创先争优，以工商正规化建设推进区域经济转型跨越发展，为山西的经济腾飞贡献自己的一份心力。

增强"三意识"
服务促跨越

清徐县工商局党组书记、局长　赵建伟

思想解放的程度，决定着经济发展的速度，决定着社会进步的程度。袁纯清书记的讲话站得高，看得远，"以清新之风、务实之言"提出了当前乃至"十二五"时期山西发展的目标、思路和举措，更为清徐转型发展、跨越发展进一步指明了方向。学习贯彻袁纯清书记讲话，立足职能全力促进清徐转型跨越发展。

"解放思想、创新工作、服务转型、促进跨越"是袁纯清书记讲话的重要核心，工商行政管理部门作为市场监管的守卫者，就是要把学习贯彻讲话精神与如何发挥好工商职能紧密结合，切实增强做好工商工作的紧迫感、责任感和使命感，抓住机遇，乘势而上，开创工作新局面，努力实现清徐经济更好更快跨越式发展。

一、解放思想、创新观念，进一步增强大局意识、服务意识、创新意识

袁纯清书记指出实现转型发展，首先是思想要转型，只有解放思想才能创新举措。因此，工商部门就要从条管体制意识中解放出来、从传统执法行为中解放出来、从守成求稳的心态中解放出来，要充分发挥工商行政管理职能作用，结合实际创造性地开展工作。要自觉地服务于清徐县的工业新型化、农业现代化、特色城镇化、城乡生态化和"四区两园"的建设和经济社会发展。切实做到监管与发展、监管与服务、监管与维权、监管与执法的统一。

努力实现监管领域由低端向高端的延伸、监管方式由粗放向精细转变、监管方法由突击性向日常监管规范转变、监管手段由传统向信息化转变。在牢固树立服务转型上敢于建功立业，在创新监管上敢于领先一步，各项工作敢于争创一流，以战略的思维，敢闯的勇气，学习的自觉，努力建设高素质的队伍，实现高效能的监管，达到高质量的服务。

二、发挥工商职能作用，服务地方经济发展，采取有力措施，全力促进转型跨越

促进地方经济发展是工商行政管理部门的根本目的，工商机关不仅仅是市场秩序的监管者、消费权益的维护者，更是培育市场主体的服务者、经济发展的促进者。我们要继续开展"千名工商进万户企业帮扶活动"，全面实行企业登记绿色通道工程，进一步深化行政审批制度改革，简化、

公开审批程序，提高办事效率，开展明察暗访，打击强买强卖，营造良好政务环境、市场环境。

积极推进"品牌兴县"工程，实施商标战略，促进全县经济由能源型向品牌型经济的转变；从进行抵押登记、开展商标质押等方面服务企业融资，把好准入关口，提供准入服务，努力促进非公发展，创新招商力度，提升服务效能，推进五农工程，做好红盾护农、商标兴农、合同帮农等工作，努力促进社会主义新农村建设。

三、强化市场监管，维护市场秩序，为转型跨越发展营造规范有序的市场环境

市场稳定是转型发展的安全保证，也是转型发展的重要保障。清徐县工商局将始终牢记监管责任，履行监管职责，加大监管力度，创新监管机制，维护良好市场秩序。要继续把强化流通环节、食品安全监管作为市场监管的重中之重，以推行"一专三员"来实现流通环节食品安全工作横向到边，纵向到底的网格化监管模式。推行"三个到位"措施，实现"三个保障"目标，切实维护农村食品消费安全。不断创新措施方法，防范监管风险，确保市场安全和监管安全；继续抓好打击无照经营、非法传销、合同欺诈、商标侵权、虚假广告、商业贿赂、治理超限超载等专项执法行动。深入开展信息化建设，切实提供监管和执法的信息化水平，维护市场秩序，促进和谐稳定；继续深入开展创先争优活动，以"服务人民、奉献社会、促进和谐"为宗旨，关注民生，倾力为消费者排忧解难，及时维护消费者合法权益。

我们将继续解放思想，立足工商职能，在发展中促转型，在转型中谋跨越，为"十二五"期间"三年再造一个新清徐"，争当太原都市圈转型跨越发展的先锋部队，作出积极的贡献。

解放思想 真抓实干
推动地方经济跨越发展

阳曲县工商局党组书记、局长 白海鸿

通过认真学习省委书记袁纯清在全省干部大会上"以转型发展为主线，为实现山西经济社会跨越发展努力奋斗"为主题的重要讲话，深刻领会讲话的精神实质和内涵，感触颇深。袁纯清书记的讲话，高屋建瓴地指出了山西发展中存在的诸多差距和不足，吹响了解放思想、转型发展、跨越发展的集结号。作为行政执法部门，只有真正解放思想，坚持创新发展和服务转型，切实做到监管与发展、监管与服务、监管与维权、监管与执法的统一，才能更好地担当起整顿和规范流通领域市场秩序，维护经济社会健康发展的重任。

一、解放思想，以勇于创新的精神，在三个方面转型发展

解放思想是一个老话题、新课题，也是一个永恒的主题。袁纯清书记说："思想的大门打不开，发展的大门也打不开。思想有多远，发展就有多远。"思想解放的程度，决定改革的深度、开放的力度、发展的速度。工商行政管理机关随着市场经济体制的建立恢复建制以来，能够不断地发展、完善并取得今天的成就，解放思想就是"总开关"。如今，我们更加迫切需要以更大的勇气、更大的力度和更大的深度来推动思想解放，进一步理清发展思路，着力把工商干部的思想统一到转型发展和跨越发展上来。

1. 思想观念转型

转型发展，首先要思想观念先转型。我们要敢于打破常规，与习惯思维挑战，与传统观念决裂，坚持与时俱进，用转型的理念指导发展，用"亲民"、"关民"、"为民"的理念营造工作环境。思想观念转型，关键要有敢闯敢拼的胆识，敢于突破自我。可以说，只要有利于发展，只要能够发展，就没有不敢想的事，没有不敢干的事，没有干不成的事。就要"跳起来构想，跑起来实践"。

思想观念转型，还表现为永不满足的执着追求。深刻反思，我们还普遍存在着惟书惟上、思维传统、理念陈旧、创新不够、容易满足、行动迟缓等问题。我们必须冲破陈规陋习，以敢想敢干的勇气，以顽强拼搏的劲头，只争朝夕，积极寻求加快发展的新办法，闯出跨越发展的新路子。

2. 监管机制转型

随着市场经济的发展，市场竞争不断增强和国内市场国际化程度的提高，加大了市场监管的难度，监管职能转型迫在眉睫。必须加快推进"四个转变"，创新监管机制，提高监管效能，实现传统监管向科学监管的转型。

监管机制转型，要以提高市场风险防范能力和控制能力为目标，探索长效化、精细化、现代化的长效市场监管机制。一是完善属地监管机制。通过辖区网格化监管、行业专业化监管、重点对象定向监管等措施，构建立体动态监管体系，切实提高对辖区市场秩序的管控力。二是完善分类监管机制。以市场主体信用状况、行业风险、市场分类为基础，对监管对象进行细化，针对不同类别，实行差别化监管措施，构建多方位、多层次的分类监管体系。三是完善互动监管机制。切实加强内部各业务条线之间的纵向互动和所与所之间的横向互动，加快形成整体工作合力；加强与其他相关部门之间的联动协作机制，建立行政监管、行业自律、社会监督、群众参与相结合的监管体系。四是完善人性化监管机制。坚持刚性监管与柔性管理相结合，运用行政告诫、行政建议、行政指导等非强制性、非处罚性的管理方式，化解执法矛盾，建立和谐的新型监管关系。五是完善科学监管机制。充分运用现代化的信息技术来创新和强化监管手段，开通网上登记、网上年检、网上办案。

3. 队伍作风转型

适应工商工作转型的需要，必须坚持内强素质、外树形象，扎实有效地推进工商干部队伍思想政治建设、队伍能力建设和执法体系建设。一抓党风廉政建设与政风行风建设。深入开展反腐倡廉教育，扎实推进工商廉政文化建设。完善领导干部、执法人员述职述廉制度，规范行政审批、行政执法行为。二抓学习型工商建设。以提高履职能力为目标，通过专题讲座、全员培训、岗位练兵、执法能力比武等手段，提升队伍素质。三抓岗位配置。实施痕迹管理，对每个工作岗位都制定具体的职位目标和职责，细化工作流程，人员定职定岗。四抓依法行政。实现公开公正公平的"阳光执法"体系，完善案件评审制度，增强办案的公开公正性，实现对案件的全程管理，保证执法及时到位。规范执法程序、执收处罚行为、实行执法定罚、督察分离机制。制定行政处罚合理裁量制度，执行"首次不罚"原则，实现对企业规范和引导的双赢。

二、放胆争先，以真抓实干的精神，在三项工作中有所作为

袁纯清书记指出："要求真务实，努力形成真抓实干的良好氛围。实干兴邦，空谈误国。"维护市场秩序，促进地方经济转型发展、跨越发展是工商行政管理工作的根本目的。阳曲县经济发展相对落后，要想搞好阳曲经济建设，必须坚持真抓实干。只有大干快上，才能逐步缩小同发达地区的差距。只有充分发挥出抓发展的拼劲、干大事的狠劲和不达目的不罢休的韧劲，不畏难、不怕苦、不嫌累，埋头实干，才能实现大步跨越、科学发展。

1. 在促进市场主体大发展上有所作为

工商部门肩负助推地方经济发展职责，要把创优地方发展环境放在工作首位。一是放宽准入。在法律法规允许的范围内，尽力放宽市场准入条件，放宽出资登记、主体登记，放宽名称核准、经营范围、场所，落实优惠政策；简化审批程序和办事环节，实行急事急办、特事特办、有困难上门办和重要事现场办的"四办理"原则，为企业提供最优、最好、最快服务，为投资创业提供便利环境。二是支持企业争创"守合同重信用"企业和全省百家信用企业，引导公司制企业利用资本公积金、盈余公积金、未分配利润转增资本；鼓励投资人以知识产权等非货币财产出资设立企业。三是全面提高服务效能。实施审批提速，缩短办理期限，在窗口推行预约服务、超时默认制度。对下岗人员、高校毕业生、残疾人员、退役军人和返乡农民工严格落实优惠政策，开辟"绿色通道"，提供法律法规和相关信息咨询，努力形成全民创业的良好氛围。

2. 在推动"品牌兴县"工作中有所作为

实施品牌战略，促进地方经济转型发展。推动转型发展，主要突破口是提高企业自主创新能力，其关键是科技创新，标志是品牌带动。一要加大宣传力度，典型引路，积极培育和引导经营者树立品牌意识，调动其发展注册商标，争创著名、驰名商标的积极性。二要推动品牌创新，搞好服务，开展商标运用状况普查，指导企业制定实施商标战略，支持企业利用"品牌"走出去。对申请商标的企业开展实时跟踪指导。三要强化市场监管，增加商标案件移送的可操作性，加大对假冒侵权行为的打击力度，保护商标持有者的合法权益。四要帮助企业实施广告战略，搞好广告策划。

3. 在服务社会主义新农村建设中有所作为

深入开展"五农工程"，以农民专业合作社为牵引，以农村经纪人为纽带，以合同帮农、商标兴农、红盾护农为载体，促进农村经济繁荣稳定。一是探索引导规范农民专业合作社的新型监管模式，促进农民专业合作社健康发展。二是加强农村经纪人管理，建立经纪人跟踪服务制度。三是帮助、扶持龙头企业做大做强，带动周边农民共同致富。四是抓好特色农业的品牌创建，指导注册商标的管理和使用，把地区的资源优势转化为经济优势和竞争优势，积极促进农民增收。五是强化农资市场长效监管，推广农资监管信息化系统，建立重要农资商品数据库，加大查办农资案件力度。

"高度决定视野，角度改变观念"，"转型迫在今天，跨越时不我待"。袁纯清书记的讲话分析问题精辟入理，谋划未来登高望远，体现了科学发展观的根本要求，体现了解放思想、与时俱进的创新精神。只有深刻理解袁纯清书记的讲话精髓，进一步解放思想、放胆争先，才能以更加宽阔的视野谋划发展、开拓未来，用全新的思想意识、全新的执法理念、全新的服务观念，推动地方经济实现大发展、大跨越。

积极发挥职能作用
全力促进转型跨越

娄烦县工商局党组书记、局长　王晋生

　　2010年7月29日，省委书记袁纯清在全省领导干部大会上作了题为"以转型发展为主线，为实现山西经济社会跨越发展努力奋斗"的讲话。袁纯清书记的讲话描绘出了指导推动山西当前及今后一段时期转型发展、跨越发展的总的纲领和宏伟蓝图，也给广大干部职工为我省经济结构转型建功立业提出了新要求，制定了新目标。作为市场监管和行政执法的工商部门，要在转型中有作为、在发展中立地位，主要应从以下几方面下工夫。

　　一、进一步解放思想，增强大局意识、服务意识、创新意识

　　袁纯清书记指出：思想的大门打不开，发展的大门也打不开。实现转型发展，关键是干部要转型。干部转型，首先是思想要转型，从工商部门来讲就是要求做到：从传统监管理念中解放出来，做到监管与发展、监管与服务、监管与维权、监管与执法的统一，主动为企业闯占市场给予行政指导、提供优质服务。从传统监管方式中解放出来，努力实现监管领域由低端向高端延伸，监管方式由粗放向精细转变，监管方法由突击性向日常规范监管转变，监管手段由传统向信息化转变，进一步提高市场监管执法效能。从传统执法行为中解放出来，在严格执法中更加注重抓治本、抓规范、抓信用建设，实现预防在先、长效监管。从守成求稳心态中解放出来，牢固树立服务转型敢于建功立业、创新监管敢于领先一步、各项工作敢于争创一流的理念，以世界的眼光、战略的思维、"结合"的本领、敢闯的勇气、学习的自觉、高尚的操守，努力建设高素质的队伍，运用高科技的手段，实现高效能的监管，达到高质量的服务。

　　二、积极发挥职能作用，全力促进转型跨越

　　工商机关不仅仅是市场秩序的监管者、消费权益的维护者，更是市场主体的服务者、经济发展的促进者。我们要紧紧围绕转型发展这一主线，以引深推进帮助服务企业大行动为抓手，发挥职能作用，加强行政指导，采取措施，全力促进转型跨越发展。

　　1.全力促进企业健康发展。从企业注册登记、品牌兴企战略、合法权益保护、合同文本规范、信用自律建设、解决融资困难、规范经营行为等方面开展帮扶行动，了解存在困难，帮助解决问题，给予行政指导，确保收到实效。

2. 全力服务新农村建设。深入开展红盾护农行动，积极引导农业生产经营者运用农产品商标和地理标志增产增收；推广农业合同示范文本，严厉查处涉农合同欺诈行为；大力培育支持农村经济人、农民专业合作社的发展。

3. 全力服务政府决策和区域发展。坚持服从地方政府的领导，充分发挥工商部门的资源优势，加强与政府部门和重点企业的沟通和配合，积极扶持就业，切实维护社会稳定。

4. 全力推进信用体系建设。全面推行经济户口和一会两站管理电子台账；制定经营者信息归集、信用分类试行办法，初步建立信用信息库；全面实行网格化管理和分层分类监管，并逐步完善相关运行机制。

三、强化市场监管，为转型跨越发展营造规范有序的市场环境

1. 加大市场监管力度，强化执法办案工作，严厉打击各类市场违法违规行为，净化市场，维护消费者权益。

2. 加快推进12315品牌建设。继续推进12315机制体制和"一会两站"网络建设，将12315建设成为工商部门与广大消费者和人民群众信息互动的平台、成为工商部门畅通民意的平台、成为工商部门接受社会监督和听取群众意见的平台、成为工商部门解决人民群众最关心、最直接、最现实利益问题的平台。

3. 加强消费维权教育。为群众提供食品安全、消费警示、消费投诉、商品信息、致富信息和再就业优惠政策等信息。

雄关漫道真如铁，尔今迈步从头越，摆在我们面前的是山西经济转型发展的新命题，是跨越发展的新思路。袁纯清书记在这次讲话中指出，转型发展干部是关键。这就要求我们沉下心来，以困难和题目为牵引，以解决工作中的瓶颈题目为动力，以实践锻炼为基础，以工作方法创新为重点进行思考，提升自身各方面能力，牢牢把握"把发展作为第一要务，把安全作为第一责任，把关注民生作为第一要义"的三个始终要求和"勤政为民、公道为政、廉洁为官"的重要指示精神，带头讲政治、顾大局、守纪律、恪尽职守，改造思想，团结合作，奋力拼搏，努力在这场转型发展中实现新跨越。

深入推动"创先争优"活动
全力服务转型跨越发展

古交市工商局党组书记、局长 杨鑫亮

古交市工商局在"创先争优"活动中，以科学发展观为统领，密切联系实际，认真学习贯彻省委书记袁纯清"讲话"精神，紧紧围绕转型、跨越发展、继续推进"五增五创"工作主题，坚持"务实、创新、服务"理念，为服务古交市经济发展做出积极贡献。

一、提高服务质量，帮扶企业解决实际困难

积极履行职责，充分发挥职能作用，在帮扶企业活动中创环境，开绿灯，简程序，提供优质的登记注册服务。坚持上门年检、集中年检、预约年检，千方百计为企业、个体户提供方便快捷的服务。一是为西山煤电集团27户企业上门集中年检，11次为五大集团公司上门办理变更年检。二是在为华润、金业集团公司、省煤运和古交市五大经济板块兼并、改组改制中，局领导和职能科室充分发挥职能作用，为企业投产运行做出竭尽全力的帮扶。三是古交市兴达化工厂因经营管理不善，多年来未参加年检，无人过问，职工因无业多次上访，局领导和企业注册监管科几经周折，多方协调，为该企业重新登记注册，30余名职工的就业问题得到解决，对此古交市政府领导给予充分肯定。四是为古交供销联合社发展87户农家店并集中规范了手续。五是多次陪同古交市公交公司负责人赴太原市工商局和相关部门沟通、协商，为公交公司恢复营业执照，使其在短期内投入营运。六是几经周折，多次和省城相关单位联系、协调，帮助矾石沟和千峰两大企业办理了相关手续，使其恢复正常生产经营。七是主动为企业办理抵押登记21起，金额达19亿元。

二、宣传发动，扶持农民发展种植养殖业

古交市地处山区，地域广阔，沟多、坡多、圪梁多是古交市一大独特的风景线，有发展种植、养殖业得天独厚的自然条件。生存在这块土地上的农民在党的"三农"政策指引下，利用资源优势，发展种植、养殖业，逐步摆脱贫困，奔向小康。但这种一家一户，个体的经营方式已不适应现代农业高产、优质、高效和生态安全的要求，凸显出力量薄弱、资金短缺、风险增加、资源利用率不高等弊端，严重地阻碍着继续发展。针对实际情况，局党组组织全体共产党员和干部职工以工商所为单位，深入到辖区农村宣传联户合作成立农村种植、养殖专业合作社的优越性，并推广了成拉旺无公害蔬菜种植专业合作社、冀三洞益牧养殖专业合作社、张锁鱼雨霖润田林牧专业合作社发展种植养殖的成功经验，组织农户现场参观学习，激发广大农民成立农村种植、养殖专业合作社的热情和积极性。

在支持和帮助农民发展种植、养殖专业合作社的工作中，每位工商人员做到了诚心诚意热情服务，实实在在提供方便。一是加强了与古交市农经处、畜牧局、乡、镇等单位的联系、沟通，为农民在经营场地、登记注册、筹集资金等方面提供便利，给予支持。二是工商局企业注册大厅开设绿色通道，提供优质服务，并设立了流动服务岗，为经营者填写表格，起字号名称，咨询服务，提供全程服务。三是对农村种养殖专业合作社免收登记费、工本费。四是帮助种养殖专业合作社解决供电、通电话、资金短缺等实际问题，先后通过与农经处、信用社、电业局和农业银行等部门联系、协商，向古交邮储银行提供了32户信用商户，帮助八户起步困难的种植养殖专业合作社解决贷款和项目扶持资金50余万元。通过这些具体的工作有力地推进了农村专业合作社的发展速度。农村专业合作社由2006年的5户发展到408户，种植养殖有限公司38户，种植养殖独资企业50户，农村种植、养殖业的发展促进了农民脱贫致富和加快了社会主义新农村建设步伐。

三、实现古交市注册商标零的突破

加大保护知识产权和商标战略的实施力度，加强商标行政保护工作。认真落实"品牌兴市、品牌兴企、品牌兴农"的战略，用版面形式对古交市近年来发展的29件品牌作了深入广泛宣传。经过几年努力工作实现了古交市注册商标零的突破。我局培育、扶持和帮助引导企业争创著名、驰名商标，运用商标，不断增强自主创新和竞争能力。帮扶企业注册商标46件，截至目前已注册36件，帮助成拉旺德盛全种植有限公司"净苑牌"蔬菜申请注册省著名商标1件，突破古交市没有著名商标的历史。对专营专卖店进行了专项整顿治理，共检查28户，查处3户没有专卖授权书的企业。以保护涉农商标、地理标志商标、企业药品商标、涉外商标为重点，加强对专卖店、商场、超市、商品商标的宣传发布，企业商标代理行业的监管，查处商标侵权案15起，严厉打击商标侵权行为，有效地保护了知识产权和商标专利权。

四、在转型跨越发展中再立新功

省委提出的推进全省转型发展、跨越发展的奋斗目标和中央确定我省资源型经济转型综合配套改革试验区的英明决策是激励我们迈向新征程，共创美好未来的难得机遇。我们要牢牢把握科学发展这一主题，在转型跨越发展征程中充分发挥工商职能作用积极履行职责。

一是解放思想，转变监管理念和监管方式。一要从条管体制中解放出来，把工商行政管理工作放到古交市委、市政府的工作全局中去思考，更加自觉地服务古交经济社会发展，并做出更多更大贡献。二要从传统监管理念中解放出来，做到监管与发展、监管与服务、监管与维权、监管与执法的统一。三要从传统的监管方式中解放出来，进一步提高市场监管执法效能。四要从传统执法行为中解放出来，破除为执法而执法、为办案而办案的观念，树立执法是手段、规范是目的理念。五要从守成求稳心态中解放出来，围绕转型、跨越发展，牢固树立服务转型、监管创新、各项工作争创一流的理念，努力建设高素质的队伍，实现高效的监管，达到高质量的服务。

二是创新工作，促进转型、跨越发展。一要提升服务水平，营造创业就业环境，努力促进各类市场主体快发展，大发展，为此要充分发挥工商职能，大力营造良好投资创业环境，进一步激发投资的活力、创业的活力、发展的活力。二要全力促进非公有制经济大发展，认真贯彻落实国务院《关于鼓励和引导民间投资健康发展的若干意见》36条和非公"36条"，对民营资本放开投资领域，结合古交实际，进一步落实好党和政府对非公有制各项政策，放宽准入、加强引导、推进创业，使古交市非公企业继续保持快速增长的好势头。

三是服务转型，营造规范有序的市场环境。一要进一步强化流通环节食品安全监管，以推行"六查六看"，完善"八项制度"为重点，认真落实流通环节食品安全监管的各项规章制度，不断提升食品市场、日常监管制度化、规范化水平。二要继续抓好各类专项执法行动，加大反不正当竞争执法力度，反垄断重点案件查办力度，深入治理商业贿赂工作，严厉打击"傍名牌"行为，强化商业秘密行政保护，加大广告发布环节监管，加大"无传销社区、村镇、学校"创建力度。

四是狠抓队伍建设，加强政治理论、业务技能的学习、教育、培训。一要严格学习制度，不断提高执法人员的政治觉悟、业务水平，为转型跨越发展奠定良好基础。二要建立完善激励机制，弘扬正气，把老实肯干有为的人放到重要岗位，营造干工作干事业光荣的氛围。三要继续抓好党风廉政建设和作风建设，严格执行"廉政准则"、国家工商总局"六项禁令"、省纪委"五不准"、市纪委"八条禁令"、省工商局的"约法三章"、"八条禁规"，引深廉政风险点防范管理，加大政务督察、执法督察力度，形成按制度办事，靠制度管人的局面。

随着市场经济发展变化新形势，工商部门任务越繁重而艰巨，责任越重大，要求越高，我们要大力弘扬右玉精神，把创先争优成果落实到服务转型、跨越发展上来，以更加饱满的工作热情，求真务实的工作态度不断创新工作思路，开拓进取，狠抓落实，为促进古交市经济社会转型、跨越发展再创佳绩，再立新功。

立足工商职能　用心服务企业
全力促进高新区转型跨越发展

太原高新技术产业开发区工商局党组书记、局长　段贵龙

　　袁纯清书记在全省领导干部大会上发表的重要讲话高屋建瓴、求真务实，从山西省情实际出发，指明了当前乃至"十二五"时期我省经济社会发展的目标、思路和举措，进一步明确了我省转型发展、跨越发展的目标定位。讲话振聋发聩，鼓舞斗志，振奋人心，为更好地开展工商行政管理工作，实现转型发展指明了方向和道路。

　　学习贯彻袁纯清书记重要讲话精神，就要结合工商行政管理实际，认真领会"解放思想、创新工作、服务转型、促进跨越"的深刻内涵，充分发挥好工商职能，切实增强做好工商工作的紧迫感、责任感和使命感，作为地方工商行政管理部门，就要以袁纯清书记的讲话精神为指导，深入开展"创先争优"活动，努力实现高新区经济更好更快转型跨越发展。

　　一、解放思想，创新观念，进一步增强服务意识、大局意识、创新意识

　　袁纯清书记指出，实现转型发展，关键是干部要转型；干部转型，首先是要思想转型。只有解放思想才能创新举措。我们要把袁纯清书记的讲话精神与当前深入开展的创先争优活动有机结合起来，以活动贯穿精神，以精神推动活动，同时以活动为载体，结合工商行政管理工作的实际和高新区的经济特点及经济环境，更好地服务高新区经济发展。解放思想就要认真贯彻落实科学发展观，努力做好"五个解放"：从条管体制意识中解放出来、从传统监管理念中解放出来、从传统监管方式中解放出来、从传统执法行为中解放出来、从守成求稳心态中解放出来。既要进一步提高执行力和公信力，立足工商职能，结合实际创造性地开展工作，更要自觉地把工商工作放到高新区党工委的工作全局中去思考，更加自觉地服务区域经济发展。牢固树立服务转型敢于建功立业、创新监管敢于领先一步、各项工作敢于争创一流的理念，大力加强党组织建设和党员队伍建设，充分发挥党组织的战斗堡垒作用和共产党员的先锋模范作用，进一步增强服务意识、大局意识、创新意识。努力做到"五个好、五带头"，发挥好基层党组织的战斗堡垒作用，切实把广大基层党员干部的积极性、创造力凝聚到转型、跨越的实践中来，努力建设高素质的队伍，实现高效能的监管，达到高质量的服务，全面推进创先争优活动的深入开展，全力推进创新型高新园区的建设。

二、立足职能，服务转型，亲商、重商、富商、扶商助发展

促进地方经济发展是工商行政管理工作的根本目的。工商机关不仅仅是市场秩序的监管者、消费权益的维护者，更是培育市场主体的服务者、经济发展的促进者。学习贯彻袁纯清书记的讲话精神，就要立足当地实际，立足工商职能，深入开展"创先争优"活动，进一步创新服务方式，提升服务品质，着力创建服务型机关。太原高新区民营经济活跃，高新技术产业密集，外资企业陆续入驻，工商行政管理部门作为市场主体的服务者，就要结合高新区的经济特点和招商引资环境，树立"亲商、重商、富商、扶商"的服务意识。以优质的服务赢得投资者的信任，增强投资者在开发区创业、兴业的信心。一是以深入开展"千名工商干部进万家企业帮扶活动"为抓手，全面实施企业登记绿色通道工程，促进创业就业。按照国家工商总局"四个统一"的要求，进一步深化行政审批制度改革，规范企业登记注册行为，落实"一审一核"制，简化审批程序；进一步推行政务公开、首办责任、限时办结和过错追究等制度，降低准入门槛，推进公平竞争；进一步优化发展环境，提高办事效率，提供优质服务，特别是对投资规模大、科技含量高、市场前景好、对相关产业拉动性强的项目，实行从名称审核、前置审批到注册登记的专人跟踪服务，对企业进行前期注册登记辅导，使企业如期顺利的落户园区，优化投资环境，促进园区转型跨越发展。二是进一步推进"品牌兴区"，实施商标战略，引导和帮助企业运用商标开拓市场、扩大影响、做大做强。针对太原高新区内高新技术企业多，发展快的特点，深刻学习领会袁纯清书记讲话精神，大力实施"品牌兴区"战略，着力推进驰名商标、著名商标、注册商标三大方阵建设，切实抓好品牌服务、品牌扶持、品牌维护和品牌宣传，促进高新区经济转型跨越发展。继续深入开展商标品牌创建活动，采取更加有效的措施，加强对企业实施商标战略的跟踪指导和上门服务。加大商标专用权保护力度，肩负起维护商标权的重任，严厉打击侵犯驰名商标、著名商标专用权的违法行为。三是进一步强化市场监管，维护市场秩序，为转型跨越发展营造规范有序的市场环境。市场稳定是安全发展的重要组成，也是转型发展的重要保障。工商行政管理部门作为市场监管者，要深入贯彻落实袁纯清书记讲话精神，进一步加大监管力度，创新监管机制，维护良好市场秩序。四是继续把强化流通环节食品安全监管作为市场监管的重中之重，以推行"六查六看"、完善"八项制度"为重点，不断创新措施方法，防范监管风险，确保市场安全与监管安全；继续抓好打击无照经营、非法传销、合同欺诈、商标侵权、虚假广告、商业贿赂等专项执法行动；深入开展"信息化建设推广应用攻坚年"活动，切实提高监管执法的信息化和数字化水平，维护市场秩序，促进和谐稳定；加强自身建设，提高贯彻落实科学发展观的能力和水平，积极推进行政审批服务大厅、基层工商所、12315消费者申诉举报中心窗口规范化建设；关注保障民生，以"服务

人民、奉献社会、促进和谐"为宗旨，维护消费权益，倾情、倾心、倾力为消费者排忧解难，及时维护消费者合法权益。

三、自觉学习，提高素质，加强自身建设，高效、廉洁、用心为企业服务

袁纯清书记在一系列调研活动中反复强调："在新理念、新知识、新技术不断涌现的今天，要加快转型步伐、实现跨越发展，必须重视学习、加强学习，促进干部素质提升的新跨越。"实现发展转型，关键是干部要转型，这就要求我们要有世界的眼光、有战略的思维、有敢闯的勇气、有"结合"的本领、有学习的自觉，做一名学习型、知识型、实干型的干部。作为工商行政管理部门，要努力建设学习型党组织。

围绕转型发展这一主线，引导广大干部在全面学习提高综合素质的基础上，特别加强新知识新本领的学习，以提升宏观指导经济社会发展的能力，尤其是具体组织转型发展跨越发展的能力；继续加强党风廉政建设，坚持标本兼治、综合治理、惩防并举、注重预防的方针，以"十个坚持"为指导，立足"六重六强"；继续巩固"作风整顿月"的成果并力争有所突破，以"为人民办事，让人民满意"为目标，改进服务，切实转变工作作风，树立正确的政绩观、名利观、权力观，增强廉政、效能、服务三种意识，做到勤思勤为不懈怠，脚踏实地不飘浮，谋发展、干发展、促发展。同时，结合工商行政管理职能，大力推行咨询服务、延时服务、上门服务、即时服务、规范服务，努力促进企业发展，活跃民间资本，助推高新区经济转型跨越发展。

袁纯清书记的讲话思想深刻，立意高远，内容丰富，部署全面，指明了山西发展的方向和道路。各级领导干部要认真学习贯彻讲话精神，深刻领会转型发展的必要性和重要性，切实把转型发展与工商职能结合起来，与完成全年任务目标结合起来，与加强党风廉政建设结合起来，与开展"创先争优"活动结合起来，努力创建先进型党组织，立足工商职能，用心服务企业，优化招商引资环境，全力促进高新区经济转型跨越发展。

营造"四环境" 服务当尖兵

太原市工商局民营经济开发区分局党组书记、局长 侯国防

"思想的大门打不开，发展的大门也打不开。思想有多远，发展就有多远。"——袁纯清书记的重要讲话对于指导工商部门做好当前和今后一个时期的各项工作，具有十分重要的意义。

"只有在服务发展大局中有作为，工商行政管理工作才会有地位。"在当前山西省大开放、大跨越、大发展的背景下，工商行政管理部门作为服务市场主体、服务经济发展的桥头堡、排头兵，必须将工作实际与袁纯清书记重要讲话精神，与开展"创先争优"活动相结合，主动提升思想意识、工作理念，充分发挥工商部门服务地方发展的职能作用，实现服务经济发展"两促进、两不误"。

一、进一步强化服务发展意识，营造文明高效的服务环境

工商行政管理部门是市场主体的准入者和监管者，其思想观念、服务意识、工作作风、执政水平和行政效率。从微观上讲，对市场主体的扩大、企业活力的增强至关重要；从宏观上讲，对落实国家宏观调控措施，调整产业结构、转变经济发展方式，也是不可缺少的重要手段。

1. 要迅速在全系统掀起新一轮的思想大解放，进一步强化"只有地方经济发展了，工商部门才能有更大的发展"的意识，努力把工商部门的登记注册、市场整治、合同监管、商标广告、公平交易等各项职能落实到服务经济加快发展上来，在工作中不断探索服务发展的新思路、新途径和新举措，切实增强全体工商干部为经济发展服务的本领和能力，着力提升服务的质量和水平。

2. 要始终把服务发展大局作为工商工作的主旋律，将服务地方经济发展作为工商部门开展工作的第一要务、第一抓手，毫不动摇地实施在发展与服务、执法与监管两个层面上让群众满足、企业满足、政府满足的"三满足工程"，深化"服务型工商"建设，变被动服务为主动服务，强化发展意识、服务意识、奉献意识，做到热情服务、规范服务、主动服务。

二、进一步明确服务发展重点，营造规范有序的市场环境

服务地方经济发展，其核心内容就是市场主体增量的问题。作为市场准入职能部门，工商部门能否找准履行职责和服务发展的结合点，促进市场主体快生、多生、优生，是当前工作的重点。

1. 全力服务招商引资和项目建设。要秉承服务理念新、服务质量优、企业有难帮、审批环节简、办事速度快的服务理念，及时提供法律法规咨询，落实重点企业跟踪服务机制。一方面，做好招商引资项目登记注册的事前、事中、事后服务，对地方政府确定的大型投资项目，要全程服务，重点扶持，开通绿色通道；另一方面，不断优化窗口服务，尽力做好招商引资的服务工作，继续推行首办负责制和"引导、延时、帮办、跟踪、预约"五项服务，从企业注册登记的服务向事前、事中、事后的全过程延伸，想业户之所想，急企业之所急，多措并举为经营者服务，全力支持招商引资项目发展。

2. 全力支持服务民营经济发展。我们要将发展市场主体作为当前工商部门的首要任务，积极营造宽松便捷的市场准入环境、公平守信的市场竞争环境、安全健康的市场消费环境。一是认真落实山西省人民政府办公厅关于促进全省个体私营等非公有制经济快速健康发展的实施意见，在法定职责和职能管辖范围内做到"五放宽"，即放宽企业名称的限制，放宽企业注册资金的要求，放宽经营场所登记条件，放宽经营范围限制，放宽主体资格条件；二是进一步加快推进市场主体准入一体化工作进度。实现登记审核程序再简化，登记办照审批时限再缩短，做到急事急办、特事特办，随到随办。同时，创新载体，大力开展"三进三促"活动，通过进高校、促进大学生就业，进农村、促进农民专业合作社发展，进社区、促进待业人员就业，实现市场主体与同期比、与全省比有较快增长的目标。

3. 全力推进商标名牌战略。我们要积极培育引导，激发企业创名牌的动力，按照"培育一批、扶持一批、推荐一批、储备一批"的原则，利用年检、巡查等时机，深入企业调研，宣传商标发展战略的重要意义，了解企业的经营状况、商标使用管理、广告宣传以及市场销售情况等各项指标，引导有条件的企业争创驰（著）名商标。对辖区内的优势产业、传统产业和有竞争潜力的企业，要择优列入商标战略发展规划，组织建立起衔接紧、后劲足、实力强的驰（著）名商标创建梯队。在此基础上，坚持突出重点、分类指导、认真把关，主动上门帮助企业准备驰名商标、著名商标及地理标志证明商标申报材料。

三、进一步提升服务发展质量，营造科学和谐的发展环境

工商行政管理部门是发展经济、发展企业的"入门处"，工作人员的服务意识、服务态度、服务水平如何，直接关系着辖区经济的发展。

1. 要以"为民、便民、利民"为宗旨，以群众满意不满意作为衡量工作的标准，以不断深化服务内涵、亮化服务形象、强化服务能力为重点，从细节着手，结合工作职能和岗位特点，严格规范工作人员语言、行为、着装、服务准则，完善服务承诺制和行为规范，全面推行"三、四、五、六"制度，即推进"三时服务"（准时服务、限时服务、延时服务）；落实"四办要求"（符合政策的坚决办、手续齐全的立即办、涉及各方的协调办、后续办理的预约办）；坚持"五零标准"（咨询沟通零距离、执法流程零障碍、服务质量零差错、规定之外零收费、服务行为零投诉）；实行"六项制度"（首问责任制、承诺服务制、AB 岗工作制、办事公开制、领导接访制、意见反馈制），不断增强队伍的公仆意识和服务意识，变被动服务为主动服务，为企业登记注册等工作提供优质服务。

2．要进一步积极履行职能，不断优化服务环境。一是推行"阳光执法"工程，进一步规范执法行为。严格执行检查准入制和处罚备案制，实行首次违规警示不罚制度；大力推进行政执法规范化建设，推行行政指导制度。全面规范自由裁量行为，按照行政处罚程序和操作规范，做到合法行政、合理行政，严格规范行政处罚行为。二是"阳光行政"工程，进一步规范服务行为。按照《行政许可法》和新《公司法》的规定，进一步完善规范窗口软件资料，统一公示办事流程、办事手续、服务承诺，最大程度地方便企业群众办事。三是推行"阳光监督"工程，进一步强化制度约束。坚持以强化执法监督为重点，认真抓好案件监督反馈、案件调查与定罚相分离、大要案件立案备案、重大案件案情通报等四项制度的贯彻落实。

四、进一步落实服务发展措施，营造快速发展的经济环境

如何体现工商部门在为地方经济发展做贡献，如何为广大经营者提供更加便捷、高效的服务？我们要紧紧围绕服务地方经济发展这一中心，谋对策、想招数、做实事，不断落实各项服务措施，全力服务市场主体的快速健康发展。

1．全力服务经济建设。树立"立足小岗位，服务大发展"理念，全力配合地方政府做好招商引资工作，及时向投资者提供政策咨询服务，大力宣传各项优惠措施，主动提前介入，提高办事效率，简化工作手续，全面实行繁事简办、急事快办、特事特办，不断提升服务水平，丰富服务内涵。

2．完善跟踪服务机制。建立健全回访制度，通过主动上门，实地了解企业的经营状况，诚恳听取企业经营者对工商部门工作的意见、建议，对企业提出与工商部门职能有关的问题能解决的就当场解决，不能解决的就给予政策上的指导。

3．实行服务关口前移。建立重点企业挂钩联系制度，对政府重点项目，落实专人负责跟踪服务，并采取定期及不定期走访企业、发放工商登记管理工作联系卡等有效措施，使企业随时掌握工商登记管理工作的政策、法律法规和工作动态。同时结合日常登记、企业年检的有利时机，积极引导企业实施商标广告战略，争创重合同、守信用企业，增强抗风险能力和提升市场竞争力。

4．切实贯彻优惠政策。认真执行政府及上级部门优惠和扶持企业发展的政策精神，引导企业通过股权出质和股权出资等途径拓宽融资渠道，扩大投资规模，实现企业做大做强。同时切实维护交易安全、交易公正、交易迅捷和竞争公平，有效支持地方经济的健康快速发展。

实现"七大突破"
服务转型　促进跨越

太原经济技术开发区工商局党组书记、局长　王满全

　　袁纯清书记在全省领导干部大会上的讲话，站在时代跨越的高度，以世界的眼光，战略的思维，全面应用科学发展观、为民谋福祉的人生观和政绩观，实事求是地分析了我省的优势和不足，深刻阐述了我省发展面临的机遇和挑战，提出了全省转型发展、跨越发展的奋斗目标、实现路径和保障措施。袁纯清书记的重要讲话既是对山西"十二五"时期总体发展战略的部署，又是激励全省人民共谋发展、共创未来的动员令和领航标！其理念之超脱，内容之丰富、症结之准确、路径之务实、谋划之清晰、理念之坚定，可以说前所未有。新思想、新理念扑面而来；新思路、新目标令人振奋；新举措、新谋略催人奋进；新核心、新信念搏动三晋。袁纯清书记的重要讲话为全省工商行政管理工作指明了方向，增添了动力，面临难得的发展机遇，我们要抓住"创先争优"活动这一契机，围绕省工商局提出的"五增五创"工作主题，实现"七大突破"，服务转型促进跨越。

　　一、创新发展思路、增强工作动力，在思想观念上实现大突破

　　工商行政管理部门作为政府行政执法和市场监管的职能部门，在促进转型发展、跨越发展中承担着重要使命。这就要求我们首先要解放思想，创新发展思路，进一步增强工作动力，在思想观念上实现大突破。

　　一是要做到省工商局要求的"五个解放"，树立服务大发展的坚强信念，提升服务大发展的勇气和魄力，做好服务大发展的思想准备，在服务转型、促进跨越中建立功业。二是要牢牢把握国家工商总局"四个统一"、"四个转变"和"四个只有"的工商行政管理理论内涵，在履行职责和服务发展结合上长本领，自觉地把工商行政管理工作放到太原经济区管委会工作全局中去思考，更加有效的服务我区经济社会发展，在创成绩、做贡献中赢得地位和权威。三是全局干部职工都要以敢想大发展、敢谋大发展、敢干大发展的气魄，勇挑重担、尽职尽责的负责精神，求真务实、奋力拼搏的实干精神，协调各方、凝聚力量的团结精神，事业为重、筑基固本的奉献精神；创新监管、敢于争创一流；干好各项工作，都要只争朝夕，做到敢干事、能干事、干成事、不出事。

　　二、创造良好环境、促进科学发展，在服务提质上实现大突破

　　服务市场主体、创优发展环境是工商部门的重要职责。只有提高服务

能力，提升服务水平，优化发展环境，才能促进招商引资，促进经济发展，要以最周到的服务创造最宽松的环境，叫响"太原经济区工商局政务环境好"这个大品牌。

实现服务提质就是要树立"有限管理、无限服务"的理念，在服务提质上做文章，在工作成效上论英雄，充分调动广大干部的积极性、创造性，努力提高服务市场主体大发展的能力。

实现服务提质就是要大力推进政务公开，建设阳光型工商。为经济发展多设路标，不设路障，多说怎么办，不说不能办，在服务中求发展，在服务中求业绩，在服务中求和谐，在服务中赢地位。

实现服务提质就是要执行好国务院发布的《关于鼓励和引导民间投资健康发展的若干意见》36条和省政府出台的《发挥工商职能作用，促进创业就业的实施意见》等5个"27条"基础上，进一步降低准入门槛，做到凡是法律未禁止的行业，都要向民营经济开放。

三、转变发展方式、增强竞争实力，在"品牌兴区"战略上实现大突破

品牌是企业自主创新能力的标志，是企业综合竞争能力的体现。中国需要实现由生产大国向品牌大国转变，山西要实现由资源型经济向品牌经济转型，品牌越来越成为一个地区经济实力的象征。

在实现转型发展、跨越发展进程中，要转变发展方式，大力推进"品牌兴区"战略，增强竞争实力和可持续发展后劲。一是要根据我区产业结构实际情况，制订"十二五"商标战略发展规划，使全区商标意识明显增强，注册、运用、保护和管理商标的能力明显提高。二是加大商标注册推进力度，广泛开展"一企一标"商标注册活动，力争全区商标年申请量、有效注册商标总量取得突破性、飞跃性增长。三是加大行政指导力度，扶持企业争创山西省著名商标和中国驰名商标，增长率实现30%。四是积极参加山西省工商局举办的品牌展示活动，推出一批品牌企业，树立一批品牌形象，推进品牌战略大发展。

四、推动金融创新、激活民间资本，在服务企业融资上实现大突破

推进转型发展、跨跃发展，投资、融资支撑是保障。这就需要充分发挥工商职责，创新工作思路，搭建"五大融资平台"，实现中央提出的两个"让一切"：让一切活力竞相迸发，让一切源泉充分涌流。在推进资本社会化、帮助金融补课方面做出工商应有的贡献。

一是打造民间资本投资平台，积极支持组建小额贷款公司等民间金融机构，扩宽和规范民间的投融资渠道。二是打造股权出质融资平台，深入开展股权质押、股权出资以及债权转股权等工作。三是打造动产抵押融资平台，大力宣传动产抵押登记，沟通银行和企业，为企业动产抵押贷款做好登记服务工作。四是打造商标出质融资平台，认真执行即将出台的《商标权质押融资工作指导意见》，为企业商标质押贷款创造条件。五是打造信用贷款融资平台，依托信用信息，搭建银企桥梁。

五、营造安全环境、保障民生权益，在食品安全监管上实现大突破

要始终把强化监管、维护秩序作为第一责任。尤其是流通环节食品安全监管，关系人民群众的身体健康和生命安全，可以说责任重于泰山。要把流通环节食品安全监管作为一项政治任务来完成，确保辖区流通环节食品安全。

一是要抓好食品安全监管"四个所有"任务的落实。认真执行"六查六看"、"两个规章"、"一个意见"、"八项制度"等流通环节食品安全监管的各项规章制度，做到省工商局食品安全监管会议要求的"四个所有"。二是强化食品经营主体监管。切实加强对流通领域食品经营主体的监管。三是抓好信息化监管的落实。依据省工商局推进食品安全监管网格化、电子化进程，抓好食品安全信息化监管的应用。四是加大巡查，落实"六项整治"。抓好省工商局部署的问题乳品、熟食品、食品添加剂、月饼、儿童食品、地沟油为重点的"六项整治"，确保流通环节食品市场安全。

六、建设高位平台、提高创新能力，在信息化建设上实现大突破

信息化建设是服务发展、科学监管、队伍建设的迫切要求，是促进"四个转变"、实现"三个过硬"和"四高目标"的有力支撑。只有实现信息化，才能推进监管科学化，促进服务效能化。

一是按照推进信息化平台向工作平台和监管平台转变的要求，实现市场准入、行政许可、登记备案、案件查处、日常监管等按照信息化综合业务系统流程进行业务处理。二是按照网上年检的要求，配合省工商局信息中心做好网上年检系统的安装调试。三是按照抓好信用信息数据质量控制的要求，"谁登记、谁录入，谁监管、谁录入，谁办案、谁录入，谁巡查、谁录入，谁录入、谁负责"，确保数据质量准确，达到国家工商总局提出的"四相符"目标。四是按照提高办公自动化应用能力的要求，着力提高在政务办公方面的应用水平。

七、保证队伍安全、树立良好形象，在作风建设上实现大突破

作风建设事关形象，是事业成败之关键。通过作风建设要使领导班子树立起"政治坚定、勤政廉政、团结进取、务实为民"的新形象，中层干部树立起"政治清醒、勇于负责、清正廉洁、率先垂范"的新形象，执法队伍树立起"执法公正、办事高效、业务精通、纪律严明"的新形象。

按照这一目标，首先是要大力推进"学习型领导班子、学习型党组织、学习型机关、学习型干部"建设。要深入开展"创先争优"活动，进一步发扬开拓进取、求真务实、任劳任怨精神。要加强政风行风建设，认真落实省工商局"工商形象、十事十办"、"作风建设、十查十看"，切实把思想用在干事业上，把精力集中在做实事上。要抓好党风廉政建设，保证队伍安全。以廉政风险防范为重点健全具有工商行政管理特点的惩治和预防腐败体系，形成用制度管权、按制度办事、靠制度管人的有效机制，以反腐倡廉的成果为实现转型、促进跨越提供坚强的纪律作风保证。

求真务实谋跨越
多措并举促发展

太原市工商局不锈钢产业园区分局党组书记、局长　关宝清

当前全省上下掀起了弘扬学习"右玉精神"、学习贯彻袁纯清书记在全省领导干部大会上讲话的高潮，纷纷解放思想、创新工作、服务转型、促进跨越，工商不锈钢园区分局作为园区市场监管的守卫者、园区经济的服务者，应抓住机遇，乘势而上，把袁纯清书记讲话精神与"右玉精神"作为锐意进取、转型发展的切入点，充分发挥职能，在以下方面不懈努力：

一、解放思想、创新工作思路，在创新上下工夫

袁纯清书记指出，思想的大门打不开，发展的大门也打不开，实现转型发展，首先是思想要转型，只有解放思想才能创新举措。对照袁纯清书记的要求，工商不锈钢园区分局在全局开展了"解放思想、创新工作、服务转型、促进跨越"大讨论，要求每位干部职工将讲话精神与自己的本职工作结合起来，写出心得体会，制订工作计划，整改工作不足。同时，打破"闭门办公"的旧套路，走出家门，进驻企业，真正为园区企业排忧解难。受全球金融危机的影响，园区企业经济还未复苏，如何帮助其渡过难关，迎来"春天"是我们的当务之急，因此分局要求每位执法人员实地考察企业经营情况，针对存在的问题，对照提供相应的办法，或向其提供知识需求，或帮其开辟融资通道，或为其落实优惠政策，自觉把工商工作融入到园区的工作全局中去思考，切实做到监管与发展、监管与服务、监管与维权、监管与执法的统一。

二、更新执法理念，突出服务特色，在服务上下工夫

袁纯清指出，要求真务实，努力形成真抓实干的良好氛围。实干兴邦，空谈误国。"右玉精神"之所以成为一面旗帜，一个典型，一座丰碑，关键在真抓实干，在埋头苦干，在一任接着一任干。现在，工商不锈钢分局的工作目标仍是继续当好市场秩序的监管者、消费权益的维护者、市场主体的服务者、经济发展的促进者，多措并举、创新服务，全力促进园区转型跨越发展。具体要做到以下几点：

一是充分发挥职能，为园区经济发展提供优质服务。根据统一安排，分局本着"贴心、周到、热情、专业"和"即来即办"的工作原则，制定方便企业的年检流程，从小事抓起，从细微处入手，有序地展开对园区企

业及市工商局委托年检的企业的年度资格检查；积极引导、扶助个私经济健康发展，继续推行"三项制度"，即首问负责制、政务公开制、承诺服务制；在登记注册服务窗口，从接待咨询、登记注册、受理投诉等方面全部实现一厅式办公、一站式服务，公开办事程序，力争做到"一次讲清、一趟办成"，为下岗人员开通绿色通道，建立办照联系点制度，对前来办照人员只要手续办齐，即办即结；对外来投资企业和个体工商户在经营中出现的不规范行为，本着以教育为主，处罚为辅的原则，推行市场预警制，发现轻微违章行为及时给予警示，使外来投资者在宽松的执法环境中不断发展、不断规范。

二是加大市场监管与巡查力度，全力规范市场秩序。加强市场巡查，整顿经营行为，全面展开辖区内个体经营户的摸底调查工作，为下一步的监管到位奠定基础。帮助和指导辖区企业办理动产抵押登记，为企业拓宽融资渠道做出积极努力。在查处大要案件上取得突破性进展，坚持把办案重点向大要案拓展，开拓思维，想方设法实现办案质量的新突破。

三是加强商标广告的帮扶与监管，展开商标广告法律法规宣传，帮助园区企业申请注册商标，办理商标转让，净化园区的广告市场秩序。建立健全食品安全卫生和管理制度，做好食品流通环节的审批、验收、审核、备案工作。积极开展消费维权法律宣传教育活动，普及食品安全科学知识，增强广大人民群众食品安全意识和自我保护能力。

三、狠抓制度落实，激发全员活力，在落实上下工夫

分局自成立之初，就特别注重加强制度建设，严格纪律，制定了上下班指纹机签到、上岗着装、首问接待等一系列工作纪律，并严格执行，保证落到实处，以立规矩来求方圆。同时出台了对应的"一周公示、一月讲评、半年总结"的工作公示制度，将分局各项制度的执行情况进行全面公示，在全局上下形成了表彰先进、弘扬正气的良好氛围，从而激发大家爱岗敬业、奋发上进的工作劲头。在全体干部职工中开展"讲奉献精神、提服务质量、树工商形象、促园区发展"为主题的大讨论，分析针对学习了袁纯清书记讲话精神，工商部门该如何做才能应对园区经济发展的实际需要。

四、激浊扬清，遵守勤政廉洁工作纪律，在廉洁上下工夫

艰苦奋斗、勤政廉政是干部最基本的素质，更是工商干部的立身立业之本，干部作风关系全局发展，关系百姓祸福。袁纯清书记也指出，要旗帜鲜明地反对不良风气，坚决抵制"闲话风、吃喝风、玩乐风"。我们必须对作风纪律整顿保持足够的警惕和重视，要出台过硬措施，对作风好的要褒扬，对苗头性、倾向性问题要早提醒，对屡教不改的要执行纪律、采取组织措施。

近期分局要召开一次学习弘扬"右玉精神"、加强作风建设专题组织生活会，开展批评和自我批评，把问题找出来、找准确，针对性地寻根源、作剖析，定措施、搞整改。引导干部职工自觉抵制各种利益诱惑，严格遵守廉洁从政的各项规定，加强自我教育、自我管理、自我约束、过滤思想、检点行为、树立形象，严守行为规范和工作纪律，整肃风气，形成良好的工作秩序，切实增强做好工商工作的光荣感和使命感，力争以自身工作的实际成效，向组织交上一份满意的答卷。

五、充分发挥领导干部的表率作用，在领导带头作用上下工夫

当前，要服务经济转型发展、跨越发展，把"右玉精神"落实到工商实际工作中，关键的就是领导干部要身先士卒、率先垂范，在各项工作中发挥带头作用。一是带头解放思想，创新思路。革除旧思维、老办法，尽快调整工作重心，将认识统一到"四个统一"上来，把主要精力集中到市场监管、行政执法和服务园区经济当中。二是带头求真务实，转变作风。克服官僚主义和形式主义问题，把职能运用在一线，把情况掌握在一线，问题解决在一线，形象树立在一线。领导干部带头抓好各项工作落实，不回避矛盾，不推诿扯皮。大力精简文件和会议，少开会，开短会，做到讲实话，报实情，办实事。三是带头艰苦奋斗、廉洁自律。严格遵守省纪委制定的"五个不准"，正确处理依法行政与职权运用的关系，不办人情案，不收人情费，不吃人情饭，坚持整顿与规范、查处与引导相结合。四是带头严守各项规定，坚持原则。带头抓好各项工作落实，建立健全工作机制，对每项工作，都要一抓到底，抓出成效。在执法办案中遇到的疑难案件、特殊案件、重大案件采取集体研究，统一处理，杜绝执法随意性，防止执法不公。

实现转型发展、跨越发展，是山西走向科学发展的伟大实践，走在全市开发区发展前列，是不锈钢产业园区发展的方向和目标。园区工商局将大力弘扬"艰苦奋斗、自强不息、持之以恒"的"右玉精神"，解放思想、改革开放、求真务实，为推动园区转型跨越发展做出自己的贡献。

大同市

推动履职履责提档升级
全力服务转型跨越发展

大同市工商局党组书记、局长　郝震宇

　　刚刚闭幕不久党的十七届五中全会指出，加快转变经济发展方式是我国经济社会领域的一场深刻变革，必须贯穿经济社会发展全过程和各领域。

　　袁纯清书记2010年7月29日在全省领导干部大会上的讲话，吹响了全省转型跨越发展号角，描绘了全省转型跨越发展蓝图。袁纯清书记的重要讲话既在思想上为工商系统"两费"停征后的转型升级指明了方向，又在具体措施上提出了着力点。大同市工商局始终把国家工商总局"四个只有"和省工商局党组提出的"五个坚持"作为服务转型跨越发展的指导思想，坚持"履职为先、服务为大、和谐为本、廉洁为要、落实为重"的工作方针，突出抓好服务发展、市场监管、和谐稳定等关键环节，以坚定的信心，务实的作风，严明的纪律，切实有效贯彻实处。

　　一、提档进位，全力推进服务转型发展上水平

　　思路决定出路，谋事先于成事。工商部门作为政府的职能部门，只有时刻关注党委、政府工作大局，顺势而为，才能有所作为。

　　一是服务市场主体求质求效。进一步增加市场主体总量，积极有效地促进各类市场主体"多生"、"少减"、"快长"。在"多生"方面，积极推进全民创业，进一步动员和鼓励全市上下投身创业活动，形成百姓创家业、能人办企业的局面。积极支持重点项目建设，对大项目、大企业、大产业实行专班负责、专人服务，努力做到重点产业延伸到哪里，工商服务跟进到哪里。从2007年开始，我们积极响应大同市委、市政府提出的"转型发展，绿色崛起"发展战略，结合工商"停征两费"后的职能转型需求，积极作为，率先谋化，把提升队伍素质，升级服务水平作为最主要、最迫切的任务加以明确，确定了突出以提升服务能力，优化服务手段，改进服务方式作为主要转型方向，把"服务"理念作为履职履责的第一要务。我们在全市职能部门中第一时间叫响"服务全市经济绿色转型，履职履责提档升级，内强素质，外树形象，突出服务，保障大局"的口号。从2008年开始，我们先后成功为大齿、北车集团改制，供排水集团、开发区药业集团重组等提供优质服务，并大力支持政府招商引资重点项目，向引进的华润燃气集团、华电风能集团和进驻大同装备制造园区、医药制造园区的多家大型投资企业提供远程登记、跟踪服务。在"少减"方面，从2009年开始，我们创新年检方式，开辟绿色通道和启动"便企直通车"，保证内、外资企业平稳增长。对证照即将到期的企业，因特殊原因造成逾期未年检的企业，涉及前置许可而文件失效的企业，推行提前提醒、以劝代罚，对大型企业实行上门年检，对外资企业实行网上年检，保障外商投资企业恢复增长。截止2010年6月底，全市企业年检率实现了98%，同时我们还实行委托监管服务，建立市、县、所三级联动服务机制和联络员制度，保住个体工商户合法增长，对办照不方便的经营者，开展上门服务；对有固定门店的无照经营户，通过行政指导持照经营；对存在严重安全隐患的无照经营户，在查处取缔的同时，引导转行经营。在"快长"方面，引导投资者、创业者扩规上档，推动致富能人向个体大户、个体大户向有限责任公司、有限责任公司向集团公司跨越发展。注重效能，通过实行"一站式服务"，不断完善服务机制，逐步将登记管理权限下放给工商所。在监管中导入行政指导，提供统计分析服务，把日常监管服务发生的"死数字"变成为各级党委政府服务发展的"活情报"。在"减负"方面，发挥工商职能作用，鼓励支持企业通过注册商标质押贷款、股权出资、动产抵押登记、小额贷款登记等形式融资，积极探索新形势下的融资方式，与邮政储蓄银行联合开展信用商户评选活动，在全市帮助成立6家小额贷款公司，有效的帮助了许多企业并破解了资金瓶颈。据统计，从2008年开始到2010年上半年止，在全市开展的"千名工商干部进万家企业帮扶活动"中共帮助市内各类企业融资近20多亿元。

二是服务商标兴市战略做大做强。认真组织实施好"品牌兴市战略"。

连续四次组织市内企业参加"山西品牌节"活动，召开了商标新闻发布会，承办了市政府组织的表彰晚会，并组织全市进行商标使用情况调研，争取县、市（区）政府将商标发展战略列入经济指标考核体系。根据企业特点，实行"一企一策"，筛选一批发展潜力大、带动力强的企业，指导争创著名商标、驰名商标。目前，全市注册商标拥有量达2441件，已有中国驰名商标1件，地理标志证明商标1件，山西省著名商标72件，知名商标147件。有效结合基层实际，实施"一所一标"工程，重点指导"农"字商标注册。目前，山西东方物华农业科技有限责任公司的"东方亮"商标申请中国驰名商标认定已被国家商标局受理，浑源县黄芪农民专业合作社申请的"浑源正北芪"地理标志商标也被国家商标局受理，此举有效的带动了农民增收。在其他方面，进一步完善商标联络员、商标注册建议书等服务制度，为了加大商标专用权保护力度，先后与山西汾酒集团、黑龙江鹤城酒业集团、内蒙古蒙牛乳业、河北承德露露集团等知名企业建立联手打假机制，建立商标企业保护网络，积极组织开展商标专用权专项执法行动，重点打击侵犯商标专用权行为。

　　三是服务发展"三农"经济增收增效。大力实施"新农村市场主体孵化工程",大力发展农民专业合作社,努力促进农业经营方式转变。采取依托市场抓发展,依托产业抓培育,依托龙头企业抓带动的方式,着力把越来越多的农民群众培育成为农村经纪业的"生力军"。全面推进"新农村市场体系优化工程",加快农村流通体系现代化建设进程;完善农村市场体系,力求让农产品"卖得出、销得了";建立产销对接机制,力求让农产品"赚得稳、销得快";实施"商标兴农战略",力求让农产品"叫得响、销得好"。不断深化"新农村市场环境净化工程",切实保障农民权益,促进农村和谐。构建农资质量安全网,保障农业生产顺利进行。开展红盾护农专项行动,着力完善农资市场监管长效机制。严格农资市场准入,落实农资企业信用分类监管制度,建立农资示范店,培育、扶持信誉良好、管理规范的农资企业发展连锁经营,督促、引导农资企业健全完善进货检查验收制度、索证索票制度、质量服务承诺等制度。把好涉农合同管理关,加大对农村土地承包经营权转让、转包、出租和互换等合同示范文本的制订和推广力度。

　　二、提神破题,积极推进科学监管执法上质效

　　全面履行工商职责,全系统、全方位、全过程地围绕工商的基本职能全面实施监管,以树立公平公正的执法力度。

　　一是突出监管执法重点。瞄准党委、政府高度关注、社会各界反响强烈,人民群众深恶痛绝的一些热点问题实施监管。把严厉打击危害消费安全的违法行为,作为集中执法行动的重点工作。以流通领域中的食品、酒类、农资、家电、建材和其他名优商品为重点品种,广泛开展打假保民生、保名优、保春耕(秋播)、保节日的"一打四保"系列专项整治,严厉查处侵害名优企业合法权益、危害人民群众生命安全、危害农业生产和农民利益的经济违法行为。保持对非法传销的高压态势,不断健全完善政府领导、工商牵头、部门协作、综合治理的打击传销工作机制,促进"打、防、控、管"有效衔接。完善直销监管工作制度,依法规范直销经营行为。深入开展"反欺诈、树诚信"执法工作,严厉查处各种商业欺诈行为。深入治理商业贿赂行为,推行商业贿赂案件行政处罚结果公开制度,推进防治商业贿赂长效机制建设。

　　二是破解监管执法难题。针对当前网络监管难的现象,将网络监管执法工作纳入整体建设发展规划中,坚持工作高起点谋化、高标准上手,实行主要领导负总责,分管领导负主责,职能部门具体负责的责任制。我们把探索新时期网络监管的实现途径作为一项亮点工作任务压在城区分局身上,迫其积极思考、探索、实践,力争开创网络监管新局面。在此过程中我们体会到:重视人才,狠抓培养是基础。以建设既精通计算机知识,又精通工商业务、又有丰富经验的复合型人才队伍为重点,加快人才培养;下拨资金,加大投入是保障。在人力、物力和经费上给予倾斜,提供强有力的支持和保障；寻求对策、破解网络监管难点是要点。在目前没有网络搜索平台的条件下，我们积极探索采用"比较查找法"、"关键字查找法"、"重点巡查法"、"网上网下相结合"等人工搜索的方法，突破障碍、拓宽领域。

三是完善监管执法机制。按照"一支队伍办案"的要求，进一步理顺市、县局和工商所执法办案的体制机制，按照小案往下交、大案往上报、上下联动、左右配合的思路，整合执法办案机构人员，使全系统执法办案工作实现统一管理、统一指挥、统一指导、统一协调，形成以较强的专业执法办案队伍为主，相对集中、整体互动、三级联动的执法办案体制机制。建立监管行政指导机制，县、市（区）局办案机构要改进指挥指导方式，大兴调研之风，加强对执法办案工作中的新情况、新问题、新动向、新特点的分析研究，进一步增强指导指挥的前瞻性、预见性。建立沟通协调机制，按照巡查督促行政提示、轻微违规行为警示、违法行为行政纠错、处罚案件行政回访的工作思路，建立完善沟通协调机制，积极推行开业前风险提示，构建和谐的管理关系；事中沟通，强调人性化执法；事后回访，营造公平的市场监管环境。

三、提振信心，全面推动消费维权工作上台阶

坚持以人为本、关注民生，发挥消费维权网络优势，营造健康有序的消费环境，不断提升市民消费信心。

一是进一步健全完善消费维权工作运行机制，努力构建12315行政执法体系"四大平台"。即：巩固提升12315指挥中心，努力建设工商部门与广大消费者和人民群众信息互动平台；建立健全社会消费维权网络，加大农村维权网络建设。开展12315"五进"活动，提高综合维权水平，努力建设工商部门畅通民意的平台；建立健全执法监督机制，办好行风热线，开展12315"社会开放日"、"领导接待日"和"回访消费者"等活动。建设工商部门接受社会监督和听取群众意见的平台；建立健全12315数据分析发布机制，进一步优化工作流程、减少流转环节，提高申诉举报处置效率。加强12315与政府有关部门公共服务平台的工作联动。建立12315消费维权知识数据库，按照有关规定和程序，及时发布市场监管信息和消费警示、提示，切实提高防范市场消费突发事件的能力。

二是认真履行消费者权益保护法定职责，积极营造良好市场消费环境。进一步加强农村家电等商品市场监管，确保党中央支农、惠农政策落到实处；突出重点加强流通领域商品质量监管，对投诉热点商品组织开展专项监督抽查；以电信服务、家电维修、房产装修、餐饮旅游、美容美发等投诉比较集中的行业为重点，开展执法检查；强化消费宣传教育，通过多种方式，广泛深入开展宣传，加强与新闻媒体、政府有关部门、行业协会协作配合，营造消费维权良好舆论氛围和社会环境。

三是大力加强各级消协建设，努力实现消协高效的监督和高质量的服务。加强消协队伍建设，致力于建设一支政治、业务、作风过硬的队伍。以工商系统大培训、大练兵、大比武为契机，加强学习，以赛促训，提高素质。积极探索利用网络技术开展对商品和服务的社会监督，加强与消费者的信息交流与互动，拓宽汇集消费者意见和呼声的渠道。积极协调和发挥各方面力度，形成工作合力，共同解决消费维权工作中出现的困难和问题。加强与行政执法部门合作，建立情况通报和联席会议制度。

与此同时，加大与各级党委政府的联系，树立"三共"意识，即要求全系统干部职工树立与党委、政府兴衰与共、荣辱与共和甘苦与共的思想，切实做到不忘党委政府领导，不忘企业利益，不忘中心工作。把工商工作纳入于经济社会发展大局中去思考、去谋划，把工商工作主动纳入党委、政府的工作大局中去，勤汇报、多请示，使工商部门服务全市转型跨越发展大局更为主动、更为得力、更为有效。

狠抓"五立足"
提升"五能力"

大同市工商局城区分局党组书记、局长　宋斌

　　省委书记袁纯清在全省干部大会上的重要讲话，把脉山西科学发展，"解放思想"的论述发人深省，"促进发展"的思路高屋建瓴，"服务大局"的要求内涵深刻，"抢抓机遇"的迫切之情可触可感，鼓舞人心，催人奋进，是推进整个山西转型发展、跨越发展的冲锋号、动员令。在"转型跨越"的令旗下，我们大同市工商局城区分局坚持狠抓"五立足"提升"五能力"，落实讲话精神，努力在加快全省跨越发展上有更大作为。

　　一、立足解放思想，着力增强素质能力

　　解放思想的目的是促进发展。袁纯清书记讲话中提出："思想的大门打不开，发展的大门也打不开。思想有多远，发展就有多远。"分局坚持瞄准学习培训这一着力点，要求基层干部"眼界走出去、腿脚走下去、工作走上去"，有计划地实现"四要四新"目标。

　　要在眼界视野上有新拓展。广大干部必须站在新的起点上，通过讲座、演示、观摩、网络等多种渠道，了解企业网上登记、商品网上监管、12315指挥调度等新技术、新手段、新产品的应用，找准差距，增长见识，开阔眼界。

　　要在发展本领上有新举措。分局党组坚持深入开展创先争优"大学习、大讨论、大调研"活动，由分管领导牵头，带着工作中遇到的难题、带着信访工作中的突出问题、带着排查掌握的不稳定隐患下访，基层干部要把与工作相关的知识学懂、学深、学细，把实践中需要解决的具体问题摸清、摸准、摸透。

　　要在创新能力上有新突破。业务股室围绕食品安全监管、网络信息技术应用、市场巡查机制完善、商标战略实施等亮点工作立题、破题、解题，扎扎实实开展调研活动。

　　要在作风建设上有新转变。分局制定了"文件精神+讲话解读+必读书目+心得体会+集体研讨"的学习套餐，督促每一位干部职工不仅要围绕业务工作广学博学、建言献策，而且要紧扣素质主题加强修养、慎独自省，确保理论学习见成效，作风建设见效能。

　　二、立足大局意识，着力提升服务水平

　　树立工商形象"一面旗"。要以关注民生、服务发展作为工作的出发点

和落脚点，努力将过去那种一杯水、一声好，预约、延时等浅层次表象服务向为市场主体提供利益帮扶、减少企业申请成本等深层次创新服务转变，既为有实力的大企业创品牌出谋划策、锦上添花，又为有潜力的中小企业和个体工商户破解难题、雪中送炭，用优质服务擎起红盾工商鲜艳的旗帜。

围绕经济发展"一根线"。要以促进经济发展为主线，叫响"没有不能办，只有怎么办"的口号，最大限度地用足、用活、用好现有市场主体准入、发展、规范的法律法规和相关政策，最开放、最放开地支持辖区市场主体孕育、成长、壮大。

推进条块统筹"一盘棋"。要紧扣推动科学发展、建设和谐社会的主题，牢固树立条块结合、齐抓共管的观念，做到思路谋划"一盘棋"，制度设计"两相益"，工作推进"两手抓"，工作目标"相统一"。

三、立足放胆争先，着力提高创新能力

基层分局不仅要不折不扣地落实上级的部署，而且必须寻求转型发展突破点，有重点地突出"四个环节"建设。

加强信用体系建设。要准确记载、收集、整理企业信用信息，完善企业信用信息库，逐步建立起以计算机网络技术和信息化处理技术为支撑的企业信用信息资料的记录、警示、披露、公示、查询体系。工商行政管理工作要将以信用评价为杠杆的信用监管融入传统的执法监管，形成综合型的崭新监管模式。

强化行政指导措施。要通过对市场主体准入登记的指导、规范经营的劝导、违法行为的疏导、维权兴企的引导，把行政指导作为整顿规范市场秩序的重要手段，有效发挥行政指导拓展业务领域、维护企业利益、强化企业自律、服务经济发展的积极作用。

健全长效监管机制。要以"四化"建设为核心，坚持实践为重的原则，根据不同类型、不同行业、不同辖区的不同特性，有针对性地建设不同特点的长效监管体系，并着力在狠抓落实上出实招、重实效。

建设数字工商平台。要紧紧围绕省工商局提出的"网上登记、网上年检，网上办案，分类监管，网上办公、高效服务"的信息化建设工作要求，全力推进业务系统软件和信息资源的开发应用，进一步提高工商行政管理智能化水平。

四、立足制度建设，着力健全行政机制

"转型是一场深刻的变革，必须义无反顾地推进体制机制创新。"袁纯清书记的精辟见解，不仅道出了"转型"与"制度"的依存关系，而且阐明了制度建设的重大意义。分局围绕制度建设这一支撑点，有目的地构建"四项机制"，坚持"谁不用制度办事，就用制度办谁"的原则，努力提升基层促进发展的能力。

优化组合机制。以增强全局"四力"（优化人员合力、激发全局活力、增进干部动力、提高监管能力）为目的，以双向选择为手段，构建人

事管理机制，通过内部力量的合理配置，提高工作效能，促进整体工作全面、协调发展。

日常巡查机制。以建立健全市场巡查落实、监督、考核、追责等制度为抓手，坚持巡查必到位、到位必检查、检查必记录、记录必录入的原则，明确巡查内容，规定巡查要求，实现监管巡查"由突击性向常态化、由粗放式向精细化、由单一式向整体化"的转变。

精细管理机制。以"经济户口"管理为依托，推进企业和个体工商户分级分类网格化管理工作向精细化方向发展。做到"八清"：即市场主体数量清、企业登记事项清、生产经营动态清、企业融资情况清、企业信用状况清、企业前置审批项目清、企业年检结果清、企业违章违规行为清。

绩效考核机制。以促进各项工作全面发展为目标，进一步把公务员德、能、勤、绩、廉考核内容细分为管理和业务两大类、15个考核科目、120个管理指标，建立重点指标定期分析、预警、汇报、督查、督办等制度，并严格奖惩，推动各项工作的高效落实。

五、立足真抓实干，着力开展创优争先

按照袁纯清书记"工作贵在落实，转型必须苦干"的要求，我们要以深入开展创先争优活动为平台，以王虎胜局长"五个坚持"部署的条条框框为载体，以求真务实的作风抓落实、定责任、树典范、创亮点，有方向地打造"两个典范"。

树典型、立标杆。通过"三项措施"深入挖掘、树立在转型发展中涌现出来的先进典型，以点带面，在全局进一步营造讲正气、讲奉献、讲大局的良好氛围。一是定规范。制定《评先评优细则》，评选一批在执法办案、监管服务、打假维权以及廉政建设工作中涌现出的先进典型进行集中宣传，使他们的事迹叫得响、有影响，使标兵精神因因相袭，善善从长。二是找差距。以部门为单位，组织干部职工把争创活动与作风整顿"回头看"有机结合起来，对照先进标准，实事求是地寻找自己在思想、作风、工作上的差距，促进队伍作风大转变、精神面貌大改进、监管水平大提高。三是育先进。加大对骨干力量的培养力度，充分发挥榜样的示范作用，努力形成导向鲜明、声势强大、富有特色的舆论导向，在全局树立创先争优的精神标杆，把什么是优秀，什么是先进，明明白白地告诉党员群众，让大家看得见、摸得着、做得来。

抓重点、创亮点。推行"四个一线工作法"，实行整体工作重心下移，要求干部大力弘扬求真务实的作风，以重点求突破、以亮点促提升，切实实现工商行政管理职能到位。一是领导在一线指挥。二是干部在一线培养。三是创新在一线体现。四是经验在一线总结。

风劲帆满海天阔，俯指波涛更从容。袁纯清书记的讲话把山西人民的希望、意志和信心汇聚成改革发展的大潮。让我们勇立潮头，乘风破浪，向着新的宏伟目标奋勇前进。

围绕转型跨越发展
真抓实干创一流业绩

大同市工商局矿区分局党组书记、局长　张永

工商行政管理部门作为市场监管的守卫者，当前就是要把学习贯彻袁纯清书记的重要讲话精神作为一项重大政治任务，深刻领会；要把学习贯彻讲话精神与如何发挥好工商职能紧密结合，切实增强做好工商工作的紧迫感、责任感和使命感，抓住机遇，乘势而上，开创工作新局面，努力实现地方经济更好更快的跨越式发展。

袁纯清书记的讲话"以清新之风、务实之言"指明了山西当前和今后一个时期科学发展的路径。我们要把袁纯清书记的重要讲话精神学习好、贯彻好、落实好，最重要的是在以下四个方面下工夫：

一、解放思想、创新观念，进一步增强大局意识、服务意识、创新意识

袁纯清书记指出，思想的大门打不开，发展的大门也打不开。实现转型发展，关键是干部要转型；干部转型，首先是思想要转型。我们要认真对照袁纯清书记的要求，结合工商系统的实际，广泛开展"解放思想、创新工作、服务转型、促进跨越"大讨论，做到：从条管体制意识中解放出来，要继续保持全系统执法的统一性，进一步提高执行力和公信力；还要充分发挥各级工商行政管理部门的积极性和主动性，结合实际创造性地开展工作；更要自觉地把工商行政管理工作放到当地党委、政府的工作全局中去思考，更加自觉地服务当地经济社会发展。

1. 提升学习境界。一是要始终抱着一颗求知的心。向书本学，丰富理论知识、业务知识；向领导学，提高视野，增强组织能力；向同事学，丰富实践经验。二是要始终把解决问题与促进工作结合起来。

2. 传承真抓实干。学习贯彻袁纯清书记讲话精神，归根结底要落实到解决问题、真抓实干上。精心谋划工作新思路，培植工作新亮点，围绕转型发展、跨越发展，寻求工作突破。

改革开放30年，大同市在经济发展的过程中，通过几次改革转型，选择了"转型发展，绿色崛起"的发展方式。在经济领域内，抓好产业结构调整。"加快转型发展，实现绿色崛起"，必须着眼于提升城市的核心竞争力，从城市经济实力、文化品位、景观风貌、创新能力、创业环境、综合功能着力，按照高质量发展、高标准建设、高水平管理的要求，大同市要逐步实现由传统的煤炭能源基地向新型能源基地转变、由传统的文化

资源大市向真正的历史文化名城转变、由传统的老工业城市向生态工业强市转变、由传统的商贸集散地向现代物流中心城市转变，形成以文化为灵魂、生态为保障、新兴产业为支撑、宜居休闲为特色的资源型城市可持续发展新格局。因此围绕这一思路，我们工商部门坚持把发挥职能作用、服务科学发展作为第一要务，工商机关不仅仅是市场秩序的监管者、消费权益的维护者，更是市场主体的服务者、经济发展的促进者。我们要以引深推进帮助服务企业大行动为抓手，发挥职能作用，加强行政指导，采取措施，全力促进转型跨越发展。

二、弘扬"右玉精神"，加强作风建设，开展"创先争优"活动

袁纯清书记冒着非凡的烈炎酷暑，三个月里马不停蹄地踏遍三晋这块炎黄热土，崎岖山坳。并立时代表省委发表了这篇激情昂扬的讲话，这篇演讲是"十二五"时期山西总体发展战略的动员令、领航标！袁纯清书记运用科学发展观、经济规律世界观、山西省情的趋势观，深刻分析了山西的优势与不足。结合工商部门实际，我们一定要严格监管执法，优化发展环境，服务经济发展。完善的制度保障只是提升服务的第一步，如何让员工转变作风、倾心为商才是我们工商部门各项工作的重点。

1. 深刻领会讲话核心与实质，准确把握省情发展趋势，全面理解发展路径措施。结合本职工作，要把自己挤入思想解放队伍，融入山西跨越发展的行列，对省情有更准确的认识，对工作有更明确的思路，对发展有更坚定的信念，对未来有更美好的憧憬。

2. 学习贯彻袁纯清书记重要讲话精神，必须进一步加强干部队伍建设和思想作风建设。围绕中心服务大局，恪尽职守发挥职能。围绕区域经济献计出力，牢记神圣职责，树立良好形象。

工作贵在落实，在2010年上半年开展"作风整顿月"活动取得积极成效的基础上，进一步把作风建设工作不断引向深入，强化班子建设、廉政建设、作风建设、基层建设，强化干部队伍教育培训，扎实开展"创先争优"活动，为全面完成全年的各项工作任务提供坚强的政治保证、作风保证和纪律保证。通过学习"右玉精神"，转变工作作风，全局工商干部牢固树立了"形成合力争上游、心齐风正干劲足，人人争做标兵、个个想做贡献"的团队精神。

3. 传承真抓实干，落实到解决问题，切实抓好当前各项工作上。省委书记袁纯清在全省领导干部大会上的讲话是对山西经济向又好又快发展的一次总动员，吹响了山西再次解放思想的冲锋号，在更为广阔和深层次的领域里激发起了全省干部群众锐意进取、创先争优的工作积极性和创造性。

对照省委记袁纯清的讲话精神，用转型发展和跨越发展的目光审视我们的工作，我们深切地感受到，一定要深刻认识省委省政府转型发展、跨越发展的战略意义，紧紧抓住山西经济快速崛起的机遇期，以只争朝夕、时不待我的紧迫感和不负时代要求的责任感，为山西经济社会实现跨越发展做出我们的贡献。

三、紧紧抓住发展机遇，大力提升区位优势和品牌优势

研读省委书记袁纯清的讲话，我们真切地感受到，山西经济社会在折射出巨大机遇的同时，各地经济运行的质量也面临着大步跃升的课题。袁纯清书记在讲话中指出，在实现煤炭本身的高效、绿色、安全发展的基础上，要"加快提升焦炭、冶金、电力、建材等传统产业……实现产业结构多元化、合理化、高级化拓展，实现由煤炭大省向以煤为基的现代产业大省的跨越，实现由单一煤电'基地'向立体能源'中心'的转变，做一篇面向全国、面向世界市场的大文章。"对照袁纯清书记讲话中提出的工作目标，学习贯彻袁纯清书记重要讲话精神，必须立足职能，做好服务发展，抓好落实。要努力搭建帮扶平台，全力服务市委市政府重点项目，积极推进"转型发展、绿色崛起"和"品牌兴市"战略，实施商标战略，促进我市经济实现转型发展；要帮扶企业加快创业发展，积极促进就业再就业；充分发挥动产抵押职能，积极开展股权出质、出资登记和商标专用权质押登记，为全市企业多渠道融资发展提供帮助；推进"五农工程"，做好红盾护农、商标兴农、合同帮农、经纪人活农、经济组织强农等工作，努力促进社会主义新农村建设。与此同时，扎实开展专项执法行动，维护好市场秩序和消费者的合法权益。

四、动员和调动所有积极力量，尽快形成转型发展、跨越发展的新高潮

转型迫在今天，跨越时不我待，必须抓住今天，把握明天，否则，我们就会犯历史性的错误，这是袁纯清书记在讲话中提出的要求。

要深刻领会开展创先争优、推进三创活动会上的讲话要求，以加强党的组织和党员队伍建设，深入开展创先争优、推进三创活动。弘扬太行精神，发扬光荣传统，争当时代先锋。推进职工队伍素质提升，切实把广大职工群众的积极性、创造性凝聚到企业转型、跨越的生动实践中来。要关注民生，切实解决好社会群众关注的热点、难点问题，把转型发展、安全发展、和谐发展有机统一起来。

山西经济发展处于关键时期，我们要认真学习贯彻袁纯清书记的讲话精神，要把袁纯清书记的讲话与当地的经济发展战略紧密结合起来，自觉地把思想和行动统一到工商行政管理的发展大业之中，坚守岗位，放眼未来，加强学习，勇挑重担，创新实践，强化执行，用新姿态、新作风、新成绩、新高潮，全力推进转型跨越发展。

建立"四平台"
服务经济社会发展

大同市工商局南郊分局党组书记、局长　薛佃明

　　袁纯清书记的讲话"以清新之风、务实之言"指明了山西当前和今后一个时期科学发展的路径。讲话站得高，看得远，提出了当前乃至"十二五"时期山西发展的目标、思路和举措，进一步明确了发展方向。讲话立意深、针对性强，找准了我省面临的最紧要问题是干部队伍对大发展思想准备的不足，这一论述，抓住了制约山西转型发展、跨越发展的关键。省工商局提出的"五坚持"，即：坚持把解放思想、创新观念作为第一动力，进一步增强大局意识、服务意识、创新意识；坚持把发挥职能作用、服务科学发展作为第一要务，采取四大措施，全力促进转型跨越；坚持把强化市场监管、维护市场秩序作为第一责任，为转型跨越发展营造规范有序的市场环境；坚持把关注保障民生、维护消费权益作为第一要义，倾情、倾心、倾力为消费者排忧解难；坚持把加强作风建设、提升干部素质作为第一保障，充分调动广大工商干部在促进转型跨越发展中"创先争优"、建功立业的积极性和创造性。新思想、新理念，令人振奋；新思路、新举措，催人奋进。值此开展创先争优活动的起步之年，笔者以为，广大干部学习袁纯清书记讲话、落实省工商局会议精神、在党的基层组织和党员中开展创建先进基层党组织、争当优秀共产党员的关键是充分认识转型跨越意义，全面理解发展路径措施，根本在于彻底解放思想，核心在于抢占发展制高点。落实到具体工作中就是要对发展有更加坚定的信念，对未来有更加美好的憧憬，团结一心，真抓实干，让"谋事、干事、成事"成为自觉行动。

　　当前，工商部门面临着许多新情况，如市场主体结构的复杂化，市场行为的多样化，管理准则的国际化，管理方法的科学化等，这些对工商职能的发挥有着直接的和重要的影响。在具体实践中，广大干部应树立"谋事、干事、成事"的理念，各级机关应建立"谋事、干事、成事"的平台，解放思想，开动脑筋，大胆开拓，勇于创新，积极探索研究新的体制转变过程中出现的问题和矛盾，努力推动经济社会协调发展。

　　中国有个成语叫智勇双全，这是我国历来对人才评价的一个重要标准。如果一个人干事情只凭借一时之勇，依靠"拍脑袋"的方式进行决策，往往会出现这样那样的偏差，造成工作上的失误。"凡事预则立，不预则废"，

无论多么困难的事情，只要勤于思考、精心琢磨，吃透上情、摸准下情，理顺内外关系，遵循办事规律，采取得力措施，就能达到预期目的。谋是一门艺术，它讲究在干事情的时候审时度势地考虑综合环境的因素，将所需要的知识、技能协调运用起来。在这样一个系统工程中，既需要讲究原则性，又需要讲究灵活性，懂得"有所得"和"有所失"的辩证关系，用大局观全面统摄各项工作，真正做到"善谋"。谋还是一个动态的过程，要紧密将"所学"用于"所干"。谋事的核心是"学以致用"，这不仅是我们成就各项事业的出发点，也是我们与时俱进的落脚点。

干事，名曰做事。邓小平同志说过，不干工作，半点马列主义都没有。干事是一个人人生价值的最重要体现，一个人只有将生命的历程与体验紧密地与时代合拍、与社会合拍、与党和国家的命运合拍才能呈现出最美丽的风景。真正的干事者不为名，不为利，他们最大的动力是对党和国家事业的无比忠诚，激励他们不断前进的动力是自己对群众、对工作所必须承担责任，名利不会在他们的人生字典里留下隽永的痕迹，事业的发展、国家的繁荣才是对他们最好的奖励，他们的心中装有追求真理和正义的理想，他们的身上有一种刚直不阿的风骨，在跌倒处爬起，从低谷迈上高峰，是他们最真实的人生写照。

成事，名曰做好事。成事，就是要高标准地干好每一件事，就是要按照"集约化发展、精细化管理、标准化建设"的要求去做。干事者最大的欣慰是看到自己付出的劳动绽开出事业的绚烂花朵。正心、修身、齐家、治国、平天下，成就一番事业，不仅是一种极高的人生境界，也是国家发展、社会进步的根本性动力。一个人的成就终究是小事，而一个集体的成就就要大得多，只有让个人主动融入到集体之中，才能在集体事业上取得真正成功。同样，集体的成就也离不开个人的奉献，好的集体要为干事者创造出能发挥聪明才智的环境，要做到鼓励创新、宽容失败，要做到识才、爱才、惜才、用才，营造出以人才为核心的事业成长环境，这样才能更好地实现人才发展的聚集效应和扩展效应，真正成就一番大事！

一、以创建和谐工商为前提，建立优质工作环境平台

一是建立内外沟通的横向机制。工商工作在服务经济发展中形成了政府、部门和企业相辅相成的有机载体，工商职能贴近政府、贴近企业的作用发挥得好，将会对社会经济起着极大推动作用。二是建立上下通顺的联动机制。上级制定下达目标任务并明确了实施方法和步骤后，下级应根据目标要求，采取有效措施狠抓工作的落实。三是建立人与人之间的相互包容机制。每个干部要学会辩证地处理好人与人之间的关系，不但要正确对待自己，更要正确对待他人，要看到自己身上的优点，更要看到自己身上存在的不足，取人之长，补己之短，相互学习，共同提高。

二、以服务发展为目标，建立优选事业发展平台

一是找准服务切入点。要发挥工商部门职能优势，在农村产业结构的调整、农村经纪人发展、红盾护农维权、农村特色产业上做文章，紧紧依靠地方党委政府的支持与领导，主动服务，靠前服务，积极营造发展的良好环境。二是切实改进服务方法和手段。根据不同利益群体的实际需要，充实和完善品牌推进战略、打假扶优保名牌、企业跟踪服务等服务措施，把服务的立足点放在关系人民群众切身利益和经济持续协调发展的基础上，为不同社会群体提供优质、高效、诚信的工商服务。三是落实服务措施。工商工作千头万绪，关键还是要在抓落实上动脑筋，下工夫，把服务工作落实到位了，就可以为其他职能工作创造一个好的平台。

三、以强化能力建设为基础，建立优良工作效能平台

一是要提高科学决策能力。谋划工作，要抓住影响大局、关系国计民生和群众利益的突出问题，既要立足当前，又要考虑长远，因地制宜，切合实际。工作要突出重点，分清主次，协调发展，全面带动。比如有的放矢的，要具有针对性；系统的，要着眼于高质量的标准；切实可行的，必须建立在现实条件的基础上而不能凭空设想。二是要不断提高协调能力。当前职能交叉、多头执法、部门打架等问题依然存在，要消除这些弊端，就必须把协调与业务工作同等对待，作为基本功来练，作为必修课来修，经常性地与政府进行沟通，得到政府的支持和配合，变协调为协作，变协作为合作，促进工商执法效能提高。三是着力提高执行能力。要确立全局"一盘棋"的工作理念，做到令行禁止，步调一致。

定下来的事，就抓紧办，千方百计把它办好，不要慢慢腾腾、疲疲沓沓、拖拖拉拉。上级安排了就坚决执行，不当"甩手掌柜"和"二传手"，不搞"上有政策，下有对策"，做到事有专管之人，人有明确之责，责有限定之期，立说立行，紧紧抓住不落实之事，通报不落实之人，切实解决"不作为"、"慢作为"和"乱作为"的问题。

四、以科学监管为抓手，建立优化工商职责平台

一是必须实现职能的准确定位。要集中精力解决那些严重扰乱市场经济秩序的问题和矛盾，为广大创业者、经营者和消费者营造公平、公正的市场经济秩序，这既是国民经济发展的客观需要，也是工商部门的职责所在。二是必须构建科学的监管机制。要强化制度建设，按照科学的原则对所有制度进行整合，并按照考核标准狠抓制度落实，切实做到靠制度管事管人，使所有的工商工作都有制度可依，有规章可循。三是必须采取先进的管理手段。对企业和个体工商户实施分类监管，建立市场主体信用监管体系是新形势下工商行政管理方式的重大转变，工商部门必须增强责任感和紧迫感，正视建设市场主体信用监管体系的必要性和艰巨性，不断促进监管手段和方式方法的现代化、科学化和规范化，努力在全社会营造"诚实守信、依法经营"的良好氛围，促进市场秩序的根本好转。

实现职能转变
加快服务建设

大同市工商局开发区分局党组书记、局长 李生义

在新的历史时期研究和探索工商职能的发挥，尤其是当前取消"两费"收取任务，工商职能面临重大转折的特殊时期，对于进一步完善社会主义市场经济体制，加快市场经济建设的步伐，全面落实科学发展观，都有着十分积极的现实意义。

一、工商部门落实和体现科学发展观的必要性和重要性

1. 工商部门自身需要科学发展

工商部门恢复建制30年来，在支持服务经济发展，维护公平公正的市场经济秩序，保护消费者合法权益等方面取得了显著成绩。但同时也必须清醒地看到，当前工商系统仍然存在着一些与贯彻落实科学发展观不相适应的问题。主要表现如下：

（1）自身素质不强。一是人员结构上。主要表现为年龄结构老化、人员知识层面的局限等都在一定程度上制约了工商队伍自身的发展。二是思想意识上一些干部对科学发展观的科学内涵、精神实质和根本要求理解不够全面、不够系统、不够深入，有的思想保守、党性不强、服务发展意识较差；个别基层领导干部工作不深入、作风不扎实、执行能力不强；这些问题的存在集中反映在队伍自身素质层面上，形成了制约工商执法监管职能到位的主要因素。

（2）监管手段落后。对市场经济发展中出现的新情况、新问题研究不到位，工商监管手段拓展不够，对新兴市场主体和新型经营业态还不能实施有效监管。如对食品安全的基层监管方式仍然主要依靠"六查六看"等原始方法，与食品安全中做假手段更新、技术发达的问题相比显得相对落后；在工商监管执法工作中还存在执法意识不强、执法力度不大、执法领域不宽、执法措施不力等问题。

（3）应变能力不强。面对监管工作中的新情况应变能力差，尤其是对取消"两费"收取任务后，主动适应变化不够，基层工商所的干部职工的难以摒弃长期以来形成的"收费型"观念和工作模式，有的基层干部对前途出现悲观消极的工作情绪，有的则对工作任务的调整呈现一筹莫展、无处着手的尴尬局面。

2. 工商执法的外部监管环境要求落实科学发展观

（1）当前市场监管中存在的问题。

一方面由于市场主体不完全成熟、市场监管的法律法规不够健全等原因，监管力度不够的问题比较突出，无照经营的大量存在，假冒伪劣商品仍充斥市场，商标侵权行为时有发生，尤其是群众反映比较强烈的食品安全、虚假广告、商业欺诈等突出问题还没有彻底根治；另一方面，从基层工商工作角度看，由于自身职能的限制，对以上这些突出问题又无法靠单个部门的力量加以彻底解决，再加上社会认知等因素导致形成工商部门执法监管不力的社会形象。

（2）在市场执法监管中的尴尬角色。

目前在工商工作实践中，市场准入、执法监管、消费维权作为主要职能作用凸显。各地工商机关也对此进行了大量卓有成效的工作。但具体到相关职能上，却不同程度地存在着职能缺失，即使到位也仍然处在较低层次的到位上：

如工商部门在市场准入关的核准职能上本来是可以发挥在产业结构调整、产业组织及产业布局中的作用，但由于我们还存在观念、素质、能力等方面的欠缺，包括市场发育不健全等原因，市场主体的准入还停留在为办照而办照的层面，以至于外界至今对我们工商仍认为就是盖个章、发个执照、仅仅只是走个程序的部门；又如在消费维权工作中，12315举报投诉系统远未形成有权威的执法体系，在地域上、范围上、对象上均有很大的局限性等。这些问题的存在就形成了工商部门在政府职能部门中的尴尬地位。由于基层基础工作不够扎实、硬件条件和人员素质跟不上，不同程度地存在行政执法办案力度不够、市场监管存在监管盲区等问题，特别是在为数众多的乡镇工商所，这些问题显得更为突出。

要能有效解决以上问题，更好地实现工商行政管理为经济发展保驾护航，促进市场经济有序健康发展，保护公平竞争，打击经济违法行为，同时作为不同市场主体竞争的共同守护神，不同利益群体权益的共同维护者，正确处理好监管与服务、规范与发展、执法与规范等关系，适应新形势，履行新职能，完成新任务，实现新发展，就要求我们必须深入学习实践科学发展观，牢固树立科学监管的理念，创新科学运转的机制体制，运用科学有效的监管方式，打造具有科技含量的监管平台，在监管中体现服务，在服务中加强监管，实现自身职能的到位。

二、落实与体现科学发展观的具体举措

1. 更新观念，提高素质，把握科学发展观的第一要义

科学发展观的第一要义是发展。发展是硬道理，没有发展工商行政管理机关就会失去工作的出发点和立足点。而工商部门的发展就必须依赖一支政治过硬、业务过硬、思想过硬的工商干部队伍。高素质的干部队伍才能完成高质量的监管任务。当前尤其要抓住"两费"停收的契机，加强学习，提高素质，更新观念，加快自身发展。工商职能要到位，这其中主要

是要解决多年以来收费指标一直是上级局考核工商所及工商所考核管理干部工作完成与否的主要评价指标的问题。在不少工商干部的头脑中，我们的"监管主要是收费，执法主要是罚款"。"收费好了就是管理好了，收费差了就是管理差了"，可以说，"两费"停收对工商职能和执法工作，将是一个极大的挑战。要使基层工商行政管理工作真正从收费中解脱出来，实现工作中心的战略转移，就要使基层工商行政管理人员提高对停收"两费"的认识，做到思想转型，将监管执法观念从旧的重收费轻管理、以收费代管理转变到取消收费后的强化监管、严格执法、依法行政工作中来，切实做到严格执法和高效能、高质量、高水平执法。

2. 创新机制，支持服务，落实科学发展观的核心和本质。科学发展观的核心和本质是以人为本。工商行政管理机关坚持"以人为本"，就是要尊重人、关心人和理解人，把促进人的全面发展作为经济和社会发展的根本动力和目的。具体而言，一是在支持服务发展上求突破；二是在解决民生问题上下工夫；三是要配合有关部门加强对劳动者权益的保护，进一步整顿和规范劳务中介市场，坚决打击黑中介。最后在查处取缔无照经营等执法过程中，要坚持取缔与疏导相结合，积极做好引导规范工作，扶持社会弱势群体合法经营，帮助他们解决生计问题。同时要积极参与社会治安综合治理，切实解决经济发展中出现的突出的问题，充分发挥工商行政管理在维护群众切身利益中的职能作用。

3. 依法监督，严格执法，贯彻科学发展观的基本要求和科学方法。落实科学发展观全面协调可持续的基本要求，就是要坚持用统筹兼顾的工作思路和方法总揽全局、科学筹划、协调发展、兼顾各方，着力解决好工商行政管理工作执法监管问题，通过工商行政管理部门的监管执法能力的提高，通过严格执法促进地方经济全面可持续发展。为此，我们要根据形势发展变化的要求，结合经济发展特点，既要对传统有效的监管方式进行优化，又要致力探索新的监管方式，以适应经济发展的需要。

具体到基层工商所日常工作中，一是要大力维护流通领域商品质量安全，继续把食品安全放在商品质量监管工作的首位，狠抓源头治理和日常监管规范，延伸监管触角，落实应急预案，打造过硬的食品安全问题处置机制，积极营造安全健康的市场消费环境；二是要围绕商业欺诈和不正当竞争行为，积极发现案源，切实维护企业间的公平竞争秩序，保障群众放心满意消费，积极营造公平有序的市场环境；三是要切实加大商标行政保护力度，有效维护商标所有人的合法权益，保护创新成果、改善投资环境、促进经济发展，积极营造知识产权保护的法制环境；四是要积极构建快速有力的案件查办机制，落实联席会议工作制度，加大专项整治力度，坚决查处扰乱市场经济秩序的违法违章行为。

立足服务 发挥职能
全力促进全区转型跨越发展

大同市工商局新荣分局党组书记、局长 孟加林

　　"解放思想、创新工作、服务转型、促进跨越"系袁纯清书记讲话的重要核心，工商行政管理机关作为政府主管市场、实施监督管理和行政执法部门，当前就是要把学习贯彻袁纯清讲话精神与如何发挥好工商职能紧密结合，切实增强做好工商工作的紧迫感、责任感和使命感，抓住机遇，立足服务，发挥职能，努力实现地区经济更好更快跨越式发展。

　　一、解放思想、创新观念是促进转型跨越发展的第一动力

　　袁纯清书记指出：实现转型发展，首先是思想要转型。只有解放思想才能实施创新举措。因此工商部门既要充分发挥工商行政管理职能作用，结合实际创造性地开展工作；更要自觉地服务当地经济社会发展，切实做到监管与发展、监管与服务、监管与维权、监管与执法的统一。

　　二、创新服务、促转型跨越是工商行政管理机关解放思想的理念创新

　　认真学习袁纯清书记的讲话，创造性地履行工商行政管理职能，主动为市场主体提供更好更优更多的公共服务产品，提高工商行政管理主动服务地方经济发展的水平，维护好实现好最广大人民群众的根本利益，是当前工商行政管理机关面临的一项十分紧迫的任务。

　　一是要更新思想观念。要牢固树立服务地方经济发展是工商部门开展工作的第一要务、第一抓手，进一步增强发展意识、服务意识、责任意识、创新意识、争先意识，变被动服务为主动服务，充分发挥主观能动作用，全面履行工商行政管理职能，用科学发展观促进地方经济又好又快发展。

　　二是要创新工作机制。紧紧围绕服务地方经济的工作目标，各项工作做到早布置、早安排、早落实。对有硬性指标的工作，制定月份工作推进表，保证各项工作的有序推进。对服务经济的突击性工作，认真抓落实，及时抓反馈，建立经常性的工作通报制度。

　　三是要提升服务水平。一是上门服务，强化服务的主动性；二是跟踪服务，强化服务的连贯性；三是联点服务，强化服务的针对性；四是参谋服务，强化服务的深度性。

　　三、求真务实、真抓实干是促进地方经济发展的手段

　　袁纯清同志指出，要"提振精神、转变作风，要大干不要小干，要真

干不要假干，要实干不要虚干"。我们在工作中，要紧紧围绕区委、区政府"凝心聚力，转型创业，全面构建活力、开放、生态、法制新荣"的发展战略，积极融入服务地方经济发展大局，主动搞好服务，着重做好以下几个方面的工作：

1. 为市场主体准入"提速"。实行"一厅式登记、一条龙服务"，推行"首办负责制"、"一审一核制"和"登记流转制"，减少审批环节，提高办事效率，同时实行上门服务、预约服务，为各类市场主体的快速准入提供优质、高效、方便、快捷的服务。对前来办理手续的客商，推行"材料齐全马上办、材料不全指导办、遇到困难帮助办、特殊项目跟踪办、重点项目领导办、紧急项目提速办"的"六办"制度。此外，要注重从小事做起。一是将精通业务的同志调到服务窗口从事受理咨询工作，实行优质服务，并进一步规范文明用语，制定首办、导办工作制度；二是规范服务窗口设施，将"办照群众厅外站、工商干部椅上转"的传统办公场所，改建成面对面交谈、无差异服务的办事环境。

2. 分类指导，帮扶助商促发展。对企业和个体工商户坚持积极扶持、分类指导、牵线搭桥、扩大交流，通过落实优惠政策、培育发展经纪人队伍、提供信息咨询服务、组织商贸洽谈会等多种途径，扶持发展，促进经济增长。同时，对招商引资、行业联合、连锁经营、合资办厂、委托代理等加大优质高效服务力度，拓展投、融资渠道，吸引外地客商来投资兴业。发挥职能作用，积极支持对外开放、招商引资工作。

3. 抓紧诚信系统建设，为社会各界提供可靠信息。在全面推行工商"经济户口"管理的基础上，建立包括市场主体登记信息、经营信息、信用信息等内容的企业（个体工商户）基本信息数据库，推行企业信用评价管理办法和商品市场信用等级评定办法，在市场中开展创建"文明商户"评比活动，积极探索建立和完善市场主体体系的方法和途径，加快建立信用监管制度，在准确记录、约束惩罚、宣传教育等方面，做好市场主体信用体系建设工作。

4. 充分发挥职能作用、维护合法经营、保护合法权益。一是以食品、药品和装饰装修材料为重点，加强对与人民生产生活密切相关的商品和服务的监管，大力整顿和规范市场经济秩序，深入开展专项执法行动。加快推进"肉菜放心工程"的实施，继续加强对餐饮、旅游、修理、美容美发行业的监督检查，深入开展服务领域"维权反欺诈"活动。二是深入农村，大力开展打假护农专项行动，重点抓好化肥、种子、农药、兽药、饲料等生产资料的管理，督促农资经营户建立农资商品购进和销售台账，实行农资销售索样备查制度，坚决取缔无照贩卖农资的违法行为。三是发挥好"12315"投诉举报网络的作用，积极开展"红盾进社区、维权进万家"、"红盾进农村、维权到田间"、"千村万户拒伪劣"活动，充分发挥消费者维权工作站的作用，努力维护正常的市场秩序。

四、以人为本、狠抓作风是促进地方经济发展的保障

要干好工商行政管理工作，关键靠人，本质在于最大程度地发挥全体干部职工的主观能动性和创造性，不断推进工商行政管理事业向前发展。因此，我们要充分体现人文关怀，坚持以人为本，尊重人，关心人，理解人。

首先，在执法中要充分体现"以人为本"观念，如对经营场所、住所检查，对涉及个人物品扣押等强制措施的实施，必须有明确的法律依据。此外，在严格执法的同时要热情服务，实行"首次违规警示教育"等制度，变事后监管执法为事前引导服务。

其次，在内部管理中坚持用制度管人管事。推行干部轮岗交流与竞聘上岗，从用人制度上消除"动力缺乏症"和"中梗阻"现象，增强基层干部围绕中心、严格执法、服务发展的事业心和责任感。建立完善各项规章制度，明确部门工作规范，明确机关工作人员素质要求，明确赏罚标准；对于已经建立的规章制度狠抓落实执行，不挂在嘴上、写在纸上、贴在墙上。

最后，坚持正确的考核奖惩标准。逐步完善现有目标考核奖惩办法，结合单位实际情况，建立更加科学、合理、公平竞争的考核奖惩机制。

立足县情三服务
发挥职能促发展

阳高县工商局党组书记、局长 李生茂

省委书记袁纯清在2010年7月29日全省领导干部大会上指出，转型发展是世界潮流，是我国实现可持续发展的战略之举，是山西的根本出路，是更好更快的发展。而对我们工商行政管理部门来讲，做好工商行政管理工作的根本目的就是促进地方经济发展，发挥职能搞好服务，争做经济建设的促进者。近年来，阳高县工商局立足县情，重点突出了三大服务：

一、大力服务"三农"，促进农民增收

阳高县是农业大县，其中农民占全县总人口的85%，可以说没有农民的小康，就没有全县的小康。这对我们工商部门来讲，服务好"三农"，就是服务全县经济建设。工商部门要深刻领会地方党委政府的战略部署，加强横向部门联合，优化内部联动运行机制，聚精会神谋发展，团结一致干事业。凝聚合力处理好"主角"与"配角"的关系。在市场监管和行政执法过程中，要尽心尽责当好主角，做到有权管辖时不渎职，无权管辖时要移交，严格履行国家有关法律法规赋予工商部门的职能，做到到位不缺位，有位又有为。在配合行动时要尽心尽力当好配角，强化同其他执法部门的协作和配合意识，做到到位不越位，有为又有位。2010年以来，我们立足阳高县由农业大县向农业强县转变的实际，深入实施了"七农工程"。除了抓好以严厉查处假冒伪劣农资为重点的红盾护农、以提升农产品价值为重点的商标兴农、以保障农民的权益为重点的合同帮农、以促进农产品流通为重点的经纪人活农和以产业化生产为重点的经济组织强农的"五农工程"外，我们还针对实际特别抓了存款支农和"三送"助农。阳高县大力发展以大棚蔬菜和园区养殖为抓手的现代农业，而资金短缺是最大的难题。针对信用社"一社难支三农"、存贷比例超出警戒线的实际情况，我们倡导全县干部职工踊跃存款信用社。我们阳高县工商局积极响应县里号召，在全县企业及个体工商户中开展了"储蓄信用社、爱心献农民"活动，全县企业及个体工商户共向信用社存款200多万元，有力地支持了全县建大棚贷款的需求。同时，我们根据农民发展大棚的实际需求，组织全局干部职工在全县广大农民中，开展了以送知识、送技术、送信息为主要内容的"三送"活动，向大棚种植户发放农资宣传资料4300多份，提供有价值的致富信息48条，并同科协等部门组织开展春季科技培训13场，培训农民1.3万人次。

二、全力服务企业，促进财政脱困

企业是市场经济的主体，也是促进实现财政增收的支撑。阳高财政穷，穷在企业，经济总量小，小在企业。我们工商部门服务企业就是促进经济建设。为此，我局真抓实干，在细微处找差距。一方面是继续把领导干部作风建设放在首要位置。领导干部作风建设的关键是坚持民主集中制，促进团结和谐，形成心齐气顺、风正劲足的工作合力；重点是大兴求真务实之风，用讲实话、办实事、求实效，聚精会神搞建设，一心一意谋发展的工作作风，牢固树立全心全意为人民服务的宗旨。要带着感情密切联系群众，服务群众，千方百计地把工作做深做细做实，进一步拓宽服务领域，充实服务内涵，提高服务水平。在原有的为企业和个体户办理执照、申报商标注册（创品牌）、合同解忧、办理抵押物登记、进行行业规范和为维护经营者、消费者合法权益等方面提供服务的基础上，还要在提供投资方向和投资信息、帮助建立信用资源、营造无形资产等方面提供服务。突出治理"吃、拿、卡、要"和"三乱"等违纪问题，坚决抵制损害人民群众利益的不正之风。另一方面是对全县招商项目实行专门领导联络，无障碍直通服务，不让政策在工商截留，深入开展并延伸"百名工商干部进千家企业帮扶活动"，实实在在地为现有企业办实事、解难题、促发展。帮助企业做大做强是工商行政管理的基本职能，更是阳高县工商局创新工作方法的直接体现。为了进一步响应大同市工商局提出的"千名工商干部进万家企业"帮扶的有力号召，我局把在调查阶段发现的一些问题进行了全面的梳理，特别是针对一些信用等级A类的企业出现的资金不足的问题，局党组分片包干，在发挥本部门企业动产抵押登记职能作用的同时，协调金融企业进行资金帮扶，收到了很好的效果。从2009年8月份开始，我局的各位党组成员先是进入到自己定点帮扶的企业进行企业经营状况的摸底，并联系有关人员进行资产调查，再与信用联社、农行、农发行等金融企业招开座谈会，帮助他们畅通融资通道，建立规模化经营的信心，形成工商帮扶、银行支持、企业做强的良性经济发展格局。截止到目前，全局共为阳高县晋牛乳业公司、阳高县茂丰蔬菜有限公司等7家企业贷款1438万元，有力地推动了企业的规模发展。

我们不仅帮助一些企业实现了有效融资，盘活了不良资产，而且在2010年6月，我们又会同邮政储蓄银行开展了300户"信用商户"认定工作，为信贷支持做大企业奠定了基础。

同时，我们还将商标品牌发展作为工商部门落实政府服务职能和支持全县经济发展的重要抓手，通过培育知名品牌，提升企业发展实力。我们向县委、县政府提出了《阳高县品牌建设十年规划》，截至目前全县已发展新的申请注册商标8家，申报大同市知名商标8个、山西省著名商标6家。

如对阳高县黄宴沟养殖专业合作社进行现场帮扶就是很好的例子。该合作社位于阳高县长城乡镇边堡村，始建于2007年，成形于2008年，现存栏羊1300多只，圈舍占地5000平方米，已具备了养羊5000只的承载能力。但近年来，随着羊肉消费市场需求的分类细化，羊肉加工业也呈现出了较高的专业性和技术性，特别是随着经济市场化、商品品牌化、消费安全化色彩的日益浓厚，整个消费市场已强烈地表现为名牌、大牌商品的天下。黄宴沟羊肉作为阳高县充满浓厚塞上风味、极具地方特色的名品佳肴，直到现在却因为没有自己的商标而无法进入超市、自选商场等高端消费市场，也无法在短期内产生良好的经济效益，这就在一定程度上影响了农民养羊的积极性。

阳高县工商局党组在了解到了这些情况后，很是着急，召开了专门会议，确定了帮扶方向。带领部分股、所长来到阳高县黄宴沟养殖专业合作社，听了负责人的情况介绍后，对该社的圈舍、草房、种草基地、加工作坊及远期规划都进行了详细的考察。大家认为合作社应尽快实施加工车间及羊肉预冷库的建设项目，尽快开展商标注册工作，以便进一步实施黄宴沟羊肉的原产地保护。考虑到合作社的资金不足，我局党组提出把"黄宴沟"商标注册后，应尽快使产品上市，待产生一定的经济效益后，再邀请有关专家学者对黄宴沟羊肉的地域特征进行深度分析，开展绿色产品论证和原产地保护，力争把黄宴沟羊肉建设成为塞外名品。

按照安排，商标管理人员为该社制定了全面的商标管理制度，并帮助社员设计了商标图样，还为下一步产品包装提出了合理化建议，受到了企业的好评。

三、着力服务创业，促进民营经济

经济发展好的地方往往是民营经济活跃的地方。浙江民营经济在当地经济总量中"十分天下有其九"。而纵观阳高民资，2010年上半年居民储蓄存款余额达25亿元，人均近9000元。如此巨大的民资潜力，却没有转化为"市场元素"，民营经济比重只占20%左右。因此，要促进全民创业，大力发展民营经济，对我们工商部门来说，今后重点是抓住两方面：一方面在法律、行政法规规定的范围内，按照"非禁即准、非限即许"原则，对准入"经营范围门槛"，能放则放，最大限度地方便行政许可申请人，尤其要放宽民间资本进入市场的领域，放宽企业集团登记注册的条件，放宽高新技术成果作价出资的比例；另一方面要在科学监管的基础上，对因主观无故意、未造成危害后果且情节轻微的一般性违法行为，坚持"轻违不罚"的原则，大力推行行政指导这一柔性管理方式，多规范、少处罚，多指导、少指责，引导其自行纠正、规范经营，避免违法后果的扩大。就是降低门槛，放宽民营经济投资领域和准入条件。今后我们要实行符合法律法规规定的畅通办；法律法规没有明确规定的，在法律、法规允许的限度内采取有效措施变通办；不属于工商部门职权范围内的，积极帮助疏通办，法律法规有明确规定禁止条件的，加强沟通做好说明，把民资的内力和政策的外力充分释放出来，推动民营经济真正挑起经济发展的大梁。

"三抓"构建监管新机制
创新打造服务新体系

天镇县工商局党组书记、局长　苏成喜

　　袁纯清书记讲话的核心就是加快发展、跨越发展、率先发展。学习贯彻袁纯清书记讲话精神，归根结底要落实到解决问题、真抓实干上。我们必须坚持把解决问题、真抓实干贯穿于解放思想的始终，作为推进改革、谋划发展、最终实现"绿色发展、奋力崛起"目标的根本保证。天镇县工商局审时度势，解放思想，创新工作思路，为服务天镇经济跨越发展走出了自己的路子。

　　一、抓组织、强责任，努力构建市场管理责任机制

　　为了进一步加强市场监管工作，我局成立了以局长为组长的市场规范化管理工作领导组，制定了服务新农村建设网络图、"五农工程"责任分解图和"五农工程"三级网络图。局和所、所和管片责任人签订了责任状，做到了级级明确目标、责任落实到人。同时，进一步整合人力资源，成立了反应快捷的市场规范化管理应急大队，第一时间接报，第一时间出动，第一时间处理。

　　为规范监管人员的执法行为，制定了过错责任追究制、考勤制度等一系列制度在内的工作纪律，通过用制度约束人，用制度规范来促进各项工作的规范有序运行；为了强化监督力度，我们专门设立了举报箱，公布了举报电话，给企业和经营户下发了监督我们执法人员的"征求意见表"，形成全社会共同监督的格局。

　　二、抓联动、促监管，努力构建市场长效监管机制

　　天镇县地处晋冀蒙三省的交界处，由于市场监管点多面广、监管对象流动性大，容易出现监管盲区的实际困难，单凭工商部门的单打独斗难以实现监管到位。为此我们创新监管理念，采取区域联动、部门联动、股所联动等形式，建立横向到边、纵向到底、全方位、立体式的监管网络。

　　与县监察局联合签署《关于规范农资市场及联防联治的实施方案》，建立"两坚持、四加强"联防联治的长效监管机制，一方面加强对市场监管中出现的人情执法、违纪执法等有损工商形象行为的监督查处力度；另一方面主要加大对涉农案件办理的督促，使案件办理达到件件有落实、事事有回音、项项有结果。

　　与县检察院联合签署了《关于规范农资市场及联防联治、服务天镇县经济发展的协议》，主动邀请检察机关全程跟踪工商管理工作，严厉打击农资市场上的制假售假行为和干部职工执法中存在的玩忽职守以及行政不作为、乱作为等问题。

针对天镇县特殊的地理位置，为了加强对跨区域农资经营行为的监管，我们与河北省的怀安县、阳原县，内蒙古的兴和县工商局签署了《跨区域联合打假护农维护市场秩序合作协议书》，努力实现四方互通信息、协作配合，对违法农资经营行为，及时发现、及时打击，努力构建全方位、网络型、立体式的区域监管壁垒。

为规范市场经济秩序，打击经济领域中的违法犯罪行为，切实维护消费者根本利益，我局与县公安局联合下发了《关于12315消费申诉举报中心与110指挥中心建立执法联动体系的协议》的文件，实现了"110"和"12315"的投诉举报电话互联互通，畅通了投诉举报的渠道，有效地解决了工商管理执法难、执法弱的问题。

建立乡镇"联络员制度"。为加强农村市场监管工作，经与各乡镇协调，每个乡镇都指定一名副乡镇长作为工商联络员，主要负责传达工商部门的工作思路、方针、政策，并及时反馈各乡镇经济发展中存在的困难和遇到的问题。

三、抓重点、严整治，深入开展"红盾护农"活动，努力创建安全和谐的农业发展环境

一是按照区域划分成立5个巡查组，确保巡查到位，避免监管盲区。二是以局长名义印发了《告全县农民朋友的一封公开信》1200份，公布了局长举报电话，畅通了局领导与农民的沟通渠道；同时在县电视台连续播放发布《农资消费警示》，并指派专业人员深入田间地头，向农民宣传维权知识，进一步提升农民防伪识真能力。三是与监察局、农业局等部门联合对农资市场检查，净化农资市场，有效杜绝了农资制假售假现象的发生。四是督促全县49户农资经营户建立了农资经营户档案，健全了进销货台账，并和经营户签订了《经销农资保真责任书》，各农资经营户出售农资时，给农民出具规范票据，并签订销售《承诺书》，以增强农资经营户的诚信意识。五是对28户种子经营户经营的种子进行了强制备案和留样备查制度，备案内容包括：营业执照、留样种子、种子经营许可证、企业的营业执照、种子生产许可证、经营许可证、质量检验报告以及厂家与经营户的委托书，从春耕到收获进行全程监控，使农民切身利益得到有效维护。六是加大案件查处力度。积极开展以种子、化肥、农药为重点的农资市场检查，严厉打击制售假冒伪劣农资坑农害农等违法行为。由于措施得力，工作到位，近年来，我县没有发生一起因使用假劣农资造成减产和坑农害农事件的发生。

大力发展农村经纪人队伍。按照"多予少取放活"的原则，制定了《推进农村经纪人规范发展"十项制度"》，大力推动全县农村经纪人的

规范发展。到目前，全县共发展农村经纪组织16户、47人，带动农户520多户。同时举办了5期农村经纪人专业培训班，培训人数达到100多人次，使农村经纪人的业务水平和市场分析能力得到明显提升。

四、抓服务、增效益，努力为天镇经济转型发展服务

突出天镇的实际，服务和管理相结合，寓监管于服务中，在管理中帮扶企业，服务经济健康有序发展。

扎实开展帮扶企业行动，扶持民营经济快速增长。进一步优化服务，开辟"绿色通道"，对招商引资企业、重点项目和重点企业实行局长挂帅、专人负责、跟踪指导、特事特办、急事急办的工作机制，方便外资企业快速落户天镇，2010年发展私营公司40余户，已争取外来资金1.2亿。

加大扶持力度，大力发展农民专业合作社。对农民专业合作社的发展实行送照上门、送法律上门、送政策上门、免收一切费用的"三送一免"服务，专业合作社如雨后春笋般得到发展，数量达到425户，减免费用累计30余万元，专业合作社数量位居大同市县区局第一。

深入推进商标兴县战略，促进农业增效农民增收。商标是市场的通行证，没有商标，产品无法进入超市。为此我局着眼实际，先出台了《大力推进商标战略的实施意见》，后县政府常务会议研究通过了我局呈报的《名牌奖励办法》。截至目前，我局自筹资金8万元，派专人到国家商标局为涉农企业免费注册了32件商标，尚有40件正在申请注册中。经努力推荐，天镇县的"天城宝绿"商标喜获山西省著名商标，实现了天镇县"省著名商标"零的突破。同时还有2件商标获得大同市知名商标。由于我县商标注册进度缓慢，通过创先争优活动，我们从紧张的经费中筹集了3万元资金，积极邀请省商标事务所专业人员现场为18件商标进行策划，国家商标局已经受理。目前，天镇县无公害蔬菜集体商标正在积极策划中。

拓宽融资渠道，为企业发展造血输血。天镇县是国家级贫困县，资金短缺一直是制约天镇经济发展的瓶颈，我们急企业所急，想企业所想，主动邀请市局、县领导、市邮政银行领导以及企业代表召开座谈会，大力推动信用商户评定工作，解决企业融资难的问题，取得较好成效。市工商局和市邮政储蓄银行达成协议，被工商部门评选为信用商户的企业和个体工商户可直接到市邮政储蓄银行获取1—10万元不等的贷款，对天镇有发展潜力且符合产业政策的企业最高可贷500万元。鉴于天镇县农民专业合作社发展受资金限制的状况，通过我们的争取，农民专业合作社也可获取邮政储蓄信贷业务。

大力举办各种专业培训讲座，提高企业的发展意识。积极实施"服务上门乡乡行"行动，深入每个乡镇，送服务到农户、到田间地头，就解决企业融资难和农产品商标注册进行帮扶指导。

改进工作方式 转换管理机制
提高人员素质 实现转型发展

广灵县工商局党组书记、局长 李文新

省委书记袁纯清的重要讲话强调，实现发展转型，关键是干部要转型。国家工商总局提出要建设高素质的队伍、运用高科技的手段、落实高效能的监管、达到高素质的服务，是落实科学发展观对工商行政管理工作提出的新要求，是工商行政管理部门努力的目标。因此，基层工商行政管理机关，特别是贫困地区的工商行政管理机关，如何实现发展转型，达到"四高目标"，做好市场监管工作，是摆在我们面前的一个重要课题。

目前，基层工商机关面临的问题：一是人员素质低、结构复杂。二是监管手段落后。三是服务意思不强。四是市场主体结构复杂，国有、私有并存，层次分布不均，经营者法律意识淡薄，市场中弱势群体占很大比例。针对这些情况，我们积极寻找原因、研究对策、更新观念，通过实行强化内部管理，促进职能到位，改进工作方式，转换管理机制，提高人员素质等一系列改革措施，努力实现转型发展。

一、领导干部要做转型发展的带头人

袁纯清书记指出，领导干部一要有世界的眼光，用别人的眼光来开阔自己的视野，用别人的创新来丰富自己的路径，用别人的经验来提高自己的本领。二要有战略的思维，善于在复杂局面中谋篇布局，在严峻挑战中抓到机遇，在激烈竞争中争取主动，在战略把握上高人一筹。三要有"结合"的本领，在用好政策与破解难题的结合上长本领，在项目策划、布局与项目推进的结合上长本领，在改革发展与安全稳定的结合上长本领。四要有敢闯的勇气，在关键环节和重要领域大胆探索，迎难而上、知难而进、勇于争先。五要有学习的自觉。坚持学习工作化、工作学习化，掀起一场学习的新高潮，建设学习型党组织，实现干部队伍素质提升上的新跨越。六要有高尚的操守。要有公仆本色、赤子情怀、担当意识，把职务当作事业来做，不漂浮、不浮躁、不虚度；要珍惜荣誉、珍惜职位、珍惜人生，干干净净做人、清清白白做事、堂堂正正做官；要直面艰苦、忍耐清苦、乐于吃苦，肯奉献、能舍弃、耐寂寞，始终保持向上的精神状态。这六条要求为领导干部实现转型发展、跨越发展指明了方向。

二、更新观念，在思想上尽快与实现转型发展接轨

停征"两费"后，工商行政执法理念要由过去的收费管理、收费规范

向依法管理、依法规范转变，始终把依法行政、规范执法服务经济发展作为工商行政执法的基本准则，切实做到行为规范、履职到位。市场监管的职能将由国内市场转入到对国内外市场的统一管理，我们的工作重点要把执法放在首位，手段应从过去偏重于行政手段转向偏重于法律手段，市场监管的范围要立足于反不正当竞争和反垄断行为，着眼于监管大市场，市场监管行为要增加透明度，要公开、公平、公正。这就要求我们的市场监管人员要熟悉、掌握相关的政策，精通市场监管的法律、法规，提高自身素质和执法水平，创新监管方式、改进监管方法，进一步促进行政执法向法制化、规范化、科学化和效能化的方向转变。

三、改革现行管理模式、转换内部管理机制，建立公开、透明、高效的行政管理体系

1．调整机关内部组织结构，改变过去科室林立、职能分散的状况，合并科室、精简机关人员，建立注册登记大厅，一厅式综合办事制度、公开办事程序、公开政策、公开信息。让办事者不再"求人办事"、"拉关系办事"，而按公开、透明的制度平等地办事，彻底解决"不给好处不办事，给了好处乱办事"的状况。同时充分发挥12315举报投诉中心的作用，主动掌握市场动态，努力实现消费维权由事后处理为主向事前预警和超前防范转变，加大"一会两站"规范化建设力度，积极推进12315网络进商场、进超市、进企业、进农村、进校园，努力实现城乡全覆盖，力求把消费纠纷解决在基层、和解在萌芽状态，真正把12315网络体系建设成为政府联系群众的桥梁和纽带、化解消费纠纷的重要载体。

2．实施工作重心下移，努力增强工商所的监管能力和执法能力。改变过去工商所数量多、规模小、人员少、内部组织机构不健全、监管职能不到位的状况，按照"小局大所、精局强所"的机构布局，调整工商所的设置，撤并小所，加强大所，实行合署办公，最大限度地增强工商所的战斗力。

3．改变监管方式，变革工商所的职能结构。积极推进市场巡查制，改变过去集登记、收费、监管于市管员一身的管理方式，在工商所设立三室：登记室（负责登记、收费）、监管室（负责日常监督管理）、巡查室（负责市场巡查、执法办案），各室之间互相协作、互相监督、互相促进，既提高了工作效率，又确保了职能到位。同时在工商所设立"经济户口"，做好市场主体良好行为和不良行为记录，逐步建立市场主体的信用档案，以应对推动科学发展、促进社会和谐的要求。

4．狠抓基础设施建设，改善办公条件，更新监管、办案工具，采用现代化监管手段，实现微机化管理，综合利用现代化信息技术、网络资源来监管大市场。努力实现监管领域由低端向高端延伸。监管范围要由监管传统集贸市场向依法监管各类消费品市场以及生产资料市场、生产要素市场、新兴网络市场等延伸；监管内容要从侧重查处简单、常规违法行为向依法查处不正当竞争、垄断、商业欺诈等违规行为延伸；监管重点要从个户案件查处向关注涉及群体利益的社会重点、热点、难点问题延伸。

四、进一步完善行政权力监督机制，建立科学监督检查机制，维护政令畅通

要深化干部人事制度改革。提高选人用人公信力，做到群众欢迎、干部服气；端正干部队伍风气，形成干事创业光荣、碌碌无为可耻的导向；健全考核评价机制，做到能者用、好者上、庸者下，让吃苦的人吃香，让有为的人有位。同时要加大监督力度，完善过错责任追究制，建立科学、严格的考核机制，做到工作有目标、执行有制度、考核有标准、奖罚有依据，促进市场监管机制的良好运行。

五、加强执法队伍建设

要结合开展创先争优活动、作风整顿活动，切实把广大基层党员干部的积极性、创造力凝聚到转型、跨越的生动实践中来。形成一级抓一级、层层抓落实的工作机制，做到人人有责任、有担子、有追求。通过培训，建章立制，严格考核，努力造就一支"政治上过硬、业务上过硬、作风上过硬"的高素质的执法队伍是实现转型发展、跨越发展的有力保障。

发挥职能作用
尽心竭力服务发展

灵丘县工商局党组书记、局长　赵军

　　袁纯清书记在全省领导干部大会上要求全体干部要彻底解放思想，创新工作，服务转型，促进跨越。作为担负市场监管工作的工商行政管理部门更是责任重大，使命艰巨。为此，我们必须按照科学发展观的要求，彻底解放思想，不断改革创新，深入贯彻落实，尽心竭力服务经济社会又好又快发展。

一要树立主动服务新理念

　　不断探索适应工商部门的垂直管理体系，积极主动向地方党委政府汇报请示工作，加强与各职能部门沟通协调，主动上门宣传工商法律法规和工商职能，了解社情民意，掌握企业和群众的诉求，敞开工商大门，让政府、社会和群众进一步了解工商、认同工商、支持工商，不断优化工商外部工作环境。

二要创建全力帮扶新局面

　　作为工商行政管理干部，要牢固树立服务经济社会发展大局意识，工作中多换位思考，坚持以人为本，注重坚持全面、协调、可持续发展，遇到问题和困难不随便把企业拒之门外，而是从群众利益出发，从服务经济社会又好又快发展出发，全心全意搞帮扶，力争让人民满意，党和政府满意，消费者满意，经营者满意。

三要开拓服务发展新思路

　　在服务发展方面，要遵循"法不禁止即可探索"的原则，凡是法律法规没有明文禁止市场主体不可为，又有利于科学发展的，要积极探索为市场主体服务的措施办法，既不能随意突破法律界限，又不固守陈规，支持鼓励大胆创新。

四要营造和谐执法新氛围

　　坚持"以人为本、执法为民"的执法理念，对违法者以理服之、以情感之、以法导之，重教育预防和引导规范，充分运用行政指导、行政告诫、行政预警等手段，努力营造和谐监管与和谐行政的氛围。

五要创建消费维权新体系

　　树立"以民为本、服务民生"的消费维权理念，创新12315行政执法体系，创新社会监督维权体系，创新经营者自律维权体系，创新信息化消费

维权手段，建设红盾维权服务网站，探索实行网上咨询、网上受理、网上发布、网上调解的路子，拓宽维权渠道，创新维权手段。

六要打造科学发展新形象

着眼科学发展需要，立足"政治过硬、业务过硬、作风过硬"的队伍建设目标，强化"法治行政、效能服务、科学管理"三大理念，努力构建"学习型、服务型、效能型、数字型、廉洁型、和谐型"工商行政管理队伍，为落实各项工作提供保障。

市场经济大潮此起彼伏，波澜壮阔。今天山西转型发展、跨越发展的奋斗目标已经确立，经济腾飞、共创美好未来的号角已经吹响，工商行政管理部门更要解放思想、放胆争先，努力在全省全面转型发展和加快跨越发展中敢想、敢谋、敢干，创新工作亮点，建立新的功业。

奏响发展主旋律
再谱服务奋进曲

浑源县工商局党组书记、局长　冯志伟

　　袁纯清书记指出："转型首先是政府的转型。企业转型升级，前提是政府的服务要转型升级"。作为政府的一个重要职能部门，我们工商部门必须坚持把服务转型发展作为工商行政管理工作的主旋律，进一步转变服务职能，转变服务理念，创新服务方式，切实提升工商部门服务转型发展的水平，从更高层次、更广范围服务转型发展，推动跨越发展。

一、服务转型发展，实现工商部门服务的转型升级

　　转型发展是当前我省经济工作的一个主题，作为主管市场监管和行政执法的职能部门，工商机关在服务经济转型发展中承担着重要职责，是推进转型发展的重要力量。我们要始终把为转型发展服务作为工商部门工作必须始终坚持的方向，按照"转型发展"的要求，把工商部门职能的发挥，纳入地方经济转型发展、特色崛起的大局之中进行思考、去谋划，在服务中行使工商职能，在服务中发挥引导作用，在服务中促进转型发展。要找准工商部门在转型发展中的科学定位，工商部门作为经济发展的促进者，要始终把打造服务型工商作为工作的出发点和落脚点，牢固树立服务意识，为促进地方经济更好更快发展自觉服务，主动服务，竭诚服务。

　　围绕转型发展的工作主题，拓展服务思路。浑源县是旅游名县、农业大县，在服务转型发展、特色崛起过程中，我们一要在打造浑源知名品牌上下工夫，主动搞好衔接、协调、指导服务。大力推进商标战略，进一步提高浑源经济的竞争力。要加强宣传教育，搞好指导服务，着力培育一批经得起市场检验、消费者认可、有发展潜力的著名、知名商标，引导和帮助企业运用商标开拓市场、扩大影响、做大做强。二要以发展农村经济专业合作社为着力点，进一步提高农业的产业化、组织化、品牌化程度，在服务新农村建设上发挥更大作用。浑源县是大同地区的农业大县，全县33万人中有26万人是农业人口，群众生存主要靠农业。为了支持浑源县的经济发展，促进当地农民的增产增收，我们要继续实施"经济人活农"、"经济组织强农"、"合同助农"、"商标兴农"四大惠农工程，引导农民大力发展特色农业和农副产品加工，促使其经营上档次、上规模、上水平，为推动浑源农业转型、加快健全农产品流通体系发挥积极作用。三是主动融入服务，支持旅游业发展。浑源县境内有驰名中外的恒山、悬空寺等旅游名胜景区，从事旅游服务的企业、个体工商户众多。基于以上情况，我们要立足职能，大力扶持企业和个体工商户开发旅游商品、形成规模优势，引导发展具有浑源特色的包装浑源凉粉等农副产品的生产和加工，鼓励其提升管理水平和服务品质，争创旅游服务品牌，增强企业发展后劲，促进企业规模化、经营网络化、服务品牌化，从而把浑源旅游服务企业做大做强、做好做优。四是建立服务长效机制，优化经济发展环境。要本着"工商围着企业转，服务跟着市场走"的原则，大力倡导跟踪服务、预约服务、延伸服务，提高工商部门的办事效率。建立企业注册登记、农民工和大中专毕业生创业的"绿色通道"，主动服务浑源的招商引资和重点项目建设，立足部门职能，提前介入，主动服务，为重点项目和辖区内的企业和个体工商户提供"菜单式"的便捷高效服务。

二、服务转型发展，营造规范有序的市场环境

经济要转型、要发展，离不开良好的市场秩序。要实现转型发展、跨越发展，不仅要有宽松的发展环境，更要有规范有序的市场环境。当前市场上存在的制售假冒伪劣商品、虚假宣传、消费欺诈等违法行为，已成为实现转型发展的"绊脚石"。进一步加强市场监管、净化市场环境是转型发展的必然要求，也是我们工商部门义不容辞的责任。

坚持把净化市场环境作为工商部门的第一责任，作为"一把手"工程来抓，作为工商行政管理工作的重中之重来抓，以市场监管的积极成效带动其他工作，以良好的市场秩序保证转型发展，推动跨越发展。要从组织领导、行政指导、工作落实等方面，定期调研市场动态，定期督查和通报工作动态。要认真落实属地监管责任制和领导分工负责制，加大市场巡查规范力度，严厉打击掺杂使假、虚假宣传等违法行为。要坚持突出重点，加强对农村市场等薄弱环节的管理。以工商所达标创优活动为契机，推进基层职能转变，提高基层履职能力，确保工商监管执法在广大农村没有盲点。要以城乡结合部、农村为重点地域，以集贸市场、个体批发户、食品经营户为重点对象，加大监管力度，针对性地开展专项整治行动，严厉打击以"送货下乡"为名销售假冒伪劣商品等坑农害农的不法行为，切实维护好市场秩序。

坚持以人为本，营造安全、放心的消费环境。良好的消费环境是转型发展的重要保证，也是规范有序的市场秩序的直接体现。企业要发展，离不开规范的市场环境和良好的消费环境。要按照"部门监管、企业自律、社会参与"的原则，从关系人民群众日常生活的衣食住行商品入手，加大消费维权力度，重点加强食品安全整治，强化流通领域商品质量抽检，严厉打击经营过期变质、有毒有害食品的行为，确保让广大群众吃上放心食品。要引导生产经营者妥善处理好企业发展与维护消费者权益的辩证关系，解决好损害和谐消费关系的突出问题，尤其是要在食品安全监管中，督促经营者认真落实食品安全自律制度，促使经营者重视食品质量，引导其提高食品质量和诚信度，从源头上确保消费安全。

三、服务转型发展，树立工商队伍的良好作风

"实现发展转型关键是干部转型。"面对转型发展的新要求，面对越来越繁重的监管执法任务，工商干部队伍普遍存在着思想观念不适应、服务发展低水平、工作作风不过硬等问题。工商部门要服务转型发展、促进跨越发展，亟须建立健全队伍管理的长效机制，建设一支素质过硬、作风扎实、纪律严明的工商干部队伍。为此，一要以转型发展为主题，大力开展解放思想大讨论，紧紧围绕如何深化对转型发展的认识，进一步转变服务发展理念，以更加开阔的视野，完善发展思路、创新发展举措、破解发展难题，切实把干部的思想和行动统一到转型发展上来，把智慧和力量集中到推进工商工作上来，凝聚到促进经济社会又好又快发展上来。

二要立足职能，提高结合的本领。对照转型发展的要求，我们深深地感到：纵有千头万绪的工作需要解决，但最亟待解决的就是干部素质的提高问题。为此，我们要下大决心、下大气力，抓好干部队伍的教育培训，做到教育有计划、培训有内容、落实有措施、检查有标准、结果有考核，真抓、真学，形成教育培训的考核奖惩机制，使执法人员真正掌握应知应会的经济管理知识、工商法律法规和业务知识。在学习方法上，要坚持全员参与、重在基层、立足岗位、务求实效的原则，强化集中培训、坚持岗位练兵，干什么、学什么，缺什么、补什么，形成浓厚的学习氛围。通过教育培训，促进工商干部队伍素质的提高，为更好地服务转型发展提供坚实、有力的保证。

三要加强绩效管理，改进工作作风。要坚持把绩效管理作为加强队伍建设、改进工作作风的有效载体，着力提高行政效能和服务转型发展的水平，确保工商行政管理工作取得更大成效。要按照转型发展的要求和作风建设的工作需要，加强绩效管理，充实绩效考核内容，把工商干部的纪律、作风、服务情况纳入考核范围，尤其是把转变工作作风、服务转型发展、确保食品安全作为考核重点，严格考核奖惩，激发工商执法人员的规范管理、优化服务的主动性，努力营造比学习、比工作、比作风、比服务的良好氛围，以绩效管理来推动工商干部思想、工作作风的转变，推动各项工作的深入开展。

服务转型发展、推进跨越发展，是工商部门的一项长期而又艰巨的任务，同时也对工商行政管理工作提出了更高更新的要求。我们要自觉把工商工作放在服务转型发展的总目标中来研究，把工商工作提升到促进转型发展这个更高起点、更高层次、更高水平上来，积极转变工作作风，使广大干部的思想观念、工作部署、工作方式更加适应转型发展的要求，尽职尽责抓监管，尽心尽力促发展，为实现经济社会更好更快发展和构建社会主义和谐社会发挥更大作用。

以创先争优为抓手
努力推进经济社会快速发展

左云县工商局党组书记、局长　李军

　　袁纯清书记的讲话"以清新之风、务实之言"，指明了山西当前和今后一个时期科学发展的路径。讲话站得高，看得远，提出了当前乃至"十二五"时期山西发展的目标、思路和举措，进一步明确了发展方向。讲话立意深、针对性强，找准了我省面临的最紧要问题是干部队伍对大发展思想准备的不足，这一论述，抓住了制约山西转型发展、跨越发展的关键。笔者以为，在当前形势下，学习袁纯清书记讲话，关键是要紧密联系工商工作实际，奋发有为地工作，创造性地抓好落实以创先争优为抓手，努力促进经济社会又好又快发展。

　　一、几点体会

　　一是在政治思想上必须紧紧依靠省委、省政府的领导。作为政府的组成部门，工商工作的发展与变革，无不是在党委和政府的领导下进行的。工商部门只有紧紧依靠地方党委和政府的领导，才能始终保持正确的方向，实现自身的发展壮大。

　　二是在目标任务上必须紧紧围绕发展大局实施各项工商工作。发展是党执政兴国的第一要务。只有把促进经济社会发展作为一切工商工作的目标追求，不断地完善工作措施，提高行政效能，优化市场秩序，尽心竭力地营造良好发展环境，工商工作才能找准位置，抓住关键，取得成效。

　　三是在履行职能上必须紧紧抓住监管执法这个根本不放。作为市场监管执法部门，无论在什么样的环境下，只有充分履行和运用好市场监管执法这一根本职能，工商部门才能有所作为，工商事业才能始终保持蓬勃的生命力。

　　二、推进工商事业创先创新发展是时代进步的必然要求

　　当今世界正在发生广泛而深刻的变化，当代中国正在发生广泛而深刻的变革，这对我们工商部门提出了新的课题和挑战，要求我们必须进一步增强做好工商工作的责任感、紧迫感和忧患意识。

　　1. 创先创新理念是先导。面对形势任务的变化，我们必须不断解放思想，拓展思路，勇于变革，使创先创新理念孕育创造力，释放新活力。我们要进一步深化对"四个只有"、"五增五创"、"三个理念"的认识，以构建"大服务、大监管、大发展"的工作格局为指导原则，把创先创新理念不断贯彻落实到具体工商工作实践中，使创先创新理念成为实现创新发展的思想先导。

树立"大服务"的思想观念。"大服务"是着眼于经济社会发展大局的服务。在具体工作中，要通过监管领域的拓宽、监管触角的延伸、监管力度的加大，不断提高"大服务"的层次和水平，使工商行政管理的过程成为服务经济、服务社会、服务消费者和经营者的过程，只有这样我们才能在社会上有新形象，在群众中有新地位，在经济建设中发挥新作用。

形成"大监管"的工作格局。"大监管"是全方位的监管。全方位是对监管范围而言，就是横向到边、纵向到底的监管，是不留死角的监管。"大监管"是全过程的监管。全过程是对监管环节而言的，是对市场主体从产生到消亡"一条龙"式的监管，不放过任何一个阶段和环节。我们必须从建立和维护公平竞争的市场环境出发，对市场主体准入、退出、交易和竞争行为进行全过程监管，进行动态的事前、事中、事后相结合的系统化监管。

抓住"大发展"的目标要求。发展是工商行政管理工作的最终目标和永恒主题，离开了发展工商工作便是无本之木，背离了发展工商工作便是无源之水。促进"大发展"要全面贯彻落实科学发展观，要充分运用职能，促进人的全面发展和经济社会的又好又快发展。

2. 创先创新监管是途径。要抓住"监管"这个核心。监管是工商工作的核心和本质。推动工商事业的创先创新发展，关键是要推进创先创新监管。因为，监管是我们的职责所在，是我们的核心职能，是我们的立身之本，离开了监管去谈工商事业的发展，无异于缘木求鱼、水中捞月。所以推进工商事业的创先创新发展，就要牢牢地抓住监管这个关键不放，以此来推进思想观念的转变，体制机制的创新，队伍素质的提高，最终推动整个工商事业的不断前进和发展。

要突出"创新"这个灵魂。创新是一切事业发展的不竭动力。推进创先创新监管要求我们要从更高的层面对监管工作进行重新审视和定位，不断解放思想，坚持与时俱进，加强工作调研，以"扬弃"的态度和方法，正视差距，查找不足，打破以往的思维局限，摒弃陈旧的思路习惯，继承优良的方法手段，吸取先进的作法经验，以海纳百川、有容乃大的气度，以拼搏进取、奋发有为的精神，大胆改革，大胆开拓，大胆创新，大胆实践，有力推进市场监管不断上层次、上水平。

要把握"效能"这个关键。推进创先创新监管的目的是提高工商行政管理效能，最终实现职能到位和工商工作的发展。要注重深化职能，牢固确立监管执法在工商工作中的主体、主导地位，突出监管执法的重点，加大监管执法的力度，使监管执法职能全方位拓展、延伸、强化。要注重制度创新，坚持以标本兼治为目标，切实解决监管推进不力、机制不顺、运转不畅、效率不高等问题，挖掘潜力，激发活力，使监管工作的效果得到充分的释放和增强。

3．创先创新发展是目标。创先创新发展，是一个动态的过程，是相对于既有的工作成果、工作基础而言的，是在着力创新、创造基础上的发展，是力求实现新的突破和飞跃的发展，是致力于开创崭新工作局面上的发展。就当前工商工作来说，创先创新发展就是坚持以科学发展观为统领，实现工商事业既好又快的发展，好快结合的发展。

三、推进创先创新发展的路径

1．关于工作重心的问题。一是严把市场准入关，实施对各类市场主体的登记注册和监督管理；二是维护市场公平交易和公平竞争秩序，反垄断和不正当竞争，查处商业贿赂；三是保护消费者、经营者合法权益，打击商业欺诈和制售假冒伪劣商品等违法行为，实施对商品和服务行业的监督；四是保护商标知识产权，依法注册商标，打击商标侵权行为，以及监管广告行业；五是规范直销和打击传销。这就是我们的基本职责，也是我们实施监管执法的主要内容。

2．关于管理模式和方法手段等问题。要有效解决日益纷繁复杂的市场秩序问题，必须走高层次、高效率、高水平、低成本的市场监管之路，监管方式由简单、粗放、表层监管向科学、精细、深层监管转变。当前，除推进市场巡查制外，还应探索更多的主动式、动态式的监管方式。要加强信息化技术在监管执法和服务发展上的应用，提高现代化管理水平，以信息化带动监管执法效能的提高，积极为管理相对人提供便捷高效的服务，使监管手段从劳力型向智力型转变，使市场监管方式发生根本性变化。

3．关于加强队伍能力建设问题。推进创先创新发展，队伍的能力素质建设是关键。当前我们执法中存在一些问题，有环境条件的影响和体制机制的制约等客观因素，但从根本上说，是干部队伍的职能专业化程度不够造成的。我们要坚持不懈地加强组织广大干部加强工商行政管理法律法规、业务知识、监管执法技能的学习培训，有效提高队伍的法律素质、监管能力和执法水平。要结合工商工作特点，深入开展党风党纪教育、廉洁从政教育、艰苦奋斗教育和职业道德教育，防止粗暴管理、野蛮执法行为的发生，切实纠正执法不严、执法不公和不作为、乱作为等问题。要切实转变作风，提高办事效率，积极为政府分忧、为企业和经营者解难，把实现好、维护好人民群众的根本利益放在首位，使大家自觉做到为民执法、文明执法、依法行政、廉洁行政。

落实讲话精神
服务发展大局

大同县工商局党组书记、局长 刘士英

　　袁纯清书记在全省领导干部大会上，作了题为《以转型发展为主线 为实现山西经济社会跨越发展努力奋斗》的重要讲话。讲话充满敢于挑战之气、奋勇争先之志、鼓励激发之情，使人感到鼓劲、提气、解渴。"既道出我们发展中存在的诸多差距和不足，更指明了前进的方向，吹响了进军的号角。"令人受益、令人振奋。

　　一、要把加强学习解放思想放到首位

　　我们看到山西作为欠发达省份同发达省市的差距，从表象上看是经济总量、人民生活水平、社会发展程度的差距，但从实质上看，却是思想理念、思维能力、知识素养、科技水平、发展眼光上的差距。一句话，就是学习上的差距，我们的学习热情、学习氛围、学习能力、学习效率，同发达地区的干部存在着一定的差距。思想是行动的先导，思想有多远发展就能走多远。在全县加速发展的大氛围下，进一步解放思想显得更加重要，尤为迫切。因此，我们必须有一个深刻的、清醒的认识，谋发展首先要加强学习解放思想。

　　解放思想其实是一种精神状态，思想解放了，就有一种干事创业的胆气，就会三步并作两步走，不达目的不回头；就有了一种把握机遇、与时俱进的进取意识，就有了用心力、多思考、善谋划的状态，有了这种状态，才能会谋事、才敢干事、才能干成事。解放思想能够释放出神奇的能量，只要我们坚持解放思想、放开胆量、争先发展，我们就一定会迸发出无限的生机和活力，实现大步赶超、大步跨越。

　　二、要抓住机遇，立足职能树立为经济发展服务的大局意识

　　通过学习，我们要增强机遇意识和发展信心，紧贴国家的大政策、大规划、大方略，乘势而上，有所作为。要抓住山西转型发展、跨越发展的大好机遇，增强紧迫感、危机感和使命感，敢于打破陈规陋习，敢思、敢想、敢干，招大商、大招商，上大项目、上高端项目。在转型发展中实现新跨越，这是我们的选择。实现转型发展、跨越发展必须以开放的胸怀、主动的姿态，积极走出去，引进项目、引进技术、引进资金、引进人才。

　　1．创优环境是关键

　　具体到我县的实际，一方面就是要大力营造亲商、重商、安商的氛

围，用足用活政策，只要有利于我们发展的，完全可以利用我们靠近大同市区、交通便捷、水资源丰富等有利条件，去换项目、换投资、换人才，不怕肥水注入外人田。另一方面，要始终把我县的园区建设作为全县招商引资的抓手、产业转移的承载、项目落地的平台，成为全县发展的重要力量。对市委、市政府规划在我县的装备园区，我们着眼长远，全力以赴给予支持。

2．真抓实干是保证

内蒙和天津的大发展，是党委、政府带领干部群众干出来的、拼出来的、闯出来的。没有真抓实干、埋头苦干，再好的设计图、再好的路线图都落不到实处。要切实树立以实干论英雄、以实绩论英雄的导向。实干就是要摸实情、说实话、出实招、干实事、求实效、重实绩。要大力打击跑官要官的不正之风，抵制溜须拍马的歪风邪气，健全考核评价机制，健全组织推荐机制，加大监督考核力度，将考核结果与干部奖惩升降挂钩，确保各项工作有效推进。要大力学习弘扬"右玉精神"，切实整顿机关作风，形成一级抓一级，层层抓落实的工作格局，营造干事创业的浓厚氛围。

三、要把"优化经济发展环境"的要求落到实处，在服务质量上要有新突破

全县上下要把进一步优化经济发展环境作为一项重大任务，高度重视，切实抓好，树立"环境就是生产力"的理念，提高服务质量，简化办事程序和环节，提高办事效率，由管理型向服务型转变，坚持"墙内的事情企业办，墙外的事情政府管"的工作思路，对所有拟建、在建项目，尤其是新落户的重点项目，组成重点路口跟踪服务队，专人负责，全程跟踪服务，确保项目顺利落地、投产、发展。

1．办事快捷，服务理念为群众着想

在2010年度个体工商户贴花验照和企业年检过程中，我们严格执行有关规定，努力提高办事效率。一是个体工商户贴花验照随到随办，基层所工作人员受理后限时办结，方便群众。二是企业年检过程中广泛征求服务对象意见，发放征求意见卡200多份。并不断调整工作程序，缩短工作流程，让服务对象高兴而来，满意而归。三是开展上门服务，为乡村群众送照上门。我们先后派出工作人员分赴三个边远的乡镇，共为56户农村经营户办理了营业执照，为23户专业合作社上门颁发了营业执照，受到了当地群众和企业的好评。

2．工作高效，服务理念以维权为本

为维护全县市场经济的有序运行，营造良好的市场环境，我局进一步加大监管执法力度，提高工作效能。一是积极引导企业注册商标，提高企业和产品知名度。完成商标注册5件，查办商标侵权案件8件。二是开展"守合同、重信用"活动，为企业拓展市场、发展壮大做贡献。同时查处

合同案件13件。三是开展农资市场专项打假，保护农户合法权益。近期我局组织工作人员深入全县10个乡镇，进村入户调查摸底。帮助经营户落实备案制度和健全进销台账，先后共印发宣传材料500多份，提高了农民的维权意识。期间立案查处农资违法案件20件，罚款1.7万元，保证了我县春耕春播的顺利进行。四是食品安全监管又上新台阶，我们结合办理食品流通许可证，进一步健全了全县食品经营户的各项制度，保证了食品流通领域正常的市场秩序。查办案件65件，罚款1.3万元。

四、要把"转变干部作风"的要求落到实处，在狠抓落实上要有新突破

全县上下以省委转变作风"五项禁令"和县委"转变作风年"为契机，切实转变工作作风，真干、大干、实干。要提升素质，树立正确的政绩观、名利观、权力观，让干部有坐不住的紧迫感、等不起的危机感、干不好的愧疚感；要转变作风，做到坚强有力、奋发有为；要加强能力，在困难和挑战面前有办法、有主意、有对策，能干、敢干、善干；要形成一级抓一级，层层抓落实的工作机制，将任务细化分解，落实到每一个人头上，落实到每一个工作环境和岗位上，人人有责任、有担子，形成上下齐心谋发展、快发展、大发展的良好氛围。为实现转型发展、跨越发展提供强有力的保障。思路创新，服务理念从大局出发。

大同县经济发展相对落后，缺乏支柱型产业，财政收入对煤炭运销企业依赖性较强。多年来我们在市工商局的大力支持下，积极协调相关部门，主动取得政府的支持，为煤炭运销企业开辟绿色通道，支持其发展壮大。近年来由于受金融危机的影响，煤炭行业经营不景气，我县财政收入受到影响。为此我局出台了一系列政策，扶持煤炭运销企业。目的是保企业发展，保税收稳定，替政府分忧，为全县发展做贡献。

我县近几年黄花、绿豆、万寿菊等特色农业发展较快。为促进全县农业增产增收，增强我县特色农业企业发展后劲，我局决定大力发展订单农业，落实品牌兴县方略。一是开展调查摸底，深入企业、农户征求意见，提供法律服务，进行沟通了解，制定具体实施办法。二是以大同县黄花总公司为试点，在全县推行订单农业。全年该公司签订合同15000多份，公司、农户从中受益。公司货源充足，农户收入稳定，实现了双赢。

阳泉市

着力强化五种理念
全力服务转型跨越

阳泉市工商局党组书记、局长 贾权

袁纯清书记在全省领导干部大会上的重要讲话，顺应时代发展大势，明确提出了推进全省转型发展、跨越发展的目标任务、重点路径和保障措施，描绘了山西发展的宏伟蓝图。省工商局党组及时作出了"解放思想、创新工作、服务转型、促进跨越"和"五个坚持"的贯彻措施。根据省工商局的部署，阳泉市工商局提出要在全系统"着力强化五个理念，全力服务转型跨越"的工作要求，努力用创先争优的实际行动，推动工商部门职能优势、体制优势、信息优势的有效发挥，激发党员干部队伍的生机与活力，为全市转型跨越发展提供更加优质高效的服务。

一是要强化形势决定任务的理念。我们必须把工商行政管理工作置于服务转型发展、促进跨越发展、开展创先争优的大局中去思考，放在牢牢把握"四个只有"，深入推进"五增五创"的总体要求中去谋划，善于以开阔的视野、宽广的视角认真分析当前经济发展的新形势，深刻审视工商部门所处的新环境，清醒认识工商部门面临的新任务，理性分析工商部门的新优势，立足转型跨越发展、职能转型、创先争优等形势任务要求，真正做到在思想上明确"当前的形势是什么"、"政府要求做什么"、"我们的差距是什么"、"我们应该怎样做好"，切实找准履行职能的切入点和落脚点，进一步理清思路，明确我们的工作目标、工作任务、工作重点，更好地履行各项职能，为促进转性跨越发展、维护社会和谐稳定提供更加优质高效的服务。我们围绕省工商局和市委、市政府的工作部署，研究制定了围绕"一个主题"，突出"三个重点"，推进"五项建设"的总体思路，把服务和促进转型发展、跨越发展作为根本目的，把创新思想观念、创新监管机制、创新工作作风作为根本途径，把加强党风廉政建设、班子队伍建设、基层窗口建设、机关协会建设和法制建设作为根本保障，指导和推动了各项工作的有效开展。

二是要强化创新决定出路的理念。事实证明，一切工作创新则兴，守旧则衰。工商行政管理工作要想在新的历史起点上不辱使命，实现跨越，就必须努力解决好"为什么创新、创新什么、怎样创新"的问题。当前，市场监管面临着市场主体的多样化、市场交易行为的科技化、市场营销方式的多样化、市场竞争的激烈化和日益严峻复杂的经济形势，面对新形势，我们要自觉坚持用宽阔的视野来观察市场秩序的变化，自觉坚持用前瞻性眼光来谋划市场监管工作，自觉用与时俱进的观念来推进监管方式创新，努力从条管体制意识中解放出来，从传统监管理念中解放出来，从传统监管方式中解放出来，从传统执法行为中解放出来，从守成求稳心态中解放出来，围绕敢想大发展、敢谋大发展、敢干大发展，牢固树立服务转型敢于建功立业、创新监管敢于领先一步、各项工作敢于争创一流的理念，以世界的眼光、战略的思维、"结合"的本领、敢闯的勇气、高尚的操守，以创新的精神激励自己，以创新的制度来完善自己，以创新的手段来发展自己，着力推进监管领域、监管方式、监管方法和监管手段的转变，着力提高监管服务效能，努力做到在解放思想上有新飞跃、在提升能力上有新进步、在解决问题上有新成效、在创新机制上有新突破。2010年以来，全市工商部门着力实现了各项工作的创新，突出体现在以办公自动化、人像考勤系统、各项制度建设为标志的内部管理机制创新，以食品安全电子监管系统为标志的监管机制创新，以立体式培训为标志的学习培训机制创新，以四个服务为标志的集中帮扶机制创新，以网上办案为标志的案件查办机制创新等等。

　　三是要强化落实决定效能的理念。落实是一切工作成败的关键。想不想抓落实、会不会抓落实、能不能抓落实，是对一个干部政治品质、思想境界、工作作风、工作能力和综合素质的一个最实际的检验。近年来，我们所取得的每一项成绩，都是狠抓落实的结果；所存在的一些问题和不足，也是抓而不实、抓而不力的后果。在新的形势、新的任务下，许多繁重的工作任务要完成，许多政策、制度、措施要推进，没有抓落实的紧迫感是绝对不行的。为此，我们必须按照总局"四个只有"和省工商局"五增五创"工作要求，围绕市委、市政府的总体思路和部署，立足现在、抓住当下，通过突出重点抓落实、树立典型抓落实、创新方法抓落实、着重治本抓落实、着眼基层抓落实、强化督察抓落实、加强考核抓落实、确保稳定抓落实等有效措施，切实提高工作效能。我们针对工作中存在的重部署、轻落实；重安排、轻行动；重形式、轻效果的倾向，研究制定了以目标责任考核奖惩为主要内容的责任落实机制，以效能考核为主要手段的监督检查机制，有效推进了各项工作的落实。我们围绕省工商局关于创先争优活动的一系列工作部署，结合实际，在全系统深入开展了窗口部门提速，优化服务；业务部门提效，优化效能；综合部门提质，优化保障；基层部门提力，优化职能；队伍素质提升，优化作风的"五提五优当先锋，服务转型促跨越"的活动，制定了具体的实施方案和考核评价办法，努力用创先争优的实际行动，激发全市工商系统各级党组织的创造力、凝聚力、战斗力，激发党员干部队伍的生机与活力，进一步形成比学赶帮超、争创一流业绩的工作氛围，进一步实现了"组织创先进、党员争优秀、群众得实惠"的目标。

　　四是要强化作为决定地位的理念。要想有地位，必须要有作为。为此，我们必须把以执法树立权威，以服务赢得地位的理念作为我们的实践行动，进一步创新监管服务机制，改进监管服务方式，提高监管服务效能，通过公正执法来树立权威，提升形象，通过优质服务来赢得地位。2010年以来，我们开展了帮扶行动、实施商标战略、支持企业融资等一系列职能服务活动，入企帮扶干部达4001人次，走访各类市场主体7915户次，帮助企业解决实际问题275个，帮助企业融资11亿元，帮助600余名高校毕业生、下岗失业人员和返乡农民工实现了再就业，从而进一步赢得了地位；通过推进食品安全电子监管系统，深入开展九项执法行动，查处各类经济违法案件1698起，收缴罚没款1164万元，分别相当于2009年同期的3倍和2倍，进一步树立了执法权威。市委主办的《阳泉信息》就10次刊登了上述我局的工作成果，得到了市委、市政府等四套领导班子的关注和肯定。《山西日报》、《中国工商报》、《山西市场导报》、省工商局网站等省级以上媒体也多次对我局的工作进行专题报道，得到了社会各界的广泛好评。

　　五是要强化心态决定状态的理念。一个人的心理状态往往会影响其精神状态和工作状态，进而影响其干事创业、创新创优的热情和激情。因此，我们积极教育和引导每一个干部职工加强学习，加强自身修养，树立正确的世界观、人生观、价值观、事业观、工作观、政绩观，抛弃怨天尤人、得过且过、怕冒风险、怕担责任的思想，始终保持积极向上的心态，昂扬奋进的状态，努力善待工作、善待事业、善待人生。在此基础上，进一步形成和弘扬了阳泉工商的五种精神，即，大力弘扬创新精神，争做勇于实践的模范；大力弘扬务实精神，争做干事创业的模范；大力弘扬团队精神，争做团结协作的模范；大力弘扬进取精神，争做创先争优的模范；大力弘扬法治精神，争做依法行政的模范，努力在工商事业的改革发展中创造新业绩，在全省转型跨越发展中做出新贡献。

在实践中落实创先争优刍议

阳泉市工商局城区分局党组书记、局长 袁丰庆

自中组部、中宣部出台《关于在党的基层组织和党员中深入开展创先争优活动的意见》以来，各地陆续在党的基层组织和党员中启动了深入开展创先争优活动，广大党员积极行动起来，迅速兴起了创先争优活动热潮。

创先争优活动包含两个层面的内容，一是创建"五好"的先进基层党组织，二是培养"五带头"的优秀共产党员。如何在实践中真正落实，将是开展创先争优活动的主要着力点，也是检验活动成效的重要标尺。

胡锦涛总书记多次向全党同志尤其是领导干部明确提出"真抓实干，务求实效"的要求。真抓才能创先，实干才能争优。

"天行健，君子以自强不息"。创先争优活动不是凭空之笔，放眼现实，开展创先争优活动更具针对性。虽然从总体上看，我局党组织是有凝聚力和战斗力的，广大党员也是符合先进性要求的。但在个别部门，华而不实、作风漂浮、弄虚作假的现象还未得到根本改观，甚至愈演愈烈。如何在思想上、作风上、文风上、工作上、制度上增强党组织和党员求真务实的精神和能力，将是创先争优活动需要进一步破解的难题。

一、领导干部要做好创先争优的领头羊

作为一局局长，我党的组织路线和干部政策的具体落实者，是管理党员的党员，管理干部的干部，在创先争优活动中担负着双重责任，既要做组织领导者，更要做实践先行者，理应行于人先、当好表率。

作为领导干部，一定要做到事事都要做出榜样，这样才能让下属信服，也有利于开展自己的工作，在创先争优上也不例外。中共中央政治局委员、中央书记处书记、中组部部长李源潮到中央和国家机关单位调研创先争优活动的时候，指出中央和国家机关单位要深入贯彻胡锦涛总书记重要指示精神，带头创先争优、作出表率，为完成机关中心任务提供精神动力和组织保证。这显示了创先争优的重要性。

领导干部要做好带头表率作用，开展创先争优工作是强化我党执政之基的重要举措，是贯彻落实科学发展观的具体体现，是密切联系群众的重要措施，是为民谋福利的有效途径。因此不仅我们的普通党员要积极参与活动，领导干部更要做好带头表率作用，从上而下地推动创先争优活动开展。机关党组织和党员、干部要在完成中心任务过程中创先争优，尤其是

要在抢险救灾等急难险重任务中创先争优。

领导干部要做好带头表率作用，要在提高干部素质中创先争优。首先要提升自我，推动建设学习型机关；在履行岗位职能中创先争优，推动建设责任型机关；在改进机关作风中创先争优，推动建设服务型机关；在廉洁从政中创先争优，推动建设廉政型机关。要根据机关任务、针对机关存在问题确定争创主题，以领导机关的创先争优带动全系统创先争优。要把创先进党组织和创先进单位结合起来，把争当优秀党员与争当优秀公务员结合起来，形成学先进、赶先进、当先进的良好风气和氛围，将此活动推向高潮，推向实际，为群众切实解决实际困难，公开明确承诺事项，并积极践行承诺，诚信承诺，转变党员干部浮夸的态度，使创先争优活动落到实处，收到实效。

二、在学习实践中落实创先争优

我局深入学习袁纯清书记在全省领导干部大会上的讲话精神，准确把握创先争优活动的总体要求，即推动科学发展，促进社会和谐，服务人民群众，加强基层组织。结合实际，在日常工作中把工商职责和创先争优活动结合起来，在市场监管中把服务群众和创先争优活动结合起来，在服务窗口开展"党员挂牌示范"活动，真正落实创先争优到实践、到基层、到群众。

1. 创先争优正风纪，"党性教育"查问题。

我局从8月份开始集中一个月时间开展"党性教育"活动，通过强化理论学习，严格组织生活，丰富活动内容，进一步加强领导班子和党员干部的党性教育，着力解决部分领导班子和党员干部在党性党风党纪方面存在的突出问题，不断增强党组织和党员的创先争优意识，为进一步开展"创先争优"活动奠定基础。第一步，继续加强理论学习。组织党员干部深入学习《党章》、《中国共产党纪律处分条例》和领导人的讲话精神；组织观看《党员领导干部廉洁从政若干准则》视频讲座，并请领导和专家进行权威、系统、规范讲解，提高认识，统一思想。第二步，认真查摆存在问题。我局领导班子和党员干部通过民主生活会和党员组织生活会等多种形式，通过批评和自我批评等手段并结合自己实际，认真查摆在党性党风党纪方面存在的突出问题并进一步分析原因进行自我反省。第三步，切实整改党性修养和作风建设。与公开承诺相结合，把整改作为一项重要内容来抓，以党组织和党员的身份，明确向社会和群众公开承诺，并认真解决，切实提高基层机关党组织的执行力和党员干部的廉洁性。

2. 创先争优拓素质，提高能力抓学习。

我局以提高广大党员干部的思想政治水平和引领科学发展的能力为目标，以"争创学习型党组织和学习型领导班子、争做学习型好党员和学习型好干部"活动为抓手，加强"学习型党组织"建设，构建长效机制，促进成果转化，努力使党员的学习能力不断提升、知识素养不断提高、先锋模范作用充分发挥。

我局制订了《2010年度关于推进学习型党组织建设学习计划表》。自2010年7月份学习计划开展以来，以集中学习、业务辅导、网络学习和自学等多种手段组织全局6个党支部的70多名党员干部进行学习培训，参学率达到了百分之百。活动中，共举办集中学习和业务辅导21次，自学课程3次，我局党员干部认真学习，有学习笔记1470多篇，自学报告210多篇，学习心得体会70多篇。

3. 创先争优为群众，公开承诺强服务。

为帮助辖区市场主体办实事、办好事、解难事，我局采取走访、座谈、现场指导等方式为企业提供服务。我局合同监管部门的同志在帮助某企业建立完善合同管理制度、指导使用合同示范文本时，发现该公司一份木板合同存在明显缺陷，积极督促其对供货商进行查询。结果证实供货商违法生产，因此避免了18万元的损失。

在全区党员志愿者集中行动日中，我局党支部高度重视，积极参加活动，认真组织在职56名党员与城区印刷厂等56名困难群众结对子，为他们送去防暑用品、食用油，献上我们普通党员的爱心和祝福。

我局积极响应公开承诺制度，以端正的态度、有效的措施诚恳接受社会各界的监督。我局公开承诺做到以下几点：一是审批提速；二是服务提质；三是监管提效；四是信用提度；五是监督提力。70多名共产党员公开承诺做到爱岗敬业，廉洁奉公，执法为民。公开承诺有助于进一步贯彻落实党员联系服务群众制度，通过创先争优活动真正转变工作作风，树立工商系统良好形象。

4. 创先争优入基层，工商所"达标创优"。

为使"创先争优"活动深入基层，我局积极开展基层工商所达标创优活动。2010年以来，我局为4个工商所全部配备了新的执法车辆。在人、财、物上向工商所倾斜的同时，针对工商所工作中存在的难点和出现的新问题，机关股室先后对口开展了经济户口建立、食品电子化监管、市场信用分类监管等40余次手把手、面对面的集中培训和现场指导。各工商所在整体工作跟上进度的同时，也呈现出不同的品质和特色，如，上站所"五比五看"活动生动具体，得到市工商局领导的肯定；下站所基础工作扎实，挑起了全局工作量的大头；南山所多项业务工作领跑全局，起到了模范引领作用；北大街所多次代表分局、市局承担接待调研、考察、参观等对外工作，受到各方好评。我局把基层工商所规范化建设和"创先争优"活动结合起来，把"文明创建"和"创先争优"活动结合起来，体现着我局"精局强所"战略的逐步完善。

总之，深入开展创先争优活动，既需要学习领导讲话精神、参照典型先进经验，更需要立足实践扎实基础，改革创新，务求实效，真正做到让创先争优活动在基层发芽，在实践中开花，在群众中结果。

全面推进商标战略
服务转型跨越发展

阳泉市工商局矿区分局党组书记、局长　张怀栋

2010年7月29日，袁纯清书记在山西省领导干部大会上作了主题为"以转型发展为主线，为实现山西经济社会跨越发展努力奋斗"的讲话。他在讲话中指出："创新是生命，标准是价值。既要适应市场又要敢于引领市场"。这就要求我们立足服务转型发展，强化思想认识，提高知识水平，加大监管力度，优化发展环境，服务经济社会又好又快发展，特别是要继续推进品牌战略，要注重培育和扶持特色产品的商标发展，并以此作为服务转型跨越发展的出发点和落脚点，真正使商标品牌创新成为转变增长方式，实现转型跨越发展的重要支撑。

阳泉市矿区是一座因煤而立，因煤而兴的资源型城市区。长期以来，由于资源禀赋的特征，形成了"一煤独大"的发展模式，以煤炭及其相关产业为主导，二产比重较大。因此加快其经济结构调整，推进资源型城市转型，一直是历届区委、区政府都在探索解决的一个重大课题。"十一五"时期，矿区区委、区政府首次明确提出资源转型首创之区的发展目标。工业着重发展煤电铝、煤化工、煤建材三大循环经济产业链和矿山机械与配件制造业，第三产业发展物流、房地产、现代服务业和社区服务业四个三产重点，并出台如下具体措施：

一是以促进传统服务业上档升级、大力发展现代服务业为着眼点，侧重发展大型物流中心、批发市场、专业市场，建设沿桃河服务业经济带。

二是进一步完善商业服务配套设施，提升服务功能，侧重发展餐饮住宿、休闲娱乐、大型超市等商贸经济。

三是着力培育发展运输物流业，发展亿元民营企业。

四是积极探索公司加社区的楼宇经济模式形成，积极发展煤雕、剪纸、中国结编织等社区服务业。

在这种情况下，实施商标战略的紧迫性和重要性突显，抓住机遇大力发展商标就成为摆在我们工商部门面前的重要任务。"十一五"期间，我局在区委、区政府的正确领导下，在市工商局的指导下，按照"政府主导、企业主体、部门主抓、社会联动"基本原则，积极实施品牌战略，大力鼓励企业充分利用扩大开放的有利时机，增强开拓市场、技术创新和培育自主品牌的能力，致力培养竞争力较强、拥有自主知识产权和知名品牌的优势企业，使全区商标战略实施呈现出良好的态势。截至目前为止，全

区累计拥有商标187件，其中取得商标注册证50件、取得商标受理通知书137件，山西省著名商标8件。注册商标总量是"十五"末的390%，著名商标是"十五"末的4倍。

尽管我区在实施商标战略方面取得了一定成绩，但与先进地区相比、与我们蕴藏的潜力相比，还存在不小的差距，需要引起我们的足够重视：

1. 商标意识不够强，商标总量不够大，质量也不够高。通过近几年的发展，虽然我区企业的商标意识有了很大增强，但注册商标、争创驰名著名商标、实施商标战略的氛围还不够浓厚。从数量上看，每17家市场主体才拥有一件商标；从质量上看，我区著名商标8件，仅占注册商标总数的4%，在全省处于落后状态；在驰名商标创立和地理标志注册等方面还是空白，这与我区的经济发展水平十分不相称。

2. 企业重视投资建设，忽视创立自主品牌，为他人作嫁衣。我们大多数的企业仍然只是将目光停留在资金、技术、原材料等有形资产上，而视注册商标为可有可无，可早可晚。有的企业随意取个名字就开始生产，当产品因没有注册商标而无法进入大、中城市市场时，才想起申请商标注册，往往这时才发现自己使用多年的所谓"商标"早已被别人注册了。有的企业没有自己的商标或是不使用自己的商标，而是"借鸡下蛋"、"借牌贴牌"，长期以来用过硬的产品质量和大量的宣传投入所树立起来的市场信誉，到头来却是为他人作了嫁衣。比如，"阳煤集团"和"国阳新能"这两个商标都曾被人抢注过，后经向国家商标局提出异议，费了许多周折才阻止了恶意抢注，阳煤集团和国阳新能吸取这次教训，于2010年进行了商标防御性注册，一次申请全类45个商标注册。

3. 注册商标使用率不是很高，资源流失现象严重。据统计约有20%左右的商标注册后未使用或很少使用。有的企业因改制或经营不善而关、停、并、转后，要么商标没有参与资产评估而无人问津，要么使用到期后未及时办理续展注册而失效，造成无形资产严重流失，据统计，自2006年来，我区已有12件商标因未续展而失效。

4. 商标对我区产业集群的带动作用还不强，企业内在激励机制尚未形成。先进地区的商标持有企业往往具有强劲的带动效应，通过这种效应的带动，产生了资源集中、技术创新、优势互补等一系列快速发展条件，从而催生了大批的块状产业集群，形成了多个强势行业。我区虽然通过这几年的大力发展，已拥有一批特色突出、规模较大、优势明显的产业群体，但由于缺乏有效的集体商标或证明商标，影响了产业集群的发展和竞争能力。一些企业商标经营意识淡薄，缺乏真正意义上的品牌概念和商标战略意识，缺乏争夺市场的本领和培育、经营、管理、提升、延伸商标的能力，对商标的发展缺乏长远的规划和投入。

这些问题不仅是实施商标战略过程中的拦路虎，也是制约全区经济又好又快发展的重要因素，应当引起高度重视，认真加以解决。为此，下一步，我局实施商标战略的对策如下：

一是立足职能，加强商标宣传培训工作。企业作为商标持有人，能否真正从思想上认识到商标重要性，从根本上决定了我区"商标兴区"战略实施能否成功。因此，当前的战略实施工作的主体任务之一，就是要不断加大商标战略宣传力度，强化各类市场主体的商标意识，在全区营造出实施商标战略的良好氛围。我局将着手组织策划研讨会、经验交流会和现场观摩学习等活动，介绍注册著名商标企业的先进经验，提高广大企业注册商标、升级商标的信心和积极性。让企业树立正确的商标意识和发展战略，主动参与到争创著名、驰名商标的实际行动中。

二是强化服务职能，提高服务效率。积极帮助企业和个体工商户做好商标注册的引导、驰名（著名）商标的培育、商标的维权等工作，帮助企业搞好商标策划，制定商标发展规划，提高商标价值。下一步，我们将选择全区4家著名商标企业开展深度调研，了解他们商标战略实施情况及在品牌培育、商标专用权保护等方面的需求，指导企业制定商标战略实施方案；选择8家具有一定规模的企业实施上门指导，引导其开展商标注册，大力发展自主品牌，不断提高核心竞争力；选择2家争创著名商标的重点企业开展专题辅导，特别是号召华越、华鑫等行业龙头企业，要在做优拳头产品、打造自主品牌的同时，进一步加大新产品研发和科技创新力度，不断提升核心竞争力，争取发展其中一个积极申报中国驰名商标；选择3家现代服务业、新增长点企业和3家列入矿区产业振兴规划的轻工、装备制造等行业企业及市级品牌培育基地的企业，在申报著名、驰名商标认定工作中给予倾斜。另外，还要依托我区特色优势产业，结合煤电、煤电铝、煤化工、新型材料产业的发展，以及煤雕、剪纸、小杂粮等特色产品，着力培育注册商标，从而使我区成为自主创新的集中区、自主品牌的孵化区、转变发展方式的示范区和地方经济的增长区。

三要创新监管方式，加大执法力度。商标是企业产品品质、信誉等各方面因素的综合体现，是企业利益的集中体现，受法律保护不容侵犯。尤其是著名商标、驰名商标，更是企业在长期经营发展中，积累起来的重要财富，国家之所以认定著名商标、驰名商标，在很大程度上，也正是要方便对这些企业的优质品牌资源给予重点保护，维护企业利益不受侵害。为此，我们要通过创新监管机制，建立商标网格化管理制度，严厉打击商标侵权行为。加快商标行政执法体系建设，做到商标案件有诉必接、有接必处、有处必果；要与公安、检察院、法院等部门建立健全通报机制，以强化工商机关和司法部门的衔接配合，最终通过商标保护，维护公平的市场竞争秩序，为企业的合法经营提供法律保障，激发企业利用商标参与市场竞争的积极性，实现全区商标战略的大发展。

解放思想　全力支持转型跨越
立足职能　全员开展创先争优

阳泉市工商局郊区分局党组书记、局长　李立新

省委书记袁纯清题为"以转型发展为主线，为实现山西经济社会跨越发展努力奋斗"的讲话，深刻分析了山西的优势与不足、潜力与赶超，提出了"转型发展、跨越发展"的宏伟战略目标，明确指出全面转型是山西的必由之路，加快跨越是山西的必然选择。工商行政管理部门作为市场监管和行政执法机关，在实现转型跨越发展中起着重要作用，实现全新监管，全力支持地方经济转型跨越发展，就成为了当前工商部门的重中之重。按照省工商局提出的"解放思想、创新工作、服务转型、促进跨越"的工作思路，作为基层工商行政管理机关在服务转型发展中就要解放思想、创新监管、全力支持转型跨越，立足职能、科学服务、全员开展创先争优。

一、解放思想，创新监管，支持转型发展

袁纯清书记在讲话中明确指出：要实现转型，首先要解放思想，创新工作思路；思想有多远，发展就有多远。在转型跨越发展的当务之际，如何更好地为地方经济发展服务就成为了工商行政管理部门面临的重要课题。在服务转型跨越之际，我们通过大量的调研、科学分析，结合职能特点和辖区实际，及时调整工作思路，在全局推行了"4+1监管服务机制"的工作思路。

"4+1监管服务工作机制"的总体思路就是在各基层工商所全面"实施四个机制，推行一项制度"。实施四个机制是推行和落实网格化监管服务、分类监管、服务联动、绩效评价四个机制；推行一项制度是把推行《农村市场监管服务手册》作为一项规范化的操作制度，贯穿于实施四个机制的全过程，从而推动职能转变，实现高效能监管，达到高质量的服务。"4+1监管服务机制"以行政村为单位划分监管区域，每个村即为一个监管网格。在实施中，我局充分考虑到监管人员少、监管范围广、监管内容多的实际，根据市场主体的行业特点、数量和违法行为的发生频率、性质以及常住人口、市场发展水平等，将监管区域划分为A、B、C以及特殊行业等四个类型进行分类监管。《农村市场监管服务手册》包括村政概况、经营主体情况、征求意见书和实地检查记录，一村一册，网格责任人对网格内所有经营主体相关情况进行摸底排查、建立档案。为实现监管机制由部门行为向社会联动的转变，使监管服务更贴近农村、贴近农民、贴近生

活，"4+1监管服务机制"规定，各工商所与辖区每个村都签订"监管服务联动意向书"，在每个村聘请12315维权站、取缔无照经营、打击传销、食品安全监管和政风行风监督联络员各1名，并同他们签订协作承诺书，发送工作联系卡，建立和落实监管服务联动机制，确保监管到位，服务到位。为确保"4+1监管服务机制"扎实推进、收到实效，我局专门建立相应的考核评价机制，进行绩效评价和考核，并将评价考核结果作为全年工作考核依据，与经费核算、评优评先、晋职晋级和干部培养相挂钩。

二、提升学习，转变作风实现优质服务

围绕转型发展、跨越发展和新任务、新要求，就必须以加强学习为重点。一是要始终抱着一颗求知的心，自觉把学习作为一种习惯、一种责任，不断在学习中开阔眼界、提升境界、增强本领，树立长期和终生学习的理念。二是要始终紧扣时代脉搏，弘扬和学习"右玉精神"，学习他们"执政为民、尊重科学、百折不挠、艰苦奋斗"的精神。三是要始终把解决问题与促进工作结合起来。用勤于思考、善于思考来谋划工作，经常想一想新形势、新任务给我们提出了哪些新要求、新挑战，经常想一想我们还有哪些应该做好的事情没有做好、还有哪些应该加强的措施没有加强，努力把工作想在前面、做到前面，在反思中提升境界。

通过学习培训，我们全系统的干部职工的综合素质有了明显提高，在实际工作中也得以体现。在服务地方经济发展中，我局始终坚持"服务第一"的宗旨，从实际出发，创环境、促发展、树形象，着力打造高效和良好的形象，全力帮扶百项工程企业，为郊区经济转型发展、跨越发展创造了良好的市场环境。

1. 上门服务，增强主动服务。工作人员深入市级百项工程企业，了解企业在经营过程中存在的问题和困难。针对企业提出的商标注册、营业执照办理、如何利用广告宣传等涉及工商部门职责范围的有关问题，工作人员现场逐一进行了耐心解答。同时发放"送服务进企业，解难题促发展"征求意见卡、帮扶活动登记表等，并收集有关意见和建议20条，充分了解企业的心声和需求，积极为企业出谋划策，创造宽松的发展环境。

2. 参谋服务，增强贴心服务。以"五农工程"为主线，继续深入推进合同帮农工作，为了促进订单农业的有序发展，增强企业和农户的合同意识，避免企业、农户在合同的签订、履行中发生纠纷，我局组织涉农龙头企业，就如何正确使用合同示范文本进行指导，开展帮扶。免费为涉农企业提供订单农业合同示范文本1800余份，并就合同的签订、履行，进行了讲解和指导，得到了企业好评。

3. 针对服务，增强连贯服务。为进一步促进全区企业的品牌意识，积极深入各类企业和个体经营者中，鼓励和帮助申办商标，商标申请量逐年增加。阳泉市郊区的耐火产业历史悠久，享有"耐火城"的美誉，经过多年的发展，目前已成为全市的支柱产业之一。为做大做强郊区耐火产业，促进全区耐火企业走品牌兴企发展道路，我局从发展全区经济出发，多次与区政府和区耐火行业协会协调沟通，宣传、引导申报集体商标。区耐火材料行业协会在69家成员单位中，选取29家规模较大、产品质量有保障、市场占有率高的耐火企业参与注册，向国家工商总局递交了申报注册全市第一件集体商标——"漾泉耐材"有关材料。截至目前，全区商标有效注册量为112件；省著名商标数量不断刷新，达到14件；正在申办的注册商标75件。随着商标战略不断的推进，在带动经济发展的过程中，企业得到了快速发展。

三、真抓实干，比学赶超促进创先争优

创先争优活动开展以来，我局早行动、早安排、早部署，紧紧围绕当前中心工作，以学习教育为基础，以创新实践为动力，以"推动科学发展、促进社会和谐、服务人民群众、加强基层组织"为目标，以"五个突出"为主线，积极为创先争优搭建平台，在短期内收到了良好效果。活动中，我局始终坚持营造活动氛围，突出一个"快"字；夯实活动措施，突出一个"细"字；整顿作风促活动，突出一个"实"字；党员承诺活动，突出一个"准"字；活动载体丰富，突出一个"精"字。以丰富多样的活动载体，激发全体干部职工的开拓创新、敬业奉献精神，全局上下掀起了一股"比、学、赶、超"的竞赛热潮。

一是比贡献。为切实提高干部职工的业务能力和服务水平，组织开展了"一月一法一考试"业务练兵和知识论坛大讨论，在广大干部职工中形成了"比业务、比服务、比作风"的氛围，把创先争优活动贯穿于各部门及每个干部职工的工作全过程；

二是学精髓。为提高干部职工的综合素质，我们坚持每周两小时学习制度，通过邀请上级业务骨干、社会精英授课，通过网络对现代政务礼仪和预防职务犯罪进行了学习，并通过讲党课的方式对党的十七大五中全会和省委书记袁纯清在全省领导干部大会上的讲话等进行了系统学习，使全体干部职工的整体素质有了明显提高，并把学习制度同年终评比有机结合起来，确保了学习效果；

三是赶先进。为培养广大干部职工比先进、学先进、赶先进的比拼理念，我局充分发挥领导班子和党员干部的模范带头作用，加强工商文化建设，坚持率先垂范、示范带头作用，在全局开展了争创"五好"党支部、争创"文明股室"和争创"文明执法标兵"等一系列活动，党员干部都按照要求作出了认真的承诺，使创先争优活动开展得丰富多彩。

四是超自我。为使广大干部职工真正实现自我，超越自我，都能充分发挥自身价值，我们把创先争优活动和机关效能建设有机结合起来，使创先争优活动具体体现在推进和完成各项业务工作中，把个人、部门的创先争优和人民群众的满意度有机结合起来，为更好地服务地方经济建设提供了有力的思想保证和作风保证，也把创先争优活动推向了新的高潮。

认真解读"五坚持"
在创先争优中建功立业

阳泉市工商局开发区分局党组书记、局长　荆忠海

在党的基层组织和党员中深入开展创先争优活动，是党的十七大做出的重大战略部署。深入开展创先争优活动，是继续巩固和拓展全党深入学习实践科学发展观活动成果的迫切需要，是进一步调动和激发基层党组织和党员的积极性、创造性，推动科学发展的有效载体。工商行政管理部门作为市场经济的监督管理部门和行政执法机关，如何在创先争优活动中发挥职能作用，在我省全面转型发展和加快跨越发展中抓准作用点、把握着力点、形成新亮点，是摆在全省工商行政管理部门基层党组织和每一个共产党员面前的艰巨任务和重大课题。

在全省工商行政管理半年工作会议上，山西省工商行政管理局响亮地提出"五坚持"，坚持把解放思想、创新观念作为第一动力，进一步增强大局意识、服务意识、创新意识；坚持把发挥职能作用、服务科学发展作为第一要务，采取四大措施，全力促进转型跨越；坚持把强化市场监管、维护市场秩序作为第一责任，为转型跨越发展营造规范有序的市场环境；坚持把关注保障民生、维护消费权益作为第一要义，倾情、倾心、倾力为消费者排忧解难；坚持把加强作风建设、提升干部素质作为第一保障，充分调动广大工商干部在促进转型跨越发展中"创先争优"、建功立业的积极性。

省工商局提出的"五坚持"，是积极响应贯彻落实党中央关于在基层党组织、共产党员中开展创先争优活动的号召，密切结合省情、根据工商行政管理部门的职责职能提出的工作纲领。是全省工商行政部门基层党组织和广大共产党员创先争优的目标，也是对创先争优工作的要求。因此，我们要认真学习贯彻省工商局会议精神，就必须深刻理解"五坚持"的内涵，把"五坚持"落实到创先争优之中。

贯彻落实"五坚持"，首先要在思想层面上解决问题，把解放思想、创新观念作为第一动力。马克思主义哲学观点认为：人的意识具有目的性和计划性、主动性和创造性，能够指导人们顺利开展实践活动。意识能动作用的发挥将直接影响人们实践活动的成功与否。正确发挥意识的能动作用对实现实践价值有重要的意义。把解放思想、创新观念作为第一动力，是对马克思主义认识的实践运用。进一步增强大局意识、服务意识、创新

意识是解放思想、创新观念的重要内容，也是根本目的。

工商行政管理系统的基层党组织和党员开展创先争优，要以职能作用为基点。改革开放以来，作为政府的重要职能部门之一，工商行政管理部门走过了一条复苏、恢复、发展的历程。随着改革开放的进程，工商行政管理职责进行了几次递进。工商行政管理主要职责在于市场经济的监督管理，但工作要涉及到国家的政治、经济、社会生活等各个领域。随着改革开放的进一步深入，社会主义市场经济体制的进一步建立，经济全球化、一体化的进一步发展，我国的政治、经济和社会生活发生了前所未有的巨大变化，从根本上改变了市场在经济发展中的地位和作用。工商行政管理机关作为主管市场监管执法的职能部门，在市场的迅速变化和发展过程中，不断面临着新的任务和新的挑战：市场主体多元化格局的形成和国有企业改革的深化，改变了工商行政管理机关监管市场主体的成分和结构；多渠道、少环节、开放式营销网络的形成，拓宽了工商行政管理机关监管市场的视野和范围；高科技、多媒体手段在商品流通领域的运用和现代经营方式的不断涌现，提高了工商行政管理机关监管市场的理性和科技含量；市场竞争的加剧，特别是随着我国加入世贸组织后，国内市场国际化程度和开放程度提高，加大了工商行政管理机关市场监管执法的难度；政府职能转变和规范执法行为的力度不断加大，工商行政管理机关职能转变到位的要求更加迫切，职能在不断扩展和提升。只有发挥部门的职能作用才能够、也定能够大有作为，成就功业。

工商行政管理部门的基层党组织和广大党员群众创先争优的舞台在自己的单位里，在自己的岗位上，离开自己的单位和岗位，就失去了施展才能的条件。发挥职能作用，就是要以工商行政管理工作为创先争优载体，认真发挥"四大职能"，努力做好准入、监管、执法、保护和帮扶五个方面的工作，促进转型跨越，服务科学发展。

强化市场监管，维护市场秩序，服务地方经济，是工商行政管理的核心职责。发挥工商行政管理职能，在于认真履行四个方面的工作。一是要积极履行准入职能，即按照国家法律法规确认市场主体资格；二是要积极履行监管职能，规范市场经济行为；三是要积极履行执法职能，依法查处市场违法违章行为；四是要积极履行保护职能，保护生产者、经营者和消费者的合法权益。

此外，还要发掘工商行政管理部门的社会资源，帮扶企业，推动发展。我局积极开展"诚信市场"创建活动，对经营户实行信用分级分类监管。2010年8月份，在企业与银行之间成功地进行了牵线搭桥，为"居然之家"140户经营户以小额贷款解决融资难题，同时也为银行推出了金融产品，做出了一个双赢的范例。

关注保障民生，维护消费权益是工商行政管理工作必然的第一要义，也是开展创先争优活动的最终目的。中国共产党人的最高宗旨是为人民服务。《中国共产党党章·总纲》中有明确透彻的规定："第三，坚持全心全意为人民服务。党除了工人阶级和最广大人民群众的利益，没有自己特殊的利益。党在任何时候都把群众利益放在第一位，同群众同甘共苦，保持最密切的联系……。"新时期以来，"三讲"、"三个代表学习教育活动"、"保持共产党员先进性教育活动"、"科学发展观学习教育活动"直到今天的"创先争优活动"，历次活动的目的都有最本质的一句："群众得实惠"，都在体现着"党要在任何时候都把群众利益放在第一位"这句话。我们要坚定不移地坚持关注保障民生、维护消费维权，做到倾情、倾心、倾力地为消费者排忧解难，就是贯彻落实"党章"，凸显了工商行政管理工作要义，保证了创先争优活动最终目的的实现。

把加强作风建设，提升干部素质作为第一保障，是开展创先争优活动、取得预定成效的关键。作风是态度、行为，是直接表现和作用于人的外在形式。有人说"作风是看不见的武器"，说的就是作风的强大效应和开展作风建设的重大意义，所以又有人说"作风就是战斗力"。"中国共产党是中国工人阶级的先锋队，同时是中国人民和中华民族的先锋队。"基层党组织和共产党员的作风和素质必须坚持高于常人的标准，这是由中国共产党的性质决定的。共产党员必须永远保持党员的先进性。在创先争优活动中，基层党组织要做到"五个好"：一是领导班子好；二是党员队伍好；三是工作机制好；四是工作业绩好；五是群众反映好。共产党员要发挥"五带头"作用：一是带头学习提高；二是带头争创佳绩；三是带头服务群众；四是带头遵纪守法；五是带头弘扬正气。坚持"五个好"，做到"五带头"是创先争优的保障。"五个好"、"五带头"都要体现在发挥职能作用和做好岗位工作上。党组织和党员个人都要在创先争优中找准位置。党组织发挥战斗堡垒作用，领导党员诚实履职积极践诺。我局经过领导点评党员环节，党员践诺目标更加明确，措施更加切实，效果也日益显现出来。到11月初，市场违法案件数量已经低于2009年全年同期18%，市场秩序得到进一步整顿。近来虽物价有较快增长，但市场秩序仍显活跃繁华，正常有序。

总之，山西省工商行政管理局向全省工商系统提出的"五坚持"，贯彻了党的十七届四中、五中全会的精神，切合山西省情，是根据山西省工商行政管理系统的工作实际提出的创先争优总纲。"五坚持"见地精辟，逻辑严密，互为关联，各有重点。理论十分深邃，内涵十分丰富。既是方法，也是途径；既是要求，也是目标。我们通过认真学习"五坚持"，努力领会"五坚持"的深刻内涵，受到了极大启发，找到了创先争优活动的金钥匙。我们要按照"五坚持"的提示，进一步解放思想，创新工作，服务转型，促进跨越，在创先争优活动中建功立业。

以创新为动力
促转型谋发展

平定县工商局党组书记、局长 赵福攀

"以科学发展观为指导，深刻把握国内外发展大势，从山西省情实际出发，进一步明确发展方向，完善发展思路，突出发展重点，必须扭住发展这个第一要务，以转型发展为主线，以赶超发展为战略，以跨越发展为目标，推动经济又好又快发展。"这是袁纯清书记对全省经济建设发展吹响的冲锋号，是动员令，是宣言书。工商行政管理部门作为服务经济发展的排头兵，必须立足职能，勇于创新，以昂扬的姿态、饱满的热情和负责的精神，围绕敢想大发展、敢谋大发展、敢干大发展，强化市场监管，服务转型发展，促进跨越发展，在实践中实现工商职能对经济发展的促进作用。

一、以"三项创新"为动力，实现思想认识的根本转变

思想是行动的先导，认识是实践的升华。只有认识上得到发展，才有行动的进步。要做到服务转型发展，首先必须是思想认识的根本转型，思维理念的全面更新。

1. 要创新思想观念，用先进的思想指导实践

现在我们在发展中暴露的问题主要就是思维固化、按部就班的问题。不愿谋大发展，不敢谋新举措，没有敢想敢干敢闯的精神，以致造成了"慢、拖、看、等"的恶性循环。但是，跨越发展的要求时不我待，转型发展的目标责任在肩，必须以破、闯、立的胆识和行动，努力实现在措施上有新突破、行动上有新进步、落实上有新成绩。所以，思想观念的创新迫在眉睫。要敢于想别人不敢想之想，勇于谋前人不敢谋之谋。只要是有利于转型发展、安全发展、和谐发展的观念和认识，就要认准了去付诸实践，才能真正体现"转"，从质上实现"越"。

2. 要创新监管理念，丰富行政管理的人文内涵

多少年来，工商部门一直强调监管当头，执法为先，用管理代替服务，用处罚彰显教育。然而，随着市场经济发展，以罚代管的监管理念已经与经济的发展相悖。我们必须应时而变，自觉做到"监管与发展、监管与服务、监管与执法、监管与维权"的统一，从传统的监管理念中解放出来，主动为经济主体给予行政指导，提供优质服务，在体现人文关怀的服务中，实现管理的自然融入，从刚性监管逐步向弹性监管转变，从处罚为主向教育为主转变，从管行为到管认识转变，努力推动经济主体的自我管

理与约束规范。

3. 要创新本位概念，主动强化与地方经济的融合

要坚决摒弃"条管部门、相对独立、财物上划"的部门优越感和本位意识，从"为工商部门"的狭隘的部门观念转变到"为地方经济"的全面大局理念，充分发挥积极性和主动性，结合实际，创造性地开展工作，自觉将工商行政管理工作放到当地党委、政府的工作全局中去思考，更加自觉地服务当地经济社会发展。这样才能发挥工商职能对地方经济的促进作用，才能真正体现部门职责。

二、以"四项举措"为抓手，推动社会经济的转型跨越

转型发展不是推倒重来，是对原有发展的扬弃，是一个整合、提升、深化创新的过程，是发展的发展。因此，转型发展是发展的更高层次，是结合实际、去差存优，是具有特色、富有生命力的发展。具体到工商部门的职能落实，就是要在履行职责的过程中，立足本省，着眼长远，讲求效益，用实际行动助力转型跨越发展。

1. 把好市场准入，推进工业新型化，实现产业结构的转型

工业的转型从根本上来说就是产业结构的转型。工商部门是市场主体的准入机关，履行着对经济主体登记、存续经营和退出市场的全程监管职责。把好市场准入关，首先，工商部门要结合地方经济发展的实际和优势，对地方整体产业结构进行调研，积极为地方党委、政府的经济发展战略建言献策，从宏观上把握地方工业的整体结构；其次，工商部门要结合工业新型化要求，减少或者禁止高耗能、粗放型、污染大的企业准入，为集约节能、科技含量高、投入产业比高、增长速度快的企业降低门槛，提供绿色通道、便捷准入；第三，工商部门要通过登记注册职能，逐步淘汰生产力落后、浪费资源、污染环境的企业，使其被动退市。通过以上措施的运用，努力使辖区内的第一、第二、第三产业实现良性协调发展，为具有生命力的企业创造良好的上升空间，推进产业结构合理转型。

2. 实施品牌战略，推进农业现代化，实现特色农业的发展

我省是农业大省，农产品资源丰富。切实加快农业产业化发展，对推进我省的新农村建设具有特殊的意义。农业走出农产品初级化、产品单一化、附加值边缘化的"三化"状态，实施"品牌"经营是必由之路。工商部门要发挥在培育"品牌"、打造"品牌"、推广"品牌"方面的职能优势，大力实施"品牌"战略，立足各地实际，结合地方农产品特点，积极主动地树立具有地方特色的农产品"品牌"，切实实施"一村一品"、"一县一业"的推进规划，提高特色农产品的聚集度。要以"品牌"为依托，全面推行订单农业，有目标、有步骤地支持和帮助有实力、可持续、前景好的农村企业的发展，构建"品牌+基地+企业"的经营发展模式，通过龙头企业的不断壮大，形成具有一定规模、侧重特定产业、上档次、高质量的农村新型、现代特色农业的发展。同时，要借助山西得天独厚的旅

游资源，实现从商品品牌向服务品牌的升级和延伸，既重视有形商品的品牌发展，又强调无形服务的品牌效益，从而使品牌成为农村经济发展的催化剂和牵引机，带动整个农村产业现代化水平的提高，为新农村建设注入活力。

3. 鼓励创业就业，推进市域城镇化，实现区域经济的壮大

城镇化的进程就是经济多元发展、人口转移加快、区域经济壮大的过程。因此，有效推动各类主体的创业和就业，工商部门责无旁贷。在鼓励创业就业的过程中，工商部门一是要大力营造良好的投资创业环境，进一步激发投资活力、创业活力、发展活力。《关于鼓励和引导民间投资健康发展的若干意见》36条明确表明，鼓励民营资本投资新的领域、促进非公经济发展的同时，落实优惠政策，积极支持高校毕业生、复转军人、农民工等群体以创业带动就业。二是要通过工商职能发挥，打造民间资本、股权出质、动产抵押、商标出质和信用贷款等五大融资平台，解决中小企业融资难、贷款难的问题，使其走出资本困境，得以存续经营。三是要大力发展农民专业合作组织，鼓励多种形式的适度规模经营，全力增加农村劳动力的就业岗位，使广大农民能够就地就近创业。四是要采取措施鼓励和帮助以劳动密集型手工业、加工业和社会服务业为主的中小企业的登记和发展，在提供就业岗位的同时带动经济社会结构的调整，不断增强城镇化水平的提升进程，有效促使城镇化速度的加快。

4. 发展绿色产业，推进城乡生态化，实现生态发展的循环

随着工业化、城镇化的加速推进，对生态化建设提出了新的要求。特别是针对我省来说，资源型产业结构和脆弱的生态环境，对生态建设的需求显得尤为迫切。因此，作为政府职能部门，工商部门要在促进经济发展的过程中，做到经济发展与生态发展的共同兼顾。要通过职能的履行，发展绿色产业，创造清洁环境，服务可持续发展。首先要倡导绿色经营的理念。在审批的过程中，严把关口，无污染、高节能、低能耗的企业和项目优先注册，对净化环境、资源再生利用的企业予以帮助和扶持，为它们的发展和壮大提供宽松的环境，形成服务、鼓励、认可的社会氛围，提升对环保企业的保护力度；其次是要加强对违法超限超载的治理，强化对非法货源点的监管，坚决打击和取缔各类以破坏生态和盗采资源为主的非法经营行为，维护绿色生态环境；第三是要加强政策引导和行政指导，特别是对涉农的绿化、种植、养殖等项目要进一步加大扶持力度，实现整个社会资源的绿色经营和循环利用，走可持续发展的道路。

服务和促进转型发展是当前我省社会发展的主题。工商部门只有充分履职，创造性地开展工作，才能在跨越发展中实现职能的到位和社会执行力的落实，才能有效实现"四个统一"和真正体现"四个只有"，并进而使"五增五创"工作主题得到具体的践行。所以，创新将是我们必须持之以恒的目标，也是我们切实履职的保障。

立足工商职能
促进转型跨越发展

盂县工商局党组书记、局长　陈贵平

省委书记袁纯清在全省领导干部大会上所作的重要讲话，以清新之风、务实之言，指明了山西当前和今后一个时期科学发展的路径；向3400万山西人民发出了以转型发展为主线，以跨越发展为目标，推动又好又快发展，在中部崛起和全国竞相发展格局中再造一个新山西的总动员；在三晋大地吹响了转型发展、跨越发展的激越进军号，使三晋儿女踏上抢抓机遇促转型、上下同心谋跨越的豪迈新征程。工商机关作为市场监管和行政执法部门，如何深入学习贯彻袁纯清书记的重要讲话精神，立足工商职能，全力促进转型跨越发展成为摆在我们面前的重要课题。我们只有把学习贯彻袁纯清书记重要讲话精神与履行工商职能紧密结合起来，按照国家工商总局提出的牢牢把握"四个只有"、坚持做到"五个更加"和省工商局"五增五创"的工作要求，坚持把工商行政管理工作融入促进职能转型跨越发展的全局中进行思考和谋划，才能在加快转变经济发展方式、促进经济社会又好又快发展中充分发挥工商行政管理职能作用。

一、解放思想创新观念提升素质，为盂县促进转型跨越发展提供坚强保障

"以解放思想和提升干部素质为先导，为转型发展跨越发展提供坚强保证"是袁纯清书记讲话的重要内容，把解放思想与提升干部队伍素质摆在同等重要的位置，放到同样的高度，充分说明两者互为联系，缺一不可。工商机关领导干部要以解放思想和提升干部队伍素质为先导，进一步解放思想、更新观念，着力解决干部队伍中存在的"保障性"不强、"执行力"不足的问题；进一步增强大局意识、创新观念，在加强作风和本领建设上努力做到"六要"，要有世界的眼光、要有战略的思维、要有"结合"的本领、要有敢闯的勇气、要有学习的自觉、要有高尚的操守。努力建设高素质的队伍，运用高科技的手段，实现高效能的监管，达到高质量的服务。唯此，才能更加充分地发挥工商行政管理职能作用，形成推进转型跨越发展的强大动力。

二、充分发挥服务发展职能作用，为推进盂县转型跨越发展提供支撑服务

袁纯清书记的讲话指出：转型是一场深刻变革，必须义无反顾地推进

体制机制创新，全方位地实施开放引进战略，把"造船出海"与"借船出海"结合起来，让劳动、知识、资本、管理的活力竞相迸发，让创造社会财富的源泉充分涌流。这充分说明转型发展的关键，就是要以改革开放为突破口，进一步激活全社会的创新活力。

在盂县经济转型发展跨越发展的大潮中，工商部门要紧紧围绕县委、县政府提出的"四率先、四突破、四跨越"的发展战略，引导各类市场主体加快转变经济发展方式，促进经济结构战略性调整。要通过放宽登记条件，大力支持全民创业，大力支持非公有制经济发展，大力支持和培育新兴产业发展，大力支持发展循环经济、低碳经济和绿色经济，大力支持发展现代服务业，破除发展障碍，最大限度地释放市场主体的经济活力，让群众创新、创造、创业的源泉充分涌流；要进一步优化审批程序，减少审批时限，畅通绿色通道，完善首办负责制、服务承诺制和限时办结制等制度，提高行政效能；要充分发挥工商部门掌握市场主体基础信息、市场监管动态信息等信息资源优势，主动为地方政府建言献策，特别要对市场布局、产业调整、创业就业、品牌战略等提出积极建议，促进全县经济跨越发展。

要充分利用盂县丰富的自然资源，深情服务"三农"，深入推进"五农工程"。积极开展红盾护农、商标兴农、合同帮农、经纪人活农、经济组织强农等工作，扶持农业产业化龙头企业和农民专业合作社发展，提高农业产业化水平。要按照袁纯清书记提出的"一县一业"、"一村一品"思路，推进特色农业产品的聚集度，对新发展的特色种植、生态养殖、设施果品、观光休闲四大示范园推行工商联络员制度，实施"一对一帮扶"，尽可能多地帮助企业解决实际问题；要着力打造核桃、蔬菜、苗木、花卉、小杂粮、特色养殖6大农业品牌；要做强龙头企业，采取"公司加企业"、"龙头带基地连市场创品牌"的发展模式，进一步做大做强亿龙色素、欢乐喝彩饮品、佳佳美小杂粮等项目，同时帮扶培育一批高端的、精细的农副产品加工龙头企业，促进农业现代化。

要积极开展行政指导，鼓励各类市场主体申请注册商标，跟踪指导和服务品牌创新企业开展山西省著名商标认定和中国驰名商标推荐工作，运用商标战略开拓市场；积极指导企业运用广告策略提高知名度和美誉度，支持引导广告业快速健康发展；充分运用股权出质登记、动产抵押登记、商标专用权质押登记以及积极支持组建小额贷款公司等民间金融机构，拓宽和规范民间的投融资渠道，与邮储银行联合搭建银企桥梁，创建信用市场，认定信用商户，促进信用贷款和信用融资等帮扶服务职能，积极帮助中小企业解决融资难题。

三、充分发挥市场监管职能作用，为盂县转型跨越发展营造良好市场环境

贯彻落实省市县委、县政府提出的促进转型跨越发展的政策措施，需要通过加强市场监管来保障落实。工商行政管理部门在促进转型跨越发展中任务艰巨、责任重大，要真正把加强市场监管，营造公平竞争的市场环境摆在更加重要的位置，创新监管机制，履行监管职能，尽心尽力当好市场秩序的监管者。

要积极推进监管制度的改革创新，探索建立以属地监管为主的监管模式，将基层工商所的管辖区域划分为网格监管区，每个监管区确定相应的监管人员，规定相应的工作任务和工作标准，细化监管责任，建立考核机制，夯实监管基础。日常监管责任监管区努力达到无无照经营、无假冒伪劣、无消费申诉积案、无传销活动、对工商干部无举报的标准，力争创建"五无"监管区，促进工商监管执法工作的常态化、规范化。

要紧紧围绕地方党委、政府关心，社会各界关注，人民群众关切的热点难点问题履行监管执法职能，抓好各类专项执法行动。要进一步强化流通环节食品安全监管，加强食品市场监管的调查研究，不断总结经验，完善规章制度，创新措施方法，防范监管风险，确保市场安全与监管安全；要进一步加大竞争执法力度，切实营造公平公正的竞争秩序；要继续加大对广告的监管力度；要加大"无传销社区、村镇、学校"的创建力度；要进一步严格规范市场主体行为，认真开展"两虚一逃"专项行动；要严厉打击合同欺诈行为；要严厉打击商标侵权假冒行为；要继续开展源头治超工作；要依法加强文化市场监督检查，坚决查处政治性非法出版物、影响社会稳定出版物；要加快推进网络商品交易及有关服务行为的监管；要提高应对自然灾害、市场突发事件的应急处置能力，营造规范有序的市场环境。

四、充分发挥消费维权职能作用，为盂县转型跨越发展筑牢群众支持根基

民生为本是转型发展和跨越发展的出发点和落脚点，要始终坚持把关注保障民生、维护消费权益作为第一要义，高度关注民生，做好消费维权工作，筑牢群众支持的根基。

要突出调处纠纷的功能。要进一步加强12315指挥中心建设，力争消费申诉处理县城内半个小时、农村两个小时内赶到现场，使消费纠纷解决在基层、和解在企业、化解在萌芽状态，切实维护消费者合法权益。要深入推进"一会两站"建设，努力实现"一会两站"全覆盖。

要探索行业维权的功能。要紧紧围绕人民群众普遍关注的热点问题开展行业维权，抓住质量安全、价格欺诈、霸王条款等重点问题，有计划、有声势地开展消费维权监督，做到监督一个行业、规范一个行业。

要增强消费引导的功能。要加大消费维权宣传力度，依法做好各类商品的质量监测和检验工作，要在《新盂县》定期发布12315数据分析报告，依法发布消费警示和消费提示，积极培育消费热点，倡导绿色、科学消费，引导安全、放心消费，促进形成有利于节约资源和保护环境的消费模式，实现高碳消费方式向低碳消费方式转变，从而推动县域经济转型跨越发展。

长治市

深入推进"四个创新"
全面服务转型跨越

长治市工商局党组书记、局长　毕建民

　　袁纯清书记在"7·29"全省领导干部大会上提出，必须进一步动员全省人民，解放思想，凝聚共识，增强信心，埋头苦干，为开创富民强省新局面而奋斗。围绕创先争优活动和贯彻袁纯清书记讲话精神，全省工商系统开展了"解放思想、创新工作、服务转型、促进跨越"的大讨论。工商行政管理部门作为市场监管的守卫者，当前就是要把学习贯彻袁纯清书记的重要讲话精神作为一项重大政治任务，深刻领会；要把学习贯彻讲话精神与如何发挥好工商职能紧密结合，切实增强做好工商工作的紧迫感、责任感和使命感，抓住机遇，乘势而上，开创工作新局面，努力实现长治更好更快跨越式发展。

　　一、推进经济转型

　　要求工商行政管理部门自身也要转型。在新形势下，工商部门只有加快监管创新、服务创新、维权创新以及队伍建设机制创新，才能成功推动工商行政管理职能转型、推进工商行政管理履职到位，才能达到维护市场经济秩序的目的，才能实现促进经济转型跨越的目标。

　　二、思想有多远，行动就有多远

　　袁纯清书记指出，实现转型发展，首先是思想要转型。只有解放思想才能创新举措。因此工商部门就要做到"四个解放出来"，即：从条管体制意识中解放出来、从传统监管理念中解放出来、从传统执法行为中解放出来、从守成求稳心态中解放出来。既要充分发挥工商行政管理职能作用，结合实际创造性地开展工作，更要自觉地把工商工作放到当地党委、政府的工作全局中去思考，更加自觉地服务当地经济、社会发展。切实做到监管与发展、监管与服务、监管与维权、监管与执法的统一，牢固树立服务转型敢于建功立业、创新监管敢于领先一步、各项工作敢于争创一流的理念，以战略的思维、敢闯的勇气、学习的自觉，努力建设高素质的队伍，实现高效能的监管，达到高质量的服务。

　　三、创新监管机制

　　提高执法效能，维护市场秩序。围绕防范"两个风险"，创新监管机制，着力推进"四个转变"，即监管领域由低端向高端延伸，由监管传统集贸市场向依法监管各类消费品市场、新兴网络市场延伸，从侧重查处常规违法行为向依法查处不正当竞争、行业垄断、商业贿赂等违法行为延伸，从个案查处向关注涉及群体利益的社会重点、热点、难点问题延伸；监管方式由粗放向精细转变，由简单的责令整改、罚款没收向警示指导与依法规范相结合转变，由对各类市场主体单一查处向实施市场主体分类和信用差别监管转变，由粗放式监管向网格化、技术化、精准化监管转变，由多头执法、分散执法向集中力量、协同监管的方式转变；监管方法由突击性、专项性整治向日常规范监管转变，由被动接受任务、被动开展监管向积极主动监管群众反映的热点难点问题转变，由突击检查向风险点预测、有计划巡查、规范化记录、重点性抽检、日常性指导服务和突发性应急机制转变；监管手段由传统向现代化转变，由传统的经验式监管逐步向以高科技手段为依托的现代化监管转变，由传统的手工监管模式逐步向以信息化、网格化、自动化为主的现代监管模式转变，由仅靠感官检验监管向依靠仪器、高科技设备和专业知识监管转变。

四、创新服务方式

提高服务质量，促进经济发展。发挥工商部门对企业的"催生"功能，研究制定不同形势下产生的新经济组织的市场准入制度。发挥工商部门对企业的"保健"功能，指导、帮助其守法经营，打击非法，维护其合法权益。发挥工商部门对企业的"抚育"功能，扶持其开展信用经营、品牌经营、做大做强。加强服务窗口建设，提升服务水平，实现网上登记、网上年检和网上办事。加强基础信息使用制度建设，提高经济户口利用水平，逐步实现企业基本信息网上随时查询和下载，接受社会监督，实现资源共享，服务社会大众；积极开展市场主体登记信息综合分析利用工作，为政府决策和投资者服务。加强企业失信惩戒制度建设，建立吊销企业、重大违法企业负责人信用信息"黑名单"制度。继续开展"千名工商干部进万家企业帮扶"活动，对当地大中型企业、政府重点项目，要重点调研、服务。积极开展"工商干部与大学生村官结对帮扶"活动，推动创业，促进就业。以"围绕生产抓党建，抓好党建促发展"为主题，以"三个走在前列"为载体，认真落实"建立组织，发挥作用，帮扶发展"三大任务，建立"四项机制"，明确"五化"要求，在全市开展"千名工商党员进民营企业指导创先争优活动"，实现：在党性观念锤炼上走在前列，树立民营企业党组织和党员的先进形象；在促进企业转型发展和跨越发展上走在前列，发挥民营企业党组织和党员的先锋作用；在促进企业和谐发展和文明发展上走在前列，发挥党组织和党员的凝心聚力作用；抓特色实现组织建设全面化，抓建设实现党支部工作标准化，抓亮点实现活动载体多样化，抓结合实现党务企务一体化，抓发展实现服务方式实效化。

五、创新维权手段

适应群众需求，推进社会进步。要在扩大覆盖面、推进规范化建设和提升水平上下工夫，加快推进12315行政执法体系信息化网络和"一会两站"建设、"五进"建设，以及"四个平台"建设进程。切实解决现场出动速度慢、效率低的问题，在现代化装备、人员素质、值勤制度、强化考核、高效指挥等方面下工夫，建立和完善12315投诉举报分流制度、处理情况限期回复制度和责任追究制度，建立消费维权快速处理机制。抓住提升点，在整合资源、统一调度上下工夫，将12315建设成为工商系统的咨询服务台、投诉举报台、预警应急台、高效出击台。抓住拓展点，在创新维权手段上下工夫，与法院联合，设立消费调解专门法庭，提高调解成功率和法律效力。

六、创新队伍建设机制

做到"三个过硬"，强化组织保障。建立干部竞争激励机制，实现能者上、平者让、庸者下。建立绩效考核和目标考核机制，强化工作过程和结果的控制，改变过去以收费或罚款为主要考核指标的做法，转而以监管效果、维权成果和服务质量等为主要考核指标。建立公务员进入工商部门导向机制，大力引进质量管理、检验等技术型人才，改变队伍知识结构。建立实战培训学习机制，切实提高队伍素质和工作能力。建立细节培养机制，从培养"五个习惯"入手，推进工商机关精神文明建设和新型工商文化建设。建立密切联系群众机制，大力推行"一线工作法"，完善领导干部联系基层制度、机关干部联系企业制度、大型企业重点调研帮扶制度、重大事项现场会办制度、基层干部定期回访监管对象制度，在一线推进工商行政管理职能转型。

充分发挥工商职能作用
当好经济转型发展的排头兵

长治市工商局城区分局党组书记、局长 王晋峰

省委书记袁纯清指出，转型发展是山西的根本出路，我们要把转型发展作为主题和主线，在发展中促转型，在转型中谋发展。工商部门作为市场监管的行政执法部门，不仅是市场秩序的监管者、消费者权益的维护者，更是市场规范的引导者、经济发展的促进者、市场主体的服务者、转型发展的助推者。学习贯彻落实袁纯清书记讲话精神，就是要继续以科学发展观为指导，把学习实践的着力点放在"转型发展助推者"上，切实加快行政方式转变，努力以高质量服务、高效能监管、高水平维权，把转型发展的要求转变为具体行动和实际成效，进一步优化工商监管与服务，营造良好的发展环境，推动经济社会转型跨越发展。

一、谋科学发展干部首先要"转型"

山西经济实现转型跨越发展，干部首先要"转型"。作风好不好，工作实不实，关键看我们干部工作的出发点是不是建立在一个"真"字上，落脚点是不是回归到了个"实"字上。一是干部思想要转型。作为工商执法干部，思想上要从传统监管理念解放出来，使工商行政管理由强势型、收费管理型向现代监管服务型转变。二是工作作风要转变。要认清职能要求，摆正角色定位，切实改变"门难进、人难找、脸难看、话难听、事难办"的官僚主义、衙门作风，坚决避免越权办案、违法办案和为钱办案的现象，努力改善服务态度，改进服务方法，提高服务技能，全面提升服务水平和行政效能。三是工作理念要更新。要始终坚持以发展为第一要务，以服务为宗旨，以规范为目的，强化以人为本监管理念，树立"法治行政、效能服务、科学管理"理念。四是工作重心要调整。要把监管力量由传统的行政执法转移到行政执法与技术监督并重上来，把监管重心由以往实体领域市场监管调整到虚实并存领域市场监管上来，把基层人力物力由以往收费与管理并重转移到全力监管服务上来。

工商干部要实现"转型"，我认为应该从五个方面切实增强工商行政管理能力，才能适应山西经济的转型跨越发展需要。

一是提高执政为民的服务能力。为经济社会发展全局服务是工商机关全部职能的出发点、落脚点。构建服务型工商，就要放下架子、深入实际，深入群众，问计于民、躬身事民，集民智，从群众中汲取营养和智

慧，在群众中找到解决问题的好办法，在群众中得到发展经济的灵丹妙药；团结群众，最大限度地调动与激发广大群众的主动性、积极性和创造性，顺民心、合民意，形成发展合力。围绕调整优化经济结构、发展第三产业、加强区域规划建设等重点任务，找准切入点，积极为城区经济社会发展想实招、出实策、办实事。

二是提高依法行政的执法能力。坚持依法行政是工商工作的必然要求和基本准则，是贯穿工商工作始终的"生命线"。把依法行政落实到各项工商执法工作之中，深入推行行政执法责任制，实现行政行为的法定化、程序化和规范化，防止执法角色的缺位、越位和错位。按照有权必有责、用权受监督，规范执法权力，树立依法行政作风，把依法行政的各项要求落到实处。

三是提高市场秩序的监管能力。在市场监管工作中，要充分发挥工商行政管理职能作用，脚踏实地，着力解决政府关注的、群众关心的、企业渴望解决的焦点和热点问题，进一步完善市场监管措施，构筑行政执法、待业自律、舆论监督、群众参与相结合的市场监管体系，最大限度地保护企业和维护消费者合法权益。

四是提高信用建设的引导能力。大力增强工商执法人员的信用意识，健全完善诚信制度，增加工作透明度，进一步提高政务公开水平，严格执纪，文明执法，切实增强社会公信力和满意度，党员干部要做到有诺必践，取信于民。凡事关群众利益的事必须办，抓紧办，办圆满，现在能办马上办，当天能办当天办，坚决不让群众跑冤枉路，不让群众花冤枉钱，以对人民高度负责的态度，不唯上，不畏权，只唯实，只唯真。

五是提高爱岗敬业的尽责能力。全体工商干部要树立在政治上把准方向、维护大局，事业上勤政敬业、争创一流，纪律上恪守岗位、尽职尽责，作风上勇挑重担、求真务实的责任意识，形成勇于负责的风气。要做到人人头上有任务，个个肩上挑重担，把经济发展项目化，项目工作具体化，具体工作责任化，形成一级抓一级，层层抓落实的工作机制，少练唱功，多练做功，打造一支想为民办事、能办民办事、能办成大事的"落实"铁军。

二、创新服务助推经济转型发展

1. 繁荣创业主体，促动市场主体增量

非公经济是数以万计的人参与投资，数以亿计的人参与建设的经济形式，贡献了半数以上的国内生产总值。胡锦涛总书记就促进非公有制经济发展发表的重要讲话中，深刻阐述了发展非公有制经济的重大意义，提出非公有制经济已经站在了一个新的起点上，并从全局和战略的高度要求非公有制企业要在加快发展方式转变、保障和发送民生、提升自身素质方面有更大作为，对今后非公有制经济的发展有着重大的指导意义。

作为工商部门，要充分发挥职能作用，按照"非禁即许"的原则，支持非公经济进入法律未禁止的领域和行业，加强对非公经济的引导，帮助非公经济寻找项目，鼓励民间资本投向转型发展项目。凡是法律、法规未禁止的行为和经营项目，只要有利于经济社会发展的，我们都积极支持，并降低准入门槛，简化办事程序，缩短办事时间，提高办事效率；对全区重点项目建设，特别是紫坊经贸、滨河商贸、民族经济和城南机械建材工业四大园区，要做到提前介入，跟踪服务，特事特办，急事急办，开辟服务发展的"绿色通道"。要认真贯彻《国务院关于进一步促进中小企业发展的若干意见》，鼓励一切符合条件的自然人、个人独资企业、合伙企业、公司等投资创业；特别是要鼓励、支持大中专毕业生、下岗职工、失地农民和复转军人等特殊群体自主创业。

2. 扶持三产发展，助推产业结构调整

结合长治城区产业特点，要支持新兴领域行业发展，在法定范围内，符合安全、环保等前提下，全面放开市场准入，坚持把发展现代服务业作为助推产业结构调整的主攻方向，运用工商职能积极配合节能减排战略，切实控限高耗能、高污染行业企业；大力发展各类生产、生活性服务业，积极推进节能减排减震，引导企业发展低碳经济、循环经济，鼓励废旧物资再生利用、污染治理、新能源科技、环保科研等新兴行业发展，促进产业结构调整和优化。

3. 拓宽融资渠道，助动经济发展后劲

以"深入企业调研、了解实际困难、给予行政指导、帮助解决问题"作为帮扶企业的主要形式。通过积极开展企业动产抵押登记，股权出质和股权出资登记服务以及注册商标质押贷款、开展向邮政储蓄银行提供企业和个体户信用信息等多项举措，帮助中小企业贷款，为中小民营企业和个体工商户解决融资困难，改善金融资源的配置，规范和引导民间融资行为，促进产业整合，增强发展后劲。

4. 推进品牌工程，带动经济健康发展

立足工商职能优势，牢固树立"品牌就是竞争力、就是生产力"的理念，深入推动商标带动战略，继续组织品牌展示活动，组织辖区企业广泛开展争创驰名商标和著名商标，通过挖掘一批老品牌、培育拉动一批新品牌、宣传一批名优特，把品牌迅速转化为资本，转化为生产力，促进区域经济的快速健康发展。

"长风破浪会有时，直挂云帆济沧海"。我们工商干部要认真贯彻落实省委书记袁纯清在全省领导干部大会上的讲话精神，进一步认清形势，坚定信心，与时俱进，开拓创新，树立服务大发展的坚强信心，以更加开阔的思路，更加饱满的热情，更加扎实的工作，积极投身全省经济转型跨越发展的伟大实践中，以崭新的面貌，扎实的工作，一流的业绩，圆满完成各项任务，为实现全区经济社会转型跨越发展做出新的更大的贡献！

在服务发展中实现创先争优

长治市工商局郊区分局党组书记、局长 苏明才

袁纯清书记在全省领导干部大会上的讲话理念超脱、内容丰富、症结准确、路径务实、谋划清晰、信念坚定，可以说这是"十二五"时期山西总体发展战略的动员令。袁纯清书记运用科学发展观深刻分析了山西发展与外界存在的诸多差距和不足，为我们各行业指明了前进的方向。

面对新形势，工商行政管理部门要实现"解放思想、创新举措、服务转型、促进跨越"，必须拓展工商职能，求真务实，创先争优，高度把握"四个统一"，切中"五增五创"工作主题，全面落实"四个创新"目标，在服务经济发展中求效益，在加强监管中树权威，在强化维权中树形象，深入推进创先争优活动，打造服务型、法治型、学习型、创新型工商，努力在转型跨越发展中寻找路子，坐对位子，开创新业绩，勇当急先锋。

一、加强教育引导，激发党员模范带头作用

充分发挥党员的模范带头作用，调动党员工作积极性、激发全局工作热情需要做到以下三点：一是加强教育引导，在提高党员素质上下工夫。结合创先争优活动要点，积极开展"学右玉"、"学传统"、"学典型"活动，以支部为单位，开展"寻差距、找标杆"集中大讨论，积极撰写心得体会，提高党员的思想境界；二是深入开展"五比五带头"活动。即"比学习，带头解放思想；比干劲，带头岗位建功；比作风，带头提升效能；比奉献，带头服务群众；比发展，带头在转型跨越发展上争创一流业绩"；三是开展"献言献策"活动。以"服务中心、建设队伍、改进作风、提高效能"为主题，广泛征求意见和建议进一步完善各项规章制度，推动文明服务和依法行政。郊区工商分局通过开展"结对帮扶共建五好党支部，立足岗位争做时代先锋"主题实践活动，有效提高了广大党员素质，使多个工作岗位涌现出一批严格执法的党员办案能手和勤奋苦干的综合服务标兵，极大地鼓舞了身边的同志，带动、带领干部职工全身心投入到工作中，展示了新时期工商行政管理党员干部的新风范。

二、立足工商职能，助推经济发展

当前，还有许多企业面临产值回落、效益下降、出口停滞、流资紧缺等困难，关停并转企业不断出现。作为工商部门，要帮助企业渡难关，推动企业做大做强，就应积极响应袁纯清书记"弘扬太行精神，以更大的

信心和勇气推进转型跨越发展"的号召，在招商引资、商标注册、融资贷款、扶贫济困等方面对企业进行真心帮扶。并把优质服务与创先争优活动结合起来，将定人、定事、定奖惩定格为一系列操作性强的制度。一是加强服务窗口效能建设，大力推行一审一核制、首问负责制、限时办结制和预约服务制，减少审批环节，为市场主体准入开辟"绿色通道"，提高办事效率；二是采取跟踪服务、上门服务、延时服务、走访服务等方法，强化服务意识，为各类市场主体的快速准入提供优质、高效、方便、快捷的服务；三是建立"材料齐全马上办、材料不全指导办、遇到困难帮助办、特殊项目跟踪办、重点项目领导办、紧急项目提速办"的六办制度，做到急事急办，特事特办；四是按照属地管理的原则，实行跟踪服务责任制，对政府确定的重点企业由基层工商所所长定点联系，定期回访，上门服务，帮助企业建立健全内部管理、合同管理和商标广告管理制度。

目前，广大经营户中，有相当一部分企业尽管效益较好，但发展前景不太乐观，这个时候就需要转型。工商部门服务企业转型，一是要变"坐堂式服务"为"主动式服务"。深入企业开展指导和加强服务，发现和培育企业的优点、亮点，协调争取各相关职能部门的政策支持，进一步降低企业准入门槛，为企业发展提供更多的服务和支持。二是变"指引式服务"为"保姆式服务"。在细化落实全省工商系统"服务民营经济发展27条"的同时，结合实际，支持条件成熟的个体工商户升级为私营企业，启动行政指导和轻微违规预先警示的管理方式，做好债权、股权、商标出资的试点登记，为"双转移"企业当好"客户经理"。三是变"单向式服务"为"护航式服务"。结合企业年检工作，对有投资意向和筹划落户的企业全程"导航"，协助有需要的企业取得相关部门的前置审批和许可证件，以"真心、热心、耐心"的工作作风留住企业，确保招商引资工作落到实处，同时充分运用工商职能，积极引导企业争创驰名、著名商标，促进区域品牌的科学升级。

三、把握三个结合，精心指导民企党建工作

我国非公有制经济迅猛发展，非公有制企业及其从业人员数量大幅增加。党中央对抓好这一领域的党建工作十分重视。

一是要不断完善工作机制。针对非公党建工作实际，着力完善督查指导、联络协调、限时落实、领导包干等工作机制，明确领导责任，切实加强指导检查，使党建指导员牢固树立"不抓非公党建失职，抓不好非公党建不称职"的观念，切实增强责任感和紧迫感。二是因地制宜做好组建工作。在全面调查摸底的基础上，建立未建党支部非公企业台账，对一些非公企业实行重点培养、重点发展，最终实现非公企业党组织全覆盖。三是"一专多能"帮扶企业发展。选派的企业党建指导员要善于角色转换，站在企业发展的角度上，结合企业登记注册、年检、日常监管服务等工作，把工商行政管理各项服务工作全面植入到企业生产经营当中，帮助企业实施商标战略、规

范合同、融资贷款等工作，解决企业的瓶颈问题。同时，围绕企业生产经营，采取灵活多样的形式，在丰富企业文化、文娱活动、扶贫助困等方面融入党性教育，把党员放到急、难、险、重等处发挥先锋模范作用，推进党员"创先争优"，实现党旗"由一面红向多面红"转变。

四、强化市场监管，为转型跨越发展保驾护航

我们看到全市工商系统随着形势不断发展，查处案件数量有明显的攀升态势。全国范围的乳制品质量安全、煤炭掺杂使假、商标侵权、违法广告等等，无不危害着国家和人民的利益，当前面临的最大问题不是少处罚或从轻处罚违法经营，而是如何创新监管机制，从更广范围、更大区域去发现和查处违法经营。作为市场监管和行政执法的重要职能部门，工商部门只有不断加大市场监管力度、创新监管机制，确保市场秩序规范有序，才能使市场经济良性发展。事实证明，工商部门狠抓市场监管与市场繁荣发展并不矛盾，相反，却更深层次地激发了市场规范发展的活力，有利于形成良性竞争的态势，让社会主义市场经济发展之路更宽更远。

如何在强化市场监管中创先争优，首要的是工商干部必须强化作风，只有具备良好的作风，才可以再谈依法行政、严格执法，否则，执法就是"空中楼阁"。抓作风，就要像市工商局开展"作风整顿月"一样，认真仔细，不走过场，数月的作风整顿成果显示工商干部职工政治敏锐性明显增强，廉洁执法的意识显著提高，全市工商系统不仅没有一名干部在省市机关纪律检查中点名，而且多数县区局在政风行风评议中，名列前茅；其次是技能培训，当前的监管要求技能越来越高，我们不可能仅凭一双肉眼、几件仪器去辨别真伪，而需要一套系统的知识，根据分工不同实施分类培训，用什么学什么，除了学法规、学技能，还要学方法、学观念，因地制宜，走出一条适合自己的监管之路。再次是动真碰硬，我们遇到的违法经营者在强大的执法阵容面前多数都处于劣势，对于那些软磨死缠的"钉子户"，要很快找到其弱点，既要履行职责、严格执法，又要依法行政、文明执法；既要不辱使命坚决查处，又要防止因执法失当而引发社会矛盾；既要大胆监管、打击有力，又要积极引导，推进市场主体规范健康发展。总之，只有攻其弱点，采取一些强硬措施，才能引起其所动。此外，还要不断加强消费维权建设，不断拓展维权网络，积极化解消费纠纷，才能赢得广大百姓的理解和支持，有利于查处违法经营。

经济发展永无止境，服务也永无止境，事物发展遵循的规律是"推陈出新"。工商行政管理工作作为服务经济、社会发展的一部分，只有不断增强创新意识，才能紧跟形势发展。创先争优就是要贴近形势转变思维，勇往直前，力争上游，让我们工商行政管理人员携起手来，解放思想，心怀大局，争做各项工作的排头兵，全力服务经济社会转型跨越发展。

立足服务 创先争优
全力促进全区转型跨越发展

长治市工商局开发区分局党组书记、局长 赵虎胜

　　"解放思想、创新工作、服务转型、促进跨越"系袁纯清书记讲话的重要核心，工商行政管理部门作为市场监管和行政执法部门，当前就是要把学习贯彻袁纯清书记的重要讲话精神作为一项重大政治任务，深刻领会；就是要把袁纯清书记的重要讲话作为我们今后工作的行动指南，坚决贯彻落实；就是要把工商行政管理各项工作同当前全省工商系统深入开展的"创先争优"活动相结合，立足服务，强化监管，全力促进辖区全面转型和加快跨越发展。

　　一、强化服务职能，在推动辖区加快发展上创先争优

　　促进发展是工商行政管理工作的根本目的。袁纯清书记指出，实现转型发展，关键是干部要转型；干部转型，首先是思想要转型。工商部门作为市场主体的服务者、经济发展的促进者，就要贯彻省工商局要求，坚决"从四个解放出来"，即：从条管体制意识中解放出来、从传统监管理念中解放出来、从传统执法行为中解放出来、从守成求稳心态中解放出来。就要进一步增强大局意识、服务意识、创新意识。要继续在全局干部中深入开展"解放思想、创新观念"大讨论，切实做到有世界的眼光、有战略的思维、有"结合"的本领、有敢闯的勇气、有学习的自觉、有高尚的操守，切实做到监管与发展、监管与服务、监管与执法、监管与维权的统一，不断引深"增强五种意识、创造五个环境"的工作主题。要继续开展文明窗口创建活动，在登记注册窗口全面实行"一二三四五"工作模式，推行"六声服务"的人性化服务新举措，不断创新企业登记理念，简化办事程序，提高登记效能，拓宽准入渠道，提高准入效率，推进公平竞争，激活社会活力，积极培育市场主体健康发展。要继续以深入开展"千名工商干部进万家企业帮扶活动"为抓手，根据高新开发区特点，重点加大对外开放和招商引资扶持力度，完善重点企业帮扶机制，对每一项招商引资项目实行全程跟踪服务，做到照前主动介入提供政策咨询服务，照中尽量简化手续，照后回访提示问题；推进"品牌兴区"，实施商标战略，促进辖区由能源型经济向品牌型经济的转变；要从进行抵押登记、办理股权出资、开展商标质押等方面，服务企业融资；提升服务效能、推进"五农工程"，做好红盾护农、商标兴农、合同帮农等工作，努力促进社会主义新农村建设。

二、强化监管职能，在维护市场秩序上创先争优

市场稳定是安全发展的重要组成，也是转型发展的重要保障。工商行政管理部门作为市场秩序的监管者，要始终牢记监管责任，履行监管职责，加大监管力度，创新监管机制，维护良好市场秩序。要继续把强化流通环节食品安全监管作为市场监管的重中之重，以开展食品抽检、办理食品流通许可为切入点，做好食品风险监测。以推行"六查六看"、完善"八项制度"为重点，扎实落实市场主体准入制、进销货台账制、不合格商品退市等制度。以各类食品专项整治为突破口，不断创新措施方法，防范监管风险，确保市场安全与监管安全；要继续以打击非法传销、打击合同欺诈、打击商标侵权、查处虚假广告、治理商业贿赂等专项执法行动为重点，维护市场秩序，促进和谐稳定；要深入开展"信息化建设推广应用攻坚年"活动，全面推进信用体系建设和信息化工作，切实提高监管执法的信息化和数字化水平。

三、倾听群众心声，在促进社会和谐上创先争优

民生为本是转型发展和跨越发展的出发点和落脚点。消费维权是法律赋予工商行政管理部门的重要职责，是坚持以人为本、关注民生、实现好发展好最广大人民群众根本利益的基本要求。因此工商部门就要坚持把关注保障民生、维护消费权益作为第一要义，坚持以人为本，倾情、倾心、倾力为消费者排忧解难，做好维权工作，促进社会和谐。要进一步建立完善12315行政执法体系和"一会两站"建设，形成维权合力，提高维权效率和质量。要继续深入开展12315进企业、进农村、进市场活动，充分发挥"12315"申诉举报消费维权平台作用，真情坚守"一年365天，天天人工受理"和"消费者来访，接待员在岗"的社会承诺，做到及时受理投诉、及时调解纠纷、及时查处违法，真心实意为消费者服务。要继续做好重点领域消费维权工作，以专项执法检查为切入点，加大重点服务领域的监管力度，加强流通领域商品质量监管，严厉查处损害消费者权益案件，做好消费纠纷调解工作，积极引导消费者科学、健康、文明消费，努力维护消费安全。

四、强化效能建设，在转变机关作风上创先争优

转型跨越发展，需要良好的干部作风的支撑。工商行政管理机关要继续以全系统"作风整顿月"、全市"干部作风整肃"为契机，以培养"五种习惯"入手，弘扬"右玉精神"，加大纠风整纪力度，进一步把作风建设工作不断深入。强化班子建设，领导班子要从提升整体工作效能入手，实行"一线工作法"，即：工作指挥到一线，任务落实到一线，问题解决到一线，经验总结到一线，形成"从一抓起"的良好作风；强化廉政建设，通过"五深入"，即：深入机关开展廉政教育、深入岗位开展警示教育、深入家庭开展助廉教育、深入社会开展"阳光监督"、深入开展多种创建评比活动，树立良好社会形象；强化作风建设，以深入开展"创先争

优"主题活动为切入点，强化干部"五种意识"，即强化大局意识，讲党性、重品行、和谐共事、奋发有为、做政治坚定的表率；强化创新意识，尽职尽责、开拓创新、真做实干，做勇于创新的表率；强化服务意识，依法办事、文明执法，做作风过硬的表率；强化效率意识，在其位谋其政、爱岗敬业、真抓实干，做干实事出成果的表率；强化自律意识，勤政廉政、勤奋好学，做服务大局树立形象的表率。在全体党员中倡导"一名党员就是一面旗帜"、人人争当"第一方队的排头兵"理念，把党的先进性落实到每个党员身上。强化制度建设，坚持"以制度管人"、"以制度约束人"，在不断完善制度的基础上，建立强有力的制约机制，规范工作行为，做到令行禁止，让各项规章制度成为机关干部自觉遵守的行为准则，以此实现干部作风大转变，做到勤思勤为不懈怠，脚踏实地不漂浮。

五、提升能力素质，在建设学习型工商上创先争优

"以解放思想和提升干部素质为先导，为转型发展跨越发展提供坚强保证"是袁纯清书记讲话第三部分的总题目，他将干部队伍素质的提升与解放思想放在同样的高度，同等的位置，这充分说明经济要实现转型发展，干部能力素质的提升要先行。因此强化干部教育培训，培养学习型、知识型、实干型干部尤其显得重要。当前要以大力加强"学习型领导班子、学习型党组织、学习型机关、学习型干部"建设为契机，以多种形式开展干部教育培训为载体，做到"三个结合：即与学习《廉政准则》，强化党员队伍的廉洁自律相结合；与认真落实学习制度，全面推进学习型党组织建设相结合；与全系统开展的各项基础性业务工作相结合，使全局干部牢固树立解放思想、开拓创新、终身学习理念，形成比学赶帮超工作氛围。一要紧扣时代主题，开展政治理论教育。使干部职工进一步牢记党的宗旨，树立立党为公、执政为民和艰苦奋斗的思想；树立正确的世界观、人生观和敬业爱岗精神，增强法纪观念和自律意识。二要坚持不懈开展廉政教育。加强正反典型、案例学习教育，注重典型的引导示范作用，举一反三、引以为戒，促使大家学习先进、洁身自好。三要加强业务知识、法律法规知识、办案技能培训。采取案卷评比、以案说法、专家讲座等形式，注重解决工作中的重点、难点、疑点问题，提高执法能力和水平，以此实现干部素质提升的新跨越。树一流工商形象，创一流工作业绩，切实形成狠抓工作任务落实的良好风气，确保全年各项任务的圆满完成，为辖区转型跨越发展而努力奋斗！

学习袁纯清书记重要讲话精神
让"创先争优"春风浴满红盾

长治县工商局党组书记、局长　宋志斌

　　随着"两费"退出工商行政管理工作的历史舞台，服务和发展已成为整个工商系统的工作重心。"创先争优"活动，正是新形势下我们开展各项工作的基本保障和前提。

　　"创先争优"作为一种调动劳动者积极性的有效手段，是非常具有现实意义的，因为"创先争优"能够充分调动社会主义现代化建设者的"精气神"。从某种角度上来讲，"创先争优"争创的就是一种工作中所表现的精神，整个过程中体现的就是一个领域、一个群体的工作激情和干劲。

　　袁纯清书记指出，要充分认识到，当前我省面临的最大问题是发展不足，最突出问题是新产业发展和新项目储备不足，最紧要问题是干部队伍对大发展思想准备不足。转型发展是山西的根本出路，但转型发展不是推倒重来，而是一个整合、提升、深化、创新的过程，是发展的发展。转型发展实质上是绿色发展、清洁发展、安全发展，是更好更快的发展。要以转型发展为主线，以赶超发展为战略，以跨越发展为目标，推动经济又好又快发展。

　　从单位角度来讲，创先争优，就是要积极转变职能。袁纯清书记指出："经济转型发展，企业转型升级，前提是政府的服务要转型升级。"工商机关作为政府职能机关，只有坚持把服务经济发展作为第一要务，才能做好工商工作。"工商就要服务，服务企业就是发展工商。"具体来说，就是改变以往视群众为管理对象，偏重于"管"民和以部门利益为重，忽视群众呼声和需要的错误观念，发挥工商部门对企业的"催生"、"保健"、"抚育"、"帮扶"功能，为企业、个体工商户提供主动服务、上门服务、优质服务、高效服务，积极打造"服务型"工商，要加快职能转变，按照以科学发展观统领全局和构建和谐社会的要求，立足工商抓工商，跳出工商抓工商，尽心尽力服务经济发展促进社会和谐，尽职尽责加强市场监管规范市场秩序，着力实施"兴企强市"和"兴农富民"两大工程，着力营造公平公正、规范有序、和谐诚信的市场环境，着力解决人民群众最关心、最直接、最现实的利益问题，着力推进监管制度改革和队伍建设，锐意进取，开拓创新。

　　当前，随着形势的不断变化，工商职能由监管集贸市场发展到监管社会主义大市场，监管工作由单一化向多元化发展，相应的法律法规体系不断完善，体制、机制基本健全。2008年8月，工商系统在全国范围内停止了集贸市场管理费和个体工商户管理费近三十年来的征收工作，工商行政管理职能工作翻开了历史的新篇章。对工商部门在服务、监管、行政执法等方面提出了更高的要求。如何科学正确地发挥工商管理职能，完善工商行政管理体制，在促进经济发展方式转变中发挥职能作用是当前工商工作的重点。因此，要做到转变思想，实现转型，服务经济，为加快经济发展方式转变做贡献，就要在工作中不断地学习。学习者智，学习者胜，学习者生存，学习者发展。这是一个知识的社会，更是一个学习的社会，谁学习的好，谁就有本领，谁就能够掌握发展的主动权。尤其是作为一名党员领导干部，更要自觉学习、带头学习，要在学习型机关建设中发挥表率作用。

从个人的角度来说，创建先进基层党组织，争当优秀共产党员，这是创先争优的活动宗旨。全国上下开展创先争优活动是科学发展观活动的又一延伸，是深入学习贯彻党的十六大精神和"三个代表"重要思想的实质内涵。怎样做好创先争优，我认为不是得到奖励和得到荣耀，而是如中组部部长李源潮在清华大学调研时强调的："创先争优就在我们的岗位上，就在我们的学习和生活当中。"一语中的，其实说得太大反而觉得失真，唯有实实在在的、踏踏实实地做好本职工作，才有资格去创先争优，才有资格说能做一个优秀的共产党员。怎样做好本职工作？我认为有以下几点值得我们思考：

一是做到精通自己的业务，熟悉与之相关的业务。业务能力决定办事效率，只有对自己的业务了如指掌才可以做得得心应手。当然，在精通自己的业务前提下，熟悉相关的业务是必要的。这是拓展自己的重要方式。袁纯清书记在讲话中明确提出了要解放思想、更新观念，这是基于他对山西省情的分析和思考中把握得出的。在时下全面转型、加快跨越的大氛围里，进一步解放思想更显得重要，更显得迫在眉睫，更显得意义深远。但如何才能放开胆量解放思想呢？我觉得加强学习还远远不够，还必须因地制宜，与本单位的实际结合起来，对照袁纯清书记的要求，查找不足。一要摆进去，解剖自己。努力让自身"摆"进去，摆到位，摆出深度，深化认识，勇于面对问题，才会触及灵魂，使解放思想与工作实际紧密联系，实现解放思想的过程就是激发工作动力的过程。二要跳出来，审视自己。"跳"出来，就是打破"不识庐山真面目，只缘身在此山中"的封闭状态。站在更高层面，确立追赶目标，找准自身差距，带着问题解难题，形成解放思想的动力。三要走出去，丰富自己。"走"出去，就是学到别人的经验，拓宽自己的视野，有比较，才能增添活力，对新情况、新问题作出更加符合实际的判断，使各项工作更富于创造性。四要静下来，梳理自己。"静"下来，梳理工作主线，认真分析问题，沉着应对难题，就会明思路、强根基、促发展，才能牢牢把握发展需求。

二是强化服务意识。党的宗旨是全心全意为人民服务。立党为公，一切为了人民，始终为人民的根本利益而奋斗，是我们党区别于其他剥削阶级政党的一个显著标志。强化责任意识，作为新时期的共产党员，要保持其先进性，一定要增强自己工作中的责任心。坚持以做好自己的本职工作为重点，克服一切困难，集中一切精力，做到重要工作自己带头做，常规工作带领大家共同做。用自己的实际行动来证明新时期共产党员的先进性。

三是强化信仰意识，强烈的信仰不仅是一个民族的凝聚力、战斗力之源泉，更是一个政党不竭的精神动力。保持共产党员先进性，必须坚持马克思主义、毛泽东思想、邓小平理论和"三个代表"重要思想不动摇。强调对远大的共产主义理想的追求和现阶段坚持走建设有中国特色社会主义的道路，强调贯彻执行党在社会主义初级阶段的基本理论、基本路线、基本纲领和各项方针政策的自觉性。用邓小平理论和江总书记"三个代表"科学发展观重要思想武装自己的头脑。不论工作遇到什么困难和风险，都要始终沿着建设有中国特色社会主义道路坚定地向前迈进。

强化自己的意识，是实践"三个代表"重要思想、不断增强党的意识、始终体现共产党人先进性的重要举措。也是一名新时期共产党员执行党的纲领，在工作、学习和社会生活中起先锋模范作用，全心全意为人民服务的基本保障。

创先争优是以"工作争先、服务争先、业绩争先"为目标，以培养"学习优、作风优、素质优"的人事干部队伍为重点的活动。要开展好创先争优活动，我们首先要立足自身的实际，真抓实干干工作。为人民群众及时排忧解难，危机时刻要挺身而出，坚持立党为公、执政为民的根本要求，一切以国家利益、人民群众的利益为首要目标。要不断地加强自身的素质，坚持两个务必：务必自觉抵制歪风邪气，清正廉明、廉政为官；务必求真务实、正派公道、不骄不躁。要筑起牢固的思想防线，拒腐化拒敛财，每日自重、自省、自警、自励，保持共产党员的先进性、纯洁性，以实际行动切实增强共产党员先锋模范作用和带头示范作用，为实现全面建设小康社会的宏伟目标而不懈奋斗。要不断学习，坚守党的纪律。不断地学习新的理论知识，培养良好的学习习惯和学习能力。在不断加强理论知识的同时，要树立坚强的党性原则，服从纪律，服从组织召唤，顾全大局。坚持严格要求自己，在工作中，坚持原则，心胸豁达，善于团结同志，维护党的团结。

让服务直通车驶入转型跨越快车道

襄垣县工商局负责人　张锦文

工商部门如何更好地服务地方经济，促进地方经济更快地发展，成为我们义不容辞的责任！在"转型跨越"的令旗下，我们襄垣县工商局积极开展"服务转型、服务跨越"大讨论，全面展开"创先争优"活动，为加快襄垣转型跨越做出了积极的贡献。

一、服务直通车承载之一：培育队伍新形象这面"镜子"

当前，转型跨越的新形势，对担负着市场监管和行政执法任务的工商队伍素质提出了新的更高的要求。但由于历史的原因，工商队伍的素质参差不齐，与新形势、新任务的要求仍然存在着较大差距。因此，大力加强工商队伍建设，以新的思路和方法，尽快打造一支适应时代发展要求、能够更好地服务经济社会发展的工商队伍，成为一项迫在眉睫的重要任务。

1. 广开渠道引人才

人才是事业之本，发展之基。谁赢得人才，谁就将赢得未来。我们要适应知识经济时代发展需求，积极引进法律、经济、计算机技术、信息管理、现代管理等专业人才，形成人才数量和质量上的新突破。

2. 优化队伍强素质

利用政治学习制度和其他学习教育活动，深入开展政治理论教育、党风廉政教育和科学文化教育，引导队伍树立正确的世界观、人生观、价值观、权力观和"公仆意识"，广泛开展严格执法教育整顿活动，树立依法行政、法律至上的观念，把坚持依法办事、文明优质服务作为提高整个队伍综合素质的突破口，逐步修订《工商礼仪规范》，规范工商执法基本礼仪、窗口接待礼仪、公务和社会活动等工商礼仪。同时加强知识更新，培养复合型人才，逐步要求每个公务员做到"四懂"，即懂一门外语、懂计算机应用、懂本岗位法律法规、懂本业务领域国内外发展态势。使工商干部队伍逐步由工作型、经验型向知识型、工作型、专家型相结合的结构转变。

3. 监督机制待完善

一是完善干部监督制度，并制定配套的实施细则；二是狠抓干部监督制度和方法的落实；三是强化对干部"八小时"之外的监督。建立投诉举报电话制度，在进行民主测评、座谈和个别谈话时，加入八小时之外的表现内容。

二、服务直通车承载之二：始终把服务企业作为工作"根基"

我们应该树立"大服务"的思路，工商系统每个干部都争做"服务员"。对前来办事的企业，要坚决摒弃以管理者自居、"管理就是我管你"和"管理就是管制"的旧观念，把急企业所急、想企业所想、为企业提供热情优质服务作为自己应尽的义务。要从市场准入着手，推出"四通"，即对符合法律法规条件的确保畅通，对有利于企业发展又不违背法律法规原则的适当变通，对注册前需与相关部门联系的主动疏通，对难以畅通、不能变通、无法疏通的加强沟通，以求相互理解。

同时，要坚决克服门难进、脸难看、话难听、事难办的"四难"现象，全面推行规范仪表、规范用语、规范行为、规范办事结果的"四规范"要求，做到咨询服务"一口清"，发放资料"一手清"，办理事项"一次清"，严格按《行政许可法》办事是至关重要的，是不可或缺的。同时登记部门还要不断改进工作方法，运用信息技术，提高办事效率，凡能够当即办理的必须当即办理，一天内能决定的，一天内作出决定。在登记系统上提倡"特事特办、急事急办、新事新办、好事多办、能办即办、难办设法办"的办事作风，切实提高办事效率。发挥好市场准入职能，把好市场准入关。

三、服务直通车承载之三：服务农村专业合作社这个新"亮点"

农村专业合作经济组织是连接农民与市场的主要纽带，对于推动农村产业结构调整，促进农业产业化经营，实现农产品的规模效益，加快农业科技转化，提高农村生产力，特别是为农民增加收入起着十分积极的作用。由农村专业户带头举办的专业合作组织，是目前最能体现"民办、民管、民收益"原则的合作组织。

如何服务农村专业合作社这个新"亮点"，笔者认为，应该从三方面做起：一是广泛宣传，增强服务工作的透明度。工商行政管理部门要充分发挥职能作用，以一线工商所为主阵地，取得当地政府部门支持，通过电视、报纸等载体，广泛宣传农村专业合作经济组织在推进新农村建设中的重要作用及其巨大的市场潜力、优越的扶持措施以及优惠优先的登记条件、登记程序等内容。在办事窗口设立咨询服务台，为农民免费提供有关设立农村专业合作经济组织的政策法规及市场信息咨询服务；二是围绕优势产业，培育农村专业合作经济组织。产业是发展农村专业合作经济组织的基础，坚持以市场为导向，从实际出发，因地制宜，实事求是，发挥本地区域优势，围绕优势产业或主导产品，积极培育各类形式的专业合作经济组织；三是放宽市场准入条件，提供优质服务，为农村专业合作经济组织创造宽松的发展环境。要免费受理咨询、免收注册登记费、要开辟农村经济合作组织办事优质服务的"绿色通道"，实行咨询、申请、审核、办照"四优先"，强化服务力度，提高办事效率，同时还要会同农业、科技等有关部门有计划地对农村经济组织从业人员进行法律法规、合同规范、市场营销、职业道德等方面的培训，提高农村经济合作组织从业人员的业务素质、服务技能，增强其驾驭市场的能力。

四、服务直通车承载之四：服务商标这面引领企业发展的"旗帜"

企业要想发展壮大，就必须有品牌意识，工商部门要帮助企业树好商标这面"旗帜"，帮助企业更好更快发展。

工商行政管理部门作为商标监管的主要行政管理部门，实施商标品牌战略是工商部门义不容辞的责任。过去多数经营主体社会商标意识太差，陈旧观念根深蒂固，绝大部分农民和部分企业压根儿不知道怎样去创品牌，"一叶障目，不见泰山"，算小账而不算大账，怕付一点宣传费而使产品名落孙山大损效益。要广泛深入开展商标法律法规的宣传，要让生产者和经营者了解申请商标注册的有关要求，如何对自己的商标进行保护，如何开发和利用自己的商标知识产权等。

工商部门要帮助生产者、经营者在思想观念上实现两个转变，即由有没有商标无所谓的传统观念向树立商标品牌意识，以品牌取胜的观念转变；由被动的注册商标向主动注册商标并大力开发和利用商标转变。采用形式多样的宣传，并运用典型事例现身说法，提高生产者、经营者和社会群众实施品牌兴业的意识，使广大经营主体都重视商标品牌，积极申请注册商标。工商部门要强化服务意识，尽心尽力引导和帮助生产者、经营者利用好商标申请注册工作，指导他们选择优势项目的商标注册，协助打造强势品牌，要充分发挥基层工商所的管理优势，面对面地实施帮扶活动，积极开展业务咨询，实施品牌战略，走品牌兴业的道路。

在商标管理中，我们要严格执法保权益，切实加强商标监管，维护企业和农户的合法权益。一方面指导企业加强自我保护，做到建立商标管理制度，规范商标使用行为；另一方面加大对农产品商标和证明商标专用权的保护。一是以农副市场、超市等销售单位为重点，采取开展专项整治检查和日常巡查相结合的方式，同时发挥12315消费投诉举报网络的作用，发动群众、消费者进行举报，发现问题及时处理；二是开展对印制单位监督专项整治，要对印制证明商标、农产品商标和证明商标包装物企业进行检查，防患于未然；三是建立打假联络网，争取农产品和证明商标主销省、市工商部门鼎立帮助对重点市场、超市进行违法查处，一旦发现外地有侵权假冒问题及时向对方工商部门发放协查函，共同保护农产品商标和地理标志证明商标。

总之，服务经济发展是工商部门的第一要务，是工商工作的出发点和落脚点，在新的时期、新的体制下，我们必须要进一步转变观念，创新机制，积极融入科学发展热潮之中，更好地履行工商职能，更好地服务地方经济，全力开创和谐发展新局面。

践行"五高五比"
推进转型发展

屯留县工商局党组书记、局长 张淑萍

在山西转型跨越发展的关键时期,在全省创先争优的高潮中,屯留县工商局通过开展"解放思想、创新工作、服务转型、促进跨越"的大讨论,提出了践行"五高五比"、推进转型发展的思路,在新一轮的大发展中放胆工作,适时融入到了经济转型跨越发展的大潮中,全面开创了屯留县工商行政管理工作新局面,取得了企业满意、社会满意、群众满意、政府满意的良好效果。

一、高境界思想比学习,创新教育培训

省委书记袁纯清在全省领导干部大会上的重要讲话中指出,实现转型发展,关键是干部要转型,要有学习的自觉、高尚的操守、敢闯的勇气,加快服务转型、激发经济活力。

2010年初,屯留县工商局采取自愿报名、竞职演讲、公开唱票的民主方式,实行中层干部竞争上岗。这一创新用人举措,不仅使一批年轻同志走上了中层岗位,同时也有效激发了全局人员的主动性和创造性。为了打造一支德才兼备、充满活力的工商干部队伍,我们制定了"三一一学法制",即:一月学一法,一周评一案,一日学一章。坚持理论学习与工作实践相结合,变灌输式学习为研讨式学习,变以书本为中心的学习为以问题为中心的学习,变"要我学"为"我要学",特别是每周五组织的由各工商所长、法制员和业务股室办案人员参加的案件评审会,通过开展学法和典型案例解剖及评比交流,有效提升了工商人员的法制意识和办案能力。

通过一轮轮、一次次的学习培训,在全局上下形成了善思好学、竞相比学的浓厚氛围,全局人员的综合素质和工作能力得到大幅提高。

二、高价值做人比取向,创新服务方式

"工商就要服务,服务企业就是发展工商。"工商机关作为政府职能机关,只有坚持把服务经济发展作为第一要务,才能做好工商工作。具体来说,就是要发挥工商部门对企业的"催生"、"保健"、"抚育"、"帮扶"功能,为企业、个体工商户提供主动服务、上门服务、优质服务、高效服务,积极打造"服务型"工商机关。

一是发挥工商机关"催生"功能,主动服务,支持地方经济发展。2010年以来,我局共发展各类企业90余户,其中有限责任公司79户,分公司7户，个人独资3户，营业单位1户。同时把服务触角延伸到村镇，发展农民专业合作社160余户，个体工商户900余户，为屯留经济发展注入了新的活力。二是发挥工商机关"保健"功能，上门服务，变坐等年检为"上门年检"。先后对康庄工业园等相对集中的140户企业进行了上门年检，减轻了企业负担，促进了企业的快速发展。三是发挥工商机关"抚育"功能，优质服务，搭建"银企桥梁"帮扶企业融资。先后帮助长治市金泽生物工程有限公司、山西尔安焦化有限公司、屯玉种业科技股份有限公司进行动产抵押登记，成功为企业融资2.65亿元，帮助企业渡过了难关。四是发挥工商机关"帮扶"功能，高效服务，开通大学生村官创业绿色通道。通过出台"零门槛"准入。"零收费"创业、"零距离"帮扶等一系列优惠政策，成功帮助大学生村官办理公司1户，农业专业合作社93户，为地方经济发展起到了"助推器"的作用。

三、高品位生活比修养，创新队伍建设

袁纯清书记强调："操守是领导干部的立身之本，关系事业的兴衰成败。"在工商干部道德修养、操守方面，我们提出了"以勤为径、以实为本、以和为贵、以律为尺、以俭为荣、以廉为基"的六个方面要求，并先后开展了"作风整顿月"、"纪律作风整肃月"活动，进一步增强了工商队伍的凝聚力和战斗力。

以勤为径，就是要培养大家吃苦耐劳、勤政为民的精神，做到权为民所用、情为民所系、利为民所谋；以实为本，就是要以求真务实的作风推进各项工作，把职责当做事业来做，不说虚话、不漂浮、不浮躁、不虚度，真正干出实绩来；以和为贵，就是要增强团结协作意识，牢固树立"局兴我荣，局衰我耻"的大局意识，正确处理全局利益与局部利益、集体利益和个人利益之间的关系，创造内和外顺的工作环境，激发整体干事创业的活力；以律为尺，就是要树立法制意识，规则意识，严格依据法律法规执法办案，坚决杜绝乱罚款、乱收费、乱摊派行为的发生；以俭为荣，就是要培养勤俭节约的意识，从思想上、行为上做到勤俭节约，凡事不讲排场，不搞享受；以廉为基，就是要树立廉洁从政意识，始终保持头脑清醒，做到洁身自好、慎独慎微，干干净净做人、清清白白做事、堂堂正正为民。

四、高效率工作比干劲，创新监管方式

我局积极创新监管方式，通过开展"提速、结对、搭台"活动，着力推进"四个转变"，即监管领域由低端向高端延伸，监管方式由粗放向精细转变，监管方法由突击性、专项性整治向日常规范监管转变，监管手段由传统向现代化转变，全局上下干劲十足，工作效率进一步提高。

1. 提速。在注册窗口和基层工商所办证窗口设立"申办营业执照绿色通道"指示牌，明确专人办理相关注册登记业务。对申请注册登记材料符合法定条件的，当场受理，当场发照。对政府大力扶持，能起示范带动作用的创业人员申请办照的，主动与地方政府沟通，特事特办、急事急办，

力争以最短时间办结。

2．结对。在"千名工商干部进万家企业"活动中，屯留县工商局畅通工商人员与企业、个体工商户的联系渠道，通过向企业选派驻企指导员的方式，及时了解服务对象在发展中遇到的困难和需求及对工商部门的意见建议，并加强对企业的相关指导，为企业和个体工商户提供工商法律法规咨询及其他服务。尤其在非公企业党建活动中，我局通过选派基层工商所人员担任驻企指导员，适时帮助企业解决问题，积极开展创先争优活动，使全县非公企业党建工作走在了全市前列。

3．搭台。针对我县商标品牌发展中存在的"活力不够、使用不优、竞争力不强、整体推进不佳"等难题，我们利用信息渠道多、政策法规熟等特点，主动为企业服务，采取"工商搭台、市场运作、中介牵线、企业唱戏"的方式，提醒、指导、帮助企业规范商标发展。2010年以来，共新申请注册商标22件（其中农民专业合作组织申报商标4件），培育驰名商标1件（山西昂生制药有限公司），新推荐著名商标2件（长治金泽生物工程有限公司和屯留羿神酒厂）。商标数量明显增加，商标发展呈现出强劲发展势头，为全县经济社会转型跨越发展注入了新的活力。

五、高目标奋进比成绩，创新维权手段

屯留工商局坚持把关注保障民生、维护消费者权益作为第一要义，不断创新维权手段，以保障人身安全、社会环境、经济秩序为出发点，采取"一身主动、双手出击、十指并举、全体冲刺"的方式，全力维护经营者和消费者的合法权益。

我局将打假维权的重点放在群众关心的热点、关注的焦点和政府重视的"难点"上，放在关系人民群众生命安全、健康的重点商品上，放在对市场秩序造成严重危害的假冒伪劣行为上，加大打击力度，严厉惩处违法行为。通过"红盾护农"、"食品安全"、"打击商标侵权"、"规范合同交易"、"严查虚假违法广告"、"成品油市场""治理超限超载"等专项整顿行动的开展，各项工作均取得了显著成绩。同时，进一步加快推进12315行政执法体系信息化网络和"一会两站"建设、"五进"建设，以及"四个平台"建设进程，建立和完善了12315投诉举报分流制度、处理情况限期回复制度和责任追究制度，建立消费维权快速处理机制，将12315建设成为工商系统的咨询服务台、投诉举报台、预警应急台、高效出击台。我局先后被省工商局授予"商标监督管理和实施商标战略先进单位"，在创先争优活动中被人民网面向基层党组织和广大党员干部群众开展的"五好党组织"风采大赛推荐为"全国先进基层党组织"，被县委、县政府授予"七一先进党支部"、"规范执法先进单位"等荣誉称号。

通过开展"五高五比"活动，屯留县工商局在创先争优的大潮中锻炼了队伍、塑造了形象、干出了业绩，掀开了工商事业新的一页，为屯留经济社会转型跨越发展注入了新的活力，做出了新贡献。

学习讲话精神实质
丰富创先争优内涵

平顺县工商局党组书记、局长 孙秀敏

如何把"袁纯清书记讲话精神"与"创先争优"活动有机结合起来，以务实的活动贯穿讲话精神，以精神引领创先争优，同时以开展"创先争优"活动为契机，结合工商行政管理工作的实际，以及本辖区的经济特点和发展环境，充分发挥国家赋予的职责和职能，更好地服务并促进地方经济发展，是我们从事基层工商行政管理工作者的一次实践挑战和思想革命。

当前，转型发展、跨越发展已成为地方经济发展的主旋律。袁纯清书记在7·29讲话精神里指出"三个不足"，即：最大的问题是发展不足，最突出的问题是新产业发展和新项目储备不足，最紧要的问题是干部队伍对大发展思想的准备不足。这"三个不足"正是我们工商行政管理工作要思考和实践的问题，也正是"创先争优"活动的丰富内涵。如果一味的"稳重有余而闯劲不足，不敢出手大举措，不敢跳起来摘桃子，不会善谋大发展"，那么"创先争优"活动就会变成"以文件落实文件，以会议落实会议"的形式化活动，所以"创先争优"不是某个局部的"先"，某个领域的"优"，也不是某个问题的"点"，而是观念的"面"。针对"三个不足"，结合工商行政管理工作的实践，平顺县工商局把"创优发展环境，服务地方经济"作为"创先争优"活动的主题，以地方经济发展为工作重心，以新产业新项目的开发和培育为工作重点，以队伍建设为工作归结点，并把此作为创先争优活动的载体，深入广泛开展"创先争优"活动。

一、以地方经济发展为工作重心，开展"创优发展环境，服务地方经济，争当地方经济建设先锋"活动

平顺县属国家级贫困县，虽然存在工业基础差、经济结构单一、交通落后、信息闭塞且经济发展起步晚、开发迟、资金短缺的现状，但却拥有得天独厚的矿产资源、水力资源、生态资源和农产品资源，转型发展空间大，跨越发展潜力足，大发展理念后劲足。因此，作为与经济发展息息相关的工商行政管理部门，在一个国家级贫困县开展"创先争优"工作，就具有极其深远的现实意义和实践指导意义。"创先争优"就是要立足于贫困县的实际，充分发挥工商职能优势，围绕发展主题，树立"大发展"思维，明确创什么，争什么，什么为"先"，什么为"优"；就是要与具体的县情结合起来，经济落后干劲补，硬环境恶劣软环境补，案件不足服务补，经费不足精神补，开展富有特色、个性鲜明的活动。所以，平顺县工商局以发展为工作重心，把"创优发展环境，服务地方经济，争当地方经济建设先锋"活动作为"创先争优"活动载体，一是针对管理对象办理业务中存在的"找人难，办事难"，推出了"导办服务"、"四零服务"，推行了AB角岗位互补制；二是针对一些手续不能一时办结的客观现象，推出了"延时服务"、"假日服务"，真正把服务拓展到八小时之外；三是针对边远山区交通不便、信息闭塞，存在"行路难"的现状，推出了"上门服务"，变静态服务为动态服务，大大方便了办事群众；四是加强了"绿色通道"建设，开辟了"大学生村官创业绿色通道"、"农民专业合作社绿色通道"；五是实施了"农副土特产品商标战略"，开展了"一村一品""一品一业"帮扶活动，大力实施红盾护农、商标兴农、合同帮农、经纪人活农、经济组织强农等"五农工程"，造福农村，惠及农民，争当"地方经济建设先锋"。

二、以新产业新项目的开发为工作重点，以"四个创新"为目标，促进职能转型，推动跨越发展

"两费"停止征收以后，长治市工商局提出了"四个创新"，即：创新监管机制，提高执法效能，维护市场秩序；创新服务方式，提高服务质量，促进经济发展；创新维权手段，适应群众需求，推动社会进步；创新队伍建设机制，做到三个过硬，强化组织保障。"创新"已成为新时期工商行政管理工作的活力源泉，这与袁纯清书记在7·29讲话中提出的"政治路线确定以后，干部就是决定因素，实现发展转型，关键就是干部要转型；干部要转型，首先思想要转型"的精神实质相吻合，所以经济发展要转型，必然伴随着工作思路的创新、观念的更新，此外要有明确的导向、"大发展"的理念和"新工商"的形象。

"创先"首先就是要"创新"，"争优"就是要"转型"。平顺县委、县政府在充分分析县情的基础上，确定了转型发展的方向，把开发生态资源、发展低碳旅游作为新型产业项目，并以此为引擎拉动第三产业跨越发展。作为市场主体入口的工商机关，就是要把重点放在新产业新项目上，不仅要做监管市场的执法者，更要学会当服务市场主体的"服务生"，加强行政指导，当好参谋，做好助手。针对平顺县旅游开发起步晚、转型发展定位新的实际，工商行政管理工作面临课题多、责任重的难题，比如：如何消除旅游等第三产业发展与农业产业化的"剪刀差"，如何增加农民收入、带动地方经济发展，等等，都是我们当前要思考的问题。因此，在具体的工作实践中，我们就要多方位思考，多发现问题，多调查研究，尤其是党员领导干部，更要深入一线，选准课题，大兴调查研究之风，围绕发展，促进转型，以监管和服务作为创优发展环境的两翼，通过监管净化经济环境，通过服务创优发展环境，进而以"四个创新"为平台，推动新时期工商职能转型，推动跨越发展，提高"创先争优"活动的质量和境界。

三、以队伍建设为工作归结点，弘扬"纪兰精神"、"右玉精神"，把这两种精神转变成"大发展"的实际行动

一个单位"创先争优"活动有没有特色、起色，有没有生机与活力，有没有成效和变化，其决定因素就是队伍建设得怎么样，也就是说有一支什么样的队伍。袁纯清书记在讲话精神中指出："解放思想具有先导性，思想的裹脚布解不开，现实中的裹脚布就解不开；思想的大门解不开，发展的大门就解不开，思想有多远，现实就有多远。"在"创先争优"活动中，解放思想是基础。试想，一支思想传统保守、知识老化、缺乏创新、没有胆识、魄力和信心的队伍，如何去创先，如何去争优，所以，队伍建设是做好一切工作的前提和基础。

平顺县是"太行精神"的发源地，是"纪兰精神"的发生地，纪兰就在身边，我们应该怎么办？平顺县工商局以此为命题，结合在全省开展的学习"右玉"精神活动，大做队伍建设这篇文章，把两种精神渗透于各项工作实践中，提升服务水平，创优发展环境，以助推民营经济发展、农业产业化发展、特色农产品开发和培育发展旅游市场为落脚点，开展广义的"创先争优"活动。即把"纪兰精神"、服务品牌、地方经济三者有机结合起来，创新队伍建设机制，合理配置人力资源，培育干事创业的良性土壤，从激发广大干部活力出发，推行"快乐工作法"；从服务细节入手，消除服务空档，推行"人走岗位在，服务无真空"的细腻化服务管理模式；从整顿作风纪律细节入手，从会议纪律、作风纪律、学习制度、工作氛围四个方面进行精细化管理；以工商文化为载体，采取"人人上台当老师，个个都有主动性"的方法，开辟"以案说法"周二课堂和周五"政务礼仪"讲堂，推出"三三三一"选人用人机制，即工作业绩占30%，民主测评占30%，竞职演讲占10%，党组决策占30%，通过公平竞争、择优选拔、双向组合等模式，实行全程阳光操作，打造出了一支招之能来、来之能战、战则能胜的铁军。

服务提高形象，监管提升力度。通过学习袁纯清书记"7·29"讲话精神，平顺县工商局在"创先争优"活动中，紧紧抓住"服务"这个品牌与"监管"这个拳头，以"润物细无声"的公仆情怀体现服务，以"秋风扫落叶"的执法力度体现监管，以形象和力度赢得了工商这个品牌。同时，针对"三个不足"，以"创优发展环境、服务地方经济"为创建主题，以"一个重心，一个重点，一个归结点"为活动载体，以袁纯清书记讲话精神为创建灵魂，牢牢把握"四个只有"，进一步落实"五增五创"，深入推进"四个创新"，在解放思想、创新工作、服务转型、促进跨越发展上走出一条属于自己的新路子。

解放思想 创新工作
服务转型 促进跨越

黎城县工商局党组书记、局长 杨建鸿

当前，全省工商行政管理系统正在掀起"创建先进基层党组织，争当优秀共产党员"活动的热潮，将"学习贯彻袁纯清书记在全省领导干部大会上的讲话精神"落实到工商行政管理各项具体工作中去。工商行政管理部门作为政府主管市场监管和行政执法的重要职能部门，担负着服务经济社会发展，整顿规范市场经济秩序，维护消费者合法权益的重任。在国内国际政治经济格局剧烈变革，全省经济社会发展不确定性因素增多的严峻形势下，面对工业化、信息化、城镇化、市场化、国际化加快推进的历史趋势，面对工业化跃升期、城镇化加速期、节能环保攻坚期、新技术革命成长期、基础设施建设加大期的时代特征，如何坚持以科学发展观为指导，以党的十七届四中、五中全会精神为指针，以"五增五创"为工作主题，全力服务经济社会转型跨越发展，成为摆在全省工商行政管理部门的一大课题。

作为全省工商行政管理系统县级基层一线，如何充分发挥基层工商行政管理职能，全面服务县域经济更好更快发展，则成为基层一线工商局面临的主要问题。结合本地发展实际，笔者认为，应以"创先争优"活动为着力点，以工商行政管理"五坚持"为目标，从以下五方面入手，全力促进县域经济转型发展、跨越发展。

一、把"创先争优"活动开展到基层股所队为民服务的窗口上来

在基层工商行政管理部门中，基层股所队是工商行政管理战线上的前沿阵地，是为民服务的窗口，是服务经济社会发展、市场监管执法、维护消费者合法权益的生力军。因此，基层广大干部职工一定要坚持把解放思想、创新观念作为第一动力，进一步增强大局意识、服务意识、创新意识，把思想行动统一到"创先争优"活动上来，把思想认识统一到袁纯清书记讲话精神上来，把观念行动统一到服务经济社会发展上来，把工作部署统一到工商系统和当地党委、政府安排上来。通过建立健全首问负责制、首办责任制、跟踪服务制、延时服务制、上门服务制、责任追究制等规章制度，规范文明服务用语和服务忌语，进一步完善政务信息公开、延伸服务等导办、帮办一条龙服务流程，完善硬件服务设施。通过设立"党员示范岗"、"党员服务岗"，标明党员姓名、入党时间、岗位名称和工

作格言，把优秀共产党员和优秀青年干部职工充实到窗口、一线、吃苦的岗位上来，将党员的言行置于广大人民群众的监督之下，充分发挥共产党员的模范带头作用，并以此带动全局干部职工创先争优、奋发向上的积极性和能动性，为广大人民群众提供更为方便、快捷、优质、高效的服务，把基层股所队创建成为先进型"为民"窗口。

二、把"创先争优"活动引领到服务经济社会发展上来

基层工商行政管理部门不但要依法监管市场，维护消费者合法权益，更要紧紧围绕服务经济社会发展这条主线。因此，基层广大干部职工一定要坚持把发挥职能作用、服务科学发展作为第一要务，采取四大措施，全力促进地方经济转型跨越发展。一是要全力服务当地非公经济发展，进一步放宽准入条件，出台政策，多方引导，特别要加大对大学生创业就业的扶持力度，加大对下岗职工、返乡农民工、残疾人等弱势群体的扶持力度。二是全力服务当地新型材料、高新技术、节能环保、循环经济、民间传统产业、"三农"经济等新兴产业链，促进当地的新兴产业向多极化、规模化、产业化、国际化发展。三是以"千名工商干部入万家企业帮扶"活动为着力点，全力为县域各类经济主体提供信息咨询、市场布局、产业调整、商标品牌等多项服务。四是实行上门服务、跟踪服务、预约服务，全方位为当地企业改组改制、为全县招商引资上项目提供服务。五是为当地企业提供吸收民间资本、股权出质融资、动产抵押融资、商标出质融资、信用贷款融资等服务，解决企业融资难、贷款难、启动难等问题，真正把为当地企业、个体工商户解决困难落实到"创先争优"活动具体行动上来。

三、把"创先争优"活动引深到整顿和规范市场经济秩序上来

经济社会要健康有序发展，必须要有一个规范有序、公平公正、平等互利的竞争环境。这就要求基层工商行政管理部门要坚持把强化市场监管、维护市场秩序作为第一责任，为县域经济转型跨越发展营造一个规范有序的市场环境。在日常监管中，要认真履行工商行政管理各项职责，进一步创新监管机制，提高监管效能，规范监管行为。通过推行网格监管模式，积极开展打假治劣、商业贿赂、商标侵权、合同欺诈、违法广告、非法传销、无照经营、"两虚一逃"、"扫黄打非"、超限超载等各类专项执法行动，促进基层工商行政管理部门市场监管的日常化、规范化、程序化、制度化，为当地经济社会发展扫除障碍，铺平道路，为县域经济社会健康有序发展保驾护航，争当市场监管、维护稳定的典范。

四、把"创先争优"活动落实到关注民生维护百姓权益上来

民生问题是党和国家最关心的主要问题，涉及万千黎民百姓。作为基层工商行政管理部门，就是要坚持把关注保障民生、维护消费权益作为第一要义，倾情、倾心、倾力为消费者排忧解难。首先要加强流通环节食品安全监管，要认真落实"六查六看"，推行食品质量准入、市场准入、食

品许可、索证索票、购销台账等制度，层层落实责任，强化抽检，抓好乳制品、包装食品、酒类肉类、家畜禽蛋、食品添加剂、儿童食品的整治力度，确保食品安全。其次要全力抓好消费者权益保护工作，时刻把百姓的利益放在第一位，建立和完善12315消费维权执法体系建设和"一会两站"建设，继续推进消费维权"六进"活动，真真正正地做到有诉必接、有接必查、有查必果，切实维护百姓的利益，争当关注民生、维护权益的排头兵，让人民群众确确实实、事事处处、时时刻刻得到实惠。

五、把"创先争优"活动激发到党员干部争做表率上来

好的作风催生好的队伍，好的队伍创造好的业绩。基层工商行政管理部门要以作风整顿、廉政教育为手段，以"创先争优"活动为载体，坚持把加强作风建设、提升干部素质作为第一保障，充分调动每一位党员干部在促进经济转型跨越发展中"创先争优"、建功立业的积极性和创造性，争做"创先争优"的典范。一是切实抓好思想教育和学习培训，进一步开展政治思想教育和世界观、人生观、价值观、科学发展观教育，推进"学习型班子、学习型党组织、学习型机关、学习型干部"建设，提升广大干部职工整体素质。二是选拔任用好基层股所级干部，坚持德才兼备、以德为重的用人标准，民主竞争，公开选拔，充实基层股所级干部队伍。三是逐步完善组织纪律和制度保障，完善廉政建设各项规章制度，建立用制度管权、按制度办事、靠制度管人的有效机制。四是严格强化绩效考核和责任追究，通过量化指标、强化考核，把工作考核与干部年度考核、干部任用、评先评优结合起来，建立优胜劣汰的工作机制。从思想上、行动上激发每一位党员干部的能动性、积极性，从而形成每一位党员干部争做表率的良好氛围。

服务经济社会发展任重道远，开展"创先争优"活动意义深远。作为基层工商行政管理部门就是要把"创先争优"活动与工商行政管理具体实际紧密结合起来，就是要把"学习贯彻袁纯清书记在全省领导干部大会上的讲话精神"活动与工商行政管理具体实际紧密结合起来，全方位践行科学发展观，全方位调动党员干部积极性，全方位服务经济社会发展，全方位为经济社会发展保驾护航，进一步促进社会和谐进步。

红盾给力
加速推进县域经济转型跨越

壶关县工商局党组书记、局长 程文堂

推进转型、实现跨越已经奏响了山西发展的时代强音！

袁纯清书记《以转型发展为主线，为实现山西经济社会跨越发展努力奋斗》的重要讲话，为山西描绘了"十二五"的美好蓝图，向全省人民下达了大发展的动员令和号召令。对工商部门来说，在转型跨越的主旋律下，必须把握好服务发展这个第一要务。

一、给力发展之服务创业

一是立足工商职能，优化服务措施。壶关县工商局推行了"四项服务"：一是延时服务。在为服务对象办理注册登记事项时，临近或者到达下班时间，没有办理完结的，必须延时办理完毕；二是预约服务。对于服务对象无法在上班期间前来办理注册登记事项的，可以采取电话预约的方式，约定时间、约定时限进行办理；三是咨询服务。在注册大厅设立咨询服务台，为服务对象提供业务咨询；四是上门服务。对于边远地区或因工作不便不能亲自前来办理登记事项的，在手续完善的情况下，由工作人员上门办理相关登记服务。

二是开辟"绿色通道"，服务招商引资。为了切实响应县委、县政府招商引资政策，壶关县工商局专门开辟注册登记"绿色通道"，对全县重点招商引资、重点项目，在企业筹建之初就选派工作人员上门登记指导，对于符合条件的企业和投资人，在办理工商登记事项时做到特事特办、急事急办、专人专办。2010年1月20日，壶关县工业龙头企业壶化集团与长治市盛安民爆有限公司合并，需要为盛安公司办理住所变更登记，但由于盛安公司股东分散，申请办理变更时并没有完全取得代表2/3以上表决权的股东签署的股东会决议，为了妥善解决迁址事宜，壶关县工商局在该集团现场办公，并沟通盛安公司其他股东所在地工商部门，当场拍板为该公司办理了变更登记手续，受到了县委、县政府及企业的一致赞誉。

三是职能服务延伸，开展业务培训。通过法律知识讲座、农村经纪人培训、食品经营者培训、大学生创业培训等形式，帮助创业者规范经营行为，引导创业者树立守法意识，合理规避经济纠纷，增强个私业主在新形势下应对挑战、创业创新的能力，提高创业成功率，进一步激发创业动力。

四是强化行政指导，服务跟踪上门。充分发挥基层工商所的机动作用，在基层工商所建立行政指导联系员制度，根据创业者和企业的特殊性，实行一帮一跟踪服务，指派联络员每月至少对创业企业或创业者走访一次，并做好帮扶记录，及时了解掌握创业者的生产经营、发展过程中存在的困难和问题，想方设法加以解决，为企业排忧解难。

二、给力发展之融资帮扶

资金匮乏和融资困难是制约中小企业发展的一个最普遍的难题，一旦市场环境出现变化，就直接影响到企业的生死存亡。为此，壶关县工商局以破解各类市场主体融资"瓶颈"问题入手，针对全县不同企业发展的实际困难和融资需求开展融资帮扶工作。2010年，壶关县工商局共办理股权出质登记1户，动产抵押12户，商标权质押登记1户，累计帮助企业融资近5.3亿元。

一是强化宣传引导、提供政策咨询。通过报纸、电视、网络等媒体，利用市场巡查、企业年检等时机，广泛宣传工商部门关于帮助企业融资的有关政策和措施，以及企业融资的方式和方法，使广大企业了解了政府的优惠政策，拓展融资渠道，引导企业用足用活融资政策，促进了工商部门和企业在融资工作中的协作。

二是做好动产抵押登记，盘活企业流动资产。对工商部门来说，动产抵押登记相对风险大、操作性要求高，为了做好动产抵押登记工作，壶关县工商局积极开展动产抵押相关规定的学习，提高工作人员素质，并落实专人负责动产抵押工作，一方面深入企业走访、宣传，使中小企业、经营者充分了解政策、熟悉法律，学会运用动产抵押进行融资，拓宽融资渠道；另一方面开辟了动产抵押登记"直通车"，以严格规范的操作和快捷高效的服务，积极推行动产抵押登记当场办结制，对手续齐全、资料完备的做到"即时申请、即时受理、即时办结"。

三是开展股权出质登记，唤醒企业沉睡资本。国家工商总局《工商行政管理机关股权出质登记办法》施行以来，壶关县工商局把贯彻落实《办法》作为拓宽企业融资渠道、支持企业发展的一项重要举措，认真组织企业登记人员对《办法》及《物权法》等相关法律进行了学习、培训，并组织工商人员深入企业进行大力宣传，在全县推广股权出质登记工作。4月27日，壶关县第一份股权出质登记"落户"山西常平钢铁有限公司，在中国民生银行股份有限公司太原分行工作人员的配合下，壶关县工商局为该公司办理股权出质登记实现融资3.5亿元。

四是指导企业开展商标评估、质押工作，变无形资产为"有形资产"。注册商标一直以来都被认为是隐形资产或无形资产，很多企业对于通过商标来融资并不是很了解。为了进一步宣传和解读商标权质押贷款的程序，推动商标权质押贷款工作，在2010年6月份第四届山西省品牌节期间，壶关县工商局组织县域优势品牌企业举办了壶关品牌展示活动，对全县实施商标战略以来的成果及做法作了大型宣传，并选送山西省著名商标"郭氏"羊汤参加了全省商标质押评估，评估价值达到了2.3亿元，最终为该企业办理质押贷款3000万元。目前，壶关县注册商标数量已经达到了120余件，其中山西省著名商标5件，为商标质押贷款工作的进一步开展提供了广阔的前景。

三、给力发展之品牌战略

"打造强势品牌就是推进转型跨越发展"，在服务转型、跨越的过程中，通过开展商标战略推动企业品牌建设，让市场竞争中具有综合竞争力的强势品牌引领转型跨越发展，这是工商部门的职责所在，也是使命所系。

一是强化宣传，增强商标意识。通过组织学习培训、印发宣传资料、上门指导等形式，重点向农副产品生产、加工、经营企业和农户宣传商标法律知识，对全县商标战略实施取得的成效和典型经验进行广泛宣传，同时，在企业注册大厅设立商标注册服务台，向每个前来办理登记注册的经营者发放《商标注册建议书》，不断提高生产者、经营者的商标意识，强化商标理念，扩大商标战略的社会影响。

二是工商引导，推进商标注册。通过制定切实可行的商标发展规划，充分运用工商职能，全面掌握全县各行各业未注册商标及商标使用情况，做到底数清、情况明，有计划、有步骤地开展商标注册工作，增加注册商标总量，提高商标注册率。

三是重点培育、发展特色品牌。在实施商标战略推动企业品牌建设的过程中，壶关工商局把申报生态、绿色型商标作为一个主导线，在已申请的注册商标中重点培育农业龙头品牌，致力推行"公司（合作社）+农户+商标"的发展模式，实现"叫响一个品牌、带动一方产业、致富一方百姓"的目标。随着"一企一品"、"一村（乡）一品一标"工程的实施，一系列农副土特产品牌逐渐成熟，涌现出诸如新寨"辛世方"牌绿色陈醋、谷驼"郭国芳"牌羊汤、西柏林原浆豆腐、"壶特宝"旱地西红柿等农业重点品牌，对全县农副产品附加值和市场竞争力的提高、增强起到了巨大的作用。

四是保护品牌，打击侵权行为。通过加大跟踪维权力度，深入开展保护注册商标专用权行动，重点查处侵犯商标专用权案件，营造"打假冒、保名优、树诚信"的良好氛围，切实保护商标权利人的合法权益。一方面要完善商标举报投诉处理机制，依托12315举报投诉平台，健全商标维权网络；另一方面要加大与质监、文化等部门的沟通配合，全面建立联合打假机制，开展打击侵权知识产权专项行动，树立和保护县域优势品牌。

通过促创业、助融资、建品牌，壶关县工商局根据县域经济实际，走出了一条适合自己的帮扶企业发展之路，为即将到来的"十二五"，坚定了信心，振奋了精神。我们有理由相信，只要紧紧围绕"发展"这个主题，工商必将大有可为，大有作为。

着眼创新推进创先争优活动
炼就本领服务转型跨越发展

长子县工商局党组书记、局长 王学军

当前，全国各级党组织和党员正在深入开展创先争优活动。活动对先进基层党组织和优秀共产党员提出了两个基本要求，一要做到"五个好"：即领导班子好，党员队伍好，工作机制好，工作业绩好，群众反映好；二要做到"五带头"：即带头学习提高，带头争创佳绩，带头服务群众，带头遵纪守法，带头弘扬正气。而要实现这"两个五"，关键是把握好"推动科学发展、促进社会和谐、服务人民群众、加强基层组织"的活动目标。

对于我们工商部门来说，开展创先争优活动，就是要紧紧围绕服务发展这个中心工作，建设服务型机关，培养务实作风，营造干事环境，增强实干本领，努力确保取得切实成效。结合我县实际情况，在新形势下，我们工商部门只有加快监管创新、服务创新、维权创新以及队伍建设创新，才能成功推动工商行政管理职能转型、推进工商行政管理履职到位，才能达到维护市场经济秩序的目的，才能实现促进经济社会又好又快发展的目标，才能收到政府满意和广大人民群众满意的效果。正如袁纯清书记在讲话中的论述："转型发展不是推倒重来，是对原有发展的扬弃，是一个整合、提升、深化、创新的过程，是发展的发展。"而要实现省委提出的转型跨越发展的目标，就要很好地抓住"人的因素"这个基础，构建服务型务实型机关，提高机关创造力，增强机关执行力，推进机关服务力。

一要培养良好的学习习惯，着力创新服务方式，提高服务质量。服务发展是工商行政管理工作的根本目的，是落实执政兴国第一要务的基本要求。只有坚持服务发展，始终围绕当地经济科学发展开展工作，工商行政管理才能充分发挥职能作用。

众所周知，学习是增长才干、提高素质的重要途径，是做好各项工作的重要基础。但学习绝不仅仅是捧起书本读读、请个专家讲讲、出个试题考考，而要联系本职工作，在服务、监管、执法、办案的实践中去学，坚持"干什么、学什么、缺什么、补什么"的原则，干中学、学中干。要在理论和实践的结合点上找问题、求突破，把学习的成果转化为促进工作的具体可行的措施。比如，在20世纪80年代，我们工商部门服务的主要内容可以说就是大力支持个体工商户的发展，积极兴办各类市场；到了90年代，在社会主义市场经济建设过程中，我们的主要职能是监管好大市场，为建设统一的社会主义大市场服务。今天，我们服务的主要内容是按照科学发展观的要求，积极为构建社会主义和谐社会做贡献。如果我们不能紧跟党中央的精神部署，不注重学习，那我们就会被时代所淘汰，并逐步退出历史的舞台。事实证明，紧跟时代发展要求学习，速度会更快，效果会更好。

二要培养良好的工作习惯，奋力创新监管机制，提高执法效能。市场监管是工商行政管理机关的第一职责，行政执法是工商行政管理机关履行职能的基本方式。只有做到公正执法，工商行政管理才有执行力和公信力；只有做到依法行政，工商行政管理才能实现规范监管、科学监管；只有做到廉洁文明执法，工商行政管理才能做到和谐监管；只有做到创新监管机制，工商行政管理才能提高执法效能。要达到上述目标，需要我们在日常工作中形成良好的工作习惯。好的工作纪律和作风是从很多细节上体现出来的，是从每一名机关干部表现出来的良好习惯上体现出来的。工作中，我们制定了很多制度，这些制度也很规范，但是规范并不等于习惯。制度可以一时制定出来，但良好的习惯却需要在平时工作中日复一日、年复一年地坚持、传递和完善。如果没有良好工作习惯的传递和延续，我们工商部门的工作将仍然停留在市场的建设上，仍然固守在征收管理费上，就不会有监管社会主义大市场的能力。因此，培养和发展良好的工作习惯对于推动我们工商部门的发展有着积极的作用。

良好的工作习惯包括科学严谨的作风、务实创新的学风和踏实认真的态度。每天的工作能按照轻重缓急进行安排；勤于思考，及时总结经验教训；对自己的工作有清晰的计划；今日事今日毕；和领导以及同事能够保持良好的沟通；能够控制住干扰；尽量在上班时间完成自己的工作；能保持安静整洁的工作环境；主动学习，善于钻研，努力提高工作效率；定期进行工作总结。同样的道理，在开展创先争优活动中，同样要特别注意正确处理创先争优活动同工商本职工作的关系。如果说在广大基层党组织和党员中营造学习先进、争当先进、赶超先进的良好风气，推动基层党组织充分发挥战斗堡垒作用、党的基层干部充分发挥骨干带头作用、广大党员充分发挥先锋模范作用是这次教育活动的直接目的的话，那么服务发展，支持建设小康社会目标的顺利实现则是它的最终目的。因此，既不能因为工商工作忙而忽视创先争优活动，又不能脱离工商工作去搞创先争优活动，必须做到两结合、两不误、两促进，绝不能搞"两张皮"。

三要培养良好的人文习惯，努力构建和谐机关，切实维护消费者权益。人文习惯就是机关领导和群众之间、群众与群众之间、上级和下级之间、个人与集体之间、部门与部门之间、机关内部和机关外部之间要形成和谐共事的环境。我们来自不同的地方，不同的家庭，能够在一起工作，这是缘分。要珍惜缘分，努力营造互相尊重、互相信任、互相宽容的工作关系。互相尊重，就是无论上下级之间还是机关党员干部之间，都要尊重彼此的人格，破除等级观念，反对庸俗作风。互相信任，就是提倡实事求是，反对弄虚作假；提倡诚信待人，反对不守信用；不相互猜忌，不相互诋毁，不相互怨恨。互相宽容，就是要开拓视野、开阔胸怀，提倡宽宏大度，反对斤斤计较，容人、容事、容纳不同意见。良好的人文环境还体现在机关上下政令畅通，每一名机关干部思想上要服从大局，服务中心；行动上要讲程序、讲规矩。而消费维权是工商行政管理机关的重要职责，是坚持以人为本、关注民生，实现好、维护好、发展好最广大人民根本利益的基本要求。将消费维权作为一项基本职能专门提出来，并与监管、服务职能三足鼎立，是国家工商总局独到眼光的体现，也是我党宗旨的体现，更是时代发展的必然要求。而如果一个机关内部没有良好的人文习惯，工作人员之间是互相猜疑，班子成员之间互相拆台，部门之间缺乏配合和协作，那就谈不上工作，更不要说维护消费者权益了。

新的时代对消费维权的及时性、便捷性和快速性提出了更高的要求，它要求我们解决现场出动速度慢、效率低的问题，努力在现代化装备、人员素质、值勤制度、强化考核、高效指挥等方面下工夫，建立健全高效的消费维权工作机制。如果没有良好的人文习惯，就不会有完善的12315投诉举报分流制度、处理情况限期回复制度和责任追究制度。整合12315资源，将12315建设成为工商系统的咨询服务台、投诉举报台、预警应急台、高效出击台，需要我们首先是一个和谐的机关。

四要培养良好的卫生生活习惯，大力推进队伍规范化建设。工商行政管理队伍是工商行政管理改革发展历史的创造者。只有建设政治上过硬、业务上过硬、作风上过硬的高素质干部队伍，工商行政管理才能顺势而为、与时俱进，才能在深化行政管理改革过程中把握先机，才能在面对新形势、新挑战中占据主动，才能实现事业的长远发展。

我们常说软件和硬件一起抓。作为身处最基层的行政执法机关，现在我们的办公条件相比三十年前有了很大改观。每一名机关干部要把卫生工作当作重要的日常工作认真做好。要强化卫生意识，讲究仪表，不随地吐痰、乱扔烟头纸屑，养成良好的卫生习惯。办公场所勤打扫，做到窗明桌净，保持物品放置整洁有序。良好的生活习惯，是个人身体健康素质的重要保证，也是个人的良好作风和形象的显著标志。保持良好生活习惯，也是形成良好的党风、政风和社会风气的基本要求。假如一个机关干部整天酗酒打牌，或者沉湎于赌博玩乐，他是不会干好工作的。所以，对干部的管理不仅要抓好八小时之内，还要关注八小时之外。要牢记尊老爱幼、男女平等、夫妻和睦、勤俭持家、邻里团结的家庭美德。只要每一个机关干部做到这些，工商系统这个大家庭就能内顺外和，队伍建设就不会成为一句空话，工商事业就能兴旺发达。对我们工商部门而言，创先争优活动也就取得了实际成效。

加快工商服务升级
助推县域经济转型

武乡县工商局党组书记、局长 霍岚虹

谋发展、敢发展、快发展，思想解放是关键。如何实现工商职能与县域发展的对接，进而推动县域经济转型跨越发展？是摆在工商部门面前的一个重要课题。笔者认为，在此关键时刻，工商部门必须从传统的执法理念中解放出来，从守管体制意识和守成求稳心态中解放出来，实现从管理员到服务员的升级转换，把服务县域经济发展作为工商工作的第一要务。

一、提升政策性服务支撑，促进民营经济快发展、大发展

袁纯清书记在讲话中指出："民营经济就其实质是民本经济。民营经济越活跃，区域经济也越具活力。""凡是法律未禁止的领域和行业，都要允许民营经济进入。"民营经济发展潜力很大，工商部门作为市场主体准入登记机关，将不断完善各项政策，推动公平竞争，提高民间资本市场准入率，确保私营企业户数在"十二五"期间翻一番。首先积极研究新能源、节能环保、新材料等战略性新兴产业，以及各类新兴业态的经营规律，大力支持其成为健康的市场主体。推进行政审批大提速。巩固联合审批、一个窗口许可、团体化登记年检等服务机制。进一步向市场主体增量明显的地区下放登记管辖权，减少管理层级，切实提升服务效率。积极实施行政指导。对企业注册资本缴付和企业生产经营行为进行指导帮扶，对轻微违规、违法隐患等及时提醒告诫，促进当事人规范经营行为。加大对重大重点项目和各类经济功能区的支持力度，完善项目对接服务和联络员机制，不断提升服务效能。积极支持企业拓展投融资渠道，支持鼓励自主知识产权技术作价出资，切实为申请股权出资、股权出质登记、商标权质押、动产抵押的企业提供高效优质的服务。放宽投资人资格。除国家法律、法规规定外，凡具有民事行为能力的自然人均可凭居民身份证和有关证明申办企业和个体工商户。

二、提升商标扶持力度，强化品牌效应不断显现

将广泛开展"一企一标、一村一品"活动，力争在"十二五"期间，我县注册商标、著名商标总量翻一番，驰名商标实现零的突破。首先要积极宣传引导。通过媒体宣传、印发宣传资料、举办专题讲座、组织座谈会等多种形式，深入企业、农村宣传商标基本知识、商标注册申请与审查程序、驰著名商标的取得对扩大企业市场份额、帮助企业融资、提升市场竞争力的重大作用等内容，有效提高企业树立品牌意识。其次是开展专题调研。组织人员深入到龙头企业、优势产品企业进行调查摸底，确定市场潜力大、发展前景好的产品为商标培育对象，并对全县现有注册商标的底数、使用、管理、保护情况及发展前景做到全面掌握，梳理出企业、社会公众、监管部门各层面存在的问题，有针对性地完善措施、改进服务。三是要实施重点扶持。选择品牌影响大、产品信誉高的企业进行重点培育、扶持，指导企业完善商标管理制度，做好企业形象推介和商标申请前期工作。四是加强维权保护。通过加强市场巡查监管和与企业建立协作维权关系，开展商标专用权保护行动，打击商标侵权行为，为企业创品牌、育名牌创造良好的发展环境。五是强化部门合作。积极向当地政府汇报情况并与工业、农业、林业等有关部门沟通，建立联系制度，使各部门对产品商标注册与保护形成共识，为企业实施品牌战略创造良好的外部环境。正如袁纯清书记指出的："使农业产业化走上规模、质量、品牌、效益的良性循环。"

三、提升企业投融资服务，搭建企业融资平台

将落实好公司股权出质的试行办法，鼓励持股人开展股权出质登记和商标专用权质押登记，将股权或商标专用权质押给担保机构或金融机构，拓展企业融资渠道；落实好公司股权出资登记管理办法，支持以股权出资兴办科技型企业；落实好公司债权转股权登记管理办法和公司合并分立办法，鼓励科技型中小企业按照现代企业制度的要求进行资产的整合和重组；并鼓励股权投资基金、创投基金、风险投资基金参与科技型中小企业发展，扶持其成熟壮大。同时，充分发挥工商部门动产抵押登记职能，主动服务，为企业、个体工商户、农业生产经营者融资生产、地方产业结构调整提供有力的支持。对资金困难的企业，特别是中小企业，积极想方设法，牵线搭桥，运用动产抵押融资方式帮助他们破解生产经营中的融资难题，帮助企业排忧解难，解决资金问题，有力地支持地方经济的发展。

四、牵头"信用武乡"建设，打造诚信武乡

袁纯清书记指出："着力改善民生，加快发展社会事业，让人民群众生活得更有质量、更有保障、更有尊严。"建设"信用武乡"，政府信用是关键，企业信用是重点，个人信用是基础。以深入贯彻《行政许可法》为契机，以严格依法行政、提高政府公信力为核心，加强政府信用建设。切实转变政府职能，简化办事程序，提高行政效率，提高决策的民主化和科学化水平。继续推行和完善政府采购、政务公开、社会承诺、便民服务等制度。坚决兑现向社会公开承诺的事项，取信于民。健全和落实行政执法责任制和行政过错责任追究制，强化行政监察，及时纠正和处理行政不作为、乱作为、滥用职权、执法不公、以权谋私等行为。

要宣传诚信公德，弘扬城市文明。要以"建信用城市，做信用武乡人"为主题，全面启动公民诚信教育和社会信用体系建设。采用学习培训、系列讲座、交流研讨、专题报告等多种形式，普及信用知识，宣传诚信公德。各

行业和部门要结合工作实际，开展多种形式的诚信教育、咨询和服务活动，努力形成"诚信光荣、失信可耻"的浓厚氛围，要初步建立社会信用体系和社会信用道德规范，逐步培育诚信政府、诚信企业、诚信个人和诚信中介组织四类诚信主体，使武乡成为守信用城市和最佳投资创业城市。

要抓重点和难点，营造诚信环境。大力推进电子政务，实行政务公开。全面清理行政审批项目，为公众提供一站式服务，切实解决群众"投诉难"、"办事难"问题。加大治理乱摊派、乱收费、乱罚款力度。广泛开展"政风行风评议"活动，提高政府公信度和满意率。加速建立政府推动、市场化运作的企业信用信息联合征信体系，对各类企业、个人提供信用调查、评估和咨询服务。同时针对群众反映强烈的难点和热点问题，着力抓好窗口服务行业的诚信建设。

要建立激励和约束制度，使守信的公民和法人的利益得到保护和鼓励，不守信用的行为必须付出代价。逐步形成统一的社会信用制度，形成"一处失信，处处受制。处处守信，处处方便"的制约体系。要推进信用信息共享，加强信息化建设，建立统一、规范、公开的征信体系。要建立中介服务机构市场准入、监管、退出机制。支持和鼓励成立行业组织，建立同业监督机制。

五、提升服务"三农"力度，建设社会主义新农村

袁纯清书记指出："大力发展农民专业合作社，以扶持省市县级示范社为抓手，在提高质量、拓宽领域、完善机制上下工夫，让合作社覆盖更多农户。"基层工商部门更应当积极支持各类市场主体在农村市场的健康发展，支持农民专业合作社在出资形式、服务范围、合作模式等方面的创新，继续推进"经纪活农、合同帮农、商标富农、红盾护农、经济组织强农"专项活动，服务好"三农"工作。一是加强对种子、化肥、农药等涉农物资的监管，积极探索市场监管预警制，加强事先防范，提高执法效能。二是积极扶持发展多种形式的订单农业，大力推进以龙头企业带动、品牌带动的订单农业，并通过合同监管、指导签约、帮助履约、调解纠纷等多种途径，为订单农业提供优质服务。严厉查处合同欺诈违法行为，充分发挥行政调解纠纷作用，及时调解涉农企业和农户在履约过程中的合同纠纷，确保订单农业取得实效。三是积极引导农民运用农产品商标和地理标志增收，提高农产品市场竞争能力。四是充分发挥12315申诉举报网络的作用，开展12315申诉举报网络进市场、进村镇、进商家活动，加强对农村消费者的宣传，普及消费维权知识，增强农民依法维权意识和自我保护能力，方便农民就近申诉举报，特别注重解决好因农资消费引发的群体性申诉，切实维护农民群众的合法权益。

我们应倍加珍惜来之不易的发展局面和当前面临的大好机遇，切实用袁纯清书记重要讲话精神统领各项工作，心往一处想，劲往一处使，为加快武乡转型跨越步伐做出更大贡献。

引深创先争优活动
推动转型跨越发展

沁县工商局党组书记、局长　刘文华

　　近段时间，我局全体干部职工深入开展了"贯彻学习省委书记袁纯清同志讲话精神，争当水城红盾卫士"活动。古人云"学乃知不足"。我们首先要努力建设一个学习型机关，建设一支高素质的工商行政管理干部队伍，才能立足我们的本职工作，更好地为沁县北方水城建设服务。省委书记袁纯清同志的讲话如甘霖雨露，它正是立足于山西的现实，为山西的未来规划了美好的蓝图，学习袁纯清同志讲话精神就是要深刻地领会山西科学发展的精神，为我们的转型发展、跨越发展指明了前进的方向。坚持监管和服务并重，为各类经济主体创造一个良好的市场环境是工商行政管理部门在转型发展中最主要的职能，我们要坚持把服务市场主体、创造发展环境作为市场监管的根本目的和首要任务，切实做到监管与发展、监管与服务、监管与维权、监管与执法的"四个统一"，推进"五增五创"工作主题，不仅做好维护市场秩序的监管者，更要当好转型跨越发展的促进者；不仅做好消费者权益的维护者，更要当好各类市场主体的服务者。

　　为深入贯彻袁纯清书记讲话精神，结合我局发展实际，我们在今后要着重抓好以下几个方面的工作：

　　一、助推非公经济，服务企业发展

　　为服务我县招商引资，一是要进一步放宽准入条件，简化审批程序，在市场准入、政策支持、收费减免、提供服务和优化市场环境等方面，认真落实优惠政策，建立准入"绿色通道"。强化服务责任，创新服务举措，加强服务窗口建设，提升服务水平，逐步实现网上登记、网上年检和网上办事。二是要助企融资，全力搭建银企合作平台。通过支持组建小额贷款公司，帮助中小企业拓展融资渠道；开展股权出质和股权出资登记服务，积极协调驰名商标、著名商标企业与金融部门办理注册商标质押贷款，多渠道为企业融资发展提供帮助；通过与银行联合创建信用体系、认定信用商户，搭建银企桥梁，为企业和个体工商户提供信用贷款和信用融资。

　　二、大力提升商标服务水平

　　我局继续引深商标战略，充分发挥服务职能，引导企业创立自主品牌。帮助东方术酒、"漳河源"及其图形、"万强"、"晋宜佳"及"龙霞"等13件商标进行了注册，目前正在帮助"满山香"、"绿野仙香"两个商标申请注册。全县共计注册商标100件，其中农副产品商标49件，驰名商标1件，著名商标3件。今后，我局还将继续深入开展"商标进企业"、"商标进农村"活动，推动注册商标总量稳步增长。新申请注册商标10件，其中农村专业合作社新申请注册商标达25%以上。推荐著名商标2件，争创中国驰名商标1件，重点扶持糖膳宝南瓜系列产品、吴阁老土鸡蛋等品牌评选山西省著名商标，积极协助"官窝山"白凤乌鸡蛋产品注册商标，创立品牌，占领市场，全力服务社会主义新农村建设。

三、积极服务农村经济发展

要围绕农业生产，在春耕、夏收、秋播期间，深入开展"红盾护农"行动，以种子、化肥、农药为重点，加强农资质量监管，强化经营资格检查，严厉打击制售假冒伪劣农资坑农害农等违法行为。继续实施红盾护农、商标兴农、合同帮农、经纪人活农和经济组织强农"五农工程"。目前，我局对全县97户农资经营企业、个体户进行检查，对113个玉米种子和55个化肥品种留样备案，抽检化肥品种18个，查处违法违章案件18起，其中立案查处17起，罚没款8900元。对2户未严格履行台账义务的经营者率先使用《农业生产资料监督管理办法》分别处以罚款1000元；捣毁无证无照经营种子化肥窝点一个。大力促进农民专业合作组织，免收注册登记费，发展农民专业合作社489户。今后，我局将大力发展"订单农业"，沁州黄小米集团有限公司、檀山皇有限公司、晋汾高粱有限公司共签约农户19040户，签订合同310份，金额2511万元，订单面积3.6万亩。在此基础上，进一步推广订单合同，规范合同签订，监管合同履行，营造企业、农户互利共赢的平台。进一步发展壮大农村经纪人队伍，全县已登记备案的农村经纪人达到288人，其中高粱种植经纪人135人。大力扶持农民专业合作社发展，简化办事程序，提高服务质量。

四、充分发挥市场监管职能

创造规范有序的市场环境。以建立健全统一开放竞争有序的现代市场体系和营造良好的经济发展环境出发，加大监管体制机制创新力度，实现科学监管，提高市场监管效能，树立公平公正的执法权威。加强流通领域食品安全监管，严厉打击无照经营、商业欺诈、违法广告、假冒伪劣、非法传销等各类经济违法行为，维护公平有序的竞争环境和安全放心的消费环境。进一步深化"更快更强更优"12315维权体系建设，确保"12315"24小时受理申诉举报（工作时间专人值守，夜间电脑值班，重大节日、突发事件处理期间全天候值守）。对孤寡老人、重症、伤残人员、青少年学生等弱势群体实行限时现场维权或上门维权。深入推进"一会两站"建设。"一会两站"建设要结合实际，分类指导：行政村、社区以及学校的"两站"要有一名消费维权联络员、一块维权服务牌，方便农村、社区、学校消费者就近投诉，就近解决消费纠纷；大型商厦、旅游景点要设立专门维权机构，当场接受投诉，现场解决问题。

五、创新教育培训，努力提升干部队伍整体素质

为进一步提高素质，转变作风，建设一支政治上、业务上、作风上过硬的高素质的工商队伍，我局将采取五项措施狠抓队伍建设：一是学习培训强素质，通过集中培训、专题培训等形式，每周一、周五组织集中学习，对时事政治、法律法规进行系统学习，进一步提高全局人员的政治理论水平和业务能力；二是作风整顿树形象，学习"右玉精神"，切实解决全局人员在思想作风、工作作风、领导作风、纪律作风和生活作风等方面存在的突出问题。同时，重新修订完善了机关内部管理制度，规范内部管理，狠抓机关建设；三是加强党风廉政建设，以政风行风评议、反腐倡廉为重点，以构建拒腐防变教育长效机制为目标，以强化"一岗双责"为手段，抓好党风廉政建设；四是要树立创先争优的责任意识。积极鼓励党员干部创先进，争优秀，在全局上下形成"比、学、赶、帮、超"的氛围。

工作贵在落实，转型必须苦干。抓落实是正确政绩观的反映，是良好精神状态的写照，也是高尚党性品格的体现。我们要借助深入贯彻学习省委书记袁纯清同志讲话精神的大好时机，把创先争优活动贯穿始终，进一步形成狠抓落实的良好风气，真正把工作落实在行动中，为我县转型跨越发展和北方水城建设努力奋斗！

创新服务新机制
打造发展好环境

沁源县工商局党组书记、局长　王俊强

　　"解放思想、创新工作、服务转型、促进跨越"系袁纯清书记讲话的重要核心，工商行政管理部门作为市场监管的守卫者，当前就是要把学习贯彻袁纯清书记的重要讲话精神作为一项重大政治任务，深刻领会；要把学习贯彻讲话精神与如何发挥好工商职能紧密结合，切实增强做好工商工作的紧迫感、责任感和使命感，抓住机遇，乘势而上，开创工作新局面，才能努力实现沁源更好更快跨越式发展。如何才能真正落实袁纯清书记讲话精神，是摆在沁源工商局面前的一道思考题。

　　怎么干？那就是要学习、提高、创新、落实。在认真学习袁纯清书记讲话精神后，一个人人重视学习，个个投身学习，全员崇尚学习的热潮正在沁源工商局内部涌动。

　　一是真学真用，以学习提高党员干部求真务实的自觉性

　　最近我读了一本书——《政道，仇和十年》，这本书我读了三遍，深受启发。我的感受是，这本书通篇讲的就是两个字：务实。作为党员干部，就是要在工作上求实、务实、扎实，不玩虚的，力戒空话。

　　的确，对于很多人来说，学是一回事，用是另外一回事，学用两层皮。可是我们就是学了就要用，用了还要学。通过学习，学到了仇和的务实，就要马上用到了自己的工作当中。沁源县工商局执法人员人人跑企业，个个进乡村，看非公经济党建，进合作社看经营模式、进帮扶村指导转型发展，只有亲自掌握第一手资料，才能在工作中真正做到得心应手。

　　班子成员带头学，日学一小时，月读一本书。勤于学习，善于学习，坚持学习，才能保持头脑清醒、思想敏锐，观念独到，才能使沁源工商局工作亮点频现，作风建设扎实有效。班子成员勤奋学习、务实工作的作风感染着每一名党员，熏陶着每一名干部职工。"以学习促发展"成为全局党员干部口中的"高频词"，提高"增强服务于民的自觉性"成为大家的热议话题。

　　通过学习讲话、解放思想，全局上下真学真干的风气不断加深。以往拖沓的工作一下子变得较真了，全局党员干部吃住在一线，服务在一线，为企业和经营户解决困难在一线，及时发现、解决企业经营中遇到的筹资难、上项目难等难题。半年来，全局党员干部就为各类企业解决经营难题

80多件，有力地推进了全县非公经济发展。

二是活学活用，以学习提高党员干部创先争优的主动性

沁源县工商局紧密结合实际情况，以创新的理念开展实施各种学习，学习国家大政方针、政策，总局、省、市、县局会议等重要内容，通过太岳大讲堂讲座、专题报告会送理论下基层等形式，加大理论普及力度，促进党的理论创新成果下基层、进帮扶村、进学校、进社区。

沁源县工商局还创新工作思路，要求每名党员做到一周一学习、一月一心得、一季一考试、一年一总结，切实把学习落在实处；学习型党组织办公室则做到，一月收一次心得体会，一季检查一次学习完成情况，一年进行一次学习考核，建立党员学习日，让学习富有成效，从而使全体党员干部逐步树立终身学习、全程学习、创新学习和团队学习的理念。

完善的载体，健全的规定，常规的督查，正成为沁源县工商局推进学习，提高党员干部创先争优主动性的有力保证。

沁源县高山土特产科技开发有限公司是我县"苦荞"加工的龙头企业，生产的"仙桥"牌"苦荞"系列保健用品供不应求，为进一步开拓市场需要扩大苦荞收购数量，但是由于农户对于订单农业的实施缺乏了解，担心风险而不愿签订合同。为了使"订单农业"走上统一化、标准化的轨道，市场股的同志及时深入龙头企业、农户认真调研，分类指导，将零散的、不统一的、未按《合同法》要求的农业购销协议、证明进行梳理规范，制定了种植收购的订单农业合同示范文本，同时积极组织公司和农户学习《合同法》等法律法规，架起了农户、公司之间意向表达、权责对等、利益分配双向满意的金桥。在工商局的指导帮助下，高山公司与我县3个乡镇7个村的130多户农民经营户签订了种植合同。这种"公司+农户+品牌"的模式既防范了农业订单风险，提高农业订单的履约率，又起到了订单数量聚增的效应，有效保障了农民利益。进一步规范了订单农业经营秩序，促进了订单农业健康发展。

三是学以致用，以学习提高党员干部为民服务的持久性

学习的目的在于运用。学习不是要求大家都躲进小楼、回到书斋，死读书、读死书，而是要把学习成果转化为解决各种实际问题的能力，转化为推动科学发展、促进社会和谐、服务于民的能力。因此沁源县工商局在推进建设学习型党组织建设的过程中，把重点放在学以致用上，以此提高党员干部为民服务的持久性。

2010年以来沁源县工商局就不断推出为民、便民措施，拓展服务内容，提升执法形象。8月10日，沁源县工商局免费为法中乡上湾村残疾人经营户赵某办理了《食品流通许可证》和《营业执照》，并送照上门。

《食品流通许可证》直接涉及到人民群众的饮食安全，办理程序复杂、表格繁多、手续审查严格，办理时间较长，为方便经营户快速办理该证，县工商局专门设立初审室，摆放桌椅、饮水机等设备，并抽调内设股室人员6

人，负责提供咨询服务、指导填写表格、对提供资料的内容进行初审，手续齐全的可以当场办结，手续不全的一次性告清，省去了等待时间，大大缩短了办理时间，极大方便了边远乡镇办证群众。

在落实袁纯清书记讲话精神过程中，沁源县工商局把为群众办实事、解难事作为重点，努力做到学为民所用，学必有所成。通过实施"三转变"举措，不断创新行政审批和政务服务，企业登记注册实现大提速。工商窗口提前介入、靠前指导，帮助企业科学决策、理顺产权、快捷办照。对县政府确定的重点项目登记注册，实行全程跟踪服务指导，依企业申请指派注册人员登门现场指导，方便大项目顺利落户沁源。

四是学以实用，以剖析推动党员干部常思不足的坚持性

在学习上，沁源县工商局取得了一些成果：一是创新学习机制，形成了良好学习氛围，二是树立了机关良好的形象，三是在推动工作上取得了新的进展。服务经济社会发展的能力不断提升，2010年，帮助市场主体申请商标22件；服务群众更加有效，全面推行"一个窗口许可"办照验照工作；依法行政人民满意，开展执法办案体制机制创新，全面推行市场网格化监管机制，着力维护好市场经济秩序。

沁源县工商局通过调研和让党员干部进行自我剖析，从深层次查摆单位和本人在学习、落实方面存在的不足，认识到我局当前在学习型党组织建设过程中，来自观念、机制等方面的制约因素还较为突出，与建设学习型党组织的目标要求还存在一定差距，学习的广泛性和针对性不能有机结合。一些党员干部偏重业务知识的学习和深造，追求业务知识的精和深，不能及时根据新形势、新任务的需要，扎实深入地学习马克思主义理论，学习党的路线方针政策和国家法律法规，影响了综合素质的提高，导致政治鉴别力和政治敏感性不强，工作能力、工作质量得不到有效提高。

沁源工商局积极探索，通过整合现有的学习资源，汲取学习活动的组织经验，逐步建立和完善"覆盖全员"的学习制度，为全体干部提升服务地方政府、服务基层、服务群众、服务企业和推动重点工作的执行能力"增值充电"。

学习上堪作表率，能力上堪当重任，作用上堪为先锋。沁源县工商局认真贯彻袁纯清书记讲话精神的有利时机，紧紧抓住省工商局"五坚持"，着力提高思想理论水平，着力锤炼党性品格，着力推动本职工作，着力成就一流业绩，把"学习、落实"写在纸上，挂在嘴上，落实在促进沁源经济跨越发展的行动上，落实在为沁源发展创造软环境的行动上，努力为沁源经济转型跨越发展做出积极的贡献。

发挥工商职能
促进转型跨越

潞城市工商局党组书记、局长 王军

在系统学习了袁纯清书记的一系列讲话精神之后，笔者认为，工商系统要在经济转型跨越发展中有大作为，就要立足工商职能，在全面强化作风建设的同时，突出服务的前瞻性、主动性、全局性和有效性，积极探索服务转型跨越发展的新方式、新途径。

一、学习袁纯清书记讲话，就是要切实搞好作风建设，抓好日常工作的落实，实现为民、务实、清廉、高效

一个部门、一个单位是否真正为民、务实、清廉、高效，要靠实践来检验，靠群众来评价，更要靠良好的作风纪律来保证。最根本的就是按照党和政府的要求，以人民群众最关心、最直接、最现实的利益问题为重点，立足工商职能，当好市场卫士，服务经济发展。广大消费者和各类经营主体是工商部门的主要服务对象，他们既是作风建设的受益者，也是机关作风的见证人，对我们的工作最有评判权，监督最直接、最客观、也最有力。把群众请进来，把知情权、监督权和评判权交给群众，充分发挥人民群众的民主监督作用，帮助我们解放思想，转变观念，认真查找和整改存在的问题。

首先，在窗口服务上，政务公开要规范到位，实行阳光行政、透明服务，把首办责任制、限时办结制、责任追究制进一步落到实处，提高服务效率；内部管理要规范，坚持以制度管人、管事、管物；要想方设法搞好基础设施建设，营造良好美观、规范有序的服务环境，为办事人提供热情周到的人性化服务，提高服务质量；要严格从小事抓起，从细节抓起，从每个人抓起，展示工商形象；其次要主动深入各类市场主体，深入基层，深入群众，进一步增强工商服务的针对性和实效性；第三要提高队伍的执行力。对上级的各项决策、部署，要不折不扣地执行、落实到位，决不允许以强调客观为借口，讨价还价，坚决杜绝"上有政策，下有对策"、有令不行、有禁不止的现象；第四，要加强廉政风险和监管风险防范管理工作。认真查找工作岗位存在的廉政风险点和监管风险点，坚持把廉政风险防范和工商业务紧密结合，与绩效考核相结合，与个人评议相结合，保证廉政风险和监察风险防范工作落到实处；第五，要加强督查督办和问责追究，实现暗访督查工作常态化，对违纪违规行为要坚决处理到位。

二、学习袁纯清书记讲话，就是要在服务发展上有新举措

1. "红娘模式"力助企业出困境

在"百名党员进千家企业，创先争优大帮扶活动"的工作实践中，潞城市工商局形成了一套"红娘模式"，积极帮扶民营企业做大做强，取得了极高的经济和社会效益。

潞城市晋钰水泥有限公司是一家民营企业。1999年建厂，2001年投产，设计年产能力20万吨。自2006年起，该厂由于资金匮乏致使生产处于半停产状态。针对其举步维艰濒临倒闭的现状，在帮扶过程中，潞城市工商局积极联系晋水集团，最终晋水集团以218万元的年租金对该企业实行租赁经营。此举使晋钰水泥有限公司走出了经营困境，使晋水集团扩大了产能，同时还吸纳了45名下岗职工。既避免了重复建设，又盘活了存量资产，一举多得。

在金融危机中，潞城市有为数不少的中小企业陷入困境。在帮扶行动中，潞城市工商局本着"强强联合、强弱联合、优势互补、归类整合、多头融资"的思路，积极当"红娘"，力促企业"联姻"，开展引资融资。截至目前，共有11家小型民营企业被吸收，6家民营企业联合组建新企业2家。同时，潞城市工商局通过动产抵押、股权质押、商标质押等形式在企业和银行间牵线搭桥，有效融资4.68亿元，帮助一大批企业走出了困境。潞城市工商局主动出击为企业"联姻"当"红娘"的做法，得到了潞城市委市政府的充分肯定和高度评价。

2. 大力发展农民专业合作社

在创先争优活动中，潞城市工商局认真贯彻落实"一乡一业、一村一品"的农业发展战略，积极鼓励和支持农民专业合作社的发展，有力地促进了当地的农业产业化。

我局主动出击，因势利导。一方面进行宣传发动，发现和培育组建农民专业合作社的资源；一方面将农民专业合作社准入门槛降至最低，为农民专业合作社提供方便快捷的高质量服务。浊漳河两岸的农民利用滩地种植玉彩花生，经过几年的发展逐渐形成了一定的规模，占领了很大一块市场。我局将种植户组织起来成立了潞城市振鑫农牧专业合作社，并为其申请了农产品商标；潞城市翟店镇南天贡村有年产3000吨的食用醋企业，所需高粱每年从外地购进。周边农村的农民纷纷开始种植高粱。我局利用这一资源，组织种植户组建了潞城市露田农产品专业合作社，成为了醋厂稳定的原料基地，创造了很大效益；潞城市合室乡地处潞城市东北部，所产的小米品质优良，深受周边消费者青睐。我局组织合室村村民组建了潞城市素芳小杂粮专业合作社，为其设计申请了商标，并将种植、包装一体化，使所产小米走进了长治、潞城等地的大型超市。

目前，潞城市在册登记的农民专业合社已经达到了167户。其中从事种植的88户，养殖的40户，农业机械耕作的7户，种养殖的21户，民间工艺制作的1户，其他类型的10户。在当地农业产业化的进程中，这些专业合作社

正发挥着日益重要的作用。

3. 强化行政指导

我局把人性化服务根植于监管执法过程，收到了很好的监管效果。

我局结合工作实际，从适用范围、遵循原则、开展方式、注意事项等方面，对行政指导进行了明确、细化和延伸，使行政指导工作的开展具有较强针对性、可操作性和实效性。在推行行政指导的过程中，我局适时灵活地采取符合法律精神、原则、规则或政策的指导、劝告、建议等不具有国家强制力的方法，根据行政相对人的意愿，引导其作出或不作出某种行为。既体现出人性化监管手段对业户的尊重，又体现出监管执法态度的严肃认真。在努力将违法违章行为控制在最低水平的同时，也在企业合同管理、实施商标战略等方面发挥了不可替代的积极作用。

目前，我局已经将行政指导纳入工作考核，使工作人员提高了对行政指导工作的重视，从而进一步拓宽了监管领域，进一步丰富了监管手段。

同时，通过支持企业实施商标发展战略、争创驰（著）名商标，积极引导农民发展"订单农业"、实施"经纪活农"工程，帮助民营企业建立、完善和强化党组织等多种形式，为工商职能的发挥搭建了广阔的舞台。

三、学习袁纯清书记讲话，就是要把握监管执法与服务发展的辩证关系，既要敢于依法行政，又要善于促进发展

现在，少数同志不能正确把握监管执法与服务发展的辩证关系，讲监管执法就排斥服务发展，讲服务发展就放松监管执法。应当牢固树立搞好监管执法就是有效服务的新理念。要特别注意规范执法、文明执法、依法执法。对涉及流通环节食品安全、不正当竞争、非法传销、商业贿赂等破坏市场秩序、危害国计民生的行为，一定要严肃查处，通过查处大案要案，维护群众利益，净化市场环境，树立执法权威。同时在法律法规允许的范围内，对情节轻微、没有对社会和消费者造成危害后果、经教育可以改正的违法违章行为，实施预警制，可以通过教育引导予以规范。

把握监管执法与服务发展的辩证关系，就是要积极探索科学监管之路，这也将是今后工作中的一项重要任务。根据多年的监管实践，笔者认为，所谓科学监管，就是以科学发展观为统领，在"四个统一"指导下，以依法行政为基础，合理配置监管资源，科学制定和实施监管制度，同整个行政管理系统有机衔接，全面实现监管目标。它至少包括制度设计、资源调配、环境创造、职能服务、部门衔接等要素，并要同日益发展的科技手段和形势要求相适应。从实际出发，努力使执行法律法规规章和促进地方经济社会发展相统一，坚持与时俱进，充分发挥工商行政管理的职能作用，服务和促进地方经济的转型跨越发展。

晋城市

扎实开展"创先争优"活动 全力促进"转型跨越"发展

晋城市工商局党组书记、局长 吕惠兰

学习贯彻十七届五中全会精神,就是要切实把思想认识统一到"十二五"规划的"主题"和"主线"上来,牢牢把握科学发展这个主题,紧紧围绕加快转变经济发展方式这条主线,谋划和部署工商工作。坚持把解放思想、创新观念作为第一动力,坚持把发挥职能作用、服务科学发展作为第一要务,坚持把强化市场监管、维护市场秩序作为第一责任,坚持把关注保障民生、维护消费权益作为第一要义,坚持把加强作风建设、提升干部素质作为第一保障。充分调动广大工商干部"创先争优"、建功立业的积极性和创造性,在促进全省"转型发展、跨越发展"的生动实践中找准作用点、把握着力点、寻求突破点、形成新亮点,做出新贡献。

——以实现晋城资源型产业转型新跨越为重点,在服务经济发展上"创先争优"

2010年以来,市政府精心选出了一百个成长性好、带动性强的转型项目面向全国招商引资,在政策、资金、土地、环境上给予扶持,鼓励民营企业家大举进入清洁能源、现代煤化工、现代物流业、旅游业、高新技术等新兴产业。工商部门要始终做到"三个坚持":在市场准入方面,坚持"非禁即入"原则,降低准入门槛,实行公平准入;在经营范围方面,坚持"非禁即可"原则;在经营环境方面,坚持"严管精理"原则,强化管理,优化服务。针对当前中小企业融资难的情况,晋城市工商部门积极开展"创建信用市场、信用企业"活动,评定信用商户1228户,授信商户1080户,帮助个体户贷款1.5亿元。通过为企业办理动产抵押登记,为8家企业办理动产抵押登记金额3.5亿元,获得贷款1.08亿元。下一步,要深入开展股权质押、股权出资及债权转股权等工作,大力支持组建小额贷款公司,积极鼓励和引导民间投资健康发展,切实帮助企业解决融资难问题。要坚持以煤兴产、以煤兴业,服务煤炭资源整合,依法高效快捷办理煤炭企业兼并重组的后续注册登记。要积极服务社会主义新农村建设。继续推进"五农工程",严厉打击销售伪劣农资坑农害农行为,努力营造良好的农业生产环境;深入开展合同帮农、经纪活农、商标富农等工作,抓好现代农业、特色产业、规模养殖业和农产品加工企业,突出抓好畜牧、桑

麻、蔬菜、干鲜果、小杂粮、中药材六大特色产业发展，支持农民专业合作社发展壮大，带动农民增收。

——以落实流通环节食品安全监管制度为重点，在构建市场监管长效机制上"创先争优"

2009年以来，晋城市工商局在全省系统率先推行食品安全电子监管网络平台建设和"一票通"制度，已在全市40家食品批发企业和6家大型食品经营超市建立了食品安全电子监管网络。下一步就是要大力强化食品安全监管，继续抓好食品经营主体资格、食品添加剂、奶制品、农村食品市场等专项执法检查，大力推进食品安全监管制度的落实，不断完善食品安全监管长效机制。要以落实《食品流通许可证管理办法》和《食品市场主体准入登记管理制度》为重点，着力规范食品流通许可证照核发行为，强化食品市场主体资格监管；要依托信息技术手段，大力推进食品安全监管的网格化、电子化进程，抓紧建立食品安全监管案件数据库、食品经营主体信用档案库，努力实现食品安全长效监管。进一步加大竞争执法力度。加大查处限制竞争行为的工作力度，深入推进治理商业贿赂工作，严厉打击"傍名牌"行为，加大商业秘密行政保护力度，严厉查处大要案件，切实营造公平公正的市场环境。继续抓好各类专项整治工作。要加大整顿规范广告市场力度，特别要加大对网上非法"性药品"广告和房地产广告的监管力度。要严厉打击传销和严格规范直销，大力推进打击传销综合治理，重点打击以"资本运作"等名义及利用互联网从事传销的违法行为。

——以关注保障民生为重点，在为消费者排忧解难，营造良好消费环境，促进消费、拉动增长上"创先争优"

加快推进12315行政执法体系信息化和"一会两站"网络建设进程，发挥12315短信平台作用，把消费纠纷化解在商家、化解在基层、化解在萌芽状态，促进社会和谐稳定。加大服务领域消费维权力度，深入推进"家电下乡"等市场专项整治，严厉打击以"家电下乡"、家电"以旧换新"名义销售不合格商品和假冒伪劣商品等违法行为，切实保障"家电下乡"等惠民政策落到实处。要切实加强流通领域商品质量监管，进一步强化对建材、家电、一次性塑料餐盒等重点商品的专项执法检查，加大对美容美发、装饰装修、公共服务等重点服务领域的监管力度，严厉查处损害消费者权益案件，积极做好消费纠纷调解工作，努力维护消费安全。

——以全面推进信用体系建设和信息化工作为重点，在提高监管执法的信息化和数字化水平上"创先争优"

要在全省系统率先推进内资企业"网上年检"、外资企业远程登记和食品流通许可证发放三项工作的基础上，切实抓好以下工作：抓好业务应用，坚持"谁登记谁录入、谁监管谁录入、谁办案谁录入、谁巡查谁录入"；在"网上登记、网上年检"上，做到名称核准、注册登记、档案扫描、执照打印按系统流程进行操作，确保登记和年检信息即时入库；在

"网上审批"上，要做到在办理行政许可、登记备案等业务时能熟练查询市场主体的相关信息，并做到本业务信息即时入库；在"网上办案"上，所有案件要按流程进行案件办理查处，保证所查办案件信息即时入库。抓好数据质量，坚持"谁录入谁负责"，确保数据质量，达到国家工商总局提出的"市场经营主体的实际情况、书式档案、入库数据和全国联网数据"四相符的要求。抓好信息归集，加强工程建设领域诚信体系建设工作，建立起全省工程建设领域的信用信息的归集、披露、服务系统，完成省委、省政府交办的推进建设项目信息公开和诚信体系建设的任务，并以此推进省级部门、市级部门之间的互联互通、信息归集。做好"信用山西"网站信息的维护、更新工作，为政府部门、企业和社会公众提供准确、便捷的信用信息查询服务。抓好分类监管，切实落实属地监管责任，认真做好"经济户口"认领工作，严格执行省工商局《企业信用分类监管实施办法》、《信用信息锁定管理办法》，对日常监管和巡查中发现的企业良好信息、失信信息要实时记录到企业信用分类监管系统，并依照规定进行信用信息锁定。各业务部门要根据被锁定的信息，加强对企业的监督管理，工商所要根据被锁定的信息以及企业信用分类等级制定巡查计划、进行分类监管。

——以建立内和外顺的工作机制为重点，在维护社会和谐稳定上"创先争优"

要加强与有关部门的协作配合，沟通情况，协调联动，增强合力。加强工商行政管理部门内部的统一协作，坚持一个整体对外，建立内和外顺的工作机制。一是切实做好促进就业再就业工作。要认真落实优惠扶持政策，和有关部门一道，积极支持高校毕业生、农民工、就业困难群体以创业带动就业；要充分利用监管职能优势，鼓励和支持个体私营企业及中小企业积极吸纳失业人员就业。二是积极做好社会治安综合治理工作。积极参与学校及周边环境综合治理、查处取缔黑网吧、"扫黄打非"、禁毒防艾等工作，切实维护社会和谐稳定。依法加强文化市场监督检查，坚决查处政治性非法出版物、影响社会稳定出版物。三是完善突发事件应急机制。认真总结应急工作经验，完善应急管理预案，提高应对自然灾害、市场突发事件的应急能力，切实维护市场秩序和社会稳定。四是进一步抓好非公有制经济组织党建工作。充分发挥个体劳动者协会、私营企业协会等协会组织的作用，积极协助当地组织部门选好配强非公有制经济组织党组织负责人、做好新党员的发展培养等工作，切实把非公有制经济组织党建工作抓实抓好。

——以建设"三个过硬"干部队伍为重点，致力于提高队伍素质上"创先争优"

一是狠抓干部教育培训。总结近年来干部教育培训的成功经验，坚持在教育培训内容科学化和实用性上下工夫，着力提升培训实效。要不断完善教育培训制度，实现培训工作日常化、常态化。通过培训，促进全员廉政风险和监管风险防范能力提高，全员公共管理能力提高，综合执法办案能力提高，综合业务协作能力提高。二是狠抓班子建设。要始终把各级领导班子建设作为工商行政管理干部队伍建设的重中之重，对领导干部严格要求、严格教育、严格管理、严格监督，全面加强领导班子思想政治建设和领导能力建设，充分发挥领导班子的核心领导和模范带头作用。三是狠抓基层建设。按照省工商局制定的《关于开展工商所"达标创优"活动，进一步加强基层建设的实施意见》，深入开展工商所"达标创优"活动，扎实推进基层工商所建设。努力把基层工商建设成为服务发展、促进和谐，职责清晰、履职到位，依法行政、清正廉洁的重要行政执法力量。四是狠抓廉政建设。重点开展廉政风险点防范管理，有效防范廉政风险和监管风险。要进一步强化对权力运行的制约监督，确保权力正确行使。要以反腐倡廉的新成效，为工商行政管理系统依法履职、服务发展、圆满完成全年任务提供坚强保证。

全市系统要以深入开展"创先争优"活动为契机，顺应新要求、抓住新机遇、迎接新挑战、谋划新发展。在县局之间、机关科室之间、科室干部之间，形成比学赶超，创先争优，横向争先进，纵向比位次，工作争一流的氛围。把主要精力放在抓住关键环节、解决重点问题、推动工作落实上，真正做到日常工作出精品、重点工作出亮点、创新工作出经验、监管服务上水平。

抓好三个建设　促进转型跨越

晋城市工商局城区分局党组书记、局长　秦二京

加强干部队伍的思想建设、作风建设和本领建设对于促进转型跨越发展具有十分重要的现实意义。

因长期以来受到地域、体制、政策等多方面因素的影响和制约，2008年，随着国家工商总局新"三定"方案的出台和"两费"的停征，城区工商也面临转型发展的困难更多、挑战更大，当然转型的要求也更迫切，机遇也更加难得。近年来，我们逆境而动，顺势而为，紧扣转型发展主题，进行了积极探索和实践，取得了明显成效。实践告诉我们，一流的工作业绩需要一流的干部队伍，而一流的干部队伍则要具备一流的思想、一流的作风和一流的素质。

因此，结合工作实际和现实需要，我们仍需要重点从思想建设、作风建设和本领建设三个方面下工夫。

一、进一步解放思想，努力实现思想建设上的新跨越

袁纯清书记在讲话中强调，"思想的大门打不开，发展的大门也打不开"，"思想有多远，发展就有多远"，"解放思想是前提，要甩掉包袱、快步前进"。这就要求我们，要站在新的高度，求新求变，全面突破。当前，关键是要从三个方面解放出来。

一是从传统中解放出来。要从传统的监管理念、监管方式和执法行为中解放出来，彻底摒弃"重收费轻管理"、"处罚就是监管"等固化思维，努力拓宽监管领域，推进网格化监管模式，提高市场监管执法效能。要把行政指导作为整顿规范市场秩序的重要手段，坚持标本兼治、注重治本，实现预防在先、长效监管。

二是从依赖中解放出来。要克服长期以来条管体制意识所形成的对上级的完全依赖习惯，避免工作中"等、靠、要"，甚至照搬照抄、生拉硬扯等现象的发生。要化被动为主动，在执行上级精神中善于挖掘自身特点，在履行职能中敢于探索实践，不断在服务发展、监管执法、消费维权和队伍建设中求"变"、求"新"、求"实"。

三是从保守中解放出来。要从安于守成、满足于现状的精神状态中解放出来，以更加开阔的视野，包容的态度，不局限于与过去纵向比较，要置身于全市、全省，甚至全国范围内进行横向对比，认真审视，正确定

位，扬我所长，敢于革新，勇于进取，努力让后进赶超先进，让先进更加先进，在发展中赢得先机。

二、进一步转变作风，努力实现作风建设上的新跨越

2010年7月29日，袁纯清书记在全省领导干部大会上指出，要下大力气加强作风建设，并且就"作风转变"提出了具体要求。2010年8月28日，在全省学习弘扬右玉精神新高潮大会上，袁纯清书记明确指出要"激浊扬清，旗帜鲜明地反对不良风气"。这就要求我们，既要弘扬太行精神、右玉精神等宝贵精神财富，又要整肃工作纪律，狠刹不良风气，切实促进作风转变。

一是塑造和弘扬优良作风。大力弘扬太行精神、右玉精神、杨宽德精神，树立正确的政绩观、名利观和权力观，扶正气，撼人心。突出抓好领导班子建设，依靠领导班子和领导干部带动全局干部队伍作风的转变，靠优良的作风引领整体作风的好转。要提升队伍的执行力和落实力，真正摸实情、说实话、出实招、干实事、求实效、重实绩，对于认准的事情，雷厉风行，对于部署的工作，一抓到底，切实打造过硬的作风，建设高素质的队伍，开展高效能的监管，提供高质量的服务。

二是整肃和狠刹不正之风。重申国家工商总局"六项禁令"和省工商局"八条禁规"，严格执行晋城市委"五治五督"和晋城城区区委"六个严禁"，摒弃和根除一些在思想作风、工作作风和生活作风方面存在的问题，靠严格的制度，健全的机制管人管事，彻底铲除作风问题滋生的土壤。要抓好廉洁自律，勤政为企，廉政为官。在工作中，克服敷衍式服务态度，剔除机械式办事程序，最大限度地让企业和群众享受便捷高效的优质服务。要进一步规范收费行为、审批行为和执法行为，改变"执法就是处罚、处罚就是罚款"的简单做法，实施"阳光工程"，公开办事依据、办事程序、办事期限、办事结果，主动接受群众监督。要坚持依法办事、公正执法、文明执法，坚决杜绝执法行为不规范、粗暴执法、越权执法、随意执法，坚决禁止在行政执法和市场监管中"吃、拿、卡、要、报、借"，注重预防，实现长效监管，让企业在和谐的发展环境中规范经营。

三、进一步提升素质，努力实现本领建设上的新跨越

袁纯清书记在讲话中强调，要"以解放思想和提升干部素质为先导，为转型发展跨越发展提供坚强保证"，将提升干部队伍素质摆在与解放思想同等重要的位置，放到同样的高度，这充分表明加强本领建设在转型跨越发展中的重要作用和地位。

近年来，我们按照干部教育培训规划要求，以教育培训为基石，不断提升队伍的整体素质，取得了良好效果。紧紧抓住学习实践科学发展观、学十七大、学党章、"向杨宽德、杨贵山、沈浩同志学习"等主题教育活动，不断加强党员的党性修养，真正使广大党员尤其是党员领导干部在实践中做到了"讲党性、重品行、做表率"。通过规范行政处罚程序及文书的使用、案卷评查、自由裁量权的审查、说理式文书的使用和推广等途径，规范了执法办案程序，提高了队伍的依法行政水平。通过观看警示教育片、举办廉政书画展、举行《廉政准则》讲座、开展政风行风评议、述职述廉、作风整顿等活动，切实提高了队伍的廉洁从政意识。通过创建全国巾帼文明岗、省级文明和谐单位、省级青年文明号等活动，提升了干部队伍的凝聚力。通过教育培训成效和实践成果，充分验证提高干部队伍素质是开展各项工作的基础和保障。

因此，要抓住"学习"这一根本途径，以"创先争优"活动为契机，按照省工商局深入推进"学习型领导班子、学习型党组织、学习型机关、学习型干部"建设的要求，扎实推进大培训和大练兵活动，开展以计算机应用为主的技能培训，以法律法规应用为主的业务培训，以执法办案经验交流为主的实务培训，以《廉政准则》为主的廉政教育，努力将学习成果转化为服务、维权和监管本领的提高。

一是在服务科学发展中，甘当"服务者"，担当"促进者"，从市场准入到商标培育，从信用监管到融资服务等多个领域，对企业进行针对性帮扶。针对企业发展过程中遇到的融资难、贷款难问题，与邮政储蓄银行继续开展"创建信用市场、评定信用商户"活动。采取"定向培育，跟踪服务"的方式，对优势企业和农副产品商标进行重点扶持。通过宣传树品牌，通过"两深入"育品牌，开展"一企一标"、"一村一品一标"等商标帮扶活动。鼓励和推广公司+商标+农户的发展模式，支持农民专业合作社发展壮大，带动农民增收。推出注册登记服务新举措，促进各类市场主体健康发展。做实信用信息工作，推进信用体系建设；二是在维护消费权益中，按照"加强宣传引导，广泛发动群众，完善维权网络，加大监督力度"的工作思路，在全区范围内全面推进"一会两站"建设。同时，切实加强流通领域商品质量监管，认真履行消费者权益保护职责，加大消费维权力度，严厉查处损害消费者权益案件，努力维护消费安全；三是在维护市场秩序中，全面推进网格化监管模式，推广商标、广告、打传等专管员制度，努力打造以全员行动、资源共享、联合办案为基础的执法办案模式，以流通领域食品安全专项整治为重点，开展股所大交叉、市场大检查，查处一批危害严重、影响范围广的大案和要案，打出工商部门的执法权威，有力震慑违法经营行为，切实为转型跨越发展营造规范有序的市场秩序。

解放思想创新服务
真抓实干促进跨越

晋城市工商局开发区分局党组书记、局长　郭加强

　　省委书记袁纯清在全省领导干部大会上的重要讲话，站在中国和世界、历史和未来、理论和实践相结合的高度，高瞻远瞩地谋划了山西科学发展全局，打开了山西发展的新视野，开辟了山西发展的新境界，提升了山西发展的新高度。晋城市工商局开发区分局要把学习贯彻袁纯清书记的重要讲话作为当前一项重大政治任务，努力在开发区全面转型发展和跨越发展中找准作用点、把握着力点、寻求突破点、形成新亮点，建立新功业。

　　一、解放思想，谋求科学发展

　　袁纯清书记指出：思想的大门打不开，发展的大门也打不开。实现转型发展，关键是干部要转型；干部转型，首先是思想要转型。对照袁纯清书记的要求，开发区工商分局坚持"先行先试、合法有效、注重持续"的原则，努力站在改革发展的前列。工商职能涉及主体准入、交易行为、竞争行为等市场活动，通过监管和执法获得大量的一手信息，分局将感知发展趋势，把握发展方向、领先一步、高人一筹，勇于开拓，按照发展的要求不断简政放权、降低门槛、扩大市场容量，积极为新兴经营模式、新生经营主体、新型经营行为开辟道路，促进开发区经济繁荣。分局将在全局开展"解放思想、创新工作、服务转型、促进跨越"大讨论，从条管体制意识中解放出来，从传统监管理念中解放出来，从传统监管方式中解放出来，从传统执法行为中解放出来，从守成求稳心态中解放出来，更自觉地把工商工作融入到开发区两委的工作全局中去思考，充分发挥监管、服务、维权和加强队伍建设的主动性、积极性和创造性，敢于大发展、敢于谋划大思路、敢于出手大举措，更敢于跳起来摘桃子，更加自觉地投入到开发区经济社会发展的宏图伟业中去。

　　二、创新服务，促进转型跨越

　　工商机关不仅仅是市场秩序的监管者、消费权益的维护者，更是市场主体的服务者、经济发展的促进者。工商分局将紧紧围绕"开发区要坚定地走在全省转型发展前列"的目标，实施"政策推动、服务促动、融资助动、品牌带动""四轮驱动"战略，开展"进百家企业、办百件实事""双百"工程，发挥职能作用，加强行政指导，全力促进开发区转型

跨越发展。

一是全力扶持新兴产业发展。"发展新兴产业,实现转型发展,成为新兴产业的集聚地"是省委主要领导对开发区提出的要求。工商分局将积极研究新能源、节能环保、新材料、新医药、生物育种、信息网络等战略性新兴行业,以及各类新兴业态的经营规律,大力支持其成为开发区健康的市场主体,成为开发区经济新的增长极。严格把好市场准入关,杜绝高耗能、高污染的企业进入市场。进一步做好外资利用工作,鼓励外资投入高端高新高质产业,督促外资提高资金到位率。促进金融业、互联网相关产业、先进服务业、旅游产业、文化产业、广告市场的繁荣,拓展开发区经济新的增长点。

二是为招商引资项目创造优质投资环境。加大对开发区重大招商引资项目的支持力度,建立完善项目对接服务和联络员机制。进一步明确"准入门槛要降低、经营范围要放宽、行政行为要规范、事前服务要及时、事后服务要跟上、风险行业要盯住、一般行业要放开、先行领域要试验"的发展方向,探索市场主体资格先行确认,实行注册资本延期缴付等政策举措,积极实施行政指导,对企业生产经营行为进行帮扶指导。以提供多角度、深层次的个性化优质登记服务为前提,推行行政审批大提速。积极支持企业拓展融资渠道,支持鼓励自主知识产权技术作价出资,切实为申请股权出资、股权出质登记、商标权质押、动产抵押的企业提供高效优质的服务。

三是大力支持民营企业发展。袁纯清书记在讲话中指出,民营经济实质是民本经济。民营经济越活跃,区域经济也越具活力。分局将按照"非禁即可"的原则,支持民营经济进入法律未禁止的领域和行业。通过市场准入、年检、企业法人监管各项手段,主动帮助民营企业建立权责明晰、职责明确、协调运转、有效制衡的法人治理结构,做大做强做精主业。加强对民营经济的引导,帮助民营企业寻找项目,引资引智,鼓励民间资本投向转型发展项目。帮助民营企业拓宽融资渠道,解决中小企业融资难问题。推进商标战略实施,鼓励民营企业自主创新,争创驰著名商标,增强市场竞争力。鼓励民营企业走出家族企业模式,走向现代企业制度。

三、真抓实干,争创一流业绩

袁纯清书记讲话最鲜明的特征就是求真务实,全面贯彻落实讲话精神,就是在工商行政管理工作中要真抓实干,要"提振精神、转变作风,要大干不要小干,要真干不要假干,要实干不要虚干"。

一是以工作目标统筹全局。在工作谋划上,围绕分局"强化监管、创新服务、提升素质,做科学发展的忠实实践者"的工作主题,分解重点工作,确立重点项目,落实到责任单位和部门,明确完成时限。在明确努力方向后,集中时间、集中人员、集中精力,实行重点攻关、合力攻关,在攻坚破难中抢占先机,挖掘潜在资源,发挥后续优势,创造竞争优势,真正做到横向有位置，纵向有名次。

二是以学习教育提升素质。"在推进山西转型发展跨越发展的过程中，我们一定要高度重视和解决'知识不足、本领恐慌'的问题"，因此按照省工商局深入推进"学习型领导班子、学习型党组织、学习型机关、学习型干部"建设的要求，分局将加强干部职工新理论、新知识、新理念、新思维、新技能的学习，使学习成为一种自觉行为和良好习惯，成为工商干部一种精神状态和工作业态，通过严格学习制度，创新教育手段和方式，加强学习成果考核，实现干部职工素质提升的新跨越，真正做到解放思想、创新工作、服务转型、促进跨越。

三是以作风转变促进工作。首先是狠抓窗口建设。依托行政审批窗口、12315平台、信用建设、基层工商所四个平台，倡导站好位、不越位、不缺位、不错位，少说不能办，多说怎么办。干部不看你说的多好、表态多好，而是看解决问题的能力。在党员领导干部中提倡说实话、办实事、求实效的良好风气。对于群众的事，加快节奏，雷厉风行，狠抓落实。对于部署了的工作，要督促检查，一抓到底。从文山会海中解脱出来，从迎来送往中摆脱出来，想大事、谋全局、促工作、抓落实。其次是扎实抓好政风行风建设。按照省工商局"工商形象、十事十办"和"作风建设、十查十看"的要求，细化具体标准，严格考核管理，严明工作纪律，确保干部管理、约束、激励等各项制度落到实处。

四是以绩效考核促进落实。分局将把服务发展、市场监管、消费维权、队伍建设等各项工作量化指标、建立科学、严密、完备的绩效考核机制，实行定性定量考核，特别是要把帮助服务企业大行动、信用体系建设和信息化工作、食品安全监管、基层工商所建设等工作列为考核的重点，严格考核。对于未能按时限完成目标任务的，追究责任单位和相关责任人的责任。同时，将工作目标完成情况与选拔任用干部挂钩，营造言必实、行必果、功必奖、能者上、惰者让、庸者下的竞争环境，使全局敢于和善于攻坚克难，用奋发有为的精神状态干一流的工作，创一流的业绩；敢于和善于真抓实干，不断开创开发区工商工作新局面。

积极服务沁水经济
社会转型跨越发展

沁水县工商局党组书记、局长 王建国

近年来，沁水县工商局始终把服从服务于沁水经济社会转型发展放在重要地位，在围绕中心、服务大局、强化监管、支持发展上积极作为，运用工商职能"大手笔"，做好服务地方经济发展的"大文章"。

一、紧紧围绕加快推进经济发展方式转变这条主线，充分发挥服务科学发展的职能作用

服务发展是工商行政管理工作的根本目的，也是我们工商行政管理局工作的永恒主题。

支持市场主体健康发展。我们紧紧围绕沁水县委、县政府提出的"三县定位、五县目标"的经济发展战略，立足煤炭资源，实现资源型企业转型新跨越。结合实际，做好"以煤为基，以煤兴产，以煤兴县"的三篇大文章，全力服务煤炭资源整合，对全县150个重点项目进行分解，以深入一线摸清情况，深入一线排忧解难，深入一线送政策"三个深入"为着力点，以创新服务、现场服务、超前服务三项服务模式为工作重点，确保沁水县重点项目工程健康发展。力争实现市场主体发展递增率达到10%，私营企业递增率达到10%，个体工商户递增率达到7%，社会商品零售总额达到15亿元。

抓好煤层气产业，在开发利用上再有新突破。我们坚持"增加总量，扩大规模，鼓励先进，淘汰落后"的16字方针，进一步规范煤层气开发，加强生产，运销等各个环节的安全监管，在这方面，我们采取了"提前介入，跟踪服务"的措施，促进了蓝焰、山西能源、华凯、南京中油恒燃等一大批煤层气开发项目落户沁水，使这一清洁能源更好地建设沁水，造福于沁水。

积极支持金融市场发展，为给中心企业融资创造宽松的环境。我们开展了"银企对接，工商服务"的活动，通过积极服务促进具有知识产权的技术出资，促进科技成果转化为现实生产力；通过积极服务金融创新，促进小额贷款公司、融资担保机构健康发展，有效解决企业融资难的问题；通过积极做好股权投资机构的规范登记和研究公司债权转股权的规范意见，支持新兴产业和农副产品的发展。

积极为新农村建设服务，我们要围绕推进农业现代化，综合运用经济活农、商标富农、合同帮农等措施，重点规范农村经纪人市场秩序，继续

完善"公司+基地+合作社+商标"的经营模式，加大对订单农业签约、履约的行政指导力度，积极推进农民生产经营专业化、标准化、规范化、集约化，全力支持新农村建设。

积极加大实施"商标兴县"战略，"培育一个商标，兴旺一个企业，富裕一方经济。"立足辖区资源优势，以商标为纽带，加大商标培育力度，加快推进商标战略，促进经济转型升级。为此，我们在全县广泛开展了"一企一商标"、"一村一品一商标"、"一乡一企一品牌"活动，重点培育沁水县特色产品商标和服务商标，在已抓如"丰田、沁花、祥牛、沁河、海水"等著名商标的基础上，我们帮助企业申请注册商标20件，总数达到91件，新申报山西省著名商标2件，总数达到8件，同时积极申报中国驰名商标，实现驰名商标零的突破。

二、深化监管机制、方式和手段改革，提高监管服务效能

一是进一步加大行政指导和网格化监管工作力度，以典型案例为引导，增强行政指导的规范性、时效性和示范性，夯实网格化监管基础，提高监管效能。

二是推进信用建设，实现信用沁水。加强数据质量建设，提高对各种软件的应用能力，依托综合业务系统，进一步加强企业信用分类监管，继续完善企业信用记录制度，抓好数据信息的采集和录入，加强数据分析，形成有分量的报告，积极为政府科学决策当好参谋。今年我们全面推行"网上年检"业务，为企业的发展壮大提供了更为宽松的发展环境。

三是开辟绿色通道，优化发展环境。从沁水县工商局到基层工商所，都有一条"绿色通道"专门为企业、个体工商户、农民专业合作社服务。在登记窗口，整齐地摆放着宣传资料，有专人负责解释咨询，提供政策辅导，还有申请、受理、登记一站式服务及上门服务、预约服务、延时服务、特事特办服务……

工商部门的真情服务，让广大农户充分了解了优惠政策和市场需求，农民合作社如雨后春笋般地发展起来，仅去年，全县工商部门登记的农民专业合作社就有313户，出资总计25 801万元，涉农企业生产总产值达到2.5亿元。

三、扎实有效推进消费维权工作，推动消费，维护社会和谐稳定

更加有力强化消费维权，就是要更新消费维权理念，畅通消费维权渠道，扩展消费维权网络，提升消费维权水平，维护社会和谐。一是加强流通环节食品安全监管。要在巩固专项整顿成果、强化监管执法、规范日常管理和长效机制建设上下工夫。要建立健全流通环节食品安全经营者自律、信息化监管、信用分类监管、应急处置、协调协作等监管机制，认真落实食品安全监管"八项制度"，不断提高流通环节食品安全监管效能。要做好食品特别是婴幼儿配方乳制品的抽检工作。切实做好流通领域食品质量抽检工作计划、预算，争取政府的支持，严格工作程序，实行抽检与通报制度，加大惩处力度，确保食品市场的安全。二是积极配合有关部门，严肃查处恶意炒作、串通涨价、哄抬价格、囤积居奇等不法行为。三是抓好打击侵犯知识产权和制售假冒伪劣商品专项行动。要以商品集散地、侵犯注册商标专用权和制售假冒伪劣商品案件高发地为重点整治地区，以侵犯涉外商标和驰名商标、著名商标专用权等为查处重点，集中开展专项整治，确保取得实效。四是大力加强竞争执法工作。要积极稳妥地配合市局开展反垄断执法工作，强化反不正当竞争执法工作。要继续深入开展打击商业贿赂、打击傍名牌、保护商业秘密、扫黄打非等工作。五是更加高效加强广告监管。要突出重点严厉查处虚假违法广告，不断提升广告市场监管效能，促进我县广告业做大做强。六是更加严厉打击传销、规范直销。综合运用打击、防范、预防、宣传等手段，加强区域合作，充分发挥打击传销社会治安综合治理考评工作机制作用，保持打击传销的高压态势，严惩传销骨干分子，严查大要案件，严格规范直销。七是打击合同欺诈。开展治理格式合同专项执法行动，继续开展房地产市场秩序整顿，进一步规范和发展中介服务业。八是着力加强网络商品交易及有关服务行为监管，切实加强农资、汽车、成品油等市场监管。同时，要积极配合有关部门，做好查处取缔无照经营、治理超限超载以及安全生产、社会治安综合治理等工作。

四、加大推进基层工商所规范化建设的力度，不断提高市场监管和行政执法水平

一是扎实开展"创先争优"活动。以争创满意工商局、满意工商所、满意工商执法人员为载体，把创先争优活动与开展精神文明建设结合起来，努力营造积极向上的舆论氛围，让踏实干事的人得到尊重，让不计名利的人得到肯定，让敢于创新的人得到鼓励，让业绩突出的人得到褒奖，推动全系统涌现出一批"五好"先进基层党组织、一批"五个带头"优秀共产党员。二是切实抓好班子建设。做到讲政治、讲大局、讲党性，做到讲正气、讲奉献、讲品格，做到正确对待自己、正确对待组织、正确对待名利，以过硬的作风、良好的形象、表率的作用带好班子队伍。三是要加强组织建设，积极稳妥推进干部交流轮岗工作，真正把那些有胆识、有思路、有能力、有实绩的优秀干部选拔到重要岗位上来。让能干事、会干事、办实事的干部得到重用，让讲真话、敢负责、求实效的干部有平台，坚决反对不干事、不会干事、说风凉话的不良风气，坚决反对跑官、要官、不求实效，坚决反对、享乐至上、不求上进。四是大力加强基础工作和基层基础工作。要像推进"六有"建设和"五项规范化"建设那样，扎实推进工商所"达标创优"活动。力争两年内实现"基础建设标准化、执法办案法制化、监管手段信息化、监管服务规范化、队伍素质优良化"。五是大力加强教育培训。深入推进"学习型领导班子、学习型党组织、学习型机关、学习型干部"建设。

围绕转型跨越发展真抓实干

阳城县工商局党组书记、局长　张庆立

袁纯清书记的讲话"以清新之风、务实之言"指明了山西当前和今后一个时期内科学发展的路径。讲话站得高，看得远，提出了当前乃至"十二五"时期山西发展的目标、思路和举措，进一步明确了发展方向。讲话立意深、针对性强，找准了我省面临的最紧要问题是干部队伍对大发展思想准备的不足，这一论述，抓住了制约山西转型发展、跨越发展的关键。书记的讲话，吹响了三晋大地转型发展、跨越发展的进军号。

我认为要把袁纯清书记的重要讲话精神学习好、贯彻好、落实好，最重要的是在以下三个方面下工夫：

一、大胆解放思想

袁纯清书记在讲话中明确提出了要解放思想、更新观念，这是基于他对山西省情的分析和思考中掌握得出的。在时下全面转型、加快跨越的大氛围下，进一步解放思想更显得重要、更显得迫在眉睫、更显得意义深远。但如何才能放开胆量解放思想呢？我觉得加强学习还远远不够。还必须因时制宜，与本单位的实际结合起来，对照袁纯清书记的要求，查找不足。一是摆进去、解剖自己。努力让自身"摆"进去，摆到位，摆出深度，深化认识，勇于面对问题，才会触及灵魂，使解放思想与工作实际紧密联系，实现解放思想的过程就是激发工作动力的过程；二是跳出来、审视自己。"跳"出来，就是打破了"不识庐山真面目，只缘身在此山中"的封闭状态。站在更高层面，确立追赶目标，找准自身差距，带着问题解难题，形成解放思想的动力；三是走出去、丰富自己。"走"出去，就是学到别人的经验，拓宽自己的视野，有比较，才能增添活力。对新情况、新问题作出更加符合实际的判断，使各项工作更富于创造性。四是静下来、梳理自己。"静"下来，梳理工作主线，认真分析问题，沉着应对难题，就会明思路、强根基、促发展，才能牢牢把握发展需求。

二、提升学习境界

一是要始终抱着一颗求知的心。向书本学，丰富理论知识、业务知识；向领导学，提高视野，增强组织能力；向同事学，丰富实践经验。自觉把学习作为一种习惯、一种责任，不断在学习中开阔眼界、提升境界、增强本领，树立长期和终生学习的理念。二是要始终紧扣时代脉搏。弘扬和学习"延安精神和右玉精神",弘扬延安精神,就是要让我们真正懂得我们党是靠艰苦奋斗起家的,也是靠艰苦奋斗发展壮大、成就伟业的深刻道理。学习右玉精神,就是学习他们"执政为民、尊重科学、百折不挠、艰苦奋斗"的精神。精神的作用是激发信心和勇气的永恒动力,也是推动工作的有力抓手。三是要始终把解决问题与促进工作结合起来。增强"结合"的本领,勤于思考、善于思考来谋划工作,经常想一想新形势、新任务给我们提出了哪些新要求、新挑战,经常想一想我们还有哪些应该做好的事情没有做好、还有哪些应该加强的措施没有加强,努力把工作想在前面、做到前面,在反思中提升境界。

三、传承真抓实干

学习贯彻袁纯清书记讲话精神,归根结底要落实到解决问题、真抓实干上。一是求主动。在新的形势下,加快发展、跨越发展,是有难度的,特别针对我们的工作中心而言。要发扬延安精神和右玉精神,不畏艰难、艰苦奋斗、敢于胜利,树立干工作的信心和勇气。第一要打得赢。要有"明知山有虎,偏向虎山行"的勇气和斗志。要以奋发有为的精神状态做好本职工作。第二要干实事。滔滔江河,不拒细流。路是一步一步走出来的,事情是一件一件干起来的。所谓真抓实干,就是脚踏实地。第三要出实招。要结合袁纯清书记的讲话与单位结合起来,谋实事、出实招、求实效,实打实地推动工作,特别是围绕中心工作,劲往一起拧,事往一处谋,实现各项工作新突破。二是用心思。就是巧用心思,精心谋划工作新思路,培植工作新亮点,围绕转型发展、跨越发展,寻求工作突破。做到"三个一"。用好一个"谋"字。做到干一行、谋一行,善于在工作中总结和探索工作的规律和特点。多一些努力,便多一些成功的机会。事实证明:万物土中生,全靠双手勤,在工作、学习中只有勤奋、敬业才会有收获。做好一个"创"字。提升自我,大胆超越自我,只有打破规则的创意,才会使思路越拓越宽,办法越来越多,只有创业干事、踏实肯干,才能做转型发展和跨越发展实践者。

袁纯清书记在晋城调研期间的重要讲话,不仅对我们提出了一定的要求,帮助我们在解决发展中遇到的困难和问题上进一步坚定了信心,也为我们在贯彻落实科学发展观上进一步指明了方向,为工商事业又好又快发展增添了新的动力。我们要认真贯彻袁纯清书记重要讲话的精神,保证自己做到实处、走在前列,弘扬"太行精神",加强自身学习,以更大的信心和勇气为推动阳城跨越发展贡献力量。

履行工商职责
服务转型跨越

陵川县工商局党组书记、局长 王小军

　　怎样把学习贯彻袁纯清书记讲话精神与如何发挥好工商职能紧密结合，努力促进当地经济快速发展，是摆在我们面前的头等大事。陵川县工商局从县情出发，积极探索，认真调研，提出了"打牢基础"的切合实际的全年工作目标，围绕服务转型跨越发展这条主线，扎实工作，确保全年服务发展、市场监管、消费维权、依法行政、队伍建设等各项工作目标顺利实现。

　　一、围绕服务转型跨越发展这条主线，牢固树立"务实创新"工作理念

　　面对县政府提出的"十二五"末再造一个新陵川的新目标、新形势和新任务，务必要发扬求真务实的工作作风，讲实话、出实劲、干实事、出实绩、破解难题。要吃透上情、摸准下情，把市工商局党组和陵川县委、县政府的决策部署与陵川县工商工作实际结合起来，在工作方法上求创新、求突破，创造性地解决工作中的重点、难点和热点问题。

　　二、围绕服务转型跨越发展这条主线，力争在更加自觉主动服务经济发展中做出新贡献

　　通过突出抓好在促进市场主体发展、帮扶中小企业和个体工商户融资创业、推进品牌建设、推进信用建设、提升服务水平五个方面服务县域经济转型跨越发展，实现"十二五"末再造一个新陵川的宏伟目标。

　　一在市场主体增量上求突破。争取年底企业总量达到1320户，个体工商户总量达到6900户。二在帮助解决中小企业和个体工商户贷款融资难上求突破。要重点通过支持组建小额贷款公司，为中小企业和个体工商户的创业发展提供有力、有效的资金支持。争取各商业银行能够依托信用体系建设成果，无抵押、无担保、凭信用为中小企业和个体工商户发放信用贷款。三在推进"品牌兴县"上求突破。出台《陵川县工商局"十二五"商标战略规划》，依托旅游业和特色农民专业合作社发展平台，打造一批旅游和特色农副产品强势品牌，引领全县经济转型跨越发展。争取年底注册商标要达到135件，力争"十二五"期间年递增率突破20%，"十二五"末达到300件。并发展山西省著名商标2件，总量达到9件。四在推进信用建设上求突破。以信用信息中心为服务平台，进一步加大信息归集力度，实现

信用信息为政府部门和社会提供服务。继续开展"守合同、重信用"企业评定、"山西省信用示范企业"推荐、"诚信市场"争创等活动，引导企业增强信用自律意识。五在提升服务水平上求突破。要继续推进行政审批服务大厅规范化建设，继续保持热情的服务态度、认真的工作作风、快捷的办事效率，依法高效办理注册登记。对到陵川县投资的转型新产业、新项目、新投资，以及已进驻陵川的各类企业提供特色服务。同时，要提供便捷准入，大力支持新兴产业发展，把好准入关口，淘汰落后产能，推动节能减排。

三、围绕服务转型跨越发展这条主线，力争在更加依法高效加强市场监管中取得新成效

一是要加强流通环节食品安全监管。要建立健全流通环节食品安全经营者自律、信息化监管、信用分类监管、应急处置、协调协作等监管机制，认真落实食品安全监管"八项制度"，不断提高流通环节食品安全监管效能。年底确保全县食品安全示范店达到380户，实行电子台账管理的食品批发企业达到24户。二要加强市场价格监管。要按照省局出台的八条措施，积极配合有关部门，严肃查处恶意炒作、串通涨价、哄抬价格、囤积居奇、虚假宣传及不正当竞争等不法行为。三要抓好打击侵犯知识产权和制售假冒伪劣商品专项行动。要以产品制造集中地、商品集散地，侵犯注册商标专用权，制售假冒伪劣商品，侵犯涉外商标、驰名商标、著名商标专用权等为重点，集中开展专项整治。四要加强反不正当竞争执法工作。要建立高效、集中、统一的执法办案机制，推进区域执法协作，力争在反垄断执法、打击商业贿赂、打击傍名牌、保护商业秘密等案件办理上有大的突破。五要更加高效加强广告监管。要以电视、印刷品、户外等广告发布为重点，加大对保健品、医药、化妆品、美容等虚假广告宣传，以及违反房地产广告发布管理规定的虚假广告的查处力度。六要更加严厉打击传销、规范直销。继续保持打击传销高压态势，严查大要案件，严格规范直销。七要打击合同欺诈。从治理格式合同专项执法着手，大力开展整顿房地产市场秩序执法行动。进一步规范和发展中介服务业。八要加强对网络商品交易及有关服务行为的监管，加强农资、成品油、汽车等市场的监管。

四、围绕服务转型跨越发展这条主线，力争在更加有为强化消费维权中展示新作为

我们要更新维权理念、拓展维权网络、提升维权水平、促进扩大内需、保护消费权益、提振消费信心、更加有为地强化消费维权。

一要进一步完善12315工作机制。把12315网络向社区、农村、商场、企业、学校、景区延伸，构建12315网络体系。二要全面强化流通领域商品质量监管。要根据消费者申诉举报热点难点，突出对重点商品特别是重点食品开展专项整治。做好食品流通许可证工商所核发试点工作，在可行基础上，将该项工作在各工商所全面展开。三要加大服务领域消费维权力

degree.当前要突出对家电、汽车、摩托车等"家电下乡"商品维修服务行为进行规范，确保"家电下乡"优惠政策得到顺利实施。四要积极开展消费维权宣传教育。积极倡导文明、节约、绿色、低碳的消费模式，构建促进扩大消费需求的宣传教育机制。

五、围绕服务转型跨越发展这条主线，力争在更加努力推进依法行政中谋求新突破

作为市场监管的行政执法部门，要加快法治工商建设，做到规范执法行为、严格办案程序、强化执法监督，努力推进依法行政。

一要深入推进"依法行政示范单位创建活动"，落实执法责任制和执法评议考核制；二要充分发挥行政指导非强制性、高效性、灵活性、民主性的特点和优势，在监管中全面推进行政指导，提高依法行政水平；三要做好"六五"普法开局工作，营造良好社会法治环境。

六、围绕服务转型跨越发展这条主线，力争在更加严格锻炼干部队伍中实现新提高

要紧扣转型跨越发展主旋律，更加严格锻炼干部队伍，强化班子建设、夯实基层基础、提升队伍素质，全力打造政治过硬、业务过硬、作风过硬的干部队伍。

一是扎实开展"创先争优"活动。把"创先争优"活动与开展争创省级"文明和谐单位"，推进行政审批服务大厅、基层工商所、12315消费者申诉举报中心等窗口单位的规范化建设，"宣传报道能手"、"办案能手"、"优秀法制员"、"企业注册登记能手"、"消费维权能手"、"计算机操作能手"评选，工商文化建设结合起来，推动涌现出一批"五好"先进基层党支部、一批"五带头"优秀共产党员，迎接建党90周年。二是切实抓好各级领导班子建设。要进一步大力弘扬右玉精神，加强作风纪律整顿，强化和完善科学决策、部署运作、操作落实、监督奖惩"四位一体"的执行机制。三是大力加强基层基础工作。扎实开展工商所"达标创优"活动，加大经费投入，逐步实现工商所"基础建设标准化、执法办案法制化、监管手段信息化、监管服务规范化、队伍素质优良化"。四是大力加强教育培训和工商宣传工作。以创建"学习型领导班子"为抓手，推进"学习型党组织、学习型机关、学习型干部"建设。并加强新闻宣传报道工作。五是加强反腐倡廉建设。严格执行党风廉政建设责任制；推进反腐倡廉制度创新；加强领导干部廉洁自律；深化党性党风党纪教育；完善廉政风险防控机制，强化对权力运行的制约和监督，严格执行"六项禁令"、"约法三章"和"八条禁规"，打造廉洁工商。

发挥工商职能作用
服务转型跨越发展

泽州县工商局党组副书记、局长 原建平

泽州县工商局全面贯彻落实袁纯清书记在全省领导干部大会上的讲话精神，充分发挥工商行政管理职能作用，寻找工商工作与服务经济转型发展、跨越发展的结合点，采取发展与提高并举、监管与指导结合、履职与协调并重等办法，各项工作全面创先争优，为推动泽州经济转型跨越发展建功立业。

一、发展与提高并举，大力促进市场主体健康成长

促进经济社会发展是工商工作的最终目的，而发挥工商部门的优势去促进市场主体快速健康发展， 则是工商工作义不容辞的职责。为此，我们按照工商总局"增加总量、扩大规模、鼓励先进、淘汰落实"的方针，促进各类市场主体健康发展。一是建立绿色通道，推进全民创业工程。我们在工商所和县行政审批大厅分别设立了"涉农登记绿色通道"，县局委托各工商所负责个体工商户食品流通许可证和个体工商户营业执照的审查发证发照，县局各类企业登记进驻县行政审批中心统一受理、审查、发照，全部实行办事一站式、服务一条龙、示范一文本、咨询一口清的"一字工作法"，坚持公示优惠政策、登记条件、审批程序"三公示"，实施咨询优先、申请优先、年检优先、发照优先的"四优先"工作制度，并通过专业网站公示与众。对服务对象严格首问责任制，由首问责任人负责对企业从名称核准、受理到审核发照跟踪全程服务，并做出示范文本，让办事人员一目了然，不跑冤枉路。二是培训回访指导，促进市场主体健康发展。我们通过企业年检，指导企业填写有关报表、完善财务制度、纠正不规范行为；我们通过企业回访，了解企业存在的困难，宣传工商法律法规，规范企业合法经营行为；我们通过派员参加县劳动就业局的全民创业培训班授课，向创业人员讲解创办市场主体的类型、特点和如何选择设立适合自身特点的市场主体，以及有关申办执照的条件、程序。截至2010年年底，我局共注册各类企业2028户，其中非公司企业法人163户、营业登记418户，有限公司632户，分公司312户，个人独资企业456户，合伙企业45户，集团公司1户，个体工商户达4 226户。尤其是农民专业合作社的发展达到了460户，出资总额达到了36 519.4万元，新发展户数和出资总额分别比上年同期增长19%和23%。并形成了具有泽州县农村特色的香椿带、果树带、红

果带、养猪带、养蜂带、药材带、红薯带等，农民专业合作社数量的不断增长，规模不断扩大，经营模式不断翻新，不仅增加了农民收入，而且促进了全县的经济转型发展。

二、监管与指导结合，努力打造服务型工商

2010年，我局在开展创先争优活动中，将市场监管与行政指导有机地结合并融合在一起，打造了服务型工商，促进了市场主体的规范经营和健康发展。

1. 在监管中指导。市场监管是工商的生命线。首先，我们在市场监管中严格执法责任制，突出工作重点，履行工作职责，落实监管责任区，责任到人，实施网络式监管，切实有效地维护了市场秩序。其次，我们推行案件主办人制度，即对于工商行政管理机关依法管辖的各类经济违法案件，由办案机构负责人指派一名案件主办人带领一名或若干名办理案件人员组成办案组，依据法定程序查办案件的制度，从而提升了市场监管效能。第三，我们采取"帮扶企业五不罚"措施，对于能主动改正或及时中止的违法行为，社会危害较小或者尚未造成危害的行为，以及在案件中起次要作用的第三人，因残疾或下岗失业等原因致使生活确实困难有违法行为的，将依法从轻、减轻或不予处罚。对于新设立首次逾期未办理年检的企业，在责令限期内办理年检的可免予处罚。反之，对社会影响大、危害大等大案要案，则加大打击力度。比如对轻微的违法行为，我局一般都要给其下达责令改正通知书或行政提醒书、或行政规劝书，有的还专门下达详尽的行政建议书，或进行行政约谈。仅2010年，我局就对15起首次轻微违法行为予以规劝而免予处罚，为各类企业减免罚款28万余元，对行政管理相对人提出行政建议59件、行政提醒195件、行政规劝61件、行政约见10件，既维护了正常的市场经营秩序，又提升了工商部门和谐执法水平。

2. 在指导中规范。我们不仅在监管中指导，而且非常注重在指导中加强规范。要求市场监管中事前要做好宣传提醒，事中要进行规劝指导，事后要回访规范。市场监管不能以行政处罚为目的，而应以行政处罚和行政指导为手段，以规范各类市场主体守法经营、健康发展为目标。2010年春天，我局一些工商所在市场巡查时发现，泽州县供销社下属的某连锁店36家单位设置了非处方药品专柜，涉嫌超范围经营需办理许可证事项违法行为。经调查了解，该连锁店为方便农村偏远山区的农民用药，经过晋城市食品药品监督管理局批准设置了非处方药品专柜，但未申请工商部门变更经营范围。对此，我局研究后认为，县供销社下属的某连锁店36家单位虽存在未经登记机关变更经营范围行为，但这种服务三农的新举措是国家政策鼓励的，且违法情节轻微，应以教育规范为主。于是，我局执法人员约见了当事人单位的负责人，指出了其行为的违法性，并对其下达了限期改正通知书，并出面同县供销社和县药监局协调，很快为他们办理了变更登记，从而受到了企业和社会的好评。

三、履职与协调并重，全面提升服务效能

工商行政管理部门的定位是承担市场监管职责，从全社会看，虽然主要职能是市场监管，但并不是包打天下的，在市场监管中，工商部门是主力军，而不是包揽市场监管的全部。要服务经济的转型跨越发展，我们工商部门仅仅只履行好自身的职责还不够，还必须求得"一个支持"搞好"两个协调"，共同发力，优势互补，才能真正提升服务效能。

一是求得与当地党委政府的支持。虽然现行的工商行政管理体制实施的是省以下垂直管理，但工作却一刻也离不开当地党委政府的领导和支持，我们的履职一定要在当地党委政府的领导之下展开。我局始终按照省、市工商局的总体工作部署，紧扣地方政府的工作目标、工作任务、工作要求的落实，依法依规创造性地干事，切实履行市场监管为主的多种职能。一方面我局积极地参与地方党委政府的中心工作，另一方面也求得地方党委政府的大力支持，不但使我局各项业务工作走在全市县区局的前列，而且总体工作也得到地方党委政府的充分肯定，连年被县委县政府评为"优质服务标兵单位"。

二是与相关职能部门搞好协调。在食品安全监管中，我们和农业、质检、卫生、药监等部门通过召开联席会议的形式，互通信息，共同讨论，明确了"前店后坊（厂）"式和"现做现卖"式食品经营企业的监管部门和监管方式，促进了食品安全监管各个环节的无缝对结。在废旧物品回收市场监管中，我们和公安、商务等部门协商，共同出台了一个废旧物品回收市场监管的文件，明确各职能部门的职责范围，登记条件、备案要求等，规范了废旧物品回收经营者的经营行为，维护了市场经济秩序和社会治安秩序。我们和公安、安检、国土、环保、质检等多个部门协调配合，在取缔无照经营、淘汰落后产能企业方面发挥了较大的作用。这几年，我局与相关职能部门已组成多个联席例会，通过例会相互协调、互通信息，从而统一行动，全方位监管，取得良好的成效。

三是与村委及有关公用企业协调。对农村市场监管而言，注重协调好工商部门与村委的关系至关重要，注重协调好与供水、供电、电信等公用企业的关系也不可忽视。针对泽州县大部分区域在农村、有县无城的实际，我局在履行工商职责方面就对此很重视。比如对无照经营的整治，如果仅凭我们工商一家出手，效果一般不会理想。如果我们在整治的同时征得当地村委的支持和配合，整治工作就可能收到事半功倍的效果。再比如，取缔"黑网吧"、校园周边市场整治等工作，我们不仅要联合公安、文化等部门共同出手，而且还必须要求学校、电信等单位的配合，才能取得釜底抽薪的效果。因为只有这样，才能提升我们的市场监管效能，只有这样，才能提升我们服务经济转型跨越发展的水平。

充分发挥职能作用
服务转型跨越发展

高平市工商局党组书记、局长　都晋生

省委书记袁纯清在全省领导干部大会讲话中指出，全面转型是山西的必由之路，加快跨越是山西的必然选择，明确提出了推进全省转型发展、跨越发展的奋斗目标、重点任务、实现路径和保障措施，一语中的指明了山西当前和今后一个时期科学发展的路径，吹响了三晋大地转型发展、跨越发展的进军号。要实现袁书记提出的目标，促进转型发展、跨越发展，作为承担市场监管和行政执法任务的工商部门，这就要求我们必须调整工作思路，完善工作举措，以确保在思想上、作风上、行动上紧跟省委、省政府部署，以科学发展观为统领，以充分发挥职能作用、全力服务转型跨越发展为主线，继续引深"五增五创"工作主题，大力整顿和规范市场经济秩序，凝聚干劲，团结一致，求真务实，创先争优，促进工商事业又好又快发展，在推动转型发展、跨越发展中取得新成效，再创新业绩。

一、把解放思想、创新观念作为"第一动力"，适应新形势，明确新任务，进一步增强责任感和紧迫感

2011年是中国共产党成立90周年，是实施"十二五"规划的开局之年，也是经济社会转型跨越发展的关键之年。工商部门作为市场监管执法部门，必将承担更多更重的工作任务。新形势、新任务，要求我们工商干部必须认真学习和深刻领会袁纯清书记的重要讲话精神，深刻认识和理解省委的决策部署，准确把握转型发展、跨越发展的时代脉搏。进一步解放思想，转变观念，把思想和行动、智慧和力量凝聚到转型跨越发展上来。按照省工商局王虎胜局长的要求：从条管体制意识中解放出来，从传统监管理念中解放出来，从传统执法中解放出来，从守城求稳的心态中解放出来，牢固树立创先争优、转型跨越的责任意识，争当转型发展、跨越发展的排头兵，为促进我省经济大发展快发展做出新的更大的贡献。

二、把服务发展作为"第一要务"，采取切实有效措施，为经济社会大发展快发展营造宽松的发展环境

围绕地方经济和社会发展的中心工作，积极跟进，找准切入点，创新完善服务方式，优化经济发展环境。

完善准入体系，培育市场主体。加大政策引导力度，为重点项目和招商引资落户发展开辟绿色通道；继续完善市场主体运行情况发布制度，做

好动产抵押登记工作，扶持企业发展，进一步做好服务非公有制企业和外资企业的各项工作。继续推进"创建信用市场 打造信用品牌"活动，切实帮助个体工商户解决资金不足和贷款难问题；采取网上年检、上门指导等措施，为企业申报年检创造便利条件。

创新服务能力，优化创业就业环境。加强对各类人员就业再就业的指导和服务，鼓励下岗失业人员、高校毕业生、转业退役军人、农民"以创业带动就业"。对于生产经营暂时出现困难的个体工商户、私营企业，在年检验照等方面予以支持；除国家明令禁止外，凡允许国有和外资企业进入的领域，一律对个体私营企业开放。

深化创牌服务，助推品牌经济。实施商标战略，指导企业申请商标注册；重点培育著名、驰名商标，并加大对著名、驰名商标的扶持保护力度。

落实惠农措施，支持新农村建设。继续深入推进红盾护农、商标兴农、合同帮农、经纪人活农、经济组织强农等工作；常抓不懈、严厉打击销售伪劣农资坑农害农行为；积极引导农产品商标、地理标志商标申请注册；鼓励大型企业到农村投资兴业，扶持农村龙头企业做大做强，支持农民专业合作社由数量增长转向质量提高，提升应对市场和抵御防险能力。

三、把市场监管作为"第一责任"，深入整顿规范市场秩序，为经济社会大发展快发展营造公平的市场环境

以市场监管为首责，坚持专项整治与强化日常监管相结合，加大执法力度，严厉打击各种扰乱社会经济秩序的违法行为，确保整顿规范市场秩序工作取得新成效。

2011年，我们将围绕重点领域和重点行业，继续深入开展打击商业贿赂、傍名牌、公用企业不当竞争等工作。特别是关系到群众切身利益、社会危害严重的合同欺诈、消费欺诈、虚假违法广告、虚假违规促销等商业欺诈行为，适时开展集中整治。坚持护民生、解民忧、平民怨，抓维权保和谐，查办一批有社会影响力的大要案件，在强势执法中树立工商权威。

加大清理整顿涉煤涉焦市场中介组织工作力度，清查中介组织"不中不公、违规操作、弄虚作假、商业贿赂"等违法违规问题。集中力量开展打击侵犯知识产权和制售假冒伪劣商品专项行动，强化知识产权保护。严厉打击传销、规范直销，加强对直销企业的行政指导和教育督导。充分发挥政府牵头、部门合作联动机制的作用，深入推进无照经营查处取缔工作。

此外，继续加强其他市场监管工作。积极配合有关部门做好禽流感、甲型H1N1流感等重大疫情防控、社会治安综合治理、整治校园周边环境等工作；协同有关部门开展打黑除恶、禁毒、防艾、扫黄打非等专项斗争，努力为维护社会和谐稳定作出新贡献。

四、把消费维权作为"第一要求"，努力抓好维权便民各项措施的落实，努力营造诚实守信的消费环境

要坚持以人为本，把监管的重心向建立安全健康的消费秩序转移，立足民生、民安、民利、民诉，构建和谐高平。

一是进一步完善12315工作机制，把12315网络向社区、农村、商场、企业、学校、景区延伸，方便消费者就近咨询申诉，努力做到有问必答、有诉必应、有案必查、查必有果。二是全面强化流通领域商品质量监管。要根据消费者申诉举报热点难点，突出重点商品，强化质量监管，开展专项整治，严厉打击销售假冒伪劣商品违法行为。三是加大服务领域消费维权力度。要针对服务领域消费纠纷的特点，加强服务行业监管。当前特别要突出对家电、汽车、摩托车等"家电下乡"商品维修服务行为的规范，确保"家电下乡"优惠政策的顺利实施。四是积极开展消费维权宣传教育，创新消费教育的形式和内容，积极倡导文明、节约、绿色、低碳消费模式，努力构建有利于促进扩大消费需求的长效机制。

五、把提升素质作为"第一目标"，努力抓好班子队伍建设各项措施的落实，打造一支廉洁高效的干部队伍

狠抓队伍作风建设、法治建设和廉政建设，坚持依法行政，提高执法水平，努力建设一支高素质的工商行政管理队伍，为工商事业的科学发展强基固本。进一步加强领导班子建设，改善班子成员的知识结构，提高指导工作的能力和水平。要不折不扣地贯彻落实好民主集中制原则，严格执行集体领导和个人分工负责相结合的制度，充分发挥和调动班子成员的积极性和创造性，让每个班子成员有职、有权、有作为。切实加强队伍建设。围绕"两费停征、职能转型"、"信息化推广应用年"活动，以市局新成立的干部教育中心为依托，进一步精心组织、扎实开展全员大培训和岗位大练兵活动，通过政治理论、法律法规、执法办案技巧、计算机技能等培训，切实提高队伍的政治素质、业务水平、岗位技能。考试结果要进入个人档案，作为干部升降去留的重要依据。深入推进党风廉政建设工作。以廉政风险点、监管风险点防范管理为抓手，严格落实党风廉政建设责任制，构建预防腐败体系，依法履行监管职责，保障队伍安全稳定。狠抓基层建设，把人力、物力、财力向基层倾斜，进一步改善基层的工作生活条件和执法办案装备，把基层建设作为一项打基础、利长远的重点工作抓紧抓好。

袁书记在全省干部大会和在晋城调研时的重要讲话，不仅对我们提出了新的更高的要求，也为我们在贯彻落实科学发展观上进一步指明了前进的方向。在新的一年里，我们将以袁书记重要讲话精神为动力，以活跃市场经济为根本，更加自觉服务经济发展；以营造规范有序的市场环境为目标，更加高效加强市场监管；以维护社会和谐稳定为使命，更加有力强化消费维权；以建设法治工商为抓手，更加努力推进依法行政；以开展创先争优活动为契机，更加严格锻炼干部队伍。举全局之力，真抓实干，扬帆奋进，努力推动工商工作实现新跨越，为到"十二五"末再造一个新山西、实现全省转型跨越发展做出新的更大的贡献。

朔州市

坚持四个 "必须" 促进转型跨越

朔州市工商局党组书记、局长 于剑云

袁纯清书记在全省领导干部大会上发表的重要讲话，深刻阐述了我省发展面临的机遇和挑战、存在的优势和不足，明确提出了推进全省转型发展、跨越发展的奋斗目标、重点任务、实现路径和保障措施。如何学习贯彻袁纯清书记讲话精神，全面开展创先争优，努力开创朔州工商新局面，成为摆在我们面前的一道重要课题。结合自己多年来的工作实践，我认为，要大力弘扬右玉精神，解放思想，创新工作，以大服务促进大发展，以大监管促进大规范，以大培训促进大提升，通过不断创新和完善各项工作的机制体制，在推进制度化、规范化、程序化、法治化建设上做文章、下工夫，逐步构建市场监管的长效管理机制，全力促进朔州全面转型发展和加快跨越发展。

一、必须进一步解放思想，创新观念，增强大局意识、服务意识、创新意识

袁纯清书记指出，思想的大门打不开，发展的大门也打不开。实现转型发展，关键是干部要转型；干部转型，首先是思想要转型。袁纯清书记要求，必须再次吹响解放思想的冲锋号，冲破一切影响和制约我们发展的思想心结和体制障碍，在转型和跨越的大道上劲跑。袁纯清书记强调，要从煤炭依赖中解放出来，从政府依赖中解放出来，从内陆经济思维定势中解放出来，从计划经济模式中解放出来，从守成求稳的心态中解放出来。省工商局王虎胜局长也提出，从条管体制意识中解放出来，从传统监管理念中解放出来，从传统监管方式中解放出来，从传统执法行为中解放出来，从守成求稳心态中解放出来。解决思想、开拓创新是永恒的主题，是发展的活力。近年来，朔州工商事业取得了长足进步和发展，但与朔州经济社会快速发展的要求相比、与全省和周边地区工商部门竞相发展的态势相比，我们还有很大差距。我们要在全市工商系统掀起新一轮的 "解放思想、创新观念、促进发展" 大讨论，以思想的大解放为根本，善于改革创新，敢于争先进位，转变工作理念、工作机制和工作方法；坚决克服 "小进即满"、"小进即安" 的思想和认识，牢固树立 "不进则退"、"小进也是退" 的观念和意识。系统内各级领导班子要带头转变工作思路、工作职能、工作方式和工作作风，用科学发展观统领全局，用改革的观念指导

工作，用创新的魄力推动工作，用严谨的机制保障工作，形成系统工作有亮点，区县局工作有亮点，各个业务条线工作有亮点，不断推动全市工商行政管理整体工作上水平。同时，我们也不能为创新而创新，不能脱离创新实际，不能游离创新目标，不能剥离创新主体，要突出创新的针对性、区域性、实效性和推广性，各项创新都要与贯彻落实科学发展观、构建和谐社会的实际相结合，要与服务全市经济社会发展大局的实际相结合，要与工商行政管理事业改革发展的实际相结合。凝聚广大干部职工的智慧和力量，丰富创新内容，优化创新载体，增强创新活力，在我市实现转型发展和跨越发展中找准着力点、突破口，充分履行职能，发挥更大作用。

二、必须立足职能，服务发展，抓好落实，全力促进转型跨越

服务发展是工商行政管理工作的根本目的。要坚持把服务发展作为第一要务，进一步增强服务意识，提高服务能力，提升服务水平，搭建六个帮扶平台。

一是以促进全市九大产业调整和振兴为重点，扎实推进"商标兴市"战略。近年来，我市各级党委、政府把培育和发展品牌作为经济建设的突出任务来抓，通过宣传、引导和扶持企业积极运用商标战略，特别是2009年以来，全市实施商标战略进入快速发展期，商标注册量明显增加，产品竞争力不断提高，为全市经济转型跨越发展起到了积极推动作用。截至目前，全市共有注册商标507件，其中驰名商标1件，著名商标36件，地理标志商标1件。通过深入调研，我们了解到，尽管我市在实施商标战略方面取得了一定成绩，但与先进地市相比、与我市蕴藏的潜力相比，还存在不少的不足和差距，需要引起我们的足够重视。主要表现在：商标意识不够强，总量还不够大；企业重视投资建设，忽视创立自主品牌；优势资源还没有得到充分挖掘；商标对我市产业集群的带动作用还不强。下一步，我们将紧紧围绕市政府确定的煤炭、电力、食品、装备制造、新型材料、冶金、煤化工、文化和旅游等九大调整和振兴产业和重点项目，加大宣传、帮助、指导、服务的力度，对一些尚未申请注册商标的企业，动员其进行商标注册；对一些支柱产业、特色行业、优势企业建立品牌梯队，作为实施商标品牌战略的重点工作对象，加大培育扶持力度，争取短期内培育出一批有代表性的驰名、著名商标。

二是以服务我市产业结构调整为重点，积极促进各类市场主体发展，推动创业就业。企业是市场经济的主体，也是转型发展的主体。只有企业总量大幅度增长、企业规模大幅度提升，才能为实现我市"十二五"GDP总量翻番、财政收入翻番、城乡居民收入翻番的宏伟目标提供有力支撑。为此，要充分发挥工商职能，大力营造良好投资创业环境，进一步激发投资的活力、创业的活力、发展的活力。首先，全力促进非公经济大发展。认真贯彻落实国务院《关于鼓励和引导民间投资健康发展的若干意见》新36条以及省政府五个27条意见精神，进一步放宽准入领域、降低准入门槛、提高准入效率，让市场主体，尤其是民营经济得到快发展、大发展。其次，促进经济转型快发展。对市政府确定的九大调整振兴产业及重点项目、招商引资项目，开辟绿色通道，实施重大重点项目局长领办、科长承办制，切实做到责任到人，提前介入，全程服务。第三，全力推进煤矿企业兼并重组。做好煤矿企业兼并重组的后续登记注册和属地监管工作。做到对辖区煤矿企业底数清、情况明，主动帮助完善工商登记材料，实现规范经营。

三是以搭建五大融资平台为重点，帮助企业融资解困。我市工商部门已为7家企业办理股权出质登记，连同资产抵押、担保等形式，帮助企业融资32亿元，其中出质股权4.5亿元。全市24家企业通过在工商机关办理动产抵押登记，实现贷款1.55亿元。朔州市邮政储蓄银行和工商部门联合开展"评定信用商户，创建信用市场"活动动员会后，仅两个月时间发放个体工商户贷款320笔，金额3486.1万元。积极支持组建小额贷款公司，全市现有小额贷款公司51户，注册资本达到28.14亿元，2010年以来已向社会放贷22亿元，在促进区域经济发展、活跃农村金融市场、缓解中小企业和个体工商户融资难问题等方面发挥了积极作用。

四是以促进农村经纪人、农民专业合作社、农业龙头企业健康发展为重点，扎实推进"五农工程"。在"红盾护农"上，重点是严厉打击农资销售和"家电下乡"中的坑农害农行为。我市已建立了89个消费者投诉分会，494个维权投诉站、联络站，方便农民投诉和举报。2010年，市局、城区、山阴、右玉等举行了农资培训暨座谈会，就如何搞好农资监管"问计于民"。根据代表们提出的意见，主动与农业部门联系，统一了农资"进销货台账"，同时要求农资经营户普遍推行"技术指导"、"服务咨询"、"经营承诺"等制度，确保农民买上放心合格的农资。查处农资案件44件。在"商标兴农"上，重点是加大涉农产品商标注册和涉农龙头企业著名、驰名商标争创工作力度。"应县紫皮大蒜"取得地理标志注册商标后，应县工商局先后协助多家大蒜经销商与地标注册人"应县农民经纪人协会"签订了地标商标使用许可合同。2010年大蒜的价格增加了200%，蒜农们的经济收入也由原来的亩产2000元至3000元达到了现在的9000元左右。通过一个地标，带动了一个产业，搞活了一地经济，富裕了一方农民。在"合同帮农"上，重点是推行农业合同示范文本，维护农民合法权益。2010年全市签订订单合同12 417份，金额1.26亿元。主要涉及平鲁、右玉的小杂粮和土豆，应县的紫皮大蒜、胡萝卜和甜菜，朔城区的洋葱等。为农户和涉农企业架起双赢桥梁。在"经纪人活农"上，重点是培育经纪人队伍，提高经纪人能力。应县建立了农民经纪人协会，定期组织会员召开座谈会、经验交流会，让他们在自我管理、自我约束的过程中，互通有无，相互促进，担当好农产品销售的"信息红娘"，担当好农民致富的领路人。目前全市农民经纪人已有436名。在"经济组织强农"上，重点是促进农村经济组织扩大经营规模，提高经营水平，增强竞争能力。各级工商部门通过咨询服务便民、"绿色通道"惠民、实施优惠安民等措施，推动农民专业合作社发展走上了快车道。目前全市农民专业合作社已达1 782户，出资18.94亿元，同比增长29.7%、43.27%。

五是以信息归集、成果应用为重点，扎实推进"信用朔州"建设。进一步完善信用信息数据库。目前，我市企业信用信息数据库中有46 680户市场主体信息。其中内资企业1 636户，私营企业5 119户，个体工商户38 129户，农民专业合作社1 794户，吊销的市场主体12 338户，已注销的市场主体12 553户。主要有巡查数据256 567条，案件数据11 791条。在此基础上，我们将进一步完善朔州市信用信息数据归集和公布系统，建立与信用体系建设成员单位的部门联网，建立企业信用信息评估管理系统；继续以"网上审批、网上年检，网上办案、分类监管，网上办公、高效服务"为目标，全面推进信息平台向工作平台和监管平台转型。进一步完善守信激励和失信惩戒机制，实施信息锁定，推进分类监管。自2009年6月1日《信用信息锁定管理办法》施行以来，全系统共锁定市场主体45 234户次，其中前置许可到期的1 966户，经营期限到期的17 816户，逾期未年检、验照的18 816户，其他6 636户。进一步推进信用信息产品应用。充分利用登记信息和监管信息，科学分析，形成报告，准确反映企业数量、经济规模、产业结构等综合情况，为政府决策和投资者服务。通过开展争创"守合同重信用"企业、"共建信用市场，认定信用商户"等活动，弘扬守信行为。目前朔州市拥有国家级"守重"企业7家，省级"守重"企业80家，市级"守重"企业148家。

六是以维权案件查处的回访为重点，规范企业的经营行为，维护企业的合法权益。通过对商标侵权、合同欺诈、商业贿赂、不正当竞争等案件查处的回访，进一步规范企业经营行为，同时积极开展宣传，提高企业的自我保护和维权意识，积极营造公平竞争的市场环境。2010年，我们在案件回访中发现一些中小企业存在使用不规范合同、超范围经营、未使用格式合同、审核不到位导致的为无照经营提供便利条件等未对市场经济秩序和他人利益造成侵害的轻微违法行为，实行"轻微违法警告、全程跟踪帮扶"。针对这些企业已经发生的违法行为，我们提出针对性的帮扶解决方案，彻底消除企业的经营隐患。这项帮扶措施既制止了违法行为，又创造了良好的市场经营秩序，受到企业的好评。

三、必须强化市场监管，维护消费者合法权益，为转型跨越发展营造规范有序的市场环境

要坚持把市场监管作为第一责任，重点是强化食品安全等涉及人民群众生命财产安全的重点领域、重点行业，加大市场监管执法力度。同时，要站在以人为本、关注民生的高度，听民声、知民意、帮民困、解民忧，切实提高消费维权的及时性、便捷性、有效性，赢得群众的信任与支持。

进一步完善12315维权体系建设，做到及时、准确、快速受理和处理消费者的申诉、举报，在消费者投诉半小时内赶到现场，有诉必查，有查必果。开通建设12315短信平台，定期按照有关规定和程序及时发布市场监管信息和消费警示、提示，切实提高对市场消费突发事件的防范能力和快速应对能力。进一步加大"一会两站"建设力度，继续大力推进12315进商场、进超市、进市场、进企业、进学校工作，扩大消费维权网络覆盖面，把消费纠纷化解在商家、化解在基层、化解在萌芽状态。2010年以来，我市12315消费者申诉举报中心共受理消费者申诉举报咨询965件，其中消费者申诉732件，办结708件，办结率达96.7%以上，为消费者挽回经济损失35.89万元；依法解答消费者咨询112件，发布消费警示28期。全市工商机关共查处各类违法案件2 614件，其中公平交易案件75件，侵害消费者权益案件74件，假冒伪劣商品案件43件，食品安全案件192件，商标侵权案件34件，虚假广告案件145件，合同违法案件54件，无照经营案件1 697件，有力地打击了违法经营行为，维护了公平竞争的市场秩序。

四、必须进一步加强作风建设和干部队伍建设，充分调动广大工商干部在促进转型跨越发展中"创先争优"、建功立业的积极性和创造性

袁纯清书记在全省领导干部大会上指出，政治路线确定之后，干部就是决定因素。实现发展转型，关键是干部要转型；干部转型，首先是思想要转型。总的要求是：素质提升，作风转变，能力加强，管理从严。为此，首先要强化班子建设。严格用人标准，严格组织纪律，严格绩效考核。重点提高各级班子和干部正确研判形势、领导科学决策、推动改革创新、驾驭复杂局面、开展群众工作、维护社会稳定的能力。其次要强化政风行风建设。政风行风体现整体工作、反映社会反响、事关队伍形象，必须高度重视，常抓不懈。要按照省工商局"工商形象、十事十办"和"作风建设、十查十看"的要求，细化具体标准，严格考核管理，严明工作纪律，确保干部管理、约束、激励等各项制度落到实处。三要强化干部教育培训。坚持把提升干部队伍素质和能力作为队伍建设的中心任务，精心组织、扎实开展全员大培训和岗位大练兵活动，突出抓好全体干部尤其是一线执法人员的"六有"、"六会"培训工作。采取走出去、请进来的方式，选派优秀人员，外出学习、深造，以培养多领域的复合型人才。四要强化绩效考核和奖惩。以建设"廉洁、勤政、务实、高效"的工商行政管理机关为目标，在系统内实行以定编定岗和岗位目标绩效考评为主要内容的精细化管理，实现人员岗位精细化、目标任务精细化、工作规范精细化、绩效考核精细化。岗位绩效考核采取"两级考核、下考一级；月评季考，年终测评汇总"的方法进行。将干部考核和奖惩、任用结合起来，切实改变岗责不明确、上岗不尽职、奖惩无依据的现象，激活人员内在潜力，提高干部素质、提升管理水平和工作绩效。

解放思想 执政为民
为实现转型跨越发展而努力奋斗

朔州市工商局朔城分局党组书记、局长　苏昭

工商行政管理机关作为监管市场的行政机关，在当前转型发展、跨越发展的新形势下，更应该牢记使命、解放思想、创新工作。紧紧围绕服务与发展这一主题，以监管和服务为主要手段，以保障民生、促进社会进步为根本目的，踏踏实实地做好各项工作，让人民群众真正感知到工商行政管理工作的现实推动力，感知到政府的温暖。

俗话说，打铁尚需自身硬。要做好工商行政管理工作，没有一支过硬的队伍是不行的。以往的那种"在收费中管理，在管理中收费"的粗放式监管模式已经完全不能适应如今的工作。信息社会、法制社会、网络时代要求工商行政管理人员要不断提高自身素质，这里面不仅包括涉及工商行政管理的各种法律知识，而且还包括信息、网络、语言和其他各项技能。通过执法办案逐步提高自身的各项素质，各项素质提高了，反过来也必然促进工作的开展。况且在当今经济迅速发展、社会瞬息万变的大背景下，各种新的经济领域违法活动层出不穷，网络暗箱交易、中介信用违法等现象要求工商行政管理工作要创新思路，拓宽执法领域，提高人员素质。只有这样，才能切切实实担当起监管社会主义大市场的历史使命。

社会进步催生了国家机关职能的转换与提升。工商行政管理机关职能从以往单纯的监管与收费上升为现在的监管与服务。这不仅是形式上的进步，更是内涵上的进步与发展。服务群众，服务社会是工作的第一要义。首先，转变工作作风是工商行政管理部门首要从自身做起的一项工作。从根本上改变"门难进、脸难看、事难办"的官僚风气，剔除长期以来养成的高高在上的衙门作风，要俯下身去，关心群众疾苦，了解群众困难、解决群众问题，只有这样，才能真正赢得群众的支持，才能从根本上贴近群众，从根本上做好工商行政管理工作。其次，言行一致，把服务与发展真正落到实处。从日常工作入手，细到帮助群众办理一份营业执照，大到帮助困难企业解决融资。职能范围内的事情，全力以赴；职能范围外的事情，群策群计。要心里装着群众，心里想着群众，做群众的贴心人。

做好工作源于细，源于精。工商行政管理工作涉及社会生活的方方面面，从校园周边环境整治到治理商业贿赂；从打击制假售假到治理超限超载，从打击非法传销到规范直销，无不都有工商行政管理的身影，党和人

民把重任交给了工商行政管理机关，工商行政管理机关没有理由推卸，只有一步一个脚印地踏踏实实做好工作。市场上的假冒伪劣商品少了，人民群众感激的是工商行政管理机关；校园周边的网吧少了，小食品摊点少了，家长们感激的是工商行政管理机关；一批批受骗上当的传销人员被遣送返乡，醒悟之时感激的是工商行政管理机关；困难企业得到工商行政管理机关的帮助起死回生感激的还是工商行政管理机关。凡此种种，工商行政管理机关把工作做精、做细，就是从根本上实现转型发展，跨越发展的现实目标，从根本上实现服务与发展这一主题。

服务发展的根本途径是为人民群众办实事、办好事。工商行政管理工作涉及的领域多、管理的难度大，要面面俱到做好这些工作，出发点落脚点就是保障民生，切实维护群众的合法权益。首先要关注本系统职工的民生，要解除他们的后顾之忧，从子女入学到老人赡养，要想细、做细，这样才能使他们全身心地投入到工商行政管理工作中去。反过来说，这也是社会民生的一部分，其次，把维护消费者合法权益作为关注民生的主要手段，扩大12315消费维权的社会影响，把12315提升为工商行政管理部门的品牌和形象，要悉心处理好每一件投诉、每一件举报，因为这不仅仅维护的是消费者和经营者的合法权益，更重要的是维护了人民群众的民生和工商行政管理机关的形象和地位。

行动需要精神来指引，工商行政管理机关更需要一种实实在在的精神来指引，那是一种什么样的精神呢？是右玉精神——执政为民！尊重科学，百折不挠，艰苦奋斗。右玉绿了，右玉美了。这一切都是右玉18任领导班子和人民艰苦奋斗、自强不息、持之以恒的"右玉精神"换来的，同时说明：只要有好的领导，好的作风，正确思想的引导，沙漠变绿洲不再是神话，是现实！面对奇迹所产生的思想，那就是一种精神，一种信仰，一种推动我们前进的力量。右玉县绿色奇迹的产生，让我们惭愧，让我们自豪，时刻鼓舞着工商行政管理人员不断奋进，做好工作。

朋友们，让我们在"右玉精神"的感召下，从点点滴滴做起，坚决抵制社会上的不良风气，用一身浩然正气，一种奉献精神，一腔激情热血来涤荡我们的心灵，激发我们做好工商行政管理工作。

营造市场环境
为转型跨越发展提供有力保证

朔州市工商局开发区分局党组书记、局长 刘云雁

　　为了更好地弘扬右玉精神，学习贯彻袁纯清书记"7.29"重要讲话精神，通过深入的解放思想大讨论，我区结合自身实际提出了立足低碳理念树立转型标杆，以科学发展观为统领，引深"三创"，打造"五大产业园"，坚持"五化"谋发展，实现"五年翻两番"的发展新思路。继而在深入开展学习活动为载体的前提下，扎实推进各项工作任务落实。通过"三创"载体建设，努力成为全市"招财引智"、"招商引资"的主阵地；要发展循环经济，实现资源转型，实现大招商、招大商。打造"五大产业园"：一是煤机装备维修制造园区，二是静脉产业园，三是红旗牧场煤电能源新区，四是物流园区，五是循环农业生态园区；坚持"五化"谋发展，一是工业低碳化，二是农业设施化，三是物流便捷化，四是城乡一体化，五是园区宜居化；实现"五年翻两番：科学编制"十二五"规划，努力打造"实力开发区、特色开发区、和谐开发区"、确保"十二五"期间内生产总值、固定资产投资总额、财政收入等主要经济指标，在2010年的基础上"五年翻两番"，力争成为朔州经济建设举足轻重的新经济单元，一举跨入全省开发区中上游水平。催人奋进的号角已吹响，按照袁纯清书记的讲话精神，结合新的发展思路，作为市场监管的重要职能部门，我局全体人员正在掀起一个解放思想、大干快上、求真务实、奋勇争先的新潮流，为开发区的新一轮发展添砖加瓦。

　　首先，以引深帮助服务企业大行动为抓手，以招商引资为重点，切实推进项目建设步伐，在促进经济平稳较快发展上作出新贡献。

　　第一，深入开展工商干部进企入户帮扶活动。首先，认真贯彻落实袁纯清书记"发展即发展、开放即发展、招商决定发展"的思路，为企业搭建融资平台，不断总结经验，创新服务措施、提高服务水平、拓宽服务领域；其次，将"大帮扶活动"作为工作重点不断引向深入，做到帮扶活动与履行准入职能创优政务环境相结合；再次，与认定信用商户帮助企业融资工作相结合；与实施品牌战略相结合；与维护合法权益相结合；与规范经营行为相结合。

　　第二，按照"增加总量、扩大规模、鼓励先进、淘汰落后"的要求，积极促进各类市场主体健康发展，支持各类市场主体健康发展。

第三，努力在商标培育、商标管理、商标保护上下工夫，加强行政指导，加大商标宣传、培育和扶持力度，力争在争创著名、驰名商标上取得新突破，推进商标战略的实施。

第四，通过开展创建信用市场活动，帮扶中小企业和个体工商户解决贷款难融资难问题，深入开展"认定信用商户创建信用市场"活动。

第五，继续深入开展"家电下乡"、"汽车摩托车下乡"等市场专项整治，严厉打击以"家电下乡"和"以旧换新"名义销售不合格和假冒伪劣商品等违法行为，维护农民合法权益。扎实推进"五农工程"。

第六，不断推广和创新创业带动就业的方法和服务方式，鼓励引导大中专毕业生、下岗职工、复转军人、返乡农民自主创业。大力推进创业带就业工作。

第七，加强"12315"行政执法体系和"一会两站"建设，及时受理和处理消费者咨询、申诉和举报，围绕热点消费领域，开展专项执法检查，妥善解决消费纠纷。

其次，加强市场监管，创造公平有序的市场环境，解放思想，转变作风，为转型发展跨越发展提供有力保证。

一要领导班子带头学习贯彻袁纯清书记讲话精神，进一步解放思想，锐意进取。在工作中讲求实效，不断寻求解决实际问题的新办法、新途径。采取"走出去"与"请进来"相结合的方式，外派业务骨干学习取经，内请专家学者传道解惑，不断开阔全局干部职工发展思路，强化发展理念。

二要切实加强食品安全监管工作。进一步完善食品许可证审核发放和管理工作，继续开展食品安全和食品添加剂专项整治，加强对汽车站等公共服务场所食品安全监管，严厉打击制售假冒伪劣商品违法行为。

三要把学习贯彻袁纯清书记讲话精神与加强作风建设，提高干部战斗力结合起来，重点抓好创先争优、学习型党组织、党风廉政、人才队伍建设等工作，切实加强治理商业贿赂工作。着重围绕建设"三个过硬"的干部队伍，以强化教育培训为重点，大力加强各级领导班子建设、党员队伍建设、基层执法队伍建设和党风廉政建设，全面提升队伍的整体素质和履职能力。围绕工程建设、产权交易、土地出让等热点问题，继续推进治理商业贿赂工作，着力查办商业贿赂大要案件。

四要切实各项市场监管工作。严厉打击商标侵权、虚假违法广告和合同欺诈等违法行为。加大对传销的打击力度，推进企业信用分类监管，改进年检方式，逐步推进网上年检。

再次，按照省工商局打击商标侵权、整治虚假违法广告、查处合同欺诈等工作要求，精心组织，周密部署，把握重点，我区还全力实施了专项整治工作。我局积极配合有关部门开展了辖区环境秩序"百日攻坚"、安全生产大检查、校园周边环境整治、烟花爆竹市场监管、黑网吧整治等多项工作。至2010年初，为维护我市经济秩序和社会和谐稳定做出了积极贡献。以营造消费环境、促进消费增长为目的，在消费维权水平上有了进一步的提高。

我们以袁纯清书记的讲话精神为统领，统一和激励广大干部群众的思想，全局人员始终坚持以人为本，高度关注民生，认真做好消费维权工作，提高12315申诉举报工作的受理质量，推进12315"四个平台"建设。以"消费与发展"为主题深入开展多种形式消费维权活动。截至目前，已经充分的发挥职能，有效地化解了消费纠纷，维护了社会稳定。

实现跨越发展，要以服务发展为目标，切实推进软环境建设。一是进一步增强干部职工改进作风的积极性。通过组织开展多种形式的学习教育活动，培养干部职工自我提高、自我完善、自我约束能力，提高干部队伍的整体素质。袁纯清书记指出，思想的大门打不开，发展的大门也打不开。实现转型发展，关键是干部要转型；干部转型，首先是思想要转型。二是提高领导班子的管理水平。把领导班子"敢管"和"善管"，真正承担起单位管理责任作为作风建设的关键。各级领导牢固树立了敢于管理、善于管理，不回避问题的思想，增强了组织管理能力，领导班子的凝聚力、战斗力和整体合力才能得到有效发挥。三是解决一些突出问题。通过三个月的作风整顿，内部自查、划片互查、专题民主生活会等方式查找问题，从分局领导到工商所一般人员都查找到自身存在的突出问题。全局系统针对存在的综合素质不高、业务能力不强、工作作风不实、组织纪律不严"四不"问题，建立"四个结合"、"四对照四查找"的机制，促进了作风的根本好转。四是建立完善了一批制度。通过整顿，制定完善了一系列行之有效的制度，初步形成了用制度管权、按制度办事、靠制度管人的有效机制。

总之，全局广大干部职工把作风整顿的成果转化为服务科学发展、加强市场监管、维护消费权益的动力，努力把形势的变化、上级的要求和本单位的实际结合得更加紧密，力求准确地判定本部门、本职位所处的历史方位，使我们的工作举措始终站在新的平台上，始终坚持创先争优、创新发展的工作主旋律。

袁纯清书记在全省领导干部大会上发表的重要讲话，明确推进了我们全省转型发展、跨越发展的奋斗目标、重点任务、实现路径和保障措施，是指导和推动山西当前和今后一个时期科学发展的重要文件和行动纲领，凝心聚力、激励全省人民迈向新的征程。它吹响了朔州思想大解放的号角，明确了我市经济转型跨越发展的目标。全局人员要把学习贯彻省委书记袁纯清的重要讲话作为一项重大政治任务，努力在我区全面转型发展和加快跨越发展中找准作用点、把握着力点、寻求突破点、形成新亮点，建立新的功绩，作出更大贡献。

深入推进"四个统一"
努力实现工商所职能转型

朔州市工商局平鲁分局党组书记、局长　郑斌

　　袁纯清书记重要讲话鼓舞人心，很受启发，其核心内容是："解放思想，创新工作，服务转型，促进跨越。"对市场守卫者的工商行政管理部门来说，能否更好地发挥职能作用，服务地方经济跨越式发展尤为重要。基层工商所是工商行政管理工作的"前沿阵地"，适应新形势，履行新职责，实现工作重心转移，做到"四个统一"，是基层工商所面临的严峻考验，也为工商事业发展带来了良好的机遇。

　　一、完善原有的体制和机制，创建"学习型"工商所，意义重大

　　"两费"停征和新"三定"为基层工商所职能发挥进行了重新定位，更加有利于建立科学发展的工商行政管理体制机制，进一步健全完善市场监管制度，便于积极探索精细化、规范化、制度化、现代化的监管方式和监管手段，为推进工商所职能转变，促进工商所职能到位提供良好的机遇，同时也面临着严峻的挑战。实现监管和发展的统一，重在创新和完善原有的体制机制，建立一套新的工商所运行模式，这是保障监管服务工作重心下移和履行法定职责的迫切需要，是工商行政管理事业发展的根本出路。

　　观念决定行为，思路决定出路。要迅速转变监管理念，努力实现由收费型工商向监管服务型工商转变，在提高执法效能、服务质量和规范管理上下工夫，以更加积极有效的作为，为服务地方经济社会又好又快地发展做出新的、更大的贡献。以前多年来形成的思维和定论已经不适应工商行政管理工作的需要，只有不断地充电，才能持续释放能量。建设"学习型工商所"，通过不断加强学习，提高人员的政治思想素质、理论知识素养、业务技能水平，才能转变理念和职能定位、找准方向，才能更好地开拓创新，充分发挥职能作用，为经济建设服务，使干部职工的心"沉"下来，思路"活"起来，职能"亮"起来，这是各项工作顺利开展的坚实基础。

　　二、科学设置机构，合理调配资源，是履行职能的基础

　　新形势下，基层工商所的设置更应该突出经济区域，按照小局大所、精局强所和执法重心下移的要求，配置监管人员，首先应该考虑从领导能力互补、年龄梯次分明、知识结构合理的要求入手，合理调配工商所

人员，鼓励机关人员到基层所工作，可以兼职，强化基层所整体能力，做到机关工作和基层工商所工作两不误。这样设置的好处是集中执法力量，便于开展较大规模的市场巡查、检查和监管，实现局所联动，上下及时沟通，更好地发挥出工商行政管理的职能作用。

过去我局对口市局有关科室，内设机构较多，全局精干力量滞留在了局机关，导致基层工商所力量薄弱，难以适应日益繁重的监管任务。把内设的彼此相关但却彼此分离的机构合理撤并，整合成一个有序的、高效的系统后，一方面有效地利用了人力资源，另一方面强化了业务职能高效运转，极大地提高了全局的工作办事效率。

三、明确工商所责任，实现职能到位，是履行职能的保障

1. 实行辖区管理目标责任制和行业管理责任制

按区域或行业划分责任区，将工商所辖区分解为若干个片，依托经济户口管理，履行监管职责，每个片由2名干部负责，实行"五定"管理，即定片区、定人员、定任务、定职责、定奖惩，两名监管人员在每一包片上分"A"、"B"两个角色，各自承担主次责任，明晰监管职责，可有效防止"谁都管、谁都不管"的推诿扯皮现象。在包保监管责任的基础上，由副所长兼任组长，按照联片成组、组片交融、灵活互动、协调监管的原则，片片独立，片组相融。各片的日常监管工作由片长负全责，在专项整治工作中，由组长牵头，整合组内各片力量开展工作，以此解决片长单独执法难的问题。这样缓解了人员较少的问题，便于工商所全面掌握国家局、省局、市局及本局登记注册经营户的情况，有效地理顺了工商所工作，达到了监管目的。

2. 创新登记注册和年度检验工作机制，促进职能发挥到位

（1）个体工商户注册登记实行"双轨制"。

个体工商户登记注册工作中实行"双轨制"，即申请登记的业户既可以到所在辖区工商所提出登记注册申请，也可以到政务大厅工商窗口提出申请，受理单位不得相互推诿，受理后按程序为业主提供便捷、高效服务，并把登记信息相互及时传递。我局采取这种寓服务于监管当中的创新方式，是在推行首问责任制、限时办结制等有关制度基础上进行的，一方面减缓了基层工商所的压力，另一方面避免了办事人员跑冤枉路，方便了群众办事，同时也促进了审批效率、工作准确率和个体档案规范化水平的提高。

（2）推行委托基层工商所对管辖企业年度检验制度。

企业年度检验是对市场主体准入的后续监管，过去统一在政务大厅工商窗口年检，一些偏远地区的企业，路程远、交通不便，加之不熟悉有关工商法律、法规，常跑冤枉路，很不方便群众办事。创新年检工作模式，委托工商所对管辖企业年度检验制度，是适应经济快速发展，方便企业办事的新举措，工商所可及时准确掌握经济户口动态，有效地避免了登记和

监管脱节的问题。工商所在履行年检过程中，要创新服务方式和手段，改变坐等上门的做法，推行上门年检服务。对重点项目、重点企业，开辟绿色通道，实行上门、预约年检，现场办结各项手续，指导企业填写相关资料，现场审核，当场办理。2010年我局选择了凤凰城工商所试行此项工作，取得了很好的效果，得到了社会的广泛好评，为2011年全面推广积累了经验，奠定了良好的基础。

3. 实行经济户口长效监管

经济户口管理主要是依法甄别市场经营主体的准入资格，监督管理和规范其生产经营活动，加强经济主体的信用建设，使经济主体守法经营和健康发展，从根本上促进公平竞争的市场环境和安全健康的消费环境的建立。首先对各类市场主体实施信用分类管理，对辖区各类市场主体进行信用评价，确定信用等级，并依此采取不同方式对其实施监管。采取局所联动、所所联动的办法，适时掌握局机关和基层工商所证照发出情况，对上级工商局发照情况也要全面掌握，及时认领，对经营户底数随时清楚。两年来，我局狠抓经济户口管理工作，通过开展学习培训、岗位练兵比武、对照检查评比等活动，经济户口管理水平显著提高，建立起了长效机制，以经济户口管理为依托，推动工商行政管理工作与时俱进，创新发展，将各项措施落到了实处。

4. 实行工商所监管权限最大化

过去，工商所花费大量时间和主要精力，用在业务含量较低的收费工作上，导致在执法办案方面与监管社会主义大市场的要求存在着明显的差距。停征"两费"后，工作重心由收费转移到了市场监管。工商所人员的思想观念和工作方式要迅速转变过来。一是要扩大办案人员的面，做到大多数人会办案，多办案，办大要案，提升执法权威；二是要扩大案件类型的面，除无照经营案件外，多办一些不正当竞争、商标侵权、广告违法、合同欺诈等类型的案件，探索对网上交易、电子商务等新兴领域的监管。局机关要把监管权限最大化下放到基层工商所，着力推进"四个延伸"，即监管领域由低端向高端延伸；由监管传统集贸市场向依法监管各类消费品市场、新兴网络市场延伸；从侧重查处常规违法行为向依法查处不正当竞争、行业垄断、商业贿赂等违法行为延伸；从个案查处向关注涉及群体利益的社会重点热点难点问题延伸。做到"四多一少"，即：多帮助、多引导、多规范、多教育，少指责。增强经营者自律意识，自觉消除违法状态，达到市场监管的目的。

袁纯清书记的重要讲话高瞻远瞩，为我们在贯彻落实科学发展观上进一步指明了方向，一定要深刻领会讲话精神，把握内涵，不断探索工作方式，积累工作经验，创先争优，尽职尽责做好市场监管工作，尽心尽力维护和谐市场秩序，为平鲁经济实现跨越发展贡献出应有的力量。

充分发挥职能作用
促进经济转型跨越发展

山阴县工商局党组书记、局长　郭补栓

省委书记袁纯清在全省领导干部大会上的讲话中指出，实现发展转型，关键是干部要转型，而且首先要在思想上转型。要有世界的眼光、战略的思维、结合的本领、学习的自觉、高尚的操守、敢闯的勇气；要加快服务转型、激发民营经济活力；要加强党的领导，为转型跨越发展提供坚强保证。

2010年，是"十一五"的最后一年，"十二五"的经济社会都将发生很大变化。我们要按照袁纯清书记讲话精神要求，结合全省创先争优活动，积极开展"解放思想、创新工作、服务转型、促进跨越"的大讨论，坚持把解放思想、创新观念作为第一动力，创新教育培训手段措施，进一步增强大局意识、服务意识和创新意识；坚持把加强作风建设、提升干部素质作为第一保障，创新队伍建设，调动工商干部的积极性和创造性；坚持把发挥职能作用、服务科学发展作为第一要务，创新服务方式，支持经济主体发展壮大；坚持把强化市场监管、维护市场秩序作为第一责任，创新监管方式，营造规范有序的市场环境；坚持把关注保障民生、维护消费权益作为第一要义，创新维权手段，维护好消费者合法权益。

一、创新教育培训手段、内容，有效提升干部队伍素质

学习的本质是改变，改变你的观念，改变你的思维，改变你的境界。2010年以来，山阴县工商局广泛开展建设学习型机关、学习型党组、学习型干部活动，在全体干部职工中营造良好氛围。坚持每天早晨班前半小时学习制度，人人参与，人人当老师，人人当学生，相互学习，相互交流，相互促进；每周五下午集中全局人员学习，由职能股室负责人讲解一部法律、法规，或者由办案人员讲评一个案件，对提升工商人员的法制意识和办案能力起到了积极的作用；每月末集中股所室负责人在电教室观看光盘，接受警示教育，促进干部廉洁自律，尽职尽责。通过一轮轮、一次次的学习培训，形成了善思好学、勤学比学的浓厚氛围，极大地提升了全局人员的综合素质和工作能力。

二、创新服务方式、方法，促进各类市场主体长足发展

工商机关作为政府职能部门，只有坚持把服务经济发展作为第一要务，不断改进和提升服务水平，才能进一步做好工商工作。要改变以部门利益为重，视群众为管理对象，偏重管理而忽视群众呼声和需要的错误观念，改变过去管理者的高高在上的居高临下的态度，发挥工商部门对企业的"助产"、"帮扶"功能，为各类市场主体提供主动服务、上门服务、优质服务，努力打造"服务型"工商，切实做到让政府满意、社会满意、群众满意。一是主动服务，支持地方经济发展。2010年来，全县共发展各类企业182户，总量达到1072户。大力实施对农民专业合作社发展的优惠政策，新增农民专业合作社100户，为农村市场的活跃和发展注入新的活力，从而带动农村市场的发展，为农民创收、增收提供了保障。二是上门服务，变坐等为上门。年检验照期间，注册股人员多次到金海洋集团进行现场办公，实施上门年检，接受咨询，促进了企业的快速发展。三是融资服务，搭建"银企桥梁"帮扶企业。为了有效解决中小企业融资难、贷款难的问题，积极与银行、信用社联手，先后帮助古城乳业、金海洋、国丰化工等几家公司进行动产抵押登记，为企业融资5亿元。通过股权出质为古城乳业成功融资2800万元，有效化解了企业资金瓶颈，为企业抵御金融危机、增强企业发展后劲发挥了重要作用。四是帮扶服务，通过开辟"绿色通道"，实施"零收费"、"零距离"，促进大学生、残疾人等特殊群体创业就业，助推经济发展。

三、创新队伍建设，筑牢思想防线，强化职业操守

在加强队伍、作风建设方面，组织开展了为期3个月的"作风整顿月"活动，认真查找问题，积极进行整改，践行和落实"十查十看"、"十事十办"，不断增强工商队伍凝聚力和战斗力，做到"勤政廉洁、执法为民"。注重培养干部职工吃苦耐劳、乐于奉献的精神，坚持做到权为民所用、情为民所系、利为民所谋，为民的事不遗余力，扰民的事绝对不干；以求真务实的作风推进各项工作，把工作当做事业来做，不说虚话、空话、假话，不浮夸，不浮躁，真干实干，干出实绩干出实效；切实增强团结协作意识，牢固树立"局兴我荣，局衰我耻"的大局意识，正确处理集体和个人利益之间的关系，创造内和外顺的工作环境，激发整体干事创业的活力和激情；树立法制意识，严格依据法律法规执法办案，办大案、办铁案；从思想上树立和养成勤俭节约的意识、廉洁从政的意识，始终保持头脑清醒，做到洁身自好、慎独慎微，干干净净做人、清清白白做事、堂堂正正做官。

四、创新监管方式，拓宽监管领域，创建和谐市场环境

创先争优是当前乃至今后一段时间，加强党的建设的一项重要任务。我们要创新监管方式，着力推进"四个转变"，为和谐稳定市场环境建设提供保障。一是在政务大厅注册窗口和基层工商所服务大厅设立服务台，明确专人办理相关注册登记业务。对申请注册登记材料符合法定条件的，当场受理、当场发照。对政府大力扶持的九大产业调整项目，主动与地方政府沟通，在最短的时间内特事特办、急事急办，全力提速工商服务。二

是在进企入户大帮扶活动中，通过向企业选派帮扶人员，递送联系卡，召开座谈会，落实行政指导等方式，畅通工商人员与企业、个体工商户的联系渠道，及时了解服务对象在发展中遇到的困难和需求，以及对工商部门的合理化建议，为企业和个体工商户提供工商法律法规咨询及其他服务。三是针对我县品牌战略推进中仍存在的"活力不够、竞争力不强、带动力不足"等难题，我们利用信息渠道多、政策法规熟等特点，主动为企业服务，采取"政府支持、工商帮扶、企业参与"的方式，提醒、指导、帮助企业规范商标发展。2010年以来，共新申请注册商标30件，总量达到122件，申报著名商标3件，总量达到11件。"十一五"末商标数量较"十五"末有了明显增加，商标发展呈现出强劲势头。伴随着古城乳业、鑫邦燕麦、天鹏肉制品等一批涉农龙头企业和金海洋集团等能源企业的不断壮大发展，"经济全面发展，短板全面突破"、"富强秀美，两宜靓丽"新山阴建设取得了极大进展。

五、创新维权手段、方法，维护消费者合法权益

关注保障民生、维护消费权益是工商发展的第一要义，创新维权手段，就是要从保障人民群众生命健康安全、维护公平正义社会环境、经济良好有序秩序出发，多措并举，多管齐下，全力维护经营者和消费者的合法权益。2010年以来，我们将打假维权的重点放在群众关心的热点、焦点和难点问题上，放在关系人民群众生命安全、健康的重点商品上，放在对严重危害市场秩序的假冒伪劣行为上，不断加大打击力度，严厉查处和惩治违法行为。通过"红盾护农"、"食品安全专项整治"、"打击侵权知识产权和制售假冒伪劣商品行动"、"建材市场整顿"、"成品油市场整治"、"乳粉清查"、"治理超限超载"等专项整顿行动的开展，各项工作均取得了显著成绩。同时，建立和完善12315投诉举报快速反应、分流、处理、反馈制度，进一步加快推进12315行政执法体系"四个平台"和"一会两站"建设进程。

通过认真学习袁纯清书记的讲话内容，结合"创先争优"活动的开展，工商部门队伍建设必将得到进一步加强、社会形象将得到进一步提升、工作作风也将进一步得以转变。在全省经济转型、跨越发展的大潮中，工商部门将发挥重要的作用。

立足本职创先进
服务经济争优秀

应县工商局党组书记、局长　贺春丽

　　按照全省工商系统"创先争优"活动的工作部署，我局高度重视，精心组织，全面实施，并把认真学习贯彻袁纯清书记"7·29"讲话精神和王虎胜局长在全省工商行政管理半年工作会议部署紧密结合起来，为县域经济转型跨越发展不懈努力，奋发工作。在认真学习和领会上级文件精神，按照市局的统一部署，抓好本局动员部署，组织学习的同时，对照"五个好"、"五带头"的目标要求，通过自身学习和思考，对这次创先争优活动有了深刻理解和体会。

　　一、开展创先争优活动，是党的一项重要任务，应切实增强工作的政治责任感和紧迫感

　　创先争优活动既是学习实践科学发展观活动的延展和深入，又是推动党组织和党员立足本职、发挥先锋模范作用的经常性工作，意义重大。我们要以"等不起"的紧迫感，"慢不得"的危机感，"坐不住"的责任感，做到思想更重视，行动更坚决，方法更科学，工作更扎实，确保创先争优活动高标准、高质量、高效率地开展。工商部门是政府的职能部门，工商干部的作风好坏，关系到党和政府的形象。为此，共产党员特别是党员领导干部要着力解决人民群众反映强烈的问题，特别是群众普遍关心的热点、难点问题，把实现好、维护好、发展好最广大人民群众的根本利益作为一切工作的出发点和落脚点，真正做到思想上尊重群众，感情上贴近群众，工作上为了群众，密切党群、干群关系，巩固扩大党的执政基础，只有这样，才能不断地促进区域经济转型跨越发展。

　　二、要准确把握政策，明确方向，把活动与自己所从事的党务工作有机结合，确保创先争优活动扎实开展

　　这次深入开展创先争优活动，要以党的十七大和十七届三中、四中全会精神为指导，以深入学习实践科学发展观为主题，以学习贯彻省委书记袁纯清在全省领导干部大会上的讲话为动力，以王虎胜局长在全省工商行政管理半年工作部署大会上的讲话为目标，坚持从应县工商实际改革创新，务求实效。深入开展创先争优活动，关键要把握好立足本职创先进，服务经济当优秀的总体要求。一要推动科学发展。要巩固和扩大深入学习实践科学发展观活动成果，进一步解决影响和制约工商行政管理工作科学

发展的突出问题。党员干部要以模范行动影响和带领干部职工努力完成全年各项工作任务，自觉做到以创先争优的实际行动促进科学发展，以加快科学发展步伐检验创先争优的成效。二要促进社会和谐。要深入开展党性教育活动，积极践行社会主义核心价值体系，推动形成良好社会风气；发挥基层党组织维护稳定第一道防线作用，及时了解广大党员和监管服务对象的思想动态，主动排查矛盾纠纷。做好化解工作，在重大突发事件面前和关键时刻，立场坚定，旗帜鲜明，自觉维护大局。三要服务人民群众。要健全完善便民服务体系，组织党员开展志愿服务、结对帮扶、走访慰问等活动，为基层党员和监管服务对象及群众提供法律、政策、信息等方面服务，帮助基层党员和群众解决群众生产生活中遇到的实际困难，让群众得到更多实惠，进一步密切党群干群关系。四要加强全局和基层工商所党支部建设。要加强党总支和基层工商所党支部班子、活动、制度和保障的规范化建设，充分发挥支部的战斗堡垒作用和党员的先锋模范作用。这些要求，延续了学习实践科学发展观活动的精神，同时又赋予了新的内涵，反映了基层组织和党员队伍建设的时代要求，我们一定要认真把握、努力实践，使创先争优活动真正成为目标定位清楚、任务明确具体的规范性工作。

三、要突出工作重点，抓住关键，联系实际，确保创先争优活动取得实效

开展创先争优活动，是党的思想建设、组织建设、作风建设一项经常性工作，我们必须要与工商行政管理各项工作紧密结合，要注重坚持，注重深入，注重落实，努力把创先争优活动与我们从事的工商行政管理工作组织好、推动好、落实好。

近年来，我局的各项工作取得了新的突破，发生了显著变化。这主要得益于全局上下团结奋斗、真抓实干、开拓创新；得益于广大工商干部爱岗敬业、充满激情的良好作风；得益于一支特别能吃苦、特别能战斗、特别能奉献的工商干部队伍，他们走遍了千家万户，说尽了千言万语，历尽了千辛万苦，为县域经济又好又快发展做出了自己应有的贡献。但是随着市场经济的不断建立和完善，部分工商干部特别是党员干部的思想作风、学风、工作作风、领导作风和生活作风与社会主义市场经济发展的要求又不相适应。主要表现在：有的当官做老爷，高高在上，脱离群众；有的以管理者自居，服务态度生硬，监管缺乏人情味；有的出现门好进，话好听，事难办，甚至出现了不给好处不办事，给了好处乱办事；有的执法不文明，方法简单、粗暴；有的利用"案费证照"搞"吃拿卡要"等等。这些问题的出现和暴露，关键是我们的一些党员干部放松了思想道德修养和理论学习，缺乏创先争优的思想。正如袁纯清书记在调研工作中指出的"在新理念、新知识、新技术不断涌现的今天，要加快转型步伐、实现跨越发展，必须重视学习、加强学习，促进干部素质提升的新跨越"。这既是对破解发展难题提出的根本性应对之策，也是对广大党员特别是党员领导干部增强现代化建设能力提出的新要求。

为此，按照袁纯清书记在全省领导干部大会上的讲话和王虎胜局长在全省半年工商行政管理工作部署大会上的讲话精神，我们要重点抓好以下几个方面的工作：

1. 强化市场监管，当好市场"卫士"。要继续加大执法力度，创新监管机制，提高监管效能，完善应急机制，促进安全生产，要以"加强班子，带好队伍，创优机制，促进发展"为主线，兼顾监管执法和服务发展的实际，继续开展"为群众办好事，让群众好办事"活动，努力做到"五个好"，即领导班子好、党员队伍好、工作机制好、工作业绩好、群众反映好；争做"五带头"，即带头学习提高、带头争创佳绩、带头服务群众、带头遵纪守法、带头弘扬正气。为县域经济转型跨越发展充分发挥职能，力争更大贡献。

2. 关注保障民生，做好消费维权工作。市场消费是最大的民生工作，维权是党和政府赋予工商行政管理机关的重要职责。我们要充分发挥"12315"中心的职能作用，做到及时受理投诉、及时调解纠纷、及时办案查处，要把关注民生、保障民生，实现好、发展好最广大人民群众的根本利益这件事办好、办实。

3. 积极创新活动方式，开展创先争优活动。全局6个党支部要结合本局开展的"作风建设年"、"素质效能提升年"活动，围绕本局活动方案，提出符合支部实际的工作意见、党员提出参加活动的具体打算。要采取适当方式向群众公布、作出承诺，接受群众监督；要对照承诺事项，认真研究兑现承诺和服务发展、服务基层、服务群众有机联系的具体办法措施，把承诺的事项真正办好，落到实处；要采取测评的方式推动创先争优活动取得实效；要及时发现、总结好的经验，积极推荐优秀党员，树立一批典型，以点带面铺开工作。

4. 建立健全争创机制，巩固扩大创先成果。一是要通过开展党性分析的办法，使党员人人想优秀、争优秀、当优秀，使党支部谋先进、学先进、创先进，建立创先争优的动力机制；二是运用民主测评、满意度调查、行风评议、推优排队等考核评价方式，建立科学合理的评价机制；三是表彰优秀共产党员，建立有效的激励机制。要注重先进典型的宣传推介，充分发挥典型的示范引导作用，使大家感到可信、可亲、可近、可比，学有榜样，干有方向，形成"比学赶超"的良好风气。

5. 强素质，树形象，做坚强红盾卫士。在继续巩固全省工商系统"作风整顿月"活动取得显著的成果基础上，进一步加强班子建设、党员思想建设、作风建设。要加强学习、考核、财务管理、廉洁自律建设，以"党建促效能"，以"纪律促发展"为目标，认真查找自身素质、工作作风、工作效率和工作质量等方面存在的突出问题，深入分析原因，制定切实可行的整改措施。

弘扬右玉精神 实现五个提高
促进转型跨越

右玉县工商局党组书记、局长 韩文

袁纯清书记所作的重要讲话，立足兴晋富民大业全局，着眼全省"十二五"发展，顺应时代发展大势，把握山西发展特征，深刻阐明了我省发展面临的机遇和挑战、存在的优势和不足，明确提出了推进全省转型发展、跨越发展的目标任务、重点路径和保障措施。是指导推动山西当前和今后一个时期科学发展的重要文件，是一个凝聚人心、鼓舞士气、激励全省人民迈向新的征程、共创美好未来的动员令和号召令。特别是袁纯清书记对全省工商系统作出重要批示，要求我们"创新工作，服务转型"，"坚持监管和服务并重，为各类业主创造一个好的市场环境"，"为山西市场经济的活跃和健康发展做出新的贡献"！更为全省工商行政管理工作指明了方向，增添了动力。

省工商局王虎胜局长要求我们要把学习贯彻袁纯清书记重要批示，作为政治任务，摆在突出位置，深刻领会丰富内涵和精神实质。把学习贯彻落实袁纯清书记重要批示作为强大精神动力，与学习贯彻全省领导干部大会精神结合起来，与学习贯彻全国工商行政管理局长座谈会和全省工商系统半年工作会议精神结合起来，统筹推进各项工作，把活跃市场经济作为服务转型跨越发展的重大任务，为市场经济的活跃和健康发展做出新贡献，以优异成绩向省委、省政府和袁纯清书记交上满意答卷。

朔州市工商局于剑云局长要求全市广大工商干部要把思想认识统一到袁纯清书记在全省领导干部大会上的重要讲话精神上来，深刻领会精神，统一思想认识，结合工作实际，坚决贯彻落实，充分发挥职能作用，促进朔州经济社会实现率先发展和转型发展。

在活跃市场经济、服务转型跨越的繁重任务面前，我们右玉县工商局坚决把思想和行动统一到袁纯清书记的重要讲话精神上来，继续深入开展"解放思想、创新观念"大讨论，切实做到有世界的眼光、有战略的思维、有"结合"的本领、有敢闯的勇气、有学习的自觉、有高尚的操守，不断引深"五增五创"的工作主题，全面推进监管理念创新、监管机制创新、监管方式创新，更加自觉地加强自身建设，以弘扬右玉精神为动力，以深入开展"创先争优"活动为载体，大讨论推进思想解放，大力度强化作风建设，大规模开展教育培训，为活跃市场经济、服务转型跨越提供坚强的思想保证、

作风保证和素质保证，全面履行工商行政管理职能，切实做好服务发展、服务民生、服务和谐，着眼"五个提高"，实现"四个统一"。

一、开拓发展思路、增强工作后劲，在思想认识上有新的提高

工商行政管理部门作为政府行政执法和市场监管的职能部门，在促进转型发展、跨越发展中承担着重要使命。这就要求我们首先要解放思想，进一步增强工作动力，在思想认识上有新的提高。

一是要做好服务大发展的思想准备，在服务转型、促进跨越中建立功业，甘为人先。二是要牢牢把握国家工商总局"四个统一"、"四个转变"和"四个只有"的工商行政管理理论内涵，自觉把工商行政管理工作放到全局中去思考，更加有效地服务右玉经济社会发展。三是全局干部职工都要以敢想大发展、敢谋大发展、敢干大发展的气魄，发扬知难而上、艰苦奋斗的创业精神，勇挑重担、尽职尽责的负责精神，求真务实、奋力拼搏的实干精神，协调各方、凝聚力量的团结精神，事业为重、筑基固本的奉献精神，服务发展、敢于建功立业；创新监管、敢于争创一流；干好各项工作，都要只争朝夕，做到敢干事、能干事、不出事、干成事。

二、创造优良环境、促进经济发展，在提升服务质量上有新的提高

服务发展是工商行政管理工作的根本目的，服务市场主体、创优发展环境是工商部门的重要职责。坚持把服务发展作为第一要务，进一步增强服务意识，提高服务能力，提升服务水平，以进企入户大帮扶活动为契机，实现服务质量大提升、发展环境大优化。只有提高服务能力，提升服务水平，优化发展环境，才能促进招商引资，促进经济发展。

实现服务质量大提升就是要树立"有限管理、无限服务"的理念，充分调动广大干部的积极性、创造性，努力提高服务市场主体大发展的能力，提高创造公平发展环境的能力，提高推进信用建设的能力，提高执法为民的能力。

实现服务质量大提升就要大力推进政务公开，建设阳光型工商；坚持服务群众，建设服务型工商；强化执行力，建设务实型工商；为经济发展多设路标，不设路障，多说怎么办，不说不能办，在服务中求发展，在服务中求业绩，在服务中求和谐，在服务中赢地位。

实现服务质量大提升就是要执行好国务院发布的《关于鼓励和引导民间投资健康发展的若干意见》36条和省政府出台的《发挥工商职能作用，促进创业就业的实施意见》等5个"27条"基础上，进一步降低准入门槛，做到凡是法律未禁止的行业，都要向民营经济开放；对群众办事给予"保姆式"服务，使他们"进门感到亲切、办事感到高效、出门感到满意"；对新型产业和招商引资企业提供全程跟踪服务，事前介入，事中帮扶，事后回访。

三、创新发展模式、增强综合实力，在"品牌兴县"发展水平上有新的提高

品牌是企业自主创新能力的标志，是企业综合竞争能力的体现，越来越成为一个地区经济实力的象征。在实现转型发展、跨越发展进程中，要转变发展方式，大力推进"品牌兴县"战略，增强竞争实力和可持续发展后劲。一是要根据右玉县产业结构实际情况，确定重点领域，制订"十二五"商标战略发展规划，使全县商标意识明显增强，注册、运用、保护和管理商标的能力明显提高；二是加大商标注册推进力度，广泛开展"一企一件"商标注册活动，力争全县商标年申请量、有效注册商标总量取得突破性、飞跃性增长；三是加大行政指导力度，扶持企业争创山西省著名商标和全国驰名商标。

我县的商标战略发展规划是力争在"十二五"末，全县注册商标总数达到160件，全省著名商标10件，全国驰名商标1件，在"右玉羊肉"、"右玉小杂粮"、"右玉沙棘饮料"和"右玉月饼"上注册原产地地理标志证明商标。

四、发挥工商职能、搭建银企桥梁，在帮扶企业融资能力上有新的提高

推进转型发展、跨越发展，投资、融资支撑是保障。2010年我局帮助2家中小企业融资贷款4020万元，这离企业所盼、社会所需是远远不够的，更需要我们充分发挥工商职责，创新工作思路，搭建五大融资平台。

一是打造民间资本投资平台，积极支持组建小额贷款公司等民间金融机构，扩宽和规范民间的投融资渠道；二是打造股权出质融资平台，深入开展股权质押、股权出资以及债权转股权等工作；三是打造动产抵押融资平台，积极主动宣传企业、沟通银行，为企业动产抵押贷款做好登记服务工作；四是打造商标出质融资平台，认真执行即将出台的《商标权质押融资工作指导意见》，为企业商标质押贷款创造条件；五是打造信用贷款融资平台，依托信用信息，搭建银企桥梁。

五、铸造维权品牌、保障民生权益，在食品安全监管力度上有新的提高

要始终把强化监管、维护秩序作为第一责任。尤其是流通环节食品安全监管，关系人民群众的身体健康和生命安全。要把流通环节食品安全监管作为一项政治任务来完成，确保全县流通环节食品安全。

一是要抓好食品安全监管"四个所有"任务的落实。认真执行"六查六看"、"两个规章"、"一个意见"、"八项制度"等流通环节食品安全监管的各项规章制度，做到省工商局食品安全监管会议要求的"四个所有"。二是强化食品经营主体监管。认真执行国家工商总局《食品市场主体准入登记管理制度》和省工商局《食品流通许可证管理实施办法》，依法核发食品流通许可证，切实加强对流通领域食品经营主体的监管。三是加大巡查广度，目前要切实抓好省工商局部署的清查问题乳品、打击侵犯知识产权和制售假冒伪劣商品、节日市场整顿等各项专项行动。

创先争优提素质
优化服务促效能

怀仁县工商局党组书记、局长　冯佐洲

　　怀仁县工商局在创先争优活动中坚持以"创先争优提素质，优化服务促效能"为主题，不断深化活动内容，奋力创先争优，有力地推动了全县工商工作全面发展，为怀仁县经济社会又好又快发展做出了积极贡献。

　　一、发挥思想引导，在打造学习型组织上创先争优

　　面对服务发展的新任务、监管市场的新形势、消费维权的新特点、队伍建设的新要求，必须提高干部队伍整体素质，在创先争优上下工夫。

　　1. 采取"三个保障措施"，有力开展组织建设活动

　　一是领导保障。局党组成立了"开展组织建设活动领导小组"，把"建设活动"列入了重要议事日程，纳入我局全员精细化考核。制定了《开展"学习型领导班子、学习型党组织、学习型机关、学习型干部"建设活动实施方案》，并召开了启动会议。二是经费保障。局党组结合县局精细化管理，建立稳定的经费保障机制，确保学习培训和活动组织经费。三是制度保障。局党组制定了"建设活动"学习制度，制订了学习计划、学习目标，把党员干部的学习情况作为精细化的重要依据。

　　2. 搭建"三个实践载体"，有序开展组织建设活动

　　我局积极搭建"三个实践载体"，将学习实践活动与工商管理实践相结合，一是举办专题学习。邀请县委党校老师进行专题辅导讲座。二是开辟学习专栏。增设了阅览室、开辟学习专栏等交流平台，添置了学习资料与学习设备，举办了"学习型工商干部"征文比赛。三是开设门户网站。我局投入一定的资金、人力，开设了全市首家县局门户网站，提高了学习效率。

　　3. 组织"三个分层学习"，有效开展组织建设活动

　　一是局党组率先垂范。局领导以身作则，带头学习。二是机关全体党员认真学习。将每周二定为集中学习日，坚持每月开展一次专题讲座，聘请党校老师系统讲授。三是基层工商所党支部认真组织学习，积极争创"学习型党组织"。

　　二、实施精细化管理，在提升监管效能上创先争优

　　通过健全鼓励机制将省市工商局安排的所有目标任务层层细化分解，对应到每一个股室，并逐一分配到每一位工作人员，充分调动广大干部职工的积极性和创造性，形成人人都参与、人人都管理、处处有管理、事事

211

见管理的工作格局，进而推动事业全面发展。

1. 目标任务精细化。力求将所有工作目标一一细化分解，事无巨细，大到执法监管小到卫生出勤，一一精细到位，做到事事见管理。

2. 人员岗位精细化。力求将工作目标细化明确，责任到人，分配到每一个股所，并一一对应到每位工作人员身上，做到人人都管理。全局共设置了3大项193类533个工作岗位，并对每一个岗位的工作职责、执法权限、操作程序、处理时限、责任范围进行严格界定，推行责任片管理。

3. 工作规范精细化。对应每一目标岗位、每一工作环节一一制定工作规范和标准，要求责任人对照规范标准严格操作。

4. 绩效考核精细化。一是对责任领导根据分管的股所进行考核打分；二是对各股所室每月按完成工作得分排名；三是建立个人考核档案，记录个人每月工作情况得分、排名，并将此进行公示，与评先评优、晋级升职严格挂钩。

三、创新监管方式，在优化服务上创先争优

"创先争优"活动中，县局坚持把活动开展与工作实践紧密结合，找准发挥工商职能与服务经济发展的最佳契合点，建立起一套网络管理、源头治理、全程监控行之有效又便于操作具有长效功能的管理机制。

1. 创新广告电子监管

实现工商局、工商所、广告经营者、广告主的四级联网的"432"电子广告电子监管的新模式。

"4"即四方互动联网。针对以往整治手段落后的问题，怀仁县工商局开发了广告监管系统软件，形成了工商局、工商所、广告制作商、广告主的四级联网，实现了广告科学管理，不仅提高了办事效率，同时也为监管提供了依据和方便，提高了执法效能。目前，我局已和全县18家广告牌匾制作商、5家印刷商、1家媒体，共24家有广告经营资质的单位联网；广告数据库已建立起了近2000条广告信息。

"3"即三段网络管理。加大对广告产生前、广告制作中、广告使用后3个阶段的网络监管，进一步完善了广告的监管体系。一是严把广告制作审查关，坚决把内容低俗、虚假欺诈的广告拒绝在审批的大门之外，全力保障文明、健康广告的合法地位；二是在广告制作中，采用抽查、淘汰、取消资格的管理办法，严格监管广告制作商；三是局所联动，按辖区授权工商所对广告进行管理，严查未备案或与备案内容不一致的违法广告。

"2"即两个源头治理。对广告主、广告制作商与广告发布商两个源头实行网上备案审核制、联网制。

2. 实施商标战略

为了有针对性地发展、扶持、培育品牌商标，我局以工商所为单位，以"经济户口"为基础建立"四库"，整体推进商标战略。截至目前，帮助企业申请注册商标100多件，总数达到174件，是以往年度的2倍多。

一是建立"涉农商标帮扶库"。进一步发展农民专业合作社，加大涉农企业的商标帮扶力度，把培育农产品品牌作为促进农村经济发展的重要途径。

二是建立"重点商标培育库"。实施联系制度，对重点企业、重点品牌予以重点指导和扶持。

三是建立"重点商标申报库"。对基本符合条件的企业、品牌指导其做好申报材料的收集、整理工作，积极帮助企业申报商标，积极帮助企业创牌，提升产品知名度，指导他们运用商标战略开拓市场。

四是建立"品牌商标管理库"。积极开展著名商标和驰名商标的推荐、培育工作，提升县域品牌，全力推动地方经济特别是民营经济的发展。

四、强化监管职能，在维护市场秩序上创先争优

2010年以来，我局按照上级部门部署，紧紧围绕年初工作思路，以科学监管为抓手，深入规范市场主体，不断加大监管执法力度，整治食品安全、查处取缔无照经营、严查"黑网吧"、打击传销、治理超限超载、治理商业贿赂及反不正当竞争等，坚决打击各类违法行为，力创和谐稳定的县域环境。

1. "规范经营示范一条街"创建活动

将县城新建北路作为重点路段，对经营户的证照、索证索票、进销货台账及广告、卫生等内容进行全面规范。要求经营户严格遵守经营者七项自律制度，诚信守法经营；指导督促经营者严格落实索证索票制度，逐步健全进销货台账；100%保证亮照经营，100%整治户外广告，100%保证店铺内外环境、卫生、秩序的整洁有序。

2. 加强流通领域食品、乳制品安全监管

一是推进食品安全示范店工程。在各乡镇将经营信誉好、影响力强的食品经营户作为农村食品安全示范店的创建点，发挥其引导和示范作用，确保农村食品安全消费。二是签订责任书。县局与工商所、工商所与片管员、片管员与辖区经营户之间，层层签订了责任书。三是全面开展问题乳粉清查工作。从专项执法行动开展以来，对全县1047户食品经营户全部进行了检查。着重对其中1户大型超市，3户中型超市，1043户小型超市、食杂店、零售店及其396户乳制品经营单位，17户婴幼儿配方乳粉经营单位进行了地毯式排查。

3. 保护知识产权，严厉打击假冒伪劣

为深入贯彻落实全国工商系统知识产权保护与执法工作电视电话会议精神，怀仁县工商局高度重视，迅速行动，采取周密部署、广泛宣传与严格执法相结合的方式，有效开展打击侵犯知识产权和制售假冒伪劣商品专项行动。截至目前，共检查经营户60多家，立案4起，查获"风帆"、"紫金花"、"李宁"等涉嫌假冒标识产品价值达7.5万元。

晋中市

立足岗位要"三变"
创先争优促发展

晋中市工商局党组书记、局长　张如洪

在党的基层组织和党员中深入开展创建先进基层党组织、争当优秀共产党员活动，是巩固和拓展全党深入学习实践科学发展观活动成果的重要举措。把"创先争优"活动落实到转型发展、跨越发展上，是省委书记袁纯清站在时代高度，运用科学发展观深刻分析把握山西省情和发展大势总结出来的。省工商局紧跟山西省委、省政府的步伐，开展了"解放思想、创新工作、服务转型、促进跨越"的大讨论，晋中市工商局以此为契机，在总体谋划上与中心工作一起部署，在组织活动上注重效果响应，在推进落实上强调举一反三，通过"四四"机制，向理论要高度、向服务要广度、向管理要深度、向业务要精度，在全市上下营造出学习先进、争当先进、赶超先进的浓厚氛围。

一、向理论要高度，破除四种思维，实现思想大解放

山西的今后怎么办？袁纯清书记以跨越发展为目标，提出了一系列深刻的新思想、新观点、新论断、新要求，具有鲜明的时代性、深刻的理论性、现实的指导性。工商部门作为政府的职能部门要立即行动起来，解放思想，以饱满的精神状态和工作作风适应转型发展和跨越发展的要求。

破除定式思维，增强敏锐性。思想是行动的先导，时代在发展，新事物、新知识、新任务层出不穷。这就要求我们的工商干部破除求安求稳的观念，积极与时俱进，不断提高，只有在思想上、学习上、工作上与时俱进，不断加强修养，提高素质，才能具有坚定的政治立场、敏感的政治嗅觉、鲜明的政治态度、强烈的全局观念。要将"创先争优"与日常监管相结合、与消费维权相结合、与服务发展相结合、与群众切实利益相结合，不断提高自身政治素质，锤炼政治品格。

破除守旧思维，增强前瞻性。思维定式可能是过去某一阶段的经验总结，是经过成功的经验或失败的教训验证的"正确思维"。但是当事物的内外环境变化时，仍然固守"正确的"定式思维就行不通了。在全省上下求转型、谋跨越的新形势下，工商部门的思维不能仅仅拘泥于行政管理上，而是要从更宏观、更全局、更前瞻的角度，不断改革创新，实现自我超越。按照袁纯清书记的讲话精神，晋中市工商局及时收集有关讲话精神和评论文章，下发了《省委书记袁纯清在全省领导干部大会上的讲话学习

读本》，召开了中层以下领导干部会议，要求全系统职工深刻领会讲话精神，研究分析当前面临的形势和任务，科学谋划服务大局、服务发展的工作思路，切实把广大干部职工的思想和行动统一到省委、省政府的决策部署上来。

破除求稳思维，增强紧迫性。山西省委提出了"努力建设全国重要的现代制造业基地、中西部现代物流中心和生产性服务业大省，实现'十二五'主要指标翻一番的跨越目标，早日建成中部地区经济强省和文化强省"的发展目标，以大视野、大气魄描绘了未来五年发展的宏伟蓝图。在这种大环境下，工商部门必须敢于挑战传统思维，勇于创新，把工作做好、做精、做强，在抓落实力上下工夫，抓执行力上下工夫，力争做行业表率。

破除依赖思维，增强主动性。要认清当前经济大转型、社会大发展的形势，破除依赖上级安排、依赖政府庇护、依赖过去经验等想法，紧紧围绕转型发展和跨越发展的形势要求，主动分析总结本局工作的经验教训，认真查找同全省其他地市的差距，用赶超的眼光理清工商工作发展的思路，科学制定工商工作的规划，按照更高的标准完成各项工作任务和指标，为工商事业的发展谋好局、定好调。

二、向服务要广度，实施四项工程，促进晋商大崛起

如何把工商部门的服务市场主体发展与创建转型发展和跨越发展的软环境统一起来，是当前的首要任务。要实现转型发展、跨越发展，首先应创造良好的发展环境，实现人的转型和服务的转型。当前，晋中市政府提出了全力打造"创业最宽松、社会最文明、人居最安全和低交易成本、低生产成本、低行政成本、低社会成本"的发展环境的响亮口号。晋中市工商局顺时而动，顺势而为，积极踊跃地参与到整治发展环境中来。

实施畅通准入工程，扩大市场总量。改善市场准入环境，在不与法律法规冲突的情况下，实行"非禁即准、非限即许"的市场准入政策；全面实施首问责任制、限时办结制、预约服务制等措施，实现工商优质、高效、便民的服务。在各注册窗口开辟"绿色通道"，对市委、市政府确定的重点项目，实行专人专项责任制，从名称核准到注册登记，全面实行跟踪服务，采取事前介入、上门服务、全程跟踪等方式，做到急事急办、特事特办、快速高效。目前，市政务大厅工商窗口在全市40多个窗口单位的综合考核中23次获得第一，2010年实现"十连冠"，《中国工商报》曾两度进行报道。积极配合有关部门做好煤炭企业摸底排查、调查统计、换证注销工作，为煤炭企业加快转型创造有利条件。

实施助弱扶强工程，增强主体能量。当前，在全省上下全力推动山西跨越发展的重要时刻，只要有利于企业的、有利于市场经济发展的，晋中市工商部门将不折不扣地落实，并把它用足、用好、用到位。做好"扶强"工程，就是要对全市重点大项目、龙头企业、招商引资企业、产业拉动作用强和社会主义新农村建设重点项目以及纳税大户等进行重点扶持，通过采取政策扶优，促进其快速发展、跨越发展。"助弱"工程，就是要帮助下岗职工、复转军人、城镇退役士兵、高校毕业生等社会群体进行创业再就业，加速市场主体生成；支持城乡个体工商户、中小企业等快速发展壮大，以扶强带动助弱，以助弱助推扶强，进一步扩大我市经济总量，2010年市工商局与晋中学院合作，携手众多企业家搭建了"共建大学生创业服务平台"的基本格局，并吸纳企业家成立大学生创业企业家咨询委员会，指导大学生进行创业。目前，已促成企业与大学生达成十几个创业实体的初步合作意向。12月6日，晋中学院副院长专程带学生送来了锦旗和感谢信。

实施品牌兴市工程，提高竞争分量。鼓励、引导全市知名企业、重点项目申请认定山西省企业知名字号，帮助完善认定申请手续，积极推荐申报，扩大全市企业的知名度。积极引导推动农产品商标和地理标志商标注册，促进农民增收。充分挖掘地域文化和乡土特色，积极发挥职能作用，引导企业争创中国驰名商标和山西省著名商标，积极打造区域品牌，促进产业集群优化升级。目前，全市注册商标总量和驰名商标位居全省第三，著名商标居全省第二，地理商标占到全省总数的四分之一，驰名商标总数超额100%完成"十一五"规划。

实施"送法进企"工程，强化服务质量。针对企业法律意识缺失的情况，晋中市工商局对症下药开展了一系列助企活动。一是开展送法到企业活动。上门走访万家企业，开展法制宣传咨询服务，提高工商各项政策特别是新出台的优惠政策措施的知晓度和影响力，了解企业发展中遇到的困难，有针对性地提供政策帮扶服务，帮助企业健康发展。二是提供法律服务。依托晋中工商红盾信息网平台，开设"服务指南"、"在线查询"栏目，开展工商政策、法规信息发布，公示各项登记事务的登记条件、登记须知、登记程序及所需提交申请材料目录等。开展网上查询、咨询服务，为企业提供全市市场主体准入、退出、变更、市场主体数量、分布状况、整体规模变化数据的查询，为企业投资决策提供信息参考。三是开展行政指导。在全系统各单位推行预警制度，利用登记注册及年检、日常巡查、上门走访时机，采用劝导、说服、提醒、协调等方式，及时提醒经营者规范经营行为。

三、向管理要深度，帮助企业破解四大难题，推进发展大跨越

市场、资金、信誉、维权一直是制约企业尤其是民营企业发展的四大因素。要实现经济大转型、社会大发展，就必须紧紧围绕转型发展和跨越发展的形势要求，牢记监管责任，履行监管职责，加大对中小企业的帮扶力度，创新监管机制，为山西经济转型跨越提供良好的市场环境。

以农民专业合作社为范例，破解市场难题。如何开拓市场、拓宽销路是困扰很多企业，尤其是涉农企业和农民兄弟们的头等难题。晋中市工商

局把服务农民专业合作社发展作为提高农民组织化程度，促进生产发展和农民增收致富的重要途径，加大对全市农民专业合作社的指导和扶持，促进农村经济发展。2005年、2006年、2007年、2008年、2009年到2010年，合作社发展数量分别为1户、118户、1 275户、2 644户、4 100户、4 876户。几年间，晋中市农民专业合作社实现了从无到有、从小到大、从弱到强的变化，实现了经济效益和社会效益的结合。晋中的农合社发展数量连年保持全省第一，成为领跑三晋的一面旗帜。

借助小额贷款公司力量，破解资金难题。指导企业利用动产抵押、股权质押担保和注册商标专用权质押登记进行融资，积极帮助企业解决资金困难。近年来，晋中大力推广商业性小额贷款公司，积极推进金融创新、有效解决"三农"和中小企业贷款难的问题。截至目前，全市已登记注册29家小额贷款公司，贷款余额为152 204万元，贷款户数共计2 079户，其中涉农企业854户，贷款76 955万元，占50.56%，解决了广大中小企业融资难的问题。今后，将继续按照袁纯清书记讲话精神，加大与金融机构的协调沟通力度，打造服务企业融资的民间资本投资平台、股权出质融资平台、动产抵押融资平台、商标出质融资平台、信用贷款融资五大平台。

推进"信用晋中"建设，破解失信难题。以"信用晋中"建设为契机，全面提高企业信誉度，进一步加强信用信息成果应用，以"网上审批、网上年检、网上办案、分类监管、网上办公、高效服务"为目标，全面推进信息平台向工作平台和监管平台转型。以"晋中红盾网站"、"晋中企业信用网"和"信用晋中网站"为窗口，公开企业信用情况，让有信誉的企业能更好地发展。目前，全市工商业务系统共有各类信用信息数据58万条，电子档案系统档案总数已达17.7万卷，共计369万页，居全省前列。

实施扶优打劣工程，破解维权难题。进一步完善维权通道，积极开展"一会两站"建设，从网络监管、查办案件、解决消费投诉等多项工作入手，立足工商职能，积极倡导"严格管理就是和谐服务"的主思想，全面落实扶优打劣工程。通过打击假冒伪劣产品保护企业合法权益；通过规范市场秩序维护企业和谐发展；通过依法行政促使企业实现三大转变：由原来的被动接受监管转变为诚信自律监管；由对原来的抵触心理转变为感谢工商部门帮助其规范的心理；由原来的各扫门前雪转变为积极回报社会。

四、向业务要精度，全面推动四个转变，力争工商事业大发展

袁纯清书记在讲话中强调，"思想的大门打不开，发展的大门也打不开"，"思想有多远，发展就有多远"，"解放思想是前提，要甩掉包袱、快步前进"。山西的发展要转型，工商部门就要实现领域、方式、方法、手段的转变。这就要求我们，摒弃旧观念，打破旧格局，从传统的理念、行为中解放出来，一切为经济发展服务。

新兴市场主体监管的破冰，实现监管领域的有效延伸。晋中的发展正处于转型提升的关键时期，机遇与挑战并存，希望与困难同在。面对日益多元化的市场主体，工商如何服务经济社会跨越发展，关键在于是否能与时俱进，是否能适应市场主体的变化要求。从解决第一个网络销售假冒伪劣投诉到建筑领域破冰；从常查个体户进货台账不规范到敢硬碰硬开展垄断、商业欺诈等违法的大要案查处。晋中工商一直凝聚合力、奋勇当先，引导全市系统干部职工敢于先行先试，敢想敢干，敢为人先，激发干事创业热情，为推进监管领域从由低端向高端转变奠定了坚实的基础。

全省首张企业电子地图的应用，推动监管方式的精细转变。完善守信激励和失信惩戒机制；实施信息锁定，推进分类监管。晋中在推进监管方式转变上做了大量工作，全省首家企业电子地图信息管理系统经晋中开发研制已全面投入使用。实现了企业动态监管，提高了监管效能，在推进监管方式由粗放向精细的转变中，起到了基础性作用，如遇重大案件，市工商局可在5秒钟内派遣最近的工商所到事件发生地进行处理。运用信息化手段进行科技监管，实现监管对象明确化，监管体系完善化，同时根据企业的信用状况，在电子地图上标注特殊信用符号，根据不同的监管频率、监管时限、监管内容和监管标准，有的放矢地对不同的企业进行不同程度的监管。

全面推行行政指导，突破监管方法的短缺桎梏。市场经济是法治经济，随着市场经济的快速发展和工商监管职能的进一步调整，对工商行政管理机关如何加强监管依法履行职能，维护好市场经济秩序提出了更高的要求，这就要求我们工商干部要注重监管方法的转变。晋中在严格依法行政的基础上积极发挥行政指导的作用，构建了市场监管长效机制；积极开展大要案评审，强化大要案件评审委员会和登记注册集体会审制度的功能，完善责任清晰、程序规范的监管机制；在日常工作中强化法制把关、法制监督、法制保障的作用，提升发现问题、防范事故的能力。

利用现代科学技术，促进监管手段的多元整合。经济的发展，时代的进步，要求工商部门履行市场监管和行政执法职能必须借助完备的科技手段，利用现代科学技术，改善监管执法手段，提高监管的科技含量，全面推进监管方式方法改革，实现工商行政管理职能到位。晋中12315的预警机制、数字网络监控设施、先进的交通通讯、快速检测设备的配备，彻底改变了以往执法人员眼看、手摸、鼻闻等简易的执法手段，体现了科技对工商执法的影响，使得高效、快捷的工商形象得到了社会各界的认可。

目前，我们正在努力实现监管领域由低端向高端延伸，监管方式由粗放向精细转变，监管方法由突击性、专项性治理向日常规范监管转变，监管手段由传统向现代化转变，切实做到高效、高质、高水平监管，充分展示工商行政管理机关在服务经济社会又好又快发展中的新水平、新面貌、新形象。

在转型跨越发展中
争当创先争优的领跑者

晋中市工商局榆次分局党组书记、局长　贾宏生

　　省委书记袁纯清的重要讲话向全省各级党组织和广大党员发出了在转型跨越发展中建功立业创先争优的号召，要求各级党组织在工作中创先争优，推进全省转型跨越发展。工商部门作为党和政府行政执法和市场监管部门，要在推进转型跨越发展中创先争优，就是要进一步改进作风，不断活跃市场经济，着力营造服务市场主体和地方经济发展的良好环境。在全省转型跨越发展的大势中，榆次工商分局充分发挥工商工作的积极性、主动性和创造性，全力转变思想观念，奋力提升服务职能，把创先争优活动落实到促进全区经济又好又快发展的履职服务中。

　　一、适应转型跨越发展的需要，在解放思想上创先争优

　　一是创先争优，必须树立紧扣发展、推动转型、保障跨越的工作理念。袁纯清书记指出，山西要实现跨越，必须以解放思想为先导。思想的大门打不开，发展的大门也打不开。袁纯清书记的讲话为我们吹响了解放思想的冲锋号。要适应全区转型跨越发展的新形势新要求，榆次工商分局首先必须进一步解放思想，创新观念，坚持把解放思想，创新观念作为第一动力。只有解放思想才有创新举措，为此，我局要继续深入开展"解放思想，创新观念"大讨论，切实做到监管与发展、监管与服务、监管与执法、监管与维权的"四个统一"，不断引深"五增五创"工作主题，全面推进监管理念创新、监管机制创新、监管方式创新，作为最基层的工商部门必须紧扣区委、区政府转型跨越发展的工作重心，找准作用点、把握着力点、寻求突破点，充分发挥职能，力争更大贡献。

　　二是创先争优，必须树立围绕中心、服务大局、突出重点、促进发展的工作理念。要解放思想、开阔视野，就要跳出工商看工商，要站在服务发展大局的高点看工商，坚持有所为有所不为。坚持把发挥职能作用、服务科学发展作为第一要务。自觉把工商行政管理工作放到全区经济社会发展的全局中去考虑，放到区委、区政府的中心工作中去谋划。无论是工作计划的安排，还是专项工作的实施联动，都要以转型发展为主线，以跨越发展为目标，以改善民生为根本。当前，区委、区政府提出了榆次工业强区、招商引资、厚待企业家、环境立区"四个不动摇"，工商工作要围绕这一目标去谋划发展，提供支撑，取得实效。

三是创先争优，必须树立与党委决策重点、政府工作难点、群众关心热点共向合力、同频共振的工作理念。适应转型跨越发展形势，提高履职服务职能，要求工商工作要围绕活跃市场经济、规范市场管理的工作重心展开统筹安排，整体推进，合成效果。2009年以来，榆次区实施"大招商大引资"战略，全力谋划和落实转型重点项目，以重点工程和重大项目建设为重要引擎，共确定招商引资项目30个，重点工程76项（目前已开工74项）。工商部门主动前往对接，千方百计创优发展环境，简化审批程序，提高审批效率，积极为重点项目的注册登记提供高效、周到、一流的服务，使这些符合产业政策和环保要求的项目得以及时落地生根，开花结果。今后，我们将继续在提供登记服务，促进国企改革、非公发展、实施商标战略，帮扶企业融资、食品安全监管，推进"五农工程"建设等方面提升服务，与政府相关部门搞好协调合作，做到围绕中心有作为，突出重点效果好，要进一步在早沟通、多协调、深合作、细服务上下工夫，确保工商工作的高效优质和良好效果。

二、紧扣转型跨越发展的主线，在履职服务上创先争优

一是创先争优，要在依法行政工作中突出对转型跨越发展的支撑保障作用。要围绕"十二五"规划，以转型跨越发展为主题，结合榆次区打造"现代晋商区"的中心目标，主攻八大主导产业和"一园三基地"的发展框架等中心和重点，谋划推动全区经济发展的工作任务，通过依法行政提供高效服务，深入推进企业信用分类监管制度，加强工商信用信息化建设、法制建设、食品安全监管和商品质量监管网络建设、服务"三农"建设等，服务发展大局，促进管理服务水平不断提升，在优化中提升，在调整中壮大，推动区域经济协调发展。

二是创先争优，要在市场监管工作中突出对转型跨越的推动促进作用。要坚持把强化市场监管、维护市场秩序作为第一责任，加大执法力度，提高监管效能，完善应急机制，促进安全生产，为全区转型跨越发展营造规范有序的市场环境。把流通环节食品安全监管作为重中之重，狠抓不懈，确保人民群众健康安全，同时，抓好打击非法传销、合同欺诈、商标侵权、虚假广告、垄断行为、商业贿赂、治理超限超载等专项执法行为，维护市场秩序，促进和谐稳定。

三是创先争优，要在关注保障民生中突出对转型跨越的支持和服务作用。要坚持把保障民生，消保维权作为第一要义。消费维权是工商机关的重要职责，要全面推进"信用榆次"建设和信息化工作，提高监管执法的信息化和数字化水平。进一步建立完善12315行政执法体系，不断创新服务方式，拓宽服务领域，强化服务功能，真心真情为消费者排忧解难，做到及时受理投诉、及时调解纠纷、及时查处违法、及时维护权益。积极引导消费者科学、健康、文明消费，普及消费知识，提振消费信心，扩大消费需求，充分发挥消费对经济增长的推动作用。

三、落实转型跨越发展的要求，在队伍建设上创先争优

一是加强学习调研，提高队伍素质和履职能力。袁纯清书记指出，我省面临的最紧要的问题是干部队伍对发展思想准备不足。他说："在新理念、新知识、新技术不断涌现的今天，要加快转型步伐，实现跨越发展，必须重视学习、加强学习，促进干部素质提升的新跨越。"这既是对破解发展难题提出的根本性应对之策，也是对广大干部增强现代化建设能力提出的新要求。为此，我们要审时度势，针对一些同志程度不同地存在知识老化、思想僵化、能力退化，不适应大发展、大变革形势的现象，结合"学习型机关"创建活动，大力加强和改进学习和调研，增强履职能力。一要增强工商业务知识专题讲座和培训。二要进一步加强中心组学习、党支部学习的针对性和实效性。三要结合岗位职责，加强广大干部特别是中青年干部的业务学习和岗位培训，推进干部自主选学，倡导多读书、读好书。四要完善和健全调研制度，领导干部要围绕工作重点，深入基层，沉下身心，多搞调查研究，发现问题，加以解决，通过有效的学习和研究，提高发现问题、研究问题、解决问题的能力。

二是提高各级干部的作风能力，充分发挥表率作用。就榆次而言，要实现"再造一个新榆次"的目标，关键要充分发挥各级干部尤其是领导干部的表率作用，而各级干部要充分发挥表率作用，关键要有优良的作风。要求真务实、脚踏实地，在调查研究、掌握实情、把握规律、反映民意的基础上制定科学的决策和目标；要以身作则，狠抓落实，克服浮夸作风、形式主义，杜绝"形象工程"、"政绩工程"；要清正廉洁，牢固树立"立党为公、执政为民"思想，严格自律，筑牢防止腐败的心理防线，真正做到堂堂正正做人、踏踏实实干事、清清白白为官。只要各级干部的表率作用发挥好了，整个工商干部队伍的作风就会好，就能产生强大的凝聚力、感召力，就能团结和带领广大群众团结一心，锐意创新，埋头苦干，奋力拼搏，就能在服务"再造一个新榆次"，实现跨越发展的征程中站好岗位，赢得地位。

三是改进工作作风，振奋干事创业、奋发有为的精神。要坚持把加强作风建设、提升干部素质作为第一保障。要大力学习和弘扬"右玉精神"，结合工作实际进行对照检查，针对性地寻根源、做剖析、定措施、抓整顿。在开展"百日作风大整顿"活动的基础上，以创先争优活动为契机，进一步严肃工作纪律，强化班子建设、廉政建设、基层建设，加大检查、督察、奖惩力度，形成狠抓工作任务落实的良好风气，切实形成以工作绩效选拔干部的用人导向，使作风好、素质高、能力强、贡献大的干部得到尊重、重用，保证正确的用人导向和作风建设的持续效果。

以开展创先争优的实际行动
努力服务开发区转型跨越发展

晋中市工商局开发区分局党组书记、局长　霍俊文

在7月29日全省领导干部大会上，省委书记袁纯清所作的重要讲话，立足于对山西省情特点和现阶段发展规律的准确把握，深刻阐明了我省面临的机遇和挑战、存在的优势和不足，提出了催人奋进的新思路、新观点、新举措，具有很强的思想性、战略性和现实指导性。学习贯彻落实好袁纯清书记的讲话精神，我们工商部门就必须进一步转变工作作风，提高服务质量，强化市场监管，用实际行动把创先争优活动持续深入地开展好，为开发区转型发展、跨越发展提供有力保障。

一、进一步创新完善服务方式，坚持把发挥职能，服务市场主体，推动科学发展作为第一要务

服务发展是工商行政管理工作的根本目的，工商行政管理的过程，就是服务经济、服务社会、服务消费者和经营者的过程。我们要牢记服务宗旨，坚持在服务中实施监管，在监管中体现服务，就像袁纯清书记在讲话中说到的，"少点管制、多点服务、主动给企业松绑，为企业闯占市场搞好服务"。为此我们要结合晋中开发区实际，以围绕招商引资、服务转型跨越发展为中心目标，进一步搞好"两个主动"，做到"三个贴近"。一是主动贴近开发区党工委、管委会中心工作和重点工作，贴近开发区招商引资的重点项目，更好地服务于开发区的发展。二是主动与企业沟通，贴近市场主体发展要求，更好地为市场主体服务。要使工商工作更好地融入地方发展大局，就要做到立足本职不缺位，要充分发挥工商职能作用，努力把法规政策讲清讲透，用足用好，为市场主体发展提供政策支持，尤其要对开发区确定的重点项目主动介入，积极开动脑筋，围绕"企业注册登记、品牌兴企战略、合法权益保护、合同文本规范、信用自律建设、解决融资困难、规范经营行为"等深入企业调研帮扶，切实帮助企业解决发展过程中遇到的困难，积极扶持各类企业健康发展。

一要进一步加强工商政务窗口建设，要把我们执行了多年的"三时"（限时服务、延时服务、及时服务）、"四办"（手续齐全及时办、手续不全的告知怎么办、需要上级审批的派人帮助办、法律法规没有明确规定的按照"三个有利于"的标准尽力办）、"三无"（无阻碍登记、无条件优先、无间断办公）等服务承诺真正落到实处，严格执行一审一核工作

制度，简化审批手续，缩短办照时间，改进服务方式，通过高质量的窗口服务树立良好的工商形象。要畅通招商引资和重点项目的"绿色通道"，对重大投资项目，实行专人专项办理，做到主动介入、全力配合、全程服务，为开发区营造良好的投资环境。

二要有效地搭建政府、银行、企业之间的沟通机制和互动平台，加大与金融机构的协调沟通力度，加大对企业的政策宣传力度，为企业搭建融资平台，打响工商部门服务企业融资品牌；要积极支持引导企业组建小额贷款公司和担保公司，进一步拓宽和规范民间的投（融）资渠道和信用担保方式；要深入开展股权质押、股权出资以及债权转股权工作和商标出资、融资，为企业运用商标无形资产质押贷款创造条件，特别是要按照省工商局和山西省邮政储蓄分行联合文件要求，依托信用信息，搭建银企桥梁，创建信用市场，认定信用商户，促进信用贷款和融资，为中小企业、个体工商户的创业发展，提供有力有效的资金支持。

三要紧紧围绕省委省政府推进转型跨越发展的决策部署和目标要求，大力实施商标战略，目前开发区已累计注册商标220余件，中国驰名商标2件，山西省著名商标13件，下一步要按照开发区"注册一件商标、创建一个品牌、带动一项产业、活跃一方经济"的思路，继续开展好"一企一商标"、"一村一品"活动，要紧紧围绕开发区的支柱产业和重点发展产业，积极引导企业注册商标，帮助企业制定商标战略，争创"山西省著名商标"和"中国驰名商标"。

二、以流通环节食品安全监管为重点，推进信用建设，维护市场秩序

食品安全监管事关人民群众健康安全，必须作为市场监管的重中之重。一要以推行"六查六看"、完善"八项制度"为重点，认真落实流通环节食品安全监管的各项规章制度，特别要监督食品经营者严格执行食品质量准入制度，落实索证索票、购销台账的法律规定，严格落实食品安全第一责任人的责任。二要严格落实基层工商所辖区属地监管责任，深入开展流通环节食品安全专项整治，继续抓好乳制品、易变质食品、酒类肉类、食品添加剂、儿童食品、农村市场以及食品经营主体资格等专项执法检查，使市场巡查进一步制度化、规范化，依法严厉打击制售假冒伪劣食品等违法行为。

工商部门要进一步创新执法理念，规范执法行为。在创新执法理念上，要做到依法执法、规范执法、文明执法，对经营者特别是创业者轻微违法违规行为要加强行政指导，实行预警制管理，及时警告，限期改正，帮助规范；对制假售假、合同欺诈、商标侵权等严重违法违规行为以及危害人民生命财产安全的违法行为，要严格执法、依法打击，切实维护法律的权威和尊严。在规范执法行为上，要严格落实执法责任制和执法评议考核制，进一步落实案件评审委员会工作机制，充分发挥省工商局表彰的百名"办案能手"的作用，办出一批典型案例，要发挥好法制员的作用，加强对行政行为的监督把关。同时要紧紧围绕社会信用制度建设，信用惩戒机制，构建、扩大信用信息征集，开展社会信用活动，牵头深入推进"信用开发区"建设，当前要加快实现"网上登记、网上年检、网上办案、网上办公"，并引深信用分类监管，弘扬诚信守信，营造信用环境。要大力弘扬晋商信用文化的传统美德，表彰诚信典型，曝光失信企业，在开发区形成诚实守信为荣、违约失信为耻的道德风尚。一是加强信用信息成果应用，完善守信激励和失信惩戒制度，推进分类监管。同时积极引导企业争创国家级、省、市"守合同，重信用"单位。二是以"网上审批、网上年检、网上办案、分类监管、网上办公"为目标，全面推进信息平台向工作平台和监管平台转型。实现市场准入行政许可、登记备案、案件查处、日常监管等，按照信息化综合业务系统流程进行业务处理。

三、创新和完善维权体系，坚持把关注保障民生，维护消费权益作为第一要义

要以食品、消费者生活密切相关的商品为重点，通过开展专项调研，强化商品质量监督，努力营造健康安全的消费环境，突出抓好通信、保险、金融、供水、供电等公共服务行业，引导经营者健全行业规范，督促企业自律，提高服务质量和水平，坚决制止"霸王条款"，努力营造规范有序的消费环境，同时充分发挥广大消费者、新闻媒体、社会各界群众等多方面的作用，促进消费维权全社会参与的制度化、规范化、社会化，努力营造良好的消费维权舆论氛围和社会环境，动员和依靠全社会力量共同做好消费者权益保护工作。几年来，开发区工商分局充分利用农村庙会、3·15消费者权益日、4·26知识产权保护日、12·4法制宣传日等形式，积极开展送法进企业、进农村、进社区、进学校活动，进一步增强了消费者依法维权的意识，鼓励消费者运用法律武器，对侵权行为敢于监督、勇于维权，同时进一步完善了基层消费者投诉网络，大力推进"一会两站"的建设，做到投诉消费纠纷不出村，大的消费纠纷投诉形不成群体上访，方便了农村消费者就近投诉、咨询，化解了消费矛盾，促进了社会和谐。同时不断提高调解技巧和水平，妥善解决消费纠纷，特别是重大群体消费纠纷，切实把消费纠纷和消费者的诉求及时解决在企业、基层和消费者之间。

四、进一步加强培训教育，坚持把加强作风建设，提升干部素质作为第一保障

要继续加强干部职工学习教育培训，努力建设学习型机关。要按照省、市工商局全员岗位培训练兵的要求，坚持每周集中学习制度，全局副科以上领导干部就分管工作和各自的业务工作继续进行轮流讲课培训，要进一步引导全体干部职工树立终身学习的理念，深刻认识到只有不停地为自己"充电"，才能在不断发展和进步的社会中提高自己的工作能力。

要不断加强廉政文化建设和政风、行风建设，坚决纠正损害群众利益的不正之风，加强对权力运行的制约和监督，局科两级干部要认真执行党风廉政建设一岗双责制度，确实起到带头和监督的作用，全体干部职工，尤其是党员干部要切实遵守《廉政准则》和政风、行风建设的各项规定，要通过抓责任追究解决任务落实不到位，不给好处不办事，给了好处乱办事，吃、拿、卡、要等问题。同时要建立健全科学的岗位责任制与责任追究制。明确各岗位职责，细化考核内容，同时建立责任追究制，落实好奖惩激励机制和监督制约等机制，为绩效考核提供制度支撑。

我们只有切实把袁纯清书记的重要讲话和省工商局党组的工作要求，用实际行动贯彻落实到各项工作中，努力做到"五个更加"，不断引深"五增五创"，做到坚持服务发展不动摇，加强市场监管不放松，狠抓消费维权不懈怠，加强队伍建设不犹豫，才能进一步提高市场监管执法效能和服务科学发展水平，为开发区经济转型跨越发展做出我们更大的贡献。

解放思想　谋求科学发展
创新服务　促进转型跨越

榆社县工商局党组书记、局长　范继强

省委书记袁纯清在全省领导干部大会上的重要讲话是站在时代高度，运用科学发展观深刻分析把握山西省情和发展大势，是在山西转型跨越发展的关键时期，吹响解放思想的冲锋号。全省工商系统在省工商局党组的领导下，都在顺势而动，谋求跨越。我们榆社县工商局也借此契机，把学习贯彻袁纯清书记的重要讲话作为当前一项重大政治任务，开展了"解放思想、创新工作、服务转型、促进跨越"的大讨论，以期学习先进，寻找差距，对照检查，破解难题，放胆工作，努力在全面转型发展和跨越发展中找准作用点、把握着力点、寻求突破点、形成新亮点，建立新功业。

一、解放思想，谋求科学发展

山西的今后怎么办？袁纯清书记以跨越发展为目标，提出了一系列深刻的新思想、新观点、新论断、新要求。工商部门作为政府的职能部门要立即行动起来，解放思想，以饱满的精神状态和工作作风去适应转型发展和跨越发展的要求。

榆社县工商局坚持破除"三种思维"，实现思想大解放的原则，努力站在改革发展的前列。工商职能涉及主体准入、交易行为、竞争行为等市场活动，通过监管和执法获得大量的一手信息，县局将感知发展趋势，按照发展的要求不断简政放权、降低门槛、扩大市场容量，积极为新兴经营模式、新生经营主体、新型经营行为开辟道路，促进县域经济繁荣。

破除定式思维。在全省上下求转型、谋跨越的新形势下，工商行政管理机关的思维不能仅仅拘泥于行政管理上，要从更宏观、更全局、更前瞻的角度，不断改革创新，实现自我超越。榆社县工商局及时整理有关袁纯清书记的讲话精神和评论文章，要求全局职工深刻领会讲话精神，研究分析当前面临的形势和任务，科学谋划服务大局、服务发展的工作思路，把思想和行动统一到省委、省政府的决策部署上来。

破除守旧思维。山西省委提出了"努力建设全国重要的现代制造业基地、中西部现代物流中心和生产性服务业大省，实现'十二五'主要指标翻一番的跨越目标，早日建成中部地区经济强省和文化强省"的发展目标。在这种大环境下，榆社县工商局必须勇于创新，把工作做好、做精、做强，在抓落实上下工夫，力争做行业表率。

破除依赖思维。要认清当前经济大转型、社会大发展的形势，紧紧围绕转型发展和跨越发展的形势要求，用赶超的眼光理清工商工作发展思路，科学制定工商工作规划，按照更高的标准完成各项工作任务和指标，为工商事业的发展谋好局、定好调。

二、抓住关键，聚合内在动力

实现发展转型，关键是干部转型。干部转型，首先是思想转型。思想转型有赖于干部的素质提升。当前，贯彻落实好袁纯清书记的重要讲话精神，必须牢牢抓住两个关键：一是下大力气抓好干部队伍的思想转型。思想转型应该以"增强五种意识"为主要内容。一要增强大局意识，跳出条管体制的狭隘思维，把工商工作融入全县工作大局中去思考；二要增强服务意识，跳出"为监管而监管"陈旧观念，把监管的出发点和落脚点全部统一到服务发展上；三要增强创新意识，对传统的监管方式和传统执法行为进行创新；四要增强责任意识，把监管、服务、维权作为神圣职责，自觉投入转型跨越发展的宏图伟业中去；五要增强法制意识，工商部门作为市场监管和行政执法部门，解放思想必须以依法履行职责为底线。二是下大力气提高干部队伍的素质和能力。提升干部队伍的素质和能力，应该突出"两加强"：一要加强各级班子建设；二要加强教育培训。

一个好的干部不在于说得多好，表态表得多好，而是在于在工作上有没有实招，能不能把一个地方经济社会发展搞上去。榆社县工商局要求在全局党员领导干部中提倡说实话、干实事、求实效的良好风气，要求领导干部要改进文风会风，从文山会海中解脱出来，从迎来送往中摆脱出来，腾出精力想大事、谋全局、促工作、抓落实。要求全局职工工作目标要切实，措施要扎实，作风要务实，效果要真实。

三、创新服务，促进转型跨越

袁纯清书记在讲话中说"企业提高创新能力，首先是政府服务企业创新的能力要提高"。在服务转型跨越发展中，榆社工商局紧紧围绕工商职能，取得5个方面的创新：

干部人事制度有创新。加强对干部选拔任用程序的监督，实现干部监督的关口前移。对拟提拔的干部，在提交党组讨论前，认真征求纪检监察的意见，防止干部"跑官要官"、"带病上岗"和"带病提职"。

服务经济发展有创新。发展是我党执政兴国的第一要务，也是工商执法工作的第一要务。榆社县工商局进一步增强服务大局、服务经济发展理念，以不断创新服务的内涵、外延及方式，提升高质量的服务。积极服务县委、县政府"大招商、大引资"政策，对县政府落实扩大内需，促进经济增长确定的重点项目，在办理工商登记过程中，只要不违反相关政策法规，申请人手续齐备当场办结；涉及前置审批，一时无法取得批复的，本着"边发展边规范"的原则，可凭相关文件办理筹建登记，待取得前置审批文件后，再核定其具体经营范围。下一步，我局将在充分发挥工商职能优势，为辖区从招商引资向招商选资转变服务的同时，充分利用掌握的相关信息，编写《企业注册登记管理数据分析》，通过政府信息发布等渠道，为政府经济决策、企业投资发展提供依据和参考。在推进12315维权网点建设中，我局在进一步完善和扩展消费维权网络功能的基础上，建立健全多元化消费调解处理机制、消费者与企业和解机制、消费热点提醒和警示制度、申诉举报制度、信息分析汇总和科学分流制度，努力构建消费维权新机制。

监管方式有创新。为有效地整合执法资源，提高监管质量，榆社县工商局创新了联合执法机制，形成管理合力，提高行政效能，保证了执法工作的顺利开展。积极开展工商所之间联合，工商与质检、工商与公安之间联合执法机制，提高执法的针对性和时效性，提高工商行政管理部门的监管执法能力。

办案方式有创新。在新形势下，要打造全国一流工商局，还必须提高执法监管效能，建立健全创新制度，全面创新工作方式。一方面，变突击性、临时性整治为长效监管。比如，将原来根据需要临时、突击式整治违法广告，改为常态性的"每月每所一整治"，有效减少了违法广告侥幸存在的机会。二是变重执法为与行政指导并举。从维护公平竞争的市场秩序出发，以整治规范经营行为为目的，在查办案件中，注意及时宣传相关法律法规，及时开展行政指导，每处罚一个企业就发给一份整改指导书，让企业知道如何改正、如何避免违法经营。三是推进流动办案，提升执法效能，实现办案方式创新。增设流动巡查办案配套设施，解决了偏远地区办结案耗时长、效率低、巡查死角多、监管力度弱的问题，大大推进了工商行政管理的综合执法，规范全局的行政执法行为，提高了全局的办案质量。

信息化建设有创新。榆社县目前实现了"省、市、县、所"四级光纤宽带专线网，实现了网络全覆盖和业务数据大集中。按照省工商局技术标准建设的"省、市、县"三级视频平台，实现了语音、视频和数据互联互通的全部功能。目前已建立了完整的内资、外资、私营企业、企业名称、个体工商户、市场、商标、广告、经检案件、经济户口巡查、监管、文书及业务电子档案等数据库，数据入库率达到了100%。

袁纯清书记的讲话，为我们在贯彻落实科学发展观上进一步指明了方向，帮助我们在解决发展中遇到的困难和问题上进一步坚定了信心，为榆社工商事业又好又快发展增添了新的动力。我们要以袁纯清书记重要讲话精神为指导，科学发展，创先争优，为榆社经济社会转型发展、跨越发展做出新的更大的贡献。

增强三种意识　促进转型跨越

左权县工商局党组书记、局长　王新凯

2010年7月29日，在全省领导干部大会上，袁纯清书记作了重要讲话，提出了"解放思想、创新工作、服务转型、促进跨越"的重要指示。作为市场经济的监管者，基层工商行政管理部门应当牢牢把握袁纯清书记讲话的精神内涵，将讲话精神与发挥工商职能紧密结合，以工商职能工作为出发点，切实增强做好工商工作的紧迫感、责任感和使命感，抓住机遇，乘势而上，开创工作新局面，全力促进经济社会转型跨越发展。

一、解放思想、创新观念，进一步增强大局意识、服务意识、创新意识

思想决定观念，观念决定行动。袁纯清书记指出：实现转型发展，首先是思想要转型。只有解放思想才能创新举措。基层工商部门位于工商行政管理工作的前沿阵地，面对监管服务对象，更是要有战略的思维、敢闯的勇气、学习的自觉、高尚的操守，敢于和善于破解难题，迎难而上，知难而进，以勤思促进勤为，以脚踏实地的工作作风促进工商工作有序发展，以良好服务促进经济社会健康发展。因此基层工商干部要不断转变思想，切实实现"五个解放出来"，即从条管体制意识中解放出来、从传统监管理念中解放出来、从传统执法行为中解放出来、从守成求稳心态中解放出来。既要充分发挥工商行政管理职能作用，结合实际创造性地开展工作，更要自觉地把工商工作放到当地党委、政府的工作全局中去思考，更加自觉地服务当地经济社会发展，切实做到监管与发展、监管与服务、监管与维权、监管与执法的统一，不断引深"五增五创"工作主题，全面推进监管理念创新，监管机制创新，监管方式创新，努力实现监管领域由低端向高端延伸，监管方式由粗放向精细转变，监管方法由突击性向日常规范监管转变，监管手段由传统向信息化转变，牢固树立服务转型敢于建功立业、创新监管敢于领先一步、各项工作敢于争创一流的理念，找准着力点、突破口，努力创建高素质的队伍，实现高效能的监管，达到高质量的服务。

二、发挥工商职能作用、服务地方经济发展，采取有力措施，全力促进转型跨越

促进地方经济发展是工商行政管理工作的根本目的。工商机关不仅仅

是市场秩序的监管者、消费维权的维护者，更是培育市场主体的服务者、经济发展的促进者，以优质服务促进地方经济发展要做好以下几点：

1. 优化服务机制，提速市场准入。把好准入关口、提供准入服务，努力促进非公发展、招商引资。要继续推行"三项制度"，即首问负责制、政务公开制、服务承诺制，规范企业注册登记制度，实行"一厅式办公、一站式服务"，公开办事程序，把办照办事步骤印成"明白纸"，让投资者一看就懂，力争"一次讲清、一趟办成"。要继续以深入开展"千名工商干部进万家企业帮扶活动"为抓手，通过各种措施为企业发展提供便利条件，从进行抵押登记、办理股权出资、开展商标质押等方面，服务企业融资。建立"四通"服务机制，即：对符合工商法律法规的，确保畅通；对有利于企业发展、法律法规没有明令禁止的，适当变通；对涉及其他部门协调配合的，主动疏通；对不能变通的，加强沟通，全面促进辖区经济快速发展。

2. 实施商标战略，提升品牌力量。继续开展深入企业、深入农户活动，通过面对面的行政指导，积极引导企业探索和推广"公司（合作社、协会）+商标+农户"的生产经营模式，引导和帮助企业发展自己的注册商标，打造自有品牌，建立"四个到家"商标服务机制，即商标法律宣传到家、商标注册服务到家、商标战略提供到家、商标维权维护到家，全面做好企业的品牌规划、培育、推荐、保护和市场拓展工作，大力推进"品牌兴县"，实施商标战略，促进全县能源型经济向品牌型经济的转变。

3. 提升服务效能，助力新农村建设。立足我县县情，开通绿色通道，鼓励和支持多主体、多形式创办农民专业合作社，为农民专业合作社的成立提供全程服务，引导农民专业合作社规范化运作，促进其健康、快速发展。积极发挥信息优势，帮助合作社找市场，解决合作社产品销路问题。从农民专业合作社中发现农业发展前景，把注册的农民专业合作社列为"商标战略"实施对象，帮助提高农产品知名度。深入推进"五农工程"，积极做好红盾护农、商标兴农、合同帮农等工作，努力促进社会主义新农村建设。

三、强化市场监管、维护市场秩序，为转型跨越发展营造规范有序的市场环境

市场稳定是安全发展的重要组成，也是转型发展的重要保障。我们将始终牢记监管责任，履行监管职责，加大监管力度，创新监管机制，维护良好市场秩序。

1. 监管食品市场，营造健康环境。要继续把强化流通环节食品安全监管作为市场监管的重中之重，以推行"六查六看"、完善"八项制度"为重点，强调专项检查，开展对消费量大、消费者申诉举报多以及群众日常生活必需的食品和季节性、节日性食品的执法检查，注重日常巡查，强化日常规范管理。不断创新措施方法，加大食品监管力度，严格监管责任，防范监管风险，确保市场安全与监管安全。

2. 抓好执法行动，确保市场稳定。完善联席会议制度，对市场主体实行回访制、抽查制，疏堵结合抓好查无照工作；依法查处垄断案件，维护公平竞争；坚持打击与规范相结合，防治商业贿赂行为；整顿规范广告市场秩序，维护文明诚信的广告市场秩序；保持高压态势，严厉打击传销和严格规范直销；制止"霸王条款"，查处合同欺诈；探索长效机制，治理超限超载。

3. 开展消费维权，保障合法权益。充分发挥"12315"投诉举报网络的作用，以"服务人民、奉献社会、促进和谐"为宗旨，关注保障民生，积极开展"红盾进社区、维权进万家"、"红盾进农村、维权到田间"等各项活动，充分发挥"一会两站"靠近基层、贴近百姓的优势力量，维护消费权益，倾情、倾心、倾力为消费者排忧解难，及时维护消费者合法权益，努力维护正常的市场秩序。

袁纯清书记在讲话中提到了"太行精神"。"太行精神"的主要内容是：不怕牺牲、不畏艰难，百折不挠、艰苦奋斗，万众一心、敢于胜利，英勇斗争、无私奉献。对于位于太行深处的基层工商部门来说，学习"太行精神"的现实意义，就是要不畏艰难、英勇奋斗、敢于胜利、无私奉献。今天的左权县已经站在一个新的历史起点上，经济社会的发展既有压力，也有动力；既有机遇，也有挑战。作为市场经济的守卫者，工商行政管理执法人员应当把转型发展作为贯彻落实科学发展观的重中之重，牢牢抓住转型这个关键，解放思想，放胆争先，扎实工作，奋力拼搏，做到实处、走在前列，弘扬"太行精神"，以更大的信心和勇气为推动左权转型跨越发展贡献力量。

抓住"三个环节"
依法履行职责

和顺县工商局党组书记、局长 马峰

　　"必须抓住发展这个第一要务，以转型发展为主线，以赶超发展为战略，以跨越发展为目标"，袁纯清书记在全省领导干部大会上的这一论述，贯穿了科学发展的本质要求，抓准了我省发展的核心问题，进一步明确了全省的发展方向、发展思路和发展重点。作为担负市场监管和行政执法的县级工商行政管理部门，要在省、市工商局的正确领导下，深入落实袁纯清书记的重要论述，自觉增强大局意识、忧患意识和责任意识，牢牢抓住知职履责、提高素质、廉洁自律三个关键环节，为实现我省转型、跨越发展提供坚强有力的工商行政管理保障。

　　一、强监管、促发展、保稳定，恪尽职守履行法定职责

　　把强化监管作为促进转型发展、跨越发展的重中之重。2010年8月以来，我局组织了3次大规模的清查奶粉专项执法行动，尤其是12月19日以来，执法人员分5个执法小组，全局出动，对全县范围内开展拉网式无缝隙清查，共出动执法人员224人次，执法车辆70台次，检查食品经营户588户次，乳制品经营户322户次，印制相关表格文书2000余份，散发张贴公告1000余份，未发现问题奶粉。与此同时，我们还开展了治理商业贿赂和不正当竞争、打击传销规范直销、清理非法小广告、"两虚一逃"、治理超限超载等专项执法行动。为全县经济发展创造了良好的环境，受到了县委、县政府的好评。

　　把市场主体发展作为转型发展、跨越发展的重要途径。我局认真落实省政府促进非公经济"27条"，通过提供高效、快捷的服务，壮大各类市场主体。截止到2010年11月底，全县共登记各类企业500户，当年新增73户；共登记个体工商户2364户，当年新增384户；共登记农民专业合作社396户，当年新登记92户。我们努力完善对民营经济的服务体系，落实对民营经济的各类政策。为78名下岗失业人员和29名大学毕业生进行个体工商户注册登记，减免各项费用1万元。我们积极指导企业、农民经纪人、农村专业合作社等经济组织注册商标，培育地理标志产品。和顺县新马杂粮有限公司的"新马"商标被认定为山西省著名商标后，产品销售网络现已延伸到华北、中原、苏南十多个省市的百余个县区。目前，全县共有全省著名商标2件，正在培育著名商标1件，新受理注册商标3件。我们着力帮助民

营企业拓宽融资渠道，解决中小企业融资难的问题，共办理动产抵押登记3起，抵押物价值7000万元，抵押贷款总额近2000万元。

把确保稳定作为转型发展、跨越发展的重要责任。在履行职责同时，积极承担社会责任，确保社会安全稳定。扎实推进"五农"工程，同南李阳结成帮扶对子，通过发展蔬菜农村专业合作社提高农业生产的集约化和规模化生产程度，积极鼓励扶持外出农民工带资金、带项目回村办实事，先后发展24户个体工商户。不断拓展农资市场管理新模式，督促经营户落实"两账两簿、一书一卡"、种子留样备查等各项自律制度。关注社会热点，2010年12月21日，对供热公司职工进行慰问，为奋战在全县供热一线的同志送去价值5000余元的防寒服。

二、抓班子、带队伍、树形象，坚持不懈提高全员素质

着力加强能力建设。一是树立公道正派的用人理念。县局党组成员在做好各自分管工作的同时，都能以公道之心行公道之事，以正派之风用正派之人。力求做到以能力论人才，凭实绩用干部。逐步形成了鼓励人才干实事，支持人才干成事，帮助人才干好事的良好氛围。二是倡导"深入、敏锐、务实"的工作方法。所谓的"深入"，就是深入学习袁纯清书记的重要讲话，深刻领会省、市工商局的工作部署，深入了解和顺市场监管和行政执法的客观实际，为开展好各项工作奠定坚实的思想基础。所谓的"敏锐"，就是要加强上下左右的信息沟通，敏锐把握宏观经济趋势，敏锐把握市场监管执法可能出现的新情况、新问题，敏锐把握外部环境对工商工作的影响，确实增强预见性和主动性，减少盲目性和被动性，为有条不紊推进工作创造条件。所谓的"务实"，就是对省、市工商局做出的工作部署和重点工作，保证做到有计划、有预案、有考核、有落实，确保了工作的连续性。三是坚持一切从和顺实际出发的工作原则。和顺县属国家级贫困县，工商行政管理水平有待提高、市场主体有待培育、基础设施和办公条件有待改善的客观现实决定了我们必须立足长期的艰苦奋斗。县局党组一以贯之地坚持"不攀比、不急躁，注重打基础，确实增后劲，为长远发展铺路子"的发展思想，继续努力妥善化解因历史原因形成的不和谐因素，预见和防范"两费"停征容易产生的新矛盾和新问题，努力实现工商行政管理事业的和谐发展；秉承不给后人欠债，不给队伍抹黑，不急功近利的宗旨，多办实事，多办好事，努力实现工商行政管理事业的可持续发展。

着力加强队伍建设。一是开展工作竞赛。组织开展"比执法技巧、比业务实绩、比工作作风、比爱岗敬业、比无私奉献"的监管执法竞赛，营造了比、学、赶、帮、超的新氛围，形成了敢于争先、良性竞争、共同发展的新气象。二是注重心理疏导。针对监管任务重、责任追究严、新增公务员多而出现的"心理压力大"、"心理不平衡"等心理疲劳现象，通过广泛引导、分类座谈、个别谈话、落实干部年休假制度等方式引导大家正确处理讲原则与重人情、搞监管与处关系、担责任与防风险的关系。

着力展示良好形象。全局以"三个过硬"为目标，以加强基层建设为重点，以推进学习型工商行政管理机关建设为抓手，以基层工商所达标创优活动为载体，进一步提高干部队伍素质和能力。2010年我局投资近5万元为各股所配备了摄像机、照相机、录音笔等办案工具，进一步提高执法装备水平。通过加强硬件建设、文化建设、廉政教育等工作，树立良好工商执法形象，各项工作多次受到上级部门表彰，顺利通过全市"文明和谐单位标兵"荣誉称号的验收，连续5年被县委、县政府评为"服务县域经济发展"先进单位，连续两年被评为人口和计生工作流动人口"一盘棋"管理先进单位。全年无一起上访事件，无一起被媒体和上级机关明察暗访曝光行为，无一人受党纪政纪处分。

三、讲党性、重品行、做表率，严于律己强化廉洁自律

讲党性，弘扬正气强基础。只有讲党性，才能把党风廉政建设同监管执法工作更好地结合起来，有效防范廉政风险和监管风险；全体执法人员时时事事以人民群众的利益为重，敢于负责，敢于担当，不怕穿小鞋，不怕得罪人，遇到急难险重任务决不消极观望，遇到有损工商形象的人和事决不迁就妥协。不做"遇到矛盾绕道走"、"碰到棘手问题躲着走"的"聪明人"，不当束手束脚、唯唯诺诺的"太平官"。

重品行，廉洁从政严要求。在长期的工作实践中，县局党组始终把工商行政管理的整体利益放在高于一切的位置，基本做到了正确看待个人得失，淡泊名利，克己奉公，自觉遵守党纪国法，严格执行有关干部廉洁自律的各项规定。县局班子成员大力发扬艰苦奋斗、勤俭节约的优良传统，牢记"两个务必"立足长期过紧日子，尽可能把有限的财力用在刀刃上，努力保证监管执法工作顺利开展。

做表率，率先垂范重自律。县局党组时刻以《中国共产党章程》严格要求自己，时刻保持共产党的操守，时刻保持清醒头脑，对不健全的制度及时改进，对不透明的操作程序及时纠正，对有不正确倾向的同志及时批评教育。

为实现全省经济社会转型发展、跨越发展服务是今后工商行政管理工作的核心内容，也是工商行政管理工作永无止尽的探索过程。我们坚信，在省、市工商局的正确领导下，和顺工商局一定能在实现转型跨越发展的过程中谱写出绚丽多彩的时代华章。

抓"三个结合"
促经济发展

昔阳县工商局党组书记、局长 王维明

2010年8月以来，昔阳县工商局党组按照昔阳县委、晋中市工商局的安排，在县局上下广泛开展了学习贯彻袁纯清书记在全省领导干部大会上的讲话及大会精神。其间，我们结合昔阳工商工作实际，集中广大党员干部通读了讲话原文，党组领导对认真学习、深刻领会讲话精神的重大意义作了反复强调和安排部署，使广大党员干部进一步解放了思想，提高了认识，明确了目标，强化了职责，改进了作风，落实了任务，推进了县局各项工作取得新进展。我们在学习讲话过程中，采取了"三个结合"：一是将学习讲话与"创先争优"活动结合起来，强化了县局基层党组织建设。其间我们实施了"四三"工作举措，即"三贴近"：贴近工作重点，贴近辖区实际，贴近自身特点；"三体现"：即"创先争优"体现在自身职能上，体现在服务发展上，体现在勤政廉洁上；"三促进"：即服务促进发展，监督促进安全，维权促进和谐；"三阵地"：即抓好党员教育基地，活跃党员活动园地，办好党员竞技场地，使党建工作丰富多彩，有声有色。二是将学习讲话与工商部门内部开展的"解放思想、创新工作、服务转型、促进跨越"的大讨论结合起来，使党员干部坚持把解放思想、创新观念作为第一动力，进一步增强大局意识、服务意识、创新意识；坚持把发挥职能作用、服务科学发展作为第一要务，采取四大措施，全力促进转型跨越；坚持把强化市场监管、维护市场秩序作为第一责任，为转型跨越发展营造规范有序的市场环境；坚持把关注保障民生、维护消费权益作为第一要义，倾情、倾心、倾力为消费者排忧解难；坚持把加强作风建设、提升干部素质作为第一保障，充分调动广大工商干部在促进转型跨越发展中"创先争优"、建功立业的积极性和创造性。三是把学习讲话和县局创建市级文明和谐单位结合起来，推进县局文明和谐单位上档升级。在讲话精神的激励和鼓舞下，我们始终坚持创建以"团结协助，富有亲和力；务实创新，富有创造力；运转高效，富有战斗力；公正廉洁，富有感召力；依法行政，富有组织力"为目标的工商领导班子建设，形成了由创建领导组统一指挥，创建办公室具体实施，各股、室、所密切配合，党政团齐抓共管的"文明和谐工商"创建机制。我们坚持以打造一支"政治过硬、工作过硬、作风过硬"的工商队伍为目标。开展机关作风整顿月活动，使广大党员干部体现了"五增强"：对思想解放的认识增强了全面性和深刻性；对转型改制的运作增强了前瞻性和预见性；对高科技手段监管市场增强了自觉性和能动性；对拓展服务功能增强了主动性和积极性；对提高工作效率增强了紧迫性和责任性。三个结合的大力实施，促进了党员干部思想大转变，思想大转变又带动了作风大改进、工作大踏步，实现了业绩大突破，突出表现在以下四个方面：

一、借东风，抓机遇，筑基固本，全力打造工商队伍

一是以"创先争优"活动为载体，强素质，树形象，确保党员队伍的先进性。我们积极响应党的号召，大力开展"创先争优"活动，推进基层党组织建设，调动了广大职工爱党、向党、入党的积极性，2010年又有4名青年加入党的怀抱。二是以学习袁纯清书记讲话为契机，增强干部职工学习的主动性、自觉性。袁纯清书记讲话中特别强调干部要有学习的自觉。号召我们党员干部要掀起一场学习的新高潮，要用中国特色社会主义武装头脑，要建设学习型党组织。对此，我们将袁纯清书记提出的建设学习型党组织与开展"学习型机关年"紧密结合起来，在全局广泛开展了全员读书活动，进一步提高干部职工全员素质。三是以"政风行风评议"为抓手，以点带面，以廉促勤，深层次改进工作作风。我们紧紧抓住"学讲话"、"大讨论"及开展"创先争优"的良好机遇，大力推进政风行风建设。通过完善内部行政岗责体系建设，广泛接收社会各界意见，开展多种类型的述职述廉，在行风作风改进上赢得了群众赞誉、社会好评、领导肯定。

二、抓职能，促转型，立足全局，打好流动工商服务牌

一是跟踪服务帮企助企。我局立足于流动工商灵活便捷的特点充分发挥职能，继续深入开展了"百名工商干部进千家企业"活动，着力组织"年检上门、送法下乡、预约办理、服务到家"等多项帮企助企行动。县局企业注册监督股工作人员走出机关，深入企业，为40余家企业量身打造一条龙上门年检服务措施，使企业能在最短的时间内享受到最完备的现场服务。他们还集中人力物力，充分提供各项便利条件，仅用10天就帮助两家重点项目企业完成了登记注册手续。二是跟踪服务品牌战略。在2009年大寨核桃露申报"中国驰名商标"成功后，在"三个结合"的推动下，"流动工商所"结合辖区实际，把工作重点放在积极营造、优化商标发展环境上。其一，多渠道宣传，重点开展商标培训；其二，多角度发展，重点培育企业驰名、著名商标申报；其三，多层面保护，重点推行股所联动，使监管机制日趋完善。对大寨企业开展动员注册的商标数较2009年均有较大增长，已新办理注册商标申请达11件。"沾岭"与"大寨"杂粮饼2个商标被认定为山西省著名商标。三是跟踪服务"五农工程"。我们坚持以服务"五农工程"、服务新农村建设为要务。查处无照经营农资户13户，无照经营种子化肥案件4起，为农民挽回经济损失近3万元。新办理农民专业合作社登记注册18户。四是跟踪服务消费维权。我局紧紧围绕中消协"消费与服务"的年主题，认真开展各项咨询服务活动，先后发放宣传材料11 000余份，受理消费者申投诉21起，举报5起，接待来访群众62人次，解决消费纠纷10起，为消费者挽回经济损失3万余元，受到省消协的表彰奖励。

三、勤指导，严监管，双管齐下，规范市场经营秩序

一是强化食品安全监管和专项整治。我们严厉开展了食品市场专项整顿，查处各类违法违规案件721件，先后受理申诉、投诉80起，百分之百予以解决，为消费者挽回经济损失18.4万余元。在市场整治中，我们把食品市场整顿放在首位，由县城推向了农村，共查处食品违法违规案件42件，有力地打击了假冒伪劣侵权行为，推进了食品经营者自我规范。

四、抓党建，促廉建，为党增辉，树立良好的工商形象

通过"三个结合"的大力开展，县局党组织的"创先争优"活动既轰轰烈烈，又扎扎实实，有效地推进了县局党的组织建设：一是健全组织。局党组将4个工商所分设4个支部，形成一总6支的组织格局。二是强化领导。县局党组和党总支特地配备了一名专职副书记，4个工商所支部书记全部为党总支委员，使总支和支部形成了有创造力、凝聚力、战斗力的领导班子。三是完善党员吸收程序。我们严格了新党员发展的格式和程序，对党员考核严格细致，做到了对本人负责、对党组织负责。四是充分发挥党员模范带头作用，引领全局干部职工开展创先争优活动，使不少年轻人积极靠近党组织，申请投入党的怀抱。"三个结合"的有效开展，使党员的先进性、主观能动性的积极作用得到了充分发挥。

我局党组通过开展"三个结合"调动了各个支部和党员干部的积极性，使我们总支的核心作用得到了充分发挥，核心地位明显增强，工作纪律大见成效，服务质量明显改善，党的形象明显提升。在今后的工作中，我们将一如既往将"三个结合"深入推进，使县局党组织建设取得新成就，全局工作实现新突破。

建设"五型"工商
促进转型跨越发展

寿阳县工商局党组书记、局长 杨晓峰

省委书记袁纯清在全省干部大会上的重要讲话，鼓舞人心，催人奋进，是推进整个山西转型发展、跨越发展的冲锋号、动员令。寿阳县工商局把学习贯彻袁纯清书记的重要讲话作为当前一项重大政治任务，以省工商局党组提出的"用坚持五个第一解放思想、创新工作，促进转型跨越发展"总要求为目标，大力开展"解放思想、创新工作、服务转型、促进跨越"大讨论，紧密结合实际，提出了建设"创新型、服务型、务实型、学习型、清廉型工商"工作理念，全面推进履职到位，促进创先争优，大力服务寿阳转型发展和跨越发展。

一、坚持把解放思想、创新观念作为第一动力，建设创新型工商

思想有多远，行动就有多远。袁纯清书记指出：实现转型发展，首先是思想要转型。只有解放思想才能创新举措。因此工商部门就要做到"四个解放出来"和"四个创新"，即：从条管体制意识中解放出来、从传统监管理念中解放出来、从传统执法行为中解放出来、从守成求稳心态中解放出来。进一步创新监管机制，着力推进"四个转变"，提高执法效能，维护市场秩序；进一步创新服务方式，提高服务质量，促进经济发展；进一步创新维权手段，适应群众需求，推进社会进步；进一步创新队伍建设机制，做到"三个过硬"，强化组织保障。牢固树立服务转型敢于建功立业、创新监管敢于领先一步、各项工作敢于争创一流的理念，建设创新型工商，切实做到监管与发展、监管与服务、监管与维权、监管与执法的统一，不断引深"五增五创"工作主题，以战略的思维、敢闯的勇气、学习的自觉，努力建设高素质的队伍，实现高效能的监管，达到高质量的服务。

二、坚持把发挥职能作用、服务科学发展作为第一要务，建设服务型工商

促进发展是工商行政管理工作的根本目的。我们工作的出发点和落脚点都必须融入为地方经济社会发展服务这个目标中去，更加自觉地服从地方党委、政府的领导，更加自觉地服务于地方政府的中心工作，更加自觉地与有关部门搞好协调配合，以优质服务促进经济社会科学发展。继续以引深推进帮助和服务企业大行动为抓手，大力推进行政指导，帮助企业积

极应对国际金融危机，为企业的脱贫解困献计献策，把企业和群众满意度作为衡量我们服务质量高低的一个重要标准。以登记服务窗口为前沿，狠抓登记服务水平的提高，优化企业发展环境；以实施商标战略为手段，提高企业自主创新能力，推动"品牌兴县"工程；以推进"五农工程"为重点，扎实服务新农村建设；以"12315"和"一会两站"建设为依托，形成纵向到底、横向到边的维权网络，调动全社会的维权力量，保护消费者合法权益。同时，充分发挥工商机关的登记职能，多层次、多角度向当地政府提供信息，为政府决策服务，给当地党和政府的经济发展当好参谋助手。

三、坚持把强化市场监管、维护市场秩序作为第一责任，建设务实型工商

袁纯清同志指出，要"提振精神、转变作风，要大干不要小干，要真干不要假干，要实干不要虚干"。要增强工作责任感和事业心，下决心从文山会海、招待应酬中摆脱出来，深入基层、深入实践、深入调研，查实情、讲实话、办实事、求实效。定下来的事就要雷厉风行、抓紧实施；部署了的工作就要督促检查、狠抓落实。以落实流通环节食品安全监管制度为重点，致力于在构建市场监管长效机制上"创先争优"。一是大力强化食品安全监管。继续抓好食品经营主体资格、食品添加剂、奶制品、农村食品市场等专项执法检查，大力推进食品安全监管制度的落实，以落实《食品流通许可证管理办法》和《食品市场主体准入登记管理制度》为重点，着力规范食品流通许可证核发行为；依托信息技术手段，大力推进食品安全监管的网格化、电子化进程，努力实现食品安全长效监管。二是进一步加大竞争执法力度。深入推进治理商业贿赂工作，严厉打击"傍名牌"行为，加大商业秘密行政保护力度，严厉查处大要案件，切实营造公平公正的市场环境。三是继续抓好各类专项整治工作。要加大整顿规范广告市场力度，特别要加大对网上非法"性药品"广告和房地产广告的监管力度。要严厉打击传销和严格规范直销，大力推进打击传销综合治理。

四、坚持勤奋学习、学以致用，建设学习型工商

袁纯清书记指出：当前是一个知识的时代，所以首先是一个学习的时代，热爱不热爱学习，善不善于学习，已经成为衡量干部的重要尺度，学习工作化，工作学习化已经成为一种新的工作形态。袁纯清书记强调：要围绕实现跨越式发展，加强党的建设，提高领导干部的战斗力，清醒认识到学习者智，学习者胜，学习者生存，学习者发展，切实抓好学习型机关和干部队伍建设；加强基层组织建设，扎实开展创先争优活动。"两费停征"，工商职能发生改变，对工商干部素质的要求也越来越高，提升干部素质成为关键之举。近年来，我局把大力推进学习型工商机关建设作为建设高素质干部队伍的重要抓手，取得了实效。一是通过牢固树立"学以致用、用以促学"、"终身学习"的指导思想，形成领导带头、全员参与、激励有力、环境宽松的学习氛围。二是严肃学习纪律，倡导严谨求实的学风。从强调履职尽责、加强沟通合作、培养良好习惯等角度出发，引导机关干部加强学习、善于学习，培养过硬的作风，逐步培养干部职工的学习习惯。三是创新学习形式，在采取局领导、股所长和业务骨干轮流讲学，集中与自学相结合的形式的基础上，更注重干部岗位成才，通过完成急难险重任务的实践砥砺干部品质、提升干部才能，推动学习工作化、工作学习化。五是丰富学习内容，从提高干部综合素质出发，学习内容不仅包括政治理论和业务知识，还包含公共礼仪、养生等生活知识，让每位干部既会工作又会生活。六是掌握科学的方法，知行合一，学以致用，以用促学，学用相长，真正把学习的效果体现在思想的解放上、立场的坚定上、方向的明确上、认识的深化上、知识的丰富上、能力的提高上和实际的运用上。

五、坚持下大力气加强作风建设，建设清廉型工商

袁纯清书记讲，抓干部作风就是抓发展，好作风是实干出来的。右玉县18任县委书记一任接着一任干，半个多世纪咬定荒山秃岭绿化不止的"右玉精神"就是很好的佐证。领导干部就是要以学习"右玉精神"为契机，勤思勤为不懈怠、脚踏实地不飘浮、立说立行争朝夕。在创新工作中凝心聚力，在转变作风上求真务实，努力实现工商工作大发展。我们建设清廉型工商，就是要通过作风建设使领导班子树立起"政治坚定、勤政廉政、团结进取、务实为民"的新形象，中层干部树立起"政治清醒、勇于负责、清正廉洁、率先垂范"的新形象，执法队伍树立起"执法公正、办事高效、业务精通、纪律严明"的新形象。为此，一要是要深入开展"创先争优"活动，发扬开拓进取、求真务实、任劳任怨精神，在本局开展的"五项竞赛"活动中，讲责任、讲团结、讲奉献，比实干、比成绩、比形象，增强执行力，以优良的作风来推动各项工作高效完成。二要加强政风行风建设，认真落实省工商局"作风建设、十查十看"、"工商形象、十事十办"，切实把思想用在干事业上，把精力集中在做实事上，把工夫下在抓落实上；强化对总局"六项禁令"、省工商局"八条禁规"、"约法三章"执行情况的监督，在实现转型、促进跨越中树立良好的服务形象和执法形象。三要对干部队伍严格管理，严格要求，做到管得住小节、耐得住寂寞、守得住清贫。以《中国共产党党员领导干部廉洁从政若干准则》为重点，开展示范警示教育和岗位廉政教育，提高廉洁从政意识，以廉政风险防范为重点，健全具有工商行政管理特点的惩治和预防腐败体系，形成一套用制度管权、按制度办事、靠制度管人的有效机制，以反腐倡廉的成果为实现转型、促进跨越提供坚强的纪律作风保证。

创优发展环境
服务转型跨越

太谷县工商局党组书记、局长　马向荣

　　袁纯清书记在7月29日召开的全省领导干部大会上提出："……全面转型是山西的必由之路，加快跨越是山西的必然选择。"工商部门作为肩负市场监管重任的政府职能部门自然责无旁贷。省工商局党组书记、局长王虎胜传达贯彻省委九届十一次全会精神时，要求全省各级工商机关要切实把思想和行动统一到省委关于"十二五"发展的思路、部署和要求上来，充分发挥工商职能作用，全力服务转型跨越发展。太谷县工商局更以"创优发展环境、服务转型跨越"为己任，并投入到贯彻这一指示的洪流中。

一、创新观念、提升素质夯实转型基础

　　做好思想准备，认清当前形势。袁纯清书记强调"……面临的最紧要的问题是干部队伍对大发展思想准备不足"，并提出"要实现转型跨越发展，必须学习学习再学习"，尤其要求我们广大领导干部要"重视学习、勤于学习、善于学习"。

　　太谷县工商局采取以领导班子成立的中心组带头学习、每周五下午组织全体执法人员集中学习、利用远程视频会议系统参加市工商局网络学习、自动化办公系统开展自行学习、在太谷红盾网站上开设学习专栏、基层工商所"每周八小时学习"等形式多样的学习方法，学习《七个怎么看》、《推进学习型党组织建设干部读本》、《解放思想　创新工作　服务转型　促进跨越》，在晋中市工商系统确立的"学习型机关建设年"活动中，廓清了思想、理清了思路。开展创先争优活动，切实把广大基层党员干部的积极性、创造力凝聚到转型、跨越的生动实践中来，就工商部门如何树立执法形象、清除监管盲点方面做好思想上和行动上的转型，为创优监管服务奠定坚实的理论基础。

　　抓好干部队伍，提供坚强保证。袁纯清书记强调："要深化干部人事制度改革。……提高选人用人公信力。"我局于2010年5月通过全员竞争上岗、双向选择竞聘上岗，中层正职干部平均年龄由2006年的43岁降为2010年的40岁，一批年轻的优秀干部得以在恰当的职位上展示才华，彻底解决了队伍中存在的大多数人员抓权躲事、推诿扯皮等人浮于事的积弊，少数人员思想素质不高、敬业精神不强、工作干劲不大等问题，转变了职工的思想观念，新的团体激发出更强的工作力量，为进一步加强工作作风和本

领建设奠定了基础。

提供优质服务，搭建服务平台。袁纯清书记强调："加快政府职能转变。……重点是简政放权、提升服务。"我局坚持"快捷、规范、便民"的原则，以"转变观念、强化责任、加强服务"为出发点，着力提高服务质量。制作"领取食品流通许可证温馨提示通知单"发放到办事者手中，方便了群众，提升了工商人员办事效率；登记窗口做到上门服务和动态监管相结合，提高了服务质量和工作效能；推行延时服务，以最快捷的速度，全力服务招商企业，为太谷县招商引资重点企业——山西凤翼山庄生态经济有限公司办结了各项市场准入证件。

二、创新监管方式、实现优质服务转型

袁纯清书记强调："干部保证是关键，要下大力气加强作风和本领建设。……实干不要虚干，就要埋头苦干，务求实效。"我局从加强本职工作建设入手，由过去单纯对企业实施监管逐渐转向监管与服务并重、务求实效以扶持企业规范发展为主，通过"百名工商进千户企业帮扶、服务'三农'"等工程实现优质服务转型。从2009年至今累计走访企业1980余户次、召开座谈会18次、开展问卷调查930余次、发放宣传资料4460余份、送法律法规书籍100余册到企业手中，从商标品牌战略、守法、规范企业经营等方面进行帮扶指导。

送资金到厂矿。面对企业普遍存在的融资难"瓶颈"，通过召开座谈会、开展问卷调查等多种形式、方法、行动帮扶企业解决融资困难。一年多来先后为企业与金融部门牵线搭桥、贷款融资，办理动产抵押92次，抵押物价值34 277.079万元，主债权金额17 016万元。

送法律到企业。送最新的法律法规汇编到太谷金谷玛钢有限公司等52户企业手中，与企业管理人员进行座谈，指导企业扎实依据法律法规从事经济活动。

深入企业以案说法，帮助企业筑牢知识产权自我保护意识。以查处的两起典型商标违法案例现身说法，以获得省著名商标称号的企业为重点，深入企业指导服务，先后深入12户企业指导其规范使用注册商标及名优标志，加强企业自我保护意识，免受违法分子的恶意侵犯。

送规范到田间。送《农业生产资料市场监督管理办法》到农资经营户手中，使其明确应负的责任，规范指导经营户建立健全内部产品质量管理制度及消费者投诉举报机制，授予39户农资经营户"规范经营示范店"称号，营造农资经营户守法经营氛围。同时完善12315投诉举报机制，及时了解情况、分流指派、配合查处、结案反馈。2010年以来调解涉农投诉64起，涉及农民290余人，为农民挽回经济损失20余万元。

加强合同法律宣传，倡导农民在交易活动中签订书面合同。在9月26日太谷县召开的全省林业现场会上，充分履行合同监管职能，对太谷县美园农林专业合作社等18户企业与来自全省各地的苗木经营商签订的标的金额达21万元的5份购销合同进行鉴定，竭诚服务农村经济。

三、创新监管职能、助推经济转型跨越

袁纯清书记强调说："我省面临的最大问题是发展不足。"20世纪公众所赞誉的"金太谷"、"中国华尔街"已不是近几年来的太谷县，经济指标已排后于晋中市的其他县区。针对这种底子差、整体收入偏低等现状，我局致力于监管职能的创新工作，通过实施"深化信用建设、推进商标战略、促进创业就业"等工程，助推太谷县经济转型跨越发展。

给创业者谋开端。我局联手太谷县青创中心扶持待业青年创业，深入山西农业大学为大学生村官创业培训班进行授课，并与税务、银行部门联系，为山西农大学生及社会有志青年创业提供便利条件，使广大创业青年对市场主体设立、守法经营等事项有了充分的了解和认识。

截至目前，我局累计服务人数达1300余人次，与132家企业建立了业务联系，帮助362名青年实现了自主创业，有61位大学生领取了营业执照，为2000多名青年提供了就业咨询服务和创业培训，成为自主创业的生力军。

帮老商户树信用。我局与信贷部门共同出台《信用市场、信用商户评定方案》，进行"定期评定"，让太谷县老市场内经营户加入信用行列，对信用商户实行年检制度，让信用户续展荣誉称号，树立商户的信用度。目前，授信户达到596户，320户经营户通过年检续展荣誉称号，为402户信用商户发放信用贷款3845万元，无一形成不良贷款。

通过开展信用建设，实现工商、信用商户和信用联社之间的"三赢"。工商部门赢得了监管效益，商户自觉守法经营，提高了监管效率，从2007年到2009年，太谷县12315中心接到的消费投诉以每年30%的比率递减，违法案件也呈下降趋势。信用商户赢得了发展空间，解决了经营过程中资金匮乏的瓶颈问题，促进了老商户转型向规模化发展。

助强企业打品牌。袁纯清书记说"要坚持农业产业化这个主题"。针对太谷县农业大县的实际，我局致力于农村经济的监管职能转型，由企业上门请教变执法人员上门指导服务，深入农业合作社进行宣传，帮助企业树立品牌意识，尤其是太谷特色的农副产品，先后有"晶茂"、"唐风"、"枣花村"等商标的成功注册，使太谷农产品有了自己的品牌，为太谷农产品今后发展壮大、走向更广阔市场奠定了基础，初步实现以优质的产品树立好的品牌形象。

目前，太谷县著名商标拥有量达到16件，其中涉农著名商标达10件，有效注册商标达514件，其中农副产品注册商标达180余件，从2007年至今每年以10%的速度递增，推动了县域经济向品牌化经济转变，初步形成了具有太谷县特色的著名商标品牌群体。

坚持科学监管
促进"五个发展"

祁县工商局党组书记、局长　李清泽

　　潮平两岸阔，风正一帆悬。省委书记袁纯清"以转型发展为主线，为实现山西经济社会跨越发展努力奋斗"为内容的重要讲话，为全省工商行政管理工作扬起了风帆，指明了方向，增添了动力。作为县级工商部门，针对祁县经济欠发达、传统农业优势明显的县情，以"大招商、大跨越、大发展"为己任，深入解放思想，积极创新工作，以五个方面为抓手全力促进地方经济全面发展。

　　一、解放思想观念，统一思想认识，促进转型发展

　　学习贯彻袁纯清书记重要讲话精神，就要坚持把解放思想、创新观念作为第一动力。一是继续深入开展"解放思想、创新观念"大讨论，深入实践国家工商总局要求的"四个统一"、"四个转变"、"四个只有"的工商行政管理内涵，不断引深"增强五种意识、创造五种环境"工作主题，全面推进监管理念创新、监管机制创新、监管方式创新。二是围绕"创先争优当先锋，固本强基促发展"的主题，开展"强素质、讲团结、转作风、做表率"主题实践活动，充分发挥各支部的战斗堡垒作用和共产党员的先锋模范作用，在推动科学发展、促进社会和谐、服务人民群众、加强基层组织的实践中建功立业，积极实现全县经济社会转型发展。

　　二、强化行政执法，坚持科学监管，促进跨越发展

　　工商部门要加大执法力度、创新监管机制、提高监管效能、完善应急机制，以县域经济特点为基础，营造规范有序的市场环境。

　　1. 深化整顿和规范市场秩序工作。以流通领域食品安全监管为重点，积极推行"一票通"，落实"六查六看"，加大食品快速检测和抽样检验工作力度，努力建立食品安全监管长效机制；严厉打击经营侵权假冒伪劣商品行为；以抓好安全生产为重点，积极参与安全生产整治工作，严把市场准入关；以打击合同欺诈为重点，不断强化格式合同条款监管工作；以维护商标专用权为重点，切实加强商标行政执法力度，严厉打击侵犯注册商标专用权行为，切实维护商标注册人和消费者的合法权益。

　　2. 完善"网格"巡查机制。基层工商所以建立责任落实机制为核心，以电子网格为依据，全局实行辖区和人员定片、定格、定岗、定人、定事、定标、定责，建立起职责明确、目标清晰的市场监管和市场巡查机制，延伸市场巡查，改变只把巡查停留在表面的做法，发现案源，解决问题，加强记录分析，把市场巡查作为行政执法科学监管的一个突破口。

3. 全面推行说理式处罚。建立行政处罚事先预警制度，建立教育先行、执法在后的执法程序，全面推行说理式处罚。通过这种方式，使被处罚者心悦诚服，顺利接受处罚，不发生一起因处罚引起的纠纷事件。

4. 实行分类监管。对县城和城关等乡村经济活跃地区，实行精细化管理模式，在完善片区执法责任制的基础上，充分运用食品检测、远程监控、电子地图等先进技术和手段进行市场无缝隙、全方位化监管，实现视窗化管理效果。对广大的农村地区，实行网控式管理模式，以中心为核心、工商所为结点、"一会两站"联络员为触角，建立能够覆盖辖区所有市场主体群的"蛛网式"监管执法网络，用较少的人力监管较大的区域。

三、提升行政效能，进行分类指导，帮扶助商发展

促进发展是工商行政管理工作的根本目的，要自觉把工商行政管理工作放到县域经济发展的全局中去考虑。

1. 充分发挥工商职能作用，打造五大服务融资平台，切实帮助企业尤其是中小企业和个体工商户解决贷款难、融资难问题。一是民间资本投资平台，积极支持组建小额贷款公司等民间金融机构，拓宽和规范民间投融资渠道。二是股权出质融资平台，深入开展股权质押、股权出资以及债权转股权等工作。三是动产抵押融资平台，积极主动宣传企业、沟通银行，为企业动产抵押贷款做好登记服务工作。四是商标出质融资平台，根据人民银行的政策制订出台《商标权质押融资工作指导意见》，为企业运用商标质押贷款创造条件。五是信用贷款融资平台，依托信用信息，搭建银企桥梁，创建信用市场，认定信用商户，促进信用贷款和信用融资。

2. 以引深推进帮助和服务企业大行动为抓手，推进"品牌兴县、品牌兴农"战略。一是广泛开展"一企一件商标"、"一村一品一商标"注册活动。二是积极推广企业品牌经理、商标使用管理等工作制度，帮助企业健全商标使用、管理制度，开展好商标注册建议书、商标策略提示书、商标法律告知书活动。三是帮助企业申报驰名商标、山西省著名商标，鼓励企业通过创造研发商标附加值，利用商标发展壮大企业。

3. 在执行好省政府出台的《发挥工商职能作用，促进创业就业的实施意见》等5个"27条"的基础上，进一步降低准入门槛，做到凡是法律未禁止的行业，都要向民营企业开放，对新型产业和招商引资企业实施事前介入、事中帮扶、事后回访，提供全程跟踪服务，在我县转型发展、跨越发展中找准作用点，把握着力点，寻求突破点，充分发挥职能，力争更大贡献。

4. 深入开展"信用祁县"建设活动，抓住信息化和信用建设两条主线，以推进"网上审批、网上年检、网上办案、分类监管、网上办公、高效服务"为抓手，全面推进信息化工作，切实提高监管执法的信息化和数字化水平。一是结合当前信息化工作的主要任务，全面推进业务系统应用。二是推进部门之间信用信息共享，加快信用信息产品在部门合作执法、银行贷款等领域的使用。三是推进信息化技术在流通领域食品安全监管工作中的应用。四是做好企业地理信息系统的推广使用和地理位置标识工作。

5. 提升服务效能，全力推进五农工程，服务社会主义新农村建设。红盾护农，全面推行"流动工商所监管模式"；商标兴农，抓好农副产品商标注册、培育和推荐工作；合同助农，将"守合同、重信用"活动延伸到合同帮农工作中，推行农业合同鉴证和备案制度；经纪人活农，培训发展经纪人，规范各类经纪活动；经济组织强农，从上门指导、放宽准入向提升经营能力、调整产业结构、壮大农民专业合作社方面转变，促进合作社规范发展。

四、关注民生民利，优化消费环境，促进安全发展

进一步更新消费维权理念，创新维权工作机制，切实保护消费者合法权益。一是在12315"进社区、进农村、进学校、进商场"的基础上，将"12315"触角延伸到新闻媒体，在广播电台推出"12315维权在行动"板块，共同打造12315申诉咨询受理平台，现场宣传消费维权知识、解答消费咨询、受理申诉。通过12315进媒体，促进维权工作的互动，提升12315的公共服务水平。二是针对消费申诉热点、难点进行统计分析，发布消费警示，定期公布消费维权信息，进行消费提示，宣传消费常识，普及消费知识，积极引导消费者科学、健康、文明消费，提振消费信心，扩大消费需求，充分发挥消费对经济增长的拉动作用。

五、加强作风建设，提升干部素质，推进和谐发展

一是抓好班子和干部队伍的建设。结合"创先争优"活动，树立一批推进学习型党组织建设的典型，发挥典型引路、典型示范、典型激励的作用，充分带动各级党组织积极参与推进学习型党组织建设，形成良好的学习氛围，推动党的建设；探索完善的考核机制，建立科学、公正、客观的考核和评价体系，以此促进每名工商干部以务实的工作作风、踏实的工作态度、求实的工作精神做好本职工作，推进工商行政管理工作的全面发展；深入开展精神文明创建活动，以思想道德建设为核心，以文明执法、优质服务为切入点，提高全局精神文明建设水平。二是抓好党风廉政建设。发扬"甘于奉献、一心为民"的祁县工商精神，切实把思想用在干事业上，把精力集中在做事实上，把工夫下在抓落实上，干实事、出实招、求实效，做到勤政敬业、敢于负责、恪尽职守。进一步加强政风行风建设，切实解决群众反映强烈的突出问题，坚决维护群众切身利益。加大明察暗访力度，加强效能监察，采取走访、督察的方法加强行政执法过程中的监督与管理，促进党风廉政建设工作的开展。

解放思想　创先争优
为转型跨越发展铸就坚强红盾

平遥县工商局党组书记、局长　侯胜利

在"7·29"全省领导干部大会上，省委书记袁纯清作了题为"以转型发展为主线，为实现山西经济社会跨越发展努力奋斗"的重要讲话，在我们工商干部中产生了热烈反响，对我们工商工作具有很强的指导性和前瞻性。作为拥有50万人口的历史文化名城的平遥县，其建设"晋商文化旅游中心城市"的使命任重道远，平遥县工商局作为政府的职能部门，如何在这场伟大改革实践中找准位、站好位，把我们的职能用足、用活、用好，是摆在我们面前的重大课题。我们要以袁纯清书记讲话精神为指针，率先解放思想，敢于创先争优，为推动经济社会转型跨越发展铸就坚强的红盾。

一、要以解放思想为先导，为转型跨越发展提供坚强保证

思路决定出路，思维决定行为。袁纯清书记的讲话立足省情，贯穿了解放思想、转型跨越的科学发展观。要实现经济社会的转型跨越发展，首先要在思想上转型跨越，思想的大门打不开，发展的大门更打不开。各级党员干部要永葆先进，率先破茧成蝶，打破制约思想桎梏，吹响解放思想的冲锋号，在转型跨越的大道上奋勇争先。

一是要乐于学习。学习的本质是改变。学习改变我们的观念，改变我们的思维，改变我们的境界，改变我们的能力。要建设学习型工商部门，使学习工作化，工作学习化，使学习成为一种新的工作状态。

二是要解放自我。要有解放自我的勇气和胆气。一要敢于挑战极限、探索未知。二要敢于冲破条条框框，创造性地开展工作。三要敢于超越既定职责。要多走出去开阔视野，请进来吸取精华，沉下去了解社情，探上去先知先觉。只有敢于为自己松绑，才能炼就我们引领转型跨越发展的真本领。

三是要正确处理"三个关系"。一要处理好监管与服务的关系。我们工商部门的基本职能就是市场监管，执法维权，但我们的工作内涵更是为民服务，我们是市场的"管家"，更是市场的"保姆"。二要正确处理条管与地方的关系。尽管我们是条管单位，但我们工作的出发点和落脚点更是服务地方经济社会，造福民生。三要正确处理求进与求稳的关系。在问责力度不断加大的今天，不少同志明哲保身，殊不知推责的最好办法就是尽责。作为党员干部，要敢于担当任事，善于谋事成事。要用发展这把金钥匙来解决当前的一切问题。

二、要以创先争优活动为引擎，为转型跨越发展提供不竭动力

当前深入开展的创先争优活动，是学习实践科学发展观的重要内容，是推动科学发展，解决实际问题，加强党的建设的强大动力，我们要以活动为契机，不断推动转型跨越发展。

一是要创新。创新是推动民族进步和社会发展的不竭动力。省委确定的转型跨越发展战略，本身就是一次思维的创新和方法的创新。作为工商部门，要率先创新思维和方法，帮助和引领企业摒弃陈旧落后的东西，在推动转型跨越发展的赛道上扮演好领跑者的角色。

二是要创先。在今天的信息化时代，只有先人一步、高人一筹才有话语权和主动权。我局深入开展了创建先进基层党组织活动，开展了以"领导班子好，党员队伍好"等内容的争创"五个好"活动，在此基础上，开展了创建"星级党组织"活动，按照统一创建，动态管理，量化评分的办法，在全县工商系统中开展了争创先进活动，形成了创先争优、比学赶超的良好氛围。

三是要创优。要树立质量意识和标准意识，形成事事创一流，人人争上游的良好竞争态势。我们在全体机关党员干部职工中开展了"三学三比三争"活动，即学党史，学法规，学政策；比贡献，比作为，比形象；岗位争先进，业务争一流，个人争优秀。通过以上活动，全县广大企业树立和增强了品牌意识及质量信誉意识。在我局干部的指导帮助下，平遥冠云牛肉集团"冠云"商标、平遥县减速器厂的"信凯"商标相继被认定为中国驰名商标，驰名商标数量达到2件，占全市的1／3；2010年，在已有16件山西省著名商标的基础上，又有4户企业喜获山西省著名商标，驰名、著名商标拥有量列全市县区之首。

四是要创业。工商部门虽不是创业的主体，但却是创业的后盾。一方面要不断创优环境，优化服务，降低准入门槛，推动地方招商引资，促进项目尽快落实。另一方面要帮助现有企业寻找商机，确立项目，跨越发展。

三、要以干部队伍建设为根本，为转型跨越发展提供组织保证

人是生产关系中最活跃的因素。要按照"以人为本"的科学发展观，扭住三个环节，为转型跨越发展提供坚强的组织保证。

一是抓好基层组织建设。我局以深入学习实践科学发展观活动为引领，不断加强党组织建设。紧紧扭住学习实践活动的三个阶段九个环节，在理论学习上确保学深、学全、学实，在分析检查上力求深挖细剖追根，在整改落实上做到立说立行立改，使全局党员干部职工的思想高度统一到科学发展观上来，为助推平遥转型跨越发展打实筑牢了强大的思想基础。

二是管好用好干部队伍。创先争优活动开展以来，我们不断完善干部绩效考评制度，出台了对各所各室的"百分考核办法"，细化评分，量化考核，综合排队。科学地施行和使用考评结果，树立一种能者上、庸者让的竞争机制，把那些德才兼备的好干部选用到重要岗位上，有效激活了广大干部干事创业的干劲。

三是提升素质、转变作风。针对群众反映强烈的机关工作作风问题，我们开展了"整风、肃纪、提效"活动。以"四抓四促"为抓手，取得了重大成效。一是抓教育，促进思想转变。二是抓制度，促进行为规范。三是抓设施，促进效率提高。四是抓督查，促进政令畅通。在此基础上，我们还推行了"四个一"活动，即一站式服务、一条龙服务、一口清服务和一日结服务，有效提高了办事效率，赢得了群众好评。

四、要以服务大局为使命，为转型跨越发展铸就坚强红盾

我们一以贯之地围绕县委、县政府"晋商文化旅游中心城市"建设大局，在转型跨越发展中做出了应有贡献。

一是深入开展"进企业大帮扶"，争创商贸大县建设的堡垒先锋和坚强红盾。在实施进企业大帮扶行动中，党员干部深入针织企业，为企业谋出路、解难题，"红石榴"、"晋陶马"商标被成功认定为山西省著名商标，帮企业走出了困境。同时，主动下探，实地指导帮扶，积极稳妥地完成了煤矿兼并重组任务。

二是积极投身"五农工程"，争创农业大县建设的堡垒先锋和坚强红盾。一是深入推进"红盾护农"工程。大力度整顿农资市场。二是加大"商标兴农"力度。帮助"冠云"、"云青"等20件商标认定为省级以上著名商标。三是加大"合同助农"力度。指导帮助4家涉农企业签约订单13 000余份。四是实施"经纪人活农"工程。指导帮助县农民经纪人协会将产品打入天津、南京市场。五是实施"经济组织强农"工程。培育农民专业合作社341户。

三是积极投身"三大整治"，争创旅游大县建设的堡垒先锋和坚强红盾。在全县的旅游秩序，建筑秩序，社会秩序"三项整顿"中，我局深入开展了以打击"黑导黑社"，打击欺客宰客，打击价格欺诈，规范店铺广告，维护旅客权益等一系列活动，使全县旅游秩序出现了明显的好转。

四是积极投身八大服务，争创造福民生的堡垒先锋和坚强红盾。一是矢志不移地抓好食品安全。二是尽职尽责抓好消保维权。三是集中开展打击侵犯知识产权和制售假冒伪劣商品专项执法行动。四是加强反不正当竞争执法工作，整治"两虚一逃"行为。五是积极开展隐患排查工作。六是方便快捷地完成企业年检。七是同力协作抓好源头治超。八是消除盲点，开展房地产市场整治。

优化发展环境 推进创先争优
服务辖区经济转型跨越发展

灵石县工商局党组书记、局长 赵彦文

7月29日，省委书记袁纯清同志在全省领导干部大会上作了题为"以转型发展为主线，为实现山西经济社会跨越发展努力奋斗"的讲话。为深入贯彻落实袁纯清书记的讲话精神，按照省工商局《关于在全省工商系统认真学习贯彻袁纯清书记在全省领导干部大会上的讲话的通知》（晋工商党组字〔2010〕15号）、全省工商行政管理半年工作会议精神的要求，我认真学习了袁纯清书记的讲话原文，感受颇深。袁纯清书记的讲话"以清新之风、务实之言"指明了山西当前和今后一个时期科学发展的路径。

"解放思想、创新工作、服务转型、促进跨越"是袁纯清书记讲话的重要核心，工商行政管理部门作为市场监管的守卫者，当前就是要把学习贯彻袁纯清书记的重要讲话精神作为一项重大政治任务，深刻领会，把学习贯彻讲话精神与如何发挥好工商职能紧密结合起来，切实增强做好工商行政管理工作的紧迫感、责任感和使命感，抓住机遇，乘势而上，开创工作新局面，为辖区的转型发展、跨越发展做出更大的贡献。

作为一名县工商局局长，我认为要把袁纯清书记的重要讲话精神学习好、贯彻好、落实好，推进创先争优工作的开展，最重要的是在以下三方面多下工夫：

第一是认真学习。通过认真学习，坚定我们建设一支政治坚定、业务精通、执法严格、公正廉洁、作风优良的工商队伍的决心和信心

1. 高度重视。切实把学习贯彻袁纯清书记重要讲话精神，深入开展创先争优活动作为当前的一项政治任务，摆在突出位置，坚持领导干部学在前，用在前，以身作则，一级抓一级，层层抓落实，把讲话精神作为政治学习的必读篇，抓紧抓实，抓出成效。我们要在思想上更加重视，行动上更加坚决，方法上更加科学、工作上更加扎实来确保创先争优活动的开展。

2. 深刻理解。作为一名党员干部，贯彻落实省委的决策部署，关键就是要深刻领会讲话精神，把握精髓，领会实质，抓好贯彻落实，树立大局意识，进一步解放思想，转变工作作风，把思想和行动统一到讲话精神上来，把解决问题与促进工作结合起来，认真查找自己在精神状态、工作作风等方面存在的不足和差距。努力把工作想在前面、做到前面，使学习的

成果更多地体现在民生上，为灵石县转型跨越发展提供有利的保障。

3．广泛学习。始终抱着一颗求知的心，向书本学，丰富理论知识；向领导学，开阔视野；向同事学，丰富经验；向群众学，从实践出发，把学习的过程转化为解决问题推动工作的过程；向"右玉精神"学，激发信心和勇气，学习他们"执政为民、尊重科学、百折不挠、艰苦奋斗"的精神。

第二是解放思想。袁纯清书记在重要讲话中明确提出了要解放思想、更新观念，这是他对山西省情分析和思考后，得出的结论

1．查摆问题，增强大局意识。就是要解剖自己，查找自身存在的问题，解放思想，切实解决干部队伍中"不敢解放、不想解放、不会解放"的问题。把干部职工的思想认识统一到省、市工商局和县委、县政府的安排部署上来，树立工商行政管理工作就是支持地方经济发展、服务地方经济发展的意识，自觉把工商行政管理工作放到政府整体工作中去思考，尽心尽力促发展，尽职尽责抓监管，切实增强加快灵石经济转型跨越步伐的紧迫感、使命感和责任感。

2．力求创新，增强服务意识。就是要围绕服务，紧贴中心工作，把支持发展、服务发展作为工商部门的"第一要务"，把有利于促进发展作为监管执法的出发点，把有利于优化发展环境作为工商部门的重要职责。对非公经济的发展，要立足工商职能，主动提前介入，实行上门服务，大力倡导跟踪服务、优质服务和延伸服务。对信誉良好、守法经营的企业，积极促进其发展经营；对扰乱市场经济秩序，侵害消费者合法权益的不法行为要依法查处。

3．整顿作风，提高办事效率。办事效率的高低，是工商部门解放思想成果的重要体现。作为一名工商干部，应该在工作中围绕转型跨越发展，大力加强作风建设，切实改进工作作风来展开，进一步提高办事效率，为基层、为企业、为群众搞好服务。

第三是真抓实干。学习贯彻袁纯清书记讲话精神，归根结底是要落实到结合工商部门的职能和工作实际，解决问题上。我们要以袁纯清书记讲话为指针，切实抓好当前的各项工作

1．创新服务办实事。本着"服务为先，发展为重"的宗旨，切实转变工商职能，优化发展环境，大力培育市场主体，完善市场体系，改进服务方式。在招商引资上，协调解决项目整个建设过程中涉及工商行政管理的所有事项，设立专人作为联络员，定期与项目管理单位联络，主动作为，超前服务；在注册登记上，严把前置审批关、验资报告审查关、投资主体审查关、企业准入关、企业变更登记关，认真贯彻落实山西省政府批准出台的5个"27条"，为民营经济的发展提供宽松的市场环境。

2．强化举措想招数。坚持用好用足现行政策，深化"服务窗口"创建活动。开辟"下岗职工绿色通道"、"农民专业合作社绿色通道"、"大

学生村干部创业绿色通道"等各种绿色通道，提供优惠政策，坚持推行限时办结、首问负责、企业回访等服务制度。对符合条件的马上办、手续不全的指导办、需上级工商部门审批的帮忙办，难、急、特事协调办，架起企业与工商部门之间的"连心桥"。

3. 破解难题谋对策。煤炭产业作为灵石县的支柱产业，是县财政收入的主要来源。作为市场监管的主要职能部门，把好煤炭市场主体的准入关，规范煤炭市场主体的行为，是个难题，却很重要。在煤炭市场监管过程中引入目标责任管理机制，在县工商局与工商所之间，工商所与监管责任人之间，监管责任人与煤炭经营主体之间，层层签订责任书，实行包区域、包地段、包企业的管理机制。在对辖区煤炭经营主体进行"拉网式"排查的基础上，建立专门的经济档案，对煤炭经营主体进行登记造册，实行"一簿、一档、一卡"管理。重点打击在煤炭生产销售中存在的短斤少两、掺杂使假、以次充好、强买强卖、欺行霸市、囤积居奇、哄抬价格以及无照经营等扰乱市场公平竞争的违法行为。

4. 科学监管保平安。以"网上审批、网上年检，网上办案、分类监管，网上办公、高效服务"为目标，开展信用信息监管规范化行动；围绕"消费和服务"年主题，与县质监、农业、卫生等部门举办消费者权益宣传咨询，假冒伪劣商品展示和公开销毁活动，查处各类假冒伪劣商品，受理消费申诉举报咨询，为消费者挽回经济损失，开展消费维权监管服务化行动；制定《灵石县工商局流通环节食品安全事故应急预案（试行）》，成立食品安全事故应急分队，创建"食品经营示范店"，开展流通环节食品安全示范化行动；查处涉嫌商标违法和侵权案件，以医药、保健食品、美容服务、房地产、集资融资广告为整治重点，加强广告发布监测，开展商标广告整治常态化行动；继续与相关部门配合开展"拉网式"、"地毯式"、"无缝隙"的全面排查，开展超限超载治理联动化行动；进一步加大查处取缔无照经营工作力度，在查处中做到与清理整顿网吧工作相结合，与食品安全督查工作相结合，与规范经济户口管理工作相结合，开展打击无照经营结合化行动；启动"绿萌行动"，集中整治校园周边市场，开展净化社会文化环境和谐化行动。

袁纯清书记立足推进全省科学发展、跨越发展、转型发展，在讲话中提出了新的具体的要求。这些新的要求，既为我们明确了今后一段时期发展的主攻方向，又为我们今后的发展增添了新的动力，同时又昭示着加快发展的难得机遇，必将引领全省掀起新一轮的发展热潮。我们工商部门要切实用袁纯清书记的重要讲话精神统领各项工作，认真学习，解放思想，真抓实干，以创新型、服务型工商为载体，以服务树形象，以创新促转型，以帮扶谋跨越，把思路聚集在谋发展上，把职能融入到抓服务上，把力量投放到办实事上，努力为加快灵石县的转型发展、跨越发展做出新的贡献。

增强责任意识 强化"三种科学" 服务转型发展

介休市工商局党组书记、局长 赵爱成

袁纯清书记提出的"转型发展、跨越发展、再造一个新山西"的建设目标，为山西建设提出了新的发展方向，鼓舞人心。同时，工商行政管理工作也面临着巨大的挑战和极大的发展机遇。夯实工商基础，服务转型发展，是工商行政管理工作深入落实科学发展观的过程，是努力实现"监管与发展统一、监管与服务统一、监管与维权统一、监管与执法统一"的过程，更是在山西实现转型、跨越发展中自我发展的过程。

思路决定出路，细节决定成败。面多机遇、挑战和考验，基层工商行政管理人员必须在实际工作中提高素养、统一思想，用先进的理念指导实际监管工作，才能真正把上级精神、工作思路融会贯通到实际工作中，变发展的压力为前进的动力，变存在的症结为飞跃的引擎。

一、牢固树立强化责任意识，是解决当前基层工商行政管理人员意识领域的保障性工作

牢固树立强化责任的意识，是解决目前基层工商行政管理状况的保障性工作，是确保在转型发展、跨越发展中最大能量发挥工商职能的基础工作。

强化责任意识，前提是要明确责任。责任是一种义务，是一种使命，是推动发展的原动力。责任有轻重之分，却无敷衍推却之理。每一名工商干部都有不同的工作岗位，岗位赋予责任。有责要有为，有为才有位。

强化责任意识，关键是要细化责任。"古今兴盛皆在于实，天下大事必作于细"，细节决定成败，细化才能问责。我们要以贯彻落实科学发展观、深刻理解"四个统一"为契机，把促进当地经济社会发展的大事要事、关系群众利益的琐事难事、社会稳定的急事特事层层细化量化，分解落实到每一个人、每一项工作乃至每一细微之处，做到事有专管之人、人有明确之责、责有限定之期，形成人人头上有指标、件件工作有着落的责任氛围，形成一级抓一级、层层抓落实的工作格局。唯其如此，才能提高我们的执行力，才能减少失误和避免缺位，监管工作才能更加科学严谨，更加富有成效。

强化责任意识，归根到底是落实责任。要一切从工商行政管理实际出发，抓重点、抓关键、抓突破，想实招、办实事、求实效；领导干部要深

入基层、深入一线，搞好调查研究，探寻思路举措，破解监管难题；中层领导要兴求真务实之风，苦干实干，开拓创新，不图虚名，不做表面文章；一线人员要稳扎稳打、善于思考、依法监管、科学分类，形成层层讲责任、级级抓落实、不达目的不罢休、不见成效不收兵的工作热情，从而保证今后的市场监管工作有创新的潜力、有发展的动力、有强化的活力。

二、牢固树立强化科学分类监管观念，是解决转变职能、服务转型发展的关键性工作

新时期、新挑战面前，不仅需要思想上的跟进，更需要在承担市场监管、依法行政过程中做到科学监管，提高执法效能。科学分类监管不仅是我们基层工商部门在贯彻落实科学发展观过程中必须探索、创新的内容，更是新形势、新机遇面前应该把握的机制创新。

一是要科学监管。要在配备现代科学的市场监管设备的基础上，追求监管手段、方法的科学化、现代化。尤其是商品检测设备、技能、水平必须有一个新的提高。

二是要科学执法。在完善监管责任的基础上，努力把执法的重点放在企业自律和社会监督上，从而解决工商部门市场监管区域广、任务重、责任大、人员少、业务差、素质低的矛盾，让被监管者和社会群众参与到市场监管中，实现科学监管。

三是要科学保障。要确保市场消费安全，以最小的行政投入获取最大的监管效益，就必须对商品市场分层分类开展监管。要根据不同市场，结合其日常监管信息综合情况，参照企业信用分类监管标准，对商品市场分类进行监管。同时建立市场日常巡查、专项整治、应急处置等工作程序，方可事半功倍，而不致"眉毛胡子一把抓"，劳而无功。

三、牢固树立规范管理理念，是山西转型发展、提升工商地位、完善自我的根本性工作

作为县级工商行政管理机关，必须深刻把握"四个统一"、"四个只有"及省工商局"五增五创"工作主题，深刻认识到基层是全系统的基石，是根本，是关键。基础牢则全局稳，基础精则全局强，基础新则全局兴。要牢牢抓住基础建设这一根本，以规范有序为目标，以制度建设为保障，以效能监察为促进，以绩效考核为手段，以强化学习为基础，以落实工作为重点，紧抓基础，立足长效，重于规范，着眼细节，预防风险，只有这样，才能保证在推动经济发展中安全、高效、优质。

不论形势如何变化、体制如何改革，工商部门实行监管社会主义大市场的职责不能变、不能松。就基层工商局来说，必须从基础入手进行全面整顿，达到全面规范，即内部管理规范、执法行为规范、队伍形象规范，只有规范才能夯实基础，只有规范才能文明执法，只有规范才能树立权威，只有规范才能维权到位，只有规范才能防险避责，只有规范才能展示形象。

具体到责任的落实，就是要实行单位"一把手"为第一责任人的抓落实制度，坚持责任到岗、到人，形成"人人担责任、个个有指标"的责任格局，形成"一级保一级、一级考一级"的目标管理体系。

要建立健全市工商局重大决策跟踪落实制度。局党组会、局长办公会、局务会议定的重大决策、重要工作，要及时分解任务，明确责任单位、责任人；督查组要对局重大决策的落实情况进行经常性跟踪督查或明察暗访，并将查访结果及时通报下去、反馈上来，促进各项工作的有效落实。

严格执行党风廉政建设责任制，领导班子特别是"一把手"，一定要态度坚决、行动到位、措施有力，切实加强对反腐倡廉工作的组织领导，确保反腐倡廉工作深入推进。全面推行工商所长向监管服务对象代表述职述廉制度，用人大、政协、社会监督力量督促工商工作落实到位。

同时要以严明的纪律保障制度的贯彻执行。重视并发挥好系统内效能监察机构的行政监督职能，加大督促监察力度，确保各项制度得以贯彻执行到位。认真贯彻执行国家总局"六项禁令"、省工商局"约法三章"和省委政府提出的"五不准"，对"不作为"和"乱作为"的干部，通过谈话告诫、通报批评、岗位调整、降职使用、免职辞退、法纪处理等措施处理。

要强化工作考核和激励机制，落实奖优罚劣的奖惩机制，真正把"红花"戴在先进同志的胸前，把"板子"打到落后人员的身上，激发广大干部的工作热情。从2008年我们介休市工商局就推出了四位全局上下公认的岗位标兵，提出了"十提倡十反对"精神导向，在两年多的推行中收到良好的效果，与此同时强化责任追究，支持和保护敢抓敢管、勇于负责的干部，鞭笞和追究不负责任、庸碌无为甚至失职渎职的干部，在全局上下形成想负责、敢负责、能负责、不得不负责、必须负好责的良好工作氛围。

随着机构改革和体制改革的深入，转型发展和跨越发展的号角已经吹响，在极大的机遇、挑战和巨大的考验面前，工商部门在任何时期、任何困难面前，都将深刻体会、贯彻落实袁纯清书记讲话精神，牢牢把握国家工商总局提出的总部署、总要求，统领基层工作，履行好监管职责，创造好发展环境，服务好经济发展，真正为政府解忧、为企业解困、为经营户服务、为消费者维权！

忻州市

"四轮驱动"
服务转型促进跨越

忻州市工商局党组书记、局长　秦晓峰

省委书记袁纯清在全省领导干部大会讲话中指出，全面转型是山西的必由之路，加快跨越是山西的必然选择。忻州市工商局立足职能，积极探索，按照"解放思想、创新工作、服务转型、促进跨越"的总体要求，为市域经济转型发展、跨越发展安装"市场监管、服务发展、消费维权、行政执法"四轮驱动装置，确保思想、作风、行动紧跟省工商局和市委、市政府部署，在推动转型发展、跨越发展中取得新成绩，再创新业绩。

一、加强市场监管

在服务转型、促进跨越过程中，工商部门的首要职责是市场监管。如果没有管好市场，假冒伪劣商品横行，食品安全问题成堆，传销危害不断，消费投诉屡拖不决，社会上对工商部门就不可能有好的评价，工商部门的存在意义就打上了问号。我认为，在当前社会期望值很高的背景下，必须认识到加强市场监管是基层工商部门服务转型、促进跨越的核心。在市场监管上要充分体现工商部门的作用，要针对不同行业和领域的特点，研究不同的监管措施，寻求市场监管的新途径，走出监管执法新路子。实现监管领域由低端向高端延伸，监管方式由粗放向精细转变，监管方法由突击性、专项性治理向日常规范监管转变，监管手段由传统向现代化转变。

从2005年起，在规范市场主体经营行为方面，忻州市工商局建立了一套政府组织、工商牵头、有关部门配合的查处取缔无证无照经营工作机制。以市政府的名义下发了《忻州市查处取缔无证无照经营实施方案》，全市所有的县（市）、区政府都成立了查处取缔无证无照经营专项行动领导组，全面铺开此项工作。

在查处取缔无证无照经营工作机制的基础上，为了彻底解决无照经营和有照不亮照经营的问题，市工商局在全市范围内创造性地开展了挂照经营专项行动，出台了实施方案，制定了"两个100%"的目标，明确了奖惩办法，采取了"服务和监管并举、查处和疏导结合"的有效措施。

在食品安全方面，忻州市工商局把食品质量安全监管放到了市场监管的首要位置，探索建立了"分类监管、分级问责、红牌示范、黄牌警示"的食品市场安全监管机制。通过"红黄牌"的悬挂，充分发挥了食品经营者食品安全第一责任人的作用。建立和落实"一簿两账、四制一书"自律制度，使其能够按照工商部门食品质量准入要求自觉把关，把全市的食品经营户基本上置于标准规范的常态监管之下。现在忻州市工商局又在原平市试点食品安全监管"一票通"，取得了较好成绩。

在旅游市场监管方面，经过不断总结探索，忻州市工商局确定了旅游市场监管"三个一"工作机制，即"一套机制规范、一块红牌示范、'一会两站'防范"，从主体规范、信用分类和建立消费投诉平台三方面对旅游市场监管进行规范。2009年5月，全国工商行政管理系统旅游市场监管工作经验交流会议在海南省海口市召开，忻州市工商局代表全省参加了会议，并在大会上作了题为"积极探索长效监管机制，全力维护旅游市场秩序"的典型发言。

二、全力服务发展

发挥职能作用、服务科学发展是工商行政管理工作的根本目的，是落实执政兴国第一要务的基本要求。只有坚持服务发展大局，把工商行政管理工作融入经济发展中，始终围绕当地经济发展开展工作，工商行政管理才能获得充分发挥职能作用的地位。

一是开展商标帮扶，推进品牌兴企。积极引导企业实施商标品牌战略，鼓励企业争创著名商标和驰名商标，积极为企业做好著名商标认定工作。2010年上半年，山西省同德化工股份有限公司申请的"同德"牌商标被国家工商总局正式批准为"中国驰名商标"，实现了忻州驰名商标零的突破。

二是尽力帮助企业突围脱困。从2009年8月份开始，忻州市工商局在全市范围内开展了"千名工商干部进万户企业帮扶大行动"，出台了《服务企业发展"六帮"活动实施办法》，集中时间，集中人力，全方位，大范围开展了帮扶活动。在帮扶活动中，了解到忻州市的部分骨干企业受国际金融危机影响，经营业绩下滑，资金运转出现困难，帮扶人员积极为企业出主意、想办法，帮助解决企业融资难问题，为企业发展添砖加瓦。到2010年11月底，共为企业办理动产抵押登记124件，为企业融资22.5亿元。

三是紧紧扭住"七农工程"建设不松手。2006年8月，忻州市工商局在全省率先召开了"全市工商系统推进社会主义新农村建设工作会议"，市政府办公厅印发了《充分发挥工商行政管理职能，积极推进社会主义新农村建设的实施意见》，市工商局根据意见精神制定了七个实施方案，形成了服务社会主义新农村建设的"七农工程"。四年来，系统上下紧紧扭住"七农工程"建设不松手，把"七农工程"打造成工商部门服务地方经济发展的一个"品牌"。

三、倾心消费维权

消费维权是法律赋予工商行政管理机关的重要职责，是坚持以人为本，关注民生，实现好、发展好最广大人民群众根本利益的基本要求，是基层工商部门与民生联系最直接、最紧密的工作。消费维权有利于维护社会经济秩序，完善行政执法、行业自律、舆论监督、群众参与的市场监管体系，进而有利于完善社会主义市场经济体制，是工商部门服务转型、促进跨越的第一要义。

一是完善12315行政执法体系。忻州市工商局进一步强化12315平台建设，建立健全了"相对集中受理、分工协作办理、应急指挥调度、信息汇总分析、进行消费提示"五种功能相结合的12315行政执法体系，完善了市局、县（市、区）局、工商所三级工商部门统一指挥、分级负责、快速处置、反馈到位的维权执法工作机制，将来逐步实现消费维权网上咨询、网上受理、网上发布、网上调度指挥、网上应急处置和网上反馈，使之成为工商部门与广大消费者、人民群众信息互动的平台，成为工商部门畅通民意的平台。

二是与时俱进，探索建立崭新的消费者权益保护新机制。从2005年开始，忻州市工商局从关注民生、服务"三农"的认识高度出发，按照国家工商总局的要求，全市工商系统紧紧扭住"维权惠农"不松手，不断探索，不断实践，全市确立了"县政府主导、乡政府组织、村委会实施、工商局推动、消费者参与、全社会齐抓共管"的"一会两站"建设模式。2008年7月，市政府办公厅下发了《关于进一步加强"一会两站"建设的意见》，使这种模式得到巩固和确立，全面打开了"一会两站"建设的局面。截至目前，全市189个乡镇、街道办事处全部建立消费者协会分会，2024个300人以上的行政村，全部建立消费者协会投诉站和12315申诉举报联络站；2423个300人以下的行政村全部设立了联络员，形成8873人组成的覆盖全市农村的消费维权网络，在全省11个市率先实现了农村维权网络全覆盖。

在抓"一会两站"建设的同时，忻州市"一村一店"建设也创造了新方法。在每个行政村至少培养一户"食品安全示范店"，是市工商局连续三年开展的一项重要工程。2009年，市工商局主动和商务部门配合，把"一村一店"和"万村千乡市场工程"结合起来，从"食品安全示范店"中选择认定"万村千乡示范店"，认定后享受国家给予的奖励扶持政策。这项措施调动了农村流通环节食品经营户创建"食品安全示范店"的积极性，大力推动了"一村一店"建设。截至目前，全市2024个300人以上的行政村全部实现了"一村一店"。

四、规范行政执法

工商部门是国家主管市场监管和行政执法的重要职能部门，行政执法是工商部门履行职责的主要手段。工商部门要推进制度化、规范化、程序化、法制化"四化建设"，实现监管与发展、监管与服务、监管与维权、监管与执法"四个统一"，当前一个最紧迫的课题就是改进和加强执法工作，千方百计提高执法水平，使之在市场经济法制体系中发挥应有的作用。

一是加强作风建设、提升队伍素质。工商行政执法是一项专业性很强的工作，工商执法人员在执法过程中处于主动的地位，提高执法队伍素质是规范工商行政执法的关键。几年来，忻州市工商局采取多种方式不断强化作风建设、提升队伍素质。2006年以"内练作风、外树形象"为主题的"百日千人大练兵"活动，强化了全局干部职工的组织纪律观念，培养了雷厉风行的作风；从2007年5月拉开序幕的"执法岗位大练兵"，历时两年又五十天。两年多来，市工商局制定方案，精心组织，采取股所长封闭培训、全市视频授课、单位组织练兵、县局股所比赛、全市统一考核、市局大比武等一系列方法步骤，多层次、多渠道开展了岗位练兵活动，收到明显效果。

二是大力推进工商法制建设。"法，国之权衡也，时之准绳也。权衡所以定轻重，准绳所以正曲直。"依法行政是工商行政管理的生命线，是工商行政管理部门推进职能到位、应对监管风险、提升执法权威的关键所在。忻州市工商局在推进法制建设方面进行了许多有益的探索。

1.加强案件指导，提倡"案件变案例"，重视经验推广。一是要求广大执法人员要对每一起案件精雕细琢，争取把"案件变为案例"，将优秀案例汇编成册，借鉴典型案例，提高办案质量。二是加强案件交流探讨工作，推广基层执法中的成功经验，同时集中全系统的智慧来探讨执法中的问题。

2.健全制度、完善办案机制。一是建立错案责任追究制度。通过制定制度明确办案人员在案件中的责任，并实行案件主办人限时办结案件和错案责任追究制，这样可以增强案件主办人的责任心、提高办案的实效。二是案件回访制度。行政处罚后，绝对不能一罚了之，要对被处罚的当事人进行回访，了解案件实体和程序有无瑕疵，办案人员是否廉洁自律，是否有徇私枉法和吃、拿、卡、要的情形等。

3.开展行政处罚案卷评查。忻州市工商局每年在各县（市、区）局自查的基础上自选2例优秀案卷报送市工商局，同时，市工商局再通过办公网随机抽取各单位2例万元以上案件，一同入选评查案卷范围，通过市工商局行政处罚案卷评查小组展开评查。

4.加强内部监督，虚心接受外部监督。忻州市工商局在全省率先建立了行政效能监控中心，对市、县两级工商局企业登记注册大厅工作人员的行政行为进行监控；通过召开案件评审会的形式对已办结的案件进行评比，互相纠错，对发现的问题及时进行补正和纠正；开展工商所所长向监管服务对象述职述廉等等，这一系列活动对加强内部监督都起到了良好的效果。同时司法机关、人大、政协和社会各界的监督，是防止行政执法出现错误的保证，我们要虚心接受，认真对待。

解放思想　服务转型跨越
创先争优　狠抓工作落实

忻州市工商局忻府分局党组书记、局长　闫永勤

　　省委书记袁纯清在全省领导干部大会讲话中指出，全面转型是山西的必由之路，加快跨越是山西的必然选择。省工商局王虎胜局长也强调指出，要把"发挥职能作用、服务科学发展"作为工商部门的第一要务。基层工商部门如何更好地服务当地经济发展，是摆在我们面前的重要课题。笔者认为，基层工商需要大胆地解放思想，从六个方面入手，狠抓各项工作落实，同时充分发挥职能作用，践行创先争优的思想，牢牢打好基础，全力服务转型，促进跨越。

　　一、要进一步认识继续解放思想的重要意义

　　深入开展解放思想大讨论。在新的历史起点上，解放思想核心就是把思想认识统一到科学发展观上来，用科学发展观武装头脑、指导实践、推动工作。开展解放思想推动科学发展讨论活动，是在新的历史起点上坚持党的思想路线的必然要求，是促进忻府区经济社会又好又快发展的重要保证，更是实现忻府分局工商行政管理事业大发展的有效途径。分局工商系统开展解放思想推动科学发展讨论活动，领导干部要发挥好带头表率作用。要坚持以当前重点工作为中心，着眼于党的最新理论成果的运用，着眼于对实际问题的理论思考，着眼于新的实践和新的发展，继续大胆地进行理念创新、实践创新。通过学习讨论，深入查找并着力解决在思想作风建设方面存在的突出问题，真正使我们的干部队伍始终保持奋发有为的精神状态，树立抢抓机遇、敢为人先的竞争意识，强化依法行政、服务发展的大局观念，放活思想、放开手脚，善谋大事、会干实事、努力干成事，不断推动工商行政管理事业的大发展。

　　二、要切实解决全区工商系统影响发展的突出问题

　　破除思想观念和体制上的障碍。分局上下要通过深入开展讨论活动，切实解决好四个方面的问题。一是进一步创新思想观念问题。要突出"三个服务"：服务发展、服务经营者、服务消费者。二是进一步振奋精神状态问题。要始终保持高度的使命感和强烈的事业心，始终保持蓬勃向上的精神状态，用心想工作，用心干工作，用心干好工作。三是进一步改进工作作风问题。要切实增强贯彻力、执行力，不断强化决策目标、执行责任、考核监督三个体系，形成一级抓一级，层层抓落实，事事有人管，人

人负责任的工作局面。四是进一步提高领导水平问题。要做到"四个善于"推动工作：善于运用创新的思路推动工作，善于运用正确的政策推动工作，善于运用典型推动工作，善于运用形象推动工作。

三、要大力推进监管机制创新

切实处理好监管执法与服务发展的关系。"两费"停征后，工商部门可以更好地履行监管执法和服务发展的职责，推进职能到位。要帮助企业解决面临的重大困难，因此，要切实处理好监管执法与服务发展的关系，将两者有机结合起来、统一起来。在工作方式方法上，应当围绕着"网格化监管、专业化综合执法、规范化法制监督"三个方向，实现执法主体、程序、效果三个达标；在监管领域上，以维护食品安全、农资监管、打击传销、规范直销、商标专用权保护、虚假违法广告治理、治理商业欺诈、取缔无照经营等方面为重点。要努力拓宽监管领域，在网络交易市场监管和反垄断方面，进行积极探索。不断研究、探索和创新对企业、市场和其他市场主体的监管方式。在监管手段和监管机制上，应当充分运用现代信息技术和科技手段，推行数字化管理模式，实现由"人管"向"技管"的转变，由"单纯管理"向"服务管理型"转变，由"事后处置"向"事前预警防范"转变，实现监管职能模式化，监管流程标准化，监管环节科学化。

四、要从本职、从自我做起

践行创先争优的思想，开展创先争优活动。创先争优是党的一项重要政治任务，必须统一思想，提高认识，切实增强工作的责任感和紧迫感。创先争优活动既是学习实践科学发展观活动的延展和深入，又是推动党组织和党员立足本职、发挥先锋模范作用的经常性工作，影响深远，意义重大。我们要以"等不起"的紧迫感，"慢不得"的危机感，"坐不住"的责任感，做到思想更重视，行动更坚决，方法更科学、工作更扎实，确保创先争优活动高标准、高质量、高效率地开展。创先争优，重在服务，就要把功夫下在服务上，把目标定在优质上，把要求落在满意上，做到服务群众，凝聚人心、促进和谐。就个人而言，每个党员同志要增强服务意识、自觉从党的事业成败和前途命运的战略高度，提高为群众服务的自觉性，为社会和谐、经济发展、事业进步、百姓安居乐业作出不懈努力。把服务落到实效，把群众是否满意作为服务好坏的评判标准，具体实在地解决突出问题，急民之困、解民之忧、谋民之利，使群众真正满意。

五、要完善四项制度

建立加强执行力建设的保障机制。一是完善目标考评制度。要通过严格、科学、系统的目标考评管理，将任务目标分解细化，分解落实到具体人员，每月一汇报、每季一考核、年终一总结，做到任务明确、时间明确、标准明确、考核明确，形成层层抓落实的有序局面，从而保证规范持久的执行力。二是严格执行奖惩制度。古人云，"矢不激不远，人不励不奋"。提高执行力只靠喊口号无济于事，必须运用绩效考核结果形成奖勤罚懒的激励制度，让执行力强的干部有成就感、执行力一般的干部有压力感、执行力较差的干部有危机感。对执行力强的，采用多种形式进行表彰奖励；对执行力一般的，在反馈考核结果时帮助其分析原因，指明努力方向；对执行力较差的，予以严肃处理。三是建立自我约束机制。要不断探索督办检查工作的新思路、新办法，坚持定期检查、不定期检查和明察暗访等多种形式的督查方法，对重大部署及办理事项及时督办催办，及时发现工作落实中存在的问题，有针对性地搞好工作指导。四是建立效能监察制度，在充分发挥自身内部监督作用的同时，还要注重发挥人大代表、政协委员、新闻媒体、社会群众等外部监督作用，全方位地监督工作落实过程。对那些执行力不强、工作落实不到位的干部，要实行严格的责任追究；对那些工作不落实、搞形式主义、做表面文章或只说不做的干部，要进行通报批评；对那些工作推诿扯皮、敷衍塞责、给工作带来严重影响和损失的干部，要严肃查处，确保各项工作能够得到有效落实。

六、要发挥各级领导干部的带头作用

建设"三个过硬"的工商干部队伍。要切实加强各级领导班子建设；切实加强干部队伍建设；切实加强工商所建设；切实加强反腐倡廉建设；大力弘扬"一切为了人民，一切服务人民"的红盾精神。要以转变作风为抓手，增强广大干部职工意识，即转变满足现状、不思进取的工作态度，增强积极进取、争创一流的意识；转变按部就班、因循守旧的观念，增强勇于改革、锐意创新的意识；消除四平八稳、无所作为的精神状态，增强励志图强、奋发有为的意识；转变急功近利、缺乏思路的工作方式，增强长远发展、服从大局的意识；转变监管执法就是罚款的观念，增强以人为本、为民服务的意识；纠正安逸享受、讲排场的奢侈之风，增强艰苦奋斗、勤俭节约的意识。在转变作风的同时，全区广大工商干部要真正把心思用在工作上，把精力和智慧用在履行好职能上，切实做到监管与发展、服务、维权、执法"四个统一"，大力推进职能的制度化、规范化、程序化、法治化建设，努力建设政治上过硬、业务上过硬、作风上过硬的干部队伍，真正达到建设高素质队伍、运用高科技手段、实现高效能监管、达到高质量服务的目标。

做好"五个转变"
当好护航卫士

忻州市工商局党组成员、开发区分局局长 范为国

　　新的形势，新的机遇，对我们广大的党员干部提出了新的要求，当前，全省上下正在认真学习和深入贯彻省委书记袁纯清重要讲话精神，围绕"进一步解放思想，创新工作，突出重点，狠抓落实，充分发挥职能作用，全力推进我省转型跨越发展"进行深入细致的大讨论。山西新一轮大发展，再次给忻州提供了机遇。董洪运书记指出"山西大发展，忻州怎么干？"，持续一个月的以解放思想为先导的大讨论在忻州拉开了序幕。只有实现思想大解放，才能推动经济大转型、发展大跨越。针对忻州市情，董洪运书记说，当前推进跨越发展，忻州市特别要注意运用资源、资本优势双轮驱动，突破边缘，融入黄河能源金三角经济带；打通太行，进入环渤海、京津唐经济圈；借重省城积极纳入太原经济圈。在地理位置上做文章，形成强交通、大物流新格局；把五台山为中心的文化旅游产业做成龙头老大。我们还要在煤电化工、铝产业链、新型制造业上下工夫。同时要在十个方面实现新跨越：一是要以先进的煤化工为重点，以煤为基，多元发展，实现资源型产业转型的新跨越；二是以招商引资为重点，融入周边，聚势隆起，实现开放发展的新跨越；三是以金融创新为重点，培育一批上市企业，实现依靠资本市场发展的新跨越；四是以循环工业园区建设为重点，高标准、高质量、高速度推进12个循环工业园区建设，实现新型工业发展的新跨越；五是以移民搬迁和农业产业化开发为重点，全面做好"三农"工作，实现社会主义新农村建设的新跨越；六是以五台山为龙头的文化旅游产业开发为重点，大力发展健康休闲养生产业，带动相关产业，实现现代服务业发展的新跨越；七是以区域性中心城市建设为重点，振兴县域经济，实现城镇化发展的新跨越；八是以学习为重点，学习科学理论，学习科学技术，学习市场经济知识，学习策划包装建设项目的方法，实现干部素质本领提升的新跨越；九是以创先争优为重点，讲文明、讲道德、讲法规、讲科学、讲理想，实现市民素质提升的新跨越；十是以创建环保模范城市为重点，爱我忻州，建我家园，推进节能减排降耗，创优发展环境，实现市域形象提升的新跨越。以此为切入点，主要经济指标实现翻一番以上，再造一个新忻州。

　　通过学习袁纯清书记的讲话，我们坚定了信心，鼓舞了斗志，明确了

山西及忻州发展的目标和方向，即狠抓经济建设，实现跨越性的发展。我们工商部门作为行政执法单位，主要负责的就是市场秩序的监管，因此，在忻州的跨越发展中应当发挥好自己的职能，结合工作实际，为忻州的发展贡献自己的力量。

为此，我们要按照忻州市工商局党组在全市工商系统组织开展的"工商如何服务转型、促进跨越发展"大讨论活动。结合工作实际，做好五个方面的转变：一是从条管体制意识中解放出来，自觉地把工商行政管理工作放到当地党委、政府的工作全局中去思考，自觉地服务当地经济社会发展。二是从传统监管理念中解放出来，做到监管与发展、监管与服务、监管与维权、监管与执法的统一，树立和谐管理、精细管理、开放管理、自律管理的理念。三是从传统监管方式中解放出来，努力实现监管领域由低端向高端延伸，监管方式由粗放向精细转变，监管方法由突击性向日常规范监管转变，监管手段由传统向信息化转变，实现市场监管执法规范化、程序化、动态化、信息化。四是从传统执法行为中解放出来，树立执法是手段、规范是目的的理念。五是从守成求稳心态中解放出来，围绕敢想大发展、敢谋大发展、敢干大发展，牢固树立服务转型敢于建功立业、创新监管敢于领先一步、各项工作敢于争创一流的理念。

切实转变职能、转变作风，认真开展创先争优活动，为当地经济的转型发展和跨越发展保驾护航。

我们工商部门以往的监管方式主要是以"查"为主，"重行政处罚，轻引导规范"。采用的都是传统的监管方式，针对这种情况，我们觉得应该从传统监管理念中解放出来，破解依法文明监管中存在的难题。明确行政指导的基本原则，将行政指导贯穿于工商行政管理全部业务工作中。在市场主体登记、维护市场秩序、保护消费者权益等领域，运用非强制性手段，引导行政执法相关人员知法、遵法、守法。采取建议、辅导、提醒、规劝、示范、公示等方式。在行政许可方面，帮助申请人了解条件和程序，提供及时便捷的登记服务。在监管执法方面，运用教育手段，引导行政相对人自觉纠正违法行为。在规范秩序方面，对经营者预警提示，引导其建立规范化经营管理制度。做到监管与发展、监管与服务、监管与维权、监管与执法的统一，树立和谐管理、精细管理、开放管理、自律管理的理念，破解依法文明监管、高效优质服务中存在的难题。

我们在讨论中发现加强市场监管，还必须通过各部门配合，形成市场监管合力，才能提高执法效率，同系统不同的区域间协调配合，实现资源共享；不同行政执法部门之间也要协调配合，优势互补，形成合力。在以往的工作中开发区分局在这一方面的感触尤为深刻。

开发区分局自成立以来，人员比较短缺，资金也比较紧张，在开发区管委会的领导下，我们对辖区内的企业、个体户都进行了摸底，做到底清数明。由于企业和个体户的数量不是很多，所以在平常的监管中我们基本做到了走访到户，了解他们的需求，从而给予及时准确的指导和帮助，使工商执法从被动执法变为主动执法，从管理型向服务型进行了转变。例如从以前的"查处取缔无照经营"变为在日常监管中通过走访发现有试营业的，主动上门讲解政策，督促其办理《营业执照》。从以前的查处假冒伪劣产品，进而罚没款，改变为主动讲解食品安全知识，教经营户建立食品进货台账，完善票证制度，鉴别食品的真伪。在近期的乳粉检查中，未发现有不合格乳粉的进销，这就与我们平常的指导密不可分。此外通过法制宣传，使开发区的市民也提高了警惕，人人监督，动员全社会的力量，基本杜绝了传销的发生。另外，我们在管委会的统一领导下，与税务、质检、城建、企业管理局、环保局等部门在联合执法行动中也形成了良好的协作氛围，优势互补，联合办案，在全市范围内进行的"百日环境整治"行动中取得了可喜的成绩，被市政府授予"环境整治先进单位"的光荣称号。

通过这些执法方式的转变，使我们工商部门工作作风有了很大的转变。工商形象在群众心目中也发生了很大的变化，主动配合工作，积极整改规范的经营户越来越多，我们深深体会到：经营户更喜欢这种服务型工商。这种方式既减少了对立情绪，营造了和谐的执法环境，又促进了经营户的规范与发展。

今后，我们要进一步开展创先争优活动和提升干部职工队伍素质活动，不断加强队伍建设，创优发展环境，为忻州经济的转型发展和跨越发展做出积极的贡献。

创新工作举措 提高服务能力
为定襄经济转型跨越发展铺路架桥

定襄县工商局党组书记、局长 马存祥

当前全省上下掀起了弘扬学习"右玉精神"、学习贯彻袁纯清书记在全省领导干部大会上讲话的高潮，纷纷解放思想、创新工作、服务转型、促进跨越，定襄工商局作为定襄市场监管的守卫者、定襄经济的服务者，应抓住机遇，乘势而上，把袁纯清书记讲话精神与"右玉精神"作为锐意进取、转型发展的切入点，紧紧围绕定襄县委、县政府提出的"156"工作总思路，找准结合点，努力提高服务效能。

一、强化服务意识，主动融入发展大局

服务发展是工商行政管理的第一要务。当前，产业结构单一、抗风险能力不强、发展不足、在全市经济格局的位次明显下滑仍然是定襄面临的重大问题。面对这种严峻形势，县、乡镇政府都在努力化危机为机遇，竭尽全力推动经济增长。在这种形势下，我们必须强化服务意识，主动融入发展大局，为政府分忧解压，帮助企业渡过难关。否则，不但会贻误发展，甚至还会遭到问责和追究。为此，我们要强化"水涨船高"的理念，走出"与己无关"的误区，不当局外人。要充分认识到，只有定襄的经济总量增长了，经济效益提升了，工商行政管理事业才能兴旺发达。

二、提高服务能力，为区域经济发展铺路架桥

提高服务能力是提高服务效能的基础。在新的形势下，单靠一张笑脸、一声问候已不能适应服务发展的需要。根据基层工商行政管理工作的特点，重点要增强和提高三个方面的魄力和能力。

一要增强敢负责任的魄力。要把服务发展工作做到极致，必须敢于承担责任，敢为人先，敢立潮头。在市场准入上，对新经济组织、新经营业态，只要法律法规没有限制或禁止的，都要按照"先试先行"、"非禁即入"、"非禁即可"的原则给予办理。对上级没有政策、没有说法的，要研究探索对策和招法。在任何情况下都不能简单地说"不行"，要在研究"怎样行"上下工夫，变"不行"为"可行"。对符合政策规定的事项，要坚持常事快办、急事急办，特事特办；对不符合法定形式的，要耐心细致地做好指导工作。

二要提高把握政策的能力。把握政策的水平决定着服务效能的高低。上级部门都出台了放开、放活、促进经济发展的一系列政策措施。这些对我们来说，都是新生事物。如果我们不及时吃透政策，因循守旧，不仅上级不满意，企业也会不满意。因此，要把提高执行新政策的能力作为服务发展的大事来抓。分管领导、窗口单位和基层工商所都要认真学习新政策、研究新政策、落实新政策；要抓好相关企业的政策培训，让企业明白新政策。通过提高把握新政策的能力，把政府关注、企业关心的事情真正办好。

三要提高沟通协调的能力。要加强与市工商局的沟通协调，主动争取其在政策、业务上的支持；加强与地方各级政府的沟通协调，对各级政府招商引资和促进科学发展的措施，全力予以配合；加强与相关部门的沟通协调，健全完善各项政策对接、信息通报协作机制，借势借力，使职能履行更加到位；加强与企业、群众的沟通，通过法律宣传宣讲，让企业和群众理解工商、支持工商、满意在工商。

三、创新服务举措，催生育强各类市场主体

围绕转型跨越发展，根据自身职能，创新服务举措，支持增加市场主体总量，支持企业做活、做大、做强。

全方位优化企业发展空间。要围绕县委、县政府的安排部署，积极支持服务型企业、总部型企业的登记注册，促进我县经济增长点的提高。对有关项目，业务科室和工商所要转变观念、高度重视、盯紧目标、积极促成。要适应企业组织形式、经营方式日趋多样化的趋势，认真探索股份制、契约制、虚拟制、相互制等新型业态和股权出质、股权出资、动产抵押登记、小额贷款公司注册等登记管理办法。要认真落实"大项目"对接，按照"提前介入、及时注册、重点指导、跟踪服务"的方针，对确定的"大项目"，实行"三提前"、"四告知"、"五帮助"服务，落实到人，限时到天，搞好无缝对接，促进企业尽快落户、投产和运营。要把年检作为帮扶企业的重要平台，运用市场准入扶持政策，支持企业发展。年检中，要做到"三慎"，即慎处罚、慎吊销、慎收缴。

高标准推进各项职能工作。充分发挥商标、广告、合同等服务职能，帮助企业做大做强。要加大商标指导力度，制定商标培育规划，指导企业进行驰名、著名商标申报；积极扶持具有我县特色的品牌，做到"注册一件商标，带动一个产业，活跃一方经济"。要加大广告指导力度，积极引导企业合理利用广告策略开拓市场；加强广告审查员的培训和管理，进一步增强广告经营企业的守法意识。要加大合同指导力度，通过开展市场租赁、旅游、家装等合同推广工作，规范合同条款，降低消费风险；通过对格式合同的审查和监管，帮助企业利用合同保护自身的合法权益。拓宽领域支持新农村建设，进一步健全完善政策爱农、红盾护农、经纪活农、合同帮农、商标富农、权益保农、市场助农等工作机制，助力农村经济的发展。支持发展农民专业合作社，鼓励发展特色农业、设施农业、生态农业、健康养殖业和乡村旅游业，促进农村企业发展和农业规模化经营。会同政府有关部门培育发展农村经纪人，活跃农村市场，提高农产品价值。

四、加强行政指导，营造宽松和谐的执法环境

行政指导是工商部门服务科学发展、促进社会和谐的创新之举。在行政许可、行政处罚和日常监管工作中，要坚持"以人为本"的方针，彻底转变重罚轻防、重罚轻管、重罚轻帮的僵化方式，注重引导企业走上健康的发展道路。

一是在行政许可上，要做到"信息公开、申请明示、到期提示、退出引导"。全面公开各项申请登记事务的信息资料，供企业参考、选择；通过明确材料、提供文本、规范填报等方式，引导企业正确申办登记事务；对企业即将到期的登记事项、年检验照等，通过适当的方式予以提醒、提示；指导停业、被吊销的企业办理注销登记，维护债权人利益。

二是在行政处罚上，要坚持"警示在先、教育为主、轻微告诫、重在规范"。在查处一般违法违规行为过程中，严格执法办案"三步式"，注重教育引导，让相对人认清利害关系，知晓法律法规，自觉纠正违法行为，防止"只罚不纠"；对一些轻微违规行为，应及时提出告诫，使其走上合法经营之路，防止"不教而诛"。

三是在日常监管上，要坚持"发挥优势、热情服务、指导规范、促进发展"。引导企业树立品牌意识，依法经营，诚信经营，健康发展；引导企业自觉履行社会责任，尊重消费者合法权益；引导企业加强内部自律管理，规范健全各类经营台账、经营制度。

实现转型发展、跨越发展，是山西走向科学发展的伟大实践。走在全市发展前列，是定襄发展的方向和目标。定襄工商局将大力弘扬"艰苦奋斗、自强不息、持之以恒"的"右玉精神"，解放思想、改革开放、求真务实，为推动定襄转型跨越发展做出自己的贡献。

发挥工商职能作用
促进县域经济转型跨越发展

五台县工商局党组书记、局长　曹秀春

工商行政管理机关作为政府主管市场监管和行政执法的重要部门，承担着维护市场秩序，服务经济发展，保护消费者合法权益的重要职责。如何更好地发挥好职能作用，促进当地经济跨越发展，是摆在我们工商部门面前的头等任务。我们要扎实工作，为五台经济的发展做出新贡献。

一、搭桥铺路，促进经济发展

五台县工商局始终把促进当地经济发展当作头等大事来抓，想方设法为经济发展提供便利条件。我们制定了"四通五服务"工作服务规范。（"四通"即：符合法律法规规定的畅通办；法律法规没有明确规定的，在法律、法规允许的限度内采取有效措施变通办；不属于工商部门职权范围内的，积极帮助疏通办；法律法规有明确规定禁止条件的，加强沟通做好说明。"五服务"即提前介入服务、流动上门服务、延时服务、预约服务和跟踪帮办服务）。今年以来，已新办理企业登记94件，其中畅通办理87件，变通办理5件，疏通办理2件。并提前介入服务10件、跟踪帮办服务5件。

二、问诊把脉，破解企业发展难题

五台山沙棘制品有限公司是近年来崛起的一家集沙棘良种选育、引种和沙棘系列产品的研发、加工、生产、销售为一体的现代化工业企业。为扩大企业生产规模，公司决定用苦荞作为原料生产开发一种新的保健食品，但苦于一直找不到种植苦荞的基地。属地工商所的同志们将这一情况上报了县局。局领导对此非常重视，召开了专门会议，发动全局的力量帮助其寻找苦荞种植基地，经多方打听，获知在东雷乡下王庄一带几个村庄能种植苦荞。经工商人员的牵头，五台县五台山沙棘制品公司与当地农户签订了500亩的苦荞种植协议。此举为公司和农户带来了双赢的效果。

近几年来，兴办农民专业合作社成为农村的新兴产业之一，成为农民创业增收的重要途径。但是通过与农民交谈，许多农民专业合作社存在资金不足、人员力量参差不齐的状况。为此，我局多次派出工作人员与乡镇领导、村社干部、广大农户进行了零距离沟通，提出了"政府搭台、工商助力、企农合作、建设基地"的发展思路，为了促进农民专业合作社的大发展，多次就专业合作社的发展向县领导做了专题汇报，在财政补贴、贷款支持、技术培训、交通运输等方面给予了大量优惠政策，使全县农民专业合作社发展掀起了高潮。目前，全县已建立优势农（牧）产品专业合作社生产基地20多个，许多农民专业合作社成为当地经济的生力军，带动一大批农民发家致富。

三、保驾护航，维护市场经济秩序

开展食品专项整治，维护消费安全。把食品安全监管作为维护市场秩序的重中之重，全面落实"分类监管、分级问责，红牌示范、黄牌警示"的监管机制。工商所在对食品经营户调查摸底的基础上，认真落实"123458"工作机制，制作辖区内食品经营户分布图和网格监管图，并按规定收录日常监管信息，有针对性地加强重点监管。对食品经营主体实行特别标注，实行动态监管。同时，以"六查六看"为重点，加强市场巡查。明确巡查频次、巡查人员、巡查内容、巡查纪律。 突出重点问题、重点品种、重点区域，开展了无照经营、猪肉市场、节日市场、地方特色食品、儿童食品、食品经营者履行自律制度等专项整治。开展食品安全示范店创建活动，引导食品经营者诚信经营，全县共挂食品安全示范店红牌342个，其中农村128个。查处流通环食品案件14起，收缴罚没款 11 600元。

在治理超载超限工作中，紧紧围绕查处取缔非法储煤场和整治非法拼装、改装汽车行业工作重点，坚持市场巡查，对非法煤场保持高度警惕，共出动执法车辆108车次，执法人员324人次，检查汽修经营户637户次，检查储售煤场76户次，取缔非法煤场5个，收缴罚没款5 000元。

开展广告整治，维护诚信经营。以保健品、房地产、化妆品、医疗器械广告为重点，对广告市场进行了整治。共抽查广告64条，其中保健品广告20条，化妆品广告20条，医疗广告15条，责令停止违法医疗广告1条，责令2条化妆品广告限期整改。配合五台山申遗，配合城建部门对城区户外广告进行一次集中清理，共检查门店400户，清理橱窗广告50块。积极行使广告监测职能，对五台县电视台等县重点媒体发布广告的行为进行了监测。监测广告42条，责令停止违法广告1条，责令限期整改广告内容2条。

同时，加强对粮、油、肉、蛋、奶等基本生活必需品和汽车、成品油等重要商品市场的监管，配合有关部门进行了"黑网吧"、校园周边环境、环保、劳动用工等整治工作，组织开展"扫黄打非"等多方面的工作，有效地整顿和规范了市场经济秩序。

四、整风肃纪，加强队伍建设

一是以"整顿作风、解决问题、提升形象、服务发展"为主题，深入开展队伍作风整顿活动。建立完善了考勤奖惩制度 、卫生考核制度、着装制度、督察制度等26项管理制度，形成了作风整顿的长效机制，成效显著。

二是狠抓廉政建设，深入开展"制度建设推进年"活动。今年以来，以"两风险"防范管理为重点，狠抓了党风廉政建设制的落实。明确了防范的重要岗位和重要职责，制定防范措施，确定防范责任，实施检查考核，开展了工商所长面向监管服务对象述职述廉活动和煤焦领域反腐败专项治理工作，夯实了党风廉政建设的组织基础、群众基础和工作基础，促进了反腐倡廉各项任务的落实。

三是巩固扩大作风整顿成果，扎实抓好政风行风建设。政风行风体现整体工作、反映社会反响、事关队伍形象。我局一直高度重视政风行风工作，常抓不懈。采取"请进来、走出去"的办法，开门整风，主动纳谏，加强整改。进一步完善了内外部监督制度，在系统内部加强了纪检监察明察暗访的力度，在系统外部，从县人大、政协、纪检、信访、新闻媒体等县直属单位聘请10名行风监督员对我局的政风行风情况进行监督。同时，我局参加了县行评办、县纪检、县监察局组织的政风行风面对面活动，现场回答群众提出的问题，主动接受群众监督。通过一系列措施，有力地促进了我局的政风行风建设。

四是狠抓党建工作，扎实开展"创先争优"活动。局党组把创先争优活动作为全面加强工商基层建设的有利时机，召开了全县工商系统创先争优活动动员大会，印发了《五台县工商局党支部关于在全县工商系统基层党组织和党员中深入开展创先争优活动的实施方案》，成立了以局党组书记、局长为组长，党组成员、副局长和纪检组长为副组长，各股、室、所负责人为成员的领导小组。各股、室、所分工明确，各司其责，形成了完善的领导组织机制和工作运行机制。通过采取措施，推动了创先争优活动的深入开展。建立健全党员公开承诺制和勤政廉政承诺制。在政务大厅、工商所设立了"共产党员示范岗"和"共产党员示范窗口"，充分发挥典型示范作用，公开党员承诺内容，自觉接受群众监督。开展"百名工商干部进千户企业帮扶活动"，党员深入企业，发放问卷，收集企业发展中的问题，制定帮扶意见和措施，指导帮助企业科学经营，发展壮大，建立了结对帮扶机制。开展岗位建功活动。此外，我局积极开展了"办案能手"、"维权能手"、"注册能手"、"计算机能手"等岗位能手的评选活动，有力地激发了干部职工工作热情。

发挥职能 活跃经济 服务转型

五台山工商分局党组书记、局长 郑俊宏

2010年10月23日，五台山工商分局召开党组会议学习贯彻省工商局、市工商局召开的学习贯彻袁纯清书记重要批示会议精神。分局全体干部职工参加了会议。分局局长郑俊宏在会上传达了袁纯清书记的重要批示和王虎胜局长、秦晓峰局长的讲话。同时强调全体干部职工要把思想认识统一到几个讲话精神上来，各股（室）和全体干部职工继续组织深入学习，深刻领会精神，统一思想认识，结合工作实际，切实把活跃市场经济作为服务转型发展的重大任务，充分发挥职能作用，促进风景区经济建设实现跨跃发展和转型发展。

一是各股（室）要按照省工商局提出的活跃市场经济的五项措施，结合工作实际，详细制定本股（室）的落实措施。企业股要努力搭建帮扶平台，认真落实省政府出台的"创造公平竞争发展环境"，"促进非公有制经济健康快速发展"，"促进创业就业"等5个"27条"，对景区重点工程，招商引资和创业就业等开辟绿色通道；市场股要进一步加大对企业的指导力度，引导企业广泛开展"一企一标"，"一村一品一标"战略；同时我们要努力搭建企业和金融机构之间的互动平台，继续组织开展企业和金融机构协调融资搭桥会，为企业、个体工商户的创业发展提供有力有效的资金支持。

二是继续深入开展信用系统建设工作。各股（室）要按照省、市工商局的要求，实行"网上登记，网上年检，网上办案，网上办公"。企业股要继续开展"守合同重信用企业"、"山西省百家信用示范企业"争创活动，引导企业增强信用自律意识，同时要引深信用分类监管，加大对严重失信行为的惩戒力度，努力营造五台山景区诚实守信的信用环境。各股（室）和全体干部群众要按照袁纯清书记指出的建设阳光政府、法制政府、服务政府、责任政府的要求，不断加强自身建设，认真推行限期办结制、过错追究制等制度，继续推行预约服务、延时服务、上门服务等措施，全力服务景区经济又好又快发展。

三是各股（室）和全体干部职工要深入领会袁纯清书记重要批示和省工商局党组中心组会议精神。紧紧围绕景区党委、政府的工作重点，以学习实践科学发展观为指导，以深入开展"创先争优"活动为载体，继续深入开展教育培训、帮扶企业发展、作风建设等活动，切实做到强化学习意识，提升党性修养；强化服务意识，提升监管水平；强化创新意识，提升工作效率，为"申遗"后景区旅游经济的活跃和健康发展做出新的贡献。

开展"六帮活动"
促转型跨越发展

代县工商局党组书记、局长 闫耀勇

2010年7月29日,省委召开全省领导干部大会,提出了"解放思想,真抓实干,转型跨越发展"的新要求。代县工商局按照省工商局提出的"五个坚持",在全局广大党员干部职工中认真开展了"创先争优"活动,充分发挥监管服务职能,加快职能转型,紧紧围绕全县"五大突破"战略,为经济转型跨越发展保驾护航。

一、解放思想、大胆争先,在服务发展上创先争优

我们把解放思想、更新观念、创优争先作为第一动力,立足工商抓工商,跳出工商抓工商,积极适应停征"两费"的新形势,紧扣"追赶"谋发展,围绕"跨越"作文章,进一步解放思想,大胆创新,不断推进行政执法、市场监管、注册登记服务发展等方面的制度化、规范化、程序论、法制化建设,着力在解放思想、科学监管、服务发展、优化环境、关注民生等五个方面,走在前列,确立了实施"五大战略",营造"五大环境",以创新的精神加快推进各项工作,主动把工商行政管理工作融入到经济发展的大局,摆放在代县追赶跨越发展的主战场。

在主体登记准入方面,我们以支持全民创业、服务招商引资、发展地方经济为目标,依法规范登记行为,努力优化服务水平。一是进一步完善登记窗口制度,推行"一审一核"和"首办责任"制。实行服务大厅窗口直接发照和委托工商所直接办理个体登记相结合的形式。二是以办公自动化和主体登记信息资源共享为基础,完善网络服务平台,提供工商登记办事指南、各类企业登记制式表格以及收费标准等,进一步方便群众办事。三是开辟政务服务"绿色通道",对招商引资企业提供"定期上门、随时预约和全程跟踪"三项优质帮办服务,给农民专业合作社、下岗职工、大学毕业生创业进行免费登记注册。

在开展服务帮扶方面,一是认真开展企业"六帮活动"。我们结合全县"百日安全生产大检查"工作,落实"六帮活动"机制,进一步引深企业帮扶活动,对全县范围内涉及安全生产许可的企业和个体工商户进行了大回访、大巡查。二是大力扶持个私经济发展,支持各类农民专业合作社做大做强。农民自产自销农副产品和农村流动商贩免予办照登记;农民专业合作社实行免收登记费、免年检、免罚款;下岗再就业人员、回乡办企业人员和大学毕业生创业免费咨询、免费办理营业执照。同时切实落实优惠政策，做好就业再就业服务。三是积极开展动产抵押登记融资服务，主动宣传企业、沟通银行，为企业动产抵押贷款做好登记服务工作，为企业做大做强提供资金保障。四是推进"信用忻州"和"品牌兴县"建设。加大信用信息的归集力度，以"网上审批、网上年检，网上办案、分类监管，网上办公、高效服务"为目标，全面实现市场准入、行政许可、登记备案、案件查处、日常监管等按照信息化综合业务系统流程进行业务处理。加大"守合同、重信用"年审和著名商标推荐工作。

二、强化监管职能，在维护市场秩序和安全稳定上创先争优

我们立足履职到位和职能转型，强化市场监管和行政执法，把"流通领域食品安全监管"作为市场监管的重中之重，加大监管力度，切实维护广大人民群众的身体健康和生命安全。一是配合县政府组织开展了对辖区流通环节乳品和含乳食品专项整治行动。及时组织基层工商所执法人员统一行动，对经营乳品和含乳食品的超市、商场、城乡集贸市场以及婴幼儿奶粉专营店进行排查，仔细检查经营者所销售的乳品质量、奶粉批次、检验报告、生产日期、保质期以及票证使用情况。一旦发现无质量报告和未能提供票证的乳品，立即下架，停止销售，并督促经营者落实完善索证索票制度。二是努力构建食品安全执法长效机制，全面落实领导包所督办责任制、所长属地监管责任制和工商所工作人员分片包干责任制"三大责任制"，推进流通领域食品安全许可证有序发放；三是加强市场主体自律，引导督促食品经营户落实购销台账、索证索票、质量安全档案等商品质量自律管理制度，健全完善"四制一书"。四是在重大节假日、重点区域开展了食品安全专项执法检查，实现节日市场流通领域食品安全的"零事故"。五是开通12315申诉举报中心，实行24小时受理和处理有关食品安全的咨询、申诉和举报，确保流通领域食品安全。

巩固挂照经营专项行动成果，加强准入监管，规范市场主体行为。进一步完善政府领导、工商牵头、部门联动的查无照工作机制，共同做好无照经营查处和规范工作。同时加强对企业登记代理行为的监管，开展打击虚假登记行为专项行动。积极配合有关部门，加强对非煤矿山、涉危涉爆、危险化学品、烟花爆竹等重点行业和网吧、储售煤场、食品经营户等重点经营户的准入监管，防范市场主体行为不规范给我们带来的监管风险。

继续保持高压态势，严厉打击非法传销行为。加强与公安等部门的协作配合，形成打击传销工作的长效机制。严厉打击传销组织领导者和骨干分子，严厉查处利用互联网从事传销的违法活动。深入开展创建"无传销社区、村镇、院校"活动，营造全社会群防群控的打传销氛围。

加大治理超限超载力度。全面落实"治超345"规范性要求，对经营主体规范管理，对非法拼装改装汽车窝点和无证无照小煤场等货物集散场所坚决依法取缔，克服松懈麻痹思想，做到有报必查、露头就打。

加强商标行政保护工作，严厉打击侵权假冒行为。加大对发布药品、保健食品、房地产等虚假违法广告的整治力度。以房地产交易合同为重点，严厉打击合同违法行为。

积极配合有关部门维护社会和谐稳定。配合有关部门继续做好校园周边环境整治、打击黑网吧、预防青少年犯罪、扫黄打非、除恶打黑、反假币、反洗钱、反走私、打击非法集资，以及高致病禽流感和甲型流感防控等工作，深入推进平安建设，切实维护社会稳定。

认真组织实施市场中介组织执业活动中涉煤涉焦突出问题的整顿治理，为净化经济环境，维护市场秩序扎扎实实开展工作。在县政府和县纪委支持下，召开了全县大会，传达了有关文件，摸清了各种中介组织的基本情况，为下一步监管督查创造了条件。

三、坚持把关注保障民生、为消费者排忧解难列为第一要义，在维护消费权益上创先争优

民生为本是转型发展和跨越发展的出发点和落脚点，只有高度关注民生，做好维权工作，才能促进社会和谐稳定。

大力推进12315行政执法体系建设，建立了"相对集中受理，分工协作办理，应急指挥调度，信息汇总，进行消费提示"的科学工作机制，完善分管领导牵头的消保股、12315申诉举报中心，消费者协会"三消"合一的联动机制，形成执法维权合力，提高维权效率和质量。充分发挥"一会两站"的维权前哨作用，在行政村、社及学校的"两站"要有一名消费维权联络员，一块维权服务牌，方便了农村、社区、学校的消费者就近投诉，就近解决消费纠纷，实现消费纠纷解决的"零距离"。

四、以"作风整顿月"活动为载体，狠抓全局干部的廉政工作，在队伍作风纪律整顿上创先争优

上半年，我们扎实开展了"作风整顿月"活动，进一步推进了班子队伍建设、党风廉政建设、基层基础建设。干部作风得到了明显转变，组织纪律明显加强，群众观念明显增强，精神风貌明显改观。今后，我们在扩大作风整顿成果的基础上，继续抓好政风行风建设。按照省工商局"工商形象十事十办"和"作风建设十查十看"的要求，细化具体标准，严格考核管理，严明工作纪律，确保干部管理约束、激励等各项制度落到实处。对上班时间不在岗、到岗之后不工作的干部，进行严肃处理。同时，进一步加大执法督查力度，严格执行"六项禁令"、"约法三章"、"八条禁令"和"十个不准"。对人民群众举报，明察暗访发现媒体公开报道的乱收费、乱罚款等违法违规行为，一律严惩不贷，绝不姑息。局领导和各股、所负责人充分发挥表率作用，做到廉政工作亲自安排，重大问题亲自过问，重大案件亲自审理；做到用浩然正气感染人，用秉公守法教育人，用廉政廉洁带动人，进一步增强干部队伍的战斗力和凝聚力。

发挥监管职能作用
服务地方经济发展

繁峙县工商局党组书记、局长 弓宝珠

　　"解放思想、创新工作、服务转型、促进跨越"系袁纯清书记讲话的重要核心。工商行政管理部门作为市场监管的守卫者，当前就是要把学习贯彻袁纯清书记的重要讲话精神作为一项重大政治任务，深刻领会；要把学习贯彻讲话精神与如何发挥好工商职能紧密结合，切实增强做好工商工作的紧迫感、责任感和使命感，抓住机遇，乘势而上，开创工作新局面，努力实现地方经济社会更好更快跨越式发展。

　　一、解放思想、创新观念，进一步增强大局意识、服务意识、创新意识

　　袁纯清书记指出：实现转型发展，首先是思想要转型。只有解放思想才能创新举措。因此工商部门就要做到"五个解放出来"，即：从条管体制意识中解放出来、从传统监管理念中解放出来、从传统执法行为中解放出来、从守成求稳心态中解放出来，既要充分发挥工商行政管理职能作用，结合实际创造性地开展工作；更要自觉地把工商工作放到当地党委、政府的工作全局中去思考，更加自觉地服务当地经济社会发展。切实做到监管与发展、监管与服务、监管与维权、监管与执法的统一，努力实现监管领域由低端向高端延伸，监管方式由粗放向精细转变，监管方法由突击性向日常规范监管转变，监管手段由传统向信息化转变，牢固树立服务转型敢于建功立业、创新监管敢于领先一步，各项工作敢于争创一流的理念，以战略的思维、敢闯的勇气、学习的自觉，努力建设高素质的队伍，实现高效能的监管，达到高质量的服务。

　　二、发挥工商职能作用、服务地方经济发展，采取有力措施，全力促进转型跨越

　　促进地方经济发展是工商行政管理工作的根本目的。工商机关不仅仅是市场秩序的监管者、消费权益的维护者，更是培育市场主体的服务者、经济发展的促进者。要继续以深入开展"千名工商干部进万家企业帮扶活动"为起点，全面实施企业登记绿色通道工程，推进"品牌兴市"实施商标战略，促进地方经济向品牌型经济的转变；从进行抵押登记、办理股权出资、开展商标质押等方面服务企业融资；把好准入关口、提供准入服务，努力促进非公发展、招商引资；提升服务效能、推进"五农工程"，做好红盾护农、商

标兴农、合同帮农等工作，努力促进社会主义新农村建设。

三、强化市场监管、维护市场秩序，为转型跨越发展营造规范有序的市场环境

市场稳定是安全发展的重要组成部分，也是转型发展的重要保障。我局将始终牢记监管责任，履行监管职责，加大监管力度，创新监管机制，维护良好市场秩序。要继续把强化流通环节食品安全监管作为市场监管的重中之重，以推行"六查六看"、完善"八项制度"为重点，不断创新措施方法，防范监管风险，确保市场安全与监管安全；继续抓好打击无照经营、非法传销、合同欺诈、商标侵权、虚假广告、商业贿赂等专项执法行动，深入开展"信息化推广应用攻坚年"活动，切实提高监管执法的信息化和数据化水平，维护市场秩序，维护和谐稳定；同时要以"服务人民、奉献社会、促进和谐"为宗旨，关注保障民生，维护消费权益，倾情、倾心、倾力为消费者排忧解难，及时维护消费者合法权益。

围绕服务创优势
力促全县转型跨越发展

宁武县工商局党组书记、局长　任宁彪

　　袁纯清书记的讲话在深入分析山西实际，充分研究论证的基础上，提出了当前乃至"十二五"期间山西经济社会发展的目标、思路和举措。宏伟目标的实现要求全省人民凝心聚力，积极投入。我局作为市场监管的守卫者，就是要把袁纯清书记讲话的重要核心"解放思想、创新工作、服务转型、促进跨越"与工商职能紧密结合起来，进一步完善工作思路，找准结合点、着力点，以新的标准、新的理念、新的举措为县域经济发展保驾护航，创建人民满意的工商行政管理机关。

　　一、创新工作标准，突出服务特色

　　在服务市场主体准入中，宁武是一个资源型县份，有着和其他资源城市相类似的特征，煤炭产业在经济中一直占据主导地位，"一煤独大"的现状有着极大的潜在危险，煤炭市场偶有变化，就会造成全县经济的陡起陡落。要想从根本上落实县委、县政府提出的企业创新、转型、升级，我局就必须打破"闭门办公"的旧套路，按照能宽则宽、能放则放、能简则简、能快则快、能改则改、能优则优的原则，在降低准入门槛、简化准入程序、缩短准入时限、改进准入服务等方面，实施一系列突破性的新举措。特别是煤电化新产业，按照县委、县政府"拉长延伸煤炭产业链条，加快煤转电、煤化工、煤建材等产业延伸步伐，实现煤炭就地转化、加工增值、升级发展"统一部署，凡符合法律法规条件的确保畅通，基本符合法律法规条件的予以变通，注册前需与相关部门联系的主动疏通，对难以畅通、不能变通、无法疏通的加强沟通以求相互理解；并大力倡导"来了就办，办好就走；放下就走，办好来拿；要办就说，办好送去"。同时还需推行以"登记零过错、办件零违诺、干部零违规、用语零违禁、服务零投诉、规费零错收"为标准的服务机制，在此基础上，深入开展工商登记一流服务窗口创建活动。

　　在服务市场主体发展中，应不满足于"你申请、我办理"的被动式服务，要积极为市场主体准入提供事前、事中、事后全方位的职能延伸服务，包括建立市场主体准入信息分析服务、上门指导服务、向导服务、预约服务、延时服务、回访服务、外来投资者困难救助服务等一系列服务制度，推动服务工作由"一般化、被动式"向"全方位、主动式"转变。同时还要打造"五个平台",服务企业融资,从支持组建小额贷款公司、办理股权出质、进行动产抵押登记、利用信用信息促进信用融资、开展商标质押等五个方面,促进企业解决融资难问题。

在做好服务"三农"中,由于宁武"一煤独大"的局面,百姓近几年在收入上呈现出了两极分化的态势,全县16万人口,农村人口就占近2/3,而农业产值只占GDP的10%左右。全县14个乡镇,473个自然村发展也不平衡。建设社会主义新农村城乡一体化任务艰巨而繁重,目前的发展模式难以持续。而且,宁武的农业条件极其不好,耕地少、气候差,经济结构的调整迫在眉睫。所以,在帮农惠农上,我们要按照县委、县政府的跨越发展思路,围绕农村改革发展,积极促进"经济组织强农";围绕"一人一标"和"一所一标"目标,着力提高"商标兴农";围绕促进农民增收、农业增效,大力发展"合同帮农";围绕保护涉农企业和农民利益,深入开展"红盾护农";围绕促进农产品流通和劳动力转移,加强"经纪人活农";围绕便利农民群众投诉举报,强力推进"维权惠农";围绕加强农村食品市场监管,大力实施"食品安农"。总之,通过扎实推进"七农工程",努力促进我县社会主义新农村建设跨越发展。只有这样,才能实现工商行政管理部门为发展服务的理念,才能真正实现工商行政管理部门为县域经济服务的目的,才能全力促进全县转型跨越发展。

二、强化引导,提升品牌意识

我局应立足部门职能,积极实施"品牌兴县"战略,按照"品牌助推企业发展"的思路,全力服务企业做强做大。首先要积极宣传商标知识,帮助企业了解商标的价值;适时邀请成功企业讲解商标法律、分享打造品牌心得,增强企业走品牌兴业之路的信心。比如莜面、小杂粮、芥菜、银盘蘑菇等都是宁武的优势农业产品,如能使其形成规模,可以弥补宁武农业条件先天不足的缺陷。但是大多数农户和经营者意识还是不够强,没有自己的品牌产品,仍然存在较为严重的以生产为中心,以自我为中心的意识。所以要积极上门宣传,借助日常巡查、专项检查、约定访问等形式,积极上门提供有针对性的商标服务。其次,要建立商标联络员制度,明确商标联络员,定期了解企业商标运营的实际情况,并有针对性地提出商标注册建议书、商标策略提示书、商标法律告知书,建立规模企业商标跟踪服务联系卡,帮助企业建立健全商标注册、印制、保管、发放、使用、变更、转让、许可等一系列工作制度,引导其规范管理、依法使用商标。同时,要明确重点培育对象。宁武素有"黄土高原上绿色明珠"之称,是汾河、桑干河的发源地,旅游资源品种之多、密集度之高都是全国少有的,其中以芦芽山、万年冰洞、悬棺栈道、天池湖泊、80万亩原始次生林为代表的人文景观独具特色,旅游资源得天独厚。为此,我局要把我县旅游产业明确为重点扶持对象,按照"全面引导、重点跟踪、择优扶强"的原则,做好宣传、引导和跟踪服务工作,指导旅游企业积极注册商标、申报品牌,促使旅游产业成为宁武经济发展的强劲支柱产业。第三，要建立局所领导班子挂点联系制度，安排专人"一对一"定点帮扶企业创牌，建立驰名、著名商标企业回访制度，定期了解驰名、著名商标企业的发展情况，及时指导其商标发展。开展"商标兴社"宣传教育，着力培育农民专业合作社的商标意识，以有一定发展潜力、有一定规模的农民专业合作社作为重点，支持和鼓励传统地方特色、独特品质的农副产品申请注册商标。通过上门服务、预约服务，帮助企业和种植、养殖、营销合作社做好商标注册、使用、保护工作，选定有实力和发展潜力的企业申报省著名商标和市知名商标，确保已申报商标获准注册，促进全县品牌型经济的发展。

三、激发全员活力，在落实上下工夫

谋事在人，成事也在人。一个系统、一个部门能否完成好肩负的重任，关键在于要有一个好的领导班子、一支特别能战斗的队伍。作为一名县级工商局的负责人，只有深刻领会袁纯清书记讲话核心与实质，准确把握县情发展趋势，才能充分认识转型跨越意义，才能全面贯彻落实转型发展措施。时下，一些干部虽然开口闭口就是"转型发展"，虽然在口头上催促企业创新、转型、升级，但实际上良策不多。一些干部落实不力，作风不硬，影响转型的进程。还有极个别干部对转型发展无动于衷，甚至还在吃拿卡要。因此，工商转型首先要解决好干部的"思想转型"，首先要坚持以人为本，通过严格教育、严格管理和严格监督，使工商干部解放思想、更新观念，提高思想觉悟，增强组织观念，养成良好作风，在工作中做到自觉执行、积极执行、迅速执行。同时，要养成雷厉风行的工作作风。领导干部要率先垂范，对工作快部署、快落实。建立健全工作规则，明确窗口登记、执法办案工作时限。采取办公室日常督查、纪检室重点督查、成立督查组专项督查等多种形式，对重点工作进展情况进行督促落实。不断强化工商干部的履职意识，增强促进发展、提升服务、消费维权、依法行政的自觉性。

四、更新服务理念，实现转型跨越发展

宁武工商人要促进宁武经济实现实质性突破和全面提升，根本在于彻底解放思想，核心在于抢占发展制高点。以新的胆气创新励志，以新的才智激活要素，以新的信念推动跨越，以新的魄力谋划宁武。结合本职工作，要把自己放入思想解放队伍，融入宁武跨越发展的行列，对县情有更准确的认识，对工作有更明确的思路，对发展有更坚定的信念，对未来有更美好的憧憬。树立公仆的本色、赤子的情怀、紧迫的责感、担当的意识、勤廉的形象，为绿化宁武、气化宁武、净化宁武、健康宁武竭尽全力，完成自己的职责。争当学习的模范、争当思想解放的先锋、争当提升能力的标兵、争当改革创新的先导、争当作风改进的表率，牢记神圣职责，树立良好形象。

抢抓机遇 努力服务促进发展

静乐县工商局党组书记、局长 王培洲

  在2010年7月29日召开的全省领导干部大会上，袁纯清书记作了长达3万字的题为"以转型发展为主线，为实现山西经济社会跨越发展努力奋斗"的重要讲话。袁纯清书记讲到必须着眼"十二五"发展，以科学发展观为指导，深刻把握国内外发展大势，从山西省情实际出发，进一步明确发展方向、完善发展思路、突出发展重点；必须扭住发展这个第一要务，以转型发展为主线，以赶超发展为战略，以跨越发展为目标，推动又好又快发展；必须进一步动员全省人民，解放思想，凝聚共识，增强信心，埋头苦干，为开创富民强省新局面而努力奋斗。

  根据上级的要求，我局组织广大干部职工进行了《袁纯清在全省领导干部大会上的讲话》的学习，袁纯清书记以清新之风，务实之言，指明了山西当前和今后一个时期科学发展的路径，必将激励全省人民迈向新的征程，共创美好未来。袁纯清书记的讲话站得高，看得远，提出了当前乃至"十二五"时期山西发展的目标、思路和举措，进一步明确了发展方向。讲话立意深、针对性强，提出了我省面临的最紧要问题是干部队伍对大发展思想准备不足。这一论述，抓住了制约山西转型发展、跨越发展的关键。袁纯清书记的讲话吹响了三晋大地转型发展、跨越发展的进军号。

  进军的号角已吹响，宏伟的蓝图已绘就，我们一定要在县委县政府和市工商局的领导下，立足工商行政管理工作，围绕稳定和谐这条主线，加强基层和队伍这两项建设，促进山西和谐文明创建，为山西的经济社会跨越发展提供强有力的保障。工商行政管理部门作为市场监管的重要部门，要把学习贯彻讲话精神与如何发挥好工商职能紧密结合，切实增强做好工商工作的责任感和使命感，抓住机遇，开创工作新局面，努力为静乐又好又快发展多出一份力。我认为要把袁纯清书记的重要讲话精神学习好、贯彻好、落实好，最重要的是在以下三个方面下工夫：

  一、进一步增强大局意识、创新意识、服务意识

  袁纯清书记指出，实现转型发展，首先是思想要转型。工商部门要从条管体制意识中解放出来、从传统监管理念中解放出来、从传统执法行为中解放出来、从守成求稳心态中解放出来，既要充分发挥工商行政管理职能作用，又要更好服务当地经济的发展。牢固树立服务转型，各项工作勇

于争创一流的观念，努力建设高素质队伍，实现高效能监管。

二、发挥工商职能作用，服务地方经济发展，采取有力措施，全力促进转型跨越发展

促进地方经济发展是工商行政管理工作的重要职责之一，工商部门不仅是市场秩序的监管者、消费者权益的保护者，更是培育市场主体的服务者、经济发展的促进者。要继续以深入开展"千名工商干部进万家企业帮扶活动"为抓手，推进"品牌兴县"，实施商标战略；从进行抵押登记、办理股权出资、开展商标质押等方面服务企业融资；把好市场准入关、提供准入服务，努力促进非公有制经济发展；提升服务效能，做好"红盾护农"、"商标兴农"、"合同帮农"等工作，努力促进社会主义新农村建设。

三、强化市场监管，维护市场秩序，为转型跨越发展营造规范有序的市场环境

市场稳定是安全发展的重要组成部分，也是转型发展的重要保障。我们将始终牢记监管责任，履行监管职责，加大监管力度，创新监管机制，维护良好市场秩序。要继续强化流通环节食品安全监管工作。食品安全工作是市场监管的重中之重，以推行"六查六看"、完善"八项制度"为重点，不断创新措施和方法，防范监管风险，确保市场安全与监管安全；继续抓好打击无照经营、非法传销、合同欺诈、商标侵权、虚假广告、商业贿赂等专项执法行动。切实提高监管执法的信息化和数字化水平，维护市场秩序，促进和谐稳定。同时要以"服务人民、奉献社会、促进和谐"为宗旨，关注保障民生，维护消费者权益，倾情、倾心、倾力为消费者排忧解难，积极维护消费者合法权益。

袁纯清书记的重要讲话，不仅对我们提出了一定的要求，帮助我们在解决发展中遇到的困难和问题上进一步坚定了信心，也为我们在贯彻落实科学发展观上进一步指明了方向，为全省各项事业又好又快发展增添了新的动力。我们要认真贯彻袁纯清书记重要讲话的精神，保证自己做到实处、走在前列，加强自身学习，以更大的信心和勇气为推动静乐跨越发展贡献力量。

抓"三项建设"
为服务大局做表率

神池县工商局党组书记、局长　王世东

　　学习袁纯清书记"7·29"讲话精神，我的心灵震撼很大，深刻认识到转变工商行政管理工作思想观念的紧迫感和使命感。如今时代的车轮已经把我们推向风口浪尖。简单而言，经济转型就是一场技术革命，英国抓住第二次技术革命——工业革命，社会经济取得了突飞猛进的发展，因此我们必须从安于现状中清醒过来，力争锻造转型跨越的智能马达，实现经济与社会的和谐发展。通过深入贯彻落实袁纯清书记"7·29"讲话的精髓，结合省工商局"五坚持"的思路，我们在开展创先争优活动中，以抓好"三项建设"，做好"三个表率"为引领，从而使各项工作取得了突破性进展，有效促进了县域经济转型发展、安全发展、跨越发展。具体从以下三个方面加以剖析：

　　一、抓组织建设，提升队伍自身能力，做好创先争优的表率

　　诚然，落后的组织思想会制约经济的发展，人民生活的提高。而我们工商行政管理人员的思想是否跟得上时代的要求，在一定程度上决定着行使职能的成败。由于我们肩负着党和人民赋予的权利与义务，行使市场监管和依法行政的双重职能，因此加强组织建设和提升队伍素质是形势的要求，人民的需要。首先要提升工商行政管理系统党组织凝聚力、号召力，一把手的组织观念，直接影响着整体队伍组织观念的转变与提升。要勤于学习借鉴，善于用别人的经验来提高自己的本领，善于用别人的眼光开阔自己队伍的眼光，善于用别人的创新来丰富自己队伍提升的路径。要从实际从发，树立自己的目标，并展开大讨论。比如：我们创先争优的目标是什么？如何取得实际效果？其次，针对实际情况党支部带头深入理论研讨，通过调研撰写理论文章，发现自身存在的问题，以便弥补不足。有效通过培训学习建立人才梯队，挖掘人才潜能，循序渐进培养专业人才、复合人才，并逐步淘汰冗员。打造学习型工商，把爱学习、擅研究的同志提拔到重要工作岗位。逐步养成勤思勤为不懈怠，脚踏实地不漂浮，立说立行争朝夕的习惯。以良好的领导作风、思想作风、工作作风、生活作风增强为民服务的本领。不断树立全局意识和系统观念，正确处理局部与全局、部分与整体、眼前与长远的关系，快速消除一切不利于队伍转型的消极思想观念。

二、抓目标建设，提升经济转型能力，做好开拓创新的表率

针对我县实际，确立市场主体分步转型的目标。坚决跳出"就监管论监管"，跳出部门利益的"小圈圈"。我认为思想应开窍，发展应远眺，决不能满足于"小富即安""小进则满"的传统思维。努力通过创先争优活动，逐步分类提升市场主体转型的能力，狠抓本县特色经济与新型经济实体，比如：深入研究我县胡麻油、月饼、羊肉加工业发展现状，在科技、商标、质量、规模上下硬功，在市场准入、融资、集团化生产销售上下真功，实现特色经济的高效发展。

为此，我们工商行政管理机关要充分延伸职能，为其转型发展提供优质服务，坚决废除不同经济主体不平等的准入条件，实行繁事简办、急事急办、特事特办、难事帮办等措施。我县是个落后的农业县，上世纪80年代发展起一批以农副畜产品加工为主的民营企业，市场竞争能力逐渐增强。近年来随着月饼企业快速发展，也出现了不容忽视的问题。目前规模较大的有20余户，中型的有230余户，小型的110余户，经济总量已占到神池县的20%，在较大程度上拉动了我县胡麻种植业和胡油加工业的持续发展，解决了一万余名下岗职工和农民工就业。可是一些规模小的加工户由于不重视信用信息，影响着大企业的发展。因此我们针对问题，惩治失信行为，保护名优品牌。同时善于运用市场运作新思维、新理念，扭住"战国"、"长祥园"、"大成"和"粮贸"等龙头企业，成立大型食品集团，对神池以月饼为主的干货食品加工业进行重新审视定位，这在将来的县域经济发展中，它的优势必然凸显。

全力扶持新兴经济实体，使之成为当地经济转型发展的预备军。2006年以来，我县农民专业合作社迅猛发展，目前已登记注册了160户，主要从事农机销售、大棚蔬菜种植、胡麻和南瓜种植、土豆加工、羊肉加工和土鸡饲养等。它们已成为县域经济转型发展的新生力量，但眼下这些专业合作社尚处于起步阶段，神经很脆弱，在融资、信用信息等方面需要大力扶持。我们主要通过"红盾护农、商标富农、合同帮农、经济活农"等活动，帮助其发展壮大，促进农业现代化、信息化的进程，科学引导其走上"公司+农户"，"经纪人+公司+农户+市场"的产业化经营模式。适时将市场行情、货源、信息等提供给农村专业合作社组织，为其经营销售提供服务，扩大农产品销量，拓宽农产品销路。

实践证明，没有规模化就没有标准化，就没有高效益。我们要全力打造"一县一业"、"一村一品"，采取多种方式提高特色农产品的知名度。我们要为其插上商标翅膀，使农副产品走上转型发展的高速路，帮助他们成功申请注册了"富根"牌食用油脂商标，现已成为省著名商标，近日作为我县胡麻油拳头品牌之一参加了北京农博会展览。此外，还帮助月饼民营企业注册了"绿宇"牌集体商标，"战国"和"长祥园"已成为两大省著名品牌，目前我县农副产品商标已发展到19件，仍有30件在申请注

册中。令人可喜的是，他们思想观念实现了两大转变，即由"无商标无所谓"的传统观念向树立商标品牌意识，以品牌取胜的观念转变；由被动注册商标向主动注册商标并大力开发和利用商标转变，进一步步入以规模、质量、品牌、效益为标准的良性循环发展轨道。

三、抓项目建设，提升宏观服务能力，做好服务大局的表率

我认为我县经济发展要发挥宏观思维，拓宽辐射渠道，走出小农经济思维意识，就要通过创先争优活动，为辖区大型企业和清洁能源项目注入新的活力。从2004年开始，我县县委、县政府分别在太原煤博会、武汉中博会和珠海洽谈会招商引资，成功引进3大电力集团，并签约开发风力发电场7处21期，总装机容量103.5万千瓦，总投资105亿元，开发面积达490平方公里，涉及3镇5乡。我们有效利用职能，为其积极提供优质服务，在政策和法律方面主动给予相关企业大力支持。2010年5月，两个电场发电、两个开工。这样终于使风力发电这一新型能源产业在神池落地生根，已配合政府把风能产业打造成企业环保转型的领头羊。下一步我们还要积极研究开发利用丰富的太阳光能资源，逐步把神池县打造成新型清洁能源基地，使"风光无限"产业成为引领我县经济转型发展的主导产业。

然而我们也要清晰地认识到，经济转型发展的出发点和落脚点是以民生为本，实现社会的整体转型，加快发展社会公益事业的发展，这也是创先争优的目的所在。我们时时急民所急，想民所想，2010年8月份为舟曲灾区捐款3400元，近日在县政府组织的"送温暖，献爱心"活动中，捐款5200元。加之我们充分发挥工商职能，把创先争优活动与优化服务环境与人文环境相结合，广泛吸引并整合更多的民间资本，搭建了优良的政策、融资、项目平台，从而为我县风力发电、太阳能开发、现代物流业、生态旅游业和现代农业转型发展筑起了一道绿色防火墙。然而我们也应清晰地认识到只有强县才能实现富民，才能彻底改善民生，实现经济效益和社会效益的双赢跨越，这是我们的美好夙愿，也是我们共同奋斗的目标。

总之，县域经济转型发展是国民经济转型发展的关键，是构建和谐社会的基石。我们工商机关是政府的职能机构，应以袁纯清书记"7·29"讲话为引领，持续争当创先争优的急先锋，成为服务地方经济的一面鲜红的旗帜。我坚信，通过此项活动，不仅可以改变自己，更可以促进队伍素质的整体提升，各类市场主体逐步走上低碳、良性、循环发展的高速路。

加强干部作风建设之我见

五寨县工商局党组书记、局长　尹静

　　开展干部作风建设，是搞好一切工作的根本保证，是我们党巩固执政地位、提高执政能力的必然要求。工商行政管理部门是政府窗口单位之一，工商干部直接和人民群众打交道，工商工作的效能和作风直接关系到党和政府在人民群众中的形象。开展干部作风建设是加强工商系统干部队伍建设、永葆党的生机与活力的迫切需要。

　　一、深刻理解加强作风建设本质，努力提高思想水平

　　胡锦涛总书记指出，党的作风体现着党的宗旨，关系党的形象，关系人心向背，关系党和国家的生死存亡。各级领导干部是党和国家事业的骨干力量，其作风如何，对党和人民事业发展有着极为重要的影响。加强干部作风建设，特别是领导干部作风建设，是全面贯彻落实科学发展观的必然要求，是构建社会主义和谐社会的必然要求，是提高党的执政能力、保持和发展党的先进性的必然要求，是做好新形势下反腐倡廉工作的必然要求。领导干部作风好，才能推动经济社会又好又快发展，才能营造和谐的党群干群关系，才能更好地发挥先锋模范作用，才能自觉抵御消极腐败现象的侵蚀。要根据新形势新任务的要求，全面加强思想作风、学风、工作作风、领导作风、干部生活作风建设，弘扬新风正气，抵制歪风邪气，着力解决突出问题，努力实现领导干部作风的进一步转变。尽力做到胡锦涛总书记在各级领导干部中大力倡导的八个方面的良好作风，即勤奋好学、学以致用，心系群众、服务人民，真抓实干、务求实效，艰苦奋斗、勤俭节约，顾全大局、令行禁止，发扬民主、团结共事，秉公用权、廉洁从政，生活正派、情趣健康。

　　二、深入剖析问题，切实解决突出问题

　　目前我局存在的突出问题主要有：一是工作纪律不严的问题。要着重解决一些干部职工无故缺岗和迟到早退等现象，同时解决股、所对出勤情况执行不严，逾期不上报、弄虚作假的问题。二是精神不振的问题。要着重解决一些干部在思想上不思进取，对待工作能推则推，消极应付，办事拖拉和上网聊天玩游戏；会风不正，甚至无故缺席；做决策不深入基层调查研究，闭门造车，主观臆断等问题。三是服务意识不强的问题。要着重解决一些干部群众观念淡薄，缺乏服务热情，门难进、脸难看、人难找、事难办，工作不实，作风飘浮的问题。四是队伍管理不强的问题。着重解决漠视县局出台的各项规章制度，对干部职工不严格管理，乐于当"好好先生"，导致干部职工宗旨观不强、组织观念淡薄、违规违纪现象时有发生的问题。

分析造成这些问题的原因并加以切实解决：一是视野狭窄，整体和全局意识不够强。在执行党委决策中，要确保政令畅通，有令必行、有禁必止；在执法、处事和管理上，要始终站在全局、整体的角度研究、思考、处理各种问题。二是干部职工教育培训机制和力度不够大。就学论学、应付会考、"蜻蜓点水"式的学习方式普遍存在，导致干部职工"头重脚轻根底浅"，整体素质参差不齐。要加大教育培训力度，系统性地针对不同对象、不同业务开展全员教育培训，努力打造一支"拿得出手、收得回来、高效精干"的干部职工队伍。三是现有的规章制度执行方面不够严。原本认为制度是订在纸上的，不必当真，少数干部一手硬、一手软，不及时处理隐性问题，以致不能正确处理好收费与监管、管理与服务等方面的关系。要进一步加强制度建设，加大制度执行、落实力度。

三、营造学习氛围，形成长效学习机制

省工商局局长王虎胜强调，学习贯彻袁纯清书记重要讲话精神，就要坚持把加强作风建设、提升干部素质作为第一保障。历史和现实已经反复证明，无论是一个政党、一个国家、一个民族，还是一个集体、一个人，只有热爱学习、勤于学习，具有良好的学习习惯、学习能力，才能不断提升自身素质、增强本领、顺应时代潮流，应对各种挑战。因此，我们应从以下几方面加以学习：

1. 加强政治理论学习，坚定理想信念。深入学习马克思列宁主义、毛泽东思想、邓小平理论、"三个代表"重要思想和科学发展观，深入学习社会主义核心价值体系，牢固树立"国徽头上戴、责任肩上挑"的职责意识。通过工商文化建设，进一步鼓舞人心、团结力量，增进广大干部的工作认同感、岗位自豪感、职业荣誉感，增强精神动力，提升全系统的凝聚力、战斗力。提高运用科学理论分析问题、解决问题、指导实践的能力，做到真学、真懂、真信、真用。深入学习袁纯清书记讲话精神，把工商系统全体干部职工的思想统一到大发展上来，统一到服务维权上来，要切实提高执法效能，规范执法行为，紧密结合工商实际，研究、找准贯彻落实的结合点、切入点、着力点，以此推动工商工作取得新发展、新进步。坚持以科学发展观统领工商工作和工商队伍建设，把解决民生问题作为工商工作的着力点，改革和加强工商行政管理工作，让人民群众真正感受到温暖、方便、公正、平安，造就一支政治坚定、业务精通、作风优良、执法公正的工商队伍。

2. 加强工商法规和业务知识学习，提高履职到位能力。坚持以工作需求为导向，以工商行政管理业务知识为学习重点，着力提高干部职工的综合监管、执法办案和信息化运用水平。深刻领会工商行政管理的职能定位、根本目的、工作目标和基本要求，充分认识"四个统一"、"四个只有"、"四化建设"、"四个转变"、"四高目标"等理论创新。加强工商行政管理法律和规范性文件的学习，促进广大干部懂法规、会监管、善维权、能办案，业务能力强、复合程度高，重点提高依法行政能力、市场监管能力、行政执法能力、消费维权能力、运用高科技手段能力、应对突发事件能力和行政执行能力，锻炼广大干部履行职责的过硬本领。

3. 加强社会科技新技能新知识学习，提高综合思维能力。各级领导干部要做学习现代科技文化知识的表率。在不断优化知识结构、开阔思路、把握规律中，提高战略思维、创新思维、辩证思维能力，坚持用唯物辩证、实事求是、群众路线的思想方法和工作方法武装头脑、指导实践，增强工作的原则性、系统性、预见性、创造性，成为工商行政管理工作的行家里手。

四、加强制度建设，完善监督机制

邓小平同志曾深刻指出："制度好可以使坏人无法任意横行，制度不好可以使好人无法充分做好事，甚至会走向反面。因此，建立一个铜墙铁壁、牢不可破的制度体系并严格执行，就会使从政行为更加规范，就会使干部少犯错误、不犯错误、不敢犯错误。"为此，要重点抓好以下几个方面：

1. 推行内部政务管理制度。据不同岗位、不同职责，划分出基本礼仪规范、办公礼仪规范、公务接待礼仪规范、人文环境礼仪规范、文明用语规范、注册窗口礼仪规范、12315投诉举报窗口礼仪规范、巡查办案礼仪规范以及廉政形象礼仪规范等九大规范。制定出职业文明礼仪规范、干部着装规定、车辆管理规定、卫生管理规定、办公用品摆放规范等。

2. 创新廉政教育制度。把党风廉政教育纳入到全局的宣传工作和思想政治工作的总体要求之中，实行目标管理，与业务工作同部署、同检查、同考核。推出新任职干部廉政承诺制度和科股级干部任职廉政承诺书制度。

3. 健全注册登记制度。进一步完善服务承诺制、首办负责制、限时办结制、政务公开制、责任追究制等制度，建立优化发展环境工作机制。

4. 制定执法办案制度。围绕行政审批权、市场监管权、行政执法权等廉政风险点管理的重点环节，制定行政执法行为规范，从执法主体和执法程序上作出详细规定，推进行政执法责任制的落实。

5. 实施政务公开制度。重新规范各执法主体与群众利益相关的各类事项，采取各种措施进行公开，制定政务公开制度实施办法。

6. 严格考核制度。对全年目标工作任务完成情况进行百分制绩效考核，制定绩效考核办法。

抓住"五个提升"
力促岢岚社会经济跨越发展

岢岚县工商局党组书记、局长　邬永强

目前，工商行政管理部门正处于转型发展的关键阶段，作为执行层面的县级工商部门，如何结合工作实际，正确理解和把握新要求的深刻内涵？岢岚县工商局用实际行动和创新理念作出了回答，那就是：立足职能，强化服务意识；立足科学监管，增强创新意识。以袁纯清书记讲话精神为统领，扎实搞好创先争优活动，推动岢岚工商事业跨越发展。

一、发展求具体，提升服务企业水平

增强科学发展的意识、服务大局的意识，拓宽服务发展的思路，把科学发展观的要求转化为推动科学发展的具体项目和具体行动，提升服务企业水平。

服务企业发展。一是要结合年检，落实相关优惠政策，支持企业延续主体资格；二是落实"六帮活动"长效机制，引深帮扶企业大行动；三是积极帮助大涧乡、宋家沟乡、神堂坪乡注册登记以大棚蔬菜、食用菌等为主题的多个农民专业合作社，帮助农民增产增收；四是发挥个、私协会作用，搭建助企平台，协助企业解决用工问题。

争创达标窗口。以开展争创优质服务窗口活动为契机，倡优促进、实效整改，全面提升窗口服务水平，实现窗口"四个一流"，即一流环境、一流管理、一流服务、一流业绩。

实现品牌带动。围绕"一人一标、一所一标"的目标，开展商标兴县、商标富农、商标兴企系列活动，每个工商所都确定了1～2家企业作为重点帮扶对象，开展分类指导和跟踪服务。通过与县政府联系，建议加大政策奖励扶持力度、加强指导、加深定向培育等，深入实施商标富农和商标带动，鼓励全县企业争创知名、著名、驰名商标。

二、监管求科学，提升综合执法力度

整顿与规范并举，专项整治与长效监管互补，提升执法监管水平，依法监管、和谐监管、科学监管。

完备各项预案。强化食品安全监管和安全生产监管工作，建立完备的市场预警防范和应急处置机制，形成环环相扣无缝隙的应急处理体系。

突出监管重点。以流通环节食品安全监管为重点，继续开展打击虚假违法广告、非法传销、商标侵权、商业贿赂、合同欺诈、限制竞争和不正当竞争等企业和群众关心的热点难点问题开展专项执法行动。

探索监管难点。基层工商监管的难点集中于无照经营查处和反垄断法执法，通过推进监管执法的制度化、规范化、秩序化、法制化建设，落实无证无照经营长效监管，加强反垄断和反不当竞争执法，探索中介组织和公共服务行业长效监管机制。

三、建设求达标，提升干部履职能力

讲党性、重品行、作表率，以落实新"三定"方案和停止征收"两费"为契机，内强素质，外树形象，提升干部履职能力，建设"三个过硬"的岢岚工商队伍。

加强思想建设。围绕对科学发展观的认识和把握，以解放思想为先导，建立科学决策、科学管理的机制，深化理想信念教育，持续发扬艰苦奋斗的优良传统和岢岚工商"团结、务实、创新"精神，并以此作为引领全局各项工作的动力和方向，在工作中不断克服困难，破解难题。

加强廉政建设。加强惩防体系建设，落实基层工商所长述职述廉等行之有效的制度，积极探索工商廉政风险点的防范管理，着力解决党员干部党性、党风、党纪方面群众反映强烈的突出问题。

加强行风建设。深入开展民主评议政风行风活动，完善政务公开，采取召开服务对象座谈会、问卷调查、走访咨询和行风监督员明察暗访等形式，广泛收集群众的意见和建议，查找问题，落实整改，进一步推进政风行风的根本好转。

四、管理求和谐，提升基层工作效能

把握统筹兼顾的方法，注重继承，善于借鉴，处理好基层工商面临的矛盾和问题，建立健全各项规范、激励和约束机制。

开展"监管示范段"试点活动。把基层工商所网格化，设置段长责任制，定标准、出方案、推试点、重实效，积极开展"工商所创建监管示范段"活动。

持续提高基层干部综合素质。制定长期的行之有效的学习计划，明确学习目标、任务、方法，开展全员素质达标考核，以实现基层工商所向全员办案转变。

开展监管执法风险防范调研。总结归纳工商部门在许可、监管、执法、服务等方面的风险点，分析探究风险产生的原因，并不断完善监管执法风险防范体系。

积极主动关心基层。落实局领导联系工商所制度，主动关心基层、服务基层、推动基层，倾听基层干部的呼声，帮扶困难干部和患病干部。

五、运作求实效，提升既往优势项目

注重持续运作的务实性、创新性、有效性，用"点"上的经验助推"面"上的经验，用"点"上的成果助推"面"上效果，充分发挥典型示范带头作用，将行之有效的好做法、好经验上升为制度和机制，并根据新情况、新形势、新问题，完善新对策、新举措、新项目，与时俱进，有效运作，推进工作创新。

拓展业主责任制新思路。将业主责任制和信用分类监管工作相结合，依托省工商局经济户口和企业信用体系软件，以巩固和完善市场业主责任制为抓手，在条件成熟的商品交易市场推广信用分类监管工作。

延伸行政指导新领域。将行政指导重心从"规范经营行为"向"优化服务水平、规范监管执法行为"延伸，坚持行政指导与注册登记服务、监管执法工作等各项职能工作紧密结合，实现行政指导日常化、成效化。

拓展维权服务新效能。进一步完善12315工作机制和工作流程，加强12315工作督导，加大12315联络员培训力度，推进服务站点运行保障和规范化建设。建立12315消费维权长效运行机制，拓展网络功能，依托其建立覆盖城乡的"食品安全监管网络"。

解放思想　创先争优
发挥职能　促进跨越

河曲县工商局党组书记、局长　王利兵

　　袁纯清书记的讲话以清新之风、务实之言指明了山西当前和今后一个时期科学发展的路径，提出了"十二五"时期山西发展的目标、思路和举措，吹响了三晋大地转型发展、跨越发展的进军号。结合省工商局"五坚持"目标和工作实际，本人认为要把袁纯清书记的重要讲话精神学习好、贯彻好、落实好，要在以下五个方面下工夫：

　　一、大胆解放思想，传承真抓实干

　　在时下全面转型、加快跨越的大氛围里，我局因时制宜，一是摆进去解剖自己。努力让自身"摆"进去，摆到位，摆出深度，勇于面对问题，使解放思想与工作实际紧密联系，实现解放思想的过程就是激发工作动力的过程；二是跳出来审视自己。"跳"出来，站在更高层面，确立追赶目标，找准自身差距，带着问题解难题，形成解放思想的动力；三是走出去丰富自己。"走"出去，就是学别人的经验，拓宽自己的视野，有比较，才能增添活力。对新情况、新问题作出更加符合实际的判断，使各项工作更富于创造性；四是静下来梳理自己。梳理工作主线，认真分析问题，沉着应对难题，就会明思路、强根基、促发展，才能牢牢把握发展需求。学习贯彻袁纯清书记讲话精神，归根结底要落实到解决问题、真抓实干上。

　　二、发挥职能作用，服务科学发展

　　促进科学发展，是工商行政管理工作的根本目的，我们要自觉把工作放到党委、政府的中心工作中去谋划，放到经济社会发展的大局中去考虑。一要继续引深推进帮助和服务企业大行动。加强对重大投资项目的服务工作，对政府确定的重大投资项目要指定专人，提前介入，提供事前、事中、事后全程服务，主动做好相关法律法规宣传、企业登记注册资料起草、与相关部门协调等工作，促进项目早开工、早投产、早受益。把服务个体私营经济和中小企业发展工作摆上重要位置，深入中小企业走访，积极主动地为中小企业排忧解难，加强对个体私营经济、中小企业登记信息的汇总分析，引导项目互补的中小企业合资合作，积极收集特色项目、重点项目和高新技术项目信息，向中小企业宣传推荐，建立以项目为中心的中小企业聚集发展模式，形成产业发展链条。二要大力实施商标战略，推进"品牌兴县"。支持鼓励驰名、著名商标企业在区域发展、结构调整、产业振兴、企业重组等方面发挥主导和引领作用。要以"同德"商标认定为中国驰名商标为契机，加大商标注册推进力度，做好著名商标和驰名商标的培育和推荐工作。要加强政策扶持，建议政府加大对成功注册商标、认定中国驰名商标、山西省著名商标的企业和个人的奖励力度，并给予公开表彰，指导和鼓励更多企业增强商标意识，推进品牌战略。三要扎实推进"七农工程"。在"红盾护农"上，要严厉打击农资销售和"家电下乡"中的坑农害农行为；在"商标兴农"上，要积极引导农产品商标、地理标志商标申请注册，并加大涉农产品商标注册和涉农龙头企业著名、驰名商标争创工作力度；在"合同帮农"上，要积极推行农业合同示范文本，维护农民合法权益；在"经纪人活农"上，要培育经纪人队伍，提高经纪人能力，搞活农村市场，促进农民增收；在"经济组织强农"上，要促进农村经济组织扩大经营规模，提高经营水平，增强竞争能力；在"食品安农"上，要培育和规范"食品安全示范店"；在"维权惠农"上，要发挥好"一会两站"的作用，做到农民投诉不出村。

三、强化执法监管，维护市场秩序

工商部门作为行政执法和市场监管的职能部门，要切实履行监管职责，为促进转型发展、跨越发展创造公平竞争的发展环境和规范有序的市场环境。一要抓好食品安全监管工作。研究借鉴先进的监管经验，争取政府的统一领导，加强与有关部门的协调配合，督促食品经营者落实自律制度，建立完善"政府监管、企业自律、社会监督"三位一体的工作格局。要把好前置审批关，依法履行食品流通领域市场主体准入管理职责，严格执行食品流通许可证申请、受理、审核、发放、变更、注销程序，完善内部监督制约机制，为食品经营者登记注册提供优质高效服务。要落实基层监管责任，积极构建产品质量和食品安全长效监管机制；要坚持促进食品行业发展与加强监管执法相结合，大力推进商品市场准入制度改革，监督销售者建立健全进货查验和购销货台账制度；要继续强化农村商品市场监管，着力解决好农村食品市场存在的突出问题，加强日常巡查，加大区域性、季节性市场和重点品种专项整治力度，切实维护农民消费者合法权益。二要继续保持高压态势打击传销。把"打传"作为维护和谐稳定的大事要事来抓，强化教育引导，加强群防群治，要充分利用打击传销纳入社会治安综合治理的有利条件，大力推进"无传销社区（村）"建设，增强打击传销的整体合力。三要突出抓好重点行业安全监管，落实安全生产层级责任制。加强与安监、消防、公安、卫生等部门的合作，实施对高危行业市场主体及其行为的联合监管和综合整治，强化欠缺前置或前置许可过期失效信息互通制度，确保监管成效。四要积极推进联合执法监管。进一步健全查处取缔无证无照经营联席会议制度，深入开展打击无证无照经营专项行动；加强"家电下乡"商品的监管、整治违法医疗和药品广告联合行动；加强社会治安综合治理、打击黑网吧、整治校园周边环境、扫黄打非等专项整治工作，维护社会稳定。要敢于突破传统领域、敢于突破大要案件、敢于突破执法阻力，震慑违法行为，树立执法权威。

四、关注保障民生，维护消费者权益

民生为本是转型发展和跨越发展的出发点和落脚点，我们必须始终牢记维权的使命，切实肩负起服务民生和促进社会和谐的责任。一要建立健全12315网络体系和受理处理制度，完善"相对集中受理、分工协作办理、应急指挥调度、信息汇总分析、进行消费提示"五种功能相结合的工作机制；二要进一步更新消费维权工作理念，做到防范与调处相结合，努力实现消费维权由以事后受理处理为主向事前预警和事前防范转变；三要延伸消费维权工作领域，不断加大在餐饮、旅游、美容、装饰装修、网络商品交易、房地产、保险、医疗、电信、交通等服务领域的维权力度，严厉查处损害消费者权益案件；四要深入推进"一会两站"建设。在各乡镇、居民办事处设立分会，在行政村、社区以及学校设立消费者投诉站和12315申诉举报联络站。形成覆盖全县的消费维权网络和申诉举报体系，有效解决农村消费者投诉难、维权难的问题；五要强化服务措施，引导科学消费，大力推进12315网络进商场、进市场、进企业，使广大经营者树立自律意识。

五、加强作风建设，提升干部素质

加强作风建设首要的是加强思想作风建设。广大干部应大力发扬团队精神，增强大局意识、增强组织纪律观念、培养融洽的同志关系和协调的部门关系，形成强大的凝聚力和战斗力，从而充分有效地发挥整体功能。每位干部应牢牢把握解放思想、实事求是的思想路线，破除因循守旧、消极等待、妄自菲薄等思想观念，弘扬与时俱进、开拓创新的时代精神，促进工商行政管理工作在新形势下不断地改革和发展。加强作风建设要树立"慎微、慎独、慎欲"意识，养成良好的生活作风。慎微就是慎重对待生活中的小事，对管理对象送的一份礼物、一次吃请等小节，保持高度警惕，以免小节变成大恶。慎独就是慎重对待个人的生活圈和交际圈，特别是对八小时工作以外的个人独立行为实行自我约束，洁身自好，以免一失足成千古恨。慎欲就是抵御金钱、美色等种种诱惑及其他不健康东西的侵袭，在任何时候，任何情况下都能管住自己，做到一尘不染，两袖清风。

加强作风建设的关键在于加强和改进领导作风。"火车跑得快全凭车头带"，无论是局领导还是股、所领导，时时处处都应严格要求自己，以身作则，率先垂范，说话办事具有说服力、号召力；发扬民主，办事公道，自觉接受群众的监督；对分管的工作及下属，坚持高标准、严要求；把党风廉政建设和反腐败作为永恒的主题常抓不懈。通过加强领导作风建设，使全系统上下形成凝聚力，具有战斗力，从而带领广大干部不断开创工商行政管理工作的新局面，为促进转型发展、跨越发展做出应有的贡献。

抓作风转变　　促经济发展

保德县工商局党组书记、局长　李彦平

当袁纯清书记2010年在三个月里冒酷暑踏遍三晋山川大地进行调研后，7月29日在省城太原召开的全省领导干部大会上作了题为"以转型发展为主线，为实现山西经济社会跨越发展努力奋斗"的讲话。袁纯清在讲话中肯定了近年来我省在党中央、国务院的正确领导下，全省干部群众团结奋进、务实创新，经济社会取得的新成就。同时提出，要清醒地看到，山西欠发达的省情没有改变，山西转型发展的任务十分艰巨，山西发展的速度、质量面临巨大压力，与全省人民的期盼相比还有不小差距。我省面临的最大问题是发展不足，我省面临的最突出问题是新产业发展和新项目储备不足，我省面临的最紧要问题是干部队伍对大发展思想准备不足。袁纯清强调，一要顺应转型发展的时代潮流，登高望远，谋划未来发展；二要以工业新型化、农业现代化、市域城镇化、城乡生态化为重点，加快推动转型发展和跨越发展；三要以解放思想和提升干部素质为先导，为转型发展、跨越发展提供坚强保证。要进一步深入贯彻落实科学发展观，抢抓机遇促转型，上下同心谋跨越，在全面建设小康社会征程上创造无愧于时代的新业绩。

对袁纯清书记讲话印象最深刻的是"三大"，即经济大发展，思想大解放，作风大转变。我国改革开放30多年来，经济社会的发展突飞猛进，人民生活水平有了很大的提高。我们山西也是一样，有时出差到外地，特别是到晋南观摩新农村建设，看到他们的发展比我们快得多，无论是村容规划，还是人民生活水平都比我们高得多。我们保德资源丰富，但是为什么赶不上别人呢？我们在发展，别人也在发展，我们是小发展，别人是大发展，发展也如逆水行舟，不进则退，慢进也退。袁纯清书记提出的经济大发展，思想大解放，作风大转变，既是山西经济多年来发展缓慢的原因，也是下一步经济发展需要解决的问题。

一、在思想上要大解放

思想大解放是经济大发展的前提。袁纯清书记在讲话中强调，思想的大门打不开，发展的大门也打不开，思想有多远，发展就有多远。在县委、县政府提出的"山西大发展、保德要争先"的转型时期，必须再次吹响解放思想的冲锋号，冲破一切影响和制约我们发展的思想心结和体制障碍，在转型和跨越的大道上劲跑。激烈的竞争、宝贵的机遇、已有的发展基础迫使我们要跨越发展，对于保德这样一个山区能源资源县城，解放思想远比占有技术更为重要，远比拥有资金更为珍贵。强调解放思想，抓准了我们的要害，抓住了制约我们转型发展、跨越发展的关键。改革发展的历史证明，经济社会中每一次大的发展变迁，都是以思想解放为先导的。思想解放了，经济社会发展就快，人民群众生活质量提高的幅度就大；而思想观念受到束缚，经济社会发展就慢，人民群众生活质量就难以有效提高。解放思想的过程，就是解放生产力的过程，就是激发内在动力的过程，就是释放群众积极性、创造性的过程。思想解放的程度，决定着经济发展的质量，决定着经济发展的速度。

二、经济上要大发展

经济的大发展，对于保德来说，就是跨越式发展。我们党的最高纲领是实现共产主义，共产主义的一个基本特征是物质极大的丰富，按需分配。大力解放生产力，创造物质财富也是我们社会主义的基本要求，只有经济的大发展，才能实现物质的极大丰富。袁纯清书记强调："全面转型是山西实现跨越发展的必由之路。我们要把转型发展作为全省工作的主题和主线，在跨越中促转型，在转型中谋跨越，努力抢占未来发展的制高点。"实践证明，跨越式发展是欠发达地区赶超战略的必由之路。道理就如赛跑，前面的人跑一步，你也跑一步，那永远也追不上；如果你的步子再小一点，那差距会越来越大。就我们保德而言，欠发达是我们的实情，要想尽快缩小与先进地区的差距，就必须以"人一之我十之、人十之我百之"的精神，加倍努力、奋起直追。用袁纯清书记的话说，就是要"三步并作两步走"，使我们保德这样的山区县城早日跻身全省经济社会发展的先进行列。

三、作风要大转变

严实的作风是实现经济大发展的重要保证。在学风上，要根据中共中央《关于推进学习型党组织建设的意见》的要求，坚持解放思想、实事求是、与时俱进，用发展着的马克思主义指导新的实践。坚持理论联系实际的学风，切实推动实际问题的解决。深入学习马克思列宁主义、毛泽东思想，深入学习邓小平理论、"三个代表"重要思想以及科学发展观，全面系统、完整准确地掌握中国特色社会主义理论体系的重大意义、时代背景、实践基础、科学内涵和历史地位，深刻领会贯穿其中的马克思主义立场、观点、方法。在学习科学知识上走在前面，在不断优化知识结构、开阔思路、把握规律中，提高战略思维、创新思维、辩证思维能力，成为本领域本行业的行家里手。我们既要向书本学习，又要向实践学习、向群众学习。在工作作风上，要理论联系实际，实事求是，大兴调查研究之风，克服缺乏责任意识，无心去搞大发展，缺乏赶超信心，无胆去搞大发展，缺乏实干精神，无力去搞大发展的"三缺三无"的问题，按照袁纯清书记强调的"提振精神，转变作风，要大干不要小干，要真干不要假干，要实干不要虚干"抓好落实。在精神面貌上要焕然一新，保持昂扬的精神状态，是我们党的一贯思想，是我们事业取得胜利的保证。早在革命年代，毛泽东同志就明确指出："自私自利，消极怠工，贪污腐化，风头主义等等，是最可鄙的；而大公无私，积极努力，克己奉公，埋头苦干的精神，才是可尊敬的。"建国以后，他多次强调："要保持过去革命战争时期的那么一股劲，那么一股革命热情，那么一种拼命精神。"改革开放以来，邓小平同志大力倡导"五种革命精神"，即"革命和拼命精神，严守纪律和自我牺牲精神，大公无私和先人后己精神，压倒一切敌人、压倒一切困难的精神，坚持革命乐观主义、排除万难去争取胜利的精神"，并指出："如果一个共产党员没有这些精神，就决不能算是一个合格的共产党员。"江泽民同志从我国现代化建设的需要出发，号召全党、全军、全国人民要发扬"解放思想、实事求是，积极探索、勇于创新，艰苦奋斗、知难而进，学习外国、自强不息，谦虚谨慎、不骄不躁，同心同德、顾全大局，勤俭节约、清正廉洁，励精图治、无私奉献"的"六十四字创业精神"，并多次强调："要在世界上干成一件事，没有一点精神是不行的。"在这个大解放、大发展、大转变的伟大时代，我们一定要克服按部就班、四平八稳的惰性情绪，以昂扬的精神、敢于拼搏的锐气和敢为人先的精神投入到时代洪流中。我们保德县工商局就要坚持把强化市场监管、维护市场秩序作为第一责任。要加大执法力度，创新监管机制，提高监管效能，完善应急机制，促进安全生产，为我省转型发展、跨越发展营造规范有序的市场环境。要把流通环节食品安全监管作为市场监管的重中之重，确保人民群众健康安全；要继续抓好打击非法传销、打击合同欺诈、打击商标侵权、查处虚假广告、查处垄断行为、治理商业贿赂、治理超限超载等专项执法行动，维护市场秩序，促进和谐稳定；要深入开展"信息化建设推广应用攻坚年"活动，全面推进"信用山西"建设和信息化工作，切实提高监管执法的信息化和数字化水平；要进一步强化法制工作，进一步提高依法行政能力。

进军的号角已吹响，宏伟的蓝图已绘就，我们一定要在市委、市局、县委的正确领导下，立足服务基层工作，围绕"保德窗口镇、沿黄风景带、新型工业城、物流中心地"的发展定位，加强基层队伍建设，推进工商建设步伐，促进平安保德创建，为保德县的经济社会跨越发展提供强有力的保障。

发挥职能作用
服务经济转型

偏关县工商局党组书记、局长　何文龙

省委书记袁纯清在全省领导干部大会上要求全体干部要彻底解放思想，创新工作，服务转型，促进跨越。我们工商部门的主要职能就是维护市场经济秩序，服务经济建设。在全省经济转型期，工商部门如何充分发挥作用？根据我多年来在工商工作的经验，我们偏关经济发展现状及工商工作实际，谈谈我的几点看法。

一、工商部门内部需转型

1. 思想观念需转型。思想决定行动，思想决定出路，只有冲破旧的思想羁绊，才能开创工作新局面，走出发展新路径。大部分人对现阶段经济发展形势认识不清，对工商工作形势认识不清，还停留在收取规费、监督管理上，没有把服务摆在重要位置，要知道工商行政管理只有全力服务科学发展，才有发挥职能作用的地位。要组织广大干部职工认真学习袁纯清书记的讲话，深入开展"解放思想、创新工作、服务转型、促进跨越"大讨论，统一思想，提高认识，把工商工作放在经济发展的大局中去考虑、谋划，竭尽全力为经济转型发展铺路、搭桥。

2. 登记方式需转型。传统的审查书面材料方式已不能适应信息化时代的需要，要逐步推行网上登记，网上管理，实现工商登记管理电子化、信息化、数字化。与此同时，相关信用信息，如监督检查资料，案件处理资料等也要推行网格化管理，为全社会提供准确可靠的工商管理信息平台。

3. 知识需转型。从2010年国家局数据质量检查评比工作中可以看到，大部分工商人员对电脑操作知识知之甚少，这反映出这类人不善于学习新知识，不善于更新自己的知识体系。因此要培养干部职工的学习能力，培养学习型干部，及时掌握新知识，以使他们的知识跟得上工作的需要。要建立一定的激励机制，在干部职工中创造学习气氛，建设学习型机关。

4. 监管手段需转型。2009年一房地产开发公司利用仿造的资质证书复印件，在我局骗取了分公司登记。后来执法人员去省建设厅调查，才知该公司原本就没有领取资质证书，提供的资质证书复印件系伪造。如果实施网络登记管理，就直接可以查出上级公司有无资质证书，也不会出现登记错误，说明管理手段没有跟上时代的需要。随着现代高科技在生产经营领域的应用和现代营销方式的出现，监管手段转型势在必行。

二、服务经济发展的具体举措

1. 以登记职能为切入点，扶持培育新的增长点。继续完善首办责任制、即时办结制和服务承诺制，探索推行提前介入、现场办公、特事特办、信息提示、预先告知等服务措施，缩短审批时间，减少审批环节，取消所有搭车收费，为经济转型营建"绿色通道"，对某些转型产业、行业给予重点培育，提供更加优惠的服务，如为其疏通融资渠道等。

2. 以搞好"七农工程"为抓手，推动农村现代化。立足自身职能，以农村发展、农业增效、农民增收为目标抓好"七农工程"，推动农村现代化。在"红盾护农"上，进一步规范经营主体资格，加大案件查处力度，确保农民群众用上放心农资；在"商标兴农"上，广泛宣传，提高农民群众的商标意识，引导鼓励农民、涉农企业发展注册商标。积极帮助申报著名、驰名商标，提高农产品的知名度和市场竞争力；在"合同帮农"上，推行农业合同示范文本，通过合同监管、指导签约、帮助履约、调解纠纷等多种途径，为订单农业提供优质服务；在"经纪人活农"上，努力培育发展壮大经纪人队伍，开展农村经纪人培训，提高经纪人能力；在"经济组织强农"上，促进农村经济组织扩大经营规模，提高经营水平，增强竞争能力；在"食品安农"上，培育和规范农村"食品安全示范店"，确保一村有一个示范店；在"维权惠农"上，巩固"一会两站"建设成果，规范运行机制，广泛宣传《消费者权益保护法》、《食品安全法》等法律法规，积极开展12315维权服务进乡村、进农户活动，提高农民维权意识和识假辨假能力。

3. 实施品牌战略，促进经济转型发展。广泛宣传"品牌"效应对经济发展的影响力，提高企业的品牌意识，引导企业走品牌经营之路。目前，我们偏关大部分企业主商标意识不强，没有认识到商标在企业发展中的重要性；不注重知识产权的投入，产品科技含量低，没有自主知识产权，导致牌子打不出去；企业商标做大做强的外部环境欠佳。针对这一现状，我们将采取以下措施：一是鼓励企业进行自主创新，提高企业的竞争力和产品的科技含量；二是建立有效的机制，培育优秀的企业家队伍；三是制定品牌发展规划，稳妥有效推进，实施"一村一品、一企一品、一品一标"工程，推动商标总量增长。重点培育和扶持一批有特色品牌，实现"打响一个品牌，带动一方产业，造福一方群众"的目标；四是加强商标监管，做好商标专用权保护工作；五是积极与政府配合，协调各有关部门，创造良好的企业外部发展环境。

4. 加大执法力度，为转型创造良好的市场环境。加大对不正当竞争行为和垄断行为的整治力度，创造公平竞争的经营环境，加大对假冒伪劣产品及一般市场违法行为的查处力度，创造规范有序的市场环境。充分发挥12315执法网络作用，积极受理、调解投诉，严厉查处消保案件，维护消费者合法权益。

创先争优抓落实
服务转型求跨越

原平市工商局党组书记、局长 李怀忠

2010年以来，原平市工商局新的党组班子锐意进取、开拓创新，全局以服务促转型，以创新求跨越，认真贯彻落实省委书记袁纯清同志"7·29"讲话精神，省工商局"作风整顿月"和忻州市委、市政府"狠抓落实年"的一系列精神，坚持抓落实、求实效、促发展，围绕促进全市经济发展大局，落实工商系统"五个27条"措施，推进公平竞争，促进非公经济发展，各项工作取得了可喜成绩，在忻州市工商系统起到了排头兵的先锋作用。

一、"四项机制"落实创先争优

一是建立内部管理机制。重新梳理了局考勤制度、请销假制度、车辆管理制度、卫生管理制度、着装制度，特别对上下班考勤实行月通报、按月奖励制度。局机关提出了节约用电、节约用水、节约办公用品、节约电话费用、节约公务用车成本的"五节约"。全局干部职工树立了强烈的自我管理意识，把主要精力用在干事、谋事上。

二是建立工商干部联系企业制度。以创先争优帮扶企业为主线，落实服务企业"六帮"活动，重点开展了"三问三送"活动，即问企业的经营状况，送改进企业经营管理的市场信息和指导建议；问企业遇到的经营困难，送扶持企业发展的措施、意见；问企业对工商工作的意见和建议，送工商部门扶持企业发展的政策，帮扶企业逆势而上突破发展。全局向企业发放跟踪服务联系卡，开通企业跟踪服务热线，并要求每名包户干部要为企业解决1～2个实际困难或办1～2件实事。

三是建立项目协调机制。以岗位奉献活动为主线，由企业股、市管股、法制股、监察室、人教股组成项目帮扶组，按照原平市政府提出的"5918"项目攻坚工程，多方协调，上门服务，积极为项目建设提供帮助。

四是建立督查考核机制。以奖优罚劣为主线，做好本职工作，对在创先争优活动中出现的先进个人和典型事迹进行大力表彰。建立年底考核奖励制度，进行排名评比，奖优罚劣。

二、"三项措施"促进转型发展

一是认真执行省政府已经出台的"五个27条"措施。通过扶优扶强，

为泰宝密封、盛大托辊、西美钢铁、宝丰皮带机、高龙电力、宇峰矿用输送机等一批扩能升级项目搞好服务，促进民营经济做大做强。全局推行了预约服务、上门服务，主动上门帮助企业232人次，走访企业138户。并深入一线，开展流动服务，走向市场及偏远山区开展现场办照、"上门年检"等红盾行动，主动提供工商法律法规咨询等服务。局机关实行了"一个窗口"对外、"一条龙"审批、"一站式"服务。在工商登记、市场监管和行政执法过程中体现亲情服务和零距离服务，做到咨询服务一口清，发放材料一手清，受理审查一次清，逐步实施"工商受理，转告相关，同步审批，限时完成"十六字的互联审批制度，积极为群众提供优质高效的服务。

二是实施商标战略，推进"品牌兴市"。我局与原平市政府提出的"一城三区"格局相结合，对铝工业基地金山区、前进街以北的紫荆片区、以南的云中片区采取不同的品牌策略，发挥大经济圈和物流集散地的城市定位。有效发挥招商引资和品牌的集聚与辐射功能，发展地域商标，特别在干鲜水果产品标识和包装上加大科技含量。先后注册了18种干鲜水果商标，使至少60%的干鲜水果彻底告别传统的裸卖，除在本地销售外，还远销北京、哈尔滨、上海、广州等地。因为有了"无公害"、"绿色食品"、"有机食品"等金字招牌，原平市的农产品在国内外大市场里尽显风流。截至目前，全市获得"三品"认证的农产品已达11种。

三是扎实推进"七农"工程。我局以服务农村发展为中心，对全市32户种子经营户、20户化肥经营户、3户农药经营户、10户农机配件经营户和其他14户农资经营户开展了普查，首次举行了全市农资经营户培训会。全局以促进农村经纪人、农民专业合作社、农业龙头企业健康发展为重点，认真开展"家电下乡"宣传，查处涉农案件，有效维护了农民合法权益。截至目前，全市已注册登记农民专业合作社568户，入社成员2 800人，投资额达56 726万元。受理解决投诉65起，为消费者挽回经济损失51 952元，报上级消协维权案例15件。

三、"两项创新"谋求跨越提升

一是创新工作方式，促进各项工作开展。进一步完善了政府领导、工商牵头，部门联合的工作机制。在规范市场主体，查无照工作中，逐步实现了数据信息管理、诚信示范建设、目标责任分解一体的市场经营规范化管理制度。在"打传"工作中，完善了工商、公安、乡镇、街道、村委会群防群治区域协作机制，司法、商务、通讯、教育等有关部门各司其职、相互配合、权责一致的打击传销工作机制，具体制定和落实了"政府牵头，部门联动，社会参与，综合治理"的各项制度和措施。在治超工作中，形成了政府统一调度，工商牵头，公安、经贸、国土、计量和乡镇等单位和部门多方联动，明确责任，责任到人，协同作战，强大合力的工作机制和工作氛围。全局开展虚假违法广告专项整治，强化竞争执法工作，发挥12315执法体系"四个平台"作用，在原平电视台开展了两期普法讲座，在电视台开展了8期消费警示，全局切实维护公平公正的竞争环境，加大查办商业贿赂大、要案件的力度，继续依法查处合同欺诈行为，打击黑网吧、扫黄打非等。

二是抓好工作内容的创新。按照忻州市工商局的统一安排和部署，我局在过去食品安全管理取得成功经验的基础上，在全地区率先推行食品安全电子监管"一票通"制度，这对于认真贯彻落实《食品安全法》，减轻食品企业经营成本，规范食品经营行为，提升企业竞争力，为消费者营造安全放心的消费环境具有重大意义。

为了在全地区试点推广运行"一票通"制度，我局采取了强有力措施。一是高标准、严要求、起步稳、重实效。全局由局领导带队，消保、工商所人员组成精干队伍，赴浙江杭州、宁波、绍兴、金华等先进地市取经学习，积累经验，制定了逐步推进的详细规划和实施方案；二是消保科、工商所对全市食品经营户开展摸底调查，集中培训，突出重点，年底前对全市商场超市、食品批发企业、配送中心全面推行"一票通"制度；三是建章立制，明确责任，抓好落实。通过建立经营户与工商部门的工作目标责任制，做到任务到岗、责任到人、层层分解、逐一落实。目前，全市建立了"12334"工作模式，有效地推进了食品安全电子监管的稳步实施。

四、"一项根本"打造清廉工商

为深入贯彻落实省委书记袁纯清在全省领导干部大会上的重要讲话精神，我局围绕"山西大发展，原平怎么办"开展大讨论，以"作风整顿活动"为突破口，以创建学习型机关为契机，不断加强干部职工的业务理论学习，健全学习制度、狠抓纪律整顿，全力打造一支为民、务实、清廉的工商队伍。一是按照忻州市委董洪运书记"五个表率"和原平市委"五四三"工作要求，加强学习，提高业务素质，以深入开展创先争优活动为契机，在全局党员干部中开展"党性教育"、"岗位奉献"、"服务群众"活动，全面提升工商社会形象。二是积极采取轮流培训、以案说法、技能比武、在岗自学等有效形式，培养懂法律、会电脑、能办案、善管理的复合型人才，做到人人能办案、会办案，切实改善基层执法人员素质偏低的现状，全面提高工商队伍的综合素质和服务本领。三是以"业务能力提升年"为主题，积极开展行政示范单位创建活动和工商所达标创优活动，着力打造政治强、业务精、干劲大、作风正、知识结构优良的执法队伍。培养了干部职工吃苦耐劳、纪律严明的良好作风，树立了"执法公正、办事高效、业务精通、纪律严明、爱岗敬业"的新形象。

工作作风落实，不是喊在嘴上，而是体现在具体的行动上。在今后的工作中，我们将进一步统一思想，提高认识，突出重点，扎实推进，坚定不移地整顿和规范市场经济秩序，努力提高执法能力和执法水平，为促进地方经济发展做出应有的贡献。

临汾市

解放思想 建设"四型工商"
创新工作 促进转型跨越

临汾市工商局党组书记、局长 李虎顺

"张帆以借力，借力能远航。"省委书记袁纯清在全省领导干部大会上的重要讲话，为我们山西经济社会大发展、大繁荣指明了新航向，提供了新引擎。临汾作为山西传统的资源大市、工业大市，因势利导，率先响应，谋划了"建设新型工业大市、实现先行发展"的新路径。临汾工商系统在袁纯清书记讲话精神的引领下，以省工商局党组提出的"用坚持'五个第一'解放思想、创新工作，促进转型跨越发展"总要求为目标，紧密结合临汾经济发展实际和工商队伍现状，以敢破、敢立、敢想、敢为的胸怀和勇气，提出了建设"学习型、文化型、法治型、素质型"工商工作理念，为临汾工商解放思想、创新工作、促进"转型跨越"发展领航。

一、以"自觉的学习"为先导，建设"学习型工商"是时代赋予工商事业发展的新要求

在当前全省上下按照袁纯清书记讲话要求，不断掀起一轮轮"学习学习再学习"的热潮中，我们临汾工商干部是"被动学"还是"率先学"，是"要我学"还是"我要学"，是个思想解放的过程，"学什么"和"怎么学"是摆在我们日常工作的首要课题。为此，我们制订了"建设学习型工商机关和学习型党组织"一揽子学习规划，采取完善学习机制、搭建学习平台、创新学习手段、巩固学习成果等四项举措，努力将学习工作化，工作学习化，增强了学习的主动性和自觉性，提升了学习的针对性和实效性。

一是结合我局实际，成立了建设学习型工商机关领导组，出台了工作方案，制定了学习计划，坚持局党组中心组学习、党支部组织学习和全员学习等集中学习制度，倡导全面学习，全员学习；二是结合建设学习型党组织和创先争优活动，开展了争创学习型党员干部活动，从市委党校、市委讲师团邀请专家学者系统地给党员干部授课，为学习活动搭建平台；三是创新学习手段，连续开展"周二业务科长轮流培训"活动，同时在全系统深入开展了"强素质、作表率、谋发展"主题系列读书活动，通过认真选购图书、读书笔记展评、有奖读书心得等多种有效形式引领大家多读书、读好书、用好书；四是积极巩固学习成果。将工商业务知识、信息化知识和政治理论知识学习情况每季度进行一次考试，每半年进行一次考核评估，并将考试成绩载入学习档案，与创先争优、干部使用相挂钩。

二、以"结合的本领"为抓手，建设"文化型工商"是对接山西文化产业发展和工商文化建设的新融合

山西的转型离不开文化，山西的大发展需要文化的大繁荣来支撑。要将山西丰富的文化资源激活，必须将文化资源与市场运作进行对接，用政府文化、企业文化、民间文化、景点文化和服务文化等多元文化与之相衔接，相融合。因此，发展山西文化，一方面需要工商机关发挥职能，全力支持文化产业体制改革；一方面也需要融入工商自己的文化元素。2010年，临汾市工商局制定实施了弘扬和发展临汾工商文化的一系列意见措施，不断地培育、发掘和应用临汾工商文化。一是将文化工商建设与制度建设相结合，通过我们在基层工商所规范化建设形成的一系列基层管理制度体系，将其不断延伸，上升到管理文化的范畴，通过制度和文化的相互转换，来提升各项管理制度的执行力和主动性；二是将文化工商建设与活跃群众文体生活相结合。临汾市工商局曾代表山西参加全国工商系统信息化知识竞赛荣获三等奖，2010年在临汾市政府机关运动会中，又荣获拔河团体比赛第二名和羽毛球团体比赛第六名的好成绩。霍州、汾西、乡宁等县市局的工商锣鼓在当地都小有名气，2010年9月16日，临汾市工商局组织汾西"威风锣鼓"参加中央电视台和国家工商总局举办的《爱国歌曲大家唱——工商篇》专题节目，一炮打红，赢得了各级领导和广大工商干部的高度肯定和一致好评；三是将文化工商建设与反腐倡廉工作相结合。不断引深氛围浓厚、内容丰富、特色鲜明的廉政文化活动，并与廉政监管风险防范相结合，以组织廉政报告会、演讲、辩论、征文等丰富多彩的形式，努力提高廉政文化建设的渗透力和感染力，收到了良好的效果。

三、以"战略的眼光"为方向，建设"法治型工商"是工商机关适应政府职能转变的新举措

工商部门代表政府行使市场监管职能，身处市场监管执法的第一线，必须把依法行政作为施政行为的基本准则，从落实依法治国方略的高度，健全制度体系，强化执法监管，规范执法行为，加快建设法治工商。为此，临汾工商系统将加强法治工商建设列为重要的议事日程，制定了具体的实施意见，从五个方面扎实推进法治工商建设。一是强化执法监督，规范执法行为，着力提高执法监督效能，进一步做好行政复议和行政应诉工作，明确行政执法职责，树立公平公正的执法权威；二是加强法制宣传教育，不断增强依法行政的意识和能力，建立依法行政知识学习培训长效机制，营造良好的法治环境；三是完善执法机制，不断创新行政指导执法方式，进一步转变监管方式，完善协调配合机制，切实加强依法化解矛盾纠纷工作，提高监管服务效能；四是加强法制机构和法制队伍建设，加强对依法行政和建设法治工商的组织领导，提升法律素养和能力；五是在全系统开展了"三看三比"岗位大比武活动，通过看办案程序比办案人员依法行政意识，看办案依据比办案人员熟知法律程度，看办案文书比办案人员写作文字功底。积极开展"法制工作服务于执法一线，服务于规范办案，服务于科学监管，服务于工作调研，服务于领导决断"的法制工作研讨会，推动全系统法制工作迈上新台阶。

四、以"高尚的操守"为目标，建设"素质型工商"是推动工商干部队伍素质提升的新手段

袁纯清书记要求我们广大干部要以艰苦奋斗的"太行精神"、"咬定青山不放松"的"右玉精神"，以勤政为民、公道为政、廉洁为官的高尚操守来具体践行和落实转型跨越发展的路线政策。为此，我局提出加强"素质型"工商建设的实施方案，持之以恒地提升队伍素质，转变工商形象，提高执法能力。一是以岗位大练兵和技能大比武为手段，提升队伍素质。积极开展办案能手、企业登记注册能手、计算机操作能手、12315维权能手评选，不断完善干部考核管理，将考核结果作为基层干部年度奖惩、使用、晋升的重要依据；二是以加强党风廉政建设为重点，转变队伍作风。进一步加强工商行政管理系统反腐倡廉制度建设、政风行风评议和文明和谐单位创建，抓好具有工商行政管理特色的反腐倡廉教育制度建设、监督制度建设、预防制度建设、惩治制度建设，不断提高制度的执行力，真正使制度落到实处，见到实效；三是以加强领导班子和干部队伍建设为突破，提高执法能力。我们不断强化各级班子的能力建设，着力提升学习践行科学发展观的能力，提高科学领导、统筹协调、严格执行纪律、带好班子队伍的本领，增强各级领导班子的凝聚力、创新力、战斗力。认真落实工商所长"一岗双责"，切实发挥基层党组织的战斗堡垒作用。认真落实市工商局三年教育培训规划，突出抓好以提升执行能力与管理能力为重点的领导干部培训，突出抓好岗位窗口、执法一线人员以独立完成办案和信息化操作为重点的业务培训，全面提高工商队伍的整体素质。

抓 "四化"
做到 "四个到位"

尧都工商分局党组书记、局长　姚永强

　　在全省干部大会上，袁纯清书记站在科学发展的高度、站在时代跨越的角度，深刻分析了山西的优势与不足、潜力与崛起。新思想、新理念扑面而来；新思路、新目标令人振奋；新举措、新谋略催人奋进。在全省工商局长座谈会上，王虎胜局长提出了 "五坚持" 的目标要求，为我们今后工作指明了方向。作为工商系统的基层单位，我们临汾市工商局尧都分局认真贯彻落实袁纯清书记讲话和全省工商系统会议精神，在全局掀起了开展 "创先争优" 活动的高潮。通过开展一系列的活动，全局广大人员思想进一步解放，思维进一步开拓，服务和执法的效能进一步提升，有力地推动了全局各项工作的开展。

　　"解放思想、创新工作、服务转型、促进跨越" 是袁纯清书记讲话的重要核心，工商行政管理部门作为市场监管的守卫者，要把学习贯彻袁纯清书记的重要讲话精神作为一项重大政治任务，深刻领会；要把学习贯彻讲话精神与如何发挥好工商职能紧密结合，切实增强做好工商工作的紧迫感、责任感和使命感，抓住机遇，乘势而上，开创工作新局面，努力实现尧都区更好更快跨越式发展。具体工作中，我们从落实 "四化四到位" 做起。

一、市场监管长效化，做到监管职能到位

　　随着市场经济的发展和工商职能的强化，传统的监管手段和现有的监管力量已不能很好地适应维护好市场经济秩序的要求，不能很好地实现工商监管职能全面有效到位。应开展对业务规范的科学化、合理化的探索和实践，提高监管执法效能，拓展监管执法领域，完善监管方式方法，创新监管机制。在此方面，尧都工商分局积极探索，不断制定和完善监管机制，企业、个体户登记监管局所对接机制，有效地解决了在登记、监管方面的漏洞，实现了监管登记的一致性；企业、个体户信用分类监管及巡查周期机制，有效地解决了监管不到位的缺失问题，制定和量化了监管巡查的具体要求、办法；逐级监管服务责任机制，有效地解决了监管服务的责任问题，提出了要求，明确了任务；行政处罚自由裁量机制，有效地解决了处罚不公、随意处罚的问题；辖区商标注册备案监管机制，有效地解决了辖区商标掌握不全、不清的问题；行政效能督查机制，有效地解决了工

作效能不到位的问题。

二、服务发展特色化，做到服务举措到位

围绕服务转型发展、安全发展、和谐发展，不折不扣地贯彻落实省、市工商局和区委、政府的决策部署，把工商行政管理工作融入到经济发展中，增强服务意识，创新服务机制，提升服务水平。继续开展"架金桥"银企对接服务活动，为广大经营者提供融资信息服务；开展个协会员定点服务活动，为广大会员提供服务；开展"绿色通道"服务，积极为下岗职工、高校毕业生等弱势群体提供服务；开展法律援助服务，积极为广大会员提供法律援助；开展维权活动，实施企业联络员服务制度，有效加强企业和工商部门的联络，提高办事效率。

三、信息内容系统化，做到信息资源利用到位

围绕信息化建设，推进信息技术与工商业务的融合，全面深化信息化应用，加强业务单位之间的整合对接，创新信息应用方式，提高监管服务的信息化水平。在此方面，尧都工商分局实施了信息共享制度，即工作人员管理信息，建立岗位职责，明确了人员管理的权限，实行逐级负责制；政绩考核信息从绩效方面细化了每一个工作人员的职责，建立人员政绩档案，激发了工作人员工作积极性；廉洁自律信息重点由监察室督导，了解和掌握每个人员廉政信息；网上业务系统信息由信息中心对各涉及网上办公的单位业务工作进行督查指导；日常工作信息重点由办公室、人教科、法制科等就日常工作信息进行收集，确保信息资源共享。

四、队伍建设规范化，做到人员履职尽责到位

袁纯清书记在讲话中指出，思想的大门打不开，发展的大门也打不开。实现转型发展，关键是干部要转型；干部转型，首先是思想要转型。学习者智，学习者胜，学习者生存，学习者发展，这是一个知识的社会，更是一个学习的社会，谁学习的好，谁就有本领，谁就能够掌握发展的主动权。省工商局王虎胜局长要求广大工商干部广泛开展"解放思想、创新工作、服务转型、促进跨越"大讨论，做到：其一，从条管体制意识中解放出来，要继续保持全系统执法的统一性，进一步提高执行力和公信力，又要充分发挥各级工商行政管理部门的积极性和主动性，结合实际创造性地开展工作，更要自觉地把工商行政管理工作放到当地党委、政府的工作全局中去思考，更加自觉地服务当地经济社会发展；其二，从传统监管理念中解放出来，做到监管与发展、监管与服务、监管与维权、监管与执法的统一，主动为企业闯占市场给予行政指导、提供优质服务；其三，从传统监管方式中解放出来，努力实现监管领域由低端向高端延伸，监管方式由粗放向精细转变，监管方法由突击性向日常规范监管转变，监管手段由传统向信息化转变，进一步提高市场监管执法效能；其四，从传统执法行为中解放出来，破除为执法而执法、为办案而办案的观念，树立执法是手段、规范是目的的理念，在严格执法中更加注重抓治本、抓规范、抓信用建设，把行政指导作为整顿规范市场秩序的重要手段，坚持标本兼治、注重治本，实现预防在先、长效监管；其五，从守成求稳心态中解放出来，围绕敢想大发展、敢谋大发展、敢干大发展，牢固树立服务转型敢于建功立业、创新监管敢于领先一步、各项工作敢于争创一流的理念，以世界的眼光、战略的思维、"结合"的本领、敢闯的勇气、学习的自觉、高尚的操守，努力建设高素质的队伍，运用高科技的手段，实现高效能的监管，达到高质量的服务。

围绕讲话精神，尧都工商分局以提高全员素质为抓手，坚持教育、制度、监督三管齐下，把提升干部队伍素质和能力作为队伍建设的中心任务。在教育规范方面，全局加强了思想政治教育、党风廉政教育、法律法规教育、典型事例教育、专业技能教育、"三三"主题教育等，邀请了党校和工商学校的老师进行授课，实行了科所长等主要骨干力量进行授课，到工商系统兄弟单位进行参观学习等，启动了"以使命为荣、岗位为荣、尧都为荣"和"有话愿说、有事愿做、有责愿担，以及"政治过硬、业务过硬、作风过硬"为内容的"三三"主题教育。在制度规范方面，认真落实总局六项禁令、省工商局八项规定、"约法三章"、"工商形象十事十办"、"作风建设十查十看"及分局"六个不让"要求、学习制度、会议制度、请销假制度、过错责任追究制度、政绩考核制度等。在监督规范方面，制定了行政效能督查规定，认真落实国家、省、市工商局督查工作要求及分局相关督查规定、机制，同时加强行评员监督以及监管对象的监督等。通过各项制度的落实，整肃了工商形象，提高了工作效能。

解放思想、转变观念是关键，强化落实、规范创新是根本，提高效能、服务发展是目标。在全省开展"创先争优"的大形势下，尧都工商分局广大干部职工将会更加坚定信心，勇往直前，履职尽责，为服务地方经济发展做出更大更新的贡献。

加强作风建设 提升干部素质
在促进转型跨越发展中 "创先争优"

临汾开发区分局党组书记、局长 王晓清

　　袁纯清书记在全省领导干部大会上要求全体干部要彻底解放思想，创新工作，服务转型，促进跨越。强调干部要有高尚的操守，要有公仆本色、赤子情怀、担当意识，把职务当作事业来做，不漂浮、不浮躁、不虚度；要珍惜荣誉、珍惜职位、珍惜人生，干干净净做人、清清白白做事、堂堂正正做官；要直面艰苦、忍耐清苦、乐于吃苦，肯奉献、能舍弃、耐寂寞，始终保持向上的精神状态。这说的是工作作风和干部素质。在2010年全省工商行政管理半年工作会议上，王虎胜局长部署的"五坚持"的目标，其中一个也是坚持把加强作风建设、提升干部素质作为第一保障。作为担负市场监管工作的工商行政管理部门，如何加强作风建设，提升干部素质，在促进转型跨越发展中"创先争优"，我在此作些粗浅探究。

　　一、加强班子建设，提高领导能力和领导水平

　　一支好的班子才能带出一支好的队伍。领导班子是市场监管执法的组织者、实践者，也是工商队伍建设的关键。要始终把加强班子规范化建设作为工商队伍规范化建设的重中之重，从抓自身的思想作风建设着手，努力提高领导班子的领导能力和领导水平。一是加强思想建设。通过坚持和完善政治学习制度，紧密联系实际，认真学习科学发展观理论、党的十七大精神，用科学发展观武装所有班子成员的思想，进一步增强班子的凝聚力、创造力和战斗力；二是加强制度建设。要制定政治业务学习、民主决策、工作落实、廉洁自律等一系列制度规定，形成一整套比较科学的决策、执行、监督机制；三是坚持民主集中制。领导班子始终要坚持重大问题集体研究，共同决策，不搞一言堂，班子成员责任目标和工作任务要明确，并相互通力协作，走活全局一盘棋，真正做到同心同德、精诚团结、和舟共济，最大限度地发挥班子的整体效能，不断带动整体队伍建设上台阶；四是充分发挥领导的率先垂范作用。领导班子一班人要坚持做到"六个带头"，即带头过好组织生活，不当特殊党员；带头努力学习，不满足凭经验办事；带头加强政治纪律，不搞自由主义；带头廉洁自律，不以权谋私；带头讲团结，不搞小圈子；带头艰苦朴素，不搞挥霍浪费。用模范的力量感染和带动队伍。

二、改革人事制度，形成能上能下的用人机制

为了从根本上克服队伍中实际存在的"坐铁交椅，端铁饭碗，吃大锅饭"等种种弊端，解决队伍组织观念淡薄，敬业精神、奉献精神滑坡，事业心、责任心不强，工作热情不高等现象，应进一步深化竞争机制，开展在一定范围内的干部双向选择、竞争上岗的人事管理活动，使能者上、庸者下，能者多劳多得，庸者少劳少得，逐步形成比较科学的选人用人机制。一是通过竞争上岗，配备好中层班子。坚持公开、公正、公平、竞争、择优的原则和"能者上、平者让、庸者下"的用人标准。通过竞争上岗，将优秀年轻干部选拔到中层领导岗位，形成富有生机与活力的选人用人机制，极大地激发广大干部的积极性；二是实行全员优化组合，双向选择。通过优化组合，双向选择，最大程度减少内耗，增强队伍向心力和凝聚力，激发工作热情；三是严格目标管理。凡竞争上岗的中层负责人，都必须按照目标管理责任制的要求，与局党组签订责任书，确保完成年度工作任务。对没有完成任务或者发生严重损害工商形象的人和事的单位负责人，实行就地免职。一般干职不能完成任务或损害工商形象的，一律予以解聘后学习锻炼。

三、强化教育培训，提高队伍综合素质

要在党员干部中间将科学发展观作为重要学习培训内容，教育党员干部牢固树立"三观"，即科学发展观、正确政绩观和正确人才观；增强"四项素质"，即理论素养、世界眼光、战略思维和业务技能；提高"五种能力"，即科学判断形势能力、驾驭市场经济能力、应对复杂局面能力、依法执政能力和总揽全局能力。一要学习党的基本理论。构建和谐社会，是开展深入学习实践科学发展观活动的最好载体和最好检验。因此，要紧密结合工商行政管理的执法实践，把开展深入学习实践科学发展观学习好、领会好、贯彻好，对于党员干部统一思想、鼓舞斗志、一心一意地为全面建设小康和谐魅力新开发区，开创全区社会经济发展新局面具有十分重大的意义。全体共产党员都应从这样的认识高度和战略高度，来认真坚持学习和运用马列主义、毛泽东思想、邓小平理论和"三个代表"重要思想和科学发展观的根本意义；二要强化廉政教育。定期组织干部职工学习党风廉政建设的有关规定，切实加强党风廉政建设，深入开展"五个一"廉政教育活动，进一步提高干部职工廉洁自律的意识，巩固勤政廉政，执法为民的思想；三是强化业务培训。坚持每年举办业务培训班，同时坚持周二、周五集中学习制度，开展"每月一法"、"一日一题"业务学习，并列入了目标管理。与此同时，积极鼓励干部职工参加学历教育；四是强化岗位技能培训。组织干部职工参加计算机基本操作技能、英语和假冒伪劣商品鉴别知识的培训，促使干部职工尽快掌握现代科学知识和技能。

四、抓好作风建设，转变工作作风

一是狠抓国家工商总局"六项禁令"的贯彻落实。组织干部进行对照

检查、认真整改。设立举报箱和举报电话，聘请一批义务监督员，采取明察与暗访相结合的办法狠抓落实情况的督查；二是全面启动效能建设。坚持整治与建章立制相结合，把建设的重点放在规范办事行为、实行政务公开、落实服务承诺、健全监督机制等方面。有效激发干职工作的主动性和积极性，确保工作作风、办事效率的明显提高；三是认真实施"阳光执法"工程。就规范对企业的检查、案件的行政强制措施、罚款、没收财物等行政行为，制定一系列规章制度。进一步规范执法办案程序，减少执法的随意性，提高执法的透明度，增强执法的公正性和廉洁性，确保依法行政，文明执法；四是扎实开展文明窗口建设。围绕优质服务社会这个主题，部署安排创建文明窗口工作。通过强化窗口职责，规范服务项目、标准，公开处罚依据、办照程序，提高服务技术水平，切实做到热情、周到、方便、快捷，形成优质服务社会的良好窗口环境。

五、加强廉政建设，建立完善社会监督网络

失去监督的权力容易滋生腐败。工商行政管理人员代表国家行使市场监管和行政执法的权力，而且直接和广大经营者、消费者打交道，一举一动，一言一行都关系到党和政府的形象。强化队伍监督，是切实加强队伍建设的重要一环。一是推行行政执法公示制。把工作职能、法律法规依据及工作程序、收费标准等向社会公开，便于社会各界进行监督；二是聘请义务监督员，定期不定期地听取他们对队伍建设方面的意见和建议，特别是对基层队伍在行政执法、廉洁自律等方面的意见和建议，掌握队伍建设动态；三是畅通举报投诉渠道。在局机关大厅和工商所都设立举报箱、举报电话，方便群众投诉、举报，把执法人员置于人民群众的广泛监督之下。切实通过加强班子建设、作风建设、廉政建设，抓好队伍教育培训，改革人事制度等措施，不断引深"五增五创"工作主题，真正地提升干部素质，转变工作作风，在促进全省转型跨越发展中"创先争优"，为全省经济发展做出积极更大的贡献。

创新工作
做到"五个解放出来"

曲沃县工商局局长　赵桂兰

　　通过学习省委书记袁纯清同志在全省领导干部大会上的讲话，我感受颇深，按照袁纯清书记的讲话精神，紧紧围绕工商职能，认真总结近年来工商系统服务改革发展和经济建设的实践经验，准确把握当前面临的新形势任务，必须以解放思想为先导，以转型发展为目的，以跨越发展为动力，以解放思想大讨论，讲话精神大学习，创新工作大调研为主要形式，着力探索工商系统促进服务发展的新思路、新途径、新举措，努力推进全县经济社会转型发展，跨越发展。

　　认真学习袁纯清书记的讲话，加深对全县经济社会转型跨越发展路线、方针的理解和把握，增强转型发展、科学发展的责任感和紧迫感。进一步解放思想，创新工作，做到"五个解放出来"：

　　一是从条管体制意识中解放出来，保持执法的统一性，提高执行力和公信力，充分发挥工商行政管理部门的积极性和主动性，结合当前实际创造性地开展工作，把工商行政管理工作放在当地政府工作的全局中去思考，自觉地为支持发展先进产业、配合淘汰落后产能作出新贡献；为维护公平竞争市场秩序、营造良好发展环境作出新贡献；为优化服务环境、落实中央惠民政策作出新贡献；为服务农村改革发展，促进农业增产、农民增收作出新贡献；为扩大消费需求、维护消费权益作出新贡献；为缓解就业压力，支持鼓励创业作出新贡献。

　　二是从传统监管理念中解放出来，做到监管与执法的统一，为企业闯出市场给予行政指导，提供优质服务。我们坚持把服务企业，促进县域经济发展作为第一要务，严格依法行政，规范企业经营行为，实施合同帮扶工程，推进"品牌兴县"战略，提高工作效率。落实企业登记注册优惠政策，从优化工作机制入手，推进一站式服务，不让企业在同一窗口的不同岗位来回往返，变"不能办"为"怎么办"；进一步落实和强化大厅制定的各项便民措施，将窗口的审批项目、运作流程向社会公开，切实执行首问负责、一次性告知、限时办结、过错追究等制度，提升服务质量；通过落实一站式服务，变被动审批为主动帮办，真正做到想办事人所想，急办事人所急。出台了《关于健全企业联络员制度实施意见》、《关于进一步帮扶农民专业合作社做大做强的通知》，为35户农村合作社减免所有登记费用，共办理企业设立登记108户，办理企业变更236户，注销25户。截至2010年11月底，在册各类企业1010户，个体工商户4777户，同比分别增长21%和11%。

三是从传统监管方式中解放出来，努力实现监管领域低端向高端延伸，监管方式由粗粗方向精细转变，监管方法由突出性向日常规范监管转变，监管手段由传统向信息化转变，进一步提高市场监管执法水平。拓宽办案领域，推进工作转型。实行股所联合办案，业务股在职权范围内指导工商所办案，"加强巡查、用心监管、总体推广、以点带面"。1. 加强市场巡查，积极发现案源，全局通过市场巡查发现的案源达160余起；2. 法制股在日常核审工商所案件中，注重交流推广引导工商所发现新案源。截至目前，我局共办理企业登记违法案件17起，商标、广告、食品安全案件76起，起到了促进监管到位和推进工作转型的双重效果。3. 每年10月份组织全局各业务股和基层工商所开展交叉执法检查，集中力量强化执法办案。四是充分发挥案件评审委员会的作用。2009年以来，我局重新制定了案件评审工作制度，对局案件评审委员会和工商所案件评审小组的案件评审范围、工作规程等内容进行了详细的规定。截至目前，局案件评审委员会共评审案件23起。既保障了法律法规的准确运用和程序规范，又促进了大要案的办案质量，一年多来共办理万元以上案件22起。

四是从传统执法行为中解放出来，破除为执法而执法，为办案而办案的观念，在严格执法中注重治本、抓规范、抓网络建设，把行政指导工作为整顿规范市场秩序的重要手段，坚持标本兼治、注重治本、实现预防在先，创新监管。比如在抓好食品安全专项整治方面。做到"三个到位"，即宣传到位，服务指导到位，现场核实到位。规范食品流通许可证办理程序。2010年我局共发放《食品流通许可证》408户；同时先后开展了元旦、春节、"五一"、"端午"、"国庆"等节日期间及学校周边食品安全专项整治行动，重点检查与人民群众身体健康和生命安全密切相关的各类食品，尤其是肉类食品、粮油、奶粉、豆制品、活禽类、水产品、儿童食品、饮品等重要商品，共查办案件47起，对超市严格执行《食品安全法》的有关规定，做到机构、人员、制度三健全，落实进、销货台账及不合格商品下架台账的建立，对食品的标签，放置分离等符合规定，为使监管到位，局与各基层工商所签订了《食品安全岗位目标责任书》，各所与食品经营户签订了食品安全责任书，落实了工商所食品安全监管责任。

五是从求稳心态中解放出来，做到敢想大发展、敢谋大发展、敢干大发展，创新监管敢于领先一步，各项工作敢于创一流的理论，使用高科技的手段，实现高效能的监管，达到高质量的服务。

袁纯清书记在讲话中指出，学习者智、学习者胜、学习者生存、学习者发展，这是一个知识的社会，更是一个学习的社会，只有不断地学习提高，才能把握发展的主动权。我局着力打造学习型工商，一方面制定了

　　《2010年干部教育培训计划》，组织举办各类业务培训5期，参训人员达400余人次；另一方面结合创先争优活动，以贯彻落实袁纯清书记重要讲话精神为统领，解放思想，创新思路，做到了抓学习、强党性；抓载体、重成效；抓业务，促发展。开展了"学、写、看"系列活动，以"十事十办，十查十看"为载体，从服务企业、作风建设、文明执法、内部规范等方面，围绕效率、公正、发展向全社会承诺、兑现，充分发挥了"千优百先一争创"活动对各项工作的统领和推动作用。我认为，选择学习，就是选择进步，就是选择成功。要培养自己善于挑战自我、超越自我，追求思想上的新境界，以用促学，学用结合，努力提升自身各方面的能力，为广大人民群众提供更好的优质服务，体现自身的价值，为工商事业做出更大的贡献。

解放思想　发挥职能
服务地方经济转型跨越发展

翼城县工商局党组书记、局长　闪建刚

省委书记袁纯清同志在全省领导干部大会上的讲话中强调指出：在山西转型发展、跨越发展的关键时期，我们必须再次吹响解放思想的冲锋号，冲破一切影响和制约我们发展的思想心结和体制障碍，在转型和跨越的大道上劲跑。省工商局王虎胜局长也在全省工商局长座谈会上要求全省工商系统要认真结合袁纯清书记讲话，结合工商系统实际，广泛开展"解放思想、创新工作、服务转型、促进跨越"大讨论，切实做到把思想观念从条管体制意识中解放出来、从传统监管理念中解放出来、从传统监管方式中解放出来、从传统执法行为中解放出来、从守成求稳心态中解放出来。工商行政管理部门作为政府维护市场秩序和为市场主体创造发展环境的职能部门，如何贯彻落实好袁纯清书记的讲话精神，切实解放思想观念，充分发挥工商职能，积极服务地方经济发展，成为摆在我们面前的一项亟须解决的重要课题。

我认为：工商干部要当好解放思想、服务发展的排头兵，应当着眼于做好四个方面的工作：

一、解放思想要着眼于突破思想障碍

思想决定行为，思想有多远，发展就有多远。思想解放关键在干部，阻碍市场监管创新发展，制约工商事业蓬勃进步的关键还是要突破干部队伍思想上的障碍。我们要继续深入开展"思想大解放"活动，通过解放思想大讨论，切实解放干部队伍中的"不敢解放、不想解放、不会解放"的问题。要坚持做到"四个统一"，继续引深"五增五创"，不断增强大局意识、创新意识、服务意识、法制意识和责任意识，创造公平竞争的发展环境、规范有序的市场环境、诚信守约的信用环境、公正廉洁的执法环境和公开高效的办事环境。要自觉把工商部门的工作放到政府整体工作中去思考，把条线工作放到全局工作中去谋划，把具体工作放到总体工作中去落实，立足工商实际，充分发挥职能，为地方政府的中心工作和经济发展护好航、服好务，为各类市场主体的健康发展创造宽松环境，推动地方经济转型发展和跨越发展。

二、解放思想要着眼于创新服务举措

要围绕经济发展的中心工作，把有利于促进发展作为监管执法的出发

点和落脚点，把有利于优化发展软环境作为工商部门的重要职责，不断创新服务举措，提升服务水平，大力支持市场主体创业、兴业、就业，促进各类市场主体健康发展。当前，要继续深入开展企业帮扶大行动，紧紧围绕省政府出台的《发挥工商职能作用，促进创业就业的实施意见》等5个"27条"和国务院发布的《关于鼓励和引导民间投资健康发展的若干意见》36条，用足用好各项优惠政策，放宽准入条件，加强行政指导，提升服务水平，营造创业就业环境。要围绕地方政府招商引资、项目建设、重点工程、民营经济发展等中心工作，主动提前介入，实行现场办公，提供跟踪服务、优质服务和延伸服务，努力促进各类市场主体快发展、大发展。

三、解放思想要着眼于提升机关效能

办事效率高低是检验解放思想成果的重要体现。工商部门要突出抓好"四个窗口"建设，进一步转变作风，大力加强机关效能建设，不断增强服务意识，切实提高办事效率；要认真落实首问首办负责制、限时办结制、服务承诺制等制度，进一步缩短登记时限，简化审批手续，为企业提供心贴心的服务，推动作风更加务实、服务更加高效；要加大纠风工作力度，严格执行"六项禁令"、"约法三章"、"八条禁规"，坚决杜绝损害企业利益的不正之风；要借"制度建设年"、"作风整顿月"活动契机，通过在企业、群众以及社会各界开展广泛调研活动，广泛征求意见，认真查找日常工作中存在的不足和问题，针对人民群众反映的热点、难点问题、加强整改，促进工作作风的转变。

四、解放思想要着眼于促进职能到位

要通过解放思想、改进监管方式，实现工作创新突破，促进各项职能作用的发挥。要充分发挥工商监管职能，推进"十项执法"，为经济发展创造公平公正的竞争环境；要积极推进信用平台建设，引导企业树立诚信守约的经营意识；要激活企业商标意识，广泛开展"一企一件"商标注册活动，逐步培育一批"本地知名、全省著名、全国驰名"的品牌；要继续推进"五农工程"，扎实做好农民专业合作社的发展工作，努力促进农业现代化，引导涉农企业做大、做强；要继续加强"四个平台"建设，建立健全12315行政执法体系建设，实现"一会两站"全覆盖，促进群众维权。

创新理念 强化监管
全力服务转型跨越发展

襄汾县工商局党组书记、局长 邓军

目前，我局上下都在认真学习和全面贯彻落实省委书记、省人大常委会主任袁纯清在全省领导干部大会上的讲话精神。大家深深感到，袁纯清书记的讲话深刻分析了我省面临的形势和任务，从理论与实践的结合上，高屋建瓴，提出了当前乃至"十二五"时期我省经济社会发展的目标、思路和举措，使我们进一步明确了发展方向、完善了发展思路、突出了发展重点，体现了科学发展观与我省实际的有机结合，具有很强的针对性、指导性和可操作性，是动员全省干部群众以转型发展为主线，实现我省经济社会跨越发展努力奋斗的动员令，对指导我们各项工作具有十分重要的意义。

袁纯清书记在讲话中指出："全面转型是山西实现跨越发展的必由之路。我们要把转型发展作为全省工作的主题和主线，在发展中促转型，在转型中谋发展，努力抢占未来发展制高点。"学习使我们深刻认识到，转型发展就是转变经济发展方式，就是要在经济增长的质量上下工夫，在可持续发展上做文章。其本质就是科学发展。跨越发展的真谛，就是以科学转型为"跳板"，探求一种速度与效率并重、当前与长远兼顾、经济与社会生态环境协调发展的模式。

那么，在转型发展、跨跃发展的大形势下，作为基层工商行政管理部门，作为经济转型发展的前沿卫士，怎样才能与时俱进，跟上时代的步伐，为我县经济社会的转型发展、跨跃发展保驾护航，做出我们应有的贡献呢？我们认为，应把握好以下几个方面：

一、及时"充电"学习，提高队伍素质

当前，我省经济社会发展已进入一个新的阶段，面对新的形势和任务，如何保持我们工商队伍思想不落后、观念不落伍、创新意识强、服务质量高呢？那就需要我们及时"充电"学习。就是要加强党的方针、政策的学习，尤其是加强法律法规学习，把我们的十几部大法、几百部法规学好，并在工作中熟练运用，使违法者退避三舍；局领导班子不但要学好《党员领导干部廉洁从政若干准则》，也要把法律法规学好吃透，成为内行；同时，牢记国家工商总局依法行政、文明执法《六项禁令》和省工商局落实责任追究制的《约法三章》等。正如袁纯清书记在一系列调研活动中强调的那样："在新理念、新知识、新技术不断涌现的今天，要加快转型步伐、实现跨越发展，必须重视学习，加强学习，促进干部素质提升的新跨越。"只有这样，我们才能乘"作风整顿月"和"创先争优"的东风，把我们的工作做得更好。

二、构建和谐环境，上下形成合力

在经济社会转型发展的大背景下，构建内和外顺的和谐环境，才能使我们全局上下形成合力。内和，就是要引导全局干部职工心往一处想、劲往一处使，形成情相容、心相通、力相合的氛围；在局班子内部做到工作有分工，心灵有沟通，思想有共鸣，目标相一致。在局机关内部努力促进业务条线之间、机关与基层之间的和谐。牢固树立"一盘棋"思想，加强联动配合和互助协作，防止不必要的"内耗"。外顺，就是主动加强与上级机关、地方党委、政府相关部门以及社会各界的联系，主动汇报、主动沟通，深入走访，广泛宣传工商行政管理法律、法规，让其了解工商，理解工商，支持工商，营造良好的外部环境。

三、实施行政指导，创新监管方式

在市场监管中，要强化行政指导机制，彻底改变以往"重行政处罚，轻引导规范"的状况，将行政指导贯穿于工商行政管理全部业务工作中。坚持合法、自愿、公平、公开、灵活五项"基本原则"，在市场主体登记、维护市场秩序、保护消费者权益等各领域，运用非强制性手段，引导行政相对人知法、遵法、守法。同时要处理好行政指导与行政处罚的关系，在法律和政策的框架内实施行政指导，做到疏导与执法、教育与管理相结合，促进工商行政管理从刚性监管向刚柔相济转变，从"管理型"向"服务型"转变，努力营造和谐的执法环境。

四、服务企业发展，弘扬"创先争优"

"创先争优"活动的开展，极大地激发了我局全体干部职工的工作热情，取得了较好的成效。但我们必须清醒地认识到，创先争优既是自加的压力，也是前行的动力，通过弘扬"创先争优"精神，督促大家提高认识水平、观念靠前定位，力争一流业绩，全力营造"创先争优"氛围，把"创先争优"精神落实贯穿于转型发展、跨越发展的洪流中。

就我局而言，作为基层工商行政管理部门，在转型发展、跨越发展的新形势下，如何为县城经济的发展做贡献呢？我们认为，服务是我们工商工作的出发点和落脚点。2010年9月，在第三届中国（太原）国际能源产业博览会上，我县与中煤集团、新兴重工有限公司签订合作协议，两企业将在我县投资526亿元。其中，中煤集团拟在"十二五"、"十三五"期间投资500亿元，建设我县"煤—焦—气—油—化"工业园区。新兴重工有限公司将在我县投资26亿元，建设高标准"绿色铸造科技产业园"。这两大国有大型企业落户我县，将为我县加快转型跨越发展注入强大动力。目前，我局正在积极研究如何提供更优质、更科学、更便捷的服务举措，保证不拉经济发展的后腿。

五、加强廉政建设，改进机关作风

在当前我县经济转型跨越发展的大形势下，进一步加强党风廉政建设和反腐败斗争，是改进机关作风、实施行政指导、创新监管方式、服从服务于转型跨越发展的根本保障。我局对此是非常重视的。特别是"9·8"事故惨痛教训，使我局班子成员和广大干部对工作不敢有丝毫懈怠。在日常监管工作中，我们时常告诫同志们，工商行政管理工作涉及面广，与地方经济发展关系密切，与经营者、消费者息息相关。尤其是基层工商所，是体现我们形象最直接的窗口，我们的一言一行，代表着全系统的形象，代表着政府的形象。因此，在工作中我们必须树立全局观念，善于用发展的眼光看待问题，既要看到目前遇到的困难，又要预见可能面临的问题；既要从战略的角度通盘考虑工作，又要在微观层面上讲究程序和章法。作为行政执法机关，就要严格按照法律、法规的要求行事，坚持依法行政。每个干部的言行要规范，每份执法文书用词要准确，每项行政许可要严把审核关，查办每件违法案件要调查细致、证据充分、程序合法，真正做到执法主体合法化、行政执法程序化、执政执罚规范化。

总之，面临新的形势、新的任务，我们工商行政管理部门使命光荣，责任重大，任重而道远。我们一定要创新理念、立足本职、强化监管、优化服务，为"十二五"期间我县经济实现翻一番的奋斗目标做出应有的贡献。

发挥工商行政管理职能
服务地方经济跨越发展

洪洞县工商局党组书记、局长 史红涛

　　在2010年7月29日召开的全省领导干部大会上，省委书记袁纯清代表省委所作的重要讲话，站在全局和战略的高度，深刻阐明了转型发展、跨越发展的重大现实意义和紧迫性，对进一步解放思想、加快科学发展提出了新要求。作为工商行政管理部门，学习贯彻袁纯清书记讲话精神，当前首要的任务是：努力按照"四个统一"的要求，加强和改进工商行政管理工作，充分发挥职能作用，维护经济秩序，支持当地经济发展。如何转变自身职能，更好地为地方经济服好务，支持地方经济发展？我认为当前应该从以下几个方面着手：

　　一、转变观念，全面、深刻地领会和践行"四个统一"

　　工商行政管理部门是国家的市场监管和行政执法部门，营造公平有序的市场环境，促进经济社会又好又快发展，不仅是工商行政管理的基本职能，更是工商行政管理工作的根本目的。为此，必须从讲政治的高度来支持和促进地方经济的发展，切实做到工商行政管理工作无条件服从、服务地方经济发展这个大局。要正确认识和处理加强监管与促进发展的关系，立足于监管，着眼于发展，把促进科学发展作为履行市场监管职责的出发点和落脚点。要始终抓住当地县委、政府的中心工作，牢牢把握事关发展稳定的重大问题，正确处理局部与全局、部分与整体、眼前与长远的关系，真正跳出"就监管论监管"的思维模式，跳出部门利益的"小圈子"，自觉服务于大局；在监管执法过程中要着眼于以人为本，充分发挥职能作用，始终维护好、发展好、实现好最广大人民群众的根本利益，促进全面发展。要着眼于服务经济建设、政治建设、文化建设、社会建设"四位一体"的总体布局，促进和谐发展、可持续发展；要把服务贯穿到工商行政管理的方方面面，寓服务于监管之中，在服务中促进监管，自觉把权力的运用转变为服务的手段，解决好"越位"、"缺位"、"错位"等问题，把工商行政管理融入到支持和促进地方经济发展、市场监管和行政执法的全过程。

　　二、打造学习型工商，建设高素质队伍

　　要始终把打造高素质的干部队伍作为做好一切工作的根本和关键，继续加大教育培训力度，采取多种方式，认真组织引导干部职工学习党的政策、法律、法规，特别是工商行政管理法律、法规，不断提高业务水平，增强科学判断形势的能力，驾驭市场经济的能力，依法行政的能力和总揽全局的能力。当务之急是要创新人才机制，激发人才潜能。工商部门机构改革以来，从1998年起单位没有进新人，人员的年龄趋于老化，知识结构单一，导致一些岗位人员长期不动，一些年龄大的人思想出现滑坡，有的人甚至碌碌无为、不思进取了十几年，很多人存在着得过且过、熬一天是一天的消极思想，因此必须尽快创新人才机制。建立选拔任用干部注重知识和才能的导向机制，建立发掘人才潜能的考核机制，建立不断更新知识内容的培训机制，建立激励干部不断学习、创新的竞争机制，逐渐使"不行就下、不好就辞"形成环境，只有这样才能激发人的潜能和进取心，单位也才能充满活力。做好工商行政管理工作需要多方面的知识技能，必须建立系统的培训机制。在岗培训要月月搞，岗位练兵要天天练，对好的经验要广泛交流，及时推广，使干部职工人人成为工商管理的多面手，实现一专多能，从而达到提高执法水平的目的。

三、充分运用登记监管职能，宽严相济，优化发展

要立足登记职能，积极支持县委、县政府产业结构调整，走持续发展的思路，推动市场主体向多元化发展，努力改变以煤焦为主的单一型经济结构。一方面是降低市场准入门槛。凡国家法律、行政法规未禁止的行业领域都允许民间资本进入，特别是对农民发展种植、养殖等涉农登记和从事第三产业登记的，按照政策规定，适当放宽条件，从优从快办理。扶持农业产业化经营，对农民专业合作社实行不收费、不验资、不罚款、不年检的优惠政策。另一方面要严把市场主体年检关。按照县政府改善提升传统产业、发展循环经济，实现节能降耗、污染减排、安全生产等目标要求，依法做好有关企业的变更登记、注销登记和吊销营业执照等工作。对涉及县政府"蓝天行动"、"安全生产"等重点项目和行动以及和关系人民群众身体健康、生命安全的企业，在进行经营资格的前置审查的同时，还重点审查其是否具备合法生产经营的资格与条件。

四、加快诚信体系建设，促进企业持续、健康发展

近些年，在市场经济体制下，由于受经济利益的驱动，一些企业置社会责任、基本职业道德于不顾，抛却了诚信，给人民群众的生命财产和人身安全造成了很大损失，也直接影响了党和政府以及职能部门在人民群众心目中的威信。为此，我们必须加大日常监管的力度，广泛开展经营者诚信教育，增强市场参与者的信用观念，尤其是企业的诚信自律；加快信用体系建设，对守信企业，给予免于工商综合检查、年检免审、优先评定"守合同、重信用"企业等优惠政策。对不诚信企业适时进行曝光，营造守信光荣、失信可耻的社会诚信风气。同时，要严厉打击制假售假、合同欺诈、商业欺诈、虚假宣传等违法行为。要完善行政问责制，根据岗位、人员、职责及工作标准和要求，严格履行职责，加大问责力度，保证权责

统一。

五、创新和完善市场监管效能建设，确保市场公平竞争的环境

一是加强消费维权体系建设，在维护消费者和经营者合法权益上搞好服务。把维护人民群众的权益作为促进社会和谐的出发点和落脚点，扎扎实实解决人民群众最关心、最直接、最现实的利益问题。高效受理和处理消费者申诉、投诉和举报，及时化解消费纠纷；二是加大整顿和规范市场经济秩序力度，维护经济安全。深入开展各类市场的专项治理，坚决依法打击不正当竞争，查处非法经营，并在实践中不断总结和完善高效工作机制，遵守实体法和程序法，用实体法衡量监管处罚的程度，用程序法保证执法行为的合法、高效、规范，不断推进工商行政管理的制度化、规范化、程序化和法制化进程。

六、引导农村专业合作经济组织的建立，带动区域经济发展

洪洞是一个农业大县，从近几年发展情况来看，农村专业合作经济组织具有很大的发展潜力。按照县委、县政府"建设现代农业大县"的思路，要积极鼓励农民发展种植、养殖业，组建专业合作社；鼓励专业合作组织组建企业化管理体系，强化内部管理，培养和储备农民自己的经营管理人才，搞品牌建设，规模发展。要培育一批能支撑和拉动地方经济的龙头骨干企业，实行"龙头企业"牵头，流通加工大户带动绿色品牌产业，走"公司+农户"和"经纪人+公司+农户+市场"的产业化经营模式，把千家万户的小生产同大市场连接起来，以培育绿色无公害食品为重点，实行联户养殖，连片种植，形成规模，走专业化经营、集中化生产的路子，形成产、供、销有机结合，相互促进和各具特色的产业化发展的格局。

七、加强注册商标的宣传力度，促进品牌发展

积极实施商标品牌战略，是工商部门义不容辞的责任。要广泛深入开展商标法律法规的宣传，让生产者和经营者了解申请商标注册的有关知识，如何对自己的商标进行保护，如何开发和利用自己的商标知识产权等。要通过形式多样的宣传，提高生产者、经营者和社会群众实施品牌兴县的意识，使广大经营主体都重视商标品牌，积极申请注册商标品牌，依法保护商标品牌。要强化服务意识，尽心尽力地引导和帮助生产者、经营者做好商标申请注册工作，指导他们选择优势项目的商标注册，协助打造强势品牌。要充分发挥基层工商所的管理优势，面对面地实施帮扶活动，积极开展业务咨询，实施品牌战略，走品牌兴业的道路。

总之，服务经济发展是工商部门的第一要务，是工商工作的出发点和落脚点。在新的时期、新的体制下，我们必须进一步转变观念，创新机制，积极融入科学发展热潮之中，更好地履行工商职能，更好地服务地方经济，全力开创和谐发展新局面。

立足职能 创新思路
在服务地方经济发展中努力实现"五个转型"

安泽县工商局党组书记、局长 梁亚林

2010年7月29日召开的全省领导干部大会，是我省在改革发展关键时期召开的一次重要会议。省委书记袁纯清代表省委在会上所作的重要讲话，以清新之风、务实之言，指明了我省当前和今后一个时期科学发展的路径：以转型发展为主线，以跨越发展为目标，推动又好又快发展，在中部崛起和全国竞相发展格局中再造一个新山西。

认真学习了袁纯清书记的讲话后，我深刻认识到，作为一名工商行政管理基层人员，我决心用实际行动立足职能，创新思路，在服务地方经济发展中努力实现"五个转型"：

一、以促进县域经济发展为己任，努力实现职能转型

一是认真履行工商管理职责，严把市场准入关。开通"绿色通道"，提供"一站式"服务，建立和完善登记注册审批责任制，做好登记审批工作；二是围绕推进社会主义新农村建设，认真落实各项支农政策。加大对农民专业合作社支持力度，引导帮扶种植、养殖和农民经纪人注册成立农民专业合作社；三是围绕保护注册商标侵权活动，积极开展保护知识产权专项行动。针对我县企业创牌意识淡薄、商标数量少等现象，将在坚持严厉打击各类商标违法行为的同时，把扶持名牌作为我们的责任，积极引导企业申请注册商标。对一些拥有注册商标、市场信誉较好的企业，帮助引导其争创市知名商标和省著名商标；四是充分利用12315申诉举报执法平台，推行公平有序的消费环境。要扎实推进12315行政执法体系信息化和"一会两站"网络建设进程，达到在工商所所在地建立消费者协会分会，每个行政村建立消费者协会投诉站和12315申诉举报联络站。同时，将扎实开展一年一度的"3·15"宣传活动，根据消费投诉热点，在县有线电视台发布消费警示；五是扎实推进工商干部进企业帮扶活动。我局工商干部进企业帮扶活动将紧紧围绕工商行政管理职能展开，重点从企业注册登记、品牌兴企战略、合法权益保护、合同文本规范、信用自律建设、融资困难协调、规范经营行为等方面开展。

二、以实现履职尽职为导向，努力实现执法转型

一是加大市场监管力度，严厉查处取缔无证无照经营。通过增加出动执法人员人次、扩大检查市场主体范围、加大查处无照经营案件力度，使无照经营行为得到有效遏制；二是继续引深食品安全监管，切实做好"食品流通许可证"发放工作。我们将对全局在食品安全工作中贯彻执行"八项制度"和"12345"工作机制进行督查，对食品经营户进销货台账的建立和索证索票制度的落实情况进行抽查，并将针对抽查中发现的问题及时进行整改和完善。为提升监管手段和水平，我们将向各基层所食品经营户印发食品安全宣传资料，严格落实"食品流通许可证"的发放并建立健全食品流通许可档案，要做到一户一档，专人管理；三是深入开展治理商业贿赂等不正当竞争行为，有效规范市场竞争和交易秩序，加大查处商业贿赂案件力度。在反垄断工作中，将监督企业建立自律制度，畅通限制竞争行为举报渠道。在"打传"工作中，将与公安部门建立打击传销联席会议和信息共享制度。

三、以加快制度建设为基础，努力实现效能转型

一是健全完善各项规章制度，为创建节约型机关奠定基础，提高办事效率。推进办公自动化，逐步完善各项内部规章制度，厉行节约，压缩开支；二是健全依法行政工作领导体制和工作机制，建立和完善执法办案考核评价体系。从办案质量、执法能力、制度执行、社会效果四个方面着手修订和完善执法办案考核评价体系，重点解决影响执法形象的一些问题。在执法办案方面，将全面推行新的行政执法文书、对法制建设进行专门考核，通过规范执法行为，在局内外提升工商部门的执法新形象。

四、以岗位大练兵和技能大比武为手段，努力实现学习转型

一是积极开展岗位大练兵和技能大比武活动，坚持不懈、持之以恒地推进学习型党组织建设；二是努力建设学习型领导班子，提高领导班子成员的政治素质、理论水平和领导能力；三是努力建设学习型干部队伍，营造人人重视学习、崇尚学习的良好氛围；四是努力突出学习型机关建设的实效，要结合实际制定出学习方案，并组织落实，把建设学习型机关的制度建设与深化干部人事制度改革紧密结合，增强工商干部自觉学习的动力。

五、以展示工商文化为核心，努力实现廉政转型

工商文化是社会主义核心价值观在工商系统的体现。一是总结传承好工商文化。认真研究工商文化的内涵，大力弘扬"国徽头上戴、责任肩上挑"的工商精神，促进广大干部确立正确的价值取向，形成崇高的道德风尚；二是创新发展好工商文化。不断丰富工商文化内涵，完善工商文化体系，发挥好先进文化的引领作用；三是全面展示好工商文化。搭建各类平台，加强宣传展示，不断提高工商文化在系统中的认同度、在社会上的认可度；四是切实运用好工商文化。通过工商文化建设，激发广大干部奋发向上的精神，增强履职尽责的积极性和创造性。

工商行政管理部门作为市场监管的守卫者，当前就是要把学习贯彻袁纯清书记的重要讲话精神作为一项重大政治任务，深刻领会；要把学习贯彻讲话精神与如何发挥好工商职能紧密结合，切实增强做好工商工作的紧迫感、责任感和使命感，在服务县域经济中努力实现更好更快跨越式发展。

提升服务水平　强化监管力度
为经济发展保驾护航

浮山县工商局党组书记、局长　张太元

　　袁纯清书记在全省领导干部大会上发表的重要讲话，求真务实，高屋建瓴，对全省当前和今后一个时期科学发展极具指导性。面对艰难的转型现状，作为山区县的工商机关，以袁纯清书记的重要讲话为指导，"求真"、"务实"、"促发展"是当前工作的根本点。

一、引进新科技，发展新农业，促进县域经济跨越式发展

　　以科技兴农为指导，充分发挥工商部门掌握市场主体基础信息、市场监管动态信息等信息资源优势，为地方政府建言献策，尤其要对市场布局、产业调整、创业就业、品牌战略等提出积极建议，促进县域经济跨越式发展。

　　1. 着力发展农民专业经济合作组织。农民的组织化程度是农业产业化发展的重要标志。把引导农民建立专业经济合作组织作为重点，积极鼓励发展各种形式的农民专业合作社、农民协会和农村经纪人组织，培育壮大市场竞争主体，提高农民的组织化程度，这是走出农业发展新路子的一条有效途径，工商部门要切实承担起组织、引导、协调、管理和规范的职责，积极引导农民建立规范的新型农民专业经济合作社，力争全县大多数村都按照各自的优势，确定出发展类型，要突出"特色"，要能"生存"，分片分区真正建立起农民专业合作社。把真正适合我县发展的产品、技术请进来，养起来，生存下来。

　　2. 加强农村经纪人队伍建设，使农业发展走出去。进一步发展壮大农村经纪人队伍，促进农产品的信息和技术交流，不断拓展产业化经营的空间，促进农产品的快速流通。加强对经纪人队伍的培训和管理，对做出突出贡献的农村经纪人要进行表彰奖励。以经纪人为纽带，引导组建行业协会，真正发挥行业协会、专业协会的组织、协调、服务功能，把农业生产、加工、销售、科技推广等各个环节，以及农民与市场与企业紧密联合起来，实现小生产与大市场的有效对接，增强农产品的市场竞争力和农民抗风险能力。

二、工业必转型，农业必推进，实现协调科学可持续发展

　　我县经济粗放式的结构、黑色资源经济为主导的现状必须坦然面对，这样的发展已经落后，转型势在必行。发展"绿色工业"、推进"新型农业"，工农互助发展是当前县域经济发展的可取途径。

　　我县规划了工农齐发展的美好蓝图。立足于资源等条件，以挖掘产业潜力、强化竞争优势为目标，创造条件加快发展建材工业、农产品加工业，培育形成新的经济增长点。建材行业以石灰石为重点，开发建设新型产业支柱，发展特种水泥、高岭土、天然气等新型资源型工业。推广利用最新水泥加工工艺和技术，发展快凝快硬硅酸盐水泥、木工系列水泥等新型特种水泥。综合利用工业废渣，开发新型建筑材料。农产品加工业要以肉羊屠宰加工、小米加工、元宝枫加工、鲜牛奶加工为重点，大力发展绿色食品和农副产品加工业。依托核桃园、枣园、葡萄园等农业园区，开发果品饮料等产品。利用南瓜、土豆、白薯、胡萝卜等资源，加工开发各种农副产品。大力扶持养殖业的发展，开发肉羊、肉牛及产品深加工项目。

　　三、提升服务层次，强化监管力度，为经济发展保驾护航

　　工商行政管理机关肩负着维护市场秩序、规范市场主体行为、保护消费者合法权益等重要职责。面对县域经济的艰难转型，工商机关要突出做好以下几点：

　　1. 提升服务水平，营造创业就业环境，努力促进各类市场主体快发展、大发展。要充分发挥工商职能，大力营造良好的投资创业环境，进一步激发投资的活力、创业的活力、发展的活力。

　　2. 全力促进非公经济大发展。要落实优惠政策，积极支持高校毕业生、复转军人、农民工等群体以创业带动就业。要积极支持民间资本投资转型发展项目，指导帮助民营企业建立现代企业制度、完善法人治理结构，提高闯市场的能力和本领。全力促进新兴产业快发展，提供便捷准入，大力支持新型材料、高新技术、文化旅游、节能环保、生产性服务、循环经济、网络经济等产业发展；把好准入关口，淘汰落后产能，推动节能减排。促进县域经济跨越式发展，主动为地方政府建言献策，尤其要对市场布局、产业调整、创业就业、品牌战略等提出积极建议，促进县域经济跨越式发展。全力促进国企改革和招商引资，大力支持国有企业深化改革，实施跨地域、跨行业、跨所有制的兼并重组，充分发挥其转型发展的先锋队、跨越发展的排头兵作用。大力支持招商引资工作，对外商投资企业从名称核准到注册登记实行远程登记、跟踪服务。全力推进煤矿企业兼并重组，继续保持热情的服务态度、认真的工作作风、快捷的办事效率，积极、主动、高效、规范地办理注册登记工作。

　　3. 大力实施商标战略，深情服务"三农"，深入推进"五农工程"，努力促进农业现代化。继续深入推进红盾护农、商标兴农、合同帮农、经纪人活农、经济组织强农等工作。常抓不懈、严厉打击销售伪劣农资坑农害农行为，开展"一村一品一标"活动，积极引导农产品商标、地理标志商标申请注册；推行合同示范文本，规范合同签约行为，促进"订单农业"健康发展；进一步加大对农村经纪人的培训力度；鼓励大型企业到农村投资兴业，扶持农村龙头企业做大做强。

发挥职能作用
服务跨越发展

吉县工商局党组书记、局长　柴龙潮

　　省委书记袁纯清2010年7月29日在全省领导干部大会上的讲话，指明了山西当前和今后一个时期科学发展的路径。讲话高屋建瓴，提出了当前乃至"十二五"时期山西发展的目标、思路和举措，进一步明确了发展方向。讲话针对性强，找准了我省面临的最紧要问题是干部队伍对大发展思想准备的不足。这一论述，抓住了制约山西转型发展、跨越发展的关键。我认为袁纯清书记的重要讲话，谱写了山西转型发展、跨越发展的新篇章。通过学习，我充分领会了袁纯清书记的讲话精神，感受颇深，受益匪浅。

　　袁纯清书记的重要讲话，主要突出以下几点：一是转型迫在今天，跨越时不我待，必须抓住今天，把握明天；二是工业新型化，围绕煤，延伸煤，跳出煤，实现清洁发展、绿色发展、安全发展；三是走特色化现代农业发展之路；四是拓展转型跨越新空间；五是城乡生态化的核心是努力建设"四个山西"，即绿化山西、气化山西、净化山西、健康山西；六是吹响解放思想的冲锋号，甩掉包袱，快步前进；七是勇当转型跨越发展的领跑者；八是用改革开放激发创新活力。

　　落实转型发展，我认为作为一名基层工商领导干部，就是要团结和带领机关全体人员解放思想，大胆创新，奋力进取，拼搏争先，努力维护市场秩序，全力服务辖区经济，维护一方社会的和谐、平安和稳定。具体讲，要做好以下几方面的工作：

　　一、解放思想、创新观念，进一步增强大局意识、服务意识、创新意识

　　袁纯清书记指出，实现转型发展，首先是思想要转型。只有解放思想才能创新举措。因此，工商部门就要从"三个方面"解放出来，即：从垂管体制意识中解放出来，从传统监管理念中解放出来，从传统执法中解放出来。既要充分发挥工商行政管理职能作用，结合实际创造性地开展工作，又要自觉配合地方党委、政府的工作，自觉为地方经济发展服务。切实做到监管与发展、监管与服务、监管与维权、监管与执法的四个统一，实现监管方式和方法的转变。要牢固树立服务转型争一流、创新监管创一流的理念，以高度的责任感和使命感，努力建设高素质的队伍，实现高效

能的监管，达到高质量的服务。

二、发挥职能作用、服务地方经济发展，全力促进转型跨越

服务地方经济发展是工商机关的根本目的。工商机关不仅是市场秩序的监管者、消费者权益的维护者，更是市场主体的服务者和经济发展的促进者。要继续深入开展"红盾护农"工程和"千名工商干部进万家企业帮扶工程"，实施企业登记"绿色通道"工程，全面促进经济的跨越发展。要进一步实施"品牌兴县"的商标战略，促进农产品走品牌化道路，增加农产品的附加值。进一步做大"壶口"品牌，弘扬壶口文化，以此带动相关产业的发展。进一步提升服务效能，推进"五农"工程，努力促进社会主义新农村建设。

三、强化市场监管、维护市场秩序，为跨越发展营造规范有序的市场环境

规范有序的市场环境是经济发展的重要保障。工商执法人员要认真履行监管职责，加大监管力度，创新监管机制，维护良好市场秩序。继续强化流通领域食品的监管，加大无照经营行为打击的力度，大力打击非法传销、虚假广告、商标侵权、商业贿赂等非法行为，维护市场秩序，营造和谐环境。

作为一名党员领导干部，我深知自己肩上的责任，自己要深刻领会袁纯清书记讲话的核心与实质，时刻牢记全心全意为人民服务的宗旨，坚持正确的理想和信念，以顽强拼搏的精神激励自己、要求自己。在自己的本职工作岗位上，提升素质，转变作风，从严管理，踏实工作，不怕困难，迎难而上，充分发挥党员的先进性和模范带头作用，群众克服不了的困难要竭尽全力去解决。像袁纯清书记所要求的那样，做到有世界的眼光，有战略的思维，有结合的本领，有敢闯的勇气，有自觉的学习，有高尚的操守。努力培养自己无私奉献的精神和品质，在市场监管和服务这个广阔的天地做出新贡献，进而实现个人的人生价值。

抓"五围绕"
把"创先争优"落实到工商行政执法之中

乡宁县工商局党组书记、局长　武红权

　　袁纯清书记2010年7月29日在全省干部大会上的讲话催人奋进，令人鼓舞，必将成为推动争先发展、转型发展、跨越发展的行动指南。目前，工商行政管理工作正处于转型发展的关键阶段，我们应当结合工作实际，正确理解和把握新要求的深刻内涵：立足工商职能，强化服务意识，立足科学监管，增强创新意识，扎实搞好创先争优活动。

　　一、围绕建设学习型工商的目标，提高干部履职能力

　　讲党性、重品行、作表率，内强素质，外树形象，提升干部履职能力，建设"三个过硬"的工商干部队伍。

　　1. 加强思想建设。围绕对科学发展观的认识和把握，以解放思想为先导，建立科学决策、科学管理的机制，深化理想信念教育，持续发扬艰苦奋斗的优良传统，并以此作为引领全局各项工作的动力和方向，在工作中不断克服困难，破解难题。在全局上下形成一种积极向上的工作理念，即"人人是旗帜，人人是先进团队的一份子"，不断进取，再创佳绩。

　　2. 加强廉政建设。加强惩防体系建设，落实基层工商所长述职述廉等行之有效的制度，积极探索工商廉政风险点的防范管理，着力解决党员干部党性、党风、党纪方面群众反映强烈的突出问题。通过进一步开展"讲党性、重品行、作表率"活动，与建设学习型工商、学习型干部相结合，实现"党性观念进一步提高，品德修养进一步提升，表率作用进一步发挥"的目标。

　　3. 加强行风建设。深入开展民主评议政风行风活动，完善政务公开，采取召开服务对象座谈会、问卷调查、走访咨询和行风监督员明察暗访等形式，广泛收集群众的意见和建议，查找问题，落实整改，进一步推进政风行风的根本好转。在连续三年获得全县"行风政风评议先进单位"的基础上，2010争取进入行风政风免评行列。同时，认真开展创先争优活动，在基层发现树立一大批先进人物、先进典型，以先进带后进，以进步带落后。

　　4. 加强素质建设。一是开展政治理论学习，培养广大干部坚定的政治立场、敏感的政治意识和高度的政治觉悟，提高政治鉴别力和执行力；二是开展法律法规学习培训，落实一月一法，一法一考，并将考试成绩纳入年终考核；三是开展食品安全专题培训和宣传活动，增强食品经营户和消

费者的法律意识。我局启动了《食品安全法》送法下乡和"食品安全进校园"活动，对全县148所中小学进行一次全覆盖的食品安全宣传教育；四是开展案件评查会，进一步规范执法行为。特邀请县检察院法纪科人员给案件挑"毛病"、找问题，从细微处入手，查管辖权、查程序、查适用法律、查自由裁量权等，由法制股汇总评查。

二、围绕"第一要务"，提升服务企业水平

增强科学发展的意识、服务大局的意识，拓宽服务发展的思路，把科学发展观的要求转化为推动科学发展的具体项目和具体行动，提升服务企业水平。

1. 设立共产党员示范岗。要求工作人员上班时间必须着装整齐，佩证上岗，仪表端庄，党员佩戴党徽，挂牌服务，把党员身份亮出来。

2. 窗口单位实行"一站式"办公。将所有窗口的办照程序、收费标准、服务承诺公布上墙。对前来办理行政许可的服务对象一张笑脸相迎，一杯热茶相举，一张椅子请坐，想方设法为群众快办事，诚心诚意办实事，尽心竭力解难事，坚持不懈做好事。

3. 做到"三清"。咨询服务一口清，发放资料一手清，受理审查一次清。

4. 建立健全"12315"投诉举报网络。加大消费者投诉案件查处、调解力度，坚持做到消费者利益无小事，郑重向社会承诺有假必打、有案必查、有诉必纠、有难必帮，全力依法维护消费者合法权益。

三、围绕服务"三农"，促进农村经济发展

围绕"三农"工作重点、难点和热点问题，采取积极有效措施，服务"三农"，保护"三农"。

1. 大力培育发展农村经纪人。随着农业产业化结构的调整，农村经纪人队伍建设显得尤为重要，我局将此作为一项工作重点来抓，大力发展规范中介组织和经纪人队伍，搞好农村经纪人培训工作，全县现已帮助建立67个农村经纪人队伍。

2. 鼓励涉农企业、行业协会实施品牌战略。加大农产品和地理标志证明商标法律法规的宣传普及，加强对农产品和地理标志证明商标申请工作指导和服务，支持农业实施品牌战略。目前，我县戎子酒庄已将"戎子庄园"商标在葡萄、旅游、农副产品等20多类商品上进行了注册，形成了一个防御商标。

3. 积极开展"红盾护农"专项执法行动。落实农资市场监管责任制及责任追究制，与农资经营户签订合法经营责任书和合法经营承诺书，帮助农资经营者建立"两账两票一卡一书"，建立索证索票制度。

四、围绕"消保维权"，提升综合执法力度

整顿与规范并举，专项整治与长效监管互补，提升执法监管水平，依法监管、和谐监管、科学监管。

1. 完备各项预案。强化食品安全监管和安全生产监管工作，建立完备的市场预警防范和应急处置机制，形成环环相扣无缝隙的应急处理体系，一旦发生问题，第一时间准确到位。同时，明确不同的分工和责任，严格执行相关责任追究和问责制度。

2. 突出监管重点。以流通环节食品安全监管为重点，继续开展打击虚假违法广告、非法传销、商标侵权、商业贿赂、合同欺诈、限制竞争和不正当竞争、源头治理超限超载、整治校园周边环境、侵害消费者合法权益等企业和群众关心的热点难点问题开展专项执法行动，加大执法办案力度，集中查处一批大案要案，营造良好的市场经济秩序。一是开展"查无照、清高危、保平安"专项整治活动；二是开展食品安全监管，确保不出现食品安全事故；三是开展"打虚假、树诚信"广告专项整治活动；四是创建"五无"监管区：无无照经营、无假冒伪劣、无传销、无消费者投诉积案、无对工商人员的举报。

3. 探索监管难点。基层工商监管的难点集中于无照经营查处和反垄断法执法，通过推进监管执法的制度化、规范化、程序化、法治化建设，落实无证无照经营长效监管、加强反垄断和反不正当竞争执法、探索中介组织和公共服务行业长效监管机制。积极运用行政指导手段，指导商业贿赂案件、不正当竞争案件、垄断案件的查处治理。

五、围绕监管成果，拓展监管思路

注重持续运作的务实性、创新性、有效性，用"点"上的经验助推"面"上的经验，用"点"上的成果助推"面"上的效果，充分发挥典型示范带头作用，将行之有效的好做法、好经验上升为制度和机制，并根据新情况、新形势、新问题，完善新对策、新举措、新项目，与时俱进，有效运作，推进工作创新。

1. 拓展业主责任制新思路。将业主责任制和信用分类监管工作相结合，依托省工商局经济户口和企业信用体系软件，以巩固和完善市场业主责任制为抓手，在条件成熟的有一定规模的商品交易市场推广信用分类监管工作，围绕分类指导、以点带面、整体推进、全面落实的整体思路，引导、监督辖区市场开办者建立责任制度，建立完整的监管台账。

2. 延伸行政指导新领域。将行政指导重心从"规范经营行为"向"优化服务水平、规范监管执法行为"延伸，坚持行政指导与注册登记服务、监管执法工作等各项职能工作紧密结合，实现行政指导日常化、成效化。

3. 拓展维权服务新效能。进一步完善12315工作机制和工作流程，加强12315工作督导，加大12315联络员培训力度，推进服务站点运行保障和规范化建设。要建立"12315消费维权"长效运行机制，拓展网络功能，依托其建立覆盖城乡的"食品安全监督网络"。鼓励辖区内各大商场、超市12315维权服务站点安装外网，实现外网联动，信息互通。要真抓真做，规范分流、督办、反馈等工作流程，提高和解效率，把更多的消费纠纷化解在基层。

抓"四个结合" 促经济发展

大宁县工商局党组书记、局长 杜钢得

在听取省委书记袁纯清在全省领导干部大会上的重要讲话之后，我局召开局长办公会及全体人员大会，专题传达学习并贯彻落实省工商局《关于在全省工商系统认真学习贯彻袁纯清书记在全省领导干部大会上的讲话的通知》精神。结合大宁县工作实际，立足工商职能，应该着力抓好"四个结合"。

一、要与当前开展的"创先争优"活动结合起来。在推动科学发展上取得新进展，在促进社会和谐上取得新成效，在服务人民群众上取得新成果，在加强基层组织建设上取得新成绩。通过开展活动，在全系统创建一批"五个好"的先进基层党组织、涌现一批"五带头"的优秀共产党员和"五个强"的优秀党务工作者。

二、要与工商职能结合起来。班子成员要进一步解放思想，扎实做好各自分管的工作。综合部门要全力搞好组织协调和后勤保障，为一线同志提供全方位的服务。窗口部门要从服务态度、速度和效果上提供方便快捷的服务，为经济转型跨越发展提供优质的准入环境。执法办案部门要把流通环节食品安全监管作为市场监管的重中之重。继续抓好打击非法传销、打击合同欺诈、打击商标侵权、查处虚假广告、查处垄断行为、治理商业贿赂、治理超限超载等专项执法行动，维护市场秩序，促进和谐稳定。

三、要与扩大巩固作风整顿成果结合起来。在2010年开展"作风整顿月"活动取得积极成效的基础上，进一步强化班子建设、廉政建设、作风建设、基层建设，强化干部队伍教育培训，切实形成狠抓工作任务落实的良好风气。特别是在查处三聚氰胺乳制品这一非常时期，每名同志都要从执政为民的高度，充分认识整治乳制品市场的重要性和紧迫性，将此项工作作为当前头等大事来抓，摆在重要位置，确保不出问题或少出问题。

四、与创新服务帮扶企业活动结合起来。要立足工商职能，努力提升工商部门服务保障企业能力。要积极支持企业办理融资、股权出质、办理动产抵押登记、利用信用信息促进信用融资、开展商标质押等，帮助企业解决融资难问题。要开辟绿色通道，把好准入关口、提供准入服务，努力促进国企改革、非公发展、招商引资。提升服务效能、推进"五农工程"，做好红盾护农、商标兴农、合同帮农、经纪人活农、经济组织强农等工作。

坚持"四个创新" 创建"三三"机制
全面推进"创先争优"活动

隰县工商局党组书记、局长 靳晓明

袁纯清书记在全省领导干部大会上的讲话，为全省工商行政管理工作指明了方向，增添了动力。面临难得的发展机遇，我们如何"创先争优"？经过一段时间的认真学习、深入调研和深刻思考，我认为作为县级工商部门，务必立足职能，立足县情，努力发挥工商部门优势，坚持"四个创新"，创建"三三"工作机制，才能推进工商部门工作整体提升。

一、坚持"四个创新"，是工商部门创先争优的客观需求

作为工商部门，要紧紧围绕地方经济整体发展战略，以科学发展观为统领，进一步转变观念，创新机制，以全新的理念和务实的作风切实履行工商职能，更好地服务地方经济，全力开创和谐发展新局面。具体应抓好以下"四个创新"：

1. 队伍建设上创新。转型跨越的新形势，对担负着市场监管和行政执法任务的工商队伍素质提出了新的更高的要求。为此，要以新的思路和方法，尽快打造一支适应时代发展要求、能够更好地服务地方经济发展的工商队伍，无疑是一项迫在眉睫的紧要任务。首先，积极吸纳人才。要适应知识经济时代发展需求，积极引进法律、经济、计算机技术、信息管理、现代管理等专业人才，形成人才数量和质量的新突破。其次，强化针对性教育。利用政治学习制度和其他学习教育活动，深入开展政治理论教育、党风廉政教育和科学文化教育，引导队伍树立正确的世界观、人生观、价值观、权力观和"公仆意识"，广泛开展严格执法教育整顿活动，树立依法行政、法律至上的观念，把坚持依法办事、文明优质服务作为提高整个队伍综合素质的突破口，使工商干部队伍逐步由工作型、经验型向知识型、工作型、专家型相结合的结构转变。

2. 服务企业上创新。企业发展了，经济才能更好地发展，工商部门应该始终把服务企业作为职能的"发光点"。工商部门作为政府的窗口部门，直接体现政府的形象，直接关系到党群关系、干群关系甚至于社会的稳定，要坚决克服门难进、脸难看、话难听、事难办的"四难"现象，全面推行规范仪表、规范用语、规范行为、规范办事结果的"四规范"要求，做到咨询服务"一口清"，发放资料"一手清"，办理事项"一次清"。同时还要不断改进工作方法，运用信息技术，提高办事效率，凡能够当即办理的必须当即办理，一天内能决定的，一天内作出决定。要大力提倡"特事特办、急事急办、新事新办、好事多办、能办即办、难办设法办"的办事作风，切实提高办事效率，发挥好市场准入职能，把好市场准入关。

3. 服务农村专业合作社上创新。农村专业合作经济组织是连接农民与市场的主要纽带，对于推动农村产业结构调整，促进农业产业化经营，实现农产品的规模效益，加快农业科技转化，提高农村生产力，特别是为农民增加收入起着十分积极的作用。要鼓励农村专业合作组织组建企业化管理体系，强化内部管理，培养和储备农民自己的经营管理人才，搞品牌建设，规模发展；要引导农村专业合作经济组织加大产业结构调整力度，努力整合农村资源优势，全力实现与市场的对接；要全力培育一批能支撑和拉动地方经济的龙头骨干企业，实行龙头企业牵头，流通加工大户带动"绿色品牌"产业，走"公司+农户"和"经纪人+公司+农户+市场"的产业化经营模式，把千家万户的小生产同大市场连接起来；要以培育绿色无公害食品为重点，实行联户养殖，连片种植，形成规模，走单体成区域、专业化经营、集中化生产的路子，形成产供销有机结合、相互促进和各具特色的产业化发展的格局。

4. 商标品牌战略上创新。工商部门作为商标监管的主要行政管理部门，实施商标品牌战略是工商部门义不容辞的职责。要采取多种形式，广泛深入宣传商标法律法规，要让生产者和经营者了解申请商标注册的有关要求，如何对自己的商标进行保护，如何开发和利用自己的商标知识产权，使生产者、经营者在思想观念上实现两个转变。要运用典型事例现身说法，提高生产者、经营者和社会群众实施品牌兴农的意识，使广大经营主体都重视商标品牌，积极申请注册商标。要强化服务意识，尽心尽力引导和帮助生产者、经营者利用好商标申请注册工作，指导他们选择优势项目的商标注册，协助打造强势品牌，要充分发挥基层工商所的"触角"优势，面对面实施帮扶活动，积极开展业务咨询，实施品牌战略，走品牌兴业的道路。

二、创建"三三"工作机制，是工商部门创先争优的职责所在

工商部门承担着市场监管、消费维权、服务发展的工作职责，要有效行使好自身的职责，创建落实"三三"工作机制，无疑是一种很好的选择。

1. **市场监管落实"三个到位"。**一是责任明确到位。基层工商所要按照"属地监管"原则，将辖区内市场主体的行业分类、区域分布、监管职责详细划分，明确监管责任，做到人人有管户、户户有人管，杜绝监管盲点；二是巡查领域到位。每月至少对监管责任范围进行一次巡查。对重点行业，尤其是加油站、网吧、非煤矿山、食品经营等要适当增加巡查次数，做到巡查领域到边，不漏一户一店；三是记录整改到位。每次巡查都要如实记录，按要求详细录入网络。对查出的问题要特别注意纠正和整改，能当场纠正的一定要当场纠正，不能当场纠正的要制定整改期限，通过追踪巡查，敦促及时整改到位。

2. 市场环境达到"三个创优"。一是创优发展环境。要树立发展才是硬道理的观念，充分发挥企业注册职能作用，简化中间环节，加快审批工作步伐，积极为地方的大招商、大引资、大开发开辟绿灯和营造宽松环境，全力做好注册服务。要积极落实各项优惠政策，为残疾人就业、大学生创业、下岗职工再就业创造方便条件。要立足农业县情，积极扶持农民专业合作社发展，为农民专业合作社的成立建言献策，全程服务，提高登记质量。强力推进商标战略、积极鼓励和帮助企业争创"著名商标"、"驰名商标"，同时要盘活闲置注册商标存量，提高注册商标质量，增加注册商标总量。要深入企业调研，为企业排忧解难，做好动产抵押、股权处置等登记工作，为企业融资搭建平台；二是创优市场环境。要始终保持对制假售假、非法传销、黑网吧、非煤矿山、加油站等监管风险比较大的行业和领域的高密度、高强度监管态势，努力实现安全发展。同时要根据民生需求，继续加强对建材、农资、农机具及汽车、棉花等专业市场监管，确保各类市场公平有序发展；三是创优消费环境。要以食品、肉类、服装等与人民群众生活密切的商品为重点，实行"食品流通许可证"制度，将着力点放在日常监管上，通过严格执法和周密的制度，将假冒伪劣商品堵截在流通领域之外，让群众在和谐、安全的环境中放心消费。

3. 队伍建设实现"三个提升"。一要提升领导班子的统筹能力。一方面要强化学习型班子建设，建立完善的学习制度和工作研讨制度，营造理论与实践相结合的密切氛围，增强班子统筹发展和驾驭全局的能力。另一方面要建立班子成员工作联系点，经常深入基层调研，通过掌握工作动态，撰写调研报告，解决实际问题，为创新思维构建适应新形势要求的监管理念，提供务实求真的高起点平台；二要提升执法人员的依法行政能力。要加强政治和业务工作培训，以创先争优活动为动力，引导干部树立正确的权力观和执法就是服务的理念，竭尽全力建立公平公正的市场秩序，一心一意维护人民群众的合法权益。人人都能刻苦学习法律法规，在依法行政中做到能执法、会执法、秉公执法；三要提升全员的独立工作能力。工商管理工作岗位繁多，任何一个岗位都起着牵一发而动全局的作用，因此提高全员素质和工作能力尤显重要。要在全体工商干部队伍中大力倡导"敬业奉献、追求卓越"的工商精神，增强全体干部职工渴望知识、渴望学习、渴望上进的迫切意识。要用活激励机制，建立考试制度、竞争上岗制度、效能考评制度，通过奖优罚劣，人人树立比学赶帮敢为人先、永不服输、争创一流的精神，使个人的潜能和智慧得到充分开发，极大地增强独立工作的能力。

总之，坚持"四个创新"，创建"三三"工作机制，体现了科学监管、谋求发展的理念，体现了"敬业奉献、追求卓越"的进取精神，势必会推进创先争优活动顺利开展，为加快县域经济转型跨越发展做出积极的贡献。

充分发挥工商职能
促进永和转型跨越发展

永和县工商局党组书记、局长　景小龙

　　省委书记袁纯清在2010年7月29日召开的全省干部大会上的重要讲话，立足山西发展实际，提出"转型发展、跨越发展"的新思路。永和县工商行政管理局把学习贯彻袁纯清书记的重要讲话精神作为当前一项重要政治任务，在我县全面转型跨越发展中，充分发挥工商职能，牢固树立"服务至上"的宗旨，不断强化服务措施，不断改进服务思路，不断拓宽服务领域，不断提升服务效能，真心诚意地为个体、企业办实事、解难题、服好务，努力为我县经济的发展营造良好的市场环境。

　　一、提高干部素质，加快作风转变

　　一是制订合理的培训计划，定期举办政治理论、法律知识、计算机运用、执法技能培训班，学习和更新知识，拓展工作思路，转变观念，提高行政执法能力。二是始终坚持依法行政，不断加强队伍建设，大力弘扬清风正气，着力规范基础管理，稳步推进勤政优政。在监管环节，以食品安全、执照经营、安全生产、节能减排等为重点内容，加大日常巡查监管力度，提高快速反应能力，健全长效管理机制，提高工作效能，注重工作实效。在执法环节，加强科学管理，严格执法监督，强化执法培训，切实提高执法办案工作的科学化程度和规范化水平，抓好工作落实，注重社会效益。三是正确处理好部门利益与工商整体利益的关系。针对市场主体和人民群众关注的执收、执罚问题，严格依法办事，认真落实政策，坚持科学执法、理性执法、文明执法、廉洁执法，切实解决乱收费、乱罚款和执法不严、执法不公和执法腐败等问题。每个工商干部职工都是工商形象的代表，要通过个体形象的提升，来塑造工商部门整体的良好形象，实现工作作风的转变。

　　二、突出监管重点，健全监管机制

　　将执法力量向监管任务繁重的工商所、经检股集中；将监管重点向城乡结合部、向人口密集区和经济活跃区偏移；将监管内容向关系人民生命健康安全的食品、危险化学品、煤矿、超限超载、粘土砖等高危行业倾斜，加大监管力度，变被动监管为主动监管，变事后处罚为事先预防，增强监管的针对性和实效性。同时，健全一系列食品监管的制度，建立和完善12315行政执法和维权服务平台，丰富服务措施，提高工作效率。以信息网络技术为支撑，以先进科技装备为保障，从制度上规范行为，从制度上坚决取缔无照经营，实现监管机制的转变。

三、规范市场秩序，服务地方经济

一是正确处理监管执法与服务地方经济发展的关系，树立服务理念，强化服务措施，以加快发展经济为要务，积极推行首问责任制和过错追究制；要综合运用登记注册、商标监管、消费维权等职能，积极促进经济社会又好又快发展，大力推行和谐执法、文明执法。二是依法维护市场秩序，保护企业和个体工商户的合法权益，坚决打击不正当竞争、商标侵权、虚假违法广告等扰乱市场经济秩序的行为，坚决制止乱收费、乱罚款、乱摊派等"三乱"行为，为地方经济发展营造良好的法治环境，实现市场监管的转变。

"转型发展、跨越发展"是袁纯清书记立足我省发展实际所提出的重要思想，是山西走向科学发展的伟大实践。我局将以袁纯清书记的讲话精神为指导，以解放思想、创新工作为理念，本着清正廉洁、吃苦耐劳的精神，在省、市工商局和县委、县政府的正确领导下，充分发挥工商职能，更好地服务于我县全面转型跨越发展。

新思想引领转型
新观念实现跨越

蒲县工商局党组书记、局长　薛俊峰

　　解放思想、创新观念的基本着力点，就是积极转变不适应不符合科学发展要求的观念认识、制度机制、方式方法，切实把思想认识从那些违背科学发展观要求的观念、做法和体制机制的束缚中解放出来，不断更新发展理念、创新发展模式、提高发展质量，形成与社会主义市场经济相适应，与市场监管相合拍的新思维、新观念。解放思想，创新观念不是唱高调，喊口号，关键是找准方法，循序渐进。

　　一、领导带头，率先垂范

　　领导干部承担着决策和指挥的重要职责，在解放思想、创新观念上一定要带好头、作好榜样。要带头学习，树立正确的政绩观、利益观，带头发扬求真务实的精神和作风，深入实际，调查研究，把解放思想、创新观念建立在对工商转型的深刻认识和准确把握的基础上，把解放思想的成果转化为谋划工商服务转型、促进跨越发展的正确思路、解决突出矛盾和问题的实际举措。要带头解放思想，创新观念，冲破传统经验和惯性思维的束缚，以积极探索和无私无畏的精神研究新情况、解决新问题，推动工商转型发展。

　　二、组织学习，提高素质

　　解放思想、创新观念就必须加强学习，要树立学习者智、学习者胜的理念，善于学习各种知识。要通过学习全面提高自身素质和本领，通过学习发现和捕捉发展的机遇。班子成员要认真组织广大干部职工学习上级有关文件，学习袁纯清书记的重要讲话，要结合蒲县实际，认真领会县委"推进科学发展，建设美好蒲县"的总体要求，结合工商部门的实际，把解放思想、创新观念作为当前工商部门转型的重点内容来抓；要认真组织学习省工商局王虎胜局长在全省工商局长座谈会上的讲话，深刻领会省工商局的一系列文件精神，把握工商发展的总体要求。

　　综上所讲，之所以解放思想和创新观念，就是要服务于发展。怎样服务于发展？首先我们应从服务发展本身说起。

　　服务发展是工商行政管理工作的根本目的，是落实执政兴国第一要务的基本要求。只有把工商行政管理工作融入到经济发展中，始终围绕当地经济科学发展开展工作，工商行政管理才有充分发挥职能作用的地位。要坚持把服务科学发展作为第一要务，增强服务意识，创新服务机制，提升服务水平，以高质量的服务体现工商行政管理发挥职能作用的地位。

一是创新服务形式，提高行政审批、行政执法的效率，提升为经济社会发展服务的水平。要认真落实各项服务政策，发放登记注册指南手册和工商登记服务联系卡，指导企业依法办理工商登记，要实行八小时之外延时服务，休息日预约服务，主动接受服务对象的监督；要围绕全县重点企业、重点项目、招商引资企业，其他规模以上工业企业和有发展潜力的中小企业，开展跟踪服务，建立企业联络员制度，对县政府确定重点投资项目的企业，建立"绿色通道"，实行预约上门服务；要通过开展工商与企业、工商与消费者、工商与社区共建，主动向社会各界宣传、介绍工商职能和办事流程，展示工商形象，听取并采纳各类意见、建议，树立高效务实的良好形象。

二是努力支持、促进各类市场主体健康发展。一要认真贯彻省政府《关于发挥工商职能作用，促进创业就业的实施意见》，继续对非公有经济放宽准入条件，落实优惠政策，减免有关费用，营造发展环境，促进创业就业，促进非公经济健康快速发展；二要积极服务农村改革发展，深入开展"红盾护农"行动，扎实推进"五农工程"，切实保障农业生产顺利进行。要积极培育和扶持多元化的农村市场主体发展，积极促进农村经纪人、农民专业合作社、农业龙头企业等各类市场主体健康发展，增强农村经济活力。

三是依法加强市场监管，树立公平公正执法权威。一要认真做好《食品安全法》及其实施条例宣传工作，严格落实国家工商总局《流通环节食品安全监督管理办法》以及流通环节食品安全监管的"八项制度"，进一步规范流通环节食品安全监管；二要强化市场执法工作，加大反不正当竞争执法力度，维护公平公正的竞争环境；三要以保护涉农商标、地理标志、食品商标、药品商标、涉外商标为重点，继续加大商标行政执法力度，严厉打击商标侵权假冒行为；四要强化监管措施，进一步加强广告发布环节的监管，加大对违法广告主和广告经营者、广告发布者的查处力度，加强行业指导，积极促进广告业健康有序发展；五要全面加强各类市场监管，配合有关部门继续做好校园周边环境整治、打击黑网吧、预防青少年犯罪、扫黄打非、反假币、反洗钱、打击非法集资等工作，深入推进平安建设，切实维护社会稳定。

四是建设高素质干部队伍，提供坚强组织保障。要大力加强领导班子建设，加强党性修养和作风养成，着力提升践行科学发展观的能力，履行好岗位职责；建立健全教育、管理、服务党员长效机制，进一步加强基层党组织建设，认真落实工商所长"一岗双责"，切实发挥基层党组织在维护市场秩序、服务改革发展中的核心作用；围绕提升干部业务能力，深入开展干部大规模培训，为推进工商服务转型、促进跨越提供不竭动力。

试论新时期工商部门
如何进一步解放思想

汾西县工商局党组书记、局长 张胡明

　　2010年7月份以来全省工商系统深入开展了"百日思想大解放"活动，汾西县工商局结合自身实际，按照活动的各项要求扎实开展了"解放思想大讨论"，立足工商职能，联系当前形势，深入剖析了工商执法监管、队伍建设中的诸多问题，根据工商总局"四个统一"、"四化建设"、"四高目标"、"四个只有"的要求，查找了自身不足，找准了方向目标，提高了思想觉悟，特别是对当前形势下工商部门如何进一步解放思想、创新观念、服务转型、促进跨越有了更深层次的认识，增强了自觉履职、主动创新、积极服务的意识。下面我结合我县实际就工商部门如何解放思想谈几点体会，以求通过思想的解放，推动工商部门的发展，促进县域经济的增长，以更得力的措施、更有效的办法，努力争做全县解放思想的排头兵。

　　一、着眼于消除思想障碍解放思想

　　科学发展观是统领各项工作的理论指南，工商系统要解放思想，最根本的是要落实好科学发展观，而不是脱离这个基准搞自由发挥。从部门目前的实际来看，要做到科学发展，核心是让人民群众满意，建立创先争优的工作机制。当前在工商系统内部不同程度地存在着大局意识不强，责任意识淡化，开放意识不浓，畏难情绪严重，服务意识淡漠，开拓创新不够，工作缺少招法等问题，阻碍了市场监管工作的创新发展，制约了工商事业的进步，影响了服务经济发展水平的提高，我们必须强化忧患意识，走出系统的小圈子，向社会大舞台要空间，要形象，以更开阔的胸怀、更宽广的视野，做好每一件事，发挥每一个人的积极性，形成人人是品牌、事事讲大局的群体效应。我们要通过解放思想活动，切实解决干部队伍中"不敢解放、不想解放、不会解放"的问题，自觉把工商部门工作放到政府整体工作中去思考。要克服垂管意识，立足地方经济社会的发展大局，主动融入政府中心工作，把条线工作放到全局工作中去谋划，把具体工作放到总体工作中去落实，尽心尽力促发展，尽职尽责抓监管，当好市场秩序的维护者、经济发展的促进者、公共服务的提供者，为党委、政府的中心工作服务，为汾西大发展快发展服务，为推动各类市场主体规范发展服务，为推动民营经济加快腾飞服务。

　　二、着眼于突破习惯做法解放思想。

　　要围绕"要务"，紧贴"中心"，把有利于促进发展作为监管执法的出发点和归宿，把有利于优化发展软环境作为工商部门的重要职责，把支持发展、服务发展作为"第一要务"，当做工商部门的天职，大力支持市场主体创业、兴业、就业。要围绕我县招商引资、国企改革、项目建设、民营经济发展，立足部门职能，主动提前介入，实行现场办公，大力倡导跟踪服务、优质服务和延伸服务，做到能办的事马上办，需要协调的事抓紧办，可以变通的事千方百计地争取办。要对守法经营、信誉良好、对经济发展有重大贡献的企业重点扶持，让企业自由发展经营。对严重扰乱市场经济秩序的掺杂造假、坑害消费者的行为，一经发现要严管重罚。要摒弃僵化守旧思维，要在监管理念上创新，在监管手段上创新，在监管方法上创新，广泛依靠群众，发动群众参与管理，形成社会化的管理网络和管理机制，并借助信息科学技术，力求事半功倍。要打破既得利益格局，把责任摆到第一位。要克服"执法就是执罚"的思想，树立"先教后处"的执法观念；要克服"限制为主"的把关思想，树立"非禁即允"的准入观念；要克服"监管就是查案"的思想，树立"规范为主"的发展观念。要关注民生，突出重点，跟进热点，解决难点，为政府和群众排忧解难，把监管与现实需求有机统一起来。要摒弃随意执法思维，要继续加强制度建设，严格程序管理，落实执行责任，形成以规范求发展，以规范树形象的工作导向，把法律的公平正义体现到我们的工作实践中、体现到工作流程和工作效果上去。

三、着眼于提高办事效率解放思想

办事效率的高低，是工商部门解放思想成果的重要体现，我们要围绕建设服务型政府，大力加强机关建设，切实改进工作作风，不断增强服务意识，进一步提高办事效率，为基层、为企业、为群众搞好服务。要缩短法定登记时限，提高办事效率，简化一切可以简化的手续，建立完善市场准入"绿色"通道，在变更、换照、补发照等工作中实行审核合一，由窗口人员一人审核发照，做到办照程序简化，召开会议简短，文字材料简洁，便民措施简便。创新便民年检方式，积极推行网上年检、预约年检、集中年检。

四、着眼于促进工作落实解放思想

要以思想解放改进监管和服务方式，以思想解放实现工作创新突破，以思想解放促进工作推动发展，力争将思想解放的成果体现在举发展大旗、走创新之路、建和谐队伍、创一流业绩上，体现在转变观念、转变作风上，体现在破解难题、完成目标任务和谋划未来发展上。要积极运用消费者信得过单位、守合同重信用企业等活动，组织开展各类创建、评选和表彰活动，营造尊重企业创业、尊重企业创新、尊重企业家事业的良好氛围，增强企业发展信心。要激活全社会商标意识，逐步形成一批知名品牌，积极发展合同农业，努力打造"公司+订单+商标+农户+市场"的生产经营模式。要继续推进"12315八进"活动，使工商法规宣传进社区，巡查执法到社区，解决投诉在社区，接受监督靠社区。对违反经济发展软环境、影响机关效能建设、造成不良影响的行为，一经查实严厉重处。

五、着眼于创新服务社会形式解放思想

工商部门在履行监管执法职责的同时，又是服务社会的"窗口"，代表着政府机关的形象。我们要结合在市场准入、市场监管、消保维权等方面的职能优势，创新向社会服务的形式，提高行政审批、行政执法的效率，提升为经济社会发展服务的水平。要发放登记注册指南手册和工商登记服务联系卡，指导企业依法办理工商登记，要实行八小时之外延时服务，休息日预约服务；要定期向社会发布各类市场主体登记统计分析报告，为投资者提供及时、准确的第一手经济信息资料，为党委、政府领导决策提供有益参考；要围绕全县重点企业、重点项目、招商引资企业，其他规模以上工业企业和有发展潜力的中小企业，开展跟踪服务，建立联络员制度，对县政府确定重点投资项目的企业，建立"绿色通道"，实行预约上门服务；通过开展工商与企业、工商与消费者、工商与社区乡镇共建，加大政务公开的力度，主动向社会各界宣传、介绍工商职能和办事流程，展示工商形象，听取并采纳各类意见、建议，树立工商部门高效务实的良好形象。

六、着眼于转变工作作风方式解放思想

要转变领导作风，发挥领导的表率作用，要求别人做到的，自己首先做到，要求别人不做的，自己首先不做，用人格魅力带动和引导群众；要转变机关作风，严格落实机关不良行为管理办法、机关管理办法等制度，把机关服务责任细化量化，使机关行为纳入规范化管理，增强机关执行力；要转变基层作风，消除特权思想，增强服务意识，尊重和保障当事人的合法权益。工作方式的转变是一个单位思想解放的重要内容。工商部门是伴随改革开放成长起来的，在改革从以"破"为主向以"立"为主转变后，部门的规范化建设问题就显得非常急迫，解放思想的着眼点也必须随之变化。当前，我们要紧紧把握"四化"建设这一基本纲领，在如何克服随意型、经验型工作方式方面想出更多的办法，切实完善各项体制机制，尽可能地统一各项工作制度，统一工作标准，统一工作流程，统一系统管理，使内部管理和执法操作都有章可循，有据可依，逐步内化为工商人员的职业操守和业务素养，最终走上规范化、程序化、法治化的轨道。

七、着眼于学习型工商建设解放思想

思想的形成和发展要靠学习，学习的习惯决定了思维的习惯，也决定了思想解放的效果。确立终身学习的集体习惯，对打造学习型工商尤为重要，这是解放思想的根本途径。我们要树立"事业成败关键在人"的战略思维，把建立学习型工商作为重要抓手，不断完善学习制度，细化学习内容，创新学习形式，明确学习责任，形成终身学习、集体学习的团队氛围。要加强实践知识的学习，在推进工作中要以点带面，加强示范点、示范所的建设，让干部群众学有标杆，干有目标，解决工作中思路不宽、办法不多、效果不佳的问题。领导同志和业务骨干要做学习的模范，要求别人学的自己先学，要求别人懂的自己先懂，以专家、内行的身份带动和引导群众。

认清形势 抢抓机遇
全力为转型跨越发展服务

侯马市工商局党组书记、局长 程世斌

近一段时间，通过认真学习袁纯清书记在在全省领导干部大会上的重要讲话、张建欣副省长在省工商局调研时的重要指示和王虎胜局长作的《解放思想 发挥职能 全力促进我省转型跨越发展》的重要讲话精神，结合工商工作实际，我们应该从以下两方面来领会和贯彻袁纯清书记的讲话精神。

一、深刻领会、准确把握，切实把思想和行动统一到袁纯清书记讲话精神上

在全省领导干部大会上，袁纯清书记在回顾总结我省近年来的工作和全面把握省情的基础上，客观评价了我省经济社会发展的成绩，深刻剖析了我省在发展过程中存在的问题及原因，对全省当前和今后一个时期的工作作了全面的安排和部署。可以讲，袁纯清书记到任山西短短两个月就掌握了第一手情况和大量的翔实的数据，分析判断有血有肉，有理有据，安排部署立意高远，主题鲜明，通篇贯穿了一个主题就是大发展，字里行间处处洋溢着一种意识就是解放思想，向全省发出了转型发展、跨越发展的总动员令。要深刻领会、准确把握袁纯清书记的讲话精神，我认为：

首先是破除禁锢、解放思想。我们的有些同志观念保守、思想禁锢，主要表现在：一是服务意识尚未完全夯实。一些单位与个人受传统强势、管制思想影响，工作角色尚未实现由"管理员"到"服务员"的转变，管理与服务关系尚未完全摆正，讲监管，就放弃服务，常以"管理者"自居。讲服务，就削弱监管，放任自流，机械地把监管与服务对立起来；二是法治意识不够牢固。部分单位与个人"人情大于天"的人治思想影响比较深，依法行政氛围不够浓厚。单位功利化现象比较普遍，重处罚、轻管理现象时有发生。行使自由裁量权不准确、不科学，坚持过罚相当原则不到位，重责轻罚或轻责重罚现象时有发生。三是创新意识不够强。部分干部开拓进取意识不够强，缺乏创新发展精神，习惯用旧思维去想问题，用老经验去办事，用老办法干工作，因循守旧、安于现状、小富即安、小进即满。

袁纯清书记在分析山西经济社会存在的三大问题时指出："我省面临的最要紧的问题是干部队伍对大发展思想准备不足。"我认为，袁纯清书记此言抓住了干部队伍建设的要害。这实际上是思想僵化、观念保守、精神颓废、作风不实的表现。 服务的转型，如果没有思想真正的解放、到位的解放，那只能是纸上谈兵，低水平徘徊。只有甩掉包袱，抓住机遇，快步前进，才能实现跨越发展。思想上的障碍是发展道路上的最大绊脚石，每个人、每个单位必须发挥主动性、创造性，该想办法的想办法，该作决策的作决策。不怕想错做错，就怕不想不做。想错了，做错了，我们还可以纠正重来，也是一个经验的积累，防止以后犯类似的错误，袁纯清书记讲"负的可以变正的"就是这个道理。但你什么都不做，就是零，零永远是零，变不成正数。所以我们每个单位都要主动服务于经济社会建设。要少说不能办，多说怎么办，把服务企业的事当成自己的事去办，就没有办不成的事。要克服"小富即安、小进则满"的保守思想和"年年有进步、年年留余地"的亚健康情结。要在发展理念、发展模式上不断创新，不停歇地解放思想。要勤于学习、勤于思考、勤于钻研，把政策的原则性、宏观性与实际工作的现实性、独特性巧妙灵活地结合起来，要善于破解难题，化解矛盾，为跨越发展创造良好的环境和途径。

二是服务转型、实现升级。工商行政管理的转型是指工商行政管理由传统的强势型、管制型向现代监管服务型转变，主要体现在以下几个方面：工作理念的更新。坚持以发展为第一要务、以服务为宗旨、以规范为目的，强化以人为本监管观念，改变"监管就是处罚，处罚就是监管"的思想，树立"法治行政、效能服务、科学管理"三大理念。工作作风的转变。认清职能要求，摆正角色定位，实现"管理者"向"服务员"的转变，改善服务态度，改进服务方法，提高服务技能，全面提升服务水平和行政效能。管理模式的转型。积极推进工商职能转变，实现由纯粹监管型向监管服务型转变；积极推进监管模式创新，实现监管方式由运动型、整治型向常态型、规范型转变；积极推进制度化、规范化建设，实现队伍管理由粗放型向高效型转变。工作重心的调整。着眼工商职能转变，适时把监管力量由传统的行政执法转移到行政执法与技术监督并重上来，把监管重心由以往实体领域市场监管调整到虚实并存领域市场监管上来，把基层的人力、物力由以往纯粹监管转移到监管服务上来。

二、以落实好"四个第一"为抓手，创新工作，促进跨越

学习贯彻袁纯清书记重要讲话精神，就要坚持把发挥职能作用、服务科学发展作为第一要务。要自觉把工商行政管理工作放到当地经济社会发展的全局中去考虑，放到政府的中心工作中去谋划。一是积极推进"准入畅通"工程，全力助推全民创业。积极推行"非禁即许"的市场准入制度，降低准入门槛，减少"多头审批"；实行窗口服务前移，进驻行政服务中心、进驻"工业园"或开发区，设立绿色通道，简化办事环节，方便群众登记注册，缩短办事时间，降低办事成本；积极开展红盾护农、商标兴农、合同帮农、经纪人活农、经济组织强农等工作，努力促进社会主义新农村建设；严格落实国家在市场准入、收费减免等方面的优惠政策，大力扶持下岗职工、大学生和复转军人等特殊群体等就业再就业。二是推进"品牌兴省"、实施商标战略，促进山西从能源型经济向品牌型经济的转变。确立"品牌是竞争力、是生产力"的理念，深入推动商标带动战略，组织企业广泛开展争创驰名商标和著名商标，通过挖掘一批老品牌，培育拉动一批新品牌，宣传一批名优特，启动一批闲置品牌，把品牌迅速转化为资本，转化为生产力，促进当地经济快速健康发展。

要坚持把强化市场监管、维护市场秩序作为第一责任。要加大执法力度，创新监管机制，提高监管效能，完善应急机制，促进安全生产，为我省转型发展、跨越发展营造规范有序的市场环境。以实行商品准入、退市制度为重点，创新商品质量监管机制。加大以食品安全为重点的流通领域商品质量监管力度，深化农村食品市场整治，切实担当起保障市场消费安全的重任；运用企业信用信息，深化企业分类监管制度，把食品药品、煤矿和非煤矿山、易爆物品、危险化学品行业作为监管重点，全力维护安全生产和社会稳定。要继续抓好打击非法传销、打击合同欺诈、打击商标侵权、查处虚假广告、查处垄断行为、治理商业贿赂、治理超限超载等专项执法行动，维护市场秩序，促进和谐稳定；要深入开展"信息化建设推广应用攻坚年"活动，全面推进"信用山西"建设和信息化工作，切实提高监管执法的信息化和数字化水平；要进一步强化法制工作，进一步提高依法行政能力。

要坚持把关注保障民生、维护消费权益作为第一要义。要进一步建立完善12315行政执法体系，进一步完善"政府推动、社会共建、多方参与"的消费维权机制；建立健全消费者与企业和解、经营者自律、消费纠纷调解、申诉举报制度，切实当好消费维权的"调解员"；深化"一会两站"建设，健全红盾维权服务网络；真心真情为消费者排忧解难，做到及时受理投诉、及时调解纠纷、及时查处违法、及时维护权益。要积极引导消费者科学、健康、文明消费，普及消费知识，提振消费信心，扩大消费需求，充分发挥消费对经济增长的拉动作用。

要坚持把加强作风建设、提升干部素质作为第一保障。工作贵在落实，转型必须苦干。要在上半年开展"作风整顿月"活动取得积极成效的基础上，进一步把作风建设工作不断引向深入，强化班子建设、廉政建设、作风建设、基层建设，强化干部队伍教育培训，扎实开展"创先争优"活动，切实形成狠抓工作任务落实的良好风气，切实形成以工作绩效选拔干部的用人导向，为完成全年各项工作任务提供坚强的政治保证、作风保证和纪律保证。

立足服务　发挥职能
全力促进县域经济转型跨越发展

侯马开发区工商分局党组书记、局长　王杰平

袁纯清书记讲话的重要核心是"解放思想、创新工作、服务转型、促进跨越"。工商行政管理部门作为市场监管的守卫者，当前就是要把学习贯彻袁纯清书记的重要讲话精神作为一项重大政治任务，深刻领会；要把学习贯彻讲话精神与如何发挥好工商职能紧密结合，切实增强做好工商工作的紧迫感、责任感和使命感，抓住机遇，乘势而上，开创工作新局面，努力实现县域经济转型跨越发展。

一、解放思想、创新观念，进一步增强大局意识和服务意识

袁纯清书记指出，实现转型发展，首先是思想要转型。只有解放思想才能创新举措。工商行政管理部门作为政府行政执法和市场监管的职能部门，在促进转型发展、跨越发展中承担着重要使命。这就要求我们首先要解放思想，进一步增强工作动力，在思想观念上实现大突破。

首先是要做到省工商局要求的"五个解放"，即：从条管体制意识中解放出来、从传统监管理念中解放出来、从传统执法行为中解放出来、从守成求稳心态中解放出来，既要充分发挥工商行政管理职能作用，结合实际创造性地开展工作，在服务转型、促进跨越中建立功业。其次是要牢牢把握国家工商总局"四个统一"、"四个转变"和"四个只有"的工商行政管理理论内涵，自觉地把工商行政管理工作放到县域经济社会工作全局中去思考，更加有效地服务县域经济社会发展。三是全局干部职工都要以敢想大发展、敢谋大发展、敢干大发展的气魄，发扬知难而上、艰苦奋斗的创业精神，勇挑重担、尽职尽责的负责精神，求真务实、奋力拼搏的实干精神，协调各方、凝聚力量的团结精神，事业为重、筑基固本的奉献精神，服务发展、敢于建功立业；创新监管、敢于争创一流；做到敢干事、能干事、不出事、干成事。

二、创造环境、促进发展，全力促进县域经济转型跨越发展

促进地方经济发展是工商行政管理工作的根本目的。工商机关不仅仅是市场秩序的监管者、消费权益的维护者，更是培育市场主体的服务者、经济发展的促进者。

首先要树立"有限管理、无限服务"的理念，充分调动广大干部的积极性、创造性，努力提高服务市场主体大发展的能力，提高创造公平发展

环境的能力，提高推进信用建设的能力，提高执法为民的能力。其次要大力推进政务公开，建设阳光型工商；坚持服务群众，建设服务型工商；强化执行力，建设务实型工商；为经济发展多设路标，不设路障，在服务中求发展，在服务中求业绩，在服务中求和谐，在服务中赢地位。第三是要继续以深入开展"千名工商干部进万家企业帮扶活动"为抓手，执行好国务院发布的《关于鼓励和引导民间投资健康发展的若干意见》36条和省政府出台的《发挥工商职能作用，促进创业就业的实施意见》等5个"27条"基础上，进一步降低准入门槛，全面实施企业登记绿色通道工程，推进"品牌兴县"，实施商标战略；从进行抵押登记、办理股权出资、开展商标质押等方而，服务企业融资；把好准入关口、提供准入服务，努力促进非公发展、招商引资；提升服务效能、推进"五农工程"，做好红盾护农、商标兴农、合同帮农等工作，努力促进社会主义新农村建设。

三、强化监管、保障民生，为转型跨越发展营造规范有序的市场环境

市场稳定是安全发展的重要组成，也是转型发展的重要保障。要始终把强化监管、维护秩序作为第一责任。要始终牢记监管责任，履行监管职责，加大监管力度，创新监管机制，维护良好的市场秩序。要继续把强化流通环节食品安全监管作为市场监管的重中之重，以推行"六查六看"、完善"八项制度"为重点，不断创新措施方法，防范监管风险，确保市场安全与监管安全；继续抓好打击无照经营、非法传销、合同欺诈、商标侵权、虚假广告、商业贿赂等专项执法行动，深入开展"信息化建设推广应用攻坚年"活动，切实提高监管执法的信息化和数字化水平，维护市场秩序，促进和谐稳定；同时要以"服务人民、奉献社会、促进和谐"为宗旨，关注保障民生，维护消费权益，倾情、倾心、倾力为消费者排忧解难，及时维护消费者合法权益。

四、改进作风、树立形象，为转型跨越发展奠定坚实的纪律作风保证

作风建设事关形象，是事业成败之关键。通过作风建设要使领导班子树立起"政治坚定、勤政廉政、团结进取、务实为民"的新形象，执法队伍树立起"执法公正、办事高效、业务精通、纪律严明"的新形象。

首先是要大力推进"学习型领导班子、学习型党组织、学习型机关、学习型干部"建设。深化对我省转型发展、跨越式发展战略决策和国家工商总局"四个统一"、"四个只有"为核心内容的工商行政管理理论的掌握，做到学习与思想实际相结合，与服务发展相结合，与科学监管相结合。其次是要深入开展作风整顿活动，发扬开拓进取、求真务实、任劳任怨精神，结合市工商局的"作风整顿月"和县委县政府的"作风转变年"活动，认真落实省工商局"工商形象、十事十办"、"作风建设、十查十看"，丰富活动载体，加强理论学习，改进工作作风，切实把思想用在干事业上，把精力集中在做实事上，把功夫下在抓落实上；发扬实干精神，工作中说实话、干实事、出实招、求实效，做到勤政敬业、敢于负责、恪尽职守，争做热情服务、高效办事、文明执法的典范；强化对国家工商总局《六项禁令》、省工商局《八条禁规》、《约法三章》执行情况的监督检查，严格执行《中国共产党党内监督条例》、《中国共产党纪律处分条例》，在实现转型、促进跨越中树立良好的服务形象和执法形象。第三是要抓好党风廉政建设，保证队伍安全。要对干部队伍严格管理，严格要求，做到管得住小节、耐得住寂寞、守得住清贫；按照中央《关于进一步从严管理干部的意见》要求，以《中国共产党员领导干部廉洁从政若干规定》、《关于坚决制止领导干部大办婚丧喜庆和借机敛财行为的规定（试行）》为重点开展示范教育、警示教育和岗位廉政教育，提高廉洁从政意识；以廉政风险防范为重点，健全具有工商行政管理特点的惩治和预防腐败体系，形成一套用制度管权、按制度办事、靠制度管人的有效机制，以反腐倡廉的成果为实现转型、促进跨越提供坚强的纪律作风保证。

加快转变助转型
创先争优促发展

霍州市工商局党组书记、局长　祁海泉

　　袁纯清书记"7·29"讲话切准了山西发展的脉搏，找准了制约山西发展的"瓶颈"，定准了山西实现转型跨越发展的方向。作为市场监管的排头兵、生力军，工商行政管理部门一定要围绕"服务发展、市场监管、消费维权、行政执法"，各项工作全面创先争优，为推动转型跨越发展建功立业。

　　一、把解放思想、创新观念作为第一动力，在树立大局意识谋求职能转型中创先争优

　　时下，工商部门如何才能放开胆量解放思想，更好地服务、促进转型、跨越发展？这是摆在我们面前的一项重要课题。我们必须因时制宜，与本单位的实际结合起来，对照袁纯清书记的要求，查找不足。一是摆进去、解剖自己。努力让自身"摆"进去，摆到位，摆出深度，深化认识，勇于面对问题，才会触及灵魂，使解放思想与工作实际紧密联系，实现解放思想的过程就是激发工作动力的过程；二是跳出来、审视自己。"跳"出来，就是打破了"不识庐山真面目，只缘身在此山中"的封闭状态。站在更高层面，确立追赶目标，找准自身差距，带着问题解难题，形成解放思想的动力；三是走出去、丰富自己。"走"出去，就是学到别人的经验，拓宽自己的视野，有比较，才能增添活力。对新情况、新问题作出更加符合实际的判断，使各项工作更富于创造性；四是静下来、梳理自己。"静"下来，梳理工作主线，认真分析问题，沉着应对难题，就会明思路、强根基、促发展，才能牢牢把握发展需求。

　　二、把发挥职能作用、服务科学发展作为第一要务，在促进创先争优发展中创先争优

　　霍州经济要实现跨越发展，必须在转型发展中实施赶超战略，工商干部要立赶超之志，行跨越之为，把握三个服务方向，倾心倾力服务霍州经济转型发展。一要把握企业转型服务发展方向。要坚持不懈地服务于产业结构调整，推进产业结构进一步优化，推进节能减排和生态建设。围绕工业强市的发展战略，支持在霍州具有发展潜力的现代煤化工、文化旅游、生态农业等优势产业高效完成市场准入、公平参与市场竞争；要全力扶持和服务全市重点项目建设，鼓励和支持投资主体大举进入清洁能源、现代煤化工、现代物流业、旅游业等新兴产业。二要把握为企业排忧解难服务

方向，自己职能范围内解决不了的要协调相关部门共同解决。三要把握农民创收增收范围方向。进一步推进"五农工程"，利用优质自然资源，大力扶持农民专业合作社发展。

三、把强化市场监管、维护市场秩序作为第一责任，在营造规范有序的市场环境中创先争优

工商部门要重点在"三个市场"监管上下足工夫。一是在食品市场监管上下工夫，探索更加行之有效的监管方法、创新监管方式，建立长效监管机制，加大行政执法力度，抓好食品市场特别是农村食品市场的监管。二是要在旅游市场监管上下工夫，霍州具有优质的自然资源、历史古迹，景区旅游商品、导游等市场经营者的经营行为好坏直接影响游客的观感和消费权益，影响到旅游经济的发展。工商部门要不遗余力、大力规范，建立属地责任人日常巡查机制，确保旅游市场健康有序发展。三是在农资市场监管上下工夫，工商部门要突出对种子、化肥、农药、农机等农资加大监管力度，严厉打击假冒伪劣农资坑农害农行为。

四、把关注民生、维护消费权益作为第一要义，在倾心为消费者排忧解难中创先争优

一要推进12315行政执法体系"四个平台"建设，加快推进12315行政执法体系信息化和"一会两站"建设进程，进一步扩大"12315"在商场、超市、市场、权益、农村消费维权网络覆盖面，促进社会和谐稳定。二要严厉打击制售假冒伪劣商品违法行为。三要加大服务领域消费维权力度，推进行业示范合同文本使用，规范服务领域经营行为。四要积极开展消费维权宣传教育，开展多种形式的消费维权宣传教育和消费引导活动，加强消费警示提示发布，营造良好的消费环境。

五、把加强作风建设、提高干部素质作为第一保障，在发挥积极性、主动性、创造性中创先争优

要通过狠抓干部队伍建设，为霍州经济转型发展跨越发展提供组织保障。一是狠抓领导班子建设。要培养领导干部谋发展、干发展、能发展，在困难和挑战面前有主意、有办法、有对策的能力，培养不怕困难、着力执行、决战决胜的能力；二是狠抓干部队伍整体素质提供。要适应转型发展、跨越发展需要，大力加强干部队伍素质和能力建设，促进干部思想转型、职能转型、能力转型，做到增强保障性，提高执行力，敢想敢做、敢谋发展。要围绕提升干部业务能力和素质，深入开展干部教育全员培训，促进廉政风险和监管风险防范能力提高、市场监督管理能力提高、执法办案能力提高、综合业务能力提高；三是狠抓勤政廉政建设。按照从严管理干部要求，严格管理、严格监督。进一步加强廉洁从政、廉洁自律教育，完善党风廉政建设、述职述廉、政风行风评议等制度建立符合工商实际的惩防腐败体系，推行廉政风险点防范管理，有效防范廉政风险和监管风险。

运城市

在实施科学监管服务
转型发展中创先争优

运城市工商局党组书记、局长 武晓勤

省委书记袁纯清在运城调研时指出："运城要以更大的胆气推动转型跨越发展，建成山西向东向西开放的桥头堡和大通道。"袁纯清书记对工商行政管理工作的重要批示要求："坚持监管和服务并重，为各类业主创造一个好的市场环境"、"发扬成绩，不断进取，为山西市场经济的活跃和健康发展做出新的贡献。"运城市工商局要紧紧围绕"运城建成山西向东向西开放的桥头堡和大通道"的目标，以深入开展"创先争优"活动为载体，牢固树立"五个第一"科学监管理念，充分发挥工商职能作用，尽职尽责抓监管、尽心尽力创环境、全心全意护权益、不遗余力促发展，在服务转型跨越发展的主战场创先争优、建功立业。

一、坚持把改革创新作为第一动力，以袁纯清书记重要讲话和重要批示精神为指针，进一步解放思想、创新观念

袁纯清书记指出，必须再次吹响解放思想的冲锋号，冲破一切影响和制约我们发展的思想心结和体制障碍，在转型和跨越的大道上劲跑。我们要认真学习、深刻领会、积极贯彻袁纯清书记的重要讲话精神，结合系统实际，广泛深入地开展"解放思想、创新工作、服务转型、促进跨越"大讨论，努力从传统监管理念中解放出来，牢固树立"四个统一"的理念。要着力破除只讲市场监管、不关心经济发展，只考虑发展速度、不注重发展质量，只强调经济发展、不重视社会和谐等错误观念，始终把工商行政管理工作置于服务科学发展、促进社会和谐的大局中去思考、去谋划，进一步做到监管与发展、监管与服务、监管与维权、监管与执法的统一。从传统监管方式中解放出来，牢固树立"四个转变"的理念，就是要着力破除传统的、落后的、粗放的监管模式，努力实现监管领域由低端向高端延伸，监管方式由粗放向精细转变，监管方法由突击型向日常规范监管转变，监管手段由传统向信息化转变，进一步提高市场监管执法效能。从传统执法行为中解放出来，牢固树立"四化"理念，就是在严格执法中更加注重抓治本、抓规范、抓信用建设，把行政指导作为整顿规范市场秩序的重要手段，加快市场监管执法工作的制度化、规范化、程序化、法制化建设。从守成求稳心态中解放出来，牢固树立"四宽"理念。就是要以宽广的视野认识发展，以宽阔的胸怀推动发展，以宽容的心态支持发展，以宽

松的环境保障发展，在服务转型中敢于建功立业、在创新监管中敢于领先一步、在各项工作中敢于争创一流。

二、坚持把促进发展作为第一要务，创造宽松便捷的发展环境，促进各类市场主体活力迸发

宽松的发展环境是客商投资兴业的首要选择，是企业发展壮大的必要条件，是群众安居乐业的重要保障。要充分发挥登记注册、商标广告等服务职能，不断提高服务层次和水平，以宽松的环境服务企业发展。一是采取"五帮"、"五办"、"五通"举措，深入推进帮扶企业大行动。"五帮"就是要开辟支持重大项目建设、招商引资和助创业带就业三个绿色通道，帮助企业加快创业发展；搭建民间投资、股权出资、动产抵押、商标出质、信用贷款等五个融资平台，帮助企业解决融资困难；发挥商标、广告、合同、信用等监管职能，帮助企业开展市场竞争；开展"打假保优"维权行动，帮助企业维护合法权益；树立"和谐执法"理念，帮助企业规范经营行为。"五办"就是对重大项目建设和招商引资中需要注册登记和变更登记的企业，资料齐全马上办，资料不全指导办，紧急项目加班办，特别项目跟踪办，重大项目领导亲自办。"五通"就是在企业注册登记管理、市场监督管理工作中，对符合法律、法规条件的确保畅通；对有利于企业发展又不悖法律原则的适当变通；对需要与相关部门联系的主动疏通；对难以疏通、又不能变通的加强沟通；千方百计为企业办通。二是打造五个融资平台，帮助中小企业和个体工商户解决贷款难、融资难问题。全力打造民间资本投资平台、股权出质融资平台、动产抵押融资平台、商标出质融资平台、信用贷款融资平台。具体讲，一方面，要强化登记服务职能，改进工作作风，拓宽融资渠道，积极支持组建小额贷款公司等民间金融机构，深入开展股权质押、股权出资、商标出质、债权转股权以及动产抵押等工作，帮助企业融资发展。另一方面，要进一步主动与邮政储蓄银行、信用联社、工商银行等金融部门联系，依托信用信息平台建设成果，搭建银企桥梁，继续推进"认定信用商户、创建信用市场"活动，解决企业融资困难，提高企业市场竞争力。三是围绕全市五个产业集群，大力实施商标战略。五个产业集群是我市转型发展、跨越发展的重大战略部署，要围绕五个产业集群，以荣获"国家商标战略实施示范城市"为契机，大力宣传驰名、著名商标在区域发展、结构调整、产业振兴、企业重组等方面的主动和引领作用，普及商标知识，增强商标意识，形成重视商标、爱护商标、保护商标的良好氛围；要发挥基层的服务功能，加大商标注册推进力度，广泛开展"一企一商标"、"一村一品一商标"活动，积极指导企业争创中国驰名商标和山西著名商标，以此促进企业自主创新力、市场竞争力的有效提高；要认真制定全市"十二五"商标战略发展规划，力争在"十二五"期间我市注册商标、著名商标、驰名商标总量再有一个突破性、跨越式增长。

三、坚持把监管市场作为第一职责，创造规范有序的市场环境，确保经济健康发展

转型发展需要健康的市场环境，跨越发展离不开规范的市场秩序。要坚持把市场监管作为第一职责，把确保安全作为第一责任，加大监管执法力度，促进职能到位。一是强化信用监管，以良好的信用形象再展诚信之邦的诚信魅力。信用建设是整顿规范市场秩序的治本之策。运城是关公故里，是诚信之邦。要按照省工商局"六抓"的要求，尽快完成政府部门间信用信息归集工作，并实施对中介机构、社会团体的信用信息归集，形成完善的企业、中介、团体的身份信息、业绩信息、提示信息和警示信息；积极推进信用成果应用，实现信用信息平台向政府部门监管市场、决策咨询的综合信息平台转型，并为社会提供信用信息的查询服务和信用评价服务。在系统内部，要实现"网上登记、网上年检、网上办案、网上办公"，并引深信用分类监管，加大对严重失信行为的惩戒力度。同时，广泛开展信用活动，继续开展争创"守合同重信用企业"、"山西省百家信用示范企业"活动，弘扬诚实守信，营造信用环境，使运城成为投资者、经营者、消费者的乐土，让诚信之邦再展诚信魅力。二是强化执法监管，维护市场秩序稳定。要深入开展打击制假售假、合同欺诈、虚假广告、不正当竞争、商业贿赂、传销等执法行动，严厉查处经济领域的各类违法违规行为，维护规范有序的市场秩序。三是要强化安全监管，维护市场安全稳定。要始终以如履薄冰、如临深渊的心态，牢记"睁着眼睛睡觉、枕着责任入眠"的安全责任意识，履行监管职责，严厉查处"黑网吧"等各类无照经营行为，维护良好市场秩序，推动我市安全生产形势持续好转、稳定好转。四是要强化和谐监管，树立良好执法形象。强化"重帮扶、少检查，重规范、少处罚，文明执法、和谐监管、仁爱企业"的理念，对合法经营企业，除上级安排和群众实名举报外，不进企业检查；对企业轻微违法行为，一律采取行政告诫，不予处罚；对企业首次逾期年检的，予以延期，不予处罚。

四、坚持把维护权益作为第一要义，创造安全放心的消费环境，维护社会和谐稳定

消费维权是工商部门的重要职责，要从以人为本、维护民生的高度，坚持把关注保障民生、维护消费权益作为第一要义，提高消费维权的及时性、便捷性、有效性，倾心、倾力、倾情为消费者排忧解难。一是建立完善12315行政执法体系。完善"相对集中受理、分工协作办理、应急指挥调度、信息汇总分析、进行消费提示"五种功能相结合的工作机制，及时组织查办侵害消费者权益的违法案件，对重大消费安全事件的应急处置和指挥调度，对消费维权信息的汇总分析。二是加强消费维权的组织建设。建立和完善由分管领导牵头的消保处（科、股）、12315申诉举报中心、消费者协会"三消"合一联动机制，定期分析消费动态，研究维权措施，形成

维权合力，提高维权效率和质量。进一步发挥消费者协会作用，努力促进各级消费者协会在宣传消费政策、发布消费警示、引导科学消费、代表消费群体、加强行业监督、联动新闻媒体、点评商业行为等方面发挥更大作用，形成更大影响。三是继续做好重点领域消费维权工作。切实加强流通领域商品质量监管，进一步强化对建材、家电、一次性塑料餐盒等重点商品的专项执法检查，加大对美容美发、装饰装修、公共服务等重点服务领域的监管力度，严厉查处损害消费者权益案件，积极做好消费纠纷调解工作，努力维护消费安全。

五、坚持把提升素质作为第一保障，努力打造一支在服务转型跨越中能建功立业的高素质干部队伍

在服务转型跨越的繁重任务面前，我们更要自觉地加强队伍自身建设。一是要加强学习型机关建设，狠抓教育培训，加强理论学习，严格学习制度，开展全员大培训、岗位大练兵和业务大比武活动，实现干部素质提升的新跨越。二是要大力加强工商文化建设。继续大力加强"忠、义、仁、勇、和、信"的运城工商文化建设，并坚持把这一特色文化精髓贯穿于干部队伍建设之中，进而重铸忠、仁、义、勇和信之魂，塑造鲜明运城"红盾"精神；扎实开展"创先争优"活动，激发全系统各级党组织的创造力、凝聚力、战斗力，激发党员干部队伍的生机与活力，切实把广大基层党员干部的工作热情和工作干劲凝聚到转型跨越发展中来。三是要加强班子建设。要始终把班子建设作为队伍建设的重中之重，严格用人标准，推进交流轮岗，严格绩效考核，努力建设在服务转型跨越发展上有大作为、有大建树的领导班子。四是加强廉政建设和作风建设。发展的背后是环境，环境的背后是作风。要认真落实省工商局"工商形象、十事十办"和"作风建设、十查十看"的要求，以严明的责任、严格的监督、严肃的纪律、严厉的考核、严正的作风，让服务发展的"高压线"真正带上"高压电"。对在企业登记管理中，不作为、乱作为、慢作为、假作为，刁难企业、阻碍发展的；对在市场监管执法中，有案不查、有诉不接、不负责、不履职，失职渎职的；对吃、拿、卡、要，徇私枉法、违法违纪的要坚决按照市委、市政府和省工商局的有关规定，给予党纪政纪处理，决不姑息。同时，对那些勇于创新、敢于负责，为了运城经济发展敢作敢为的同志，要撑腰壮胆，支持保护；对服务企业有作为，促进发展有成绩，监管市场敢作为，维护秩序有成效的先进集体和个人，要树立典型，大力表彰，弘扬正气。

实现五个转型跨越
服务集中区域建设

运城市工商局副局长兼盐湖分局局长　焦志强

运城市工商局盐湖分局现设13个科（室、队）、9个工商所、3个协会，共有干部职工177人。在创先争优活动中，盐湖分局紧密结合省委书记袁纯清提出的把运城"建成山西向东向西开放的桥头堡和大通道"的要求，围绕建设盐湖区经济发展较快集中区域这一中心，以"在科学监管、服务发展中创先进，在立党为公、执法为民中争优秀"为主题，把实现思想理念、服务发展、监管执法、消费维权、队伍素质"五个转型跨越"作为载体和抓手，努力做到"四个统一"，牢牢把握"四个只有"，不断引深"五增五创"，始终坚持"六个第一"，使我局的创先争优活动得以扎实开展。2009年，盐湖分局被中央文明委授予"文明单位"荣誉称号。2010年11月23日，盐湖区人大在我局进行视察调研和年度工作测评时，对盐湖分局围绕中心、服务大局、促进发展、创先争优的系列做法给予了高度评价。

一、解放思想，创新观念，实现思想理念上的转型跨越

围绕省委书记袁纯清、市委书记高卫东关于科学发展、转型发展、跨越发展的重要讲话，盐湖分局先后两次开展中心组学习。10月27日，我局党组又结合学习贯彻十七届五中全会精神，再次就如何转型、怎样跨越进行了深入讨论。通过理论学习，把党组的思想统一到中央、省委、市委的精神上来。

为了解放工商干部的思想，除组织理论学习外，盐湖分局先后3次组织人员到上海市浦东工商分局、西安市新城工商分局、重庆市九龙坡工商分局参观学习，开阔眼界，增长见识，交流心得，提升观念。10月14日运城市整治经济发展环境干部大会召开后，他们以支部为单位，广泛开展了"解放思想、创新工作、服务转型、促进跨越"大讨论，把大家的思想观念进一步引导到促转型、谋跨越、服务地方经济发展上来。

为了解放个、民协会会员的思想，9月26日，他们举行了由500余名会员参加的"迎国庆、爱我盐湖，促发展、创先争优"主题登山暨建言献策活动，动员全区个、民协会会员尤其是非公企业中的党员创先争优，为盐湖区招商引资、转型跨越作贡献。

通过解放思想，创新观念，全局干部职工决心做到"五个解放出来"：从条管体制意识中解放出来，从传统监管理念中解放出来，从传统监管方式中解放出来，从传统执法行为中解放出来，从守成求稳心态中解放出来。10月28日，我局焦志强局长代表盐湖分局在电视上表示，决心从思想上强化服务意识，在工作中以提高工商干部服务发展的执行力为抓手，创优盐湖区转型跨越发展的良好环境。

二、发挥职能作用，采取六大措施，实现服务发展上的转型跨越

围绕"建设盐湖区经济发展较快集中区域"这一中心任务，盐湖工商分局在创先争优活动中，一是利用市场主体登记功能，定期出台《盐湖区市场主体分析报告》，为区政府领导决策服务。盐湖区政府王志峰区长看了以后评价说："主体报告就好比晴雨表，政府决策还真是离不了。"二是以"四宽"精神营造宽松的创业就业环境，积极推行上门服务、跟踪服务、预约服务。2010年新发展各类企业265户、个体工商户3340户，上门服务企业299户，扶持下岗人员、大学毕业生创业就业78人。三是成立专门的"服务发展办公室"，对盐湖区重点企业、重点项目提供"一企一策"、"零距离"、"全过程"、"精细化"服务。全年共为企业办实事97件。四是大力实施商标战略，广泛开展"一企一件"、"一村一品"商标注册活动，推进"品牌兴区"。2010年共指导企业申请注册商标52件、推荐著名商标8件。五是打造民间资本投资、股权出质融资、动产抵押融资、商标出质融资、信用贷款融资"五大平台"，有效服务企业融资。全年共为企业办理动产抵押登记11件，帮助企业贷款3.85亿元，评选出"信用市场"10家。六是继续推进经济组织强农、经纪人活农、商标兴农、合同帮农、红盾护农、广告惠农和市场助农"七农工程"，深情服务"三农"。全年新发展农民专业合作社83户；指导专业合作社新注册农副产品商标6件；新发展农村经纪人49人；为10个农村合同帮扶指导站送去工作手册350本；帮助企业进行广告宣传策划20次；与农资经营户签订责任书301份；共检查农资经营户234户，查处农资违法案件76起。

在工商干部进企业调研帮扶活动中，盐湖分局主要领导带领相关人员，多次到盐湖工业园的迎太塑料、凯盛肥业、冰丰商贸等企业调研帮扶，现场为其办理公司年检手续，鼓励、指导"迎太"和"凯盛"两家著名商标企业申请参加中国"驰名"商标评选活动，真正做到了"进一户企业、送一片温暖"。在运城市冰丰商贸有限公司调研时，局长得知企业资金短缺，举步维艰，亲自与银行联系，帮助企业免费办理动产抵押登记备案手续，使企业成功贷款600万元。12月9日上午，区政府招商引资的两个企业到我局注册大厅办理登记手续，工作人员主动推迟吃饭时间近2个小时，当他们把营业执照交到了企业人员手中时，企业负责人感动地说："盐湖区工商局工作人员的服务意识就是强，盐湖区的投资环境就是好，真是名不虚传，以后一定介绍我们的生意伙伴到盐湖区投资发展。"

三、强化市场监管，维护市场秩序，实现监管执法上的转型跨越

市场监管和行政执法是工商部门的主要职能。2010年以来，盐湖分局一是出台了《经济户口监督管理办法》、《市场巡查监管办法》和《行政执法责任制》，促使日常巡查监管规范化。巡查人员突出重点，共查处无证无照经营369起；实施"一送两告"391户；取缔"黑网吧"5个；查处非法加油车6辆；检查校园周边查扣不合格食品、饮料、玩具141件；没收盗版图书62本、非法报刊93份、盗版光盘203碟；查办食品违法案件15起；查扣成品地沟油19桶约2500公斤。二是在行政执法中，突出宣讲法律和行政指导。2010年共对600余家市场主体进行了"友情提示"、"温馨提示"，对10家企业和个体户发出了"工商管理建议书"和"整改通知书"。三是外出学习办案经验和办案技能，大大拓宽了办案领域，增强了办案力度，提高了执法权威。制定了《行政处罚案件管理规定》和《行政处罚自由裁量权实施办法》，规范了执法行为。2010年共立案查处各类经济违法案件810起，其中万元以上案件72起，5万元以上案件5起。在"打传"工作上，共建立无传销社区、村镇、院校58个，取缔传销窝点19个，遣散传销人员381人，解救被骗人员12人，移交公安机关刑事拘留15人。四是在查处取缔无照经营方面，不断创新思路，向纪检部门建议，由区行政效能办牵头，对查处取缔无证无照经营进行效能监察。凡无证无照经营行为，没有前置审批的，由工商部门负责，涉及前置手续的，谁许可，谁负责。这一建议，有助于明确责任，从根本上解决无证无照取缔难题。

四、关注保障民生，维护消费权益，实现消费维权上的转型跨越

在消费维权方面，我局一是完善了12315 行政执法体系。盐湖分局与市局12315实现了合署办公，12315消费者申诉举报中心与消保科、消费者协会建立了"三消"合一联动机制，形成维权合力。二是深入推进"一会两站"建设，实现维权站点全覆盖。三是搞好消费维权，促进社会和谐。他们围绕"消费与服务"年主题，于"3·15"当天举行了有行政执法机关、各消协分会、大型商场超市等单位参加的《食品安全法》、《消费者权益保护法》大型宣传活动，组织了真假商品对比、企业诚信承诺和现场受理投诉，共展示宣传板面48块，散发宣传材料11 000余份，接受群众咨询1 000余人次，受理投诉61起，当场处理27起，执法小分队现场出击查处消费者申诉案件6起。全年共受理并处理消费者申诉、投诉149起，为消费者挽回直接经济损失18万元。年内，区消协围绕消费者反映的热点、难点问题，认真开展了本区服务领域消费者评议活动，共发放并收回汽车售后服务调查问卷和物业管理热点问题调查问卷各100份，并对问题进行了归纳汇总，同时邀请专业人士及有关专家共同评议，之后在《运城日报》等新闻媒体发布消费警示，对问题严重的汽车售后服务店和物业管理单位进行了曝光。

五、加强作风建设，提升干部素质，实现队伍综合素质上的转型跨越

创先争优、服务发展、监管执法、消费维权，队伍是基础，干部是关键。盐湖分局在队伍建设上，出台了《关于机关指导基层工商所工作的制度》，把机关科室职能定位在了抓指导、抓督查、抓落实上。一是以庆祝建党90周年为契机，进一步加强了党的基层建设。召开了党建工作专题会议，研究制定了《关于加强全局党建工作的意见》，对加强基层支部的组织建设、作风建设、制度建设、作用发挥和开展庆祝建党90周年活动做出了全面安排。6月30日，他们召集全局80余名共产党员和入党积极分子，参观了分局廉政文化活动室、重温了入党誓词、聆听了党课，并对全局评选出的10名优秀共产党员进行了隆重表彰。二是以"整顿作风、解决问题、提升形象、服务发展"为主题，开展了"作风纪律整顿月"活动。通过集中学习、征求意见、自查自纠，队伍的作风纪律明显好转，区纪检委同志由衷感叹道："工商人员确实素质高，队伍过硬。"三是以学习贯彻《廉政准则》为主线，教育干部职工特别是党员干部树立阳光健康的工作心态，开展了"月读一本书，增智促文明"主题读书活动。同志们读《阳光心态》，写笔记、心得，单位召开座谈会，组织演讲比赛，编印《廉政风险防范管理》读本。通过读书活动，党员干部的廉洁自律意识已经入脑入心，阳光健康心态开始生根发芽。四是以工商文化、和谐文化为载体，进一步增强了工商团队的凝聚力。制定了干部"有问题必谈"、"有家事必访"制度。开展了"河东春色"摄影比赛，组织189名离退休人员体检、参加"运城舜帝德孝文化节"舜帝陵景区游园活动，组织170余名在职人员体检，到上海参观世博会。"八一"前夕，召开60余名复转退伍军人参加了庆祝建军83周年座谈会。在爱心助学活动中捐款3000元，资助了一名贫困大学生。组织全局人员向舟曲地震灾区捐款9750元。五是以素质能力培养为抓手，进一步提升了干部队伍的软实力。制定了培养一专多能复合型人才的教育培训规划、计划和实施方案，全年共开展大规模的培训两次，培训时间近一个月，参加人员400余人次，培训方式坚持理论与实践、培训与观摩、学习与考核相结合，培训内容涵盖了政治理论、廉政建设、制度建设、法律法规，以及工商日常所用的主体准入和档案管理、食品安全监管、合同监管业务等知识，培训主讲人员有本系统、本局有理论有实践的同志，特别又邀请了盐湖区纪检委专家就监管风险防范作了专题讲座，全年共组织考试9次。

处理好"四个关系"
为转型发展跨越发展再立新功

运城市工商局开发区分局党组书记、局长　杨纪元

　　实现转型发展跨越发展，是省委、省政府贯彻落实科学发展观，富民强省的重大战略决策。各级党委、政府为保障这一重大战略决策的实施，对优化经济发展工作提出了更新、更高和更严的要求，这给我们工商行政管理部门的行政执收和行政执法工作带来了严峻的挑战。我认为要落实好国家工商总局周伯华局长提出的实现监管与发展、监管与服务、监管与维权、监管与执法"四个统一"和省委书记袁纯清提出的"转型发展跨越发展"这一目标任务，积极做好优化经济发展环境各项工作，工商部门必须处理好"四个关系"：

　　一、处理好市场监管与服务主体的关系

　　工商服务的第一内涵就是为经济发展服务。工商部门要牢固树立执法为经济发展服务的观念，把服务作为一切执法活动的出发点。通过执法营造良好的发展环境，维护市场经济秩序，为发展服务，为市场主体服务。工商部门重要职能之一是市场监管，依法加强监管也是一种服务，目的是为了帮助企业健康发展，这种服务是为了企业的长远利益。在监管执法过程中，决不能"不教而诛"，不能将"管理"变成"我管你"，而是要从服务发展，从服务市场主体的角度出发，以教育引导规范为主，要积极向企业和经营者宣传法律法规，对轻微的违法违规经营行为要及时制止纠正，对严重的违法违规行为依法查处。监管与服务是对立的统一，服务是执法的方向，执法是服务的手段，执法是服务的一种方式，要以服务为目的。

　　二、处理好严格执法与优化环境的关系

　　工商行政管理部门作为行政执法部门，在优化发展环境方面担负着重要责任。我们既要严格执法，同时也要优化发展环境。优化发展环境是一个系统工程，发展环境包括信用环境、法制环境、政策环境、市场环境、服务环境、人文环境等，其中公平有序的市场竞争环境是十分重要的一个方面。维护公平有序的市场竞争环境，就要求市场主体讲究信用，守法经营。如果出现违法违规行为，行政执法部门就要依法行政，公正执法，轻者教育规范，重者严厉查处，力所能及地为经济、为企业、为群众提供服务，最终优化地方经济发展环境。

三、处理好执收执罚与日常管理的关系

虽然依法执收执罚是国家赋予工商部门的职权，但是，目前由于一些法律法规"打架"及体制上的原因，多头执法、重复执法的现象依然存在；重监管、轻服务，重处罚、轻引导的现象在个别地方还存在，给市场监管工作造成负面影响。在这种情况下，就需要我们正确处理好执罚与管理的关系。一定要认识到管理决不是罚款，决不能因执收执罚而疏于日常管理。要树立以人为本的科学发展观，维护好广大人民群众的切身利益，牢记群众利益无小事，坚持"执法为民观"，而不是"执法为利观"。在目前形式下，我们必须加快推进执法监管工作从注重事后惩罚向注重事前规范转变，从注重突击整治向注重日常监管转变，努力建立起防打结合、以防为主的工作机制。利用好国家赋予我们工商部门的三大职权，加强日常管理，日常管理加强了，企业的违规违法行为就会减少，就能建立良好的公平交易秩序，形成优良的经济发展环境。

四、处理好履行职责与协作配合的关系

工商行政管理工作，特别是市场监管工作，涉及面广，任务繁重，需要地方政府的支持和各部门密切配合。要想履行好工商部门的职责，一定要处理好与地方政府和有关部门的关系，主动争取地方政府的支持。在工作中要主动向地方党委、政府汇报，多解释、多宣传、多沟通，争取支持和理解，同时积极完成地方交办的各项工作任务。在工作中做到不推诿扯皮，不敷衍塞责。只有加强协调配合，形成整体合力，才能充分发挥综合执法的整体功能，共同促进和推动地方经济的发展。

工商部门作为市场监管的行政执法部门，在认真学习和贯彻落实袁纯清书记讲话精神、实现转型跨越发展的变革中，一定要找准本部门职能与转型跨越发展的结合点和切入点，把省工商局党组提出的"解放思想，创新工作，服务转型，促进跨越"作为促进转型发展跨越发展的指导思想和动力，在转型发展跨越发展中创先争优、建功立业，为把我省早日建设成经济发展强省而努力奋斗！

在服务转型跨越发展中创先争优

临猗县工商局党组书记、局长　郭常兴

　　"创先争优活动，是学习科学发展观活动的继续和延伸，是党的先进性建设的有力抓手，也是以党建促发展、促和谐的战略之举。"这是袁纯清书记在最近讲话中对"创先争优"活动的表述。为进一步开展好创先争优活动，他强调指出：要把创先争优活动落实到转型发展、跨越发展上，落实到服务人民群众、促进社会和谐上，落实到加强基层组织、夯实执政基础上，落实到增强本领、改进作风上，落实到完善制度、健全机制上。这就为我们开展创先争优活动明确了思路，指明了方向。如何落实袁纯清书记讲话，开展好创先争优活动，充分发挥工商职能，更好地服务转型发展跨越发展，我认为应从以下几个方面着手：

　　一、解放思想、提高认识，从战略的高度认识开展创先争优活动的重要性

　　思想上的合心才能形成行动上的合力。"创先争优"活动是党中央继学习实践科学发展观活动之后，着眼于经济社会发展和党的建设实际，为加强基层党组织建设和党员队伍建设而部署的一项经常性工作，影响深远，意义重大。特别是对我们工商系统来说，就是要像袁纯清书记批示的那样："坚持监管与服务并重，为各类业主创造一个好的市场环境"，"发扬成绩，不断进取，为山西市场经济的活跃和健康发展做出新的贡献"。

　　创先争优就是要组织引导党员、干部以实现"求真务实、科学发展"为中心，在完成市场监管和服务经济发展等重点任务上创先进、争优秀；就是要组织引导党员增强大局意识、敬业意识、奉献意识，在完成各项工作任务中体现共产党的先进性和共产党员的先锋模范作用；就是要在扎扎实实为群众办好事、办实事，让群众得到实惠，切实解决困难群众的生产生活问题，维护社会的安定团结上创先进、争优秀；就是要在提高政治敏感性、增强工作责任心、加大工作执行力、加强和改进工作作风、廉政勤政做贡献上创先进、争优秀。我们只有站到了这个高度，思想上重视、组织上健全、制度上保证、行动上参与、机制上保障，才能形成开展创先争优活动的强大合力，推动这项工作向纵深发展。

　　二、突出特色、丰富载体，从不同角度、不同方位开展创先争优活动

　　创先争优活动目前已在全国上下、各行各业开展起来。对我们工商部

门来讲就是要突出监管与服务特色，把改革创新作为第一动力，大力促进发展作为第一要务，把市场监管作为第一职责，把安全生产作为第一目标，把维护权益作为第一要义，把提升素质作为第一保障。要着力破除只讲市场监管、不关心经济发展，只考虑发展速度、不注重发展质量，只强调经济发展、不注重社会和谐等错误观念，始终把工商行政管理工作置于服务科学发展、促进社会和谐的大局中去思考、去谋划，更好地做到监管与发展、监管与服务、监管与维权、监管与执法的统一。要进一步采取"五帮"、"五办"、"五通"举措，把服务发展落实到工作中。就是要开辟支持重大项目建设、招商引资和帮助创业带动就业三个"绿色通道"，帮助其加快创业发展；就是要搭建民间投资、股权出质、动产抵押、商标出质、信用贷款等融资平台，帮助企业解决融资困难；就是要发挥商标、广告、合同、信用等监管职能，帮助企业维护合法权益；树立"和谐执法"理念，帮助企业规范经营行为；就是要对重大项目建设和招商引资中需要注册登记和变更登记的企业，资料齐全马上办，资料不全指导办，紧急项目加班办，特别项目跟踪办，重大项目领导亲自办；就是要在企业注册登记管理、市场监督管理工作中，对符合法律法规条件的，确保畅通，对有利于企业发展又不悖法律原则的适当变通，对需要与相关部门联系的主动疏通，对难于疏通又不能变通的加强沟通，千方百计为企业办通。

三、立足岗位、身体力行，从我做起、从现在做起开展创先争优活动

开展创先争优活动不是领导讲一讲，下面听一听，领导传达文件，下面做个笔记，而是要求每个人都必须立足岗位、身体力行、踏踏实实，从我做起，从现在做起，把每一项措施落实到工作中。领导不创先争优群众难创先争优，个人不创先争优单位难创先争优，科室不创先争优机关难创先争优，基层单位不创先争优全市系统难创先争优。因此我们一是要保持清醒的头脑，在落实党和国家的大政方针政策上创先争优。党和国家大政方针的落实，要靠各级基层单位具体从事本职工作的个人做起，不管你的性别、职业、年龄、家庭出身、宗教信仰如何，只要你是中华人民共和国公民，你就有落实党的大政方针政策的义务。目前全国开展的创先争优活动，就是围绕科学发展这一党的大针方针政策而展开的。省委书记袁纯清在运城调研时强调要把运城"建设成山西向东向西开放的桥头堡和大通道"，市局党组要求我们要以深入开展"创先争优"活动为载体，充分发挥工商职能作用，尽职尽责抓监管、尽心尽力创环境、全心全意护权益、不遗余力促发展，在服务转型跨越发展的主战场创先争优、建功立业。作为运城工商系统的一份子，作为一名"红盾"卫士，就是要保持清醒的头脑，加强对党的大政方针政策的学习和理解，在理解和把握的基础上结合工作去抓落实。当前最紧要的工作就是在学习《廉政准则》的基础上，严密组织，做好廉政风险排查的相关工作。二是要加强学习提升素质，在增强工作的执行力上创先争优。袁纯清书记指出，对基层党组织和广大党员来说，首先要提高谋转型、促跨越的本领。要来一个学习知识的竞赛、本领提高的竞赛。要把创先争优活动总体要求和落实基层党组织"五个好"、优秀党员"五带头"具体要求统一起来，围绕所承担的任务、所承担的工作，制定出符合群众愿望的活动载体，把创先争优活动的成效体现在职责明确、能力提升上。因此，我们想干好事、干实事、干成事，不学习不行，学习不好也不行。随着形势的发展，总局三定方案的出台，需要我们学习的知识越来越多，不加强学习，就谈不上正确履职；不加强学习，就谈不上灵活运用；不加强学习，就谈不上提高能力；不加强学习，就谈不上创先争优。在学习的态度上要增强主动性和自觉性，在学习方法上要增强科学性和灵活性，在学习内容上要增强前瞻性和多样性，在学习的效果上要追求实用性和时效性。三是要坚守岗位履行职责，在完成各项工作任务中创先争优。目前对我们基础部门来说，任务重，压力大，但是决不能忽视党风党纪教育，廉洁勤政教育，要以经常性的党纪党风教育为基础、以完善相关制度机制为抓手、以狠抓各项规章制度的落实为保障，要认真落实省工商局"工商形象、十事十办"和"作风建设、十查十看"的要求，以严明的责任、严格的监督、严肃的纪律、严厉的考核、严正的作风，让服务发展的"高压线"真正带上"高压电"。

目前，创先争优活动正处在一个关键时期，我们一定要从全局的高度认真落实袁纯清书记讲话精神，增强转型的责任感、跨越的紧迫感，抓住山西作为"综改实验区"机遇，勇于创新，迎接挑战；在服务人民群众上，尽力做到群众有什么需要，我们就有什么承诺，我们做出什么承诺，就要兑现什么承诺。在完善制度、健全机制上，要坚持"党建带群建，群建促党建"，把群众意见作为检验活动成效的重要标准，提高公信度和影响力。总之，开展创先争优活动，重在干实事、干好事、干大事、干成事、干群众欢迎的事，不能停留在文件上、会议上、墙壁上，而是要落实在岗位中、干事中、行动中。

优质服务促转型、谋跨越
尽职尽责创先进、争优秀

万荣工商局党组副书记、负责人　杨延年

当前，"十一五"发展刚完成最后的攻坚、冲刺阶段，充满机遇和挑战的"十二五"已经到来，我国经济社会正迎来新一轮的快速发展期。如何抢抓机遇、迎接挑战，实现转型发展、跨越发展，成为摆在各级政府、各个部门面前的一大政治课题。袁纯清书记就这一课题，在全省领导干部大会上作了深刻论述，他的讲话高屋建瓴、立意高远，为全省政府工作指明了方向和目标；他的讲话语重心长、一针见血，破解了束缚经济发展的问题症结。作为基层工商部门而言，就是要始终把袁纯清书记的讲话精神作为指导工商工作的"航灯"落实到具体工作中；就是要围绕县委、县政府的中心工作，围绕全县发展大局，在"上项目、干工程"中出实招，在招商引资中出真招，在市场监管中出硬招，以优良的工作作风、优质的服务措施为全县经济实现转型、跨越发展发挥积极的作用。下面我结合工作实际，谈谈自己的认识和体会：

一、提高人员素质是转型、跨越发展的关键所在

实现发展转型，关键是干部转型，干部转型，根本是思想转型，而思想转型又依赖于干部素质的提升，而素质的提升，必须靠学习来完成。目前，我们基层部分工商人员存在不想学、不愿学、学不深的浮躁思想，个别干部"读书读个皮儿，看报看个题儿"，造成专业不专、业务不精的局面，复合型人才更是极度缺乏，这样的境况很难达到转型跨越发展的要求。因此，要真正提升党员干部的基本素质，既要调动广大干部的学习积极性，又要出实招督促干部学习，要把学习作为一种经常性的工作抓实、抓牢、抓在手中。一是集中学。确定集中学习日，组织广大干部集中学习政治理论和业务法律等知识，并让干部谈心得、谈体会、相互交流、相互提高，增强学习效果；二是引导学。定期邀请专家学者举办知识讲座，对重点知识、重要理论进行强化学习，通过专家带学、引导，不断增强每位干部的学习积极性，提高专业知识层次；三是强考核。要把干部的学习纳入年度目标考核中，定期组织各类知识考试，检验学习效果，同时要对考试不合格、达不到学习目标的人员进行轮岗、停职培训处理，提高同志们对学习重要性的认识。

二、改进干部作风是创优发展环境的首要条件

干部作风的优劣决定着投资环境的好坏和发展速度的快慢。万荣县工商局近年来对作风建设特别重视，通过整顿作风纪律、征求群众意见、上门提供服务等措施，使工商部门的形象大幅提升，我局的行风评议也连续多年在全县行政执法部门中名列前茅，所以我认为，创优发展环境应着眼以下几方面：

一要树立部门形象，增强亲和力。树立对外良好的形象，就是在服务态度、文明用语、服务效能上让群众认可，让办事人员满意，提升工商人员在群众心中的可信度。

二要沉下去，主动为企业提供帮扶。2010年8月份，我们在企业调研回访中，了解到万泉宏展养殖专业合作社因无土地使用手续无法办理营业执照，我们立即对其进行帮扶指导，要求其提供了村委会土地使用证明，并帮助该合作社填写表格，补齐手续，只用了一小时就为其办好了合作社营业执照，使该合作社很快走上正常运营轨道。

三要广开言路，开门纳谏。征求各方意见是联系群众、倾听民声的有效途径。近年来，我局坚持召开重点企业座谈会和基层工商所行风对话会，征求社会各界对工商部门在服务、执法、作风等方面的意见和建议，并及时提出整改意见限期予以整改，收到了较好的效果。

三、创新工作方法是实现县域经济快速发展的"推进剂"

经济转型需要创新，发展形势逼迫我们要创新。我们要废除"四平八稳、缩手缩脚、胆小怕事、怕担责、不敢破旧"的老套数，要敢于打破条条框框，按照袁纯清书记的讲话就是"跳起来摘桃子"。具体到我们工商部门，就是在法律允许范围内，不断降低市场主体准入门槛，最大限度方便各类市场主体快速进入市场。对前来办事的群众做到只要手续齐全，随到随办，不让办事群众多等一分一秒，同时坚持"快事快办，特事特办"制度，为全县重大项目和招商引资项目开辟"绿色通道"，全力支持企业投资发展。还要拓宽监管执法领域，从对有形的市场监管向无形的网络交易监管延伸、从查办简单的假冒伪劣案件向复杂多变的商业贿赂等不正当竞争行为监管上转变，大力营造公平公正的市场环境和竞争环境，为全县经济发展创造和谐的发展环境。

四、服务企业和群众是开展创先争优活动的具体体现

一个基层党组织是一个战斗堡垒，一名优秀党员就是一面鲜艳旗帜，一个优良的干部队伍，则是一道亮丽的风景线。服务企业和地方经济发展是工商部门义不容辞的责任，具体到工作中也就是充分发挥职能优势，为地方经济发展尽心尽责。

近年来，通过万荣县委、县政府的对经济格局的不断调整，出现第一产业发展平稳，第三产业发展日渐规模、日渐强劲的势头。随着经济结构的变化，我们工商部门将大有作为，首先要从监管向服务转型，实现国家

工商总局监管与发展、服务、执法、维权"四个统一"的要求，从以下几方面为地方经济发展服务。

一是发挥商标战略作用，提高竞争力。要深入企业、经营户大力宣传《商标法》，鼓励引导全县知名企业和知名品牌申办注册商标，争创著名、驰名商标，提高企业竞争力，同时鼓励特色农副产品申报注册商标，提高影响力和知名度，把农副产品做强、做大、做出效益，为万荣经济发展助一臂之力。

二是发挥动产抵押物登记作用，为企业解决融资难题。例如2010年8月份，我县万辉制药公司由于扩大生产规模，企业融资出现困难，我局在为其进行动产抵押的登记后，还联系省担保公司，为该公司作担保，盘活资产500万元，及时为企业解决了因资金短缺而影响正常经营的难题。我局全年共办理动产抵押物登记9起，盘活总资产达1.7亿元。同时，我局还与县信用联社联合开展信用商户评定活动，可为诚信经营、具有发展潜力的中小企业和个体工商户提供小额贷款，进一步拓宽个私经济发展的融资渠道。

三是发挥党员表率作用，积极为农民群众办实事、办好事。我们按照县政府的安排，组织广大党员深入农村，深入果农家中，深入田间，为农民群众送法律、送政策、送有利于果业发展的良言妙计，同时还免费为果农们送上果树所需化肥、农药等生产资料，免费为他们提供专业技术指导。如贾村红艳果蔬农民专业合作社正是采纳了我们一个小建议，每个社员年收入可增加2000元到3000元。

五、维护消费权益是建设和谐社会的重要因素

随着社会的不断进步、群众法律知识的不断丰富和完善，人们对自身的权益保护也随之增强，因普通的消费纠纷引发不必要的冲突、甚至上访等影响社会和谐的事件已屡见不鲜。因此，维护消费权益从某种程度上讲是涉及民生的头等大事，我们工商部门应从以下几方面努力：一是建立完善12315行政执法体系。要配齐、配强人员和硬软件设施，做到快速反应、快速处理，要完善"相对集中受理、分工协作办理、应急指挥调度、信息汇总分析、进行消费提示"等五种功能相结合的工作机制；二是加强"一会两站"建设。要达到每个行政村"一会两站"全覆盖，并要有一名素质高、责任心强的维权联络员，方便群众就近投诉，就近解决消费纠纷；三是充分发挥消费者协会作用。要加强研究维权形势，追踪维权热点，创新维权思想，提高维权效能，在发布消费警示、引导科学消费等方面发挥更大作用，让消费警示成为消费者抵制假冒伪劣商品的一种自觉行动，为营造和谐社会发挥更大作用。

总之，要实现县域经济的快速发展，就要找准工商部门服务转型发展的着力点，把广大党员干部的积极性和主动性调动起来，在各自工作岗位上争先进、创优秀，为万荣经济实现转型发展、跨越发展做出自己应有的贡献。

心系大局 倾力作为
努力建设"四型"党组织

闻喜县工商局党组书记、局长　闫峰

　　当前，全省正处在一个尽全省人民之力实现转型发展、跨越发展的重要时期。2010年11月19日，《人民日报》刊登了省委书记袁纯清《在转型发展跨越发展中建功立业创先争优》一文，提出要以创先争优活动为契机，以党建促发展、促和谐，全力推动转型发展、跨越发展。作为一名基层工商局的行政负责人，我认真地阅读了全文，并结合实际，谈一谈基层工商部门在跨越发展大形势下，如何结合工商职能，以行政方式转型促发展方式转型，进而促进县域经济的转型发展、跨越发展。

　　一、建设"学习型"党组织，达成"两个发展"共识

　　素质提升是工作推进的基础。要在全局党员干部中深入推进"创先争优"活动，进一步转变工作理念，充分调动基层党组织和广大党员的积极性和主动性，促进党员干部思想大解放、大跨越。一是按照"在科学监管、服务发展中创先进"的要求，转变工作思路，把工商工作放在转型发展和跨越发展的战略中定位和考量，树立"监管为转型、维权为稳定、服务为发展、执法为和谐"的理念，把工作重心放在服务地方经济发展大局、服务企业健康发展上；二要以"两个发展"为契机，促行政方式的转型和提升。在全局开展结合工商实例、提高业务能力的"四比四争"讨论学习活动，针对基层实际和执法人员的现状，制定业务培训计划，采取"请进来、走出去"的原则，对工商干部分层次、分阶段开展业务培训，以进一步提升执法水平、保障行政安全，实现行政方式转型，使大家进一步认清形势、明确责任、增强信心。

　　二、建设"创新型"党组织，推进党建激发活力

　　创新是事业发展的灵魂，是一个党组织永葆生机的源泉。我局结合创先争优工作，在县局注册登记大厅、基层注册登记窗口、12315受理消费者投诉等岗位开展"党员先锋岗"创建，通过党务公开、党员先锋岗、结对帮扶等党员活动，把党务公开与局务公开、政务公开、首办责任制结合起来，为各类市场主体登记开辟"绿色通道"，推进登记流程化，提高办事效率。同时在私营企业、农民专业合作社、外出务工人员集中点建立党组织，进一步加大非公有制经济组织和新社会组织的党组织组建力度。目前，我县已经在海鑫集团、银光集团等全县龙头企业设立了党组织，下一

步，将加大覆盖面进一步发挥基层党组织和党员的先进模范作用。

三、建设"服务型"党组织，立足发展促进跨越

为企业服务是工商部门的天职。在当前转型发展、跨越发展的大形势下，工商部门更要立足职能，在服务发展、促进跨越上下工夫。

全力服务重点项目建设。继续开展"工商干部进企业调研帮扶"活动，在服务发展中创先进。紧紧围绕闻喜"项目建设年"目标，对重点项目实行事前、事中、事后全程服务，促进项目早开工、早投产、早受益。11月25日，山西省文水县大象禽业有限公司在闻喜设立的"象丰"农牧有限公司顺利通过名称预核，在工商部门与当地党委、政府的共同努力下，又一家招商引资项目落户闻喜。

打造"五大平台"帮助企业拓宽融资渠道。搭建动产抵押融资、商标发展融资、民间资本投资、股权出质融资、信用贷款融资平台，指导企业盘活资产，实现融资，进一步规范登记程序，为企业办理股权出质提供快捷服务。我局开展"认定信用商户，搭建融资平台"活动，通过工商部门推荐和企业分类监管信息库查询，邮储银行已向100余户商户发放贷款1000余万元。

积极推进"品牌兴县"战略。我局建立品牌商标培育资源库，广泛开展"一企一件"商标注册活动，有计划、有目标地培育我县的知名、著名、驰名商标，支持鼓励驰名、著名商标企业在区域发展、结构调整、产业振兴、企业重组等方面发挥主导和引领作用，推进闻喜从资源型经济向品牌型经济转变。2010年我县共有5家企业在工商部门引导下制定了著名商标规划。

建立企业"一对一联络员"制。由我局班子成员带头，对规模以上和小亮点企业实行一对一定点帮扶联络，每家企业由一名工商人员专门负责协办本企业登记、变更、年检等许可事项。我局由局党组成员带队主动上门，先后深入海鑫集团、银光镁业、天王台集团等龙头企业，实地查看企业现状，并与企业家面对面座谈，倾听企业呼声，听取企业意见。同时带领相关业务股室负责人现场办公、上门服务，在企业实施商标战略、创建守重企业、规范经营行为等方面献计献策、帮扶发展。我们先后上门服务826户次，征求意见建议26条，为企业策划实施商标战略2家，解决实际困难8起。

四、建设"民生型"党组织，催生富农要素促农民增收

民生是最大的根本。要牢固树立执法为民理念，突出群众反映强烈、社会危害严重的热点问题，在"三农"问题、消费维权、食品监管方面出实招，避免引发不必要的冲突甚至上访，在确保民生促进和谐上争优秀。

促进农民创收。开展"一村一品一标"活动，以农产品商标发展促进农业产业化；鼓励农民自主创业，鼓励农产品变商品、农民变法人。支持农民专业合作社由数量增长转向质量提高，提升应对市场能力。实施合同帮农工程，通过建立合同帮农指导服务网络，大力发展订单农业，提高涉农企业的竞争力和带动力。

加强食品安全监管。一是要严把食品经营主体准入关。坚持依法登记、先证后照的要求，对未取得食品卫生许可证的，一律不予登记。二是结合日常市场巡查，按照"谁登记、谁负责"的原则，对食品经营主体资格进行逐户清理和规范。同时严把食品入市质量关，健全完善进货查验制度、索证索票制度、购销台账制度等制度，同时加强监督，提高食品经营户自律意识和能力。

抓好12315综合指挥平台建设。着力完善受理功能，确保诉求畅通；推进"一会两站"和12315"六进"工作，构建消费维权网络；健全执法监督，严格依法行政，最大程度保证消费者的合法权益。

开展创先争优、促进"两个发展"具有十分重要而迫切的意义。我们闻喜县工商局将在市工商局、闻喜县委的正确领导下，严格落实袁纯清书记的讲话精神，扎实作为、服务发展，切实推进创先争优活动的深入开展，为闻喜的转型发展、跨越发展尽应尽之力。

在转型跨越发展中提升服务能力

稷山县工商局党组书记、局长　贾文生

通过学习省委书记袁纯清的《在转型发展跨越发展中建功立业创先争优》讲话精神，作为一名基层工商领导干部，我认为：始终坚持以科学发展观为指导，始终把服务发展作为第一要务，立足岗位实际，找准服务转型跨越发展的着力点，开展行之有效的争创活动，才能不断创新服务方式，深化服务内涵，提高服务水平，拓展服务领域，提升服务效能；才能在转型跨越发展中不断提升服务能力，促进地方经济社会又好又快发展。

一、用足用活政策，优化发展环境。在认真学习、深入调研的基础上，我们紧紧围绕发挥工商行政管理职能、服务促进地方经济社会发展，制定了《稷山县工商行政管理局关于发挥工商职能作用促进全县经济平稳较快发展的实施意见》，提出了23条具体实施措施，结合实际又相继出台了支持经济转型50条、支持非公有制经济发展35条，从放宽市场准入条件，支持各类市场主体快速发展；加大政策扶持力度，大力推进新农村建设；进一步创新机制，不断提高服务效能；转变执法理念，全面实施和谐监管四个方面，进一步明确扶持措施，优化发展环境，全力支持当地经济发展。

二、畅通绿色通道，提升服务效能。全面落实三个"绿色通道"（大项目大企业、特殊群体、农民专业合作社），实现预约、延时、上门三服务，努力打造助推经济社会发展的强力"引擎"。对招商引资企业、重点企业、龙头企业确定专人负责、跟踪服务，实行特事特办、急事急办、常事快办；为特殊群体在设立登记、产业选择、市场开发、权益保护等方面提供近距离、无障碍服务；力促农民创业，引导成立专业合作社，发展特色产业、发展农业品牌，提供事前、事中、事后的全程服务；同时要在农民专业合作社逐步建立党组织，在企业兼并重组整合中搞好党员组织关系的结转，加大非公有制经济组织和新社会组织的党组织组建力度，充分发挥党员在经济社会发展中的重要作用。

三、创新年检方式，延伸服务触角。为切实解决企业年检工作中存在的办事大厅狭小、工作人员少、窗口压力大、企业往返奔波、咨询渠道不足等"老大难"问题，对信誉度较高的企业实行上门年检服务活动，并零距离为企业提供年检指导与帮助；继续深入开展"工商干部进企业调研帮扶"活动，在企业年检工作中采取有力措施做好帮扶工作。真正使年检工作有序、可控地进行，也使企业享受方便、快捷的年检服务。

四、开展红盾助推，全员帮扶发展。在全县继续深入开展"工商干部进企业调研帮扶"活动，为企业和个体工商户登记造册，明确每个干部职工挂钩帮扶的对象和具体要求，为每个干部确定了至少以3户企业或个体户为联系点，要求每个干部每季度至少与帮扶对象联系一次，以大力开展个体工商户转企升级、兴企解难、就业帮扶工程服务，真正做到"服务发展，人人有责；挂钩帮扶，人人有点；排忧解难，件件有果"。同时要专门成立市场主体服务队，深入企业开展"送真情、送指导、送服务"三送活动。

五、积极牵线搭桥，拓宽融资渠道。为切实帮助个体私营企业解决融资难问题，要积极主动组织辖区非公有制企业股权出质知识培训，指导企业不断拓宽融资渠道，积极稳妥推动民间资本创办小额贷款公司，鼓励自然人和私营企业出资设立商业性或互助性的信用担保公司，指导个体私营企业利用抵押、质押担保进行融资；同时，允许股权出资，为个体私营企业进一步拓宽融资渠道。同时，要在政府的领导下，积极搭建金融机构和企业的沟通交流协作平台，建立银企对接工作机制，支持建立面向个体私营企业的金融服务体系和信用担保体系。

六、主动招商引资，助推经济发展。本着"突出企业、突出项目、突出洽谈"的原则，号召全局人员积极投入到招商引资工作中去，主动增强招商引资的吸引力，对招商引资的企业要实行特事特办、全程服务。同时，要积极引导组织本地企业通过参会、参展的方式，多方位、多角度地展示他们的形象。

七、强化信息应用，服务政府决策。我们要充分利用企业信用体系平台，加强对大量统计数据比较分析，揭示市场主体发展规律，预测市场主体发展趋势，每月、每季、每半年形成高质量的统计分析报告，向当地党委政府报告，为领导决策当好参谋，为企业投资当好向导。通过深入全面的统计分析，准确及时的数据提供，广泛有效的统计宣传，切实为政府宏观决策和制定产业政策以及有关部门加强监管提供及时的参考依据，引导企业及时调整投资方向和产业结构，进一步提升工商部门在地方经济社会发展中的地位和作用。

八、完善维权网络，加强消费维权。一是加强规范化建设，确保维权到位。制定和完善工作纪律、日常工作、节假日值班制度。同时，建立了12315电话情况记录、12315申诉举报咨询情况记录、现场申诉举报记录等本簿，让基础工作的建立完善保证了各项工作的顺利完成。二是加强推进"一会两站"建设，确保覆盖到位。进一步加快农村"一会两站"的规范化建设，在健全500人以上自然村"一会两站"基础上，要在大型商场、超市、集贸市场、娱乐场所设立消费者投诉点，为消费者提供消费投诉、法律宣传、消费警示、维权咨询等多项服务，使投诉能得到迅速妥善处理，把问题解决在原地。三是加强指导监督，确保监管到位。要抓好"一会两站"规范化运行和管理工作，进一步完善联系点工作人员的工作职责、权利和义务、受理纠纷的具体操作规范，对12315消费维权站点的工作实行工商所专人负责指导培训，提高各维权点服务意识和业务水平，有效维护消费者权利。特别是针对"家电下乡"商品开展专项咨询和跟踪指导，为扩大农村消费者提供"零距离"维权服务。

九、创新监管手段，推行行政指导。要把行政指导贯穿于市场监管和行政执法的全过程，重点围绕企业登记注册、市场监管巡查、行政执法办案、促进经济社会发展等方面开展行政指导。要逐步建立和完善企业登记事务助导、规范经营劝导、查处违法疏导、维权兴企引导等工作制度，并根据实际情况综合运用实施。一是在服务发展方面推行助导制。围绕信息公开、事务提醒、培育品牌、科学发展主题，公开工商部门掌握的注册登记信息资料，供行政相对人投资时参考，引导其作出正确决策和选择。结合实施市场主体注册登记等行政许可职能和掌握的信息，主要围绕"事务提醒、申办指导"，主动为申办人服务，帮助其依法办理注册登记相关事务。二是在巡查经营方面推行劝导制。结合市场巡查等日常监管，主要围绕"知法守法、建章立制、苗头预警"，指导企业、个体工商户合法经营，防止违法行为的发生。三是在执法办案方面推行疏导制。结合查处违法案件，主要围绕"教育为主、重在纠正、轻违告诫"，指导相对人认识问题，接受教训，纠正违法行为。四是在依法维权方面推行引导制。引导经营者提高维权意识和能力，指导企业做大做强、诚信兴企、持续发展，主要围绕"创建品牌、提升形象、科学发展"，进行指导服务，促进企业发展。

十、实施商标战略，服务转型发展。要充分结合地方经济特点和资源优势，强化职能，完善服务，大力实施商标战略，真正形成"宣传发动、政府牵动、服务推动、维权联动"的四轮驱动商标战略格局。一是通过宣传发动，创新观念，形成商标纵深发展的浓厚氛围。采取入农户、下田间，开办农民课堂，在媒体上设专栏，组织村官搞培训，送法下乡等形式，让广大农民和企业在观念上认识商标的重要性。二是通过政府牵头，创新环境，形成支持商标战略的政策措施。采取政府出台奖励等优惠措施，为商标战略的实施创造良好的环境。三是通过服务推动，创新方式，形成以商标促发展的良好态势。采取全员出动、多元发展模式、推行行政指导、开展广告惠企活动等措施，进一步促进企业走向商标发展战略的行列中。四是通过维权联动，创新举措，形成打假扶优的执法合力。采取局所、部门、企业联动，加大打假保优维权力度，从源头上遏制商标侵权行为的发生。

发展的号角已经吹响，我们豪情满怀、奋发图强，努力做到"四个统一"、积极推进"四个转变"、大力加强"四化建设"、全面实现"四高目标"，做到服务发展求先行、监管执法求高效、队伍建设求提升、系统管理求规范、持续运作求实效，就一定能在服务转型跨越发展的主战场建功立业、创先争优！

创先争优提素质 凝心聚力树形象
抢抓机遇严监管 转型跨越促发展

新绛县工商局党组书记、局长 潘景义

在各级党组织和党员中广泛开展创建先进基层党组织、争当优秀共产党员活动，是党的十七大和十七届四中全会提出的重要任务，是学习实践科学发展观活动的延展、继续和深化，是加强党的基层组织建设的一项重要的常规化工作。在新形势下，我们新绛县工商局紧紧围绕省工商局的部署和要求，结合工作实际，认真学习贯彻袁纯清书记在《人民日报》发表的题为《在转型发展跨越发展中建功立业创先争优》的重要指示，深刻领会、牢牢把握以创先争优促进全省"转型发展、跨越发展"的战略思维和论述，坚持"四个只有"，引深"五增五创"，落实"六个第一"，更新思想观念，创新监管机制，改进工作作风，优化服务环境，在"五要"上下工夫，努力做到"四个统一"，达到"三个过硬"，不断深化创先争优活动内涵，提高活动的针对性和实效性。

一、思想观念上要"新"

正确科学、符合实际的思想观念是做好工商行政管理工作的必要指导和根本保证。我们经常讲，"思想决定行为，思路决定出路"。有了先进的思想，才会有先进的行动。工商行政管理工作涉及的面广，所遇到的困难也比较多，随着市场经济不断向纵深发展，工商工作将更加艰巨和繁重，更需要创新，更需要发展。依老观念产生不了新思路，按老思维拿不出来新举措，用老办法解决不了新问题。这就要求我们要在思想深处牢固树立创新意识，用发展的目光和创新的理念去制定思路、开展工作，要将发展创新的思维贯穿于整个工作进程和每个工作环节，准确把握发展规律，认真分析存在问题，抓住工作中存在的主要矛盾和矛盾的主要方面，克服思想僵化、观念落后、因循守旧、固步自封、囿于见闻、不思进取的惰性思维和懒汉作风，不断尝试用新路子、新办法、新手段解决实际问题，以更好地监管市场、服务经济社会。有了新思维、新思想、新观念，就可以解决我们"工作怎么办、怎么干"的问题，从而也就更能清楚地认识到"入党为什么，在党干什么，为党做什么"的问题，使我们工商行政管理部门真正成为地位高、形象好、政府放心、群众满意、社会认可的行政部门。

二、工作落实上要"实"

袁纯清书记指出："要把创先争优活动落实到转型发展、跨越发展

上。"抓工作，贵在落实；求实效，重在落实。在抓落实、谋实效中，一定要把握抓落实的方向，突出抓落实的重点，瞄准抓落实的目标，不搞形式主义。具体到工作中，就是要结合工商系统的工作特性，把基层党组织和广大党员的积极性和主动性调动起来，联系本地区、本单位、本岗位的实际情况，因情施策、因地制宜，从对经济发展现状倾注更多关注入手，把握地区经济发展的目标任务、制约地区经济发展的"瓶颈"、影响企业生存发展的主要问题等，进一步找准工商工作服务转型发展、跨越发展的着力点，在立足职能解决当地经济发展的实际问题上下工夫。同时，抓工作落实不能"眉毛胡子一把抓"，而要吃透上情，摸清下情，在抓落实、求实效中，不能做表面文章，不能把工作布置在文件里、安排在会议上、落实在讲话中、停留在口号上。要多深入市场第一线了解新情况、掌握新动态、解决新问题，把解决热点、难点、焦点问题作为工作中的重点，把更多的时间用在抓实事上，把更多的心思用在抓工作上，把更多的精力用在抓落实上，以实事求是的态度想问题、作决策、干事业。具体到工作中，就是要通过加强政策引导，提供服务信息，实施兴企强县、兴农富民两大工程，继续开展"千名工商干部进万家企业调研帮扶"等活动，帮助企业摆脱困境，拓展市场，焕发生机；要全面实施品牌战略，促进本地优势产业和行业品牌"创优"发展；要深入开展红盾护农、经纪人活农、合同帮农、商标兴农、经济组织强农等"七农"行动，全力推进新农村建设。

三、队伍素质上要"高"

袁纯清书记指出："要把创先争优活动落实到增强本领、改进作风上。"对工商系统而言，其高素质干部的标准就是国家工商总局局长周伯华提出的"要发挥工商行政管理的积极作用，最根本的是建设一支不断提高理论水平、适应新形势、不断提高监管能力和水平的队伍。这支队伍要政治上过硬、业务上过硬、作风上过硬，才能不辜负党中央、国务院和各级党委、政府对我们的期望"。在创先争优活动中，我们要坚持以"抓班子，带队伍，保稳定，促发展"为主线，以教育培训为重点，以创建"学习型"机关为抓手，结合"岗位大练兵"，扎实开展"创先争优"活动，着力提高队伍素质。按照工商职能特点，强调针对性、实效性，坚持"干什么、学什么，缺什么、补什么，用什么、练什么"的原则，紧密联系实际，采取切实有效的措施，本着什么不会就重点学什么，练什么；什么不精就着重抓什么，提高什么。着重开展执法办案骨干办案技能技巧传授、公务员行为规范、以案说法、案例评析说理等内容，形成经常性、持续性的岗位练兵机制，真正形成"比、学、赶、帮、超"的良好氛围，积极打造素质一流的队伍提供效率一流的服务，树立工商干部奋发有为的新形象，以高素质适应新形势发展的需要。同时，要认清党建工作和经济发展的关系，经济发展是根本，党建工作是保障，要努力在抓党建促发展、促转型、促和谐上形成一套长效机制。

四、为民服务上要"真"

袁纯清书记指出："要把创先争优活动落实到服务人民群众、促进社会和谐上。"服务地方经济发展是工商部门永恒的主题。我们要充分发挥工商行政职能作用，进一步树立以民为本的意识，更加注重民生，从原来"管理者"角色向"服务者"角色转变，始终把服务于群众作为工作中的出发点和落脚点，积极主动为群众排忧解难，努力防止和克服"没有好处不办事"的现象。当前我们正处在全县上下集中整治经济发展环境、保持县域经济平稳较快发展的特殊时期，也是各类市场主体蓬勃发展、国内外市场相互碰撞摩擦的复杂时期。在这种特殊形势下，工商部门的服务作用更突出、更具体、更有力。具体到工作中，要站在政府职能所定、市场主体所求、工商部门生存发展所需的高度，主动深入到乡村、社区，深入到企业、个体工商户，深入到群众中，讲政策、送温暖、听真话、摸实情、办实事、求实效。广泛宣传、落实有关鼓励和扶持创业、促进再就业的优惠政策，积极营造有利于企业发展的政策环境；简化登记和年检程序，提高行政审批效率，落实"一条龙"办公、"一审一核"、当场许可、一次性告知等一系列行之有效的规范化服务，真正做到资料齐全马上办、资料不全指导办、紧急项目加班办；对企业年检实行预约、延时和上门服务，提供有利于企业发展的环境；加大监管力度，健全食品安全、查无照、农资市场等长效监管机制，营造公平合理的竞争环境；强化维权保护，保障企业舒心发展。在服务工作中要真正做到想群众所想，急群众所急，帮企业所需，解商户所难，为投资者和经营者提供优质、高效、透明、廉洁的服务，营造公平、公开、公正、统一的投资环境，真心实意为企业和群众服务，用优质服务在群众中树立"一个党员、一面旗帜"的良好形象。

五、党组织建设上要"好"

袁纯清书记指出："要把创先争优活动落实到加强基层组织、夯实执政基础上。""一个基层党组织就是一个战斗堡垒，一名优秀共产党员就是一面鲜艳旗帜。有了好班子、好干部，就能带动一方、富裕一方、和谐一方。"按照这一思路，我们首先要努力建设学习型党组织，通过强化学习使广大党员干部不断优化知识结构，提高综合素质，增强创新能力，自觉做到学以立德、学习增智，使各级党组织成为学习型党组织、各级领导班子成为学习型领导班子。其次要采取组织理论中心组学习、召开专题民主生活会和支部书记集体谈心会等形式，进一步强化民主意识。第三要找准市场监管工作与党建工作的最佳结合点，加强对入党积极分子的教育培训，要造就一批复合型干部，既懂政治，又懂业务；既有权威，又有影响力，保证把党的路线、方针、政策有效地贯彻到各项工作中去，形成"一个党员一面旗帜，一个支部一座堡垒"的良好局面。

推进创先争优活动
服务转型跨越发展

绛县工商局党组书记、局长 徐刘建

当前，全党开展的创先争优活动，明确了先进基层党组织"五个好"和优秀共产党员"五带头"的基本要求，达到基本要求，进而创先争优。责任落实是前提、是保障，必须依靠整体上下、人人事事的责任落实，创先争优才能在具体的岗位履职和工作进步中得到印证和体现。

一、提高认识是责任落实、创先争优的基础

责任落实首先要从提高认识入手，通过各种各样的教育途径，强化党性修养，树立正确"三观"，提高能力素质，使每一位党员干部明晓自身责任的事关全局、轻重深浅，就可以使大家从契约约束力的被动担当责任中，转化为正确认识指导下的主动担当责任，直至争担责任，不计名利，人人成为创先争优的表率者。

二、健全机制是责任落实、创先争优的依托

唯有明确岗位责任，畅通运行机制，严明奖惩办法，做到责任明确，才能强化全体工作者的责任心和责任感，调动全体工作者的积极性和主动性，才能获取最佳工作效果。健全机制的内容囊括了岗责体系、工作流程、运行机制、制度规程、奖惩机制等诸多细枝末节，岗责划分得愈细愈明，流程制定得愈科学严谨，制度规程建立得愈规范到位，责任落实的依托就愈为稳固扎实，从而形成一个各司其职、各负其责、奖之有依、罚之有据的完美工作格局。

三、倡导敬业是责任落实、创先争优的动力

是否敬业是责任能否落实、工作能否做好的前提，敬业则热情高，在工作中有激情，有奉献精神，形成对责任落实的无尽动力，推动其及所属组织攀上一个又一个事业顶峰。为此，在我们党员干部群体中倡导敬业精神，是强化责任落实的有效动力。倡导敬业，不能依靠单纯的说教，而是要通过形式多样的思想政治工作、科学合理的激励机制、营造爱岗敬业、奋发向上的工作氛围等手段，去引导、去教育、去培养，在潜移默化中塑造全体党员干部的敬业精神。

四、强化契约是责任落实、创先争优的保障

谈到责任落实，自然要发挥契约约束力的作用。一个人与单位确立了工作关系，双方就形成了合同契约关系，相应的责任和权利也就随之形

成，岗位职责的履行，工作任务的完成，工作质量的确保，工作行为的合法规范，为单位奉献付出智力体力劳动，创造劳动价值，甚至是遵守最基本的劳动纪律、规章制度，都是其责任落实的重要内容，相应的单位也要根据你的综合表现和创造价值，赋予你等值的工资、奖金、福利等劳动报酬。反之，你不能履行责任或敷衍塞责，造成工作过失或责任后果，就要承担违约之责，受到相应的惩戒。为此，强化责任落实，就要严格遵循契约规定，根据责任大小，实施责任追究。唯此，才能惩前毖后，治病救人，把契约的约束力变成压力，促使党员干部自觉地、勇敢地承担起责任，为责任落实、创先争优提供强有力的保障。

作为市场监管的排头兵、生力军，我们工商行政管理部门一定要以服务转型发展、促进跨越发展各项具体工作为有效载体，在服务县域经济转型跨越发展中创先争优。

一是把解放思想、创新观念作为第一动力，在树立大局意识谋求职能转型中创先争优。在绛县经济转型跨越发展的大潮中，工商部门首先要思想解放到位，观念创新到位，体制突破到位；必须胆子大一点，路子宽一点，步子快一点，努力促进工商职能"三个转型"。一是促进以管理为主向以服务为主转型。要从以执法检查、查没罚款为主的管理模式中走出来，把重点放在服务各类市场主体上，树立管理就是服务意识。二是促进"请进来"向"走出去"转型。改变坐等上门、年检办证等模式，建立走出去上门服务机制，在产品质量、信用建设、品牌发展、资金融通、市场拓展等诸多方面为企业提供行政指导和服务，将问题解决在基层，把业务办理在企业。三是促进机关小视野向全县经济大视野转型。改变过去局限于部门视野、靠等文件干工作的思想，要在绛县经济跨越发展大局中准确定位，主要扮演好角色，主动发挥好作用，在促进绛县转型发展跨越发展中建功立业。

二是把发挥职能作用、服务科学发展作为第一要务，在促进绛县经济跨越发展中创先争优。绛县经济要实现跨越发展，必须在转型发展中实施赶超战略，工商干部要立"赶超"之志，行"跨越"之为，把握"三个服务方向"，推行"四时六办"服务模式，倾心倾力服务绛县经济转型发展、跨越发展。一要把握企业转型发展服务方向。要坚持不懈地服务于产业结构调整，推进产业结构进一步优化，推进节能减排和生态建设。围绕"工业强县"的发展战略，扶持在绛县具有发展潜力的优势产业高效完成市场准入、公平参与市场竞争；要全力扶持和服务全县工业重点项目建设，鼓励和扶持投资主体大举进入生态农业、高新技术等新兴产业。二要把握企业排忧解难服务方向。自己职能范围内解决不了的，要协调相关部门共同解决。三要把握农民创收增收服务方向。进一步推进"五农工程"，利用绛县优质自然资源，大力扶持农民专业合作社发展，重点扶持、服务、发展畜牧、蔬菜、小杂粮、中药材等特色产业，帮助农民经纪人建立有效农产品流通渠道，帮助发展地理标志商标农产品，扩大农产品知名度，实现创收增收目的。同时严厉打击销售假冒伪劣农资坑农害农行为，为农民发展生态农业营造良好市场环境。在服务的机制上要推行"四时六办"即上岗服务准时、优质服务即时、预约服务按时、特殊情况服务延时；对监管服务对象所办的事符合政策坚决办、手续齐全立即办、急需办理预约办、行动不便登门办、存有困难帮助办、份外事情协助办。

三是把强化市场监管、维护市场秩序作为第一责任，在营造规范有序的市场环境中创先争优。根据绛县县情、民情，工商部门要重点在"三个市场"监管上下足工夫。一是在食品市场监管上下工夫。探索更加行之有效的监管方法，创新监管方式，建立长效监管机制，加大行政执法力度，抓好食品市场特别是农村食品市场的监管。二是在农资市场监管上下工夫。绛县得天独厚的自然条件、气候特征、水土特点，发展特色农产品具有优势。工商部门要突出对种子、化肥、农药、农机具等农资加大监管力度，严厉打击假冒伪劣农资坑农害农行为。

四是把关注保障民生、维护消费权益作为第一要义，在倾心为消费者排忧解难中创先争优。一要推进12315行政执法体系"四个平台"建设。加快推进12315行政执法体系信息化和"一会两站"建设进程，进一步扩大12315在商场、超市、市场、企业、农村的消费维权网络覆盖面，方便消费者就近投诉，把消费纠纷化解在商家、化解在基层，促进社会和谐稳定。二要严厉打击制售假冒伪劣商品违法行为。对流通领域商品质量入市、交易和退市实施全程监管，深入开展"家电下乡"市场专项治理。开展对装饰装修材料、手机、玩具等易发生消费纠纷商品的专项执法检查，查处销售假冒伪劣行为。三要加大服务领域消费维权力度。加大在餐饮服务、美容美发、装饰装修等服务领域的消费维权检查力度，推进行业示范合同文本使用，规范服务领域经营行为。四要积极开展消费维权宣传教育。开展多种形式的消费宣传教育和消费引导活动，加强消费警示、提示发布，营造良好消费环境。

五是把加强作风建设、提升干部素质作为第一保障，在发挥积极性主动性创造性中创先争优。要通过狠抓干部队伍建设，为县域经济转型发展跨越发展提供组织保障。一是狠抓领导班子建设。要培养领导干部谋发展、求发展、能发展，在困难和挑战面前有主意、有办法、有对策的能力，培养不怕困难、着力执行、决战决胜的能力。二是狠抓干部队伍整体素质提升。要适应转型发展、跨越发展需要，大力加强干部队伍素质和能力建设，促进干部思想转型、职能转型、能力转型，做到增强保障性，提高执行力，敢想敢干敢谋发展。要围绕提升干部业务能力和素质，深入开展干部教育全员培训，促进廉政风险和监管风险防范能力提高、市场监督管理能力提高、执法办案能力提高、综合业务能力提高。三是狠抓勤政廉政建设。按照从严管理干部要求，严格管理、严格监督。进一步加强廉洁从政、廉政自律教育，完善党风廉政建设、述职述廉、政风行风评议等制度，建立符合工商实际的惩防腐败体系，推行廉政风险点防范管理，有效防范廉政风险和监管风险。

增强活动实效 服务经济发展

垣曲县工商局党组书记、局长　李晋武

在开展创先争优活动中，我们垣曲县工商局将以服务地方经济转型跨越发展为目标，立足工商职能，通过创新丰富党建活动载体，努力调动基层党组织和党员的积极性，主动搭建争创平台，营造生动活泼的创先争优活动氛围，为地方经济社会转型跨越发展添砖加瓦。

一、开展"创先争优"活动要尽力做好"三结合"

一是开展"创先争优"活动与学习提高相结合。组织干部职工通过浏览报纸、上互联网和阅读文件等方式，认真搜集、学习上级有关开展"创先争优"活动的文件，深刻领会开展此项活动的重要意义、目标要求、内容任务和工作步骤，努力把大家的思想认识统一到上级决策部署上来。同时，继续深入开展"岗位大练兵"活动，认真组织干部职工学习工商法律法规和执法办案技巧等业务知识，不断提高工商管理干部服务发展能力和监管执法水平。

二是开展"创先争优"活动与工商监管工作相结合。要求全体党员及干部职工以开展"创先争优"活动为契机，结合工商工作实际，努力做到"五个带头"，即：带头学习提高，认真学习中国特色社会主义理论体系，特别是科学发展观，自觉坚定理想信念，认真学习文化知识，特别是工商知识和业务技能，争做行家里手；带头争创佳绩，坚持科学行政、民主行政、依法行政，进一步增强事业心和责任感，爱岗敬业、埋头苦干、无私奉献，努力在本职岗位上做出显著成绩；带头服务群众，树立强烈的宗旨意识和服务意识，带头讲党性、重品行、作表率，积极主动为监管服务对象解难题、办实事；带头遵纪守法，自觉遵守党纪国法，维护社会和谐稳定；带头弘扬正气，遵守社会公德、职业道德和家庭美德，发扬社会主义新风尚，在精神文明建设中发挥工商干部的表率作用。

三是开展"创先争优"活动与各阶段工作目标任务相结合。以开展"创先争优"活动为载体，要求各股、室、所认真分析全年目标任务特别是重点工作目标，将全年目标任务分解落实到半年、季度、月、周，细化落实、分段实施，有重点、有步骤，努力营造"个个有任务、人人有目标"的良好氛围；同时加大督导检查力度，每季度进行一次全面检查和考核，总结成绩经验，改进问题不足，并将目标任务完成情况在全系统进行通报，表彰先进，鞭策落后，确保按时、圆满完成全年工作目标任务。

二、创先争优重在内强素质外树形象

在深入开展"创先争优"活动中，我局要注重加强组织领导，突出争创重点，把握争创内容，掌握基本方法，抓好工作结合，提高队伍素质，以推动全局服务发展上水平，树立良好的社会形象。

1. 党组高度重视，营造争创氛围

一是坚持开好"四个会"。召开党组会，深入学习领会新形势下开展创先争优活动的重要意义、目标要求、主要内容、基本方法等，统一思想，就如何抓好深化、细化进行专题研究部署，制定具体的实施方案，并号召党组班子成员在活动中做表率。召开党支部书记会和召开全体党员大会，深入搞好思想动员。召开新老党员座谈会，广泛征求对方案的意见建议。二是营造浓厚的争创氛围。开辟创先争优专栏，坚持每月出一期创先争优工作简报，局党组适时提出"五个一流"的要求，即建设一流班子、带出一流队伍、培养一流作风、创造一流成绩，提出"一个党支部就是一个战斗堡垒"、"一名党员就是一面旗帜"的宣传口号。号召全局党员干部在活动中做到"五讲、五比、五提高"，即讲大局、比纪律、提高全局意识；讲纪律、比作风、提高自律意识；讲法纪、比监管、提高执法能力；讲团结、比协作、提高工作效率；讲敬业、比奉献、提高工作业绩。

2. 突出争创重点，把握争创难点

把握开展创先争优活动总体目标要求，把在推进科学发展上有创新、在促进社会和谐上求实效、在服务人民群众上见成效、在加强基层组织建设上有新突破，作为"创先争优"重点，在突出五个方面工作上下工夫。

一是强化服务职能，在推动地方经济转型跨越发展上创先争优。创优服务举措，强化服务职能，深入开展驰名、著名商标培育工作，进一步优化市场主体增量政策环境，促进市场经济又好又快发展。

二是在强化监管职能、维护市秩序上创先争优。进一步强化市场监管和行政执法职能，大力规范各类市场主体行为，严厉打击制售假冒伪劣商品等违法行为，创造优良的市场竞争环境。

三是在倾听群众心声、促进社会和谐上创先争优。进一步加大服务消费维权力度，提高维权工作质量，切实保护消费者的合法权益，为经济发展营造良好的外部环境。

四是在强化效能建设、转变机关作风上创先争优。进一步提升服务水平，提高工作执行力，在推进重点工作和抓好各项制度落实上出成果，为转型跨越发展提供宽松适宜的内部环境。

五是在提升能力素质、建设学习型工商上创先争优。以教育培训和业务考核为抓手，努力把学习成果转化为推动工作、解决问题的能力，从而不断提高服务发展、加强监管的能力和水平，为服务转型跨越发展提供人力资源保障。

3．掌握基本方法，实现争创目标

坚持从实际出发，把广大党员吸纳到创先争优活动中来，通过行之有效的竞赛方法，扎实推进创先争优活动循序渐进、稳步开展。

一是深入调查研究。我局将分别召开人大代表和政协委员座谈会、个体和企业代表座谈会以及消费者代表座谈会，认真听取党员和群众的意见建议，增强创先争优活动的针对性和群众性。

二是实行公开承诺。做到基层党组织向党员和群众承诺创先争优目标和具体措施，党员向党组织和群众承诺争优目标。

三是实行领导点评。创先争优活动领导小组负责人要适时对各基层党组织和党员开展创先争优活动情况进行点评，帮助下属单位理清发展思路，明确努力方向。

四是组织群众评议。局机关创先争优活动领导小组对基层党组织、基层党组织对党员开展创先争优活动情况，适时组织党员、群众进行评议。

五是组织评选表彰。创先争优活动领导小组将适时对基层党组织、基层党组织对党员开展创先争优活动情况进行考核表彰，激励先进，鼓舞士气。

4．抓好工作结合，确保争创实效

我局将坚持把开展创先争优活动与开展各项重点工作结合起来，加强统筹，相互促进，不断创新监管机制，提高监管服务效能，切实增强活动开展的实效性。

三、建立长效机制，开展"一个党员一面旗帜"等树典型抓示范活动

一是深入开展基层工商所长向监管服务对象"述职述廉"活动，积极参加"民主评议基层站所"和"政风行风评议"活动，充分尊重群众的知情权、参与权和监督权；认真开展"社会各界评工商"、"新闻媒体议工商"活动，进一步提高工商干部执法为民、服务发展、依法行政、廉洁从政水平，督促大家树立良好工商形象。二是开展"一个党员一面旗帜"活动，各党支部和党员采取"党员挂牌上岗"、"佩戴党员标识"、"党员先锋岗"、"党员示范岗"、"设岗定责"等具有行业特点的有效形式，把党员身份亮出来，在全系统叫响"你发展、我服务，有事找工商"的服务承诺，增强党员党性观念，使党员的先进性看得见、显得出、用得上。三是开展"树典型抓示范"活动，按照局党组提出的"一个股（所）抓出一个亮点，一个亮点促动一批先进"的工作要求，积极开展争创"五个能手"、文明单位、星级工商所、"五好班子""学习型工商"、"五个好"基层党组织、"红旗窗口"等各项"推树典型，学赶先进"活动，让各单位及干部职工学有榜样、赶有目标，起到典型带动一般、榜样示范引路的作用。

创建"三三"机制
推进县域经济转型跨越发展

夏县工商局党组书记、局长 王锴

在全省上下深入学习贯彻袁纯清书记讲话精神、全力开展创先争优活动、助推县域经济发展转型跨越发展的热潮中，我局立足职能，立足县情，以"促转型、谋发展"为主题，以"四个只有"、"五增五创"、"六个第一"科学监管理念为载体，努力创建"三三"工作机制，积极开展实践探索，在以下三个方面进行了有益尝试。

市场环境达到三个创优

服务县域经济发展是工商部门义不容辞的职责。我们要紧紧围绕县委、县政府确立的转型跨越发展目标，坚持在方法上创新，在措施上给力，在环境上宽松，在服务上创优。

一是创优发展环境。

1. 创优注册登记环境，制定了《服务县域经济发展六大措施》、《服务招商引资和重点项目建设企业工作实施意见》，从登记注册上提供优惠政策，创造宽松环境，促进各类市场主体蓬勃发展。

2. 大力支持农民专业合作社发展，对农民专业合作社一律免费登记，所需工本费、资料复印费全部由我局从行政经费中支出。2010年全县新登记农民专业合作社303户，我局垫付的各种费用近2万元。

3. 对招商引资企业、重点项目建设企业开辟"绿色通道"，实行"五办五通"。如：山西翔天钢铁有限公司因资金问题发生停产，四川一企业决定投资启动该公司。我局及时派人陪同该企业去市工商局办理了股权转让相关手续，仅用半天时间就办齐了所有手续，使翔天重新恢复了生产。

4. 以"五帮"为主线，不断巩固和深化调研帮扶活动成果。局主要领导带领班子成员及相关股室负责人，先后深入到山西宇达集团、山西天立电缆、山西格瑞特酒业等优势企业进行调研帮扶，指导企业走商标兴企之路，鼓励企业积极争创中国驰名商标和山西省著名商标。

5. 转变执法观念，本着教育为先的原则，积极对企业开展行政指导。夏县自来水公司在催缴水费通知单上，错将"违约金"定为"滞纳金"，我们不予处罚，及时开展法律法规行政指导，帮助其规范，使其很受感动。

6. 发挥职能作用，积极帮助企业融通资金。一是与县农村信用联社、邮政储蓄银行夏县支行联合开展"认定信用商户、创建信用市场"活动，共同为中小企业搭建融资平台，打造信用"利剑"。我局共推荐63户，经过层层筛选，严格审核，其中25户被认定为我县首批"信用商户"，获得银行贷款860万元。2010年12月2日，我局与邮政储蓄银行夏县支行、夏县农村信用合作联社在县委礼堂召开了夏县"认定信用商户、创建信用市场"工作推进会，为"信用商户"授牌，将这项工作进一步引向深入。二是积极帮助企业开展股权出质登记和动产抵押登记，2010年，我局共为全县17户企业办理了动产抵押登记手续，融资金额8907万元，盘活了企业的发展资金。

二是创优市场环境

在创优市场环境中，我们着力开展了八次执法行动，进一步创优市场环境。

1. 进一步加强流通领域食品安全监管。一是认真贯彻落实《食品安全法》，坚持"六查六看"，落实九个百分之百，始终对食品安全保持高度警觉；二是开展创建"农村食品安全示范店"活动，制定了《实施方案》，明确了达标条件，经过宣传发动、全面创建，目前已有120户农村食品经营户被列为安全示范店创建对象，2011年3月份，将进行全面验收，公开授牌；三是开展节日市场整治。共查处各种不合格食品6类15种。

2. 严格规范市场主体。加强对非煤矿山、危险化学品、加油（气）站、烟花爆竹、民用爆炸物、废旧车辆市场等和娱乐休闲场所以及网吧、砖窑、沙场等事故易发行业的证照管理和日常巡查工作，全年共查处无照经营117起，罚款40余万元。

3. 查处虚假违法广告行为。以报刊、广播、电视网络等为重点，加大对发布药品、保健品、房地产等虚假违法广告的整治力度，对不规范的广告进行行政指导，对违法广告依法进行查处。进一步完善了广告审查、监测、违法警示和部门联席会议制度。共规范户外广告18起，办理户外广告登记32户。立案查处违法广告12起，罚款1.6万元。

4. 开展"黑网吧"整治行动。

5. 开展红盾护农行动。以维护农民群众的合法权益为目标，以农药、种子、化肥为重点，以查主体、查实物、查包装、查广告为突破口，积极开展红盾护农行动。共检查农资经营户180户，查处农资违法案件122起，有效规范了全县的农资市场经营行为。

6. 开展建材市场整治。为保证建筑市场安全，确保群众住上放心房，我们对全县的钢材、水泥等建材市场进行重点检查，共检查建材经营户7户，查封不合格钢材12吨，罚款2.3万元。

7. 开展汽车配件市场整治。汽车配件市场直接关系到交通安全。我们以查"三无"产品、虚假宣传、商业欺诈为重点，共查处不合格配件6类13种，价值3000余元。

8. 开展打击传销活动。我们以创建"无传销社区、无传销校园"为目标，不断加强对传销活动的打击力度，开展了《黑梦》电影进校园、进社区、进工地活动，利用节日在繁华街道设立宣传咨询台，深入劳务市场、集贸市场、建筑工地散发宣传材料，组织了远离传销万人签名活动，共发放宣传材料2万余份。《人民公安报》、《工人日报》对我们的做法进行了报道。

三是创优消费环境。

消费安全事关群众身心健康，社会和谐稳定，我们始终坚持将其放在重要位置，常抓不懈。

首先，开展消费维权宣传教育。其次，提升消费纠纷调解效果。充分发挥"12315消费维权机制"，调动"一会两站"积极性，受理并成功调解消费纠纷。第三，依法打假维权。做到有报必接，有接必查，有查必果，还群众以公道，给消费者以安全。广西人丁某将"食品当做药品卖"的案子比较典型，经立案查处后，依法责令当事人将非法获取的6000元销货款如数退还给受骗群众。《中国消费报》、《黄河晨报》对此进行了报道。我们还根据群众举报，对手机经营行业进行了重点检查，将没收的51部仿冒手机依法进行了销毁。

市场巡查落实三个到位

市场巡查是市场监管的基本手段，是创先争优活动的重要内容，也是实现转型跨越发展掌握一线信息资料的有效途径。我们采取多种渠道和方式，使这一手段有机衔接，极致发挥，取得更好效果。而要达此目的，就必须要落实三个到位。

一是责任明确到位。二是巡查领域到位。三是记录整改到位。

队伍建设实现三个提升

队伍建设是实现转型跨发展的根本保障，为此我们从三个方面努力，提升队伍整体素质。

一要提升领导班子的统筹能力。一方面通过建设学习型班子，建立完善的学习制度和工作研讨制度，营造理论与实践相结合的密切氛围，增强班子统筹发展和驾驭全局的能力。另一方面班子成员要建立工作联系点，经常深入基层调研，通过掌握工作动态，撰写调研报告，解决实际问题，为创新思维构建适应新形势要求的监管理念，提供务实求真的高起点平台。

二要提升执法人员的依法行政能力。要加强政治和业务工作培训，以创先争优活动为动力，引导干部树立正确的权力观和执法就是服务的理念，竭尽全力建立公平公正的市场秩序。

三要提升全员的独立工作能力。要以建设学习型机关、学习型干部为契机，倡导"敬业奉献，追求卓越"的夏县工商精神，增强渴望知识、渴望学习、渴望上进的迫切意识。通过奖优罚劣，人人树立比学赶帮敢为人先、永不服输、争创一流的精神，使个人的潜能和智慧得到充分开发，极大增强独立工作的能力。

总之，"三三"机制体现了科学监管、谋求发展的理念，体现了"敬业奉献、追求卓越"的进取精神，势必会推进创先争优活动顺利开展，推进县域经济实现转型跨越发展。

转变执法理念 创新监管机制
为县域经济转型跨越发展而努力

平陆县工商局党组书记、局长 王勤民

"在转型发展跨越发展中建功立业创先争优",省委书记袁纯清结合创先争优活动的开展向广大党员干部发起了动员令。我们工商行政管理机关作为政府监管市场和行政执法部门,紧密联系实际,立足服务发展大局,以科学发展观为动力,紧紧围绕"四个统一"和"五增五创"工作主题,促进地方经济实现转型跨越发展。

一、创先争优求创新,解放思想更新观念

实现转型跨越发展,最根本的前提就是要思想转型,在创新能力上有新突破。作为市场监管的工商行政管理部门,要充分发挥工商行政管理的职能作用,结合当地实际,创造性开展工作,切实履行职责到位,主动为地方经济发展服务,始终做到监管与发展、监管与服务、监管与维权、监管与执法相统一,积极维护人民群众的根本利益。

一是要把服务经济发展作为工商行政管理的第一要务。如何在工商行政管理工作中解放思想、创先争优,就是要把服务发展作为我们工作的出发点。更新思想,善于创新,增强发展意识、服务意识、大局意识和责任意识,全面履行工商行政管理职责,采取措施,主动服务,通过采取"五帮"、"五办"、"五通"等形式,开辟绿色通道,落实各项帮扶优惠政策,在法律法规允许的前提下,大力帮助企业加快创业发展步伐。

二是要把市场监管作为工商行政管理的第一职责。深入开展打击制假售假、合同欺诈、虚假广告、不正当竞争、商业贿赂等执法行动,严厉查处传销、"黑网吧"、无照经营等违法行为。树立"重帮扶、少检查,重规范、少处罚、和谐执法"理念,对企业轻微违法行为,首次采取行政告诫,不予处罚,对企业逾期年检的,及时予以督促,不予处罚,为转型跨越发展努力营造宽松有序、公平竞争、安全稳定的市场环境

三是要把队伍作风建设放在工商行政管理的第一位置。转型发展离不开改革创新,宽松的发展环境离不开宽松的工作环境。对勇于创新、敢于负责的,干实事敢干事的,要大力表彰,弘扬正气;对不作为、乱作为、慢作为、刁难企业、阻碍发展的,对吃、拿、卡、要等徇私枉法、违法违纪的,要坚决按照《廉政准则》和"五个不准"等有关规定,严肃处理,要建设一支政治过硬、业务过硬、作风过硬的良好队伍。

二、创先争优促规范，转变工商执法理念

目前，我们工商部门在执法理念上还存在一个误区，与创先争优、服务发展的要求不适应。一是权本位思想严重。执法人员在执法中方法简单，管理粗暴。二是案件处理随意性大。当事人同样的违法事实和情节，处罚标准不统一，有失法律的公平性。三是廉洁执法意识不强。少数执法人员存在办人情照，收人情费，破坏了行政执法严肃性。为此，我们必须要把创先争优活动落实到服务人民、促进和谐上来，树立文明执法、规范执法理念。

一是坚持以人为本。在严格执法的基础上，转变执法观念，平等对待监管对象。要坚持执法为民，把群众的利益放在首位，人民群众的根本利益是我们一切工作的出发点。对管理对象要以服务为第一，不断转变工作作风，改进执法方式，做到"权为民所用、情为民所系、利为民所谋"，依法行政、文明执法。

二是强化服务意识。在市场管理中，我们工商部门要端正执法思想，正确处理好"四个统一"的关系，自觉服从、服务于经济发展这一要务，把服务发展贯穿于监管执法的全过程。同时，要处理好工商部门与党委政府的关系，主动接受地方党委政府的领导，不断增强服务意识，创新服务举措，努力实现执法与服务的统一。

三是规范工商执法。工商部门要进一步落实科学发展观，推动"四化"建设，办案执法必须强化法制意识，坚持有法必依、违法必究、执法必严的原则，正确行使管理职责，准确把握执法尺度和范围，合法运用权力，做到监管执法不缺位、不越位、不错位。

三、创先争优抓队伍，强化人员教育培训

工商部门要把创先争优活动落实到增强本领和改进作风上来，依法行政，科学监管，文明执法。针对实际，我们工商局提出创建学习型单位、建立科学教育培训机制、提高人员素质的新思路，大力开展"五学五讲五做"活动（"五学"即：学法律、学理论、学业务、学办案、学电脑；"五讲"即：讲政治、讲正气、讲道德、讲纪律、讲责任；"五做"即：做明辨是非的人、做爱憎分明的人、做德才兼备的人、做遵纪守法的人、做爱岗敬业的人），积极探索适合工商队伍建设新模式。

一是注重学习政治理论。坚持把政治理论学习与工商工作紧密联系起来，不断加强政治理论学习，用"三个代表"重要思想、科学发展观来武装干部职工的头脑，引导广大干部职工牢固树立执法为民意识，不断增强为人民服务的责任感和使命感，严格依法办事，廉洁奉公，勤政为民。

二是加强职业道德教育。以弘扬右玉精神，发扬革命传统为主题，大力加强职业道德教育，学习先进事迹，培育先进典型，以身边的人和事教育全体干部职工，在全局大力弘扬爱岗敬业精神，不断改造干部职工的世界观、人生观和价值观，塑造一支作风优良、忠于职守的工商执法队伍。

三是强化工商业务技能培训。为了提高服务经济发展的本领，全面强化市场监管，依法公正地处理消费纠纷和市场违法案件，要注重强化工商业务技能培训，通过"五学"等措施系统地组织法律法规、业务知识、办案技巧等培训活动，采取多种形式有针对性的培训教育，全力提升干部职工的素质，为依法行政、文明执法、科学监管打好基础。

四、创先争优提效能，创新监管执法机制

一是加强政策法规宣传。我们工商部门要充分利用"3·15"纪念活动、"12·4"法律宣传日和有关法规宣传活动，大力开展法律法规宣传教育，并通过深入经营户上门讲解服务、发放宣传资料和张贴宣传标语等形式，广泛宣传工商法律法规，增强经营者的法律意识，规范守法经营；同时，通过法规宣传教育，引导人民群众提高自我保护意识，学会用法律武器维护自身合法权益。

二是建立广泛的联系制度。通过开展食品安全联络员、政风行风监督员制度、结对帮扶等活动，对重点对象实施有针对性的服务，努力为办事群众提供便利。同时，要积极加强与相关职能部门的联系，通过相互的业务研究、信息沟通活动，增加对工商执法的理解与支持，为维护市场秩序创造公平公正、公开高效的执法环境。

三是建立完善的监督机制。首先，建立人性化的执法制度，纠正执法就是处罚的错误思想，积极推行行政指导、行政告诫和行政建议等制度，将"亲情管理"理念落实到日常监管中。其次，要健全执法监督机制，认真落实行政执法责任制和过错责任追究制，严格规范执法程序。对粗暴执法、乱罚滥扣、损害当事人权益的，从严追究执法人员的责任。第三，建立案件回访制度，由法制机构对受处罚的当事人定期组织回访，认真听取对工商执法的意见和建议，不断改进执法工作。

四是建立规范的监管体系。为了适应"四化"建设的要求，我们一方面要扎实推进市场主体登记工作，建立完善企业信用分类监管、个体工商户网格化监管等制度，规范登记注册行为，完善市场主体准入服务体系；另一方面要建立科学的市场监管模式，除了把好市场主体准入关，更重要的是优化配置人员队伍，强化市场监管力度，工商执法要从机关走出去，下基层进企业，实现从突击性、专项性整顿向日常规范化监管转变，在机关和工商所建立一支查处无照、食品安全监管、查处违法经营等业务为一体的专业监管队伍，及时发现和处理消费纠纷和经济违法案件，为创建良好的市场环境做好市场巡查，恪尽职守，勇于负责，切实当好市场守门员。

转变执法理念，创新监管机制是一项长期而艰巨的任务，我们要结合工作实际，组织和开展创先争优活动，以服务地方经济发展和维护社会稳定为宗旨，充分发挥工商职能作用，创造性地开展工作，尽心尽力创优市场发展环境，全心全意维护人民利益，为实现经济转型发展、跨越发展而努力奋斗。

围绕转型发展
跨越发展真抓实干

芮城县工商局党组书记、局长 周建华

袁纯清书记"以清新之风、务实之言"的讲话指明了山西当前和今后一个时期科学发展的路径。讲话站得高，看得远，抓住了制约山西转型发展、跨越发展的关键。工商行政管理部门作为市场监管的守卫者，当前就是要把学习贯彻袁纯清书记的重要讲话精神作为一项重大政治任务，深刻领会；要把学习贯彻讲话精神与如何发挥好工商职能紧密结合，切实增强做好工商工作的紧迫感、责任感和使命感，抓住机遇，乘势而上，开创工作新局面，努力实现县域经济更好更快跨越式发展。我认为要把袁纯清书记的重要讲话精神学习好、贯彻好、落实好，最重要的是抓好"四个结合"：

一、把学习袁纯清书记的讲话与当前开展的"创先争优"活动结合起来

要在推动科学发展上取得新进展，在促进社会和谐上取得新成效，在服务人民群众上取得新成果，在加强基层组织建设上取得新成绩。通过开展活动，在全局创建一批"五个好"的先进基层党组织，涌现一批"五带头"的优秀共产党员和"五个强"优秀党务工作者。

一是要加强学习、建设学习型工商机关。对全局党员进行政治理论和业务培训工作，鼓励全局人员不断提升自身综合素质。

二是改进工作作风、提高工作效率。要突出思想教育，强化制度建设，用纪律管队伍，用规范的行为树形象，解决群众反映较多的问题，形成作风扎实、办事高效的良好局面。针对偏远地区经营户办事困难的情况，专门上门服务，为监管对象提供最优质的服务。

三是抓好目标考核。建立全局目标考核管理体系，坚持做到工作指标化、考核数量化，把各项工作分解细化，责任到人。同时强化激励措施，实行工作奖励和综合奖励，使"创先争优"的评价更加科学化。

二、把学习袁纯清书记讲话与工商行政管理职能结合起来

袁纯清书记在讲话中明确提出了要解放思想、更新观念，实现转型发展，首先是思想要转型。只有解放思想才能创新举措。因此工商部门首先要做到"五个解放"，即：从条管体制意识中解放出来、从传统监管理念中解放出来、从传统执法行为中解放出来、从守成求稳心态中解放出来，既要充分发挥工商行政管理职能作用，结合实际创造性地开展工作，更要自觉地把工商工作放到当地党委、政府的工作全局中去思考，更加自觉地服务当地经济社会发展，切实做到监管与发展、监管与服务、监管与维权、监管与执法的统一。

具体到我们县局的工作，那么首先是班子成员要进一步解放思想，振奋精神，扎实做好各自分管工作。加强学习还远远不够，还必须因时制宜，与本单位的实际结合起来，对照袁纯清书记的要求，查找不足。一是摆进去、解剖自己。努力让自身"摆"进去，摆到位，摆出深度，深化认识，勇于面对问题，才会触及灵魂，使解放思想与工作实际紧密联系，实现解放思想的过程就是激发工作动力的过程。二是跳出来、审视自己。"跳"出来，就是打破了"不识庐山真面目，只缘身在此山中"的封闭状态。站在更高层面，确立追赶目标，找准自身差距，带着问题解难题，形成解放思想的动力。三是走出去、丰富自己。"走"出去，就是学到别人的经验，拓宽自己的视野，有比较，才能增添活力。对新情况、新问题作出更加符合实际的判断，使各项工作更富于创造性。四是静下来、梳理自己。"静"下来，梳理工作主线，认真分析问题，沉着应对难题，就会明思路、强根基、促发展，才能牢牢把握发展需求。

其余各部门则要全力搞好组织协调和后勤保障，为一线同志提供全方位的服务。窗口部门要实行优质服务，简化办事程序，利用工商部门信息优势，为新发展创业的个体工商户出点子、选项目，查处无照经营与引导发展相结合等办法和措施，支持地方经济发展，从服务态度、速度和效果上提供方便快捷的服务，为经济转型跨越发展提供优质的准入环境。执法办案部门要把流通环节中的食品安全监管作为市场监管的重中之重，确保人民群众健康安全。继续抓好打击非法传销、打击合同欺诈、打击商标侵权、查处虚假广告、查处垄断行为、治理商业贿赂、治理超限超载等专项执法行动，维护市场秩序，促进和谐稳定。

三、把学习袁纯清书记讲话与扩大巩固作风整顿成果结合起来

在"作风整顿月"活动取得积极成效的基础上，进一步把作风建设工作不断引向深入，强化班子建设、廉政建设、作风建设、基层建设，强化干部队伍教育培训。牢固树立廉政意识，抓好警示教育，严格执行廉洁自律的有关规定，认真落实党风廉政建设责任制。坚持政务公开制度，对社会关注、群众关心的热点问题重点监管、重点服务，工商所的办事程序向社会公开，自觉接受社会监督、群众监督和舆论监督，切实形成狠抓工作任务落实的良好风气。

我们工商干部必须要提升学习境界。一是要始终抱着一颗求知的心。向书本学，丰富理论知识、业务知识；向领导学，提高视野，增强组织能力；向同事学，丰富实践经验。自觉把学习作为一种习惯、一种责任，不断在学习中开阔眼界、提升境界、增强本领，树立长期和终生学习的理

念。二是要始终紧扣时代脉搏，弘扬和学习"延安精神和右玉精神"。精神的作用是激发信心和勇气的永恒动力，也是推动工作的有力抓手。三是要始终把解决问题与促进工作结合起来。增强"结合"的本领，用勤于思考、善于思考来谋划工作，经常想一想新形势、新任务给我们提出了哪些新要求、新挑战，经常想一想我们还有哪些应该做好的事情没有做好、还有哪些应该加强的措施没有加强，努力把工作想在前面、做到前面，在反思中提升境界，以达到每名同志都能从执政为民的高度，充分认识市场监管的重要性和紧迫性。将此项工作作为当前头等大事来抓，摆在重要位置，守土有责，严格责任，确保不出问题或少出问题。

四、把学习袁纯清书记讲话精神与创新服务帮扶企业活动结合起来

学习袁纯清书记讲话精神，关键是要传承真抓实干，归根结底要落实到解决问题。特别是在创新服务，帮扶企业上，第一是求主动，第二要干实事，第三要出实招。要结合袁纯清书记的讲话与单位结合起来，谋实事、出实招、求实效，实打实地推动工作，特别是围绕中心工作，劲往一起拧，事往一处谋，实现各项工作新突破。用心思，就是巧用心思，精心谋划工作新思路，培植工作新亮点，围绕转型发展、跨越发展，寻求工作突破。做到"三个一"，用好一个"谋"字。做到干一行、谋一行，善于在工作中总结和探索其分管工作的规律和特点，以用心谋事为中心发展出谋划策，诚于"辅佐"。践好一个"勤"字。多一些努力，便多一些成功的机会。事实证明：万物土中生，全靠双手勤，在工作、学习中只有勤奋、敬业才会有收获。立好一个"创"字。提升自我，大胆超越自我，打破规则的创意，就会使思路越拓越宽，办法越来越多，只有创业干事、踏实肯干，才能做转型发展和跨越发展实践者。

要真抓实干，就必须立足工商职能，努力提升工商部门服务保障企业能力，继续深入开展"百名工商干部进千家企业帮扶"活动，要积极支持企业办理融资、股权出质、办理动产抵押登记、利用信用信息促进信用融资、开展商标质押等，帮助企业解决融资难问题。要开辟绿色通道，把好准入关口、提供准入服务，努力促进非公发展、招商引资。提升服务效能、推进"五农工程"，做好红盾护农、商标兴农、合同帮农、经纪人活农、经济组织强农等工作。

袁纯清书记的重要讲话，不仅对我们提出了一定的要求，帮助我们在解决发展中遇到的困难和问题上进一步坚定了信心，也为我们在贯彻落实科学发展观上进一步指明了方向，我们要认真贯彻袁纯清书记重要讲话的精神，保证自己做到实处、走在前列，弘扬"太行精神"，加强自身学习，以更大的信心和勇气为推动地方经济发展跨越发展贡献力量。

解放思想 创新监管方式
努力实现监管与服务的统一

永济市工商局党组书记、局长　程振东

　　"解放思想、创新工作、服务转型、促进跨越"是袁纯清书记讲话的核心内容，作为基层工商行政管理机关，当前我们要做的就是要把学习贯彻袁纯清书记的重要讲话精神作为一项重大政治任务，深刻领会；要把学习贯彻讲话精神与如何发挥好工商职能紧密结合，切实增强做好工商工作的紧迫感、责任感和使命感，抓住机遇，乘势而上，开创工作新局面，切实把创先争优活动落到实处，努力实现市域经济更好更快地跨越式发展。

　　作为行政执法机关，打击假冒伪劣，查处经济违法行为，我们责无旁贷；作为人民的公仆，全心全意为人民服务我们义不容辞。监管与服务是工商部门实现职能转变的内涵。对工商行政管理部门来说，监管就是服务，深刻领会"增强服务意识"的精神实质，正确处理监管与服务的关系，始终是我们提高工商行政管理能力的重大课题。因此，我认为：监管的过程就是服务于发展、服务于社会、服务于经营者和消费者的全过程。监管与服务是密不可分的，只有将二者有机地融合在一起，才能把我们的工作做得更好，才能取信于民，才能为建设信用工商奠定良好的基础。

　　一、解放思想，在实践中创新监管方式

　　袁纯清书记在全省干部大会上讲话时指出，思想的大门打不开，发展的大门也打不开，全省正处在一个转型发展跨越发展的关键时期，必须再次吹响解放思想的号角，冲破一切影响和制约我们发展的思想心结和体制障碍，在转型和跨越的道路上劲跑。加强市场监管、维护市场经济秩序、维护市场主体及消费者的合法权益，既是工商部门的主要职责，也是履行职能服务的落脚点，在任何时候和任何情况下，都不能忽视或者削弱这一职能。要实现监管与服务的统一，促进经济又好又快地发展，必须紧紧抓住监管与服务这个中心环节，创新监管理念、拓展监管领域、建立新的监管机制、创建新的监管方式，使广大干部从思想认识上有新的转变，在监管实践中逐步适应"转型"期的实际需要。创新监管方式，必须解放思想、转变观念。工商部门正处在转型时期，两费停征，职能转变，目前要解决的主要问题就是如何让广大工商干部从过去的传统监管模式中解放出来。我认为我们应该通过针对性教育、引导、培训，进一步提高广大工商干部的责任意识、服务意识和大局意识，让我们的每一位干部，全面做到站在地方经济如何又好又快发展的大局上建言献策，有敢想敢说的勇气，更要有袁纯清书记所说的谋发展、敢发展、能发展的能力。牢固树立监管社会主义大市场的服务理念，彻底摆脱管理集贸市场的局限思维和监管模式的束缚，不断增强市场经济体制下的监管与服务统一的认识，建立全新的监管工作机制和管理措施。创新监管方式，在监管中体现服务。实现监管与服务的统一，就必须创新监管方式，把监管与服务的统一，贯穿在整个行政执法工作之中。首先要进一步提高市场监管的科技含量和现代化管理水平，推动监管执法水平的不断提高；其次要加大立法和改革监管手段。工商机关所依据的法律法规、部门规章有好几百部，监管的范围非常广，责任极其重大。我认为，我们应当加大执法力度，确保稳定的市场竞争秩序。在打击违法的同时，我们还要建立相应制度，依法保护合法经营。通过有效的监管，更好地体现服务的职能。

二、丰富服务内涵，在服务中强化监管职责

当前时期，从上到下，都把服务作为促进工作和谐的一种方式，从国家工商总局、省委省政府所制定的一系列措施，都是围绕服务展开的。对于我们而言，服务的核心要求是依法严格监管，监管就是服务，而且是服务的主要手段，监管的最终目的就是保障社会市场经济秩序，就是对最广大人民群众的热情服务。我们一定要在严格监管的基础上，进一步改进工作作风，提高办事效率和行政效能，为广大人民群众提供更优质、更高效、更快捷的服务，才能更好地履行我们的职责。工商行政管理机关作为政府职能部门，一方面，在市场监管中通过监管提供优质服务，以服务来创造良好的经济发展环境，维护公平竞争的市场经济秩序；另一方面，要根据市场经济的发展规律和服务型政府的总体要求，应坚持以人为本，科学发观的执政理念，与时俱进，在市场监管中，深化服务职能建设，把监管与服务的统一在执法实践中有机结合，促进职能的转变。工商机关监管的领域决定了服务内容。我们在工作实践中，探索丰富的服务内涵，创新服务方式，如在帮扶企业方面，我局着重实施了行政指导工作，一是在市场准入工作中，公开信息，结合办理注册登记事务，向企业提供法律法规，引导其作出正确决策和选择，对行政相对人即将到期的登记事项、许可证照等，通过书面、电子显示屏等适当的方式予以提醒；指导停业、被吊销营业执照的企业依法组织清算，办理注销登记，维护债权人的利益。二是在商标富农工作中，积极指导、培育品牌。我们以涉农企业为切入点，从"立品牌、育品牌、护品牌、创市场"四个阶段指导企业用商标拓展市场，创造效益。经过我们多次深入粟海集团指导帮扶，2010年1月5日国家工商总局正式认定其为驰名商标。同时，"永济饺子"、"西厢芦笋"等一些地理商标在当地工商所的指导配合下正在申请办理之中。三是在帮助企业应对金融危机冲击，渡过难关上，我们实施了上门年检、预约服务、减免费用，发挥工商职能，从政策上找准破解融资难题的切入点，通过积极运用动产抵押、股权出质等手段，截至2010年10月份就多次上门提供服务，为粟海集团、超人奶业、新时速电机有限公司等多家企业进行行政指导，融资2.4亿元。总之，我们应该把高质量的服务贯穿到严格的监管中去，只有服务到位了，才能体现出我们的监管职责。

三、与时俱进，努力实现监管与服务的统一

随着时代的不断发展，人们的法律意识不断地提高，在监管和执法中，我们必须把依法行政与以德行政紧密结合，杜绝不公平执法，粗暴执法和行政不作为行为。当前，工商工作面临着许多新的情况和挑战，我们应当紧贴时代脉搏和工商工作的实际，准确把握监管与服务的科学内涵，不断探索、全面落实"严监管就是优服务"的举措，坚持依法监管，切实保障社会主义市场经济秩序，从而为和谐社会建设和人民群众提供良好的服务。我们每一个人都要明确监管和执法的最终目的，是服务于发展、服务于大局、服务于广大人民的根本利益，要把监管与服务的统一落到实处。一是要准确把握好服务的尺度。现如今，更多是讲服务，但我们的职责是市场监管和行政执法，服务只能是职能范围内的服务，不能因为服务就忽视了法律的要求，不严格按法律程序履行职责，甚至擅自简化办事程序或随意降低执法标准。尤其是在当前市场经济环境错综复杂的情况下，工商部门更要认真履行好行政执法职责。二是要正确处理好依法行政与服务之间的关系。既要坚决制止以强化监管为理由，随意抬高门槛，人为设置障碍，故意刁难企业和群众，又要切实防止在具体工作中随意突破法律法规的规定界限，损害法律的严肃性，杜绝不作为、乱作为和慢作为。职能服务，就是要充分体察民情，了解民意，在依法行政的前提下，立足职能，满腔热情地为广大企业、业户和人民群众提供优质、便捷、高效的服务。三是要找准强化监管与职能服务的最佳结合点。要将服务寓于监管执法中，在监管执法中体现服务。一方面，要主动自觉地从认识大局、维护大局、发展大局的高度出发，既倡导无障碍服务，又要克服无原则"服从"，在促进经济发展中服务，在服务中履行职责。另一方面，要进一步端正执法态度，既要敢于执法，又要善于执法，在依法行政、文明执法的前提下，掌握好"火候"，把握好"量度"，做到原则性和灵活性的统一；惩戒处罚和教育规范的统一；法律效果和社会效果的统一。进一步增强监管与服务的统一性，牢固树立执法的权威性和服务的有效性。在今后的工作中，我们将始终把实现监管与服务的统一作为工商管理机关职能转变的最终归宿，为促进经济发展和社会全面进步作出应有的贡献。

凝心聚力　创优服务
在转型跨越发展中建新功

运城市工商局空港分局党组书记、局长　赵明

"以转型发展为主线，为实现山西经济社会跨越发展努力奋斗"这是省委袁纯清书记对全省转型跨越发展提出的新要求。作为担负"行政执法、市场监管"重任的工商行政管理部门，如何充分发挥业务职能，在转型跨越发展的主战场建功立业，我仅结合我们运城市工商局空港分局在实际工作中的做法谈一点粗浅认识。

一、改善环境　"梧桐树"能招"金凤凰"

运城空港新区不管从区位条件、气候条件、地理条件、交通条件，还是城市水、电、气、通讯、教育、医疗等硬件设施，都已经达到一定水准，并仍在不断地完善改进中。但是，我们努力的同时，全国的大环境也在日新月异。纵观全国，特别是沿海发达地区，都在积极营造各自的"安商、亲商、富商"氛围。众所周知，良好的软环境已经成为生产要素聚集的"洼地"、各路人才向往的"高地"、商务成本降低的"盆地"、经济效益提高的"福地"。那么，对于我们这样一个深处内陆省份的运城空港来说，只有排除先天不足，巧妙地将良好的硬环境和软环境进行有机结合，才会促生产力、促竞争力、促吸引力、促发展力。袁书记提出要把运城建成山西向东向西开放的大通道和桥头堡，我们的软环境还远远没有达到要求。为此，我们在大力开展"千名工商进万家、干部进万家企业调研帮扶"的基础上，牢固树立服务发展是第一要务、市场监管是第一职能、改革创新是第一动力、维护民生是第一取向、安全生产是第一责任、提升素质是第一保障的理念，形成服务经济发展工作链条。首先在摸清辖区所有企业基本情况的同时，制定切合实际的具体帮扶措施，并将帮扶效果及时反馈局领导，再集体研究下一步工作计划。在这其中我们工作重心下沉，先后提出了15条服务发展意见，开辟了5条解决企业健康发展的绿色通道，制定了"一般企业不出港，重点企业不出厂"的上门服务举措。同时又特别推出"四个转变""四个跨越"服务模式，"四个转变"即：由过去的划片包干向进厂蹲点转变、由分段式服务向全程式服务转变、由只注重本职工作向拓展服务领域转变、由单项服务向综合服务转变；"四个跨越"即探索预约服务，由机关办公型向上门服务型跨越；探索延时服务，由8小时在岗型向24小时全天候服务型跨越；探索"保姆式"服务，由行政命

令型向热心服务型跨越；探索一站式服务，由繁琐往返型向一站终结型跨越。服务质量的提升，投资环境的改善，使全国各地"金凤凰"，纷纷落在运城空港这株日渐繁茂的"梧桐树"上。继雪花啤酒、华龙方便面等一批大型企业落户后，仅去年一年，就有中远机械、恒运制衣、晋龙矿物质水、泰恒中药材、重型机械、汽车配件等8家投资上亿元项目在空港落户，建设速度出现了超常规、跳跃式发展态势。运城空港管委会主任李明造对分局的工作如是说：工商部门发挥职能作用，不仅改善了空港的软环境，也体现了工商部门工作人员在促进转型跨越发展主战场建功立业的决心和信心。如果各职能部门都能像工商分局一样，内陆就不可能成为落后的代名词。

二、优化职能　出举措贴心办实事

空港工商分局是一个仅有20名正式在编人员的小单位，那么，以何为赢地位？靠何法取民心？

在众多关注的目光中，我们推出了四项举措：一是进门办事一路畅通。只要你走进分局的一间办公室，不管是来办手续还是来咨询问题，都会让每一位踏进门的人感受到"进一个门办好，找一个人办完"待遇。比如，你拿到名称预先核准通知书后，我们的工作人员都会替你写申请、填表格、复印身份证、起草公司章程、股东会决议等。二是如有困难贴心服务。不久前，辖区某公司遇到流资周转困难，我们了解情况后，主动上门介绍相关政策，帮助他们进行动产抵押登记贷款，仅用一天时间就办完了抵押登记手续，帮助融资500万元。　三是招揽人才协调沟通。人才是促进转型跨越发展的第一资源。面对空港提出的二次创业，针对目前大学生就业出现的机会"瓶颈"、经验"瓶颈"、心态"瓶颈"，我们联系各方为大学生就业搭建沟通桥，按照"服务发展、人才优先、以用为本、创新机制"的指导方针，把立足自主培养人才作为促发展的导向，在全省首家推出了建立"大学生实习培训基地"。具体到工作中首先是让大学生参与科室具体工作，其次是随工作人员深入企业，了解企业情况，熟悉企业工作流程。然后协助执法人员加强市场巡查监督，了解个体从业人员状况，增强自身社会适应能力。特别是在具体工作中，大学生们还能学习到企业登记、年检、商标、广告等涉及工商管理的相关法律法规，为今后的就业和创业打好政策基础。四是"解疑惑"我们愿做点子库。为促进转型跨越发展，帮助企业解疑释惑，我们将辖区200余家企业划分到各科室，要求涉及科室成为企业的"三部一中心"。即：综合协调部，发挥工商部门强大的团队力量和特殊职能，帮助企业协调各种关系、疏通各种渠道、办理各种手续。在必要时，可以在全国大中城市及周边地区建立工商互动联系网，助力企业闯市场，维护企业合法权益。融资部，充分发挥工商部门职能作用，开展融资专项咨询，帮助企业进行股权质押、股权出资、动产抵押、商标专用权质押、信用贷款，并拓宽融资思路，盘活企业资产，降低融资成本。宣传部，挖掘和利用部门有效资源，通过新闻媒体等宣传单位，大力宣传企业，提升企业知名度。政策研究中心，在加强内部培训，建设学习型机关的基础上，为企业提供法律咨询；利用工商信息网络平台，向企业提供各种有效信息，分析市场动态，制订发展规划。这"三部一中心"为辖区企业提供了更好的服务平台。

三、提高素质 勤学习扎实做实绩

服务企业如何提高效能，关键在提高干部队伍的素质。跨越转型发展已经不允许干部队伍思想僵化，缺乏全局性、前瞻性、战略性、规律性上研究问题的浅能力应摒弃，工作上处处提倡预见性、系统性、创造性、主动性。那种干事被动，求"显绩"忽视"潜绩"，重"眼前"而忽视"长远"的一时之功是一杯茶水一根烟，一个问题侃半天时代的产物。在转型跨越发展过程中，我们积极开展了"学习型领导班子、学习型党组织、学习型机关、学习型干部"的"四型建设"活动。学习型领导班子要努力达到政治坚定、勤政廉政、团结进取、务实为民的目标。学习型党组织要努力达到立党为公、执政为民、求真务实、勤政廉洁的目标。学习型机关要努力达到依法行政、服务发展、和谐文明、开拓创新的目标。学习型干部要努力达到执法公正、办事高效、业务精通、纪律严明的目标。

在加强服务的同时，我们尤其不忘市场监管的基本职责，始终树立"睁着眼睛睡觉、枕着责任入眠"的高度责任意识和安全意识，以食品安全为重点，更加高效地监管市场。特别是去年以来，我们凝心聚力先后开展了各类市场专项整治。认真落实国务院"两个办法"、总局"八项制度"，全力构建食品安全监管长效机制。加强与外地工商部门协作，多管齐下，形成打击侵犯知识产权高压态势，保护企业商标专用权。理顺其他执法部门关系，建立高效、集中、统一的执法办案机制，保护公平竞争，为维护市场经济秩序发挥了积极、重要作用。

2011年是中国共产党成立90周年，是实施"十二五"规划的开局之年，也是我们运城空港新区二次创业的起步之年。这为充分发挥工商部门职能、更好地服务转型跨越发展提出了新任务、新要求。我们一定要以服务转型跨越发展为主旋律，更加自觉服务经济发展、更加高效加强市场监管、更加有为强化消费维权、更加努力推进依法行政、更加严格锻炼干部队伍，以创新的胆气、创新的思维、创新的方法、创新的举措，在服务转型跨越发展的主战场创先争优、建功立业。

浅谈开发区工商部门的责任义务

运城市工商局风陵渡开发区分局党组书记、局长　梁雨亭

省委书记袁纯清肯定了空港新区的开发精神，市委书记高卫东表扬了空港新区大胆创新举动。开发区已到关键时刻，我们工商该怎样干，如何支持开发，促进开发，如何招商、扶商、强商、帮商，如何真正树立"会谋事，能干事，干成事"的理念，解放思想，大胆大步，积极探索研究新的严峻形势，努力推动经济开发的协调发展，我想必须做到以下几点，才能从真正意义上支持开发。

首先，要调整思路，更新观念。开发区搞开发，是全员的大事，人人是环境，个个是使者，不是哪一个人哪一个领导的事。经过十多年的努力，可以说，开发区人人渴望发展、渴望转型、渴望尽快摆脱落后面貌。开发的热情是有的，但观念转变的慢。开发建设不同于一般行政工作，不能按部就班，要克服"等"、"靠"的思想，就是说不能凡事等政策、等精神、等领导、等机会。更不能靠这靠那，要"钻"、"拼"，只要是政策上没有明文禁止的我们都可以去尝试、去钻研。不怕失败、不怕一时坎坷，硬拼精神当头，为成功想办法。在用好政策与破解难题上长本领，在项目策划与推进上长本领，在经济发展与安全高效上长本领。我们都是开发使者，都是开发的建设者，都是开发的受益者。如果我们不努力，开发区怎能转型，怎能发展，怎能走向成功。我们同在一条船上，只有同舟共济、奋力拼搏、乘风破浪，才能到达胜利的彼岸。

第二，措施强硬，下大功夫。我们要敢于下狠心、出重拳，切实解决影响和损害经济开发的突出问题，关键时刻不能手软。向空港新区学习，思想要解放，步子再大些，再造一个新风陵。要有这样的决心，更要开拓视野、开拓胸襟、向外部看、向高处看、向未来看。更要高标准、爱开发、争先进。创造性地工作，有奋发的状态，有开发的激情，积极建言献策，不等、不靠、不推，从客商利益出发，搞好客商投资兴业的环境，不计较暂时的得失，实现双赢。引来一户客商，带来十户投资，真正实现转型发展。

第三，求真务实，真抓实干。我们风陵渡开发区目前已到紧要关头，关系到开发区的生死存亡，我们必须要以前所未有的重视程度和落实力度来达到前所未有的工作深度和力度，以真正的效果，巨大的变化来取信于

民、取信于商。工作目标定位标准一定要高，要实现"服务最优、门槛最低、审批最简、信誉最高、安全最好"的"五最"目标。工作节奏一定要快，要精心组织、一环扣一环、环环抓落实，有序推进整体发展。只有营造"亲商、爱商、安商、扶商"的氛围，发挥职能，快招商、招大商，才能大发展。只有开发了，经济腾飞了，城市建设配套到位了，才会像空港那样上大学有补助，青年人有事干，老年人有依靠，各种公益事业也自然到位了。

第四，创造和谐，为"客商"建立发展平台。目前开发区现状是招商少、招商难、落户难，这说明一是我们发展平台欠缺，条件有限；二是我们服务不到位，难以挽留客商。那么工商部门的职能作用如何发挥，怎样做好"助推器"。我认为首先找准服务切入点。在加大招商引资力度上做文章，紧紧依靠地方党委政府的支持与领导，主动服务，靠前引导，积极营造发展的良好环境，快招商、招大商。二是切实改进服务方法和手段。根据不同实际需要，不同情况不同对待，充实和完善品牌推进战略，打假扶优保名牌。特别是企业跟踪服务要措施落实。把服务的立足点放在关系人民群众切身利益和经济持续协调发展的基础上，为不同社会群体提供优质、高效、诚信的工商服务。三是服务措施的落实上下工夫。"一线服务、一门办理、一人到底、一次完成"，工商工作可说是千头万绪，每项工作都要落到实处，要动脑筋，下工夫。只有服务工作落实到位了，客户才能满意，社会才会公认，也就为其他职能工作提供了好的平台。

第五，服务发展，为"招商"建立环境平台。首先是建立上下通顺的联动机制。省市工商局制定下达目标任务，县级工商局要重监管，开发区工商局则要重服务。我们要有明确的实施方案和工作步骤，采取有效措施，狠抓工作的落实，创造性地开展工作。二是建立内外沟通的横向机制。依托当地实际现状，使工商工作在服务经济发展中形成开发区党委、管委会、部门和企业相辅相承，有机结合，使工商职能更贴近政府、贴近企业能发挥更大作用。三是要和谐、包容，处理好人与人之间的关系。每个公务员都要学会辩证地处理好人与人之间的关系，不但要正确对待自己，更要正确对待他人，用科学的思维方式对待人和事，看到自己身上的优点和存在的不足，经常进行工商管理者与企业工商户的换位思考，取人之长，补己之短，相互学习，共同提高。

第六，强化能力，为"扶商"建立效能平台。首先要不断提高协调能力。多头执法、职能交叉、部门打架等问题依然存在，如何消除这些矛盾，协调工作正常推进？我认为必须把协调与业务工作同等对待，协调是本事，是基本功。我们要经常性地与管委会及部门进行沟通，得到支持和配合，变协调为协作、合作，这样才能提高工作效能。二是要提高科学决策能力。开发区谋划工作要抓影响大局、关系国计民生、群众利益的突出问题，创造性地办事。既要立足当前，又要考虑长远，特事特办，大胆办成事，协调全面，带动各职能部门。具有针对性的、系统的、高质量的标准，切实可行的方法。具有创新、敢为人先的胆识，真正科学决策。三是提高执行能力。开发区是一盘棋，是新生事物，要确实做到令行禁止，说到做到，统一步调，各项措施要不打折扣地执行，落到实处。

第七，科学监管，为"爱商"建立职责平台。首先要构建科学的监管机制。按照科学原则强化制度建设，对所有制度进行整合，特别是抓制度的落实，切实做到靠制度管事管人。让所有的工作都有制度落实，有制度可依，有规章可循。二是要实现职能的准确定位。集中精力解决那些严重扰乱市场经济秩序的问题和矛盾，为广大经营者和消费者营造公平公正的市场经济秩序，这既是开发区经济发展的客观需要，更是工商部门职责的必然要求。三是采取先进的管理手段。在开发区这一块工作，手段要先进，对企业和工商户电脑网上实施分类监管。在新形势下建立市场主体信用监管，刷新监管方式，增强责任感和紧迫感，正视市场主体信用监管的必要性和监管任务的艰巨性。不断促进监管手段和方式方法的现代化、科学化和规范化，努力营造开发区"诚实守信、依法经营"的良好氛围，努力达到促进开发区经济跨越发展的有利形势，真正做热爱开发，支持开发的排头兵，真诚做一名合格的开发使者。

唱响绛县开发区跨越发展的主旋律

绛县开发区分局党组书记、局长　沈惠中

我们绛县经济开发区诞生于经济大潮风起云涌的1997年末，成长于经济大发展的13年。13年的风雨告诉我们，没有百折不挠的勇气、顽强拼搏的精神，就没有开发区发展的前景；13年的经历告诉我们，只有开放招商、转型发展，才是开发区实现跨越战略的必由之路，才最有前途、最具希望。

从建区时地无一垄，房无一间，桌无一张，区辖企业屈指可数，所依托的国有企业步履维艰、濒临倒闭，几万名职工生活困难，区内税收只有700多万元，开发区人承载着盘活国有大中型企业的使命，开始了艰辛的创业和拼搏。4600多个日日夜夜，拓荒人向省、市工商局和全区人民呈现了一份厚重的硕果。十年磨一剑，创业谱新篇。看今朝，经济快速发展，企业勃勃生机，市场一派繁荣，人民安居乐业，税收达到了7000万元，居民收入增长了近10倍，宽敞明亮的办公大楼拔地而起，宽阔平坦的华信大道在脚下延伸，多功能的市场应运而生，科学发展的理念深入人心。一批技术精湛、素质过硬的企业人才在这里诞生，一支懂业务、会管理的工商队伍在这里崛起。宽松的环境，高效的服务，体贴的关怀，无不凝聚着省、市工商局决策者的发展思维，无不闪耀着工商人事业为重、筑基固本的智慧。

但我们也清醒地意识到，对照袁纯清书记在全省领导干部大会上、站在新的历史高度提出的"以新型发展为主线、以赶超发展为战略、以跨越发展为目标"的新思路和省工商局王虎胜局长在全省工商局长座谈会上提出的"坚持把解放思想、创新观念作为第一动力；坚持把发挥职能作用、服务科学发展作为第一要务；坚持把强化市场监管、维护市场秩序作为第一责任；坚持把关注保障民生、维护消费者权益作为第一要义；坚持把加强作风建设、提升干部素质作为第一保障"的新要求，我们的基础条件差，是全省唯一一个建在山沟里的开发区，交通不便，信息闭塞；我们的思想观念和精神状态还跟不上时代前进的步伐，正如袁纯清书记所讲的"一些干部不去想大发展，一些干部不敢干大发展，一些干部不善谋大发展"；我们的工作举措还有许多地方有待改进，办法不多，措施不硬。

过去的13年是我们绛县开发区工商人锐意进取、奋力拼搏的13年，也是我们按部就班、循规蹈矩的13年。今后的路怎么走，成了我们每个开发

区工商人必须面对的问题，国家、省、市领导的讲话和指导，无疑如一缕春风吹进了我们的心田。

国家工商总局提出监管与发展、服务、维权、执法相统一，必须要坚持"只有依法加强市场监管，工商行政管理才能树立公平公正的权威；只有全力服务科学发展，工商行政管理才有充分发挥职能作用的地位；只有切实维护消费者合法权益，工商行政管理才有群众支持的根基；只有建设高素质的干部队伍，工商行政管理改革发展才有坚强的组织保障"，再次吹响工商行政管理工作进军的号声。

"增强大局意识、创新意识、服务意识、法制意识、责任意识，创造公平竞争的发展环境、规范有序的市场环境、诚实守约的信用环境、公正廉洁的执法环境、公开高效的办事环境"，"创新思想观念、创新监管机制、创新工作作风"，省工商局的要求犹在耳边。

"以宽广的视野认识发展、以宽阔的胸怀推动发展、以宽容的心态支持发展、以宽松的环境保障发展"，市委高卫东书记的讲话催人奋进。

"发现即发展，开放即发展，招商即发展，要把招商引资作为抓住战略机遇期的重大举措长期坚持"，"要用世界眼光、战略思维，以招商引资为重点，实现对外开放的新跨越"，袁纯清书记的讲话振聋发聩。这既是山西推进转型的必由之路，也是我们开发区实现跨越发展的现实选择。

面对招商引资这一陌生又熟悉的视野，省委适时提出大力弘扬"执法为民、尊重科学、百折不挠、艰苦奋斗"为核心的右玉精神，就是要大力弘扬以人为本、心系民生的公仆精神，百折不挠、坚持不懈的执著精神，与时俱进、开拓创新的时代精神，艰苦奋斗、公而忘私的奉献精神，同心同德、万众一心的团结精神。省工商局要求广泛开展"解放思想、创新工作、服务转型、促进跨越"大讨论，做到"从条管体制意识中解放出来、从传统监管理念中解放出来、从传统监管方式中解放出来、从传统执法行为中解放出来、从守成求稳心态中解放出来"，"要充分发挥工商职能，大力营造良好投资创业环境，进一步激发投资的活力、创业的活力、发展的活力"，促使我们必须抢抓机遇促转型，上下同心谋跨越。

我们开发区工商分局在全面开展创先争优的今天，在新一届班子的带领下，紧紧围绕招商引资这个开发区中心工作，自加压力谋发展，不待扬鞭自奋蹄，提出"动员全局上下，坚定信心，凝聚力量，开创招商引资新局面，推动全区经济跨越发展"的奋斗目标，唱响了绛县开发区跨越发展的主旋律。

我们有困难，但更有希望；有重担，但更有信心，关键是我们要付出超常的努力和代价，以高度的责任感去完成肩负的重任。

明确任务，形成合力，营造全员招商格局。当前，在一些同志的心目中，招商引资只是局领导的事，只是与企业注册监管有关的事，这种领导热、干群冷、专业科室热、一般科室冷的观念和状况必须改变。招商引资是开发区的中心工作和政治任务，我们明确各科室招商引资的任务，目的就是要形成人人肩上有担子，个个心谋招商事，干好干坏不一样，创先争优共发展的局面，"形成人人想发展，个个谋发展，处处干发展的浓厚氛围"。

抓住重点，挖掘潜力，发挥专业队伍中坚作用。我们实行分局一把手负总责，分管企业注册监管领导负专责，由企业注册监管科具体落实，其他科室配合的管理机制，充分发挥企业注册监管科熟悉政策、精通业务的优势，全面推进我局的招商引资工作。

突出优势，集聚助力，调动区内企业积极性。各地招商引资的实践证明，企业家们在业内联系广泛，人脉遍布，信息灵通，是招商引资的主要力量。我们要坚持以企引企、以资引资、以商引商，引进大企业、大项目，在共生共赢中把握先机，为经济起飞提供强劲支撑。

优化服务，增强引力，打造招商引资"洼地"。在区位态势、地理条件有限的情况下，唯一能改变的就是我们的服务质量、工作作风与工作效率。开辟招商引资绿色通道，实行急事急办、特事特办；完善首办责任制，深入推进一站式限时办结模式，探索预约上门服务制；实施招商引资，不受节假日、上下班时间限制，随叫随到，随到随办。简政放权，提升服务，少说不能办，多说怎么办。强化过错责任追究制。真心通过我们的诚心、热心和耐心，让投资者在开发区安心、放心、专心创业，努力营造亲商、安商、富商的"小气候"。

奖优罚劣，激发活力，以招商引资成效检验干部，要健全考核评价机制，要将考核结果和干部的奖惩、升降挂钩，"做到能者用、好者上、庸者下，让吃苦的人吃香，让有为的人有位，形成良好的用人导向和风气"。教育和引导广大干部不能自甘平庸，满足于常规的思维、平淡的方式、一般的手段，要有正确的政绩观，要居安思危、与时俱进、不断创新，在平凡的工作中作出不平凡的业绩，实现人生价值和个人抱负。单位将根据发挥职能和招商引资工作成效评判干部，并作为晋升、评优评先的一项重要指标，以激发大家的工作热情。

在实际工作中，我们积极推行一站式跟踪办结模式，一次讲清，当场办理，跟踪服务，协调指导，先后为鑫亚钢铁、志信纸业、鑫鑫食品、亨通制造等企业办理了入区登记手续。经多方联系，共同努力，我们成功引进了飞龙石英公司入驻我区，一期投资3000万元，四期投资3.6亿元，必将成为我区经济发展又一个新的经济增长极。

招商引资事关开发区的跨越发展，我们重任在肩，无可推卸，招商引资形势喜人、形势逼人，我们有压力，更有动力。13年前，我们绛县开发区能够在艰苦的情况下白手起家，吸引世界五百强企业美国卡特彼勒公司成功入驻，成长为开发区的龙头旗舰。今天，我们完全相信，只要我们坚持科学发展观，坚持弘扬"右玉精神"，坚定信念，同心协力，科学规划，迎难而上，创先争优，就能够再铸辉煌，开创绛县开发区灿烂美好的明天。

吕梁市

用"敢想"解放思想
以"敢为"创新工作

吕梁市工商局党组书记、局长　相高峰

　　省委书记袁纯清在全省领导干部大会上的重要讲话，是在山西转型跨越发展的关键时期，吹响了解放思想的冲锋号。全省工商系统在省工商局党组的领导下，都在顺势而动，谋求跨越。我们吕梁工商系统如何在新一轮的大发展中放胆工作，适时融入吕梁经济转型跨越发展的大潮中去，是摆在全系统干部面前的一个紧迫而又重大的课题。为此，我们率先在全系统组织开展了以"吕梁要发展，工商怎么办"为主题的解放思想、促进跨越大讨论活动，积极组织系统科、局以上干部分赴榆林等地考察学习，以期学习先进、寻找差距，对照检查、破解难题，放飞思想、放胆工作，力争踏上全省、全市大解放、大发展的鼓点，与全省工商服务转型合拍，与全方位开放引进合力，与吕梁大发展合唱。

　　一、走出吕梁看吕梁，以"敢想"掀起思想大解放

　　近年来，吕梁经济快速发展，公务员尤其是工商系统公务员待遇相对优厚，所谓"推销员、技术员，待遇不顶公务员"；"你经商，他办厂，安稳不如当工商"。这些说法和想法，都是吕梁工商系统中一些干部内心思想固化、观念保守的真实写照。在这种传统守旧思想的影响下，个别人只想做官，不想做事；只谋做大官，不想做小事；只想掌实权，不会办实事，心思花不在工作上，本领用不到发展上。当我们看到榆林工商干部队伍的整体精神风貌、工作业绩时，受到强烈震撼，深深感到，榆林工商在大踏步向前进，而同榆林市一河之隔的吕梁工商却小进即满。走出吕梁的目的是为了更清楚地看到吕梁的差距，借鉴先进的经验。在吕梁工商与榆林工商的对比中，我们产生了强烈的不进则退的危机感，激发了敢闯敢超的工作激情。我们坚定一个信念，那就是因时而动、顺势而发，用"敢想"来解放思想，以"敢为"来创新工作。在工作中，只要在符合政策的框架内，不要说不能办、多说怎么办，要以创新的理念思考问题、解决问题。我们要始终咬定一个目标，那就是干部思想要解放，工商干部先解放；工商工作要创新，吕梁工商先创新；服务经济转型，吕梁工商要先转型；促进经济跨越，吕梁工商要先跨越。

　　二、跳出工商看工商，以"敢闯"转变职能抓转型

　　工商部门是一个行政执法部门，在市场经济发展格局中，处于"管理

者"地位，相对于"被管理者"，自身属于强势群体。长期的监管模式、工作方法，滋生了"以我为主，企业为次"的思维定势。在服务企业中放不下架子，在行政管理中舍不得既得利益。习惯于用管理者的眼光去捕捉市场的违法违规行为，而不习惯于用市场发展的眼光来匹配工商的服务行为。要实现工商的转型跨越发展。首先，要创新服务理念。要有勇于放弃"以我管理为主"的勇气，恪守"以市场发展为主"的魄力，从传统落后的监管理念和监管方式中解放出来。其次，要转变职能，拓宽服务视野。要从企业上门要求我办什么事的服务理念中解放出来，主动深入企业，多想我要为企业办什么事，创新服务理念。在工作布局上，消除到企业就是为了执法检查的简单思想，主动为企业占领市场给予行政指导；克服执法检查就是为了罚款的简单做法，积极帮助企业纠正违规行为；纠正照章办事就是为企业开绿灯的思想偏颇，运用工商全部职能，发挥工商整体作用，在项目的确立、主体的准入、产品和服务的质量、信用建设、品牌发展、资金融通、市场拓展等方面，实行全方位的贴心服务，真正把服务的理念贯穿到工商工作的全过程。最后，要实施四个服务模式，不断创优环境。对涉及地方经济发展的大企业、大项目、大产业，要大力推行绿色服务（无障碍）、跟踪服务、全程服务、挂牌服务（领导定点）的四个服务模式。真正和地方站在一个阵营，和政府站在一条线，和企业坐在一个板凳上。不断提升工商部门在经济发展中的推动地位，在市场监管中的执法地位，在环境创优中的服务地位，在消费维权中的卫士地位，实现工商工作的转型跨越发展。

三、冲破条管意识束缚，以"敢超"与地方合拍、共谋新跨越

在工作中，要打破"唯条是从"的僵化思维，善于做好"条块结合"文章，把全省工商系统长期以来形成的指导思想、工作思路，放到当地党委、政府的工作全局中加以运用，听好"条条"的话，办好"块块"的事。榆林工商局由于注重发挥职能、服从地方领导、服务地方发展，使部门形象得到提升，成为榆林市政府各部门中的一张"名片"。我们学习榆林经验，就要和榆林工商局一样，敢于主动和地方靠拢。要和对待系统领导一样，向当地党委、政府多汇报思想、多请示工作。要和块管部门一样，围绕党委、政府的中心开展工作，争当推动经济发展的主力军。在转型跨越发展中，敢于争取主动，积极与地方合拍，鼓励工商干部与企业"结亲"，与项目"结缘"，与部门"结交"，与发展"结合"，杜绝脱离吕梁实际的市场监管、阻碍吕梁发展的行政执法和封闭自满的自我发展。

四、打破后进思维定势，以"敢为"推动吕梁工商大发展

吕梁工商后进的思维定势，主要出于过去吕梁区位偏僻、交通闭塞、信息迟钝、财政歉收、经济落后的旧思想，导致工作长期不敢出头、不愿出头、不会出头，不敢出典型、不敢出经验、不敢出成绩。自认为，工作在全省系统排在后位是再正常不过的事了。习惯于跟在太原等先进市后亦步亦趋，缺乏赶超的意识和胆魄。殊不知，榆林不是西安，榆林工商照样有大作为；吕梁不是太原，吕梁财政照样有大增长。"后进"不是吕梁工商特有的代名词，"无为"不是吕梁工商人的惯用名。通过学习考察，使我们看到了希望，认识到吕梁工商发展机遇犹存，追赶当时，跨越可期。我们要进一步找准自己在地方经济发展中和全省工商系统的位置坐标，认识落后、寻找差距，谋求发展、实现跨越。要以大讨论为新起点和转折点，勇于承担起吕梁工商强市的责任。要立赶超之志、行跨越之为，敢想敢干，全面创新思想观念，创新思维方式，创新监管机制，创新服务手段，创新工作作风。要立说立行，在全系统实施"吕梁大发展，工商大作为"八项大行动：军事训练大练兵，打造威武工商；红盾文化大发扬，打造文化工商；文明礼仪大培养，打造文明工商；电子信息大建设，打造诚信工商；纪律作风大整顿，打造严明工商；促进跨越大服务，打造服务工商；解放思想大讨论，打造学习工商；标兵能手大评比，打造法制工商。工作中，要真抓实干，强化责任分解，把任务落实到人头上，加大督察考核力度，促使工商系统干部职工都能善于谋事、勇于任事、踏实干事、有为有位。

2011年是"十二五"开局之年，我们要围绕敢想大发展、敢谋大发展、敢干大发展，着力在用好政策和破解难题上下工夫，继续全面加强作风建设和本领建设，强化市场监管、创造发展环境，服务转型发展、促进跨越发展。真正创造一个"用学习提高人、用谈心教育人、用工作带动人、用制度监管人、用公平凝聚人、用竞争激励人"，风正气顺、共谋大事、创先争优的良好局面。力争在较短的时间，使吕梁工商队伍有一个崭新的精神风貌，吕梁工商有一个大的跨越，为吕梁转型跨越发展作出新贡献。

打造"五型"工商
当好吕梁服务发展的排头兵

吕梁工商局离石分局党组书记、局长　秦彦湫

　　8月19日到22日，吕梁市工商局党组组织全系统科以上干部赴榆林进行了学习考察。这是全系统深入贯彻省委书记袁纯清重要讲话精神和进一步引深"榆林大发展，吕梁怎么办"解放思想大讨论活动，主动开展工作，创新工作形式，在创先争优过程中，结合工商实际，实地学习兄弟省市工商部门先进经验，开展"吕梁大发展，工商怎么办"大调研活动的一次重要举措。也是对我市工商工作坚持"四个转移"，提升"四个地位"，实现"四新目标"，强化"一个保障"，推进"五增五创"目标任务的一次有力助推。这次考察学习对我们触动很大，启发颇多，开阔了视野，感到与兄弟省市县工商部门的差距很大，有一种危机感、责任感、紧迫感。

　　一、进一步解放思想，坚决摒弃传统守旧的思维方式

　　在榆林考察学习期间，我们实地参观了榆林市工商局、榆阳分局和鼓楼工商所规范化建设和科学系统的服务监管模式。每到一地，设施规范的局容所貌、领导班子坚强的凝聚力、干部职工文明威武的良好形象和积极向上勇当第一的精神风貌，都给我们留下了深深的记忆。工商要大发展，首先干部思想要大解放，要坚决摒弃陈旧落后的思想观念，要敢于树立争当服务离石、服务吕梁发展的排头兵，勇当第一的思想，真正成为吕梁工商的"卫戍区"窗口单位。

　　首先要解放思想，树立勇当第一的思想。要教育全体工商干部职工，积极转变观念，对照榆林和吕梁工商，正确定位，作为市工商局唯一的分局单位，在服务离石区经济跨越发展中要敢于树立当好"窗口"、勇挑重担、敢争第一的排头兵思想；其次要转变观念，强化支持服务发展的责任感。服务地方经济社会大发展是我们工商部门的第一要务，责任重大。我们要把全部工商工作的出发点和落脚点放在支持服务发展上，引导广大工商干部，在思想观念上从"权力工商"向"责任工商"转变；从"单纯监管型"向"和谐监管型"转变。三要采取措施，增强服务的积极性和主动性。要借鉴榆阳工商分局的经验，积极研究制定我局《支持服务离石区经济发展若干意见》和《基层工商所提高业务素质，实施规范化系统管理工作措施》，增强服务发展的工作积极性和主动性，提高全员素质，畅通市场准入渠道，营造大企业、大项目建设、生产、经营无忧环境。

二、进一步摆正位置，坚决服从系统和地方的双重领导

工商部门的职责要求我们，在工作实践中既要积极主动创造性地开展执法工作，进一步提高执行力和公信力，又要自觉服从地方党委政府的领导，服务地方经济的大发展。所以，基于这种认识，我们必须努力在做好"条管"工作的同时，还要注重做好"块管"上的工作，要坚持积极向区委、区政府多请示、多汇报，多与部门机关联系交流，争取政府部门的最大支持。在服务理念上要真正从条管体制意识解放出来，按照市工商局党组要求要敢于争取主动，与部门"结交"、与企业"结亲"、与项目"结缘"、与经济"结合"。

一是要铺设"绿色通道"，为经济转型打造高效的准入环境。继续完善和规范便民、高效、快捷的登记服务体系，广泛推行首问负责制、首办责任制、限时办结制、服务承诺制等服务措施，缩短审批时间，减少审批环节，进一步提高服务效率和服务水平，按照省市相关政策放宽各类企业市场准入条件。二是要提供通畅便利的服务渠道，推进就业再就业工作。积极组织个体工商户参加各项技能培训，配合有关部门开展对下岗失业人员、大中专毕业生、复转军人、残疾人等的就业培训和创业培训活动，积极运用和落实各项优惠政策，鼓励各类企业和非公经济组织多吸纳失业人员。三是进一步转变工作作风，增强服务意识，提高年检效率。积极运用网上年检系统，加强对企业年检的指导。按照相关规定，对符合免检条件的企业实行免予提交审计报告，免予审查，对提交年检、验照材料齐全、完整的，当场予以通过。

三、进一步创新监管，坚决服务地方经济跨越式发展

工商系统"两费"停征后，榆阳分局以创新监管为主线，开展了以"一帮二带三学"的培训模式，积极开展分层培训和全员岗位练兵，及时转变了干部思想观念，提升了队伍整体素质，依法行政的权威进一步确立，服务发展的实践得到了社会的公认。而面对"两费"停征，我们不少干部感到漠然，工作无所适从，执法权威日趋淡化。可喜的是在年初全市工商工作会议上，市工商局党组坚决提出要找准市场中的新情况、新问题，与时俱进，有所作为。在监管重心上实现"四个转移"：即由注重集贸市场管理和收取个体管理费向查办大要案件转移；由注重普通行业向重点及垄断行业转移；由注重城内市场向城市周边及农村市场转移；由注重日用消费品向严重损害人民群众生命财产安全的热门行业转移。要真正实现这"四个转移"，我们必须创新监管，打破以收费代管理、以收费定业绩的监管模式，按照省工商局的要求真正从传统的监管理念和监管方式中解放出来。

一要进一步加强行政指导，树立执法为民思想。要注重依法办案，加大12315受理、转办、反馈、投诉，通过科学的考核奖惩机制，激励人人找案源、人人能办案，努力提升工商部门在市场监管中的执法地位。二要继续深入开展帮扶企业大行动。按照市工商局要求积极引导民间资本发挥作

用，建立为小额贷款公司和"三农"企业联手合作，携手发展服务平台，引深帮扶企业活动。继续开展商标专用权质押贷款，和开展股权出质、动产抵押登记，推进助企解困帮扶工作，真正从传统的监管理念、监管方式中解放出来，增强为企服务意识，树立敢做能为新风。三要继续做好服务"三农"工作。要结合离石城区开发和新农村建设及整村推进工作，把服务三农、鼓励返乡农民工自主创业，促进农民增产增收为总抓手，大力实施"五农工程"。要大力推广田家会工商所帮扶引导农民走"合作社+基地+商标"的路子，实施推行"一村一品"农副产品商标发展模式。下大力做好农副产品商标申报注册工作，支持农民专业合作社跨地域、跨所有制、跨行业开展经营服务。

四、进一步争创一流，坚决打造窗口单位"五型工商"

榆阳工商分局为营造心齐风正的工作氛围，分局党组响亮地提出：分局班子成员要为机关干部做好表率、分局机关要为基层做好表率、机关干部要为基层干部做好表率，有力地推进了分局法制化、程序化、规范化管理，两年时间获得国家、省、市、区各种表彰奖励50多项。对此，我们要结合离石分局工作实际，对照榆阳工商分局的经验做法，认真分析研究，重新审视定位，结合作风大整顿和创先争优活动，要按照年初市工商局党组制定的目标任务，努力提升"四个地位"，打造"五型工商"（文明工商、服务工商、法制工商、阳光工商、和谐工商）。

一是注重培养良好的工商形象，打造文明型工商。加强干部作风养成和机关办公秩序规范建设，从举止、着装、言行、思想等方面规范化，提高注重窗口人员业务素质，积极开展文明优质服务竞赛活动，进一步打造文明工商。二是牢固树立服务理念，打造服务型工商。要创新服务理念，对群众咨询事项做到"一口清"，不推不拖、恪守承诺、热情周到、服务规范；深入开展助企解困活动，努力营造高效、方便、快捷的服务环境；逐步建立信用记录制度和备案制度，营造诚信经营的市场环境。三是开展办案能手标兵大评比，打造法制型工商。要加强教育培训，提高队伍法律素质，大力参加全系统"十大办案能手"、"十佳工商所长"、"十佳监管标兵"等评比选送活动，营造系统法制氛围。四是通过建章立制，打造阳光型工商。坚持以提高机关效能为目标，以群众满意度为标准，以作风大整顿为契机，通过建章立制，巩固整顿成果，规范干部行为，建立和完善落实全系统《首办责任制》、《过错追究问责制》和《末位淘汰制》等工作措施，促进各项工作的落实。五是加强新领导班子建设，打造和谐型工商。树立以人为本、构建和谐工商的理念，增强新领导班子的凝聚力、号召力和战斗力，关心干部职工生活，帮助解决实际困难，建立完善绩效考核机制，激发干事创业热情，广泛开展争创省级文明单位活动，努力培养一支人人想干事、人人能干事、人人干成事的一流队伍，实现市工商局党组"一年打基础，两年上台阶，三年出成效"的工作目标。

创新监管服务机制
促进经济转型发展

文水县工商局党组书记、局长　马占全

按照市工商局的部署安排，市局考察队赴陕西榆林参观学习，从2010年8月16日我开始到基层所和企业进行了调研。结合我在文水这几年的工作，我重点就促进"五农工程"、完善信用评估管理系统，打好品牌战略等方面，如何进一步转变监管理念，创新工作体制机制，推进五项措施，谈几点自己的看法。

一、目前工商队伍工作现状和存在问题

1. 思想观念上的制约因素。一是服务意识尚未完全夯实。一些干部受传统强势、管制思想影响，工作角色尚未完全实现由"管理员"到"服务员"的转变，"门难进、脸难看、话难听、事难办"的衙门作风不同程度地存在；管理与服务关系尚未完全摆正，讲监管，就放弃服务，常以"管理者"自居，讲服务，就削弱监管，机械地把监管与服务对立起来；二是创新意识不够强。部分干部开拓进取意识不够强，缺乏创新发展精神，习惯于用旧思维去想问题，用老经验去办事，用老办法干工作，因循守旧、安于现状，小富即安、小进即满。

2. 基层人员素质和执法能力有待提高。一是基层单位普遍存在人员年龄偏大的问题，在职干部平均年龄40岁，现代知识和技能欠缺，不少老同志不会使用电脑，一些年轻同志又缺乏办案技能；二是创新力不够强。工作特点规律把握不好，破解影响工商科学发展难题的能力弱、点子少，在推动发展面前无能为力。"有想法、没办法"，不会改革或不敢改革，工作循规蹈矩。

3. 监管方式方法不适应。比如，目前基层工商所普遍实行了市场巡查制度，但是巡查内容、巡查方法等缺乏深度和针对性。有的巡查仅限于检查一下是否有营业执照，而不会通过巡查发现了解市场主体在经营中存在的深层次问题，导致不能及时纠正个体户和企业在经营中的不合法行为，引导他们合法经营避免不必要的损失。

4. 信息化建设存在差距。近年来，尽管我们积极推进信息化建设，在企业登记数据、经济户口等基础数据方面做了大量工作。但如何进一步加强基础性工作，使静态的数据动起来，提升监管执法效能，效果还不理想，尤其是在市场主体诚信体系建设上差距还较大。目前我们的计算机人

才主要用于网络维护，而非监管。特别是网络市场监管，如果没有专业人才，网络市场监管的任务就很难完成。

二、推进对策与措施

当前，正处于经济社会发展全面转入科学发展轨道的关键时期，省委书记袁纯清提出了走"四条路子"、实现"三个跨越"，市委提出了"十大问题"。我们必须在新的起点上，继续解放思想，坚决破除影响工商发展的思想观念、体制机制障碍。其目的在于推动地方经济发展，维护公平竞争，促进经济又好又快发展。

1. 加强教育培训，不断提升监管服务能力

推进工商转型，必须造就一支与其相适应的高素质工商干部队伍。一是以开展"学习型党组织、学习型机关、学习型干部"活动为契机，全面提高工商队伍自主创新能力。把加强学习作为推动吕梁发展、实现工商转型的重要举措，建立完善学习培训教育管理机制，创新学习培训教育途径。建立干部终身学习制，建立领导干部与机关调查研究制度，切实增强广大干部学习的自觉性与主动性，实现"要我学"到"我要学"的转变，不断提高干部职工学习的热情和能力。二是通过转岗培训、专岗特训、以老带训和跟班学习等形式，加大岗位业务技能培训和转岗教育，确保他们以全新的精神面貌和应有的履职能力，在新的岗位上实现自我转型。三是加大在职教育培训力度，不断提升工商队伍监管服务能力。经济发展步伐对工商行政管理工作提出新任务、新要求，以实现工商职能到位为目标。一方面不断创新教育培训模式，坚持走课堂教育与网上教育相结合、集中培训与个别辅导相结合的路子，不断拓宽教育培训覆盖面，实现全员培训目标；另一方面坚持"需求牵引、按需培训"原则，科学设置与调整教育培训内容。

2. 创新监管服务机制，大力推进五项措施

服务地方经济发展，是工商部门的立业宗旨。工商部门掌握市场主体、行业布局、市场行情、经营规模、商标、广告注册基础信息以及市场监管执法动态信息等资源优势。同时，又拥有市场主体准入、行政指导等职能优势。对此，我们要始终站在促进吕梁经济发展的高度，及时收集、梳理、公布或上报种类信息，为政府决策、企业投资、群众择业提供参考，促进各类市场主体科学发展。

一是积极推进"准入畅通"措施，由被动服务转向主动服务，服务招商引资工作。推行"非禁即许"的市场准入制度，深化企业登记制度改革，降低准入门槛，实行窗口服务前移。进驻"工业园"或开发区，设立绿色通道，简化办事环节，方便外来投资人登记注册，缩短办事时间，降低办事成本。为招商引资工作提供更优的软环境和便捷的服务。

二是积极开展"五农"活动，培育和繁荣农村市场主体，服务社会主义新农村建设。文水县是吕梁市农业大县，主要有小麦、高粱、玉米、梨、苹果、葡萄，也是家畜养殖屠宰大县。要充分发挥"一会两站"的维

权职能，加大"红盾护农"的力度。一定要加大打击假冒伪劣种子、农资经营的力度，同时加大宣传教育舆论，提高农民群众的自我保护意识和识别假冒种子、农资产品的知识。目前农民专业合作社已有200余户，有针对性地选择一批从事同类农产品生产经营的种（养）殖专业户予以重点帮扶，办好试点，通过典型示范，加以推广。在登记、规范组织等方面给予指导与扶持。综合运用商标、广告、合同、市场管理和消费维权等工商职能，为农民专业合作社的发展提供全方位服务。在商标兴农方面已形成了以"贤美"、"胡兰乡"、"象丰"等品牌为代表的涉农著名知名商标，商标兴农战略的实施，加快了全县农业产业化的进程，带动和推进了全县经济的发展。下一步要继续引导农户走"公司+农户+商标"路子。

三是积极推进"商标带动"战略，推动我县由商标大县向商标强县转变。目前全县拥有注册商标167件，山西省著名商标32件，吕梁知名商标43件，注册商标总量和品牌商标总量为吕梁市第一。要确立"品牌是竞争力、是生产力"的理念，深入推动商标带动战略，组织企业（特别是服务行业）开展争创著名商标和知名商标。通过挖掘一批老品牌，培育拉动一批新品牌，宣传一批名优特品牌，启动一批闲置品牌，把品牌迅速转化为资本，转化为生产力，促进文水经济快速健康发展。建立商标权保护预警及服务机制，加大商标行政执法力度，协助企业做好跨区保障，切实维护商标权利人合法权益，推动我县由商标大县向商标强县转变，实现企业品牌张力与市场拓展的双面结合。

四是建立完善企业信用信息系统，大力营造诚信兴业的经营环境。提供信息服务的职能，是政府机构改革赋予工商部门的一项职责。在当前形势下，一方面要切实提高信息服务质量，改善统计方法、统计分析、统计预测和统计监督，健全上下联动的工商信息统计分析制度。全面提高工商信息统计服务的质量和水平，全力服务政府宏观决策，企业投资发展。另一方面积极推行企业信用信息记录制度和企业信用信息披露制度，建立企业信用警示制度，使静态的数据动起来。从而提升监管执法效能，探索在工商红盾网向社会专门开辟"企业信用信息公示"专栏，利用报纸、电视、电台、网站等，依法公开行政处罚结果，公示典型违法企业，以引起社会的关注，对社会产生预警作用。依据企业经营行为有关信息，全面推进企业信用分类监管，推进与政府有关部门的信息共享，形成监管合力，积极推进社会信用体系建设。

五是积极搭建"信用"桥，促进民间资本和"三农"企业同发展。民间借贷自古就有，特别是我们三晋的票号曾一度繁荣中华的经济。小额贷款公司的出现进一步促进了民间资本的流通，我们正好利用我们所掌握的市场主体信息，建立企业信用信息咨询服务制，帮助他们相互了解、沟通，为"三农"企业融资加快其发展的步伐，同时也有利于小额贷款公司打好信贷基础，促进两者同发展。

创新理念抓重点
监管到位创环境

交城县工商局党组书记、局长　王小俊

　　基层工商部门由收费型向监管服务型转变，对市场监管和行政执法提出的要求越来越高。随着市场经济主体多元化、市场经营方式多样化、市场环境复杂化等，工商行政管理队伍，特别是基层工商所的人员面临更严峻的考验。当前的市场监管工作与过去相比已有长足的进展，但若以解放思想的目光审视，距离工作高效、监管到位、确保市场平安的目标还有一定的差距，工作中还存在管理粗放、职能没有完全落实到位等不足。如何进一步提高监管水平，建立符合辖区特点及市场发展规律的长效监管机制，使市场监管向着自律自治、长治久安的目标发展，是目前我们面临的一大难题，值得认真的思考和探讨。

　　一、存在的问题

　　1. 市场巡查人员的思想观念没有彻底转变，部分巡查人员对市场巡查工作的认识"不到位"。一是对市场巡查工作的重要性认识不到位。部分巡查人员把市场巡查工作简单化、形式化、数量化，甚至坐在办公室里填写市场巡查记录，没有使市场巡查真正成为一种执法的手段。二是对巡查目的的认识不到位。巡查人员认为巡查的主要目的就是及时处理辖区市场中发生的问题或巡查时发现的问题，而没有形成对经济违法行为要做到"事前防范、事中监督、事后治理"这样一环扣一环的巡查观念；也没有形成把市场巡查作为维护一方经济的稳定、为群众排忧解难、为上级提供有价值市场信息的重要手段的正确理念。三是对巡查的对象认识不到位。一般认为巡查的重点为集贸市场、商场、超市、门店等有形市场及其经营主体，而没有根据新形势、新任务的要求，从思想意识上及时地将巡查范围延伸到金融、信息、房地产、劳务等生产要素市场及其他无形市场当中。四是对巡查内容认识不到位。表现为只注重对有形市场中缺斤少两、强买强卖、无照经营、制售假冒伪劣商品等违法经营行为的治理，而没有及时将监管重点扩展到打击商业贿赂、不正当有奖销售、虚假误导宣传虚假打折降价、霸王条款等不正当竞争行为、垄断性限制竞争行为以及地区封锁、地方保护行为等隐蔽性更强、执法难度更大的执法领域中去。

　　2. 市场巡查人员的综合素质没有根本性提高。一是巡查人员掌握的业务知识不全面。有关工商行政管理的法律、行政法规、规章就有很多种，而大部分巡查人员只熟悉《城乡个体工商户管理暂行条例》、《无照经营查处取缔办法》等常用的法律或规章，而对涉及商业贿赂、反不正当竞争等案件的查处等运用法律法规不熟悉，不了解。因此巡查人员对处罚一般经济违法案件的业务比较适用熟练，承办起来则显得心有余而力不足。二是部分巡查人员的执法技巧不高。有的巡查人员监管时凭热情、凭经验，巡查办案时往往只是单打一，缺乏发动社会力量发掘案源，缺乏与有关部门的协调联动，造成对有些经济违法行为的打击缺乏广度、力度。三是个别巡查人员的法律意识淡薄。表现为不着装上岗，查办案件时不出示执法证件，办关系案、人情案，以收代罚或吃、拿、卡、要等现象时有发生，严重损害了工商形象。

3. 人员素质和执法手段与实行综合监管要求不相配。尽管近年来工商所在提高人员文化、业务素质方面下了很大功夫，采取了一些措施，但与新的监管模式需要的一专多能的综合素质、具有解决复杂问题的综合能力的要求，还有一定差距，亟待改善和加强。另一方面基层单位缺乏检验、检测商品的工具和设备，巡查人员在进行市场巡查时，往往只是凭借着肉眼和工作经验辨别假冒伪劣商品，而随着科学技术的发展，许多假冒伪劣商品的"科技含量"越来越高，从表面难以辨出真伪。

4. 执法"死角"较多。基层工商所管辖的区域一般在农村，随着农村购买力的旺盛，违法分子往往认为，广大农村是消费的"金矿"，也是有关管理部门不设防的空当、薄弱处，他们纷纷将大批假冒伪劣产品从城市向农村"进军"。发生在农村的违法案件逐渐增多，长此以往，尤其是食品安全问题、无照经营问题投诉不断。

5. 监管网络体系不够健全，部门之间配合不够密切。基层工商所的日常监管多以日常巡查、专项检查为主，巡查工作到了农村，也是有选择性地进行一下例行性检查。专项整治针对性比较强，一般就某一行为或某一行业而展开，监管工作不能做到面面俱到。

6. 无照经营现象此起彼伏，成了基层市场监管中的一块"心病"。

7. 综合执法手段不强，工商执法依据不足。在众多工商执法法规中，有执法力度的强制措施的甚少，而且可操作性不强，导致行政执法依据不足，手段不硬，难以达到理想的执法效果。

二、具体对策

针对上述存在问题，我们要转变观念，把思想统一到科学发展观和中央精神上来，要用科学发展观来指导工商事业的发展，从而实现思想观念的大转变和监管方式的大改革，当前要着重抓好以下几方面的工作：

1. 基层工商所要积极抓住工作的重点、难点和社会热点，作为改善执法环境、树立工商形象的突破口，并以此带动其他工作的开展。例如，可结合优化经济发展环境，大力查处与人民群众利益息息相关的违法经营行为(例如欺诈消费、虚假宣传、假冒伪劣等违法行为)，树立起切实为群众办实事的良好执法形象。同时，要善于抓住执法机遇，营造执法声势。如对电子、电脑游戏、网吧和各类娱乐场所的整顿，基层工商所要在辖区开展有力的执法行动，坚决取缔无照经营电子、电脑游戏场所和各类无照经营美容院茶室、舞厅，对娱乐业中存在的各类违法经营行为进行严厉查处，进而树立工商执法威信，获得群众的好评。

2. 积极争取当地政府重视，谋求执法工作得到理解支持。工商所的各项工作离不开当地党委、政府的大力支持。因此，基层工商所要积极主动地向当地政府多请示多汇报，加强理解和沟通，正确处理好严格执法与优质服务的关系，使地方党委、政府成为我们行政执法的坚强后盾。

3. 要建立长效监管机制。上级要求监管工作要做到"四个统一"即：监管与发展、监管与服务、监管与维权、监管与执法的统一。这一指导思想对我们的监管工作提出了更高的要求，不能再以过去突击式、粗放式的监管方式管理市场。必须要解放思想，积极探索建立长效监管机制，将监管工作的四个方面有机结合起来，将四个统一的要求落实到实际工作之中，在监管工作中大胆探索。凡是能够促进市场发展，有利于市场监管的做法，都应及时总结，适时推广，不断提高市场监管的水平。

4. 应落实层级管理制。工商所——网格责任人——经营者层层管理，一级抓一级，层层抓落实工作。辖区责任人对市场进行日常监管，根据不同时期的监管重点，提出要求，发现问题及时纠正，清除不合格主体，净化市场环境；经营业户自觉遵守各项要求，相互监督，共同维护市场的良好秩序。

5. 强化消费者自我保护意识。充分调动广大消费者参与监督的积极性。

创新监管机制
提升服务水平

兴县工商局党组书记、局长　李仲虎

　　日前，在吕梁市工商局的统一组织带领下，我有幸前往榆林市考察学习。短短几天时间，榆林工商局呈现出的豪迈激情和高素质的队伍、高科技的手段、高效能的监管、高水平的服务、有为、有位、有威的自豪感，使我们耳目一新，倍受鼓舞，感触良多，收获颇丰，真可谓开阔了眼界，汲取了营养，理清了思路。现将本人的所见、所闻、所感汇报如下：

　　一、榆林工商工作的主要特点和亮点

　　1. 注册大厅一流的服务与形象。榆阳工商局注册大厅从制度建设入手，全面落实首问责任制、一次说清制、办事预约制、AB顶岗制、限时办结制、失职追究制、否决报备制等七项效能制度，制定了实行文明用语和服务忌语制度，通过落实制度，加强领导，规范行为，使讲文明、讲礼貌在大厅蔚然成风。二是围绕依法行政、开展一流服务。大厅立足工商本职，积极开展一流服务：首先实行"首问责任制"和"一次性说清制"，凡到大厅咨询有关业务者，被询问者有接受咨询的责任，属于自己职责范围的，一次性讲明，能办的事马上办，不能办的事耐心解释清楚；不属于自己职责范围的，指明具体经办人，并交代清楚具体事宜。

　　2. 以人为本，加强工商队伍建设。榆林工商局多年来以人为本，致力于工商队伍建设，收效显著。榆林工商局下辖的一个县工商局干部职工平均年龄达到了47岁，针对干部队伍年龄结构不同、素质参差不齐的特点，他们以注册、计算机、经济户口运用等为重点，以35岁、45岁、55岁3个年龄段为标准，制定了分类培训、分类考核、分类激励的学习机制，每个岗位、每个人员都有自己不同的学习目标和考核标准，软学习与硬考核相结合，长期目标与短期目标相结合，平时工作与学习内容相结合，实现了业务工作标准化、学习教育制度化的工作目标。

　　3. 立足职能，尽心尽力服务发展。体现在四个转变：从"权力本位"为主向"责任本位"转变；从管理型机关向服务型机关转变；从刚性监管为主向刚柔相济转变；从事后监管向事前监管转变。我们参观的县工商局作为该项工作的试点单位，经过多年时间的探索，已经形成了以"四个办法、五本手册、六项内容"为主要载体的行政指导工作体系，并在实践运用中得到当地政府和广大经营者的肯定和欢迎。

二、与先进地区之比较

通过这次考察，结合兴县实际，我感觉到，我们至少有以下有利条件：第一，工作基础好。我们有些问题的解决、有些工作的开展在全省工商系统是有地位的，特别是保持创新创优的惯性。2010年我们创造性开展了一些工作，取得了一定成效，也得到了兄弟局肯定。第二，队伍稳定。没有经受市场办管脱钩的震动，队伍基本稳定，主流很好。第三，想干事、肯干事、会干事的"能人"多。绝大多数工商干部职工积极向上，主观上希望加快发展。第四，发展空间大。从县情看，兴县的发展空间很大；从局情看，同样有着巨大的发展空间，有很多文章可以做。第五，有发达地区的先进经验可供借鉴。发达地区有些好的经验做法，我们没必要从试点做起，有的可以直接嫁接、直接引进、直接推行。

通过对比分析来看，我们的潜力主要表现在以下方面：

1. 解放思想、更新观念的潜力。解放思想是当务之急，只有观念更新了，能力才有提升的潜力。

2. 体制机制的创新潜力。榆林工商采取的一些行之有效管用的办法，值得我们认真地研究和消化。对体制机制的创新，哪些是可以创新的，哪些是需要上级解决的，哪些是县局甚至是工商所就能解决的。有必要拿回来，坐下来，认真研究加以梳理，既不能束之高阁，又不能拿来主义全盘照抄，必须结合实际，创造出适合我们局情的有效工作机制。

3. 队伍能力上的潜力。可以根据我局人员现状，对不同层级的公务员提出不同的能力标准，各个年龄段的同志提出不同的学习要求，这点是提升队伍潜力的必要措施。我们基层工作并不一定要求学历有多高，只要肯学、肯钻、肯负责，绝大多数人是能够胜任的。学历不代表能力，责任心、事业心、敬业精神和认真负责的态度是干好工作最主要的构成因素。因此，学习培训既要有业务层面的，又要有精神层面的，只有抓好这两个方面的教育，才能更大程度上释放我们队伍的潜力。

4. 技术手段上的潜力。看了几个地方，大家谈得最多的是信息化建设问题。硬件上我们有差距，但这个差距不大，无非是办公设备新旧有别而已。但在信息化的运用上我们与别人存在的差距就很大，整个榆林市工商系统的日常工作从工作的认领、分流、反馈，到每个基础网格的经济户口监管、重热点行业的标注、巡查，以及上级对基层单位的基础性工作月考核都在网上进行，真正实现了信息化手段的充分运用。我们与他们的差距实质上就是思想观念和工作习惯上的差距。有差距又知道努力的方向，这对我们也意味着潜力。

5. 经费保障上的潜力。我们的经费保障水平偏低，该争取的可以尽最大可能争取。但怎样去争取，榆林工商局给我们做出了榜样，只有关注民生，关注热点问题，发挥工商职能，做出让政府满意的工作才能得到政府的支持，这对我们来说也是可以发挥的潜力。

三、几点启示

消化考察成果，推进工商的转型升级，在工商所内部管理上有几点启示值得我们认真思考：

1. 必须注重工商文化建设。建设工商文化是社会主义精神文明的体现，良好的工商文化能起到潜移默化、润物无声的功效。尤其是在当前实行阳光工资、物质杠杆不再适宜作为调动工作积极性的主要手段的情况下，深入开展工商文化建设活动，陶冶干部职工的情操，是提升工商工作的层次，增强干部职工的凝聚力、向心力和战斗力的有力手段，工商文化建设必将为做好工商工作营造内和外顺的和谐氛围。

2. 必须牢牢把握工商工作的正确方向。执法和服务是我们工商转型后要做的最重要的两项工作，要把服务发展作为第一要务，这是工商的立足之本。要把强化监管当做第一责任，服务和监管、发展和规范同样重要。没有规范，就不可能有发展；没有监管，就不可能有规范，这是市场经济的特有属性决定的。我们的基本工作方向不能左右摇摆，既要一手抓执法，又要一手抓服务，这才能与国家工商总局"监管与发展、监管与服务、监管与维权、监管与执法"四个统一的要求相吻合。

3. 必须建立一套完整激励的科学管理体系。在推行网格化监管过程中，要思路清晰，视各自辖区而定，制定出一套具体科学的实施管理办法，以保证网络监管的落实到位。如果一个工商干部没有危机意识，没有创新能力，智能单一、不善于学习、没有一点危机感和竞争意识，在工作中是注定没有责任心、事业心、上进心的，那么这个人是靠不住的。反之，怎样提高我们工商干部的责任心、事业心、上进心及增强我们每个工商干部的危机感，我认为可以将其他单位或企业一些好的管理办法吸收进来，在本单位搞一种竞争、激励机制，切实做到定人、定岗、定责、定考核、定奖惩等"五定"，这样才能推进我们工商干部的高效行政。

4. 必须不断地加强能力建设，做好全局工作。我感觉最根本的一个是要加强领导班子自身的能力、一个是带领大家提高整体队伍的能力。班子的自身能力，包括班子全体成员驾驭全局、把握方向、保证政令畅通、加强管理，实施指导等方面的能力；提高整个队伍的能力包括提高队伍的执行能力、监管能力、服务能力等等。对于这些能力的提升，有些要依靠制度来加以约束，有些要靠平时细致的思想教育来潜移默化，而还有许多必须根据"干什么学什么，缺什么补什么"的原则，制定系统的教育培训计划来实施。

我们要通过参观学习，借鉴民营企业的先进经验，学习榆林商人创新、创业意识和放眼世界的胸怀；学习榆林人争当老板的创业欲望；学习榆林人艰苦奋斗的吃苦精神；学习榆林人做大做强的经营智慧、魄力和信心。吕梁有加快发展的后发优势，要从吕梁实际出发，学习借鉴，研究消化，改进我们的工作，把榆林的成功经验运用到我市改革开放和现代化建设中。

发挥工商职能
服务跨越发展

临县工商局党组书记、局长　武吉兵

转型发展，跨越发展，是新一届省委用世界的眼光、战略的思维向全省人民发出的奋斗动员令。工商部门作为政府监管市场经济秩序的职能部门，必须树立竭尽全力服务转型发展、跨越发展的观念，积极探索服务转型发展，促进跨越发展的新途径、新举措。

一、创新思想观念，全面深刻领会和践行"七·二九"讲话精神

要通过开展"吕梁大发展，工商怎么办"的大调研、大讨论活动，让工商干部从创新观念入手，实现思想观念的更新和思维方式的变革，准确把握工商工作在转型发展、跨越发展中的地位和作用。牢固树立服务转型发展，促进跨越发展是今后的第一要务，第一抓手，第一方略，第一载体的思想观念。一是围绕"7·29"讲话精神解放思想。牢固树立大局意识和系统观念，紧紧抓住跨越发展这一目标，正确处理局部与全局、部分与整体、眼前与长远的关系，在牢牢把握大局中积极服务大局。二是围绕服务转型跨越发展解放思想。在监管执法过程中把握发展规律、丰富发展内涵、创新发展观念、开拓发展思路，把全系统广大党员、干部的积极性、创造力凝聚到转型、跨越发展的生动实践中来。三是围绕提高服务能力和服务水平解放思想。服务地方经济发展是工商部门永恒的主题，牢牢把握服务这一宗旨，把服务贯穿到工商行政管理的方方面面，寓服务于监管之中，在服务中促监管，在监管中促发展。

二、加强队伍建设，提升工商干部综合素质

工商部门在服务地方经济发展中的成效如何，关键取决于工商干部队伍的职业道德和业务素质。要树立竞争意识和人才意识，逐渐形成能者上、庸者下的用人竞争机制。只有这样，才能激发人的潜能，才能激励人才辈出，服务转型跨越发展才能落到实处。三是加强业务培训，实现一专多能。要继续推行一月一法一考核一公示的培训教育等做法，做到在岗培训月月搞，岗位练兵天天练，以此来提升业务技能素质，提高工作办事效率，塑造良好的"红盾"形象。

三、优化发展环境，全力服务转型发展促进跨越发展

工商部门的职能发挥得如何，关键就是要看工商部门能否向社会公众提供优质、高效、廉洁的服务。为此，我们必须做好以下几项工作：一是要优化行政服务环境。要牢固树立大局意识，强化服务理念，提高服务质量，严格按照《行政许可法》规定全面落实行政审批制度，放宽市场准入条件，减少审批事项，规范审批行为，建立行政审批责任追究制。切实提高办事效率，为投资经营者登记注册建立"高速通道"。二是要优化投资环境。对下岗人员、残疾人员、复退军人以及毕业两年内的高校毕业生从事个体经营者，自登记之日起三年内一律从低执行现行的各项收费标准。三是确保市场公平竞争的环境。面对发展中的新形势，找准市场中的新问题，与时俱进，有所作为，在监管重心上切实实现"四个转移"。

四、加强诚信建设，促进企业持续、健康发展

诚信建设是现代市场经济的基础，市场经济是信用经济。工商部门要加大对企业的日常监管力度，广泛开展经营者诚信教育，增强市场参与者的信用观念，严厉打击制假、售假、合同欺诈、商业欺诈、虚假宣传等违法行为。依法发布信用信息、提供信用查询、积极为社会诚信体系建设服务。要深入开展"守合同、重信用"企业创建活动，引导各类市场主体积极参与到"重合同守信用"企业创建活动中来。要不断深化"守重"企业活动内容，提高"守重"企业质量，培养典型，及时推广。要通过开展争创"守合同重信用"企业、"共建信用市场、认定信用商户"等活动，弘扬守信行为。要加强信用信息成果应用，充分利用登记信息和监管信息，科学分析，形成报告，准确反映企业数量、经济规模、产业结构等综合情况，为政府决策和投资者服务。

五、优化投资环境，搭建招商引资平台

一是引鸟筑巢，用优惠政策引商。为了给投资者创造宽松的投资环境，我们要充分利用自己的职能优势，在不违犯法律、法规的前提下，用活用足政策，进一步放宽外商企业登记条件，放开注册资本限制，放开经营范围、放宽审批条件。要采用"筑巢引鸟"与"引鸟筑巢"相结合的方法，用优惠的政策、宽松的环境，引来客商投资兴业。二是排忧解难，跟踪服务客商。跟踪服务是招商引资工作不容忽视的一个关键环节，工商部门要做好长期的跟踪服务，要想投资者所想、急投资者所急。首先要严肃查处限制依法经营的人和事。其次要坚决杜绝对投资者的吃、拿、卡、要和"三乱"行为。第三要在政策法规上作辅导，合同签订上作指导，解决合同纠纷上作向导，通过全方位的跟踪服务和帮商，让投资者安心经营，安心发展。

六、实施品牌战略，振兴区域经济

一是要广泛宣传，形成良好的争创氛围。要站在国际市场的高度，以创新的精神，帮助企业进一步处理和把握好品牌与质量的关系、品牌与市场的关系、品牌与广告的关系、品牌与创新的关系，运用现代科技与农副产品的有机结合，运用天然的环境优势，提高符合时代质量品位的品牌，使其产生强大的社会效益和经济效益，实现农民增收的目的。三是要打假

维权，保驾护航。维护商标专用权，是商标管理工作的重要职能。针对市场上出现的"傍名牌"等制售假劣商品行为，一方面要加大商标法规的宣传，提高企业遵法守法意识，使造假售假者无容之地。同时要指导企业搞好商标印制、保管，使用管理，增强自我防护意识，对市场上出现的隐患及时防范。另一方面，要加大行政执法力度。严厉打击商标侵权假冒行为，开展政企联手打假活动，依法保护企业品牌形象。

七、培育农村经济组织，积极开展"五农工程"活动

临县是农业大县，围绕发展现代农业，促进农村经济发展和农民持续增收，大力培育和发展农村各类涉农企业、农民专业合作社、农村个体工商户和农村经济人。临县农村专业经济合作组织遍布全县城乡，红枣加工、豆腐生产、豆芽培植、食用油炸炼等等，但由于生产、加工设备简陋、技术落后、发展规模小、生产能力低，形不成规模发展、品牌发展，工商部门要综合运用法规，登记注册、商标、广告、合同、市场规范等多种职能作用，合理整合农村资源优势，着力培育一批如以红枣、大豆、马铃薯、煤焦、养殖业为支撑和拉动区域经济发展的龙头骨干企业，实行"龙头企业牵头"加工制作大户带动品牌产业，走"公司+农户"和"经纪人+公司+农户+市场"的产业化经营模式，把各类小生产、小加工、小制坊同大市场连接起来，走规模化生产、专业化经营，形成生产加工销售一条龙，相互促进和各具特色的产业化发展格局。要深入开展"红盾护农"行动，加强农资市场监管、规范农资经营行为，努力建立农资市场监管的长效机制，严厉打击制售假劣农资坑农害农行为，有效维护农资市场。

服务发展是工商部门的第一要务，是工商工作的出发点和落脚点。在新形势下，我们必须要进一步转变观念，创新机制，更好地履行工商职能，更好地服务转型发展，促进跨越发展。

实施"品牌兴县"战略
助推方山转型跨越

方山县工商局党组书记、负责人　高志勤

省委书记袁纯清在2010年7月29日全省干部大会上明确指出"转型发展是山西的根本出路",当前全省上下都在顺势而动,解放思想,谋求转型,争当转型跨越发展的"排头兵"。结合方山县实际,工商部门如何充分发挥职能作用,助推方山经济转型跨越发展,这是摆在我们面前的一个重要课题。

企业发展是经济发展的基础,当地企业的发展更是当地经济发展的"晴雨表",而品牌又是企业发展的"生命线",因此要实现方山经济的转型跨越发展,企业必须先转型,企业要转型,必须走"品牌战略"这条可持续发展之路。方山有着得天独厚的天然优势,有"三晋第一名山"国家级风景名胜区北武当山,有美丽的原生态旅游风景区南阳沟和名满天下的第一廉吏于成龙故居等旅游资源;有被誉为食中珍宝的"羊肚菌"蘑菇、木耳等山珍,有享有"维C之王"美称的野生沙棘;有品质优良、营养丰富,远销大江南北的马坊土豆和大武新蒜,更有含多种矿物质、无污染的矿泉水,如何才能将这些天然优势转化为经济转型跨越发展的优势,推进"品牌兴县"战略是一条重要的途径。

一、实施"品牌兴县"战略是助推县域经济转型跨越的必由之路

1. 走"品牌兴县"之路,就是要促使企业提高自主创新能力,提高市场竞争力。只有不断提高自主创新能力,提高产品质量,提高企业和产品在市场中的知名度,不断推进商标升级,才能提高企业在市场中的竞争力,使企业在激烈的市场竞争中立于不败之地。

2. 走"品牌兴县"之路,就是要提高方山旅游景点在全国乃至世界上的知名度。方山县的北武当山、神龙沟、于成龙故居、张家塔民居等开发价值巨大,要通过实施品牌战略,将旅游景点做成品牌,带动方山旅游业的发展。

3. 走"品牌兴县"之路,就是要让方山独特的土特产品走向全国、走向世界。通过扶持土特产品深加工企业发展壮大,让企业迅速注册土特产商标,进而带动方山县农业产业化发展。

4. 走"品牌兴县"之路,就是要进一步提高方山县对外开放水平,开发自身潜质,通过增加知名、著名、驰名商标的总量,进一步增强企业对外合作的能力，进而扩大地方招商引资的能力。

二、制约实施"品牌战略"发展的问题及原因

1. 注册商标总量偏少。方山现有企业 262 户，农民专业合作社 100 户，个体工商户 1865 户，各类市场主体共计 2227 户，而有效注册商标 38 件，其中知名商标 6 件，著名商标 2 件，驰名商标至今仍为空白，平均每 58 户市场主体拥有一件商标。

2. 企业品牌意识仍然较弱。多数企业对注册商标不重视，在品牌主导市场的经济发展时代，许多企业对品牌在企业发展乃至市场竞争中的作用认识不足，造成绝大多数企业投产多年却没有品牌，严重影响企业的可持续发展和产品在市场中的竞争力。

3. 企业商标升级意识较差。企业总是满足于现有产品的知名度，没有把商标作为一种无形资产和市场竞争的工具，缺乏运用商标升级来扩大产品知名度和市场占有率的发展意识，这严重制约着企业产品向更大市场拓展的能力，也影响了企业的市场竞争力。

4. 尚未形成推动品牌战略的整体合力。品牌战略工作是一个系统的过程，需要政府主导部门配合整体推进。目前创品牌工作只是由工商部门独立组织实施，相关部门对实施品牌战略还没有足够的重视，政府和部门之间，部门和部门之间未形成上下联动整体推进的局面，无法充分挖掘方山县特色产业的潜力。

5. 商标保护工作体系有待进一步完善。在我县损害商标注册人合法权益的商标侵权，傍名牌的违法行为时有发生，这不仅扰乱了公平竞争的市场秩序，而且影响了企业争创品牌的积极性，在一定程度上制约了企业的发展。

三、推进"品牌兴县"战略发展的对策与措施

1. 加强宣传，提高市场主体的品牌意识。大力宣传商标法律法规和品牌经营理念，定期召开企业争创品牌推进会，举办一年一度的"方山品牌节"，组织企业负责人到先进县市拥有著名商标和驰名商标的企业进行观摩学习，努力营造"品牌兴县"战略的浓厚舆论氛围。

2. 积极引导，搭建培育商标发展平台。实施品牌战略帮扶活动，制定商标品牌发展规划，对重点行业、重点企业和重点商标进行重点培育。对申报驰（著）名商标的企业，实行全程指导上门服务，帮助企业搞好申报材料的准备，并积极主动做好协调工作，为驰（著）名商标的申报创造良好的环境。

3. 沟通协调，创造政府主导，全民参与大力推进"品牌兴县"战略的良好局面。工商部门要积极向当地政府建言献策，争取政府支持重视，力争使"品牌兴县"战略成为当地政府发展经济的重要抓手，积极与相关部门协调沟通，加强配合，形成一种推动"品牌兴县"战略上下联动、部门配合的工作机制。

4. 挖掘特色，集中发展一批涉农品牌。大力宣传实施品牌战略对农村发展、农业增效、农民增收的重要作用，进一步引导和帮助农民、农产品加工企业、农民经济合作组织和涉农行业协会积极注册商标、正确使用商标、依法保护商标。尤其是要积极引导条件成熟的涉农企业，实施"公司+商标+农户"的生产经营发展模式，使商标战略成为实现农村经济转型、农业稳步发展、农民持续增收的重要推动力。

5. 依托资源，努力打造一批涉旅品牌。坚持把大力发展旅游商标、打造旅游产业品牌作为促进方山旅游业发展的着力点，对重点景区（点）、重点旅游商品、重点旅游服务企业等，提出合理化的意见和建议，强化教育引导，实施定向帮扶，指导和支持他们积极注册商标，扩大我县旅游景区知名度，推动旅游产业化发展。

6. 发挥职能，加强商标保护工作。我们将坚持指导、帮助企业做好商标管理、商标使用与加强商标保护工作相结合，定期举办培训班、座谈会，培训企业负责人及企业商标管理人员，宣传、辅导传授商标法律法规，商标基本知识。建立实施商标工作联系点制度，帮助企业建立健全商标管理机构和管理措施，使企业在商标工作中遇到的难题能够及时得到解决。引导企业注册防御商标，进而形成对主商标保护作用。不断加大保护商标执法力度，努力提高商标执法水平，严厉打击商标侵权行为。

如果说产品科技含量、质量、规模是一个企业的硬实力，那么品牌就是企业发展的软实力，今年是"十二五"规划的开局之年，我们一定要努力实现"一企一标"的目标，努力使知名商标、著名商标数量翻番，争取在申报驰名商标上有新的突破，"转型跨越正当时，品牌战略大有为"，我们将紧紧围绕县委、政府的中心工作，赢得当地政府和有关部门的支持，形成合力，立说立行，真抓实干，大力实施"品牌战略"，助推方山转型跨越发展！

立足实际 创新观念
强化监管 力促发展

石楼县工商局党组书记、局长 丁俊

认真学习省委书记袁纯清同志的讲话精神，进一步引深"榆林大发展，吕梁怎么办"解放思想大讨论活动，把握精神实质，紧密联系实际，结合我县实际情况，局党组对我县工商局今后的发展情况进行了深入调研：

1. 目前的现状

石楼县工商局下设7股2室1办3个基层工商所，现有在册人员96人，其中：离退休人员45人，在岗人员51人，肩负着全县9个乡镇134个行政村3个集贸市场300户工商企业1457户个体工商户的工商行政管理工作。

县域经济的不发达，直接导致我县工商行政管理工作也是步履艰难，困难重重。

2. 目前存在的问题

一是由于县域经济不发达，企业及个体工商户相对较少，各方面工作都处于落后地位，且经费不足，导致人们的工作热情不高，没有积极性；同时，内部干部职工缺乏集体观念，管理松懈，班子成员之间沟通交流较少，各行其是，凝聚力不强，起不到领导带头作用。

二是服务意识不强，创新意识不够。与监管服务对象联系不紧密，不了解企业的所需所想；干工作没有总体的发展思路和长远目标，谋划和指导工作习惯于墨守成规，循规蹈矩，习惯于凭经验办事。

3. 对策和建议

要进一步解放思想，学习榆林工商，实现工商转型发展，把工作重点放在五农工程，加强食品流通环节的管理，解决好农民关注、老百姓关心、改善民生、服务经济发展的问题上来。

我局如何转变职能，以适应新时期、新形势对监管执法的要求？经过调研，我们认为就从以下几方面入手。

一、强化市场监管，维护市场经济秩序

一是上下联动抓办案，强化执法树权威，在拓宽监管领域中不断开创工作新局面。要继续强化工商所办案职能，大胆放权，按照管辖区域实行属地监管，以基层工商所为执法办案的基本单位，县局各股室主要做好全方位的法规支持、法律援助和技术业务方面的服务。同时成立县局"经济检查大队"，并以"经济检查大队"为拳头，拔钉子、端窝点，建立起局所联动、所所联动的全新工作机制，调动工商所的工作积极性和创造性，减少中间环节，加快反应速度，从而提高行政效率。另外还要加强行政执法硬件投入，突出以所办案。

二是从行政执法薄弱环节入手，强化对垄断行业和公用企业的监管，全面树立工商执法权威。按照整顿和规范市场经济秩序的工作部署，积极拓展市场监管领域，在夯实有形市场监管的基础上，探索实现由传统市场向各类超市、连锁经营、专业市场、生资市场、要素市场及物流、电子商务等新型业态的拓展，切实加强对垄断行业和公用企业的监管。

三是加强协作配合，取得社会支持，积极营造良好的执法环境。在执法办案过程中，注意将工作的原则性与策略的灵活性相结合，密切与地方的关系，争取各方面的重视、理解和支持。

四是探索市场监管的长效机制，重点是深化市场巡查制，丰富巡查内容，创新巡查机制。切实利用现有资源"经济户口"，使之成为监管的信息集散地，在市场巡查中适时采集真实有用的户口信息及时入库，再将信息转变为监管的信号指引执法方向。以完善市场"经济户口"、建立市场信用监管机制为基础，大力加强市场主体诚信建设，充分利用市场主体信用信息平台改革传统监管手段，继续开展以创建"文明市场"和"诚信经营户"为主题的评比活动。大力倡导文明经商、诚信守法的经营意识，严厉打击违法失信行为，提高市场信用度，促进社会信用体系建设，维护市场交易和消费安全。

五是积极组织开展工作研讨活动，借"打造学习型机关"的东风，探索增强执法办案技能的新途径。由于工商机关监管的范围比较广，涉及的法律、法规和规章比较多，法律的竞合现象比较普遍，加之执法人员的法律素质参差不齐，对一些案件在证据的引用和法律条文的适用上有时不够准确，这不仅影响了行政执法的质量，也引发了许多行政诉讼。开展与法院系统的工作研讨，不仅有助于办案人员对工商法律、法规的理解和运用，而且还可以通过相互沟通，在一些问题上形成共识。

六是以人为本、盘活机制。继续盘活现有人力资源，对全局的人员再次进行合理调配和重新整合，将一批求实创新意识强的年轻业务骨干，充实到工商所的领导班子中任职，实现基层干部队伍的最佳配置，充分发挥整体潜能优势，最大限度地调动每个工作人员的积极性和创造性。

七是健全监督制约机制、注重执法案件绩效。对案件核审工作要一丝不苟、严格细致，特别注重把好"三关"，即：证据关、程序关和依据关，规范执法行为，将一个个行政执法案件都办成铁案，用好案件评审领导级，通过建立内、外部监督制约机制，确保执法办案的准确、合法。

二、提高服务质量，促进地方经济又好又快发展

充分运用工商行政管理职能，牢固树立"五摒弃、五树立""（即：

摒弃"管"字当头的执法思想，树立人性化执法观念；摒弃执法就是执罚的思想，树立先教后处的执法观念；摒弃限制为主的把关思想，树立非禁即允的准入观念；摒弃监管就是查案的思想，树立适度监管不扰民的观念；摒弃随意执法倾向，树立全面履行法定职责、规范执法行为的观念）执法理念，提高服务经济发展的能力和水平，创造性地做好市场主体准入工作，促进地方经济又好又快发展。审查员（核准员）要将"准入服务"的理念贯穿工作的整个过程，做到对登记注册的程序性规定内容（要件、步骤、时限等）了如指掌，简便、快捷、公开、公平、公正、准确地核准或驳回。

三、提高执法效能，依法保护好消费者和经营者合法权益

按照《消费者权益保护法》和国务院"三定方案"的规定，工商机关担负着依法监督市场交易行为，保护经营者、消费者合法权益的职责。立足工商职能，消费者权益保护工作要突出关注改善民生、维护社会和谐稳定。

一是围绕热点、难点维权。热点问题往往是带普遍性和在消费者投诉比较集中的领域，如电信、家电、餐饮、旅游、美容、装饰装修、互联网销售、房地产、教育、医疗等。我们要严格规范其经营行为，了解行业的特点，掌握各行业的法律、法规内容，加强服务领域的消费维权工作。

二是做到方便快捷维权。要按照"强化执法、规范运行、完善网络、提升水平"的要求，着力推进12315行政执法和维权体系建设。要加大12315中心和"一会两站"建设力度，扩大12315进社区、农村、市场、企业、商场、餐饮娱乐场所、景区、学校等的网络体系。目前，我们应该把消保维权工作的重点放在农村，实施农作物品种质量监管关口前移，变过去出了问题介入处理的"后置"管理为源头管理、全程监控，确保农民远离假种子。

三是强化商品质量监测。商品质量监测是强化市场监管和维护消费者合法权益的有效手段。要建立和完善商品质量监测体系，继续抓好食品和重要商品的定向监测、跟踪监测和基层工商所快速检测。

四、加强队伍建设，努力创建一支政治上过硬、业务上过硬、作风上过硬，"三个过硬"的工商干部队伍

一是要加强学习。我们采取学习、培训、岗位练兵、实践锻炼等方式，使我们这支队伍涌现更多的"办案能手"、"维权能手"、"管理专家"，全面提高监管执法人员从全局和政治上把握与处理复杂问题的能力、依法行政的能力、监管维权的能力、协调配合的能力、处置突发问题的能力等。

二是要锻造过硬的工作作风。当前和今后一个时期，要以学习实践科学发展观和加强行政效能建设为契机，深入开展"创先争优"活动，使工作作风明显改进，服务能力明显提高，廉洁意识明显增强，执法水平明显提升。

在创先争优中增强
工商干部干事创业的本领

岚县工商局党组书记、局长　贾梦春

开创基层工商行政管理各项工作新局面，关键在党，关键在人。在创先争优活动中身处基层的工商干部，必须切实增强干事创业的本领，切实解决本领不够、作风不实的问题。在思想上想干事，在能力上会干事，在效能上干成事，在廉洁上不出事，为国徽争光，为红盾添彩，在创先争优中增强工商干部干事创业的本领。

一、想干事——解放思想、振奋精神

想干事是一种精神状态，是工商干部事业心、责任心的反映。工商干部应本着对一方安全发展负责、对人民群众负责的态度，不管面临多大的困难和多少问题，都始终保持聚精会神搞服务，一心一意谋发展的良好精神状态。把创先争优始终体现在工商工作的每个环节，干出一流的业绩，展示良好的形象。应树立不进则退的忧患意识，强化"小进也是退，不优也是退"新观念，增强加快服务经济社会发展的紧迫感；弘扬敢闯敢冒的创业精神，进一步解放思想，以创业的精神攻坚破难，以创新的思路搞好服务；保持奋发有为的精神状态，以慢不得、等不得、坐不住的紧迫感和只争朝夕的态度谋划好、落实好工商行政管理各项工作。

二、会干事——提高能力、增强素质

会干事，是工商干部政策理论水平、文化专业知识、综合业务知识和协调配合能力的体现。一是干事创业有本事。善于研究和分析发展的条件与环境，敏锐发现、积极创造，及时抓住有利于工商行政管理工作的机遇，增强把握机遇、用好机遇的能力。二是团结协作能共事。"一把手"做好表率，以过硬的工作能力和人格魅力去团结同志、影响他人；班子成员自觉摆正位置，各司其职，协调配合，大事讲原则，小事讲风格，不断增强班子内部的团结。各个单位和每个人之间经常换位思考，切实加强相互间的沟通与协作，碰到问题不推诿扯皮，遇到困难合力攻坚，努力形成"心往一处想，劲往一处使"的工作氛围。三是统筹兼顾善理事。准确把握和处理重点与一般、主要矛盾与次要矛盾之间的关系，既胸有全局，统筹兼顾，科学安排监管、服务、执法、维权各方面工作，又集中精力抓影响全局的关键环节，确保重点工作的完成。

三、干成事——改进作风、提高效能

检验一个工商干部想不想干事、会不会干事，最终的标准是看能不能干成事。干成事，涉及工商干部各方面的能力和素质，其中很重要的一点就是必须要有优良的作风，应进一步加强干部的思想、学风、工作作风和生活作风建设，使各级工商干部真正把思想集中在想干事上，把本领体现在会干事上，把目标锁定在干成事上，特别要大兴求真务实作风，坚决克服好大喜功、形式主义的浮躁心态。静下心来埋头苦干，坚决改变抓工作满足于"会议开过、文件发过、检查搞过"的工作方法，提倡开短会、讲短话、发短文的工作作风，腾出时间和精力，扑下身子真抓实干。对已经确定的各项目标任务，应进一步分解细化，既定质又定量，又定时间定进度，把责任落实到人，对完不成任务的要倒查责任，绝不放过。特别是基层工商领导干部必须率先垂范，身先士卒，靠前指挥，经常到工作一线检查指导，及时协调和解决工作中遇到的具体问题，使每项工作都能取得实实在在的成效。

四、不出事——廉洁自律、干净干事

工商干部必须做到思想上始终清醒，政治上始终坚定，作风上始终务实，严格执行党风廉政建设的各项规定，做到慎权、慎独、慎微，自省、自警、自励、自觉把自己置于组织和群众的监督之下，用好的作风选拔作风好的干部，坚持德才兼备以德为先的原则，让老实人不吃亏，让吃苦的人吃香，有为的人有位，树立良好的选人用人导向。应把好"三条界线"：一是把好政策许可与特殊情况处置的界限，坚持按法律和政策的规定、程序办事；二是把好公与私的界限，坚持以公为先、以公为重；三是把好正常往来与权钱交易的界线，警惕"糖衣炮弹"的袭击。应谨慎对待"三圈"：平等对待工作圈，严格管住家属圈，谨慎处理社交圈。要管住自己的嘴，不大吃大喝；要管住自己的手，不乱伸手；要管住自己的腿，不该去的地方不去。要经得起各种诱惑的考验，始终过好金钱关、权力关、地位关、名誉关、美色关，真正从世界观、人生观、权力观、价值观上解决问题。始终牢记"两个务必"，自觉地把节俭作为一种思想观念，一种生活方式，一种人生品位，在创先争优中干事创业，在创先争优中推动工商行政管理工作上台阶、上水平、上一流。

营造良好市场环境
为吕梁经济发展作贡献

柳林县工商局党组书记、局长　李永清

　　榆林，我们吕梁的近邻，10年来，353万榆林人民，在43578平方公里的土地上，实现了一个跨越式的发展。2009年榆林市生产总值是1302亿元，是吕梁的2.2倍，财政收入是300亿元，是吕梁的1.8倍。而在2000年，这两项指标都低于吕梁！未来10年，榆林已经锁定的投资已经超过1万亿，是吕梁"双百双千"和"三四三"项目的一倍。在发展的后劲上远远超过吕梁。榆林的发展模式缔造了西北大地的一个神话。这个神话是榆林人民用双手实现的，当然，榆林工商人也是这个神话的中坚力量。2010年8月19日，我们吕梁工商人，带着眼睛，带着耳朵，特别是带着"榆林大发展，（吕梁）工商怎么办"的问题，奔赴榆林学习取经。在紧张的观摩学习行程中，我作为一名吕梁工商人和一名基层工商局局长岗位上的新兵，亲身感受到了榆林大发展的深厚底蕴，感受到了榆林工商行政管理事业的蓬勃生机。看到的，听到的，学到的，想到的，这一切在我内心形成的极大的震撼。我们直面到与发达地区的差距，在硬件上是直观的、明显的，而内在的差距则表现在：思想观念、发展理念、精神状态、工作作风、奉献精神、集体主义、荣誉感等等方面。硬指标我们一时半会赶不上，但内在的、主观的因素我们应该积极努力，迎头赶上。认真学习他们的先进经验。结合省委书记袁纯清在全省领导干部大会上的讲话精神和工商工作实际，我就自己的感受浅谈几点，意在抛砖引玉，集结吕梁工商人的智慧，为吕梁工商行政管理事业的发展和全市经济工作的转型发展、跨越发展尽一点绵薄之力。

　　一、观念作主，硬件相辅

　　榆林市工商局、各分局、基层工商所的基建和配套设施，走到哪都是面貌崭新，设施齐全，整齐划一，窗明几净。我深切地感受到了榆林工商事业全力倾向基层局所、倾向工商事业最前线的决心和力度。工商事业要在转型发展、跨越发展中不落潮流并有所作为，根基在于最基层的干部队伍。"根壮苗肥"，榆林工商领导班子全体能够深刻地认识到这一点，把有限的资金投入基层局所建设，最大力度地保障基层，打造第一流的基层形象，充分反映了他们的领导观念已经在转型发展、跨越发展上走出了坚实的一步。这一步是决定性的，产生了火车头的积极效应。所到之处，人人精神饱满，自信满满，我们充分感受到了他们作为工商战线最基层人员对工商事业的满腔热爱和高度自觉的责任感、使命感，深深地感受到了他们以工商为家，以红盾为荣。这种感受更是深深地穿透了我们一行人的内心。榆林工商人先进一流的硬件建设是怎么来的？不是从天上掉下来的，而是榆林工商人全体用双手奋斗得来的！有了观念解放、眼光开放、贴近基层、亲民亲政的领导班子，有了敢想敢干、勇于奉献的干部队伍，再大的神话也能够创造出来。

反观我们自己，就是我们的思想没有真正地解放，观念没有真正地转型，具体就体现在我们吕梁工商的整体队伍缺乏战斗力，缺乏责任感、事业心，缺乏奉献精神。思想观念上的落后要比硬件建设上的落后更为可怕。观念要转型，首先领导班子的观念要转型，这是吕梁工商系统实现全面转型、跨越发展的源动力！没有好的班子，就不会有好的队伍，更不会有好的事业，这已经是历经实践证明的不破真理。作为一名基层工商局的新局长，在短短的几十天的履新任职中，我更加真切地认识到了这一点。在感受榆林发展先进经验的同时，我更加深刻地认识到，照搬榆林经验不叫观念转型，我们必须取长补短，结合吕梁实际，走吕梁特色的转型发展、跨越发展的路子，才有实现赶超的可能，才能真正促进吕梁工商事业的飞速发展。

二、倾心服务，执法如山

榆林经济的全面发展，得益于优良的投资环境。这个投资环境的优化，其中有工商部门的不懈努力。近10年来，榆林工商队伍以服务地方经济高速发展为己任，全力维护健康运行的市场秩序，营造良好的经营环境。栽好梧桐树，引得凤凰来。外面的企业和投资者都愿意来榆林发展，引进来的资金能够留得住，榆林人民和这些投资者共同建设榆林的富裕生活、和谐社会，形成了极好的良性循环发展态势。榆林工商队伍有什么先进的经验和做法？其实，他们的做法我们也提出过，也实践过，比如"绿色通道"、"首问责任制"、"扶上马、送一程"、"全程跟踪服务"，等等，但是人家坚持下来了，真正地把工作落到了实处。服务的出发点是为了让这些企业和投资者更好地为榆林发展大局、为榆林人民的美好生活服务。在这里，付出就是为了更好的回报。榆林工商人深刻地理解了这句话的内涵。而我们的这些工作，大都停留在口号阶段或形象工作上面，浅尝辄止，更像一阵风，落不在实处。更有甚者，把招商引资当成了个人的"摇钱树"，对投资者设置种种关卡，以实现自己的"种种好处"。这样怎么能吸引住投资者和外来资金？近年来，我们吕梁工商系统开展了"企业帮扶"大活动，已经取得显著的阶段性成果，在企业中形成了良好的口碑，实现了良好的社会效应。这项工作需要我们长期不懈地坚持下去，并加以延伸，以此带动共同发展的美好大局。

执法如山，这是榆林之行感受甚深的重要一点。榆林工商局在服务企业发展上敢为人先，在监管执法方面更是坚守原则，敢于办案，特别是敢于办大案要案。榆林工商局办理一户无照经营案，罚没金额达到430万。其力度之大，令人咋舌。从榆林回来后，和同志们一交流，大家都感到非常惊讶，感到不可思议。这么大的罚没金额，榆林工商局在办案过程中遇到的阻力可想而知。这一案件的办理完结，对不法经营者的震慑力可想而知。我们工商系统作为经济执法单位，把着市场准入关，在老百姓心中是有权单位。我们的同志有些放不开手脚，认为做事不如不做事，办案惹人多，出力不讨好；更怕担上阻碍企业发展、破坏发展环境的大帽子。因此我们的案件办不下来，社会上的不正经营之风刹不下来。两费取消以后，工商部门正面临着一个阵痛期。出路在哪里？如何更好地实现监管职能、服务经济发展是需要我们全体工商人深入思考的命题。和榆林的同行们谈到这个案件，让我对执法办案有了更深一层的认识。执法办案和服务发展并不冲突，而是高度统一的。没有规矩，不成方圆。榆林经济发展的良好氛围，更得益于对违法行为不遗余力的打击。打击违法是为了保护合法，是为了更好地服务于合法经营。在监管中，我们既要注重服务，更要注重执法，把查办大案要案作为我们工作的突破口，从查处无照、合同欺诈、商标侵权、打假护农等案件入手，全力保障市场健康体制，实现人人有为有位，打造工商有威有望的光辉形象。

三、信用建设，网络先锋

信用平台提供的是一种共享性信用信息社会资源，可以为政府有关部门和广大企业提供信息共享、数据交换、信息查询等项服务，可以用于经济调节、市场监管、社会管理、融资创新、公共服务等项服务活动，可以推进政府部门之间并联审批、联动监管，提高办事效能、节约行政成本。

信用山西、信用吕梁的建设，重点在于信用信息平台的创建的良好运行，基于信用数据高质量的录入，包括企业基础信息录入、合同履行信息、监管执法信息录入等等。榆林工商人的工作已经做在了头里，我们要正视差距，努力赶超。信用平台的搭建这一项工作任务既艰巨，时效性又相当强。我们要明确责任，注重实效，为实施企业信用分类监管、开展社会查询服务提供了较为全面和质量可靠的信用信息数据。按照"谁登记谁录入，谁更正谁录入，谁监管谁录入，谁处罚谁录入"的数据采集原则，采取集中时间、集中人员、限期完成等措施，强化组织领导，落实部门责任，对历年来形成的企业档案进行了电子化处理，扫描入库。进一步实现"网上登记、网上年检、网上办案、分类监管，网上办公，高效服务"，要把信用山西、信用吕梁打造成我们的品牌，营造良好的市场环境，为吕梁经济发展作出贡献！

榆林之行，我们发现了差距，我们有信心有决心在党委和政府的正确引领和市工商局的领导下，做好柳林工商行政管理工作，服务好地方经济发展，实现转型发展、跨越发展。

借鉴榆林经验　创新工作理念
强化市场监管　营造秩序环境

中阳县工商局党组书记、局长　李建明

　　2010年8月19日、20日，两日我随市县相关领导在榆林参观考察与学习时，全方位感受了榆林工商部门为民服务的公仆意识和务实举措。了解了榆林市工商局为了进一步改进和加强机关作风建设，倾力打造阳光工商和服务型机关，在深入研究、学习借鉴其他行业推进政务公开工作先进经验的基础上，组织开展了"工商行政管理开放日"活动。其科学决策"一新二高三实四严"，真正让我们接受了一次解放思想大教育，更新观念大教育，勤政务实作风优良大教育，人文关怀构建和谐大教育，规范管理严格执法大教育。这次考察活动虽然时间短暂，但以其形式新颖、主题明确、内容丰富和组织严谨得到了参观者的一致好评，较好地实现了让各位考察人员走进榆林，感受工商，激发活力促进科学发展的活动目的。

　　学习归来，谋划工作结合省工商局局长王虎胜要求要着眼长远，集成民智，坚持五个第一，做好五个解放，抓好五项重点，搞好五项服务，促进五个进一步发展，完成省工商局"五化"基层建设目标和市工商局相局长强调，要进一步引深"榆林大发展，工商怎么办"解放思想大讨论活动的要求。要制定工作方案，把握精神实质，紧密联系实际，真正把全局上下的思想和行动统一到这次大讨论活动上来。要坚持"四个转变"，提升"四个地位"，实现"四新目标"，强化"一个保障"。进一步解放思想，牢固树立"发现即发展，开放即发展，招商决定发展"的理念。要以优良的作风抓落实，以百倍的决心和信心，抢抓机遇，励精图治，创造无愧于时代、无愧于人民的新业绩。

　　一、优质服务，促进地方经济科学发展

　　积极运用和延伸工商职能，创新服务平台，优化服务方式，为地方经济发展办实事、解难事、作贡献。首先我们要深入实施"六个一"工程。为充分发挥工商职能，促进农村发展和农民增收，我们在全系统深入实施"六个一"工程：建立红盾护农三级服务体系，着力完善乡镇红盾护农服务站、红盾护农服务点的内部机制建设，加强对聘请的各村民小组联络员和各站点工作人员的培训指导工作，并将各站点和农村"一会两站"等有机整合，形成职能完备、机制健全的红盾护农服务体系，更好地服务农村发展，解决农民需求。响应县委县政府要求，进一步推动每个乡镇一个专业特色市场的建设工作，坚持依托专业市场培育特色产业，依托特色产业涵养专业市场，努力扩大流通渠道，促进农村经济持续发展。各基层工商所对辖区内注册商标产品进行全面调查摸底，从中选择一个规模大、品质优、信誉好、销售畅的地方品牌产品，帮助其建立健全品牌管理制度、档案、销售台账等资料，年底推荐申报知名、著名或驰名商标。同时，加大对"柏籽羊肉"、"核桃"、"鸡"、"虹鳟鱼"等申办知名、著名或驰名商标的企业的指导与保护力度，促进品牌产品向品牌产业深度发展。充分发挥法律咨询、注册登记、合同管理等职能，引导帮助同类农产品生产经营大户、特色农产品生产经营农户等创办农业产业化龙头企业或农民专业合作社，重点培育壮大畜禽、果蔬等农副产品经纪人，努力构建"龙头企业(合作社)+经纪人+基地(农户)"的产销模式，促进农村经济发展。各基层工商所还要强化法规宣传、强化巡查监管、强化登记服务、强化执法办案，在每个乡镇建立一条"百分之百有照、百分之百亮照、百分之百验照"的街道，发挥典型示范作用，营造规范有序的市场环境。

其次切实加强服务窗口建设。在推行"一局多点、远程核准、就近受理"的基础上，大力开展注册窗口规范化建设，努力做到登记咨询"一口清"、服务流程"一站式"、为民办事"一次结"，努力提高办照效率。实行预约服务、上门服务、延时服务、承诺服务等，努力做到事前指导、事中速办、事后跟踪服务，不断"催生"市场主体。对注册资本在1000万元以上的项目和外资项目，一律安排专人接待，实施全程帮办服务，促成重大项目在中阳落地生根。进一步加强消费维权窗口建设。着力将消费维权窗口建设成为服务型工商的亮丽窗口，切实做到"有诉必接、有假必打、有难必帮、有案必查"，努力将消费纠纷化解在基层、和解在企业、解决在萌芽状态。

二、创新监管，维护和谐稳定的市场秩序

以后我们的工作思路是积极推行行政指导。根据中阳境内市场主体特点及相对人申请，积极发挥管理和服务职能，实施上门重点指导。充分发挥商标、广告、市场、合同以及经纪人等管理职能，在日常巡查监管中，采取和运用宣传、辅导、建议、沟通、帮扶等手段，引导企业和各类经济组织树立维权意识、品牌意识、信用意识，加快实现产业化、规模化和效益化。提示、引导市场主体按照法律法规及政策要求履行义务，加强自律，尽可能减少违法行为的发生。对发现的不良行为倾向和情节轻微的违章违法行为，进行警示并责令改正，以规范市场主体及其市场行为。对行政执法相对人进行走访、询问、建议，帮助行政执法相对人纠正违法行为，引导相对人规范经营、诚信经营。

同时不断完善监管机制。进一步完善片区责任制监管模式，努力做到科学划分区域、合理配置人员、明确工作职责、制定工作标准、建立考评机制，提升片管人员的责任意识与主观能动性，努力做到"三清一跟进"，即清楚市场主体登记概况、清楚市场主体生产经营状况、清楚市场主体服务需求，跟进监管服务工作；全面达到"五会"，即会电脑、会登记、会检查、会办案、会调解，努力实现科学监管。

严格规范市场秩序。把食品安全监管作为工作的重中之重，一方面继续对食品经营户推行"百分制考核、分等级监管"的长效监管机制，另一方面加强食品安全远程监控系统的建设工作，努力实现"精细化"监管的目标。此外，将着力围绕工程建设、产权交易等重点领域，深入查办商业贿赂案件，结合《反垄断法》的实施，依法查处和制止垄断行为；深入开展创建"无传销社区"等活动，严厉查处传销案件，严格规范直销行为；完善广告联合监管制度，加强食品、药品、医疗等重点广告监管；认真履行网络商品交易市场监管职能，打击利用网络从事违法经营活动；进一步加强合同监管，推行合同格式条款备案、合同示范文本，严厉打击合同欺诈行为；积极配合相关部门开展好校园周边环境整治、扫黄打非、禁毒防艾、社会治安综合治理和平安创建等工作，促进社会和谐稳定。

三、拓展渠道，营造安全放心的消费环境

加强消费维权制度建设。全面推进消费者与企业和解制度、经营者自律制度、消费纠纷调解制度和申诉举报制度建设。建立健全12315工作机制，强化其受理、转办、反馈、综合分析和消费引导功能。

四、狠抓建设，夯实坚强有力的工作基础

严格执行民主决策制度和民主生活会制度，激发班子成员的工作热情，增强班子的"向心力"；认真落实基层联系点制度，多深入基层调查研究，帮助基层解决实际问题，认真落实述职述廉制度，自觉遵守廉洁自律有关规定，主动接受系统内外的监督。

针对队伍存在的共性问题、突出问题，要进一步加强思想政治教育，着力解决思想不解放、因循守旧的问题，着力解决干事不出力、认识不到位的问题，加紧学习培训，坚持季季有讲座、月月有培训、周周有学习。围绕"防"字抓教育，突出抓好行政执法、行政审批、队伍管理风险点的防控，从源头上预防和治理腐败。围绕"严"字抓制度，切实抓好省、市工商局各项制度的贯彻落实，形成按制度办事、靠制度管人、用制度规范的有效机制。围绕"全"字抓监督，不断拓宽监督领域，逐步向行政许可、行政执法和行政不作为等全方位延伸，推进整体工作健康快速发展。

总之，通过这次调查研究和努力比较、借鉴，我清醒地认识到我们只有以只争朝夕的精神风貌，奋勇争先，才能推动经济社会又好又快发展。我也深信一个"一张蓝图绘到底，一个目标抓到底，一个劲头干到底"的喜人局面，一定能在中阳县工商系统内全面形成。

立足工商职能
全面服务县域经济跨越发展

交口县工商局党组书记、局长　王保生

2010年8月19日至22日，市工商局党组组织全系统科级以上领导干部赴陕西省榆林市工商局进行了考察学习。回来之后，我又重温了省工商局王虎胜局长在全省工商局长座谈会上的讲话，并结合榆林之行和交口实际进行了深入的思考，感触颇深，坚定了信心。

作为一名县级工商局局长，就围绕如何充分发挥工商职能优势，促进地方经济健康快速发展等问题作了专题调研和思考：

一、工商部门在转型跨越方面存在的一些问题

1. 对解放思想、创新观念的认识不足，转型不到位。为此，必须在全局广泛开展"解放思想、创新工作、服务转型、促进跨越"大讨论，做到五个"解放出来"。

2. 发挥职能作用、服务科学发展的力度、深度、广度不够。为此，必须紧紧围绕交口县委、政府确定的总体目标和总体要求，以引深推进帮助服务企业大行动为抓手，发挥职能作用，加强行政指导，采取有效措施，全力以赴推进交口经济转型跨越发展。

3. 诚信市场建设尚需进一步加大。诚信建设是市场经济的基础，是长期的、系统的、渐进的发展过程，是做到"四个统一"、推进"四化"建设的基本要求。对工商部门来说，2001年的阜阳"大头娃娃"劣质奶粉事件和2008年的三鹿问题奶粉事件，诸如此类事件所引发的全行业信任危机，造成了不可估量的经济损失，加强诚信建设已刻不容缓。

4. 市场监管力度还需进一步加大。市场稳定是安全发展的重要组成，也是转型发展的重要保障，全体工商干部必须履行监管职责，加大监管力度，创新监管机制，维护良好市场秩序，推动县域经济安全、稳定发展。

5. 工商干部在促进转型跨越发展中"创先争优"建功立业的积极性和创造性不够。大力度强化作风建设，大规模开展教育培训，深入开展"创先争优"是工商系统转型跨越发展的思想基础和重要保证。

二、发挥工商职能，促进经济发展的对策及措施

1. 深刻领会和践行"四个统一"。我们应着眼于转型跨越，自觉服从和服务于地方经济发展，不断拓宽工作视野，创新监管手段，提高服务水平。一是牢固树立大局意识和系统观念，紧紧抓住经济社会发展目标，

抓住地方政府的中心工作，把握事关发展大计的重大问题，把思想观念从传统的执法观念中解放出来，自觉服务大局；二是找准位置，努力做监管与服务相统一的好公仆。以服务促监管，在监管执法过程中，转变工作理念，延伸工作内涵，全力服务地方经济；三是创新方式，努力做监管与维权相统一的协调员。要创新思维方式、工作方法、语言方式，通过规范执法与监管指导，建立公平公正的市场秩序，把精力集中到为民办事上，充分利用"12315"维权网络和"一会两站"平台，维护好、发展好、实现好广大人民群众的根本利益，真心实意为群众办实事、办好事；四是求真务实，努力做监管与执法相统一的护航员。充分履行监管职能，做到勤政务实，结合"四个转变"的要求，集中精力切实抓好节日市场、农资市场、食品市场等重点市场的监管，严肃查处侵害群众利益的典型案例，切实维护流通领域市场秩序。

2. 夯实基层队伍建设，进一步提升行政能力。要继续采取多种方式加大教育培训力度，认真组织引导干部职工学习党和国家的政策、法律、法规，特别是工商行政管理法律、法规，不断提高业务水平，增强科学监管能力、驾驭市场经济的能力、依法行政的能力和总揽全局的能力。一是加强理论研究，着眼素质培养；二是创新人才机制，激发人才潜能。必须树立竞争意识，创新人才机制，建立选拔任用干部注重知识的导向机制，建立发掘人才潜能的考核机制，建立知识内容不断更新的培训机制，建立不断激励干部学习、创新的竞争机制；三是加强业务培训，实现一专多能。必须健全队伍培训机制，坚持岗位培训和大练兵活动，对好的经验要广泛交流、及时推广，使干部职工人人成为工商管理的多面手，实现一专多能，从而达到提高执法水平的目的。

3. 加快诚信体系建设，促进企业持续、健康发展。要加大日常监管力度，广泛开展经营者诚信教育，增强市场参与者的信用观念，尤其是企业的诚信自律。依法发布信用信息，提供信用查询，积极为社会诚信体系建设服务。工商机关作为主管市场监管和行政执法的职能部门，一言一行直接影响党和政府的形象，在规范监管对象的同时，增强公正执法、廉洁执法、文明执法的自觉性，提高工商机关自身的信用度。一要完善行政问责制。根据岗位人员职责及工作标准和要求，严格履行职责，加大问责力度，保证权责统一。二要实施考核制。把政务公开、公正执法、规范管理、优质服务、廉洁自律作为信用考核内容，完善指标、强化监督。三要深入开展"食品安全示范店"创建活动。注意发展和培育典型、总结经验、以点带面、逐步推开，推动创建活动向纵深发展，在地域上向乡村和社区延伸，逐步增加创建数量，推动流通领域食品经营秩序进一步规范。

4. 创新工作机制，提高办事效率，充分发挥登记注册职能优势。全面推行规范仪表、规范用语、规范行为、规范办事"四规范"的要求，做到咨询服务"一口清"，发放资料"一手清"，办理事情"一次清"，严格按照《行政许可法》的规定办事。同时实行政务公开、制度上墙。不断改进工作方法，在法律法规允许的范围内，实施新举措，积极推动县委、县政府重大项目招商引资、五类人员、返乡农民工及农民专业合作社等三个"绿色通道"工程建设，按照"四高目标"要求，运用现代信息技术，充分发挥登记职能优势，提高办事效率，推动科学监管。

5. 加强市场监管效能建设，营造公平竞争的市场环境。在新形势下，工商部门要按照五个"解放出来"的要求，以建立长效监管机制为切入点，努力探索市场监管的新思路、新观念、新方法。一是加强消费维权体系建设。把维护人民群众的权益作为促进社会和谐的出发点和落脚点，扎扎实实解决人民群众最关心、最直接、最现实的利益问题。高效受理和处理消费者申诉、投诉和举报，及时化解消费纠纷。二是加大整顿和规范市场经济秩序的力度，深入开展对各类市场的专项治理，进一步完善市场机制，坚决依法打击不正当竞争，查处非法经营，并在实践中不断总结和完善工作机制遵守实体法和程序化。保护守法经营者和消费者的合法权益，规范市场秩序，维护市场的公平正义，使所有市场参与者在良性市场竞争机制下进行经营活动。

6. 加强对农民专业合作经济的指导，积极培育和发展农村经纪人，带动县城经济发展。农民专业合作经济组织是连接农民与市场的主要纽带，对于推动农村产业结构调整、为农民增加收入起着十分积极的作用。由农村专业户带头举办的专业合作组织，是目前最能体现"民办、民营、民收益"原则的合作组织。目前，农村专业合作经济组织刚刚起步，其发展方向选择，一是鼓励专业合作组织组建企业化管理体系，强化内部管理，培养和储蓄农民自己的经营管理人才。搞品牌建设，规模发展，最主要的是调整产业结构，提高生产力，增加农民收益。要合理整合我县资源优势，实现与市场的对接，主要是培育一批能支持和拉动地方经济的龙头骨干企业，实行"龙头企业牵头、流通加工大户带动"的绿色品牌产业，采用"公司+农户"或"经纪人+公司+农户+市场"的产业化经营模式。

7. 加强注册商标的宣传力度，促进品牌发展。积极实施商标品牌战略，是工商部门义不容辞的责任。过去，我县不少经营主体商标意识淡薄，观念陈旧，不知道如何去创品牌，固守着"酒好不怕巷子深"的传统观念，导致产品市场占有率不高，销路不畅。为此，工商部门要加大对商标法律法规的宣传力度，让生产者和经营者了解商标的重要性，创出自己的品牌，在保证产品质量的基础上，实现思想观念上的"两个转变"：即由有没有商标无所谓的传统观念向树立商标品牌意识，利用品牌效应拓展市场观念转变；由被动注册商标向主动注册商标并大力开发和利用商标转变，形成和强化全社会品牌意识。全系统要强化服务意识，尽心尽力地引导和帮助经营者积极申请注册商标，结合广告宣传，打造强势品牌，实施品牌战略，帮助他们走品牌兴业之路。

实施品牌兴市战略
促进转型跨越发展

孝义市工商局党组书记、局长 张力军

　　孝义市位于吕梁山下、汾河之滨，市域面积945.8平方公里，辖5乡7镇4个街道办事处，总人口46.4万人。因邑人郑兴"孝行闻于朝"，唐太宗李世民钦赐"孝义"。近年来，孝义市经济社会快速发展，实现了由"吕梁领先"、"三晋一流"到"全国百强"的历史性跨越。2009年，全市GDP完成205亿元，财政总收入完成42.8亿元，农民人均纯收入达到6915元，城镇居民人均可支配收入达到14651元，在第九届全国县域经济基本竞争力和科学发展评价中，由全国第88位前移至第71位。

　　近年来，孝义市委、市政府高度重视"品牌兴市"工作。"十一五"期间，明确提出了推进商标发展"四大方阵"的目标：培育中国驰名商标方阵，争取实现零的突破；争创山西省著名商标方阵，争取推荐5件；争创吕梁市知名商标方阵，争取推荐15件；推进商标注册方阵，争取实现100件。2007年，市政府协调工商、发改、财政、公安、质监等部门成立了孝义市实施商标战略领导组，下发了《关于落实科学发展观，大力推进商标战略的实施意见》（孝政发[2007]31号），明确了各有关部门的职责任务。建立了激励机制，市政府专门制定出台了《关于大力推进商标战略的奖励办法》（孝政办发[2007]20号），由市财政设立专项资金，对被认定为中国驰名商标、山西省著名商标、吕梁市知名商标的企业，一次性分别奖励人民币100万元、50万元、10万元。截至目前，全市有效注册商标达到101件，山西省著名商标和吕梁市知名商标分别达到8件、16件，均超额完成了"十一五"发展规划的目标任务。8件山西省著名商标和16件吕梁市知名商标，初步形成了具有孝义产业特色的品牌群体，品牌带动产业转型的作用明显增强。特别是该市成功注册的"昌圆"核桃、"旺达"小杂粮、"铭信"板鸭等6个农副产品商标，形成了"公司＋商标＋基地＋农户"的经营模式，走出了一条"品牌引领、产业联动、共富共赢"的发展道路。

　　应该说，近年来孝义市实施品牌兴市战略的工作力度之大是前所未有的，取得的成绩也是令人振奋的。但是，结合在榆林市工商局的学习考察，按照省委书记袁纯清、省工商局局长王虎胜、吕梁市工商局局长相高峰的重要讲话要求及孝义市委、市政府"三年打基础、五年新腾飞"奋斗目标，我们清醒地看到，孝义企业的商标意识淡薄，品牌意识不强，尤其是煤炭、焦化等行业，多数煤焦企业有产品、没商标，有名气、没品牌，第三产业和地理标志商标建设滞后，形不成龙头带动作用。孝义市商标注册量、山西省著名商标、吕梁市知名商标拥有量还相对较少，企业实施商标战略的能力还需进一步提高。特别是全市2000余户企业、8000余户个体工商户拥有注册商标仅有101件，平均100户市场主体才拥有1件注册商标，仅占吕梁市注册商标总量的11%，占全省注册商标总量的0.48%，山西省著名商标拥有量仅占吕梁市的10.4%，占山西省的1.1%，排在全省第25位，与孝义全国百强的地位极不相称。我们要进一步增强紧迫感，紧紧围绕全市转型跨越发展，扎实推进品牌兴市战略实施。

首先，政府是品牌建设的龙头，没有强有力的领导，难以形成品牌建设的合力。政府领导同志应当树立和强化品牌理念，切实担负起辖区内品牌建设工作的领导责任，将这项工作作为当前乃至今后一段时期的重点工作摆上议事日程，结合本地实际，制定具体实施方案。要积极鼓励帮助煤焦、化工、建材、铝镁、食品等企业采用新标准、新技术、新工艺、新材料，实行清洁生产，发展循环经济，走科技含量高、资源消耗少、污染环境小、经济效益高的新型工业化、品牌化道路；要大力支持农业产业化龙头企业发展优质、高效、安全的特色产品，探索建立"公司+农户+商标"的创业模式；要积极鼓励和支持企业加大技术研发投入，加强自主创新，积极开展具有自主知识产权的新技术、新产品，不断增强品牌发展的潜力和后劲。

其次，企业是品牌建设的主体，要担当起实施"品牌兴市"战略、推进品牌建设的重任。企业是市场经济的主体，是技术创新的主体，也是知识产权创造、应用和保护的主体。商标知识产权是人们在科学、技术、文化、艺术等领域从事智力活动创造的财富，是企业在市场经济下参与竞争的有力武器。广大企业要充分发挥主体作用，主动学习和更新知识产权方面的新知识，尽快建立起本企业的知识产权管理制度，把知识产权管理纳入企业研发、生产与经营的全过程，及时将自主创新成果、核心技术、名优产品在国内申请注册，以品牌建设的成果武装自己、提升自己、发展壮大自己。

第三，部门是品牌建设的针线，应当做好实施"品牌兴市"战略、推进品牌建设的穿针引线工作。创品牌不能游离于优质产品之外，不能失去科技的支持，不能没有各职能部门的大力支持和保护。品牌需要市场支撑，市场需要产品支撑。没有优质的产品，很难有市场的竞争力；没有良好的市场，很难实现品牌的扩张。产品要优化，离不开科技创新；产品的更新换代，离不开科技创新；产品的市场细分，离不开科技创新。各职能部门应当增强协调观念，强化服务意识，在各自职责范围内做好品牌建设工作，大力支持品牌发展，保护知名品牌和商标知识产权，帮助企业增强市场竞争力。

第四，工商部门是品牌建设的推手，要充分发挥实施"品牌兴市"战略，推进品牌建设的排头兵作用。要充分发挥职能作用，加大行政指导力度，加大维权保护力度，全力推进"品牌兴市"战略实施。要以行政指导为手段促进商标注册和品牌争创。在指导商标注册上，开展"一人一件注册商标"活动，市工商局每一位公务员，都要指导企业注册一件商标，力争使我市商标注册量有一个突破性、飞跃性的增长。在品牌争创上，要开展"一所一个著名商标"活动，每个工商所都要培育一件著名商标，指导企业正确实施商标战略。要以工商职能为依托，支持鼓励企业实施品牌战略：支持鼓励拥有著名、知名商标的企业以商标为纽带实施兼并重组，形成一批拥有自主知识产权和知名品牌的大企业和企业集团；支持鼓励拥有著名、知名商标企业开展商标质押贷款融资，扩大经营规模；支持鼓励"公司+商标+农户"、"农民专业合作社+商标+农户"等农业产业化经营模式，促进农村发展、农业增效、农民增收；支持鼓励企业维护商标知识产权，以著名、知名商标为重点，以最强的措施和最大的力度严厉打击商标侵权行为，为企业实施商标战略保好驾、护好航。

第五，全社会都要共同关心品牌建设工作，形成爱护品牌、支持品牌、保护品牌的浓厚氛围，为企业品牌的培育、发展创造良好的环境。要充分利用广播、电视、报纸、网络等各种媒体，及时宣传品牌建设中的新思路、新动态、新典型和新经验，营造浓厚的社会氛围。坚决杜绝虚假宣传广告，正确引导消费，促进全社会树立正确的品牌理念和品牌意识。全社会都要积极行动起来，帮助企业做好品牌工作，推动企业巩固市场、扩大市场、占领市场。

实施品牌兴市战略，是一项长期的任务，也是孝义市实现"三年打基础、五年新腾飞"奋斗目标和建设区域性中心城市、实现资源型城市经济转型的必由之路。在今后的工作中，我们要进一步解放思想、与时俱进，充分发挥职能作用，全面实施品牌兴市战略，为孝义实现转型跨越发展，建设区域性中心城市做出我们应有的贡献。

夯实基础 创新理念
以人为本 科学监管

汾阳市工商局党组书记、局长 刘生启

为了更好地贯彻落实省委书记袁纯清在全省干部大会上的讲话精神，根据吕梁市工商局组织开展的"吕梁大发展，工商怎么办"为主题的大调研活动要求和汾阳市委、市政府开展的"周边大发展、汾阳怎么办"大讨论活动要求，结合全省上下开展的"解放思想、创新工作、服务转型、促进跨越"大讨论活动的安排部署，我局也全面开展了大讨论大调研活动，全局上下所有党员、干部都参加了学习、讨论、调研。

一、夯实基础，抓好干部队伍建设

队伍建设是根本，是工商部门生存和发展的生命线，大力加强工商队伍建设，以新理念新方式，铸造一支适应时代发展，全面监管社会主义大市场的高素质工商管理队伍，是一项迫在眉睫的重要任务。

1. 加强人才建设。才若木之枝，要大胆培养和使用德才兼备的年轻优秀干部，德是放在第一位的，因为一个人只有人品好，才能更好地做事情。所以，要通过有计划、有针对性的培训、下派等形式，培养一批思想过硬、业务精通、作风优良、勇于开拓创新的年轻干部来不断地充实我们的队伍。

2. 加强基层领导班子建设。基层领导班子建设是干部队伍建设的重点。一是要不断提高局领导班子成员的凝聚力和战斗力。只有一个好班子，才能带出一个好队伍；二是要坚持民主集中制原则，营造良好的民主气氛。分工负责制要始终坚持做到"五分五合"：即职责上分，思想上合；工作上分，目标上合；日常工作分，突击性工作合；单项工作分，交叉性工作合；线上工作分，全局性工作合。

3. 加强教育培训。要制订合理的培训计划，定期举办政治理论、法律知识、行政执法、文秘写作、计算机运用等培训，学习和更新知识，拓展工作思路，转变观念，提高综合素质；四是要加强学历教育。鼓励广大干部职工参加多种形式的在职自学，提高队伍文化层次。

4. 加强廉政文化建设。要通过组织开展丰富多彩的廉政文化活动，深化工商文化内涵，营造工商文化氛围，在干部队伍中树立"为民、务实、清廉、高效"四种意识，提高队伍的向心力、凝聚力和战斗力，提升队伍的执法水平和服务能力。

二、转变思想，树立正确的行政执法理念

在当前新形势下要当好工商行政执法干部必须具备以下四项条件，把握四个原则，强化四种意识，具有四种精神，才能更好地树立正确的行政执法理念，更好地为人民服务。

1. 要具备四项条件：一是有正气。就是品德要高，政治上要靠得住，这是前提。二是有才干。就是有本领，有把工作干好的能力，这是基础。三是有人气。作为领导干部更要有人气，也就是威信要高，才能把队伍有机整合团结在一起，这是保证。四是有锐气。就是有朝气，能勇往直前、开拓创新，这是关键。

2. 要把握四个原则：一是在干中学。善于总结和积累工作中的经验和教训，边干边学，把工作当成一种学习的过程，边工作，边学习，边提高。二是在学中干。要不断吸取别人的长处，变他们的经验为自己所用，同时要善于总结经验教训，不要重蹈别人覆辙。三是标准高。不能拿变通的标准来衡量自己，必须给自己订立更高的标准，给自己更高的定位，找准新的工作坐标。四是要求严。要严格按照新的标准来规范和约束自己，不仅在工作上要严，在生活上更要严。

3. 要强化四种意识：一是责任意识。要按照"守土有责"的原则，在其位，尽其责，谋其政，真正履行好自身的职责，把该办的事情办好。积极发挥主观能动性，多办增光之事，多为添彩之举。二是大局意识。要站在大局整体利益的高度上来考虑工作，正确处理好局部与整体的关系。想工作、办事情要通盘考虑，以大局为重，以集体利益为重，不能只顾"小家"，忘了"大家"。三是超前意识。在抓好基础性工作、圆满完成上级交办的各项任务的同时，要做好长远打算，不仅要打算2010年的工作，而且还要打算2011年、2012年的工作。四是自律意识。工商干部手中都或大或小掌握着一定的权力，因此，在工作中有时会面临一定的诱惑和考验，必须把廉洁自律作为自我警示的重点，把手中的权用好。

4. 要具有四种精神：一是奋勇争先精神。创先争优是工作的动力和源泉，是推动工作不断前进的"发动机"。要把争一流、创佳绩作为自己的工作目标，时时激励自己不落人后，勇当排头兵。二是吃苦耐劳精神。我们县级工商部门处于工商执法的前沿阵地，工作条件不如大城市，所以我们的干部职工必须要有能吃苦精神，而且要做到以身作则，要能征能战。要求别人做到的，自己首先必须做到，要求别人不做的，自己要首先不为。三是开拓创新精神。创新是进步的灵魂，是事业兴旺发达的不竭动力。在当前激烈竞争的条件下，工作不进则退，保持现状就是落伍。只有不断创新，才会勇立潮头，永远走在前列。四是团队精神。团结是事业成功的保证，团结搞不好，特别是股所长之间以及股所长与一般职工之间搞不好团结，将会使队伍成为一盘散沙，最终一事无成。因此，首先必须把团结作为自我警示的一个重点。同时，要注意关心和体贴职工，搞好与工作人员的团结协作，提高队

伍的凝聚力，形成齐心协力干事业的良好局面。

三、科学管理，不断完善制度建设

1. 完善内部管理和激励机制。围绕办公、着装、卫生、车辆管理等建立相应的制度进行规范。如：建立考勤制度、上岗着装制度、禁酒令、政务公开、行政执法和违纪违法惩罚制度等等；其次，进一步完善人事制度，努力营造一个公开、公平竞争的选人、用人环境。如实行后位警示制，对不适应工商系统工作或影响工商形象的人员，一律离岗培训，以调动工作人员的积极性。

2. 完善干部考核体系。采取定性、定量相结合的办法，注重实绩考核，把考核结果作为干部奖惩、提拔、轮岗、交流的主要依据，不断强化干部的责任意识和争先意识，在干部队伍中形成"不进则退，慢进也是退"的危机意识。

3. 激发队伍潜在活力。要打破常规，勇于探索一些新的办法和手段。比如，推行奖励机制，必要时可以使用经济奖罚手段。鼓励广大干部忠于职守，勇于负责，监管履职到位，使勤干事的人有好回报，干成事的人有好结果，从而激发队伍中潜在的活力，因而感觉后继有人。

4. 推行制度，贵在落实。一是要坚持领导带头，以身作则。打铁要本身硬。二是要公平正义。领导与职工，奖是要平等的，罚也要平等。只有这样，才能信服于人。三是要敢动真格的。对于"敢尝螃蟹者"一定要有所"表示"，而不是空喊"狼来了"。

四、以人为本，处理好监管与服务的关系

正确处理监管与服务的关系，关键在于以科学发展观为统领，正确对待和分析工商部门执法面临的"双重性"，清醒地认识到，做好服务不是追求服务的泛化，做好监管不是权力利益的部门化。监管的目的、态度和方式方法都要体现以人为本、为民、便民及促进经济健康发展的服务理念。

多年来，在我们某些干部中，"监"和"管"的思想根深蒂固，在市场主体面前，习惯于以"管理者"而不是"服务者"的身份出现。这种陈旧的理念与新形势下如何服从市场经济的需要是明显的不相适应，严重地制约着工商执法职能的发挥。单纯的"监"和"管"不是市场经济的管理方式，新形势下必须实现监管与服务的统一。

因此，我们一定按照"大讨论"活动的要求，发挥职能作用，要树立良好的工商形象，不断增强监管与服务的责任感和事业心，使监管工作具有坚实的社会基础，在监管过程中始终把群众利益放在首位，在构建社会主义和谐社会中多作贡献，要为建立公平、公正、良好的市场环境，促进当地经济又好又快发展做到尽职尽责，尽心尽力，要通过开展工商服务进社区、开辟"绿色通道"、"五农工程"、消费维权、开办讲座等活动，积极支持新农村建设，服务企业，为优化经济服务，为推进和谐社会服务，为监管与服务相统一，促进工商行政管理工作大跨越大发展而努力。